KB102498

# 여권의
# 옹 호

*A Vindication of the Rights of Woman*

by Mary Wollstoncraft

1792

# 여권의 옹호

A Vindication of the Rights of Woman

메리 울스턴크래프트 지음 | 손영미 옮김

연암서가

옮긴이 **손영미**

서울대학교 영어교육과를 졸업하고, 영문과 박사과정 수료 후 미국 오하이오주 켄트주립대학교에 진학, 에밀리 디킨슨의 시간시(時間詩) 연구로 박사학위를 받은 후 강사로 일했다. 1995년부터 원광대학교 영문과 교수로 재직 중이다. 지은 책으로 『*The Challenge of Temporality: The Time Poems of Emily Dickinson*』, 『*English in Action*』, 『서술이론과 문학비평』(공저), 옮긴 책으로 『현대 서술이론의 흐름』(공역), 『이상한 나라의 앨리스』, 『이선 프롬』, 『암초』, 『늑대와 함께 달리는 여인들』, 『여섯 살』, 『훌륭한 군인』 등이 있다. 영문학 안에서는 서술이론(narrative theory), 페미니즘, 유토피아 문학, 사상사 등에 관심을 가지고 있다. .

여권의 옹호

2014년 9월 15일 초판 1쇄 인쇄
2023년 6월 25일 초판 2쇄 발행

지은이 | 메리 울스턴크래프트
옮긴이 | 손영미
펴낸이 | 권오상
펴낸곳 | 연암서가

등록 | 2007년 10월 8일(제396-2007-00107호)
주소 | 경기도 고양시 일산서구 호수로 896번지 402-1101
전화 | 031-907-3010
팩스 | 031-912-3012
이메일 | yeonamseoga@naver.com
ISBN 978-89-94054-59-9 03330

값 30,000원

• 해제 •

# 이성과 인간의 가능성을 믿은 페미니즘의 선구자

손영미 원광대 영문과

## 1. 울스턴크래프트의 생애와 작품

메리 울스턴크래프트(Mary Wollstonecraft, 1759~97)는 오늘날 주로 『여권의 옹호』를 쓴 페미니즘의 선구자로 알려져 있지만, 실은 문학 · 역사 · 교육 · 정치학 등 다양한 분야에서 주목할 만한 작품들을 펴낸 18세기 후반의 중요한 문필가였고, 근대 최초의 본격적인 페미니스트였다. 짧지만 파란만장하고 열정적이었던 그녀의 삶은 혁명적인 주장을 담은 그녀의 책들과 더불어 많은 사람에게 심대한 영향을 미쳤다.

울스턴크래프트는 1759년 4월 27일 런던에서 에드워드 존 울스턴크래프트(Edward John Wollstonecraft)와 엘리자베스 딕슨(Elizabeth Dickson) 부부의 3남 3녀 중 둘째로 태어났다. 그녀의 어린 시절은 무능력하고 독재적인 아버지의 잇단 사업 실패와 잦은 이사, 가정 폭력, 에드워드(Edward, 애칭은 네드)에 대한 부모의 지나친 편애 등으로 상당히 불행했으며, 이런 형편은 그녀가 세상을 떠날 때까지 별로 달라지지 않았다. 이런 상황에서 그녀에게 유일한 위안이 된 것은 1775년에 만난 패니 블러드(Fanny Blood)와의 우정이었다. 울스턴크래프트는 1782년, 어머니가 사망하고 아버지가 재혼하자 패니 집에 들어가 살며 바느질로 가계에 도움을 주었고, 1784년에는 이슬링턴과 뉴잉턴 그린에서 두 사람이 학교를 운영하기도 했다. 뉴잉턴 그린으로 이사한 후 울스턴크래프트는 그녀의 사상에 많은 영향을 준 진보적인 사상가 리처드 프라이스(Richard Price) 목사를 만났다. 1785년, 패니는 결혼하기 위해 포르투갈의 리스본으로 갔고, 그해 11월 29일, 산후 조리를 도우러 간 울스턴크래프트의 품에 안겨 세상을 떠났다.

영국에 돌아온 울스턴크래프트는 재정적으로 어려움에 빠진 학교의 문을 닫고, 킹스버러 자작 집안의 가정교사로 일하기 위해 아일랜드로 갔지만 1년 만에 다시 런던으로 돌아왔다. 1788년, 존슨(Joseph Johnson)이 발간하는 『애널리티컬 리뷰』(*Analytical Review*)의 기고가가 된 울스턴크래프트는 서평 · 동화 · 번역 등 문필 활동을 하면서 경제적으로 자립을 했으며, 『인권의 옹호』(1790)와 『여권의 옹호』(1792)를 출간해 마침내 유명한 진보적 지식인으로 떠올랐다. 이중 『인권의 옹호』는 오늘날 보수주의의 태두로 알려진 당시 62세의 노회한 정치가 에드먼드 버크의 『프랑스 혁명론』을 신랄하게 비판한 반론서이다. 32세의 울스턴크래프트는 이 책으로 당시 보수-진보 논쟁의 선두에 서게 되었다. 그 뒤에 나온 『여권의 옹호』 역시 프랑스의 유명한 외교관이자 삼부회 의원이던 탈레랑(Talleyrand-Périgord)이 의회에 제출한 교육안에 반발하여 쓴 작품으로, 소년들뿐 아니라 소녀들도 국민 교육의 대상에 포함되어야 하고, 남녀 평등과 균등한 교육 기회 부여가 사회 개선과 도덕성 향상에 필수적이라는 사실을 강조했다. 이 작품은 출간 직후

유럽 여러 나라 말로 번역되면서 저자를 국제적인 명사로 변신시켰고, 1792년 2월에는 탈레랑이 직접 그녀의 집을 방문하기도 했다.

이즈음 울스턴크래프트는 자신과 같이 존슨의 집에서 모이곤 하던 소위 '존슨 서클'의 일원인 스위스 출신의 유명한 화가 헨리 푸셀리(Henry Fuseli)에 대한 사랑 때문에 괴로워하고 있었고, 그의 부인 소피에게 공식적인 삼각 관계를 제의했다가 거부당하자 더욱 난감한 처지에 빠지게 되었다. 그런 개인적인 이유와 프랑스 혁명을 직접 보고 싶다는 소망 때문에 그녀는 1792년 12월 8일, 마침내 파리로 건너갔다. 파리 체류 중 울스턴크래프트는 프랑스와 영국의 대표적인 진보적 지식인들과 교류하며 루이 16세의 처형과 공포 정치를 직접 목격하고, 『프랑스 혁명의 기원과 진전에 관한 역사적 · 도덕적 견해』를 저술했다. 1793년에는 길버트 임레이(Gilbert Imlay)라는 미국인을 만나 파리 근교의 노일리에 체류하며 그의 아이를 임신하고, 1794년 5월 14일 딸 패니 임레이를 출산했다. 하지만 임레이는 아이가 태어나기 훨씬 전부터 사업을 핑계로 그녀를 버려두었고, 그후 계속 여러 나라를 돌아다니며 그녀와의 만남을 피하다가 런던에서는 한 여배우와 동거에 들어가기도 했다.

1795년 4월, 런던에 돌아온 울스턴크래프트는 임레이의 변심에 충격을 받아 자살을 기도했고, 6월에는 절취 당한 그의 화물선을 찾기 위해 어린 패니를 데리고 스칸디나비아 반도로 떠났다. 스웨덴, 노르웨이, 덴마크를 거쳐 런던에 돌아온 울스턴크래프트는 마침내 임레이와 여배우의 동거 사실을 알고 두 번째로 템스 강에 몸을 던졌다. 극적으로 구조된 그녀는 몇 개월 뒤, 전에 안면이 있던 고드윈(William Godwin)을 만나 사랑에 빠졌고, 1797년 3월, 임신한 몸으로 그와 결혼했다.

원칙적으로 결혼 제도에 반대했던 이 두 급진주의자는 결혼 후에도 따로 살면서 서로의 집을 오가는 방식으로 생활했고, 울스턴크래프트는 평생 처음으로 평등과 사랑, 상대에 대한 감미로운 배려와 철학적 교감으로 충만한 행복한 관계를 체험하게 된다. 하지만 딸 메리 울스턴크래프트 고드윈(Mary Wollstonecraft Godwin)을 낳은 지 열흘 만인 1797년 9월 10일, 그녀는 산욕열로 세상을 떠나고 닷새 뒤, 몇 달 전 고드윈과 결혼식을 올렸던 올드 세인트 팬크러스 교회(Old Saint Pancras Church) 묘지에 묻힌다. 이때 태어난 딸 메리는 나중에 위대한 낭만주의 시인 셸리(Percy Bysshe Shelly)와 결혼했으며, 그녀도 『프랑켄슈타인』, 『최후의 인간』 등 중요한 소설들을 펴냈다.

울스턴크래프트의 생애를 논할 때 한 가지 주목할 것은 생전에는 상당하던 그녀의 명성이 사망 직후 완전히 실추되어 거의 100년이 지나서야 회복되었다는 사실이다. 이는 주로 남편 고드윈이 펴낸 전기 때문이었다. 고드윈은 그녀의 지성이나 논리성보다는 당시 여성들의 주요 덕목으로 간주되던 예민한 감성과 열정적인 면모를 강조하려고 했고, 그러기 위해 자신과의 특이한 연애 과정은 물론, 그녀가 임레이의 사생아를 출산했고 실연의 고통으로 두 번이나 자살을 기도했다는 사실 등을 낱낱이 기록했을 뿐 아니라, 그런 사실들을 입증해주는 『임레이에게 보내는 편지들』을 유작집에 수록함으로써 그녀의 명성에 치명적인 영향을 주었다. 그녀의 진보적이고 분방한 견해와 처신을 못마땅해 하던 보수 진영 지식인들은 그뒤 수십 년 동안 서평 · 시 · 소설 · 편지 등 갖가지 매체를 통해 극단적인 언어로 그녀를 공격함으로써, 진보적이거나 페미니스트적인 성향을 가진 사람들조차 그녀의 저작이나 삶을 자유롭게 거론하고 이용할 수 없는 분위기가 조성되었다. 결과적으로 고드윈의 전기가 남긴 상처는 그후 1세기가 지나 페미니즘 논의가 본격화되면서 비로소 서서히 회복되기 시작했고, 현재는 정치학 · 여성학 · 교육학 등 여러 분야에서 그녀의 혁명적이고 극히 현대적인 견해들이 심도 있게 연구되고 있다.

## 2. 『여권의 옹호』: 여성 교육과 공화국의 미래

이 책은 1789년 혁명 후 프랑스 의회에 제출된 탈레랑의 교육 법안에 대한 반론으로 6주 만에 완성되었다. 교육 법안의 골자는 공화국의 모든 소년에게 국민 교육을 시행한다는 것이었는데, 울스턴크래프트는 바로 그점에 분개했던 것이다. 급진적 민주주의자였던 그녀는 『인권의 옹호』와 『여권의 옹호』에서 누누이 강조하듯 인간에게는 누구나 이성과 불멸의 영혼이 있고, 그 이성을 지닌 한 모든 사람이 평등하며, 사회 발전이 아무리 늦어지더라도 몇 사람의 천재가 전권을 잡고 사회를 이끄는 것보다 모든 구성원의 합의로 매사를 결정하는 것이 옳다고 믿었다. 그리고 이런 믿음은 단순한 철학적 신념에 그치지 않고, 모든 사람이 적어도 어느 연령까지는 동등한 교육 기회를 누려야 하고, 자신의 생계를 책임질 정도의 경제력을 갖추어야 하며, 그런 여건 속에 공화국의 시민으로서 자신의 의무를 다할 수 있는 능력을 길러야만 비로소 인간으로서의 존엄성을 가질 수 있다는 정치 · 경제적 주장으로 이어졌다. 이런 논의에서 울스턴크래프트는 여성과 남성을 구분하지 않았다.

당시 영국에서는 산업혁명의 영향으로 중산층의 수와 경제력, 정치적 영향력이 급속도로 커지면서, '바깥일'을 하는 남성과 '집안일'을 하는 여성 간에 노동 영역의 구분이 확실해지고, 여성의 경제 활동이 줄고 여가 시간이 늘어나면서 이런 현실을 강화하고 정당화하기 위한 철학적 · 이념적 논의들이 새로 쏟아져 나왔는데, 그중 가장 지배적인 것이 바로 남성과 여성의 차이라는 주제였다. 그에 따르면 남녀는 서로 전혀 다른 성격, 능력, 도덕성을 타고났기에 교육 방법이나 내용, 사회적 활동의 영역이나 의무의 내용도 달라야 하고, 추구할 미덕도 달랐다. 그리고 이런 맥락에서 남성의 경제 활동이 가치 있는 것으로 평가받은 반면, 얼핏 보기에 아무런 경제적 효용이 없어 보이는 여성의 가사 노동이나 육아 등은 무익한 활동으로 치부되었다. 그와 동시에, 산업혁명과 계몽주의 철학의 영향 아래 유럽 여러 나라에서 남성의 정치 · 경제적 권리는 나날이 더 커지고 다양해진 반면, 여성의 지위와 법적 권리는 갈수록 축소되었다.

울스턴크래프트는 당시의 이런 논의들을 익히 알았고, "영혼에는 성별이 없다"는 말로 그에 맞섰다. 그녀는 남녀가 서로 다른 미덕을 추구해야 한다는 것은 그들에게 똑같이 불멸의 영혼을 주신 하느님에 대한 모독이라고 주장했고, 여성에게 이성이나 교육 기회, 법적 권리를 부여하지 않는 한 그들에게서 건전한 사고나 생산적인 경제 활동, 도덕적 처신을 기대할 수 없다는 점을 강조했다. 그녀는 남성은 교육과 사회 활동을 통해 각자가 서로 다른 성격과 취미, 개성을 갖출 수 있지만, 여성은 자기만의 독특한 개성이나 인격을 갖출 기회도 없이 오직 하나, '나긋나긋한 부드러움과 고분고분한 순종'만을 갖춘 인형 같은 존재로 전락할 수밖에 없는 현실을 개탄했다. 여성은 정신적으로 서로 별 차이가 없고 오직 미모와 교태만으로 구별되며, 배우자의 사회적 · 경제적 지위에 따라 모든 게 달라지기 때문에 좀더 유리한 결혼을 하고 남편의 사랑을 유지하기 위해 서로 경쟁자가 되고, 그 과정에서 질투와 교태, 사치 등 인간의 존엄성에 배치되는 수단을 동원할 수밖에 없었다. 아무런 경제적 자립 능력이 없는 여성은 남편에게 모든 것을 의존하며 성적 쾌락과 가사 노동, 자녀 양육 등의 대가를 제공하고, 남편은 가정의 절대적인 지배자로 아내와 자녀 위에 군림하는 당시 중상류층의 결혼 생활은 울스턴크래프트가 보기에는 "합법화된 매춘"(legalized prostitution)에 지나지 않았고, 여성은 "가정 안의 번식하는 동물"에 불과했다(『프랑스 혁명의 기원과 진전에 관한 역사적 · 도덕적 견해』, 110쪽). 그리고 바로 이런 경제적 · 정치적 불평등 때문에 여성은 아무런 인격적 존엄성을 갖출 수 없었다.

> 여성이 남편의 생전에는 그의 호의에, 그리고 사후에는 그의 보조에 의존해 생계를 유지하면 안 된다. 자기 것이라곤 아무것도 없는 존재가 어찌 너그러울 수 있고, 자유롭지 못한 존재가 어찌 도덕적일 수 있겠는가? 남편에게만 충실하고, 아이는 젖을 먹이지도 가르치지도 않는 이 사회의 아내들은 그 이름값도 못할 뿐 아니라 시민이라고 할 수도 없다. 하지만 인간의 타고난 권리를 박탈하면 그가 지닌 의무도 없어지는 법이다.(『여권의 옹호』, 146쪽)

> 자기 위치에 수반하는 의무를 다하는 사람은 독립적인 존재다. 그리고 여성 전체를 놓고 볼 때 그들이 지닌 가장 중요한 의무는 이성적인 존재로서 자기 자신에게 진 의무이고, 그다음으로 중요한 시민으로서의 의무는 바로 엄마로서 지닌 여러 의무다. 여성이 이런 의무를 수행하지 않아도 되게 하는 그들의 현재 처지는 그들을 인형 같은 존재로 전락시킴으로써 타락으로 이끈다.(같은 책, 145쪽)

이성을 "양심"(『인권의 옹호』, 11쪽), "냉정한 논리나 타산이 아니라 도덕적인 감성에 지배되는 사고"라고 규정함으로써 선과 동일하게 보았던 울스턴크래프트는 당시 여성의 경박함과 부도덕성을 개탄하면서도, 그 원인을 개인적인 결점이나 성차(性差)보다는 그들이 이성을 훈련하거나 발휘할 수 없게 하는 사회의 전반적인 철학적, 정치·경제적 현실에서 찾았다. 그렇다면 사회의 도덕성을 제고하기 위해서는 당시 쏟아져 나오던 수신서나 교양 교육이 아니라, 더 근본적인 제도적 개혁, 더 구체적으로는 여성이 이성을 갈고닦아 공화국의 시민, 가정의 주부로서 의무를 다할 수 있는 능력과 건강, 윤리관을 갖출 수 있는 기회를 제공해야 한다는 결론이 나올 것이다. 이 기회의 가장 중요한 형태가 바로 교육이었다.

울스턴크래프트가 다룬 또 하나의 중요한 주제는 바로 남녀간의 법적 불평등이었다. 당시 여성은 법적으로 남편과 하나의 개체로 취급되었고, 범죄를 저질러도 남편이 그 사실을 알았거나 용인했으면 처벌받지 않았으며, 이혼이나 별거의 경우 남자가 아무리 무능력하고 부도덕한 인물일지라도 자녀 양육권은 어김없이 그에게 주어졌다. 그리고 부모가 사망할 경우 장자상속법(primogeniture)에 따라 큰아들이 집안의 전 재산을 물려받게 되어 있었다.

울스턴크래프트는 부모의 전 재산을 물려받고 자매들을 가난으로 내몬 오빠 네드, 남편의 학대로 신경 쇠약에 걸리고 아이를 빼앗긴 후 결국 돌도 안 된 아이의 죽음을 목격해야 했던 여동생 일라이저의 운명 등을 지켜보았고, 그래서 부모의 재산을 한 사람에게 물려주는 대신 모든 자녀에게 균등하게 분배하면, 장자들이 가장 무능력하고 부도덕한 존재로 전락하는 폐단을 없앨 수 있고, 사랑이 아니라 돈 때문에 결혼해야 했던 여성도 그들의 인간성과 욕망에 따라 살 수 있게 될 거라고 주장했다(『인권의 옹호』, 24쪽).

그녀는 또 『여권의 옹호』와 두 소설에서 여성이 겪어야 했던 갖가지 법적 불평등을 소상히 묘사하면서, 남녀가 법 앞에서 평등해질 때 비로소 여성도 사회 발전에 기여하는 존재가 될 수 있다고 말했다. "여성이 정말 도덕적이고 유용한 존재가 되려면, 시민으로서 의무를 수행하는 과정에서 법의 보호를 받을 수 있어야 한다"(『여권의 옹호』, 146쪽). 법적 책임도, 권리도 없는 사람은 의무 또한 없다는 것이 그녀의 논지이다.

물론 그녀는 여성의 투표권을 요구하지도 않고("그런 말을 하면 다들 웃어버릴 것이다"), 의료나 상업 말고는 여성의 '바깥 활동'을 고려하지도 않는다. 『여권의 옹호』에 그려진 이상적인 여성상은 오히려 상당히 보수적이다. 사랑하는 남자와 결혼해, 부유하지는 않더라도 깔끔하고 정성스럽게 가꾼 가정에서, 화려하지는 않지만 깨끗하고 정결한 모습으로 아이들을 건강하고 도덕적인 사람으로 길러내고, 여가 시간에 열심히 교양을 닦고, 남편의 사랑보다는 우정과 존경을 사기 위해 대화와 독서에도 관심을 갖는 주부가 그녀가 이 책에서 그린 바람직한 여성상이다. 이는 남녀의 정치적 · 법적 · 경제적 평등을 요구한 전반의 급진적인 주장에 비추어 볼 때 전혀 뜻밖의 목표라고 생각할 수도 있다. 하지만 당시 여성이 직면한 현실을 고려하면 이는 어쩔 수 없는 결론이었을 것이다.

18세기 말 영국 여성은 실제로 남편의 소유물이었고, 법적으로 그와 한 사람으로 취급되었으며, 이혼을 해도 위자료나 자녀 양육권을 요구할 수 없었다. 사교육 이외에는 아무런 교육 기관이 없었기에 사회에 진출할 능력을 닦을 기회도 없었고, 설사 그런 능력을 갖추었다 해도 성직이나 공직, 주요 산업에 여성이 종사할 수 있는 직업은 전혀 존재하지 않았다. 이런 상황에서 그녀가 그린 여성상은 바깥일과 가정이 점점 더 뚜렷이 구별되어 가던 당시 현실에서, 가사와 육아, 가정의 화목과 주부 본인의 정신적 성장에 초점을 둔, 다시 말하면 모어(Hanna More), 웨스트 부인(Mrs. West), 머콜리(Catherine Macaulay) 등 당시 여성 작가들의 이상과 거의 비슷한 '공화국의 어머니'일 수밖에 없었다.

그녀가 제시한 이상적인 여성상이 그렇게 전통적이었는데도 오늘날까지 그녀가 급진적인 페미니스트로서 평가받는 이유는 바로 남녀의 표면적 차이는 우연적이고 역사적인 것에 지나지 않고, 진정으로 중요한 것은 남녀가 똑같이 이성을 지닌 불멸의 존재로서 무한한 잠재력이 있으며, 감성이나 사랑이 아니라 오성과 경의에 바탕을 둔 인간 관계가 가능한 사회를 건설할 때 비로소 개인의 욕망과 행복도 존중받을 수 있다는 정치적 혜안 때문일 것이다. 『여권의 옹호』나 『메리』, 『마리아』를 보면, 메리의 어머니를 비롯해 여러 여성이 소설을 읽으며 낭만적인 사랑의 몽상에 빠진 채, '유순한 가축'처럼 나약하고 무력한 삶을 영위하고, 그런 여성들에 대해 울스턴크래프트는 격렬한 분노를 터뜨리는데, 이는 그런 감성 위주의 여성상과 연애관이 인위적으로 형성된 남녀 간의 구별을 강화하고, 그 구별에 토대를 둔 부조리한 현실을 영속화할 위험이 있다고 보았기 때문일 것이다.

『여권의 옹호』에서 그녀는 같은 이유로 여성에 대한 남성의 기사도 정신이라든가, 수신서들이 강조하는 삼종지덕, 여성의 육체적 아름다움과 예민한 감성에 대한 남성 작가들의 찬미 등, 당시 긍정적으로 평가되던 행동 방식이나 이데올로기를 맹렬히 비난했다.

그녀는 이처럼 남녀의 차이보다 정치, 사회, 경제적 제도 때문에 생긴 계층과 집단의 차이에 주목하고, 남녀의 차이는 그중 하나에 지나지 않는다는 주장을 개진함으로써, 그후 나온 막시즘("계급 혁명이 여성 해방에 우선한다")이나 후기 구조주의("인간은 본질적인 것이 아니라 구축된 것이다")의 논의를 예고했다. 예컨대 그녀는 귀족, 왕족, 군인, 해군, 성직자 등이 여성 못지않게 강압적이면서도 권위에는 순종적이고, 화려한 치장과 연애를 좋아하는 것은 그들이 상급자와 하급자 간의 차이가 너무 큰 위계 질서 속에 묶여 있기 때문이라고 말한다.

다시 말하면, 남녀의 차이는 선천적인 것이 아니라 순전히 모든 것을 가진 남자와 아무것도 가지지 못한 여자를 만들어내는 차별적인 사회 구조에서 비롯된 자의적이고 역사적인 현상이라는 것이다. 가정에서 군주로 군림하는 남자들이 교회나 군대, 귀족 사회 내에서는 여성과 아주 비슷한 특징을 노정하는 것이 이를 웅변적으로 보여준다는 것이다. 처녀 때는 왕처럼 도도하다가도 결혼하면 일단 모든 것을 남편에게 의존해야 하기에 늘 유순하게 행동해야 하는 여성들, "굶주린 자녀들을 먹여 살릴 빵도 못 사면서 왕족들을 부양할 세금을 내야 하는 근면한 기계공들", 부모의 유산을 기대하는 자녀들, 교사의 권위에 짓눌려 사는 학생들, 주임 목사의 모든 요구에 말없이 복종해야 하는 목사보 등은 남녀 관계에서 여성의 위치와 아주 흡사한 처지에 놓여 있고, 이는 남녀의 차이가 생래적인 것이 아니라 후천적이고 구조적인 모순에서 유래함을 보여주는 예라는 것이다.

울스턴크래프트는 이처럼 개인적 차원과 정치적 차원을 연결지어 생각했고, 사회의 정치 · 경제 구조가 민주적이고 합리적으로 개선되지 않으면 건강하고 행복한 삶을 살기 위한 개인의 모든 노력은 근본적으로 무익하다는 사실을 강조했다. 다시 말하면, 그녀는 여성 문제를 남녀의 차이나 차별에 한정하여 고려하지 않고, 정치와 경제 등 사회의 구조적인 문제의 일부로 파악한 뒤, 그런 인식에 따라 여성뿐 아니라 남성 · 어린이 등 공동체의 모든 구성원이 건강하고 충만한 삶을 살 수 있는 사회를 만들어야 한다고 주장했던 것이다. 그녀가 꿈꾸었던 것은 남자든 여자든 자신의 잠재력을 마음껏 발휘하고 이성과 감정의 요구에 따르되, 구성원간의 평등과 합의가 사회의 유지와 발전의 원동력이 되는 그런 사회였다.

그녀가 비극적인 개인사와 혁명의 폭풍 속에서도 이런 유토피아적 비전을 꿈꾸고 간직할 수 있었던 것은 바로 인간의 이성과 도덕성이 동일하다는 플라톤적 믿음 때문이었을 것이다. 그녀는 당시 많은 낙관적 진보주의자들과 같이 인간은 본디 선하고 이성적이라는 것(『인권의 옹호』, 54쪽), 역사는 감성과 충동이 이성과 오성으로 변해가는 과정이고, 인류는 반드시 진보한다는 것(『인권의 옹호』, 15쪽; 『프랑스 혁명의 기원과 진전에 관한 역사적 · 도덕적 견해』, 46, 109쪽), 역사의 진보는 이성의 발달과 동일하다는 것(『인권의 옹호』, 21쪽; 『프랑스 혁명의 기원과 진전에 관한 역사적 · 도덕적 견해』, 109, 141쪽), 이 과정에서 정부는 과학적인 방법으로 자연의 불평등을 시정하고 보충하면 된다는 것(『인권의 옹호』, 17쪽), 인류의 미래는 평화로울 것이고, 그런 사회에서는 개인의 가정 역시 평화와 점잖은 행동으로 특징지어질 것이라고 생각했다(『프랑스 혁명의 기원과 진전에 관한 역사적 · 도덕적 견해』, 147쪽).

인류가 그 어느 때보다 더 어둡고 과격하며 야수적인 폭력을 고안하고 이 때문에 고통 받은 20세기를 거쳐, 그에 못지않게 맹목적이고 보편적인 폭력과 반이성적 행태에 시달리는 현실을 고려할 때, 이성이 지배하는 평화로운 평등 사회를 꿈꾸며 "그 눈부신 날이여, 어서 오라!"(『프랑스 혁명의 기원과 진전에 관한 역사적 · 도덕적 견해』, 21쪽)고 기도했던 울스턴크래프트는 지금 다시 한 번 진지하게 돌아보아야 할 현대의 선구자 중 한 사람이다.

## 일러두기

1. 이 책을 번역하는 데 사용된 텍스트는 Mary Wollstoncraft, *A Vindication of the Rights of Woman*, 2nd edition(New York: W. W. Norton, 1988/1975)이다. 포스턴(Carol H. Poston)이 편집하고 주를 달았다.

2. [MW]는 원저자가 붙인 주 [Wollstoncraft's note]를 줄여쓴 것이다.

3. 본문의 고딕체는 MW가 쓴 것이다.

4. 독자의 이해를 돕기 위해 각주에 옮긴이주를 달고 -옮긴이라고 표시했다.

5. 본문에 나온 ***는 원서에서 생략한 부분이다.

# 차례

# 부록

# 전 오턴 주교 탈레랑 페리고르 씨께[1]

얼마 전 출판된 귀하의 책자[2]를 아주 흥미롭게 읽은 한 독자로서, 저는 인간애에서 우러나는 결연한 어조로, 귀하가 이 문제를 재고해주실 것과, 여성의 권리와 공교육에 대한 제 견해를 진지하게 검토해주실 것을 당부 드리며, 이 책을 바칩니다. 이 책은 저 자신이 아니라 여성 전체를 위한 사심 없는 논의를 담고 있기 때문입니다. 저는 오래전부터 자립이야말로 삶의 큰 축복이요, 모든 미덕의 기반이라고 생각해왔으며, 설사 황량한 벌판에 나앉더라도 욕심을 줄여 늘 독립적인 인간으로

---

1 탈레랑(Charles Maurice de Talleyrand-Périgord, 1754~1838)은 프랑스의 유명한 외교관. 탁월한 지성과 무던한 성격 덕분에 프랑스 역사상 가장 격변기였던 당시에 여러 차례 큰 공적을 세웠다.
1791년 1월, 그는 정치적 활동 때문에 교구를 관리할 시간이 없다는 이유로 오턴(Autun)의 주교직을 내놓았다. 그런데 그가 주교로 있는 동안 교구에 내려간 것은 딱 한 번뿐이었다. 1791년 4월, 그는 교회로부터 정식으로 파문을 당했는데, 그 이유는 그가 주교직을 사임한 후에도 세 명의 신임 주교를 임명했기 때문이었다.

2 탈레랑이 제헌국회에 제출한 「공교육에 관한 보고서」(Rapport sur L'Instruction Publique, fait au nom du Comité de Constitution, Paris: 1791). 현재 프랑스에서 시행 중인 무상 의무교육은 150년 전 탈레랑이 제시한 안에 기반을 두었다.

살고 싶습니다.

그러므로 제가 미덕의 토대라고 믿는 바를 옹호하기 위해 이렇게 열심히 글을 쓰고, 여성이 도덕에 실체를 제공하는 저 위대한 원칙들의 진보를 막지 않고 그 진보를 돕는 위치에 서게 되기를 간절히 바라는 것은 바로 전 인류에 대한 사랑 때문입니다. 여성의 권리와 의무에 대한 제 견해는 저 소박한 원칙들에서 자연스럽게 도출된 것이기 때문에 프랑스의 위대한 국회를 구성하는 선각들께서도 제 의견에 동의해주실 거라고 믿습니다.[3]

프랑스인이 유럽의 어느 나라 사람보다도 유식한 것은 상당 부분 오래전부터 남녀간에 존재해온 사회적 교류 때문이라고 생각합니다.[4] 감히 이런 말씀을 드려도 된다면, 프랑스에서는 관능주의자들이 관능성의 정수를 누려왔고, 일종의 감상적인 색정이 사회를 지배해왔는데, 이는 프랑스의 정치적 · 사회적 체제 때문에 생긴 위선의 체계와 함께 프랑스인에게 수완이라는 적절한 이름으로 불리는 일종의 수상쩍은 영리함을 갖추게 만들었습니다.—그리고 미덕의 가장 아름다운 옷인 얌전함은 영국에서보다도 더 철저히 무시당해왔기 때문에, 프랑스 여성은 동물들조차도 본능적으로 지키는 정숙함[5]에 대한 배려를 점잔뺀다는

---

3 1791년에 제정된 프랑스 헌법의 일부는 1789년에 이미 확정된 바 있다. 이는 1789년 6월 20일에 있었던 '테니스 코트 서약'의 결과로 추진된 것으로서, 이 때 소집된 국회는 새 헌법이 완성될 때까지 해산하지 않기로 맹세했다.

4 울스턴크래프트는 이 부분에서 재기 넘치고 권위 있는 여성이 지배하던 파리의 살롱들을 염두에 둔 것 같다. 쿠퍼(Duff Cooper)의 말을 빌리면, 이 여성은 "아름다움뿐 아니라 윤리, 정치 그리고 각종 예술의 판정자 역할을 했다. 어떤 살롱을 배경으로 하지 않고는 그 누구도 유명해질 수 없었고, 각 살롱은 한 여성의 지배 아래 있었다" (*Taleyrand*, New York: 1932, 19쪽).

5 'decency'는 일부일처제 또는 성적인 정절을 가리킨다. 동물은 대부분 적어도 새끼

말로 비하하게 된 것입니다.

습속과 도덕은 서로 혼동될 정도로 긴밀히 연결되어 있기 때문에, 습속이 도덕에서 자연스럽게 흘러나온다 해도, 여러 원인 때문에 인위적이고 타락한 습속이 생기게 되면 사람들은 아주 어린 나이에 그걸 익히게 되고, 도덕은 이름뿐인 존재로 전락하게 됩니다. 프랑스 여성이 아주 하찮게 여기는 가정에서의 위생과 예의 그리고 얌전함은 정숙함의 아름다운 지주(支柱)입니다. 그들의 마음속에 애국심의 순수한 불길이 타오르게 된다면, 프랑스 여성도 그런 걸 무시하지 않고, 남자에게 여성의 정숙함을 존중할 뿐 아니라 그들 자신이 정숙해지도록 가르침으로써, 사회 전체가 도덕적으로 더 나아지게끔 노력할 것입니다. 그리고 정숙한 남자만이 여성의 존경을 받을 것입니다.

여성의 권리에 대한 여러 논의의 핵심은 바로 여성이 교육을 통해 남자의 동반자가 되지 않으면, 그들은 지식과 미덕의 진보를 막게 될 것이라는 단순한 원칙에 기초합니다. 남녀 모두 같은 지식을 익히지 않으면 사회 전체의 습속을 고치기 어렵기 때문입니다. 그리고 도덕의 중요성을 모르거나, 자유를 통해 강화된 이성으로써 자신의 의무를 이해하고, 그 의무를 다하는 것이 자신에게 진정으로 이로운 연유를 깨닫지 못하는 여성은 남성과 협력할 수도 없을 것입니다. 엄마가 조국을 사랑해야 아이도 애국심의 진정한 원리를 배우게 될 것이고, 인류의 도덕적·사회적 이익을 이해해야만 모든 미덕의 원천인 인류애도 생길 것입니다. 그런데 현재 여성이 받는 교육과 그들이 처해 있는 생활 환경에는 그런 생각을 할 여지가 없습니다.

---

가 다 자랄 때까지는 한 배우자만 상대하기 때문이다. 당시 프랑스인은 그렇게 신중하지 못했다.

이 책에서 저는 여성에 대한 현 사회의 견해가 도덕적 타락을 조장한다는 걸 보여주는 명백한 근거들을 다수 제시했고, 인간의 정신과 육체가 더 완벽해지려면 남녀 모두 좀더 순결해져야 하고, 여성의 육체가 이를테면 숭배의 대상이 되고, 그 육체가 미덕과 양식(良識)에서 나온 정신적인 아름다움의 흔적이나 흥미롭게 소박한 애정으로 장식되어야만 남성이 순결해질 거라고 주장했습니다.

"추상적인 원칙에 따르면, 인류의 절반이 다른 절반을 정치 참여에서 제외한 것은 도저히 설명할 수 없는 일이다"[6]라고 말씀하신 걸 보면 제 논의에 담긴 진리를 귀하께서도 어느 정도 깨달으셨던 것 같으니, 이 책의 내용을 공정하게 살펴주시길 부탁드립니다. 그리고 귀하가 그런 생각을 하신다면, 프랑스의 헌법이 어디에 근거하는지 알고 싶습니다.[7] 남성의 권리가 논의나 설명의 대상이 될 수 있다면, 같은 논리로 여성의 권리 또한 그럴 수 있어야 할 텐데, 영국에서는 귀하가 여성의 억압을 합리화하는 데 사용한 바로 그 논리, 즉 규범에 토대를 둔 전혀 다른 시각이 팽배해 있는 실정입니다.

입법자의 한 분으로서 이 문제를 고려해주십시오. 귀하는 여성의 행복을 최대한 보장하고자 노력한다고 확신하시지만, 남성이 자유를 요구하고 자신의 행복에 대한 판단을 스스로 내릴 수 있다면, 여성을 종속하는 것은 일관성도 없고 부당한 처사 아닐까요? 여성도 남성처럼 이성을 갖고 있다면, 남성만이 판단을 내릴 수 있다는 법을 누가 만들

---

6 아마 앞에 나온 탈레랑의 「공교육에 관한 보고서」, 9쪽의 다음 부분을 가리키는 것 같다. "이 둘 중 한쪽이 구성원 전체의 권익을 보호해야 하는 사회의 보호를 받을 수 없는 것은 어떤 원칙에 근거를 둔 것인가?"

7 1791년에 제정된 프랑스 헌법에서는 25세 이상의 남성만을 시민으로 간주했다. 여성은 1944년에야 투표권을 얻었다.

었습니까?

나약한 왕에서 한 가정의 나약한 아버지에 이르기까지, 독재자들은 모두 바로 그런 식의 논리를 이용해 이성을 억압하려고 획책하면서도, 그게 모두 상대방을 위하는 길이라고 주장합니다. 귀하가 여성의 정치적·법적 권리를 박탈함으로써 그들이 집안에 갇힌 채 어둠 속을 헤매게 된 것도 그와 비슷한 일 아닐까요? 설마 이성에 토대를 두지 않는 의무가 구속력이 있다고 주장하시지는 않겠지요?

여성의 오성이 강해질수록 자신의 의무를 이해하고 수행할 의욕도 커질 것입니다. 그것이 진정 그들의 운명이라면, 이성이라는 존엄한 권위를 근거로 생각해볼 때, 여성이 자신의 의무를 이해하고, 남성과 똑같이 불변의 원칙에 기초한 도덕을 지니지 않으면, 어떤 권위로도 그들이 그 의무를 도덕적으로 수행하게 만들 수는 없을 것입니다. 여성이 노예로서는 편리할지 모르지만, 노예 제도하에서는 언제나 주인과 노예 모두 타락하게 되어 있습니다.

그러나 여성이 아무 소리 못한 채 인간의 천부적 권리를 박탈당해야 한다면, 여성에게는 이성이 없다는 것을 입증하셔야만 부당하고 일관성 없다는 비난을 면하실 수 있을 겁니다. 그렇지 않으면, 프랑스 헌법이 지닌 이 결점은 언제까지고, 남성은 어떤 식으로든 독재적으로 행동하고, 사회의 어느 부분이든 독재가 그 뻔뻔한 얼굴을 쳐드는 곳에서는 반드시 도덕이 붕괴된다는 사실을 보여주는 증거로 남아 있을 것입니다.

저는 그동안 여러 차례에 걸쳐, 여성을 억지로 집안에 가둬둘 수는 없으며, 만약 그렇게 되면 여성은 무지한 상태에서 가정과 사회의 중요한 일들에 개입할 것이며, 원래의 의무는 게을리 하면서, 교묘한 술수로 자신들이 이해하지도 못하는 이성의 정연한 계획을 어지럽힐 것임을 주장하고, 현실에서 유추된 확실한 논리를 통해 입증해왔습니다.

여성에게 개인적인 교양만을 쌓게 하면, 남성은 여러 여성과 관계를 맺어 즐거움을 얻으려 들 것이고, 남성이 그렇게 바람을 피우면 여성도 똑같이 행동할 것입니다. 그러나 공익을 존중하도록 교육받지도 못했고 법적인 권리도 박탈당한 무지한 존재들이 보복으로 부당함을 보상받으려 한다면, 극히 이해할 만한 일 아닐까요? 죄악의 상자가 열리고 나면[8] 그 무엇으로도 공공의 자유와 만인의 행복을 보장할 유일한 방도인 개인의 도덕성을 지킬 수 없을 것입니다.

사회에 체제화된 독재가 없으면 중력의 법칙에 따라 남성과 여성은 각자 본연의 위치로 돌아갈 것입니다. 그리고 이제 프랑스에서는 전보다 더 평등한 법이 국민을 변하게 하니 결혼도 좀더 신성해져서 귀국의 청년은 사랑하는 여인을 아내로 맞을 것이고, 처녀 또한 사랑을 통해 허영심을 극복하게 될 것입니다.

그렇게 되면 가장들이 매춘부와의 불륜으로 건강을 망치고 정서적으로 타락하거나, 욕망을 채우느라 그 욕망의 원래 목적을 잊는 일도 없을 것입니다. 그리고 주부들은 양식과 정숙함으로 남편과 친구가 될 것이니, 남자에게 교태 부리느라 아이들을 방치하는 일도 없을 것입니다.

하지만 남성이 아버지로서의 역할에 충실하지 않는 한, "자기 시대에 현명한"[9] 여성이 거울 앞에서 허비하던 시간을 아이들과 보내게 되기는 어려울 것입니다. 여성은 교태라는 본능을 통해 부당하게 빼앗긴 권력의 일부를 간접적으로나마 향유하기 때문입니다. 여성에게서 정당한

---

[8] 그리스 신화에서 판도라는 인류 최초의 여인. 그녀는 호기심 때문에 인간이 겪을 모든 재앙이 담긴 상자를 열었고, 거기서 나온 재앙이 온 세상에 퍼지게 되었다.

[9] "이 세상의 자녀들은 자기 시대에 빛의 자녀들보다 현명하나니"(「누가복음」, 16장 8절).

권리를 박탈하면 그들은 부당한 특권을 누리기 위해 자신은 물론 남성까지 타락시킬 것입니다.

저는 이 책의 출판을 계기로 프랑스에서 이 문제에 대한 논의가 시작되기를 바라고, 그런 논의를 통해 제가 주장하는 원칙들이 확인되고, 여성의 권리가 존중되고 인류의 절반에게 정당한 권리가 주어지는 게 이성의 소리라는 게 확실해지면, 여성의 권리가 존중되는 쪽으로 프랑스 헌법이 개정될 거라고 믿습니다.

경의를 표하며
메리 울스턴크래프트 올림

탈레랑 페리고르

# 독자들께

이 책은 원래 3부로 기획되었고, 1부에서는 몇 가지 간단한 원칙에서 자연히 도출되는 여러 논의를 충분히 검토할 생각이었다. 그런데 책을 쓰다 보니 새로운 예들이 자꾸 떠올라 결국 계획했던 3부 중 1부만을 펴내게 되었다.

그러나 내가 간단히 다루고 넘어간 많은 문제들, 예컨대 여성에 관한 법이라든지 여성만이 지닌 의무를 포함한 많은 주제는 특별히 더 연구해야 할 것이다. 그런 문제들은 나중에 발간될 2권에서 몇 가지 개념을 더 설명하고, 1권에서 대충 다룬 문제들을 완결 짓는 데 충분한 재료가 될 것이다.[1]

---

1 3권 중 제1권만이 출판되었고, 울스턴크래프트의 유고(遺稿)들을 살펴보아도 다른 두 권은 시작된 흔적이 없다.

# 서론

역사책에 그려진 과거와 오늘날의 현실을 살펴볼 때 내 가슴은 서글픈 분노로 무너질 듯했고, 남녀가 애초부터 전혀 다르게 태어났든지, 지금까지 세계 역사가 아주 불평등했든지 둘 중 하나라는 생각을 하자 한숨이 절로 나왔다. 그리고 그동안 갖가지 교육 이론서와 부모들의 자녀 양육법, 각급 학교의 운영 방식을 면밀히 살펴본 결과, 이 비참한 현실의 가장 큰 원인은 바로 잘못된 여성 교육이라는 사실을 절감하게 되었고, 단 하나의 편견에서 비롯된 갖가지 원인 때문에 여성이 나약하고 가엾은 존재로 전락했음을 알 수 있었다. 하긴 요즘 여성의 처신이나 행동거지를 보면 정말 머리가 정상이 아니라는 생각이 들기도 한다. 아름다워 보이기 위해 병약하고 무익한 삶을 살아가는 요즘 여성을 보면 마치 지나치게 비옥한 땅에 심어져 그 화려한 꽃잎으로 잠시 호사가의 눈을 즐겁게 해주다가 결국 다 크지도 못하고 시드는 화초를 보는 듯하다.

여성이 이렇게 아름답지만 무익한 존재로 전락한 것은 잘못된 교육 때문이다. 이런 교육의 이론적 토대가 된 것은 우리 여성을 하나의 인격체가 아니라 암컷으로 보고, 현모양처보다는 매력적인 연인으로 만들려고 한 남성학자들의 저술들이었다. 오늘날 문명 세계의 거의 모든 여성이 드높은 이상을 품거나 능력과 미덕을 발휘해 세상의 존경을 받으려 하기보다는 남자의 사랑만을 탐내는 존재로 살아가는 건 바로 여성을 성적인 존재로만 보는 이 허울 좋은 경의 때문이다.

나는 이 책에서 여성의 권리와 습속을 다루면서, 그들의 정신이 나약해진 것은 잘못된 교육 때문이고, 저명한 남성학자들의 작품들 역시 그보다 열등한 책들과 매한가지로 위에서 묘사한 여성관을 피력했음을 지적하고 있다. 그런 저작들은 인간이 동물과 달리 자신의 삶을 개선할 이성(理性)을 갖고 있고, 여성 역시 그 이성을 갖고 있는데도 이슬람 사회에서처럼 여성을 인류 사회의 일원이 아니라 일종의 이류 시민으로 취급한다.[1] 그렇다면 여성 교육을 다룬 그런 책들에 대해 여기서 몇 마디 하고 넘어가는 게 좋을 것 같다.

하지만 나 자신이 여자이니만큼 남녀의 평등 · 불평등 문제를 격렬히 따지고 들 생각은 없다. 다만 이왕 내가 이 문제를 다루고, 독자들이 내 말을 터무니없이 오해할 소지도 있는 만큼 내 의견을 간단히 밝히려는 것이다. 생태계 전체를 볼 때 일반적으로 수컷이 암컷보다 힘이 세다는 것은 누가 봐도 분명한 사실이고, 이 자연 법칙은 인간에게도 해당된다. 따라서 남성이 여성보다 어느 정도 힘이 세다는 것은 분명한 사실이고, 그 자체가 하나의 고귀한 특권이다.[2] 그런데 남성은 이에 만

---

1 이슬람교는 여성에게는 영혼이 없고, 따라서 내세도 없다고 주장한다.

2 초판에는 다음과 같이 되어 있다.
"……여성은 일반적으로 남성보다 열등하다. 남자는 여자를 쫓아다니고, 여자는 그에게 몸을 맡긴다. 이것이 자연의 법칙이고, 이 법이 여자를 위해 중지되거나 폐기되는 것 같지 않다. 남자의 이런 육체적 우월함은 부인할 수 없고, 고귀한 특권이다!"

족하지 않고 우리 여성을 더 비천하게 만들고, 일시적 희롱의 대상으로 삼으려 한다. 그런가 하면 여성 또한 욕정에 사로잡힌 남성의 밀어에만 정신이 팔려 그들과 지속적인 사랑이나 우정을 가꾸려 하지 않는다.

이렇게 말하면 독자 여러분이 어떻게 나올지 짐작이 간다. 요즘 남자 같은 여자에 대한 비판이 사회를 떠들썩하게 했다. 그런데 그런 여자가 정말 있기는 한가? 그런 비판이 사냥하는 여자들을 겨냥한 거라면 나도 얼마든지 동의할 수 있다. 하지만 그게 남성의 미덕을 모방하는 여자, 다시 말해 우리의 인격을 드높이고 더 고귀한 인간으로 만들어주는 재능과 미덕을 갖추려는 여성을 향한 거라면, 나 자신은 물론 양식 있는 이들 모두 그들이 더욱더 남성적으로 변하기를 바랄 것이다.

이 문제는 물론 몇 가지 주제로 나누어 검토해야 할 것이다. 나는 먼저 사회에서 여성이 차지하는 위치를 다루려고 한다. 여성은 남성과 마찬가지로 자신의 천부적 재능을 계발하기 위해 이 세상에 태어났기 때문이다. 그다음에는 여성 특유의 임무에 대해 얘기하려 한다.

나는 또한 『샌퍼드와 머튼』에[3] 들어 있는 몇 가지 교훈담을 제외하고 지금까지 여성 교육을 다룬 저자들이 한결같이 범한 오류, 즉 상류층 여성들(ladies)만을 다루는 걸 피하고, 대신 좀더 강한 어조로 중산층 여성을 주로 다루려고 한다. 그것은 중산층 여성이야말로 가장 자연스러운[4] 상태에 있다고 생각되기 때문이다. 거짓된 세련, 부도덕, 허영의

---

[3] 『샌퍼드와 머튼』(*Sandford and Merton*)은 1786~89년 사이에 출간된 데이(Thomas Day)의 소설.

[4] 여기서 '자연스럽다'는 것은, 중산층은 귀족들처럼 대대로 이어받은 계급이나 재산, 돈 때문에 타락하지 않았고, 따라서 애디슨과 스틸*도 주장했듯이, 가장 교육할 만한 계층이라는 뜻.

* 애디슨(Joseph Addison, 1672~1719)과 스틸(Richard Steele, 1672~1729)은 동시대인 18

씨앗을 뿌린 것은 아마 항상 상류층의 짓이었을 것이다. 상류층은 원래 평범한 사람들이 느끼는 욕구나 정서 너머에 존재하기 때문에 지나치게 일찍 세속에 물들고, 나약하고 거짓된 존재로서 미덕의 토대 자체를 무너뜨리고 사회 전체를 타락시켜 왔다! 그들은 인간 사회에서 가장 불쌍한 계층이다. 그들이 받는 교육은 그들을 나약하고 무력한 존재로 만들고, 인격 도야를 돕는 의무의 이행 없이 정신만 발달시키기 때문이다. 이들은 자신의 즐거움만을 위해 살고, 그런 경우에 그렇듯이 이들의 쾌락은 결국 허망한 즐거움으로 변하고 만다.

그러나 나는 각 계층의 삶과 그것이 여성의 정신에 미치는 영향을 검토할 것이기 때문에 여기서는 이 정도로 해두려 한다. 원래 서문에서는 책에 실린 내용을 대강만 소개하면 되기 때문이다.

여성 독자들에게 하나 부탁할 것은, 내가 그들의 매혹적인 아름다움을 찬미하거나 혼자서는 아무것도 못하는 영원한 어린아이로 취급하지 않고 이성적인 존재로 대하는 것을 양해해달라는 것이다. 나는 진정한 위엄과 참된 행복의 원천을 다루고 싶고, 여성에게 심신의 힘을 기르라고 말하고 싶다. 달콤한 말씨, 감상적인 정신, 민감한 감정, 세련된 취미 등은 실은 나약함의 또 다른 이름에 지나지 않고, 남자에게서 연민이나 거기서 비롯된 사랑을 얻은 여성은 얼마 안 가 경멸의 대상으로 전락할 것이기 때문이다.

그래서 나는 여성이 처한 비굴한 의존 상태를 위장하기 위해 남성이 선심 쓰듯 내뱉는 귀엽고 여성스러운 어구들과, 여성의 성적 특징으로 간주되어온 나약하고 부드러운 정신, 예민한 감성, 유순한 행동거지 등

---

세기에 함께 활동한 영국의 작가들로, 두 사람은 『스펙테이터』(*The Spectator*)와 『태틀러』(*The Tatler*)지를 공동으로 창간, 편집했다 – 옮긴이.

을 거부하고, 아름다움보다 덕성이 낫다는 걸 밝히려고 한다. 남자든 여자든 한 인간으로서 자기만의 개성을 만들어가는 것이야말로 가장 중요한 목표이므로, 모든 것이 이를 기준으로 평가되어야 할 것이다.

이상이 이 책의 주제인데, 이런 확신을 평소에 이에 대해 느낀 강렬한 감정에 실어 표현한다면, 독자들도 나의 이런 주장이 경험과 성찰에서 나왔다는 걸 느끼게 될 것이다. 주제가 워낙 중요한 만큼 이 책에서 미사여구나 세련된 문체를 구사할 생각은 없다. 독자에게 도움을 주는 것이 목적이니만큼 진실한 마음을 미사여구로 꾸미지는 않을 것이다. 나는 그럴 듯한 말로 독자를 현혹하거나, 문장을 매만지거나,[5] 머리에서 나왔기에 얼핏 보기에는 그럴 듯해도 마음을 움직이지는 못하는 과장되고 거짓된 감동을 꾸며내기보다는 논리를 통해서 독자를 설득하고 싶다. 나에게 중요한 것은 언어가 아니라 현실이기 때문이다! 여성이 인간 대접받는 사회를 만드는 게 내 소원이니만큼, 요즈음 수필에서 소설로, 그리고 거기서 다시 편지와 일상 대화로 파급되는 만연체는 가급적 피하려 한다.

유창한 미사여구는 독자의 안목을 타락시킬 뿐 아니라 감성을 지나치게 예민하게 만듦으로써 소박한 진실을 외면하게 한다. 거짓된 감상의 충일(充溢)과 지나친 정서적 자극은 인간 본연의 감정을 억누르고, 불멸의 영혼과 이성을 지닌 인간을 더 고귀한 삶으로 이끄는 더 엄숙한 의무의 수행을 도와주는 가정의 즐거움을 무색하게 만든다.

최근 여성 교육에 관심이 높아졌지만 아직도 여성은 경박한 존재로 간주되고 있고, 풍자나 교훈으로 여성을 교육하려는 작가들은 여전히

---

5 균형 잡힌 문장을 꾸며낸다는 뜻.

이들을 비꼬거나 동정한다. 여성은 몇 가지 기예를 익히면서 어린 시절을 허송하고, 관능적인 심미안을 기르고, (그외에는 다른 출세길이 없는 관계로) 자기보다 나은 상대와 결혼하겠다는 욕망을 추구하느라 심신의 힘을 잃어간다. 이 욕망은 여성을 일종의 동물로 전락시키기 때문에, 결혼한 여성은 옷을 차려입고, 화장하고, 아양을 떠는 등[6] 그야말로 아무 생각 없는 어린아이같이 행동하게 된다. 하렘에나 적합할 이 나약한 여성이 과연 현명하게 가정을 이끌고 자기가 낳은 가엾은 아이들을 제대로 길러낼 수 있을까?

여성의 그런 행태, 영혼의 개화(開化)와 성숙을 돕는 드높은 욕구와 야망 대신 쾌락만을 추구하는 모습을 보면, 현 사회의 구성은 물론 지금까지의 여성 교육이 이들을 하찮은 욕망의 대상, 바보들의 어머니로 만들어왔음을 알 수 있다. 기존의 여성 교육은 합리적 사고 대신 재예(才藝)만을 강조하고, 그들이 마땅히 해야 할 일들을 가르치지 않았기에, 금방 시들어버리는 청춘의 아름다움을 상실하면 여성은 아무짝에도 못쓸 우스꽝스러운 존재로 전락해버린다.[7] 그러니 합리적인 남성이라면 여성을 더 남성적이고 유용한 존재로 만들자는 내 주장에 공감할 수밖에 없을 것이다.

---

6 원문은 "신의 피조물들에 별명을 붙이다". 『햄릿』, 3막 1장, 150행에서 햄릿이 오필리어에게 하는 말에 대한 인유. "그대는 춤추고, 혀 짧은 소리를 하고, 신의 피조물에 별명을 붙이고, 방종한 마음을 무지로 감추지."

7 "지금 이름은 기억나지 않지만, 한 발랄한 작가가, '마흔이 넘은 여자들은 대체 왜 살지?'라고 물은 적이 있다"[MW]. 이는 아마 버니(Fanny Burney)*의 소설 『이블리나』(*Evelina*)에서 바람둥이인 머튼 경(Lord Merton)이 한 말에 대한 인유일 것이다. "난 서른 넘은 여자들이 왜 사는지 모르겠어. 남들에게 방해만 되는데 말야"(*Evelina*, London, New York: 1958, 253쪽).

* 패니 버니(1752~1840)의 원명은 프랜시스(Frances). 18세기 영국의 소설가 - 옮긴이.

'남성적'이라는 말에 대해 일반인이 갖는 반감은 그야말로 근거 없는 편견이다. 육체적으로 남성보다 약하기 때문에 삶의 여러 분야에서 어느 정도는 의존적일 수밖에 없는 여성이 더 많은 용기와 담력을 기르는 게 왜 나쁜가? 그런 편견 때문에 미덕의 분배에서 남녀를 구별하고, 관능적인 몽상 때문에 명백한 진리를 간과함으로써 타고난 불균형을 더 심화시키면 안 될 것이다.

사실 여성은 부덕(婦德)에 대한 그릇된 편견으로 너무도 심하게 타락해 있기 때문에 이런 역설까지 더하기는 뭐하지만, 이 인위적인 나약함은 그들을 독재자로 만들고, 힘없는 자의 무기인 교활함만을 길러준다. 이 교활함은 여성을 어린아이처럼 행동하게 만드는데, 이런 행동은 남자의 욕망을 자극하지만 동시에 그들로 하여금 여성을 경멸하게 만든다. 남성이 좀더 점잖고 정숙해지면 여성도 그만큼 현명해질 것이다. 만약 그렇지 않으면 여성의 머리가 열등하다는 증거가 될 것이다. 이는 물론 아주 일반적인 얘기다. 어떤 여성은 오빠나 남동생보다 훨씬 더 영리하기 때문이다. 양쪽이 비슷해서 두 사람이 늘 우위를 다투는 경우에는[8] 그 누구도 승자가 될 수 없고 지성이야말로 가장 분명한 우월함의 근거이기 때문에 어떤 여성은 애교나 술수 없이 머리만으로 남편을 지배하기도 한다.

---

[8] 다만 개인적인 차이가 있을 뿐, 남녀가 원래는 비슷한 지성을 갖고 있다는 뜻 - 옮긴이.

# 여권의 옹호

메리 울스턴크래프트

제1장

# 인간의 권리와 의무

요즘 사회에선 아주 단순한 진리도 그 전제들을 규명하고, 지배적인 편견을 하나하나 제거해야 비로소 그 진실을 인정받는 것 같다. 따라서 내 논의를 전개하기 전에 먼저 몇 가지 간단한 질문을 던지고, 거기에 대해 공리(公理)처럼 자명한 답을 제시하는 게 순서일 것 같다. 그러나 이렇게 분명한 답들도 인간의 행동 동기(動機)와 얽히면 이런저런 말이나 행동에 따라 그 진위가 흐려질 것이다.

인간은 왜 동물보다 우월한가? 바로 이성(理性) 때문이다. 이는 전체가 반보다 크다는 사실만큼이나 분명하다.

한 인간이 다른 인간보다 우월한 것은 무엇 때문인가? 그 답이 미덕이라는 것은 누구나 안다.

인간이 감정을 지닌 이유는 무엇인가? 경험에 비추어 보면 그것은 바로 감정과 투쟁해서 동물에게는 없는 지혜를 얻기 위해서다.

그렇다면 우리가 천부적 자질을 계발하고 행복을 실현하는 데는 이성과 미덕, 지식의 양이 관건이 될 것이고, 이 세 가지야말로 개개인의 탁월함을 판단하는 기준임과 동시에 사회를 유지하는 데 필요한 갖가지 규범의 근거라 할 수 있다. 그리고 이런 인간관이 옳다면 지식과 미덕은 이성의 산물임이 분명해질 것이다.

인간의 권리와 의무를 이렇게 요약하니 그처럼 자명한 사실을 증명한다는 것 자체가 불경스럽게 느껴진다. 그러나 너무도 뿌리 깊은 편견이 이성을 마비시키고, 아주 이상스러운 것들이 미덕으로 간주되는 것이 현실인지라, 이성의 혼란과 오류를 초래한 여러 외적 원인들을 규명하고, 앞에서 밝힌 자명한 원리들과 그 변형들을 비교해보는 게 좋을 것 같다.

사람은 대개 이성을 이용해 자신이 지닌 편견을 뿌리 뽑기보다는, 자기도 모르게 갖게 된 그 편견을 합리화하기 위해 머리를 굴리는 것 같다. 원래 인간이란 비상한 지성의 소유자가 아닌 한 스스로 어떤 원칙들을 수립해갈 수 없는 법이고, 대부분의 인간은 일종의 지적 소심함 때문에 그 일 자체를 겁내거나 도중에 그만두기 때문이다. 하지만 이렇게 해서 도달한 결론은 상당 부분 경험에서 나온 것이고, 편협하지만 정당한 이유에 근거하기에 상당히 그럴싸해 보이는 법이다.

다시 근본적인 원리로 돌아가자면, 악은 원래 추악해서 면밀한 검토를 회피하는 경향이 있다. 그런데도 피상적인 사람들은 이런 추론[1]은 극단으로 흐르기 쉽다고 주장하면서, 단지 편리하다는 이유로 고갱이까지 썩은 것을 받아들인다. 이처럼 편의와 근본 원리가 계속 충돌하다 보면 진리는 말의 안개 속에 묻혀버리고, 미덕은 형식으로 전락할 것이다. 그리고 그 대신 이상한 편견이 미덕의 가면을 쓰고 행세하게 된다.

생각 있는 사람이면 누구나 이 사회가 인간 본성[2]을 토대로 가장 지

---

1 근본적인 원리에 근거한 추론.

2 인간의 본성은 합리적.

혜롭게 편성되어 있다고 생각할 것이고, 그래서 이를 입증할 근거를 찾는 시도 자체를 주제넘다고 여길 것이다. 하지만 근거를 찾지 않으면 이런 현실은 이성으로 보강되지 못할 것이다. 반면에 이런 편성을 핑계로 인간의 천부적 권리를 박탈한다면 그것이야말로 상식을 모독하는 어불성설의 궤변이 될 것이다.

현재 유럽 대부분 지역의 문명은 극히 불공평하다. 그래서 우리가 순수함의 상실, 추악한 무지(無知)를 가리는 악에서 비롯된 불행, 자유를 내주고 얻은 극심한 예속 상태 등을 겪으면서 그 대가로 과연 어떤 미덕을 얻었는지 연구해봐야 할 정도다. 인간 사회에서 가장 확실한 우월함의 표지인 재산을 이용해 남보다 돋보이려는 욕망, 눈앞에서 알랑거리는 아첨꾼들을 거느리는 즐거움, 그리고 자기애를 만족시키기 위해 치밀하게 머리를 굴리는 비열한 타산 때문에 인류 대다수가 지금까지 억압받아왔고, 자유 역시 사이비 애국심을 내세우기 위한 수단으로 악용되어왔다. 이 사회에서는 지위와 계급이 재능보다 대접받고,[3] 항상 그런 건 아니지만 이런 세태 속에서 천하고 빈한한 가정 출신의 인재가 자수성가하여 권력을 잡는 것은 나라 전체를 위해 아주 불행한 일이다. 왕족들과 교유하는 것으로도 모자라 교황이 됨으로써 오히려 그들 위에 군림하려던 한 천민 출신의 교활한 야심가 때문에 얼마나 많은 사람이 무서운 고통을 겪었던가![4]

계급, 재산, 왕권의 세습은 너무도 막심한 피해를 끼쳐왔기에 일부 예

---

3 원문은 "천재가 초라해진 머리를 조아리고"로, 밀턴(John Milton)의 『실낙원』, 제4권, 34~35행 "그 광경에 별들이 모두 초라해진 머리를 숨긴다"의 인유.

4 루이 15세의 자문관이던 뒤부아(Cardinal Dubois, 1656~1723) 추기경과 교황직에 대한 그의 야심에 대한 언급.

민한 이들은 신의 섭리를 정당화하기 위해 반(反)기독교적인 논리까지 동원했다. 그들은 예컨대 인간이 신의 권한 밖에 있다든지, 이성이라는 천상의 불을 훔쳐오기 위해 제 궤도를 벗어난 나쁜 별 같은 존재라고 주장했던 것이다. 그리고 하늘은 갖가지 재앙을 담은 판도라의 상자처럼[5] 그 불꽃 속에 악을 숨겼다가 세상에 퍼뜨림으로써 그의 건방짐을 벌했다는 것이다.

루소는 프랑스 사회에 만연해 있던 이런 주장에 깊은 인상을 받았고, 위선적인 바보들과 싸우는 데 지친 나머지 고독에 탐닉했다. 하지만 그는 낙관주의자였기 때문에 그 놀라운 언변으로 인간은 원래 고독한 존재라는 사실을 입증하려 했다.[6] 신의 선성(善性)을 믿었던 그는 인간은 오직 행복하기 위해 창조되었다고 생각했다. 사실 양식과 감정이 있는 이라면 누구나 그렇게 생각할 것이다! 그래서 그는 악은 실재하지만 오직 인간이 만든 것이라고 주장했다. 이렇게 루소는 신을 높이기 위해 인간을 낮추는데, 신이 정말 완벽한 존재라면 과연 악한 인간을 만들었을까?[7]

---

5 그리스 신화에서 프로메테우스는 제우스의 금령을 어기고 불을 훔쳐내어 인간에게 주었고, 제우스는 최초의 여자인 판도라를 만들어 이를 벌했다. 그녀는 인간의 모든 재앙이 담긴 상자를 열어 파멸을 초래했다.

6 프랑스의 철학자 루소(Jean Jacques Rousseau, 1712~78)는 18세기의 중요한 사상가이다. 그는 두 번째 작품인 『불평등 기원론』에서, 자연 상태의 인간은 고독한 존재로서, 사회를 이룰수록 더 사악해질 수밖에 없다고 주장했다. 루소는 그 자신이 고독한 삶을 선호했는데, 이는 어느 정도는 수줍은 성격과 요도염 때문이었다. 그의 『고백록』 제4장은 데피네 부인(Madame d'Épinay)의 에르미타주(Hermitage)에서 보낸, 그의 인생에서 가장 즐겁고 고독한 시기를 그렸다.

7 루소에게 신은 최상의 선이었고, 따라서 악은 인간이 만든 것, 사회의 산물이었다. 악이 '적극적인' 이유는 인간이 자유 의지로 선악을 선택할 수 있기 때문이다. 울스턴크래프트는 신은 선할 뿐 아니라 전지전능한 존재라고 주장한다. 즉 신은 인간이 악을

그런 오류에 근거한 루소의 자연회귀설은 얼핏 보면 그럴 듯하지만 그 내용을 들여다보면 참으로 이상한 이론이다. 자연 상태가 갖가지 장점을 갖춘 문명 사회보다 낫다는 건 신의 지혜를 모독하는 주장이다. 신이 모든 것을 완벽하게 만들었다면서 다른 한편으로는 신이 뻔히 알면서도 자신의 창조물인 인간이 악을 범하게 놔두었다고 주장한다면 이는 불경스러울 뿐 아니라 앞뒤가 맞지 않는 소리다.[8]

인간을 창조하고 이 세상에 살게 한 지혜로운 신은 현재의 악이 미래의 선을 낳을 것임을 알고 계셨기에 감정이 이성의 개화(開花)를 돕도록 하셨던 것이다. 신이 무(無)에서 창조해낸 무력한 인간이 과연 그의 허락 없이 섭리를 이탈하여 대담하게 악을 행함으로써 선을 배울 수 있을까? 그럴 리는 없다. 그토록 열심히 불멸을 주장하는 사람이[9] 어떻게 그처럼 모순된 주장을 펼 수 있었을까? 그는 그 놀라운 글재주로도 자연 상태가 왜 좋은지 보여주지 못했지만, 인간이 야만적인 자연 상태를 벗어나지 못했다면, 예민하고 생각 없는 그 방랑자에게는 안 그랬을지 몰라도, 인간이란 태어났다 죽어가는 과정에서 자신의 천성과 별로 어울리지 않는 목적을 위해 신의 정원을 일구다 사라지는 존재라는 게 분명해졌을 것이다.

그러나 신께서 창조의 맨 마지막에 만물을 능가할 갖가지 재능을 가진 이성적인 존재를 만드신 게 사실이고, 선한 신께서 사고와 노력으로

---

저지르는 걸 지켜보긴 했지만, 그렇게 만든 건 아니라는 것이다. 그렇다면 루소는 신의 전지전능함보다 관대함을 더 중시하는 셈이다.

8 루소의 『에밀』(*Émile*) 도입부는 이렇게 시작한다. "신은 모든 걸 좋게 만들었지만, 인간이 그걸 건드려 나쁘게 만든다"(*Émile*, trans. Barbara Foxley, London: 1911, 5쪽). 앞으로 나오는 『에밀』의 쪽수는 모두 이 판을 기준으로 한다.

9 즉 루소. 그의 종교관은 『에밀』, 「제4장 한 사부아 보좌신부의 신앙」에 실려 있다.

장 자크 루소

끊임없이 자신을 개선해갈, 동물보다 뛰어난 존재를 만드셨다면,[10] 감각에서 비롯된 동물적인 안락만이 존재하는 자연 상태 위로 솟아오를 능력이 있는 존재로 창조해주신 이 무한한 은총이 왜 저주라고 불리게 됐을까? 인간의 삶이 이승에서 끝난다면 그건 분명 저주일 것이다. 육신의 죽음으로 모든 게 끝난다면, 왜 생명의 원천인 은총의 신께서는 인간에게 감정과 사고력을 주어 우리의 삶을 고통스럽게 만들고 인간의 존엄성에 대해 잘못된 생각을 하게 하셨을까? 우리가 신앙을 통해 더 나은 사람이 되고[11] 더 놀라운 행복을 맛보게 하실 생각이 아니었다면, 신께서는 왜 인간이 자기애를 넘어서서, 신의 지혜와 선성(善性)에 대한 확신에서 나오는 신앙심을 느끼게 만드셨을까? 나는 신께서 의도하지 않은 악은 존재하지 않는다고 확신하기에, 신은 완벽하다는 걸 전제로 내 논의를 전개해가려 한다.

루소는 과거가 제일 좋았다고 주장하고, 수많은 다른 작가들은 현재

---

10 "해부학자들이 이, 위장, 내장의 구조에서 유추한 결론에도 불구하고, 루소는 인간이 육식동물이 아니라고 주장한다. 그는 또 체계에 대한 집착 때문에 자연을 무시하는데, 아주 길고 무력한 영아기 때문에 인간은 짝을 이루어 살 수밖에 없을 텐데도, 그는 인간이 사회적 동물이라는 사실에 의문을 제기한다"[MW]. 『에밀』, 118~120, 182쪽.

11 "시간만 알려주는 시계를 만들어달라고 했는데, 자기 기술을 뽐내기 위해 반복 타종(打鐘) 장치 등을 더함으로써 간단한 기계를 복잡하게 만든 시계공이 있다면 여러분은 뭐라고 하겠는가? 어떤 용수철만 안 건드렸으면 여러분이 그걸 몰랐을 것이고, 또 여러분에게 아무런 해도 안 입혔으며 그냥 실험을 해본 거라고 그가 변명을 늘어놓으면, 여러분은 그렇게 쓸데없는 바퀴와 용수철을 안 달아놨으면 그런 문제가 안 생겼을 거라고 그 시계공을 심하게 질책하지 않겠는가?"[MW]. 신이 인간에게 이성을 통해 힘과 아름다움을 얻을 능력을 주시고, 결국은 그를 필멸의 존재로 놔둔다는 건 생각할 수도 없는 일이다. 신의 완벽한 계획에 따르면 인간은 (그걸 달성할 수는 없지만) 신과 같은 행복을 추구하기 위해 이성을 발견하고 사용하게 되어 있다. 하지만 신이 자유 의지를 주신 탓에 인간은 오류를 범하게 되고, 악도 존재하는 것이다.

가 가장 낫다고 얘기하지만, 나는 미래야말로 그 어느 시대보다 좋을 거라고 생각한다.

그런데 루소는 자연회귀설이라는 애초의 전제에 걸맞게 자연 상태 다음으로 좋았던 것은 야만 시대라고 주장한다. 그러나 그가 파브리시우스[12]를 빌려 야만 시대를 찬미하는 것은 로마가 세계를 정복하고도 스스로의 자유를 보장하거나 올바른 정치를 유지해갈 기반을 닦지 못했다는 사실을 간과한 처사다. 그는 자기 주장을 변호하기 위해 인간이 지금까지 이룩해온 갖가지 업적을 비난하고, 고대인들의 미덕을 찬미하기 위해 짐승 같은 야만인들을 거의 신적인 존재로 치켜세운다. 그런데 예를 들어 그가 칭찬하는 스파르타인[13]은 자기들을 억압하는 적을 보호하기 위해 용감한 노예들을 냉혹하게 희생시킴으로써 정의와 보은의 미덕을 저버렸던 것이다.

가식적인 세태와 도덕에 염증을 느낀 이 제네바인[14]은 이런 문제를 진지하게 검토해보지도 않은 채 현재는 무조건 나쁘다고 주장했던 것이다. 그는 자신의 열정적인 영혼을 분개시킨 갖가지 부정이 문명의 소산인지 야만 시대의 잔재인지 따져보지 않고 성급한 결론을 내렸다. 루소는 악이 미덕을 짓밟고, 위선이 날뛰고, 권력자들이 불순한 목적에 재능을 악용하는 현실을 보면서, 이런 엄청난 부정의 원천이 인간의 근

---

12 루소는 『과학과 예술에 관한 담화』(*A Discourse on the Sciences and the Arts*, 1750)에서 기원전 3세기에 활동한 로마의 정치가 파브리시우스(Gaius Fabricius)의 영혼을 불러내어, 후기 로마의 나약함을 비판하고, 시민들에게 다시 세계 정복에 나서라고 말한다. 파브리시우스는 공직에 있을 때 뇌물을 받지 않은 청렴한 관리의 전범(典範)이었다.

13 앞에 나온 글에서 루소는 예술을 탄압한 스파르타를 찬미하고, 학자들을 보호한 아테네인을 비난했다.

14 루소는 1712년 제네바에서 출생했다.

본적인 우월성의 근거가 되는 정신적 탁월함과 대비되는 전제 권력이나 세습 계급일 수도 있다는 건 전혀 깨닫지 못했다. 그는 왕권이라는 게 몇 대만 지나면 그 집안 자손들을 바보로 만들고 수천 명의 인간을 나태하고 사악한 생활로 이끈다는 사실을 깨닫지 못했던 것이다.

전제 왕권이 범한 죄악들은 이 사실을 명백히 입증해준다. 그들은 비열한 음모, 반인륜적 범죄, 인성을 타락시키는 갖가지 악행을 통해 그 자리에 올랐던 것이다. 그런데도 수백만 백성은 그처럼 악착같은 약탈자들의 나약한 후손이 피로 물든 옥좌에 앉아 영화를 누리도록 속없이 방치해왔다.[15]

최고 지도자가 어리석고 유치한 의식(儀式)이나 범죄만을 배우고 자란 사람이라면 그 사회에는 역병(疫病) 같은 독기운만이 감돌 것이다. 우리 인간은 왜 이리 어리석을까? 가라지에서 옥수수를, 엉겅퀴에서 무화과를 얻기 바라는 이런 어리석음은 언제나 사라질 것인가?[16]

절대 권력을 쥔 사람이 왕의 의무를 제대로 수행할 지식과 정신력을

---

15 "저 추악한 뒤부아가 자기 목적을 이루기 위해 아기를 이용했던 때의 프랑스 입법회의보다 더 인권을 모욕한 예가 있을까!"[MW]. 입법회의는 정책을 결정하기 위한 왕과 의회의 엄숙한 회합이었다. 울스턴크래프트가 말하는 '아기'는 1715년에 섭정이 되어 즉위 당시 5세였던 루이 15세가 성년이 될 때까지 재위한 오를레앙 공작 필립. 섭정의 제일 중요한 자문관이자 한때 스승이었던 뒤부아(Guillaume Dubois, 1656~1723)는 정치적 수완이 뛰어난 사제로서 나중에 추기경이 되었다. 울스턴크래프트는 1789년에 『뒤부아 추기경 전기』의 서평을 쓰면서, 그가 후대의 섭정들에게 미친 영향을 이렇게 설명한 바 있다. "그는 양심의 가책이 전혀 없고 파렴치한 자였기에, 공작에게 그가 좋아하는 일을 실컷 하도록 주선해주었으니 바로 무수히 많은 여자를 농락하게 해준 것이있다"(*Analytical Review*, IV, 405쪽).

16 "과실을 보면 나무를 알리라. 가라지에서 포도를, 엉겅퀴에서 무화과를 따는가?"(「마태복음」, 7장 16절); "그 과실로 나무를 알리라. 가라지에서 무화과를, 가시덩굴에서 포도를 따는가?"(「누가복음」, 6장 44절).

갖추기란 가장 좋은 상황에서도 어려운 일이다. 하물며 그의 지위가 지혜나 미덕의 획득을 아예 불가능하게 만들고, 아첨으로 인간적인 감정이 모두 억압되고, 쾌락으로 생각할 여유가 전혀 없어지는 경우에는 어떻겠는가! 그러니 무수히 많은 백성의 운명이, 왕이라는 지위 때문에 반드시 그 사회에서 가장 비열한 인간으로 전락하고 마는 나약한 자의 변덕에 좌우된다고 생각하면 그야말로 기가 막힌 일 아닌가! 모든 권력은 그 속성상 나약한 인간을 도취시키기 때문에, 그 누구도 자기의 타고난 권리를 남에게 양도하면 안 된다. 그리고 권력의 남용에서 비롯된 폐해들을 보면 평등할수록 도덕적이고 행복한 사회가 된다는 걸 알 수 있다. 그러나 명백한 이성에서 추론된 이런 주장이 격렬한 반론을 불러일으키는 게 현실이다. 이들은 누군가가 고대인들의 지혜를 의심하면 교회와 국가를 와해시킨다고 떠들어대고, 민중이 겪는 갖가지 고난에 분개하여 권력자들을 비난하면 반(反)종교적, 반(反)인륜적인 사람으로 매도한다. 이는 물론 악랄한 중상모략이지만, 죽어서까지 평화를 가르치는 최고의 인간조차도[17] 그 손아귀를 벗어나지 못했다. 그가 그토록 중시했던 이 문제들을 논의할 때는 존경의 마음으로 잠시 묵념을 올리자.

신성한 왕권을 이렇게 비난했으니, 독자들도 이제 위계적 권위에 바탕을 둔 직업은 모두 비도덕적이라는 말을 들어도 그다지 놀라지 않으리라.

예컨대 상비군(常備軍)은 자유와 양립할 수 없다. 군대는 복종과 규율을 생명으로 하고, 그 지휘관의 힘은 절대 권력에서 나오기 때문이다.

---

17 프라이스 씨[MW]. 울스턴크래프트가 사숙했던 프라이스(Richard Price, 1723~91)는 당시 미국 독립을 옹호한 저명한 도덕 · 정치 철학자였다.

요즘 유행하는 낭만적인 명예 의식을 향유할 수 있는 건 몇 안 되는 장교들뿐, 대다수 군인은 물결처럼 명령에 따라 움직여야 한다. 사병들은 이유도 모르고 알려는 욕망도 없이 권위의 강풍에 정신없이 불려다니기 때문이다. 겉멋만 든 젊은 장교들이 간혹 시골에 머물면서 그 지방 사람들을 도덕적으로 타락시키는 것도 그런 예에 속한다. 이 청년들은 여자를 유혹하는 게 유일한 소일거리고, 화려한 외모와 정중한 행동거지 속에 추악한 정신을 숨기고 있는지라 더욱 위험하다고 할 수 있다. 실상 몰개성과 줏대 없는 정신의 징표인 유행 감각은 순진한 시골 사람들을 현혹해, 여간해서는 이해하기 힘든 상류층의 우아함은 배우지 못한 채 그들의 악행(惡行)만 모방하게 만든다. 군대는 한결같이 독재자들의 소굴이다. 이들은 자신의 이성과 상관없이 상명하복(上命下僕) 체제로 움직이고, 갖가지 악행과 우행으로 그 지역에 큰 해를 끼친다. 지위나 재산이 있는 자는 기득권 덕분에 출세가 보장되었기 때문에 희한한 짓에서 쾌락을 찾고, 출신은 좋으나 돈이 없어서 그야말로 자수성가해야 하는 자는 비열한 아첨꾼이나 교활한 거간꾼이 된다.

수병(水兵)이나 해군 장교들도 비슷하지만 다만 그 타락상이 육군과 조금 다르고 더 천박하다고 해야 할 것이다. 육군의 공연한 법석이 일종의 분주한 나태라면, 해군은 꼭 필요한 일을 할 때를 빼고는 정말 게으르게 지낸다. 해군이 남자들끼리만 생활하는 기간이 길기 때문에 주로 걸진 농담이나 장난을 즐긴다면, 육군은 교양 있는 여성들과 교류할 기회가 많기 때문에 감상적인 어구를 많이 쓰는 편이다. 그러나 너털웃음을 웃든 정중한 미소를 흘리든 지성이 모자라는 건 매한가지다.

그렇다면 지성이 더 많이 깃들어 있을 듯한 다른 직업은 어떨까? 성직자들은 윗사람에게 무조건 복종해야 하기 때문에 타고난 재능을 억눌러야 하겠지만 그래도 자기 계발을 할 기회가 많을 것이다. 성직에서 출세하려면 상급자인 목사나 후원자의 생각을 고분고분 따라야 하기 때문에 대학에서는 신앙의 형태에 대한 맹목적인 순종을 강요한다. 가난한 목사보(牧師補)의 비굴하고 조심스러운 걸음걸이와 주교의 거만한 언동만큼 선명한 대조를 이루는 게 또 있을까. 이런 언행이 불러일으키는 경멸과 외경은 그들이 하는 일까지 무익하게 만들 지경이다.

직업이 어느 정도는 그 사람의 성격을 결정짓는다는 사실을 꼭 명심해야 한다. 양식 있는 사람은 그의 사람됨을 알게 되면 첫인상이 바뀔 수도 있지만, 나약하고 평범한 사람은 외모에서 풍기는 것 이외에는 이렇다 할 특징이 없는 경우도 많다. 그런 사람이 가진 의견은 권위의 물에 너무 찌들어 있어 본인이 지닌 빈약한 정신과 거의 구별이 안 되기 때문이다.

그렇다면 개화된 사회는 사람을 여지없이 어리석거나 사악하게 만드는 직업을 없애가야 할 것이다.

인간이 겨우 원시 상태를 벗어나기 시작한 야만 시대에는 사람들의 행동을 지배하는 심리적 원천, 즉 희망과 공포를 관장하는 추장과 무당들이 절대적인 권력을 향유했을 것이다. 따라서 최초의 정부 형태는 귀족제였다. 그러나 이해 관계가 서로 충돌하면서 치열한 투쟁이 시작되었고, 거기서 봉건제에 기초한 왕과 귀족들의 위계가 세워졌다. 왕과 사제의 권위는 문명 시대 초기에 이런 과정을 거쳐 확립되었다. 그러나 그처럼 불안정한 상태가 오랫동안 지속될 수는 없기 때문에, 얼마 안가 해외 정복과 내부의 반역으로[18] 그 기운이 터져나왔고, 이런 격동 속

18 내전(內戰).

에 민중은 어느 정도 힘을 얻게 되었다. 그리고 군주들 역시 민중의 권리를 어느 정도 인정해줌으로써 억압 상태를 위장해야 했다. 이처럼 전쟁, 농업, 상업, 문학을 통해 인간 정신이 점점 확장되자 전에는 드러내놓고 권력을 강탈했던 전제 군주들도 이제 내밀한 부정(不正)으로 그 권력을 유지하게 되었다.[19] 그리고 이 숨어 있는 병소(病巢)는 야심의 확실한 부산물인 사치와 미신을 따라 가장 급속히 퍼지는 법이다. 나태한 조신(朝臣)은 처음에는 사치스러운 괴물이나 까다로운 관능주의자가 되지만, 궁정이라는 비정상적인 생활 환경 때문에 권력의 독에 전염되어 결국은 폭정의 도구로 변하게 마련이다.

문명을 하나의 저주로 만들고 인간 정신을 타락시키는 것은 바로 그런 부패한 권력[20]이다. 그래서 식자 중에는 인간 정신의 발달이 과연 인류의 행복에 기여하는지, 불행을 증가시키는 건 아닌지 의문을 제기하는 사람도 있다. 하지만 독을 알면 해독제도 나오는 법. 루소가 조금만 더 깊이 생각했거나 어두운 현실을 조금만 더 날카롭게 꿰뚫어 보았더라면, 그처럼 현실을 거부하고 관능적인 무지의 암흑 속으로 되돌아가는 대신,[21] 그 예리한 정신으로 인간은 완벽해질 수 있고 진정한 문명도 세울 수 있음을 간파할 수 있었을 것이다.

---

19 "유능한 사람들은 점점 더 세력을 얻어 나중에는 아주 강력한 영향을 미칠 여론의 실마리를 제공한다. 그리고 이성의 작용으로 여론이 힘을 얻으면 전제 권력을 쓰러뜨리는 건 시간 문제다"[MW].

20 원문은 'purple'로 '자색'(紫色). 자색은 왕족이나 귀족의 색이다.

21 루소의 자연회귀설에 대한 언급 - 옮긴이.

제2장

# 여성에 대한 여러 견해

남자들의 폭정을 설명하고 정당화하기 위해 지금까지 갖가지 교묘한 이유들이 제시되어 왔는데, 그 요체는 바로 남녀는 서로 다른 미덕을 추구해야 한다는 것이다. 아니, 여자는 진정한 미덕을 갖출 정신적 능력이 없다는 게 더 솔직한 표현이리라. 하지만 여자에게도 영혼이 있다면, 미덕을 추구하게 하기 위해 신이 인간에게 내려주신 길은 한 가지뿐일 것이다.

만약 여성이 하찮은 하루살이 같은 존재가 아니라면, 순수라는 허울좋은 이름 아래 그들을 무지한 상태에 가둬두어서는 안 될 것이다. 남자들은 우리 여자들이 앞뒤 안 가리고 어떤 열정에 몰두한다든지, 천한 악덕에 빠져든다고 비웃는가 하면, 어리석고 변덕스럽다고 불평하기도 한다. 그리고 그건 물론 근거 있는 비판이다. 하지만 그에 대한 내 대답은 바로 이것이다. 보라, 무지한 인간은 그렇게 될 수밖에 없다. 편견밖에 모르는 사람은 당연히 마음이 항시 불안정할 것이고, 그 힘을 꺾어줄 방벽이 없다면 물은 거침없이 흘러넘치며 모든 걸 파괴할 것이다. 여자들은 (흔히들 '약삭빠름'이라는 적절한 이름으로 부르는) 인간의 나약함에 대한 약간의 지식과 유순한 성격, 겉으로 보기에 순종적인 태도 등을 익히고 유치한 종류의 예의범절만 철저히 지키면 남자들의 보호를 받을 수 있고, 얼굴이 예쁘면 적어도 스무 살까지는 그밖의 아무것도 필요 없다는 것을 아기 때부터 듣고 자라고, 엄마를 보면서 그 사실을 거듭거듭 확인하게 된다.

밀턴도 바로 그런 식으로 나약한 최초의 엄마 이브를 그렸다.[1] 밀턴은 여자는 부드러움과 매력적인 우아함을 위해 만들어진 존재라고 말하는데, 그게 혹시 이슬람교에서처럼 여자들에겐 영혼이 없고,[2] 남자들이 명상의 날개를 타고 날아오르다 잠시 쉴 때 그에게 관능적인 즐거움을 줄 매력적인 우아함과 유순하고 맹목적인 순종만을 타고난 존재라는 뜻이 아니면 대체 무슨 생각에서 그런 말을 하는지 모르겠다.

우리에게 유순한 가축 같은 존재로 살아가라니 그런 모욕이 어디 있는가! 수없이 많은 사람이 우리에게 그야말로 걸핏하면, 그리고 아주 강력하게, 여자는 매력적인 부드러움으로 순종함으로써 남자를 지배한다고 하지 않았던가! 그렇게 유치한 표정을 짓고, 그렇게 하찮은 존재가, 그리고 그렇게 수상한 방식으로 상대를 지배하는 존재가 과연 불멸의 영혼을 가질 수 있을까! 이에 대해 베이컨 경은 "물론!"이라고 대답한다. "남자는 그 육체 때문에 짐승과 비슷한 존재다. 그를 신과 비슷하게 만들어주는 영혼이 없었다면 남자는 그야말로 천하고 비열한 존재

---

1 "그는 명상과 용감한 행위를, 그녀는 부드러움과 감미로운 매력을 위해 창조되었고, 그는 하느님만을 위해, 그녀는 남편 안에 깃든 하느님을 위해 만들어졌네"(밀턴, 『실낙원』, 제4권, 297~299행).

2 마호메트가 창시한 이슬람교에서는, 여자에게는 영혼이 없고 천국에 갈 수도 없다고 한다.

였으리라!"[3] 남자들이 여자를 항상 어린아이 같은 상태에 묶어둠으로써 그들을 순종적인 존재로 만드는 걸 보면 그거야말로 정말 어리석은 짓이라고 느껴진다. 그보다는 남자가 지혜의 나무 열매를 따먹으면 여자 또한 금방 따먹을 테니 차라리 남녀를 모두 무지 상태에 묶어두는 게 낫다고 한 루소가 일관성이 있다. 그런데 현재는 남녀 모두 어중간한 교육 때문에 나쁜 것만 배우고 마는 것 같다.[4]

아이들은 물론 순수해야 하지만, 그게 성인 남자나 여자에게 적용될 때는 나약하다는 걸 점잖게 표현한 말일 뿐이다. 여자가 신에게서 인간적인 미덕을 달성할 능력을 받았고, 이성을 통해 불멸의 가장 확실한 토대인 건실한 인격을 닦을 수 있다고 한다면, 깜박이는 위성의 빛에 좌우되지 말고 빛의 원천을 바라볼 수 있게 해주어야 한다. 밀턴의 생각은 물론 전혀 달랐다. 그는 아름다움이 지닌 천부의 권리만을 인정했기 때문이다. 그런데 아래 인용한 부분들을 보면 그와 전혀 다른 생각도 했던 것 같다. 하지만 다른 천재들도 감각 때문에 그런 모순에 봉착하는 경우가 흔히 있다.

> 완벽한 아름다움으로 치장한 이브가 그에게 이렇게 말한다.
> "저를 만들고 다스리시는 분이여, 당신이 시키시는 일이라면
> 저는 군말 없이 복종할 것입니다. 그게 신의 뜻이니까요.
> 당신의 법은 하느님, 나의 법은 당신입니다. 그것만 아는 것이

---

3 베이컨(Francis Bacon), 수필 14번, 「무신론에 대해」.

4 아담과 이브는 선악과를 따먹었고, 타락 상태의 인간은 선에 도달하기 위해 노력해야 한다. 그런데 울스턴크래프트의 논리는 여자에게는 교육의 기회가 주어지지 않기 때문에 선에 도달할 길을 배우지 못한다는 것이다.

여자의 가장 복된 지식이요, 찬양입니다."[5]

나도 바로 이런 말로 아이들을 가르쳤다. 하지만 그 말 뒤에 나는 반드시, 지금 너희들의 이성은 점점 강해지고 있으니, 이성이 어느 정도 성숙할 때까지는 나의 지도를 따라야 한다—하지만 너희들의 이성이 성숙하면 그때는 스스로 생각해야 하고 신의 뜻만을 따라야 한다고 덧붙였었다.

그런데 아담이 신과 대화하는 다음 구절을 보면 밀턴도 나와 같은 생각을 하는 것 같다.

주님께서는 저를 당신 대신 이곳에 두시고
저보다 훨씬 낮은 곳에 저들을 두시지 않았나요?
그런데 그렇게 차이 나는 자들끼리 어떻게 친구가 되고
그사이에 조화와 진정한 기쁨이 존재할 수 있겠습니까?
우정은 일방적이어서는 안 되고, 준 만큼 받고
받은 만큼 주어야 합니다. 한쪽은 열렬한데
다른 쪽은 건성이어서 차이가 난다면 결국 두 사람 모두
금세 싫증내게 될 것입니다. 제가 원하는 우정은
온갖 이성적인 기쁨을 제공해줄 것입니다.[6]

그러니 여자들의 행동에 대해 얘기할 때, 관능 대신 다른 것을 근거로, 우리가 '그들로 하여금 하느님의 일에 협조하게 만들'—이런 표현

---

5 『실낙원』, 제4권, 634~638행.

6 『실낙원』, 제8권, 381~392행.

을 써도 되는지 모르지만—방도를 생각해보자.

교육이란 말은 명확히 규정된 적이 없지만, 내가 그 말로써 뜻하는 것은 어린이의 감각을 서서히 예민하게 만들고, 끓어오르기 시작하는 감정을 다스리고, 육체가 완전히 숙성하기 전에 이성의 힘이 작용하게 만듦으로써, 어른이 된 뒤가 아니라 그전에 생각하고 추론하는 중요한 능력을 길러주는 과정이다.

오해의 소지를 없애기 위해 한 마디 덧붙이자면, 몇몇 저자의 자신에 찬 주장과 달리 내 생각에는 사교육은 이런 목적을 달성할 수 없다. 사람은 많은 부분 자기가 태어난 사회의 시각과 관습에 따라 교육받게 되어 있다. 그리고 어느 시대든 사회를 움직이는 어떤 지배적인 생각의 흐름이 있고, 그런 게 바로 그 시대의 특징을 이루는 법이다. 그렇다면 사회가 완전히 달라지기 전까지는 교육에서 그다지 많은 걸 기대하긴 어렵다는 걸 짐작할 수 있으리라. 하지만 지금으로선 주변 환경이 인간에게 어떤 영향을 주든 간에, 인간은 누구나 스스로 이성을 단련함으로써 도덕적인 존재가 될 수 있다는 말만으로도 충분하리라. 인간이 정말 나쁜 천성을 타고났다면 그 무엇도 우리를 무신론에서 구해줄 수 없을 것이며, 그런 우리가 신을 숭배한다면 그 신은 틀림없이 악마일 것이기 때문이다.

그렇다면 내가 보기에 가장 좋은 교육은 신체를 단련하고 감성을 육성하는 데 가장 도움이 되도록 이성을 훈련하는 과정일 것이다. 이는 다시 말하면 아이들이 독립적인 인간이 되도록 도덕적인 습관을 길러주는 과정이다. 이게 바로 남성 교육에 대한 루소의 생각이었는데, 나는 이를 여성에게까지 확대하려고 한다. 단언하건대, 여성이 본분을 저버리게 된 것은 남자같이 되려는 노력 때문이 아니라 허황한 세련 때문이다. 그런데 여성이 받는 찬사와 아부는 너무도 달콤하기 때문에 사회가 좀더 이성적인 원칙에 따라 완전히 바뀌기 전에는, 여성이 자기를 낮추어 얻는 그런 거짓된 힘은 일종의 저주이며, 진솔한 감정에서 나오는 평온한 행복을 얻으려면 자연과 평등으로 되돌아가야 한다는 점을 여성에게 이해시키기가 불가능할지도 모른다. 하지만 그런 시대가 오려면 아마 왕과 귀족들이 먼저 이성을 되찾음으로써 유치한 호화로움보다 인간이 지닌 진정한 위엄이 낫다는 걸 깨닫고 조상 대대로 물려받은 지위를 스스로 버려야 할 것이다. 그리고 그때에도 여성이 미모에서 오는 부정한 힘을 포기하지 않는다면, 그건 바로 여성이 정말 남성보다 둔하다는 걸 보여주는 일이 될 것이다.

이렇게 말하면 건방지게 들리겠지만, 나는 루소부터 그레고리[7]까지 여성 교육과 풍속에 대해 글을 써온 모든 작가들은 분명히 여성을 더 부자연스럽고 나약한 존재, 그래서 사회에 더 무익한 존재로 만드는 데 일조해왔다고 단언하는 바이다. 물론 좀더 완곡하게 말할 수도 있었지만, 그렇게 되면 내 경험과 성찰로 도달한 진정한 감정과 분명한 결과의 진솔한 표현이 아니라 가식적인 하소연이 되고 말 것이다. 이 문제를 다룰 부분에 이르면 위에서 언급한 작가들의 책에서 내가 특히 싫어하는 구절들을 거론하겠지만, 우선은 내가 보기에 인류의 절반을 깎아내리고 여성을 매력적인 존재로 만들기 위해 다른 진정한 미덕들을 모두 희생시키는 이 책들의 취지가 싫다는 것을 밝히고 넘어가려 한다.

루소의 논리대로 한다면 남성이 장성하여 정신이 성숙해지면, 그와

---

7 그레고리 박사(Dr. John Gregory, 1724~73). 스코틀랜드의 의사. 그가 쓴 『아버지가 딸들에게 남기는 말』(*A Father's Legacy to His Daughters*, 1774)은 당시 가장 인기 있는 여성 교육서였다.

그의 아내를 하나로 만들기 위해 그녀가 완전히 그의 이성에 의존하게 해야 한다. 그렇게 되면 우람한 참나무에 감긴 아름다운 담쟁이덩굴처럼 강건함과 아름다움이 똑같이 돋보이는 존재가 되게 하는 게 적절할지 모르지만, 실제로는 대개 아내뿐 아니라 남편 역시 덩치만 큰 어린아이에 지나지 않고, 어떤 이들은 청소년기의 방종 때문에 신체조차 제대로 자라지 못한 상태다. 그러니 이런 때는 하늘에서 오신 분의 말씀마따나[8] 그야말로 장님이 장님을 이끄는 게 아니고 무엇이랴.

작금의 타락한 사회가 여성의 이성을 억누르고 감성만을 키움으로써 그들을 노예로 만드는 데는 여러 가지 원인이 있다. 그런데 그중에서도 소리 없이 가장 큰 해독을 끼치는 게 바로 질서 의식의 부재일 것이다.

모든 걸 질서 있게 한다는 건 중요한 덕목인데, 여자들은 무질서한 교육밖에 받지 못했기 때문에 아주 어려서부터 그 방법을 배워온 남자들이 지닌 질서 의식과는 전혀 다른 방식으로 일을 처리한다. 여성은 이성의 시험을 통해 단련되지 못한, 일종의 타고난 상식을 아무렇게나 발휘하는 이런 엉성한 추측만을 배웠기 때문에 모든 걸 일반화해서 생각할 능력이 없고, 그래서 단지 해봤다는 이유만으로 어제 한 일을 오늘도 그대로 되풀이한다.

이처럼 어릴 때부터 이성을 억누르는 데서 오는 폐해는 보통 사람들이 생각하는 것보다 훨씬 크다. 그래서 영특한 여성이 얻게 되는 약간의 지식은 여러 가지 원인 때문에 남자들의 지식에 비해 체계가 없고, 자기 경험의 비교와 명상에서 얻은 일반화된 지식이 아니라, 그냥 주변을 관찰함으로써 얻은 것이다. 여성은 누군가에게 의존해 살아가고 가

---

8 "장님이 장님을 이끌면 둘 다 수렁에 빠지고 말리라"(「마태복음」, 15장 14절). '하늘에서 오신 분'은 예수를 가리킨다.

정에만 묶여 있기 때문에 남자들보다 더 인간 관계에 끌리게 되고, 그래서 여자들이 얻는 지식은 단편적이다. 여성에게 있어 학식이란 대개 부수적인 일에 지나지 않기 때문에 이들이 지속적인 열성으로 어떤 한 분야를 공부해서 지적인 능력을 기르거나 판단력을 높이는 경우는 거의 없다. 현재 사회에서 남자는 어느 정도 학식이 있어야 신사 대접을 받기 때문에, 소년들은 여러 해 동안 학과 공부를 한다. 그런데 여성 교육은 이성의 단련보다는 육체적인 기예에 더 치중한다. 소녀들은 제한된 활동 범위와 얌전함에 대한 잘못된 생각 때문에 쇠약해지고, 그들의 어린 사지는 운동 부족으로 우아함과 아름다움을 잃고 만다. 게다가 동급생간의 경쟁이 없으니 지적인 능력을 키울 동기도 약하고, 진지하게 학문에 열중할 기회가 없으니 어린 나이에 벌써 천부의 영특함을 실생활과 풍속을 익히는 데 쓰게 된다. 그 결과 여성은 어떤 일의 원인은 생각지 않고 거기서 나온 갖가지 효과만을 의식하게 되고, 거기에 자신의 행동을 맞추려는 복잡한 원칙들을 만들어내는데, 그건 실은 단순한 원리보다 더 비효율적이다.

여성이 이처럼 나약한 외양을 갖게 된 게 바로 교육 때문임은 군인을 보면 알 수 있다. 군인 역시 여자와 마찬가지로 축적된 지식이나 원칙으로 단련된 정신을 갖기도 전에 세상에 내보내지고, 그 결과 또한 비슷하다. 군인도 여자처럼 사람들과의 단편적인 대화를 통해 약간의 피상적인 지식을 얻고, 여러 사람과 끊임없이 사귐으로써 소위 세상사에 대한 지식을 얻게 되는데, 사회의 풍속이나 관습에 대한 이런 지식은 흔히 인간 감정에 대한 지식과 혼동되기도 한다. 하지만 판단력의 시험을 거치지 않은, 무심한 관찰을 통해 얻은 피상적인 지식이 과연 그런 드높은 이름으로 불릴 수 있을까? 군인도 여성처럼 사소한 미덕을 지키기 위해 온갖 예의를 다한다. 그렇다면 똑같은 교육을 받았을 때 남녀의 차이는 거의 없다는 걸 알 수 있으리라. 이 경우에 내가 발견한 유일한 차이는 군인이 여자보다 행동이 자유로워서 삶의 더 많은 부분을 접할 수 있다는 것이다.

여기서 정치적인 얘길 하면 원래의 주제에서 벗어나게 될지 모르지만, 그 역시 내 생각의 과정에서 비롯된 것이니 간단히 설명하고 넘어가야겠다.

상비군에는 결단력 있고 강건한 남자들이 있기 어렵다. 상비 군인은 잘 훈련된 기계는 될 수 있지만, 강렬한 감정의 소유자나 지성이 뛰어난 사람은 아닐 것이다. 그리고 여자들과 같은 원인으로 군인 중에도 심오한 지성을 가진 이가 드물 것이다. 게다가 군인 역시 여자들처럼 몸치장에 열성이고, 춤, 험담, 사람이 북적대는 장소를 좋아하며,[9] 연애에 최선의 노력을 기울인다. 그들은 남을 즐겁게 하는 교육을 받아왔고, 그래서 단지 즐거움만을 위해 인생을 살아간다. 그렇다면 위에서 언급한 걸 빼고는 군인이 여자보다 나은 게 전혀 없는 것 같은데도, 단지 남자라는 이유 때문에 여자보다 나은 존재로 간주된다.

군인과 여자가 도덕 관념을 얻기 전에 풍습을 익히고, 성찰을 통해 인간의 본성에 대한 웅대하고 이성적인 관념을 획득하기 전에 삶에 대해 알아버린다는 것은 정말 불행한 일이다. 그 결과는 자명하다. 그들은 평범함에 익숙해진 나머지 편견의 노예가 되고, 모든 견해를 무비판적으로 받아들임으로써 권위에 무조건 복종하게 되는 것이다. 그리고

---

[9] "여자들이 예쁜 옷을 좋아한다는 이유로 그렇게 주제넘고 심한 비난을 받아야 하는가? 그들이 사회의 어느 계층보다 군인과 비슷해진 것은 바로 교육 때문인데 말이다"[MW].

이들이 설사 어느 정도 현명한 판단을 내린다 해도, 그것은 어디까지나 사물의 경중을 파악하고 풍속을 평가하는 일종의 본능적인 동작에 지나지 않는다. 그래서 논의가 깊이 들어가거나 어떤 견해를 분석할 계제가 되면 그런 판단력은 그만 힘을 잃고 만다.

여성에 대해서도 똑같은 말을 할 수 있지 않을까? 아니 여성의 경우는 이 논리를 더 확장해야 할 것이다. 왜냐하면 여성은 문명 세계에 존재하는 부자연스러운 구별 때문에 무익한 존재로 전락하고 말았기 때문이다. 여성은 여러 숫자에 의미를 부여하는 영(零)처럼 재산과 세습적인 지위를 지닌 이들을 돋보이게 하는 일종의 그림자이고, 그들의 나태한 생활 방식이 남자로 하여금 여성을 받들면서도 지배하게 만들었기 때문에, 애인한테는 노예같이 구는 남자가 자신의 자매나 아내, 딸들에게는 폭군 노릇을 하게 된 것이다. 그리고 사실 그들의 정중함은 상대 여성을 지배하기 위한 도구에 지나지 않는다. 여성의 지성을 드높이면 이런 맹목적인 복종은 사라질 것이다. 하지만 권력은 항상 맹목적인 복종을 원하기 때문에, 노예를 원하는 폭군이나 노리개를 원하는 관능주의자들이 여성을 무지한 상태로 두는 것은 당연한 일이다. 관능주의자야말로 폭군들 중 가장 위험한 존재로서, 왕이 신하들에게 속듯이 여자들도 자기가 연인 위에 군림한다는 착각에 빠진 채 그들에게 복종해온 것이다.

지금 내가 주로 생각하는 것은 루소인데, 그가 만들어낸 소피라는 인물[10]은 엄청나게 부자연스럽기는 하지만 아주 매력적이기 때문이다. 그러나 내가 공격하려는 것은 그 인물의 표면이 아니라 그 토대, 즉 그녀

---

10 『에밀』, 「제5장 여성, 소피」는 여성 교육에 대한 루소의 기본 사상을 담고 있다.

를 만들어낸 교육의 원리다. 난 루소를 자주 인용하고 그의 천재성을 진정으로 부러워하지만, 그 부러움은 항상 분노로 바뀌고, 그의 관능적인 명상을 적은 유려한 문장들을 읽을 때 나도 모르게 흐뭇하게 미소 짓다가도 그가 여성의 미덕을 모욕한다는 걸 깨닫는 순간 울화가 치밀어 얼굴을 찡그리게 된다. 이게 도덕적인 삶을 위해 평화시의 모든 기예를 추방하고 스파르타식 단련법을 도입하자던 바로 그 사람인가? 이게 도덕적인 삶을 위해 정열을 억누르려 애쓰는 인물을 즐겨 그리고, 도덕의 승리와 빛나는 영혼의 영웅적인 비상을 묘사했던 바로 그 작가인가? 이런 고상한 정서들은 그가 귀여운 여주인공의 사랑스러운 발과 매력적인 자태를 묘사할 때는 전혀 다른 양상을 띤다. 하지만 그 얘기는 접어두고,[11] 지나치게 강한 감성의 일시적인 과잉 분출을 엄하게 비판하는 대신, 사회에 대해 따뜻한 시각을 가진 이라면 누구나 그가 그려낸, 고상한 정서로 치장되거나 지적인 추구에 의해 맺어지지 않은, 남녀의 소박한 사랑에 감동한 경험이 있을 것이다. 그가 그려낸 주인공들은 그날 있었던 자잘한 집안일에 대해 다정하게 얘기를 나누고, 정신에 무리를 주거나 깊은 사고를 요하지 않는 일로 지친 몸을 서로 부드럽게 어루만진다. 하지만 이런 소박한 행복을 그린 그의 작품들은 존경심보다는 애정의 대상이 되지 않았던가? 곤경에 처한 도덕적인 주인공이 용감하게 투쟁하는 걸 보면 존경심을 갖게 되고, 우리 영혼도 감성보다 이성이 지배하는 드높은 곳으로 올라가게 되는 반면, 이런 애정은 아이나 동물의 재롱을 볼 때 갖게 되는 느낌과 비슷하다.[12]

---

11 울스턴크래프트는 현재의 'waive' 대신 'wave'를 쓰는데, 당시에는 이 철자가 흔히 쓰였다.

12 "밀턴이 그려낸 행복한 낙원의 모습을 볼 때도 나는 이런 느낌을 받았다. 하지만 나

그렇다면 우리는 여성을 도덕적인 존재로 보든지, 아니면 남성의 우월한 능력에 완전히 복종하는 나약한 존재로 보든지 해야 한다.

이 문제를 한번 생각해보자. 루소는 여자는 한순간도 자신이 독립적인 존재라는 생각에 빠지면 안 되고, 자신이 타고난 교활함을 발휘하게 될지도 모른다는 두려움 속에 살아야 하며, 남자들이 쉬고 싶을 때 더 매력적인 욕망의 대상, 더 귀여운 동반자가 되고자 스스로 요염한 노예로 변해야 한다고 주장한 바 있다. 그는 이 모든 게 자연의 섭리인 척하면서, 여자는 아주 철저히 순종하는 습관을 들여야 하므로 모든 미덕의 주춧돌인 진실과 인내심도 어느 정도 한계를 두고 가르쳐야 한다고 암시했다.[13]

그렇게 말도 안 되는 소리가 어디 있는가! 여성 교육 문제를 뒤덮고 있는 자만심과 관능의 독기를 깨끗이 불어내줄 탁월한 정신의 소유자는 언제쯤 나타날 것인가! 미덕이라는 게 상대적인 개념이 아니라면, 여성이 원래 남성보다 열등하다 하더라도 그것은 미덕의 종류가 아니

---

는 에덴의 아름다운 한 쌍을 부러워하기는커녕, 자존심 또는 악마적인 자긍심을 가지고 더 장엄한 느낌을 주는 지옥으로 눈길을 돌렸다. 이와 마찬가지로, 고상한 예술품을 감상할 때도 나는 그 안에 그려진 신의 현현을 살펴보다가 나도 모르게 그 드높은 곳에서 내려와 가장 인간적인 광경을 보게 된다. 왜냐하면 내 상상력이 금세 한쪽 구석에 있는, 열정과 불만을 넘어선 운명의 추방자를 발견했기 때문이다"[MW]. 울스턴크래프트는 밀턴의 『실낙원』 제4장에 그려진 아담과 이브의 모습을 얘기하고 있다. 사탄에 대한 그녀의 평가는 그후 밀턴 학자들 사이에 상식처럼 된 얘기로서, 밀턴이 그려낸 에덴은 행복해 보이긴 하지만 사탄에 대한 묘사만큼 매력적이지는 않다는 것이다.

13 "여자에게 가장 필요한 것은 유순함이다. 때로 잔인하고 항상 오류를 범하는 불완전한 존재인 남자에게 항상 복종하고 살려면 소녀들은 어린 나이부터 불의에 순종하는 버릇을 기르고 남편이 가하는 부당한 대우 역시 군소리 없이 견뎌내야 한다는 걸 알아야 한다"(『에밀』, 333쪽).

라 정도에 있어서 그럴 것이다. 그렇다면 그들의 행동은 남성과 같은 원리에 기초해야 하고, 그들과 같은 목적을 지향해야 할 것이다.

여성은 딸, 아내, 엄마라는 이름으로 남자들과 연결되어 있고, 이 단순한 의무를 어떻게 수행하느냐에 따라 그들의 도덕성에 대한 평가가 달라질 수 있지만, 궁극적으로 그들이 추구할 최종 목표는 자신의 능력을 최대한 계발하고 의식적으로 미덕을 쌓아가는 데서 오는 존엄성을 획득하는 데 있을 것이다. 자신의 행로를 좀더 쉽게 만들려고 애써볼 수는 있지만, 남자와 마찬가지로 여자의 삶도 불멸의 영혼을 만족시킬 만한 행복을 제공하진 않는다는 사실을 기억해야 할 것이다. 이는 물론 남녀가 모두 추상적인 명상이나 아주 요원한 목표에 빠져, 삶의 보람을 느끼게 해줄 눈앞의 사랑이나 의무를 게을리 해도 좋다는 말은 아니다. 나는 오히려 이런 사랑이나 의무는 진솔하고 소박한 본래의 모습으로 봤을 때 가장 큰 행복을 가져온다는 사실을 강조하고 싶다.

오늘날 널리 퍼져 있는, 여자는 남자를 위해 만들어졌다는 생각은 아마 모세의 그 시적인 글에서 시작되었을 것이다.[14] 하지만 이 문제에 대해 조금이라도 심각하게 생각해본 사람이라면, 이브가 정말 아담의 갈비뼈로 만들어졌다든지, 그러니 여자는 남자에게 복종해야 한다는 등의 얘기는 믿지 않을 것이다. 그런 이들에게 이 이야기는 그저 아주 오래 전부터 남자는 힘으로써 아내를 복종시키고, 온 우주가 자신의 안위와 쾌락을 위해 만들어졌다고 믿으면서 온갖 수단을 동원해 여자의 목에 굴레를 씌워왔음을 보여줄 뿐이다.

내가 모든 걸 뒤엎으려는 것은 아니다. 나는 이미 신체적 특성상 남

---

14 「창세기」, 2장 21~23절에 보면 이브의 창조 과정이 그려져 있다. 모세는 구약의 첫 부분인 모세 오경의 저자로 알려져 있다.

자가 여자에 비해 더 높은 덕을 쌓을 수 있게 되어 있는 것 같다고 말한 바 있다.[15] 그리고 나는 여성 전체를 일반화해서 얘기하는 것이다. 하지만 여성이 천성적으로 남성과 다른 미덕을 지니고 있다는 주장은 도저히 이해할 수 없다. 만약 미덕이 하나의 영원한 기준에 근거함을 인정한다면 어찌 그런 결론을 내릴 수 있겠는가? 따라서 나는 논리적으로 추론해서 신이 존재한다는 사실만큼이나 굳건하게 미덕 역시 남녀 공히 똑같이 단순한 근거에 뿌리박고 있다는 사실을 주장하려고 한다.

그렇다면 남자는 현명하고 엄청난 일을 할 수 있는 반면 여자는 교활하고 사소한 일을 잘하며, 남자는 꿋꿋이 드높은 이상을 추구하는 반면 여자는 유순함이라는 듣기 좋은 이름으로 불리는 유치한 부드러움을 갖고 있다는 등의 대비는 아무 근거가 없다.

이런 내 주장에 혹자는 한 유명 시인의 의견을 인용하며 그렇게 되면 여자들만이 지닌 우아함을 잃지 않겠느냐고 할지 모른다. 포프는 남자들에 대해 이런 말을 했기 때문이다.

> 그녀가 우리가 증오하는 모든 것의 언저리를 만졌을 때만큼
> 창작열에 불타본 적이 없네.[16]

포프의 이 시구가 남녀에 대해 어떤 견해를 시사하는지는 현명한 독자의 판단에 맡기고, 나로서는 여자가 필멸의 존재라는 것 말고 어떤

---

15 신체의 나약함은 도덕적 나약함으로 연결될 수 있다. 남자들은 신체적으로 유리할 뿐 아니라 사회의 여러 가지 일에 관여함으로써 도덕적 선택을 내릴 기회가 많고, 그래서 미덕을 쌓을 기회도 더 많다는 것이다.

16 Alexander Pope, *Moral Essays* II. 51~52행.

이유 때문에 항상 사랑이나 육욕에 휘둘리는 열등한 존재로 그려지는지 이해할 수 없다는 말만 하고 넘어가겠다.

사랑을 비하하는 건 정서나 섬세한 감정에 대해 대역죄를 짓는 일이 될 것이다. 하지만 나는 진실의 소박한 언어를 사용하고, 독자의 가슴보다 머리에 호소하려고 한다. 이성을 이용해 이 세상에서 사랑을 없애려는 것은 세르반테스보다 더 돈키호테적이고[17] 몰상식한 일이 될 것이다. 하지만 이 격렬한 감정을 제어한다든지, 사랑이 그보다 더 드높은 능력을 억누른다든지, 이성이 냉정하게 발휘해야 할 최고 권력을 앗아가는 걸 막는 건 그다지 황당한 일이 아니리라.

남녀 모두에게 청춘은 사랑의 시기이지만, 생각 없이 즐거운 이때야말로 이성이 감각을 대체할 인생의 더 중요한 시기를 위해 뭔가 준비해야 할 때이기도 하다. 하지만 루소와 그를 모방하는 수많은 남성 작가들은 여성 교육의 목적은 단 하나, 즉 그들을 매력적인 존재로 만드는 것이라고 강력하게 주장해왔다.

그렇게 생각하는 이들 중 인간의 본성을 조금이라도 아는 사람이 있다면 그에게 과연 결혼이 그전의 습관을 없앨 수 있다고 믿는지 묻고 싶다. 남자를 즐겁게 하는 것만 배운 여성은 얼마 안 가 자신의 매력이 저무는 햇살에 지나지 않으며, 그녀를 늘 보고 사는 남편에게 자신의 시든 미모는 별로 대단한 게 아님을 깨닫게 될 것이다. 이런 경우 그녀는 자신의 내면에서 위안을 얻고 거기 숨어 있던 능력을 계발할 수 있을 것인가? 아니면 그녀가 남편 아닌 다른 남자를 즐겁게 하려고 애쓸 거라고 보는 게 더 논리적인가? 그녀는 새로운 상대를 정복할 기대

---

17 세르반테스(Miguel de Cervantes)가 쓴 풍자적 로맨스 『돈키호테』의 주인공은 이 세상에 존재하는 악을 없애려다 실패한다.

에 들떠 남편에 대한 자신의 사랑 또는 긍지가 깨진 것을 잊게 될 것이다. 남편은 틀림없이 언젠가는 연인이기를 그칠 것이고, 남자를 즐겁게 하려는 그녀의 욕망은 느슨해지거나 회한의 원천으로 변할 것이다. 그리고 인간의 감정 중 가장 덧없는 사랑은 질투나 허영심으로 바뀌고 말 것이다.

원칙이나 편견 때문에 혼외정사를 혐오하는 여성도 남자들의 깍듯한 친절을 즐기며 남편이 정말 자기를 잔인하게 무시한다고 느끼고 싶어 할 것이다. 그렇지 않으면 허구한 날 자기와 어울리는 남자와 누릴 행복을 그리며 꿈꾸다가 결국 건강도 잃고 정신 또한 불만으로 병들어 버릴 것이다. 이런데도 남자들을 즐겁게 하는 교육이 그렇게 중요한가? 그런 기술은 정부(情婦)에게나 필요하다. 정숙한 아내나 훌륭한 엄마는 다른 사람을 즐겁게 하는 것은 미덕의 부산물이라고 여길 것이고, 남편의 애정은 자기가 할 일을 좀더 수월하게 만들거나 그녀의 삶을 좀더 행복하게 만드는 즐거움 중 하나 정도로 간주할 것이다. 그녀는 남편에게서 사랑을 받든 안 받든 스스로 훌륭한 인간이 되려고 애쓸 것이고, 자기와 마찬가지로 불완전한 인간인 남편을 행복의 유일한 원천으로 보는 일은 없을 것이다.

훌륭하신 그레고리도 비슷한 오류를 범했다. 나는 그의 감성은 존중하지만 그의 유명한 책 『아버지가 딸들에게 남기는 말』의 내용에는 전혀 찬성하지 않는다.[18]

그는 여성이 옷을 좋아하는 건 타고난 천성이라면서 옷에 대한 애착

---

[18] 1774년에 나온 그레고리의 『아버지가 딸들에게 남기는 말』은 18세기에 널리 읽혔다. 이 책에서 나온 인용문의 원전은 초판의 복사본이다(ed. Gina Luria, New York: Garland Publishing Co., 1974).

을 기르라고 당부했다.[19] 그레고리나 루소는 이 천성이라는 말을 자주 쓰는데, 이들이 대체 무슨 뜻으로 이 모호한 말을 쓰는지 알 수가 없다.[20] 만약 그게 우리 영혼이 전생에 옷을 좋아해서 이 세상에 태어날 때 그 사랑을 지닌 채 현재의 육체로 들어왔다는 뜻이라면 타고난 우아함에 대한 장광설을 들었을 때처럼 그저 웃어넘길 수 있으리라. 하지만 그가 우리에게 이성을 발휘해 옷을 사랑하게 만들려는 것이라면 나는 절대 그럴 수 없다고 대답할 것이다. 옷에 대한 애착은 타고난 게 아니라 남자들이 가진 헛된 야심처럼, 권력에 대한 욕망에서 생기는 것이다.

그레고리는 거기서 그치지 않고 실제로 위선을 권고한다. 그는 순진한 소녀에게, 마음이 아주 명랑할 때 그 기분대로 분방하게 행동하지 말고 그 대신 말을 잘 하라, 자신의 감정을 숨기고 너무 발랄하게 춤추지 말라고 당부한다. 진실과 상식의 이름으로 묻건대, 왜 우리가 다른 사람보다 더 활발하게 춤출 수 있다거나, 더 건강하다는 사실을 감춰야 한단 말인가? 그는 왜 소녀의 명랑함을 억누르며, 너무 활발히 춤을 추면 남자들이 그녀가 생각지도 못한 결론을 이끌어낼 거라고 어둡게 경고하는 걸까?[21] 바람둥이가 어떤 결론을 내리든, 내 생각에 양식 있는 엄마라면 그렇게 점잖지 못한 충고로 소녀의 타고난 솔직함을 억누르지는 않을 것 같다. 마음에 어떤 감정이 가득 차면 입은 절로 열리는 법

---

19 "옷에 대한 애착은 너희들에게는 타고난 천성이고, 따라서 온당하고 이해할 만한 일이다"(그레고리, 앞의 책, 55쪽).

20 '타고난'(natural)이라는 말.

21 "너희가 명랑하게 춤추는 건 괜찮지만, 너무 기쁨에 들떠서 여자다움을 잃을 정도가 되어서는 안 된다. 즐겁게 춤추는 소녀는 순진한 가운데 그녀가 전혀 모르는 어떤 활기를 드러낸다는 오해를 받을 수 있기 때문이다"(그레고리, 앞의 책, 57~58쪽).

이다.[22] 솔로몬보다 현명한 이는 마음속에 사악함이 가득한 자들이 꼬치꼬치 따져 지키는 쓸데없는 예의범절에 신경 쓰지 말고 마음을 솔직히 털어놓는 게 좋다고 말씀하셨다.[23]

여성이 순수한 마음을 지키려고 애쓰는 건 좋은 일이다. 하지만 이성이 미숙한 상태에서 감각에만 의존해 소일거리와 즐거움을 찾고, 눈앞의 사소한 허영을 넘어서거나 바람에 이리저리 흔들리는 갈대 같은 마음을 흥분시키는 격렬한 감정들을 억누르게 해줄 드높은 목표를 추구할 기회가 없는 이들이 과연 그럴 수 있을까? 훌륭한 남자의 사랑을 얻는 데 과연 가식이 필요할까? 여자가 신체적으로 남자보다 약한 건 사실이다. 하지만 딸, 아내, 엄마로서 의무를 수행하는 과정에서 심신을 단련해 타고난 힘과 기상을 유지해온 여성이 남편의 애정을 얻기 위해 일부러 병약한 체해야만 할까? 병약함이 남자들의 연민을 불러일으키고 그들의 오만한 우월감을 만족시킬지 모르지만, 존경받을 자격과 소망을 가진 고귀한 정신의 소유자라면 보호자의 교만한 애무에 만족할 수 없을 것이다. 애정은 우정에 비하면 별것 아니기 때문이다.

우리가 후궁에 사는 첩이면 이런 기교들이 필요할지도 모른다. 미식가는 입맛을 자극할 뭔가가 없으면 흥미를 잃고 말기 때문이다. 하지만 그런 처지에 만족할 만큼 비굴한 여자가 있을까? 그들이 과연 온당한 즐거움을 추구하고 인간에게 위엄을 주는 미덕을 추구할 권리를 다 포기하고 쾌락이나 나른한 나태의 품에 안겨 인생을 허비하려 할 것인

22 「마태복음」, 12장 34절.

23 '솔로몬보다 현명한 이'는 예수. 예수는 「마가복음」, 7장 18~23절과 「마태복음」, 23장 25~28절에서 바리새의 율법을 지키느니 마음속의 말을 솔직히 털어놓으라고 당부했다. "우리가 노리는 상대는 솔로몬보다 현명하다"(Milton, *Paradise Regained* II. 205~206행).

가? 자신의 몸치장이나, 중요한 일을 마치고 돌아온 남편에게 미소와 기교로 걱정을 덜어주고 피로를 풀어 활기를 주는 데 평생을 보내는 사람이 불멸의 영혼을 갖고 있을 리 없다.

그뿐 아니라 심신을 단련해 가정을 잘 이끌고 이런저런 선행을 하는 사람은 남편의 초라한 의존자가 아니라 친구가 될 것이다. 그리고 여러 미덕을 갖추어 남편에게 존경받을 정도의 여성이라면, 남편의 욕망을 자극하기 위해 자신의 애정을 감추거나 쓸데없이 냉정하게 보이려고 애쓸 필요를 못 느낄 것이다. 실제로 역사상 유명한 여성들은 뛰어나게 아름답거나 유순한 이들은 아니었다.

자연, 아니 정확히 말해 신께서는 만물을 잘 만드셨는데, 인간이 갖가지 발명으로써 하느님의 작품을 망가뜨려 온 것이다. 그레고리의 책에서, 아내는 남편에게 자신의 감성이나 애정의 깊이를 모두 드러내면 안 된다고 하는 부분도 바로 그런 예 중 하나다.[24] 이건 말도 안될 뿐 아니라 효과도 없고 게다가 아주 점잖지 못한 충고라 아니 할 수 없다. 사랑은 원래 일시적인 것이다. 사랑을 영원히 지켜줄 비법을 찾는다는 것은 철학자의 돌[25]이나 만병통치약을 찾는 것만큼이나 허황한 일일 뿐 아니라 정말 그런 비법을 찾는다면 그건 무익할 뿐 아니라 인류에게 아주 치명적인 일이 될 것이다. 가장 신성한 인간 관계는 우정이다. 한 명민한 풍자가는, "진정한 사랑이 드물다 하지만 진정한 우정은 그보다 더 찾기 어렵다"[26]고 말한 바 있다.

---

24 "만약 네가 남편을 정말 사랑한다면, 설사 결혼하더라도 너의 사랑을 모두 보여주지는 마라"(그레고리, 앞의 책, 86~87쪽).

25 연금술사들이 찾는 물질로 금 아닌 것을 금으로 만들어준다고 한다.

26 프랑스의 귀족, 경구가인 라 로슈푸코(La Rochefoucauld, 1613~80)의 『경구집』, 473번.

이는 명백한 사실이고 조금만 생각해보면 그 원인 또한 이해하기 어렵지 않을 것이다.

선택과 이성 대신 우연과 감각이 지배하는 사랑은 정도의 차이는 있지만 인간이면 거의 누구나 느끼는 흔한 감정이다. 사랑보다 위대하거나 천한 감정에 대해서는 나중에 얘기하기로 하고, 여하튼 사랑은 원래 불안이나 난관을 통해 더 강화되기 때문에 사랑에 빠지면 마음이 평상시와 달라지고 감정이 고양되는 법이다. 그런데 결혼에서 오는 안정감은 사랑의 열기를 식힌다. 하지만 이런 건전한 상태를 지루해 하는 사람은 사랑에 따르는 맹목적인 선망과 그리움의 관능적인 감정들 대신 우정이 주는 차분한 따스함과 존경에서 오는 안정감을 선택할 지성이 없는 이들일 것이다.

사랑이 우정이나 무관심으로 바뀌는 건 불가피한 자연의 이치다. 그리고 이런 형편은 우리의 윤리 체계와 완벽하게 부합한다. 열정은 행동을 촉발하고 마음을 열어주지만, 일단 그 목적을 달성하고 나면 단순한 욕망으로 바뀌고 일시적인 만족으로 변해 즐거움 속에 안주하게 된다. 왕위를 얻으려고 애쓰는 동안은 상당히 도덕적이던 사람도 일단 왕이 되면 향락적인 독재자가 되고, 연인이 남편으로 변하지 않으면 그런 남자는 유치한 변덕과 어리석은 질투에 사로잡힐 뿐 아니라, 애정을 표현해 자녀들에게 자신감을 심어주지 못하고 아내라는 다 큰 어린아이에게만 사랑을 쏟아붓고, 삶의 중요한 의무를 게을리 하게 된다. 부부가 서로 열렬히 사랑하면 삶의 의무를 수행하거나 인격을 형성해주는 여러 가지 일에 열중하기 어렵다. 다시 말하면, 기혼자들이 사회 질서를 어지럽히고 다른 데 기울여야 할 생각을 한쪽에만 쏠리게 하는 감정에 휩쓸려서는 안 된다는 것이다. 어떤 한 대상에 열중해보지 못한 정신은 활력이 없지만, 한 대상에만 너무 오래 매달리다 보면 나약해지기 때문이다.

여자들은 잘못된 교육, 편협하고 무지한 정신, 그들에 대한 많은 편견 때문에 어떤 한 사람만 사랑할 가능성이 남자들보다 더 크다. 하지만 이 문제는 다음에 다루기로 하겠다. 역설적으로 들릴지 모르지만, 실제로는 불행한 결혼이 가족에게는 아주 이로운 경우가 많고, 대개는 남편의 사랑을 별로 못 받는 아내가 아이에게는 정말 좋은 엄마가 된다.[27] 그리고 이는 아내의 정신이 성숙한 경우에 주로 일어나는 현상이다. 우리가 현재의 즐거움을 많이 누리면 삶의 보배, 즉 경험에서 그만큼 손해를 보고, 행복의 꽃을 따고 쾌락을 누릴 때는 노력과 지혜의 열매를 딸 수 없다는 게 신의 섭리이기 때문이다. 우리 앞에는 두 갈래 길이 있어 그중 하나를 골라야 하는데, 이런저런 쾌락을 섭렵하며 시간을 허비하는 사람은 지혜를 얻지 못하고 남의 존경을 잃어도 불평할 수 없을 것이다.

여기서 잠시 영혼이 불멸의 존재가 아니고 인간이 현재의 즐거움만을 위해 태어났다고 가정해보자. 그렇다면 유치한 열정인 사랑이 시간이 지나면 식는다는 사실에 대해 불평해도 좋고, 곧 죽을 테니 어서 먹고, 마시고, 사랑하자는 것이 이성의 소리, 인생의 교훈이 될 것이다. 그리고 바보가 아닌 다음에야 누가 현실을 버리고 덧없는 그림자를 따라가겠는가? 하지만 인간 정신의 신비로운[28] 힘을 보고 그로부터 경외감

27 남편을 열렬히 사랑하지 않고 또 그에게서 별로 사랑받지 못하는 아내는 그와의 사랑놀이에 모든 시간을 바치지 않으므로 아이들에게 줄 시간이 많을 거라는 뜻이다. 그런데 이런 말에도 불구하고 울스턴크래프트는 항상 부모의 성숙한 사랑은 아이들에게도 좋은 영향을 미친다고 주장한다.

28 초판은 '신비로운'이 아니라 '개선할 수 있는'으로 되어 있는데, 그 편이 이 문맥에서

을 느끼는 사람은 그렇게 보잘것없는 일에 모든 소망이나 생각을 쏟지는 않을 것이다. 현실은 내세라는 무한한 전망, 드높은 희망과 연결될 때 비로소 거창하고 중요해보이기 때문이다.

그러니 거짓된 행동을 한다든지 진리의 신성한 존엄성을 침범하면서 미덕의 토대를 흔드는 허황한 이익을 추구하는 건 말도 안 되는 짓이다. 여자들이 왜 자신의 정신을 더럽혀가며 호색가를 만족시키고, 사랑이 우정으로 변하지 않도록, 또는 우정의 토대가 없는 경우 다정한 애정으로 변하지 않도록 지키기 위해 교태를 부려야 한단 말인가? 여성은 자신의 마음을 솔직히 표현하고, 열정보다 이성에 따라 현실에 순응해야 한다. 다시 말하면, 지나치면 인생이라는 술을 감미롭게 하기보다는 쓰디쓰게 만드는 감정을 넘어서서 미덕과 지식을 추구하는 고상함을 보여 달라는 것이다.

나는 천재성의 징후인 낭만적인 열정을 얘기하는 게 아니다. 그 날개를 꺾을 사람은 아무도 없기 때문이다. 인생의 소박한 즐거움과 어울리지 않는 거창한 열정은 그 감성에만 충실한 것이며 그 자신의 에너지로 유지되는 법이다. 영원한 사랑이라고 칭송받아온 연애 사건은 모두 불행했다. 그런 사랑은 연인의 부재나 당사자의 우울한 성품 때문에 더 강해진 경우가 많다. 그런 이들은 저 멀리 희미하게 서 있는 아름다운 형상을 사모하지만, 상대를 잘 알았다면 싫어하게 됐든지 아니면 적어도 흥미를 잃고 다른 대상을 찾아나섰을지도 모른다. 이런 시각에서 보면 루소는 너무도 점잖게 자신의 영혼의 주인인 엘로이즈(Eloisa)가 죽어가는 순간 생 프뢰(St. Prcux)에 대한 열정을 토로하게 만드는데,[29] 그

더 적절한 것 같다.

29 루소의 『신(新)엘로이즈』(*La Nouvelle Héloïse*, 1761)에서 여주인공 쥘리(Julie)는 작품

게 사랑의 영원함을 입증해주지는 않는다.

결혼하기로 결심했으면 예민한 감성을 갖지 말라고 한 그레고리의 충고도 비슷한 얘기다. 하지만 그가 전에 했던 충고와 너무도 잘 어울리는 이 결심을 그는 '점잖지 못하다'고 말하며, 행동은 그렇게 하더라도 겉으로는 그런 결심을 절대 드러내지 말라고 딸들에게 신신당부했다.[30] 이런 부분을 보면 그는 인간적인 욕망을 갖는 게 점잖지 않다고 생각하는 것 같다.

참으로 고상한 도덕관이다. 그리고 그의 이 충고는 눈앞의 작은 현실밖에 보지 못하는 옹색한 영혼의 소유자가 갖는 조심스러운 신중함과도 잘 어울린다. 여성의 능력이 남편에 대한 의존에 관련해서만 계발되고, 일단 남편감을 찾아 결혼에 성공한 뒤에는 그 초라한 왕관을 흡족해 하며 치졸한 만족감에 빠져 지낼 거라면, 인간을 동물보다 나은 존재로 만들어주는 보람된 일거리도 없이 기꺼이 굽실대며 지내게 하라. 하지만 자신의 드높은 소명을 달성하려고 애쓰며 현재를 넘어서서 뭔가 이루려는 여성이라면, 자기가 결혼할 남자가 어떤 사람이든 거기 상관하지 말고 자신의 정신을 단련해야 할 것이다. 그런 여성은 현재의 행복에 너무 신경 쓰지 말고 이성적인 존재를 고귀하게 만드는 특질을 획득하게 하라. 그런 여성은 설사 자신의 감성에 충격을 주는 거칠고 세련되지 못한 남편을 만나더라도 그의 행동 때문에 마음의 평화를 잃

---

전체에 걸쳐 남편인 월마(Wolmar)에게 충실한 아내이지만, 죽어가는 순간 오랫동안 간직해온 생 프뢰에 대한 열렬한 사랑을 고백한다.

30 "만약 너희가 결혼해야만 행복할 것 같으면 [……] 상상력을 부추기는 독서나 대화를 피해라. 상상력은 감정을 자극하고 부드럽게 할 뿐 아니라 평범한 생활에는 만족할 수 없게 만들기 때문이다. 그렇지 않으면 너희들은 진부하고 둔한 걸 못 참고, 천박한 것에 충격 받고, 무관심에 우울해질 것이다"(그레고리, 앞의 책, 116~118쪽).

지는 않을 것이다. 그녀는 남편의 단점 때문에 영혼이 왜곡되기는커녕 오히려 그것을 이겨내려고 애쓸 것이며, 그의 성격이 그녀에게 시련이 될 수는 있을지언정 그녀가 미덕을 추구하는 데 장애가 되지는 않을 것이다.

그레고리가 영원한 사랑과 공감에 대한 낭만적인 기대에만 한정해서 얘기하는 것이라면, 그는 이성 대신 상상력이 지배하는 동안에는 어떤 충고로도 못 말릴 사랑도 살다보면 저절로 사라진다는 사실을 기억할 필요가 있다.

지나치게 섬세하고 낭만적인 감정을 키워온 여성[31]은 매일매일, 하루 종일, 그리고 시간이 갈수록 점점 더 열렬히 자기를 사랑해주는 남편과 산다면 얼마나 행복할까 상상하며 인생을 허비하는 경우가 많다. 그렇다면 혼자 사느니 결혼해서 불행한 게 낫고, 좋은 남편과 결혼하길 바라나 나쁜 남편과 살면서 불행을 겪으나 그게 그것일 것이다. 제대로 교육받은 여성, 아니 더 정확히 말해 잘 단련된 정신을 지닌 여성은 혼자서도 위엄을 지키며 잘 살아가겠지만, 남편 때문에 충격받는 걸 피하기 위해 적당히 낮은 안목을 가지라는 충고는 그림자를 좇느라 실체를 놓치는 격이 될 것이다. 안목을 키운다는 건 살면서 겪게 되는 여러 가지 어려움을 좀더 잘 이겨내고, 마음의 작용과 관련된 새로운 즐거움의 원천을 여는 길 아닐까? 결혼을 했든 안 했든 간에 세련된 안목을 지닌 사람은 둔감한 사람보다 상처받는 일이 많을 것이다. 하지만 이런 이유 때문에 그레고리 같은 결론을 내려선 안 된다. 문제는 삶의 즐거움 전체를 놓고 볼 때 안목이 과연 하나의 축복이냐 하는 것이다.

---

31 '예컨대, 소설가들'[MW].

다시 말하면, 안목이 고통과 즐거움 중 어느 쪽을 더 많이 주느냐 하는 건데, 이 질문에 대한 답을 보면 그레고리의 충고가 적절한지 알 수 있을 것이고, 사람을 노예화하는 제도라든지 남녀 가릴 것 없이 이성에서 도출된 원칙 이외의 다른 것에 근거한 규칙으로 인간을 교육하는 게 얼마나 불합리하고 독재적인지 드러날 것이다.

유순한 태도, 인내심, 인종 등은 너무도 고귀한 특질인지라 뛰어난 여러 시에서 신이 바로 그런 특징을 지닌 걸로 그려져 있다. 그리고 그가 지닌 넘치는 자비심과 관용이야말로 우리 인간이 신을 정말 사랑하게 되는 이유일 것이다.[32] 이렇게 볼 때 유순함은 그 안에 위대함이 지닌 갖가지 특질과 공손함이 지닌 사랑스러운 매력을 모두 담고 있는 셈이다. 하지만 그게 의존심에서 나온 순종적인 태도, 보호받기 위해 남을 사랑하는 존재의 나약함을 가리킬 때는 얼마나 달라 보이는가? 인내심도 마찬가지다. 그게 상대방에게 으르렁거리며 대들 수 없기에 채찍을 맞아도 웃음 지으며 말없이 참아야 하는 걸 가리킨다면 원래의 의미와 얼마나 다른가? 그런데 이렇게 비굴한 모습이 바로 요설가들이 훌륭한 여성이라고 일컫는 잘 교육받은 여성의 초상인 것이다. 이는 진실로 뛰어난 인간의 모습과는 거리가 멀다. 또 다른 이들은[33] 친절하게도 갈비뼈를 아담에게 도로 돌려주고 남자와 여자를 한 도덕적 개체로 만들어

---

32 "[악인이 신께 돌아오면] 신께서는 그를 자비롭게 대하고 얼마든지 용서하시리라"(「이사야서」, 55장 7절).

33 '루소와 스베덴보리를 볼 것'[MW]. 루소는 부부는 하나의 도덕적 단위를 이룬다고 하면서, 아내는 혼자서는 도덕적 확신을 갖고 행동할 수 없다고 주장했다. 스웨덴의 과학자이자 신학자인 스베덴보리(Emanuel Swedenborg, 1688~1772)는 결혼을 영원히 지속되는 것으로 보면서, 천국에서 결혼한 두 영혼은 하나의 천사를 이룬다면서 그 안에서 남편은 이성을, 아내는 의지를 이룬다고 주장했다.

놓았다. 그리고 물론 이때도 이브에게 '갖가지 순종의 매력'[34]을 부여해 주는 건 잊지 않았다.

결혼도, 결혼으로 상대방에게 주어지는 일도 없는 세상에서 여자들이 어떻게 살지는 밝혀진 바가 없다. 왜냐하면 수신서(修身書)들을 보면, 남자에게는 여러 가지 상황을 통해 내세의 삶에 대비하라고 하면서, 여자에게는 항상 이 세상에서의 처신에 대해서만 설교하기 때문이다. 이들은 여자들에게 유순함, 고분고분함, 애완견 같은 애정이야말로 가장 중요한 덕목이라고 가르친다. 그리고 어떤 저자는 자연의 우연성을 무시한 채, 여자가 우울해 하는 건 남자 같은 행동이라고 주장한다.[35] 여자는 남자의 장난감이나 딸랑이로, 남자가 쉬고 싶을 때면 시도 때도 없이 언제든 그의 귀를 즐겁게 해주게끔 태어났다는 것이다.

넓은 의미에서 유순함을 권고하는 건 순전히 철학적인 일이다. 나약한 존재는 유순해지려고 애써야 한다. 하지만 옳고 그름을 따지지 않고 무조건 참기만 하는 건 미덕이 아니다. 그리고 만약 배우자가 그런 인내심을 갖고 있다면 참 편하겠지만, 그런 아내나 남편은 항상 못나 보일 것이고, 언제고 경멸로 변할 수 있는 시답잖은 애정의 대상이 될 것이다. 그렇다 해도, 애초에 그처럼 세련된 감성을 갖고 태어나지 못한 사람에게 이런저런 충고를 해서 유순해지도록 가르칠 수 있다면 사회질서가 어느 정도 개선되겠지만, 이처럼 여자니까 무조건 유순해져야 한다고 가르친다면 가식만을 기를 것이고, 이는 점진적인 개선이나 정

---

34 "아담은 이브가 지닌 아름다움과 순종의 여러 매력에 즐거워하며 우월한 이의 사랑으로 미소지었다"(『실낙원』, 제4권, 497~499행).

35 아마도 버크(Edmund Burke)의 『숭고함과 아름다움의 개념의 기원에 대한 철학적 탐구』를 말하는 것 같다. 이 책에서 버크는 우울함을 아름답지도, 장엄하지도 않은 것, 그리고 범주들의 작용에 따르면, 여성적이지도 않은 것과 연관지었다.

신의 진정한 변화에 방해만 될 것이다. 여성이 진정한 미덕을 희생하고 피상적인 우아함을 기른다면 인생의 몇 년은 대단한 권세를 누리며 살겠지만, 결국은 별로 이로울 게 없을 것이다.

나는 철학자로서, 남자들이 여성에 대한 모욕을 감추기 위해 동원하는 그럴 듯한 애칭들을 읽으며 분노를 느꼈고, 도학자(moralist)로서, '아름다운 결점'이라든지 '귀여운 약점' 같은 역설적인 어구들을 보며[36] 그게 과연 무슨 뜻인지 자문해본다. 도덕이 한 가지 토대만을 갖고 있고, 인간이 한 가지 원형만을 가진다면, 마호메트의 관에 관한 속설[37]처럼 여성은 운명적으로 공중에 뜬 존재다. 다시 말하면, 여자들은 동물이 가진 틀림없는 본능도 없고, 이성적으로 배우고 따를 완벽한 모범도 없다는 것이다. 여자들은 사랑이나 추구해야지 존경을 받으려 들면 남자 같은 여자라는 비난 속에 사회에서 쫓겨나고 말 것이다.

하지만 이 문제를 다른 관점에서 생각해보자. 수동적이고 나태한 여성이 정말 최상의 신붓감인가? 우리 사회의 현실만을 토대로, 그처럼 나약한 여성이 자신의 의무를 어떻게 수행해내는지 살펴보자. 몇 가지 피상적인 재주를 획득해서 사회의 편견들을 굳혀온 이 여성이 남편의 행복에 진정으로 기여하는가? 이들은 그 재주를 발휘해 남편을 즐겁게 해주는가? 일찍부터 수동적인 순종만을 배워온 이 여성에게 가정을 이끌고 아이들을 가르칠 만한 인격이 있을까? 천만의 말씀이다. 그래서 여성의 역사를 살펴볼 때, 가장 신랄한 독설가들의 의견에 찬성할 수밖

---

36 "자연의/아름다운 결점"(『실낙원』, 제10권, 891~892행); "결점 때문에 아름답고, 섬세하게 약한"(포프, 『도덕론』, 44행).

37 전혀 근거 없는 얘기이지만, 속설에 따르면 마호메트의 관은 일종의 자력으로 무덤 중앙의 공중에 떠 있다고 한다.

에 없다. 즉 여성은 인류의 가장 억압받는 계층일 뿐 아니라 가장 나약한 계층이라는 것이다. 역사를 보면 여성이 얼마나 나약하게 살아왔는지 드러날 뿐 아니라, 그야말로 극소수의 여성만이 자신을 억압하는 남성의 모욕적인 굴레에서 벗어났음을 알 수 있다. 하지만 그런 여성은 너무 적어서, 뉴턴에 관한 재미있는 추정, 즉 그는 어쩌다 인간의 육체에 갇히게 된 천사 같은 존재라는 말이 생각날 정도다.[38] 마찬가지로 나는 여자들에게 주어진 역할에서 벗어나 특이한 방향으로 과감히 진출한 여성들은 실수로 여자의 몸에 갇히게 된 남성의 영혼이 아닌가 하는 생각도 해본다. 하지만 영혼의 남녀 구분이 무의미하다면, 여성의 열등함은 신체의 문제임에 틀림없다. 그게 아니면 육체에 활기를 주는 천상의 불이 남녀에게 불공평하게 주어졌다는 말이 된다.

하지만 지금까지처럼 남녀를 일반적으로 비교하거나, 현 사회의 기준에 따라 여성의 열등함을 솔직히 인정하는 대신, 나는 이렇게 주장한다. 즉 남자들은 여성의 열등함을 지나치게 키워온 나머지 이제 여성은 이성적인 존재라고 말하기 힘들 정도가 되었다. 여성에게 능력을 계발하고 미덕을 쌓을 기회를 준 다음, 여성의 정신이 얼마나 열등한지 따져보게 하라. 하지만 탁월한 몇몇 여성은 그럴 필요가 없을 것이다.

우리 같은 어리석은 인간으로서는 인류의 발전 단계마다 장애가 되어 온 독재가 사라졌을 때 인간이 무엇을 발견하고 얼마나 발전할지 상상하기 힘든 게 사실이다. 하지만 우리의 도덕이 좀더 탄탄한 토대 위에 서게 된다면, 예언자가 아니더라도 여성이 남성의 친구 또는 노예

---

38 "천사들은 요즘 우리 인간이/자연의 법칙을 모두 밝혀내는 걸 보고/인간의 지혜에 경탄하며,/우리가 원숭이를 구경시키듯 뉴턴(Isaac Newton)을 내보였다"(포프, 『인간론』, 31~34행에 관한 인유인 듯).

가 될 거라는 것쯤은 능히 짐작할 수 있을 것이다. 그리고 지금처럼 과연 여성이 도덕적인 존재인지, 인간이 동물과 어떤 연관이 있는지를 따지는 일은 없어질 것이다.[39] 하지만 여성이 정말 동물과 마찬가지로 남성의 편의를 위해 창조된 존재라면, 그때는 남자들이 공허한 찬사로 여자를 모욕하지 않고 그냥 부려먹을 것이다. 그리고 그때 혹시라도 여성이 이성이 있는 존재임이 드러나면, 남자들이 자신의 감각적인 욕망을 만족시키기 위해 여성의 능력 계발을 방해하는 일은 없을 것이다. 그때는 남자들이 온갖 미사여구를 동원해 여성에게 남자의 지도에 이성을 맡기라고 종용하는 일도 없을 것이다. 여성 교육을 얘기하면서, 여자가 이성을 자유로이 발휘하도록 놔두면 안 된다고 주장한다든지, 자기들과 똑같은 방식으로 인간으로서의 미덕을 쌓아가는 존재에게 교활함과 가식을 기르라고 충고하는 일도 없어질 것이다.

도덕이 하나의 토대 위에 서 있다면 옳고 그름에도 한 가지 기준만이 존재할 것이며, 그렇다면 편의를 위해 미덕을 희생한다든지 그런 식으로 행동해야만 하는 존재는 현재만을 위해 사는 인간, 책임감이 없는 인간으로 불려 마땅할 것이다.

그때는 시인이 다음과 같이 빈정거리는 구절을 쓰지 못하게 될 것이다.

---

39 루소에 따르면 여자는 남자의 도움 없이는 도덕적인 존재가 될 수 없다고 한다. 여성이 과연 인류의 일부인가에 대한 논란도 오랫동안 지속되었다. 성 토마스 아퀴나스(Thomas Aquinas)의 『신학대전』 17문 1조에 보면, 그는 아리스토텔레스(Aristoteles)와 마찬가지로, "여성의 창조는 창조력의 결점이나 물질의 결함 또는 습기가 많은 남풍 등의 외적인 영향에 말미암은 것으로 보인다"(English Dominican trans., Anton C. Pegis, ed., *The Basic Writings of Saint Thomas Aquinas*, New York: 1945, I, 880쪽)고 보았다.

"나약한 여자들이 죄를 범하면,

그건 그들의 탓이 아니라 별들의 책임."[40]

여자들이 스스로 이성을 발휘하거나, 독립적으로 살거나, 세상의 편견을 넘어서거나, 신에게만 복종하는 이성적인 의지를 가진 존재로서의 위엄을 느끼거나, 우주 안에 자기와 자기가 열렬한 눈길로 바라볼 매혹적인 어떤 모범만이 존재해서, 그 압도적인 양에선 몰라도 질에서 그 속성들을 모방함으로써 미덕을 쌓아갈 수 있다고 느낄 수 없게 되어 있다면, 그들은 분명히 운명의 질긴 오랏줄에 묶여 있다고 봐야 할 것이다.

이성의 차분한 빛이 있으니 굳이 큰소리 치진 않겠지만, 다시 말하건대 여성이 이성적인 존재로, 또는 인간과 같이 있을 때 인간의 이성에 따라 행동할 수 있는 동물처럼 살 수 있다고 믿는다면 우리를 노예처럼 취급하지 말라. 우리가 스스로 정신을 계발하고, 원칙의 건전하고 고귀한 힘으로 욕망을 다스리고, 신에게만 의존하는 존재가 느끼는 의식적인 위엄을 갖도록 해달라. 여자도 남자처럼 어쩔 수 없는 일은 체념하게 하고, 우리를 더 매력적인 존재로 만들기 위해 도덕에 성을 부여하는 일은 없도록 하라.

여성이 만약 남자들만큼의 지성, 끈기, 꿋꿋함을 획득할 수 없다면, 아무리 애를 써도 그들 만한 미덕을 달성할 수는 없겠지만 같은 종류의 미덕을 갖도록 해달라. 그렇게 되면 남성의 우월함이 지금 못지않게 분명해질 것이며, 함부로 바꿀 수 없는 분명한 미덕인 진실 또한 남녀 모

---

40 Matthew Prior, "Hans Carvel," 11~12행.

두에게 허락될 것이다. 그렇게 되면, 현재의 사회 질서가 뒤바뀌지는 않을 것이고, 남녀의 세력 균형을 맞추거나 뒤집기 위해 교묘한 술수를 부릴 필요도 없이 여성은 이성이 정해주는 위치에 서게 될 것이다.

이건 유토피아적인 꿈일지 모른다. 내 영혼에 그걸 심어주시고, 내 이성을 발휘할 힘을 주시어, 오직 신에게만 의지해 미덕을 길러가게 해 주신 하느님 덕분에 나는 여성을 노예화하는 잘못된 편견을 보며 분개하는 것이다. 나는 남자들을 동료 인간으로 사랑하지만, 그들의 지배는 정통성이 있든 없든 거부하는 바이다. 물론 내가 존경할 만한 이성을 가진 이라면 당연히 존중하겠지만, 그 경우에도 내가 존중할 대상은 그 사람이 아니라 그가 지닌 이성일 것이다. 책임 있는 인간은 자기 이성에 따라 행동할 수 있어야 한다. 그렇지 않다면 무엇이 하느님의 옥좌를 떠받치고 있겠는가?

내가 이렇게 자명한 문제를 굳이 거론하는 것은 여성이 그동안 격리된 삶을 살아왔고, 인간이 지녀야 할 미덕 대신 불과 몇 년간 남자를 지배하는 데 필요한 인위적인 아름다움으로 치장되어 왔기 때문이다. 사랑은 다른 더 고상한 감정을 내몰고 여성의 정신을 지배해왔으며, 그들의 유일한 바람은 아름다운 용모를 가꿈으로써 존경이 아닌 사랑의 대상이 되는 것이었다. 그리고 이 저열한 욕망은 절대군주제하의 맹종처럼 사람의 인격을 파괴하고 만다. 미덕의 근원은 자유다. 만약 여성이 천성적으로 노예가 되게끔 태어나서 자유의 신선한 바람을 호흡할 수 없다면, 그들은 온실 안의 열대 화초처럼 항상 골골하며 자연의 아름다운 결점으로 간주되어야 할 것이다.

여성에 대한 억압을 정당화하는 논리는 오히려 남성의 잘못을 보여주고 있다. 소수가 다수를 지배해왔고, 인간의 탁월함에 대한 안목이 전혀 없는 야수들은 수많은 동료 인간 위에 군림해왔다. 더 우월한 이들이 왜 그처럼 비정한 대우를 받아왔을까? 대개 왕들은 그 능력이나 미덕에 있어 보통 사람보다 열등하다는 게 주지의 사실이다. 그런데도 그들은 인간의 이성에 모욕이 될 정도의 절대적인 존경심으로 추앙받아 왔고 지금도 그런 실정이다. 살아 있는 인간을 신으로 받드는 건 중국인만의 일이 아니다.[41] 남자들은 눈앞의 즐거움을 얻기 위해 자기보다 강한 사람에게 복종해왔고, 여자들도 마찬가지였다. 그러므로 비굴하게 천부의 권리를 포기하는 궁정인을 도덕적인 존재로 볼 수 없다는 게 입증될 때까지는 그동안 억압만 받아온 여성이 본질적으로 남자보다 열등하다고 할 수 없을 것이다.

지금까지 세상을 지배해온 것은 야만적인 힘이었다. 그리고 철학자들이 인간의 우열을 판단할 기준을 찾느라 여전히 고심하는 걸 보면 정치학이 아직 원시적인 단계를 벗어나지 못했음을 알 수 있다.

이 문제에 대해서는 이쯤 해두고, 올바른 정치가 자유를 신장하면 여성을 포함한 모든 사람이 분명히 지금보다 더 현명하고 도덕적인 존재로 변할 거라는 명백한 결론만 내리고 넘어가겠다.

41 이는 중국인이 대부분 행하는 조상 숭배 또는 황제를 신의 대리자로 보는 중국인의 태도에 관한 인유일 것이다.

제3장

# 같은 주제의 계속

육체적인 힘은 한때는 영웅의 조건이었으나 이제는 지나칠 정도로 평가 절하되어 여자들뿐 아니라 남자들도 그 필요성을 거의 못 느끼는 실정이다. 남자들은 육체적인 힘이 신사가 되는 데 별 도움이 안 된다고 보고, 여자들은 여성적인 우아함과 그들에게 주어진 부당한 권세의 원천이 되는 사랑스러운 나약함을 깎아먹는다고 보는 것 같다.

이들이 둘 다 한 극단에서 출발해 다른 쪽 극단으로 치닫고 있다는 사실은 쉽게 입증되겠지만, 먼저 이 천박한 오류가 세력을 얻어 잘못된 결론을 이끌어내고 그럼으로써 결과가 원인으로 오인되어 왔다는 사실을 짚고 넘어가자.

천재들은 흔히 지나친 공부나 부주의한 생활 습관 때문에 병이 나는 수가 많고, 강력한 지성만큼이나 열렬한 감성 때문에 소위 칼이 칼집을 망가뜨리는 경우가 많았다.[1] 그래서 피상적인 이들은 천재들은 원래 몸이 약하다든지, 좀더 유행하는 말을 쓰면 섬약한 체질을 타고난다고 주

---

1 "칼이 칼집을 헤지게 한다는 말이 있는데 나의 삶이 바로 그랬다"(Rousseau, *The Confessions*, London: 1931, I, 200쪽).

장해왔던 것이다. 하지만 실제로는 그 반대가 맞을 것이다. 왜냐하면 그동안 내가 열심히 조사해본 결과 정신이 강한 사람이 대부분 몸도 훨씬 강하고 건강하다는 게 분명했기 때문이다. 이들은 육체 노동으로 얻는 강한 기력이나 탄탄한 근육은 없지만 그런 것은 정신이 쉬고 있거나 손을 움직일 만큼만 깨어 있을 때 가장 잘 발달하는 법이다.

프리스틀리의 전기표(傳記表) 서문을 보면 위인들 대다수가 45세 이상을 살았다.[2] 그런데 이들이 좋아하는 분야를 연구하느라 밤늦도록 생명의 등불을 불태운다든지, 시적인 영감에 빠진 채, 덧없는 환상의 그물이기에[3] 그의 지친 눈앞에서 금세 사라지는 상상 속의 인물로 가득 찬 장면을 그리느라 마음이 들떠 건강을 해친다든지 하는 식으로 몸을 혹사했는데도 그만큼 산 걸 보면 무쇠 같은 몸을 타고났었음이 틀림없다. 셰익스피어는 무기력한 손으로 공중의 단도를 붙잡지 않았고,[4] 밀턴 역시 어두운 감옥에서 사탄을 멀리 이끌어 갈 때 전혀 떨지 않았던 것이다.[5]—이런 작품들은 저능아의 헛소리나 병든 지성의 무기력한 하소가 아니라, 육체의 사슬을 잊고 '고귀한 광란'[6] 속을 떠도는 상상력

---

2 Joseph Priestley, *A Description of a Chart of Biography*(London: 1785), 34쪽. 이 표는 역사상의 인물들을 죽 늘어놓은 것으로서, 연대가 겹친다든지 서로 어떠한 위치를 차지하는지 비교해서 보여주는 리스트다. 서문에서는 이 표를 만든 과정과 목적을 설명했다.

3 "덧없는 환상의 그물처럼"(셰익스피어William Shakespeare의 『태풍』, 4막 1장, 151행).

4 "그대를 덩컨 왕에게 데려왔다는 그 단도는 공중에서 나온 것이다"(『맥베스』, 3막 4장, 62~63행).

5 즉, 밀턴이 『실낙원』에서 사탄을 풀어주어 인간의 타락에 치명적인 역할을 하게 한 것은 순전히 상상력의 힘이었다.

6 "고귀한 광란에 들떠 이리저리 돌아가는 시인의 눈"(셰익스피어, 『한여름밤의 꿈』, 5막 1장, 12행).

의 힘찬 분출인 것이다.

이 논리를 이어가다 보면 애초 의도한 것보다 더 멀리 나아갈 수도 있지만 나는 진실을 따를 뿐이니, 애초의 입장을 견지하면서 육체적인 힘이 남자의 우월성을 형성하지만, 그것이 바로 남자의 우월성을 형성하는 유일하게 확실한 근거임도 밝히려 한다. 하지만 여기서 다시 한 번 말하건대, 남녀는 미덕뿐 아니라 지식에서도, 그 양은 몰라도 종류에서는 똑같아야 하고, 여성은 하나의 기이한 반쪽 인간, 루소가 말하는 기이한 환상들 중의 하나로[7] 교육받는 대신, 도덕적일 뿐 아니라 이

---

7 "'추상적이고 철학적인 진실들, 과학의 원리들과 공리들, 요컨대 인간의 사고를 일반화하는 모든 것은 여성이 관여할 분야가 아니다. 그들의 공부는 현실적인 면에 국한되어야 하고, 남성이 발견해놓은 원리들을 적용하거나, 남성이 일반적인 원리를 발견하는 데 필요한 현상을 관찰하는 데 그쳐야 한다. 여성의 관념은 의무에 대해 직접적인 연관을 갖고 있지 않으므로 모두 남자를 연구하고 안목을 기르는 데 필요한 것들을 배우는 데 바쳐야 한다. 천재적인 업적은 여성의 능력 밖에 있다. 여성은 정확성을 요하는 학문에서 성공하기 위해 필요한 충분한 엄밀함이나 주의력이 없다. 물리학 역시 마찬가지다. 물리학자는 아주 활동적이고, 호기심이 많고, 다양한 물체들을 이해하는 사람이어야 하기 때문이다. 요컨대 가장 강한 지적 능력을 지니고 있고 그것을 발휘할 줄 아는 사람만이 다양한 물체들과 자연 법칙 사이의 연관을 알아낼 수 있다는 것이다. 천부적으로 나약하고 그래서 자신의 생각을 길게 끌고 나가지 못하는 여성은 자기가 시작하는 운동들을 판단하고 정확히 평가함으로써 스스로 약점을 보충할 줄 안다. 그 운동들이란 바로 남자들의 감정이다. 여자가 동원하는 수단들은 우리의 수단보다 훨씬 더 강력하다. 그녀가 쥔 모든 핸들이 인간의 마음을 움직이기 때문이다. 여성은 우리에게 자기가 직접 할 수 없는 일들, 자기들에게 필요하고 즐겁지만 직접 못 하는 일들을 하게 만들 기술을 익혀야 한다. 따라서 여성은 일반적인 남자가 아니라 나라의 법이나 일반적인 의견에 따라 자기를 소유하는 남자들의 성격을 연구해야 한다. 여성은 남자의 말이나 행동, 모습, 몸놀림을 보고 그들의 감정을 꿰뚫어보고, 우연히 그런 것처럼 자연스럽게 그들이 좋아할 만한 감정을 전달해야 한다. 남자들은 인간의 감정에 대해 철학적으로 얘기하지만, 여자들은 남자보다 훨씬 더 정확히 인간의 마음을 읽을 줄 안다. 이런 용어를 쓸 수 있다면, 여자들은 실험윤리학을 만들 수 있고, 남자에 대한 연구를 하나의 체계로 환원할 수 있다. 남자는 천재성을, 여자는

성적인 존재로서 남자들과 똑같은 수단으로 인간이 지녀야 할 미덕들(또는 기예들)을 갖추도록 노력해야 한다는 것이다.

하지만 남자가 약간의 이성과 육체적인 힘을 자랑한다면, 여자들은 왜 그토록 결점을 자랑으로 아는 것일까? 이에 대해 루소는 거침없는 상상력이 예민한 감각에 가해지는 갖가지 자극을 받아 더 방만해지도록 방치하는 사람만이 생각해낼 수 있는 아주 그럴 듯한 변명을 제시했다. 즉 남자들의 자존심과 방탕함을 만족시켜 줄 낭만적인 얌전함을 유지하면서 타고난 욕망에 몸을 맡길 구실을 갖기 위해서라는 것이다.

여성은 이런 감정에 오도되어 때로 자기 결점을 자랑하고 남자들의 약점을 이용해 교묘하게 힘을 얻기도 한다. 이들은 황제보다 더 큰 실권을 지닌 터키의 파샤[8]처럼 이 부당한 힘으로 남자를 지배하니 그걸 자랑할 만도 하지만, 이런 여성은 일시적인 즐거움을 위해 미덕을 희생하고 잠깐 동안의 권세를 위해 평생의 긍지를 버리고 있는 것이다.

수많은 왕국과 가족으로 이루어진 이 세계가 이성의 원리에 따라 통치된다면 독재자들과 마찬가지로 여성도 지금 같은 권력을 누리지 못할 것이다. 그러나 이 권력을 얻는 과정에서 그들의 인격은 타락하고 방종함이 사회의 전 계층으로 확산된다. 그리고 다수가 소수의 이익에 희생되는 것이다. 따라서 나는 여성이 좀더 합리적으로 교육받지 않는

---

상상력을 더 많이 가지고 있고, 여자가 관찰하는 대신 남자는 추론한다. 그리고 이 둘을 종합함으로써 우리는 인간 정신이 획득할 수 있는 가장 명징한 빛과 완전한 지식을 얻을 수 있다. 요컨대 우리는 이로부터 우리 자신과 다른 존재들에 대해 인간이 얻을 수 있는 가장 깊은 지식을 얻게 될 것이다. 그리고 예술이 자연이 부여해준 자질을 완성해가는 것도 바로 이런 과정을 통해서다. 세계는 여성들의 책이다.' 루소의 『에밀』. 나는 독자들이 아직도 여성과 상비군에 대한 나의 비교를 기억하고 있기를 바란다"[MW]. 위 인용문의 출처는 루소의 『에밀』, 349~350쪽.

8 파샤는 터키의 고위 관리.

한 인류의 도덕과 지식은 제대로 발달할 수 없다고 주장하는 바이다. 여성이 남성의 욕망을 채워주고, 그에게 식사와 깨끗한 옷을 제공할 상급 하녀로 태어난 게 아니라는 사실을 인정한다면, 딸들의 교육에 진정으로 관심 있는 부모는 딸의 신체를 단련시키진 못할망정, 아름다움과 여성의 탁월함에 대한 잘못된 생각 때문에 그들의 건강을 해치진 말아야 할 것이다. 그리고 딸들로 하여금 희한한 논리에 의해 약점이 장점이라는 치명적인 생각을 하도록 놔두어서도 안 될 것이다. 이런 관점에서 영국 최고의 아동 교육서 저자가 나와 같은 생각을 하고 있다는 사실이 정말 반갑다. 이성에 관한 그의 훌륭한 견해의 힘을 독자들이 직접 느끼게 하기 위해 관련된 부분을 아래에 직접 인용해보겠다.[9]

---

[9] "한 점잖은 노인이 딸들의 교육에 관해 다음과 같이 양식 있는 말을 해주었다. '나는 딸의 심신에 여성들에게서 찾아보기 힘든 활력을 길러주려고 애썼다. 딸이 가벼운 살림이나 정원 일을 할 정도의 힘을 갖게 되었을 때부터 나는 항상 그녀를 데리고 다녔고, 셀레네(Selene)가 이런 거친 일들을 아주 잘하게 되었을 때 나는 찬탄과 즐거움으로 그녀를 바라보게 되었다.' 여자들의 몸이나 정신이 나약한 것은 천부적인 것이 아니라 교육 때문이다. 우리는 여성의 사악한 나태함과 소위 섬약함으로 일컬어지는 무기력을 조장한다. 이성과 철학의 엄정한 원리들을 통해 그들의 정신을 강화하는 대신 우리는 허영과 관능으로 이끄는 쓸데없는 기예를 가르치고 있다. 내가 방문했던 대부분 국가에서 여성들은 좀더 드높은 학문들은 전혀 배우지 못한 채 매력적인 어투라든지 쓸데없는 자세들을 익히고, 빈둥거리거나 쓸데없는 일을 하며 시간을 허비하고, 그들이 흥미를 가진 것들은 고작해야 아주 사소한 일들이었다. 우리는 가정에서 우리가 누릴 안락과 우리 아이들의 교육이 모두 여성들에게 달려 있다는 걸 잊은 것 같다. 그런데 아주 어릴 때부터 타락하고 삶의 의무에 대해 전혀 모르는 존재들이 제공할 수 있는 안락함이나 교육이라는 게 과연 어떤 것들이겠는가? 쓸데없이 악기를 만지고, 나태하고 타락한 청년들에게 자기들이 타고나거나 가꿔온 아름다움을 과시하고, 남편이 물려받은 재산을 방종하고 불필요한 경비로 날려버리는 것이 내가 본 선진국의 여성이 배우는 것들이었다. 그리고 그 결과는 그처럼 썩어빠진 원천으로부터 익히 예측할 수 있는 것, 즉 개인의 불행과 집단적인 예속이었다.

"'하지만 셀레네의 교육은 다른 관점에 기초하고, 그녀의 정신에 도덕적 · 종교적

만일 여성이 본래 남성보다 약하다면, 원래 타고난 것보다 더 약해지도록 노력해야 한다는 건 어떤 이유에서인가? 이런 식의 논리는 상식에 대한 모독일 뿐 아니라 관능에서 비롯된 감이 없지 않다. 이 계몽된 시대에는 왕들의 신성한 권리뿐 아니라 남편들의 신성한 권리에 도전해도 화를 당하지 않아야 한다. 그리고 확신 하나로 요란한 반대 의견을 잠재울 수는 없겠지만, 사회에 널리 퍼져 있는 편견을 공격할 때 편협한 자들은 맹목적으로 변화에 반대하겠지만 현명한 이들은 우리 논리에 귀를 기울일 것이다.

딸에게 진정으로 고결한 인격을 심어주고 싶은 엄마라면 무지한 이들의 조소에 신경 쓰지 말고, 루소가 사람을 오도하는 매력적인 말솜씨와 철학적인 궤변을 동원해 권하는 것과 정반대되는 원칙에 따라 교육을 진행해가야 할 것이다. 루소의 능변은 말도 안 되는 내용을 그럴 듯하게 만들고, 그의 독선적인 결론들은 확신을 주진 않지만 그걸 반박할 능력이 없는 이들을 혼란에 빠뜨리기 때문이다.

어떤 동물이든 어린 새끼는 거의 끊임없이 운동할 필요가 있다. 그와 마찬가지로 아이들도 별로 머리를 쓰지 않고 손발을 단련시켜주는 장난을 하도록 놔두어야 한다. 아이들은 다치지 않게 조심하는 과정에서 처음으로 지성을 사용하게 되고, 이런저런 고안을 하며 상상력을 길

---

의무감을 심어주고, 사람이 살다보면 불가피하게 겪게 되는 어려움을 능히 극복하게 해줄 좀더 엄정한 원칙에 따라 진행되었다'(Mr. Day, *Sandford and Merton*, Vol. III)"[MW].

인용문은 「소프론과 티그라네스 이야기의 결론」(The Conclusion of the Story of Sophron and Tigranes)의 일부이다. 이 작품은 평생을 모험 속에 살다가 결혼해서 가정을 꾸린 체어스(Chares)라는 현명한 노인을 다룬 데이의 교훈담의 하나로서, 이 부분에서 그는 자기의 유일한 혈육인 딸을 어떻게 길렀는지 설명하고 있다.

러가기 때문이다. 그런데 부모의 잘못된 애정이나 맹목적인 열성이 자연의 이 현명한 의도를 묵살한다. 부모들은 아이들, 특히 여자아이들을 잠시도 혼자 놔두지 않음으로써 의존적인 인간으로 만들고 만다. 그러면서 여자는 의존적인 성격을 타고난다고 말하는 것이다!

여자아이들은 여성의 자랑인 아름다운 용모를 보전하기 위해 중국의 전족(纏足)[10]보다 더 무서운 방식으로 신체와 지성의 발달을 방해받고, 남자아이들이 밖에서 뛰노는 동안 집 안에만 갇혀 사는 바람에 근육이 약화되고 신경이 쇠약해지는 것이다. 루소가 처음 말했고, 그후 여러 작가들이 인용한 말, 즉 여자아이들은 태어나면서부터 인형과 옷 입기와 말하기를 좋아한다는 주장[11]은 너무 유치해서 반박할 가치도 없다. 몇 시간이고 가만히 앉아서 나약한 유모의 한담에 귀를 기울이거나 엄마의 몸치장을 지켜보아야 하는 이들이 어른들의 대화에 끼고 싶어할 것은 당연한 일이고, 엄마나 숙모들이 자기를 치장해주듯이 인형에게 옷을 입히며 노는 건 분명 너무도 자연스러운 결과라 할 것이다. 그러니 얼마나 가엾은 일인가! 능력이 뛰어난 사람도 주변 환경을 극복하기 어렵고, 천재들의 저서도 수백 년 묵은 편견으로 얼룩져 있을 때가 많은데, 왕들처럼 항상 거짓된 매개체를 통해 세상을 보아야 하는 여성에게 너그러운 시선을 보내야 하지 않겠는가.

---

10 여자의 발을 아주 작게 만들기 위해 어렸을 때부터 동여매는 중국의 관습. 울스턴크래프트는 로크의 「교육론」 제12조에서 전족에 대해 읽었을지도 모른다.

11 "소녀들은 인형을 참 좋아하는데 이는 그들이 평생 하게 될 일에 대한 본능적인 호감을 보여준다"(『에밀』, 330~331쪽). "아주 작은 소녀들도 예쁜 옷을 좋아한다. 그들은 예쁜 데서 만족하지 않고 칭찬 듣기를 원하는 것이다. [……] 그들의 머리는 이런 생각으로 가득 차 있다"(329쪽). "여자는 원래 말을 잘한다. 그들은 남자들보다 더 빨리, 더 쉽게, 더 매력적으로 말을 하지 않는가"(339쪽).

이렇게 볼 때, 여자들이 특히 몸치장을 좋아하는 것은 자기가 의존하는 남성을 즐겁게 하려는 욕망에서 나왔다고 보지 않아도 쉽게 이해할 수 있다. 여자는 천성적으로 교태를 잘 부린다든지, 감성을 부채질하는 부적절한 교육이 가해지기도 전에 종족 번식 충동에 관계된 욕망이 이미 나타난다든지 하는 말들[12]은 너무도 황당해서, 탁월해 보이고 싶은 욕망에 이성을 희생시키거나 역설에 대한 선호 때문에 사실을 왜곡하는 버릇이 없었다면 루소 같은 현명한 저자가 그러한 주장을 폈을 리가 없다.

그토록 유창하고 열렬하게 영혼의 불멸을 주장한 사람[13]이 남녀가 서로 다른 영혼을 갖고 있다고 말하는 건 자기 원칙에 어긋난다. 그러나 자기의 억측이 옳다고 확신하는 사람에게는 진실도 소용없는 법이다! 루소는 미덕을 존중하고 거의 숭배했지만 사랑할 때는 관능적인 애정으로 몰입했고,[14] 그의 상상력은 끊임없이 달아오르기 쉬운 그의 감각에 기름[15]을 부었다. 그러나 극기, 인내심 그리고 그런 감성이 있는 사람은 냉철하게 경모(敬慕)할 수 없는 영웅적인 미덕들을 존중했기 때문에, 루소는 자연의 법칙을 왜곡하고 신의 지혜를 모독하는 악랄한 주장

---

12 "교태는 여자의 천직이다. 그러나 목적에 따라 교태의 종류가 다르게 나타난다. 이 목적들이 자연의 법칙과 일치하도록 가르치는 게 적절한 여성 교육이다"(『에밀』, 329쪽).

13 『에밀』, 「제4장 한 사부아 보좌신부의 신앙」에서 루소는 영혼의 불멸에 대한 자신의 논리를 요약했다.

14 아마 루소가 평생 사귀었던 르 바쇠르(Therese Le Vasseur)를 가리키는 듯. 루소는 죽기 얼마 전에 자기가 고인한 식순에 따라 그녀와 결혼식을 올렸지만, 그 결혼을 합법화할 어떤 서류에도 서명하지 않았다.

15 울스턴크래프트는 여기서 '기름'을 'fuel' 대신 'fewel'로 표기하고 있는데 이는 18세기에 흔히 쓰는 철자였다.

을 펴는 것이다.[16]

그들이 날마다 보고 듣는 건 간과한 채 여자아이들은 천성적으로 몸치장에 관심이 많다는 걸 보여주는 루소의 주장은 너무 황당해서 반박할 가치도 없다. 어린 소녀가 단지 자세가 흐트러진다는 이유만으로 '오'(O)자를 그리는 즐거운 장난을 포기했다는 이야기는 영리한 돼지에 대한 이야기와 비슷한 부류에 속한다.[17]

나는 아마 루소보다 훨씬 많은 소녀들을 보았을 것이다.[18] 하지만 내 자신의 감정을 돌아보고 그동안 유심히 관찰해온 바로는 위와 같은 루

---

16 이 부분에서 울스턴크래프트는, 루소가 육체적인 욕망을 다스리지 못하고 여성들을 이기적이고 관능적인 목적에 이용한 다음, 여자는 천성적으로 교태를 잘 부린다고 주장함으로써 자신의 행동을 정당화했다고 주장하고 있다.

17 "'내가 알던 한 소녀는 글자를 읽기 전에 쓰기 시작했고, 처음에는 펜이 아니라 바늘로 글씨를 썼다. 그녀는 처음에 O자만을 열심히 썼고, 이런저런 크기로 그 글자를 써보았는데 항상 반대 방향으로 펜을 움직였다. 그러던 어느 날 그녀는 우연히 거울에 비친 자기 모습을 보게 됐고, 글씨를 쓸 때 자세가 아주 부자연스럽다는 걸 알게 되자 펜을 팔라스 신상*처럼 집어던지고 다시는 O자를 쓰지 않겠다고 결심했다. 그녀의 남동생도 글자 쓰기를 싫어했는데 그 경우는 자세 때문이 아니라 밖에 나가 뛰놀지 못하기 때문이었다.' 루소의 에밀"[MW]. 인용문의 출처는 『에밀』, 332쪽.
'영리한 돼지'는 1780년대에 영국 순회 공연에서 선보인 똑똑한 돼지를 가리키는 듯하다. 당시 널리 읽힌 트리머(Sarah Trimmer)의 『기담집』(1784) 제9장을 보면, 이 돼지는 청중이 말한 단어의 알파벳을 골라 집기도 하고, 시간을 말하면 큰 시계의 해당 부분을 주둥이로 가리키기도 했다. 보즈웰(James Boswell)의 『새뮤얼 존슨 전기』(*Life of Samuel Johnson*, London: 1909), 2권, 578쪽에 보면 슈얼(Anna Sewell) 양이 존슨에게 노팅엄에서 이 돼지를 본 일을 이야기해 주는 장면이 나온다.

* 팔라스의 신상은 아테나 여신이 만든 포세이돈의 딸 팔라스의 입상을 가리킨다. 아테나는 함께 놀던 팔라스를 우연히 죽이게 되자 그녀의 모습을 새긴 입상을 만들었는데, 나중에 트로이 전쟁에서 오디세우스와 디오메데스가 이 입상을 훔쳐내어 던짐으로써 트로이가 망하게 된다 - 옮긴이.

18 세 딸 중 장녀이고, 가정교사와 여학교의 교장으로 근무한 그녀의 경력을 생각하면, 울스턴크래프트의 이 말은 결코 과장이 아닐 것이다.

소의 말에 결코 동의할 수 없다. 억눌린 생활 때문에 기력이 손상되고 잘못된 수치심 때문에 순수함을 잃기 전의 어린 소녀는 모두 아주 명랑하고, 밖에 나가 놀 수 없어서 다른 장난거리가 없으면 몰라도 그렇지 않으면 인형 같은 것에는 전혀 관심이 없다는 게 내 생각이다. 우리가 남녀의 성징이 나타나기 훨씬 전부터 양성의 차이를 주입하지 않으면 어린 소녀, 소년들은 아무런 문제없이 잘 어울려 놀 것이다.—더 나아가 틀림없는 사실로서 말하건대, 내가 본 여성들 중 이성적으로 처신했거나 뛰어난 지성을 지닌 이들은 모두 어린 시절에 (세련된 여자들의 말을 빌려 표현하면) 마음껏 돌아다닌 아이들이었다.

유년기와 청소년기에 건강 관리를 소홀히 하면 그후유증이 생각보다 오래 가는 법이고, 육체적으로 의존적인 생활을 하면 자연히 정신적으로도 의존적이 되는 법이다. 만약 대부분의 시간을 병을 예방하거나 앓는 데 보내는 여성이 있다면 그런 사람이 어떻게 좋은 아내나 엄마가 될 수 있겠는가? 그리고 일찍부터 아름다움에 대한 인위적인 편견이나 감성에 대한 거짓된 묘사에 따라 행동해온 여성이 어느 날 갑자기 신체를 단련하고 기력을 빼앗는 방종에서 손을 떼기로 결심할 가능성도 거의 없다. 남성은 대부분 가끔 육체적인 불편이나 악천후를 견뎌내야 할 상황에 처한다. 그러나 중 · 상류층 여성은 문자 그대로 자기 몸의 노예가 되어 자신의 예속 상태를 자랑으로 여긴다.

내가 아는 한 나약한 숙녀는 자신의 섬약함과 감성에 유난히 긍지가 있었다. 그녀는 높은 안목과 형편없는 식욕을 인간의 최고 덕목으로 간주했고 그에 따라 행동했다. 이 나약하고 세련된 존재는 지기의 모든 의무를 저버리고, 자만심에 가득 차 소파에 기댄 채 형편없는 식욕이 바로 자신의 예민한 감성까지 미친다, 아니면 이런 말도 안 되는 소리를 알기 쉽게 표현하는 건 정말 어려운 일이지만, 어쩌면 그런 감성에서 나왔다고 자랑했다. 하지만 바로 그때 나는, 전에 잘살 때는 그녀에게 도움을 주었지만 예기치 못한 불운으로 그녀의 거만한 친절에 의존하게 된 한 훌륭한 노부인을 그녀가 모욕하는 걸 목격했다. 시바리스인[19]처럼 호사에 젖어 미덕 같은 게 모두 없어졌거나, 진정한 교양에 비해서는 극히 초라하지만 그래도 악에서 인간을 지켜주는 도덕적인 교훈 같은 건 전혀 받아본 적도 없다면 모를까, 어떻게 인간이 그토록 나약하고 사악해질 수 있을까? 이런 여성은 무법의 권력 때문에 사악해진 저 로마 황제들만큼 비이성적인 괴물은 아닐지 모른다. 하지만 왕들은 적어도 어느 정도는 법의 제재를 받았고, 그래도 약간은 체면을 차려야 했기에 역사가 그런 비인간적인 어리석음과 잔인함으로 점철되지 않을 수 있었던 것이다. 그리고 유럽에서는 터키를 황폐하게 만들고 땅뿐 아니라 사람까지도 메마르게 하는 저 파괴적인 바람[20] 같은 전제주의가 미덕과 천재성을 떡잎부터 시들게 하지는 않았던 것이다.

여성의 처지는 어디서나 이렇게 비참하다. 무지함을 듣기 좋게 표현한 소위 순수함을 보전하기 위해 여성은 지적 능력이 성숙하기도 전에 진실 대신 가식을 배우게 된다. 아주 어릴 때부터 아름다움이 여성의 최고 가치라고 배우기 때문에 그들의 정신은 육체에 자신을 맞추게 되고, 금빛 새장에 갇힌 채 그 안을 치장하는 데 정성을 쏟게 되는 것이다. 남자들은 갖가지 일과 직업에 마음을 쏟고 어릴 때부터 그런 걸 통해 개성을 쌓아가는 반면, 여자들은 일이 한 가지뿐인지라 자신의 가장

[19] 이탈리아 남부에 있는 고대 그리스의 도시 시바리스(Sybaris)의 주민들로 안락하고 관능적인 생활로 유명했다.

[20] 먼지를 가득 실은 남풍으로 시뭄(simoom) 또는 사뭄(samum)이라 한다.

하찮은 부분에 줄곧 매달린 채 일시적인 승리 이외에는 아무것도 생각지 않는 것이다. 하지만 여성의 정신이 현재 독재자처럼 이들을 지배하는 남자들의 자존심과 관능, 근시안적인 욕망에서 풀려나면, 우리는 이들의 나약함에 대해 읽으며 놀라움을 금치 못할 것이다. 이 문제를 좀 더 살펴보기로 하자.

성서의 우의적 표현대로 잡아먹을 사람을 찾아 돌아다니는 사악한 존재가 있다면,[21] 인간을 타락시키는 데 가장 효과적인 방법으로 절대 권력을 쓸 것이다. 이 논리는 여러 가지로 응용할 수 있다. 타고난 계층, 재산 등 정신적 노력 없이도 특권을 누리게 해주는 여러 이점은 실제로는 인간을 타락시킨다. 그리고 나약한 인간일수록 교활한 자들의 농간에 휘둘려 인간성을 모두 상실한 허영에 들뜬 괴물이 되기 쉽다. 그리고 수많은 사람이 양떼처럼 말없이 그런 지도자를 따른다는 것은 눈앞의 즐거움에 대한 욕망과 무지에서 빚어진 오류라고 할 수밖에 없다. 비굴하게 의존하는 걸 배우고, 사치와 게으름 때문에 기력을 잃은 우리가 어디서 인간의 권리를 주장하고, 오직 한 가지 방법으로 탁월함에 도달할 도덕적인 존재의 특권을 되찾기 위해 떨치고 일어날 사람을 찾을 것인가? 무서운 힘으로 인간 정신의 진보를 막는 군주와 사제에 대한 인류의 예속은 지금도 여전히 계속되고 있고 앞으로도 오랫동안 유지될 것이다.

그렇다면 현재 권력을 쥐고 있는 남자들에게 부탁하건대, 독재적인 왕과 부패한 사제들이 쓰는 논리를 이용해 여성은 전부터 남자의 지배를 받아왔으니 앞으로도 그래야 한다는 황당한 주장을 펴지 말

21 "항상 깨어 경계하라. 그대의 적인 악마가 포효하는 사자처럼 잡아먹을 사람을 찾아 돌아다니고 있기 때문이다"(「베드로 전서」, 5장 8절).

라.──하지만 인간이 합리적인 법의 지배에 따라 타고난 자유를 누릴 때 여성이 그 자유를 거부한다면 그때는 우리를 경멸해도 좋다. 그리고 그 멋진 시대가 올 때까지는, 여성의 어리석음을 논할 때 그대들 자신의 결점도 기억해달라.

악을 직접 행하거나 부추기는 부당한 방법으로 권력을 얻은 여성이 이성에서 비롯되는 권위를 잃는 건 사실이다. 그런 여성은 비굴한 노예나 변덕스러운 독재자가 되기 쉽다. 이들은 같은 방식으로 권력을 얻은 남성에서 보듯이 그 힘을 얻는 과정에서 정신의 소박함과 존엄성을 모두 잃게 된다.

이제 여성의 삶에 혁명을 일으킬 때가 되었다. 그들이 잃었던 존엄성을 되찾고, 인류의 구성원으로서 자신을 개혁해 세상을 바꾸는 데 이바지할 때가 온 것이다. 이제 우리 사회의 관습과 불변의 도덕을 구별해야 한다. 남자들이 신 같은 존재라면 우리는 물론 그들을 받들 것이다! 여성의 영혼이 지닌 존엄성이 동물의 경우처럼 불확실하고, 여성에게는 틀림없는 본능도, 그들을 제대로 이끌어줄 이성도 없다면, 그들은 물론 가장 비참한 존재들이다! 만약 그게 사실이라면 여성은 무쇠 같은 운명의 굴레에 갇힌 채 우주의 아름다운 결점으로서 남자들에게 복종해야 할 것이다. 하지만 아무리 교묘한 궤변가라 할지라도, 인류의 그렇게 많은 수를 책임 있는 또는 무책임한 존재로 만드는 확실한 이유를 들어 여자들에 대한 신의 섭리를 정당화하기는[22] 어려울 것이다.

도덕의 유일하게 확실한 근거는 하느님의 신성일 텐데, 그 조화로움은 여러 속성의 균형에서 나오고, 경외심을 갖고 말하건대 신의 한 속

---

22 "나는 불멸의 섭리를 옹호하고,/인간에게 신의 정당하심을 보이려 하노라"(『실낙원』, 제1권, 25~26행).

성은 다른 속성들의 존재를 필요로 하는 것 같다. 신은 현명하기 때문에 정당하고, 전능하기 때문에 선하다는 식이다. 한 속성을 드높이기 위해 그와 똑같이 귀하고 필요한 다른 속성을 비하하는 건 비뚤어진 인간의 이성이나 감정적인 충심의 냄새가 난다. 원시 시대부터 권력에 복종하는 데 길든 인간은 정신의 힘이 육체의 힘보다 훨씬 우월하다는 걸 보여주는 문명이 발달해도 이 야만적인 편견에서 벗어나지 못하고, 신에 대해 생각할 때조차도 그처럼 미개한 의견에 빠져 이성적인 판단을 내리지 못한다.—그들은 신의 다른 속성들을 모두 전능함 속에 포괄하거나 그 아래 종속시키고, 불경스럽게도 신의 권위를 제한하거나 자기들의 생각에 따라 다스리려 한다.

나는 자연을 연구하면서도 그걸 만드신 분에 대해서는 침묵하는 허울 좋은 신앙심을 거부한다. 영원 안에 거하시는 드높은 존재는 틀림없이 우리 인간이 상상하기 힘든 많은 속성을 지니고 계시겠지만, 내 이성은 그 속성들도 내가 받드는 속성들과 상반되지 않을 거라고 속삭이고 있고, 나로서는 그 이성의 소리에 귀를 기울일 수밖에 없다.

인간이 탁월함을 추구하고, 자신이 숭배하는 대상에서 그런 속성을 찾는다든지 마치 옷을 입히듯 맹목적으로 그런 속성을 부여하는 건 자연스러운 일이다. 하지만 후자와 같은 숭배 태도가 이성적인 존재의 도덕적 처신에 어떤 이득을 줄 수 있겠는가? 그는 신의 권세 앞에 머리를 숙이고, 갑자기 쩍 갈라지며 눈부신 광경을 보여주거나, 알 수 없는 이유로 자신의 신실한 머리 위에 격렬한 분노를 쏟아붓는 검은 구름을 앙모(仰慕)하게 될 것이다. 그리고 신이 맹목적인 의지의 불분명한 충동에 따라 행동한 거라면, 인간도 자기 의지나 자기가 불경스럽다고 느끼는 원리에서 도출된 규율에 따라 행동해야 할 것이다. 종교인이든 아니든 지금까지 많은 사상가들은, 신에 대한 올바른 이해에서 나오는 건전한 자제로부터 인간을 풀어주려는 욕망에서 이 딜레마와 씨름해왔다.

하느님의 속성들을 검토하는 건 불경스러운 행위가 아니다. 아니, 지성적인 존재라면 그렇게 할 수밖에 없지 않은가? 신을 지혜와 선, 힘의 원천으로 보는 것이야말로 미덕이나 지식을 추구하는 존재가 그를 숭배하는 유일하게 유익한 방식 아니겠는가? 신에 대한 맹목적이고 불안정한 애정은 인간의 열정처럼 사람의 마음을 사로잡고 감정을 타오르게 할지 모르지만, 우리로 하여금 정의를 행하고, 자비를 사랑하고, 신 안에서 겸손하게 사는 걸 잊게 만든다.[23]

종교를 감정이나 안목의 문제로 취급하는 그레고리가 얘기하는 방식과 반대되는 관점에서 종교를 논할 때 다시 한 번 이 문제를 다루기로 하겠다.[24]

다시 본론으로 돌아가서, 여성이 모든 사랑에 똑같이 적용되는 한 가지 원리에 따라 남편에 대한 애정을 간직할 수 있으면 좋을 것이다. 이 세상에 다른 원리는 있을 수 없기 때문이다. 관능을 듣기 좋게 표현한 소위 감정의 나쁜 영향에 휘둘리면 안 된다. 그렇다면 아주 어릴 때부터 여성은 동양의 군주들처럼 침묵을 지키든지, 아니면 스스로 생각하고 행동할 수 있도록 교육받든지 해야 할 것이다.

왜 남자들은 이 두 의견 사이에서 오락가락하며 불가능한 것을 기대하는 걸까? 그들은 어째서 노예 같은 존재, 우리 사회의 법 자체가 사악하거나 아니면 적어도 나약하게 만들어놓은 존재에게서 미덕을 기대하

23 "하느님은 오직 그대가 정의를 행하고, 자비를 사랑하고, 신 안에서 겸손하게 살기를 바라실 뿐이다"(「미가서」, 6장 8절).

24 "종교는 이성보다 감정의 문제다"(그레고리, 『아버지가 딸들에게 남기는 말』, 13쪽).

는 걸까?

관능주의자들이 심어놓은 뿌리 깊은 편견을 없애는 데는 상당한 시간이 걸리리라는 건 나도 알고 있다. 여자들이 섬약함이라는 미명 아래 나약함을 추구하거나 약한 척하는 건 크게 볼 때 불이익을 자초하는 것이라든지, 세상 사람들에게 여자들의 악행과 어리석음의 유독한 원천은 (관습에 따라 비슷한 말들을 느슨하게 사용하면) 바로 그들의 아름다움, 특히 용모의 아름다움에 바쳐진 관능적인 찬사라는 것을 깨닫게 하는 데도 꽤 시간이 걸릴 것이다.

한 독일 작가는, 모든 남자가 예쁜 여성을 좋아하지만, 욕망의 충족에서 행복을 맛보는 남자들은 지성미를 발휘해 더 드높은 감정을 일으키는 멋진 여성은 간과하거나 무관심하게 대한다는 날카로운 지적을 한 바 있다. 이에 대한 반론은 충분히 예상할 수 있다. 즉 남자가 지금처럼 불완전한 존재로 남아 있는 한 그들은 어느 정도는 욕망의 노예로 살 것이고, 그중 가장 지배적인 욕망을 충족시켜 주는 여성이 제일 큰 힘을 얻을 것이다. 그렇다면 여성은 정신적인 필연성이 아니더라도 적어도 육체적인 필연성에 따라 타락한다는 논리다.

이 반론은 물론 어느 정도 타당하다. 하지만 "하늘에 계신 아버지처럼 깨끗해라"[25]는 드높은 가르침이 있지만, 인간의 미덕은 그것을 제한할 능력이 있는 한 분에 의해서만 제한되는 건 아닐 것이고, 그처럼 고귀한 야망을 추구하는 것이 인간의 한계를 벗어나는 건지 어떤지 따지지 않고 앞으로 나아가도 될 것 같다. 거친 바다에게 이런 말을 한 이가 있다. "거기까지만 가거라. 너의 당당한 파도는 여기서 멈출 것이니

---

25 "하늘에 계신 아버지가 완벽하시듯 그대도 완벽하라"(「마태복음」, 5장 48절).

라."[26] 위대한 영(靈)은 물질을 다스리고, 파도가 아무리 거칠게 날뛰어도 별들의 운행을 관장하는 힘을 이길 수는 없다.—하지만 기계적인 법칙의 지배를 받지 않고 물질의 쇠사슬을 벗어나려고 애쓰는 불멸의 영혼이, 영(靈)들의 아버지의 뜻을 받들어, 인간의 힘으로 상상하기는 어렵지만 이 우주 전체를 다스리는 불변의 법칙에 따라 자신의 욕망을 제어하려고 애쓴다면 그것은 우주의 질서를 거스르는 게 아니라 오히려 그 질서를 유지하는 데 기여하는 행위가 될 것이다.

게다가 여성이 의존적인 존재가 되어야 한다면, 즉 자기와 똑같이 불완전한 존재의 뜻에 따라 옳고 그름을 따지지 않고 무조건 복종하며 살아야 한다면, 어느 정도까지 그래야 할 것인가? 여성은 불완전한 대영주의 지휘를 받는, 작은 영토를 다스리는 소영주 같은 존재인가?

그런 소영주들이 두려움에 사로잡힌 남자들처럼 처신하며 아이들과 하인들 위에 군림하리라는 것은 능히 짐작할 수 있으리라. 남편에게 비이성적으로 복종하며 일정한 원칙 없이 사는 이들은 아이들이나 하인들에게 내키는 대로 행동할 것이다. 그리고 무거운 굴레 아래 신음하는 이들이 때로 아랫사람들에게 그 굴레를 씌우며 거기서 악랄한 즐거움을 얻는 것도 당연한 일일 것이다.

남자들에게 복종하도록 교육받은 여성이 양식 있는 남자와 결혼할 수도 있다. 그래서 남편이 그녀가 예속의 비굴함을 느끼지 않게 하면서, 비록 남의 이성에서 나오는 빛이지만 이 반사된 빛에 따라 잘 행동하도록 그녀의 판단을 이끌어준다고 가정해보자. 하지만 그녀가 남편의 생명을 보장할 수는 없으니, 남편이 세상을 떠나면 그녀는 혼자서

26 「욥기」, 38장 11절.

대가족을 이끌어가야 한다.

그렇게 되면 그녀는 두 가지 책임을 떠안게 된다. 엄마뿐 아니라 아빠의 처지에서도 자녀들을 가르치고 살아가는 데 필요한 원칙들을 심어줘야 하며, 그들의 재산을 잘 지켜야 하기 때문이다. 그런데 그녀는 스스로 행동하기는커녕 생각을 해본 적도 없다! 그녀는 남자들을 즐겁게 하고,[27] 그들에게 우아하게 의존하는 법을 배웠을 뿐이다. 그런데 아이가 딸린 지금 어디서 다른 보호자, 이성적으로 행동하게 이끌어줄 남편을 찾을 것인가? 낭만 소설이 아닌 다음에야 이성적인 남자가 단지 귀엽게 순종적인 여자라는 이유만으로 더 예쁜 처녀들을 놔두고 사랑

---

27 "'남녀의 결합에서 두 사람은 서로 다른 방식으로 같은 목적을 추구한다. 바로 이 차이에서 최초로 남녀의 정신적 구분이 생기는 것이다. 남자는 적극적이고 강해야 하고, 힘과 의지를 가져야 하며, 여자는 수동적이고 나약해야 하며, 남자의 뜻에 저항하지 않아야 한다.

"일단 이 원칙이 수립되면, 여자는 남자를 즐겁게 하기 위해 태어났다는 결론이 자동적으로 도출된다. 이 의무가 상호적이어서 남자도 여자를 즐겁게 해야 한다고 할 수 있겠지만 그건 그만큼 명백하지 않다. 남자의 장점은 바로 그 힘에 있고, 그가 여자를 즐겁게 해주는 것은 그럴 만한 힘이 있기 때문이다. 물론 이것은 사랑에 관한 세련된 격언은 아니겠지만 사랑보다 더 원초적인 자연의 법칙이다.

"'여자가 남자를 즐겁게 하고 그에게 복종하기 위해 태어났다면, 여자는 남자의 감정을 거스르지 말고 그의 마음에 들려고 노력해야 할 것이다. 남자가 느끼는 욕망의 강도는 여자의 매력에 달려 있고, 여자는 그 매력을 이용해 자연이 남자에게 준 힘을 발휘하도록 만들어야 할 것이다. 남자를 흥분시키는 가장 좋은 방법은 그의 유혹에 저항함으로써 그가 노력을 할 수밖에 없도록 만드는 것이다. 그런 경우, 욕망에 자기애가 더해져서 한쪽이 애써서 얻어야 하는 승리를 다른 쪽은 그냥 마음껏 누리게 되는 것이다. 남녀의 다양한 공방(攻防)법, 남자의 대담함과 여자의 다소곳함, 자연이 나약한 여자로 하여금 강자인 남자를 누르도록 부여해준 수줍음과 얌전함은 바로 여기서 나온 것이다.' 루소의 『에밀』. 이 교묘한 구절에 대해 다른 말은 그만두고, 다만 그것이 관능의 철학에서 나온 생각이라는 것만 밝히고 넘어가겠다"[MW]. 인용문의 출처는 『에밀』, 322쪽.

때문에 온 가족, 즉 아이가 딸린 과부와 결혼할 리는 없을 것이다. 그렇다면 그녀는 어떻게 될까? 그녀는 돈을 노리는 치사한 남자의 꾐에 홀랑 넘어가 아이들에게 물려줘야 할 남편의 재산을 빼앗기고 비참한 지경에 처하든지, 우울함과 맹목적인 자식 사랑의 제물이 되고 말 것이다. 아무리 높은 자리에 있어도 그럴 만한 인격이 없으면 존경받을 수 없다는 건 단순한 말장난이 아니기 때문에, 자식들에게 존경을 심어주지도, 제대로 가르치지도 못하는 그녀는 아무 소용없는 무력한 회한에 사로잡힌 채 시들어갈 것이다. 독사의 이빨[28]이 그녀의 영혼을 파고들고, 방만한 자식의 갖가지 악행이 그녀를 슬프고 어쩌면 가난한 존재로 만들어 평생 쓸쓸히 살게 만들 것이다.

이건 과장이 아니라 흔히 있을 법한 일이고, 유심히 본 이들은 실제로 이와 비슷한 경우를 목격했을 것이다.

맹목적인 이들은 대개 사람이 많이 다니는 길뿐 아니라 개울로도 아무 생각 없이 따라가지만, 나는 이 여성이 아주 착한 사람이라는 걸 전제로 얘기해왔다. 하지만 남을 즐겁게 하는 기술만을 배워온 여성은 그렇게 살아야 행복할 것이고, 그렇다면 그녀의 천진한 딸들은 엄마에게서 사악하고도 어리석은 행동만을 배우게 될 것 아닌가! 그녀는 엄마보다는 요부(妖婦)로 살려고 할 것이고, 딸들과 친구가 되기보다는 경쟁자로 여겨 늘 감시할 것이다. 그런데 딸들은 한번도 이성의 자리에 앉아 보려 하지 않은 그녀를 아름다움의 왕좌에서 몰아내고, 보는 이로 하여금 엄마와 비교하게 만들기 때문에 남보다 훨씬 더 잔인한 경쟁자가 될 수 있다.

---

28 "자식의 불효는 독사의 이빨보다 더 날카롭다!"(『리어왕』, 1막 4장, 310~311행).

뛰어난 상상력이나 날카로운 필력(筆力)이 없어도 그런 가장이 집안을 어떤 불행과 치사한 악행으로 물들일지는 능히 그려낼 수 있을 것이다. 하지만 그런 엄마는 루소의 이론에 따라 교육받고, 그에 맞춰 여자의 역할을 잘 수행하고 있을 뿐이다. 그런 여자는 남자 같다든지 여자의 본분을 벗어난다는 비난을 받는 일은 없을 뿐 아니라, 루소가 말한 다른 법칙도 잘 지켜 자신의 명성을 더럽힐 행동은 일체 자제함으로써 좋은 여자라는 평판을 받을지도 모른다. 하지만 그녀가 좋은 여자라는 건 대체 무슨 뜻인가? 그녀는 물론 거창한 투쟁을 하거나 무서운 범죄를 저지르지는 않는다. 하지만 그녀는 어떤 식으로 자기의 의무를 수행하는가? 의무라! 그녀는 몸치장을 하고 허약한 자기 몸을 돌보는 것만으로도 너무 바쁜 사람이다.

종교 문제를 보면, 그녀는 그 주제에 대해 스스로 생각해본 적은 전혀 없고, 의존적인 존재가 그렇듯 자기보다 현명한 이들이 모든 걸 정해 놓았다고 경건하게 믿으면서 어려서부터 보아온 교회의 의식에 따를 뿐이다.—이처럼 의심 없이 따르는 게 바로 그녀의 장점인 것이다.[29] 그래서 그녀는 박하와 회향의 십일조를 바치며[30] 자기가 다른 여성들과 다르다는 걸 하느님께 감사드린다. 이게 바로 좋은 교육의 멋진 결과이고, 남자의 반려자가 지닌 미덕들인 것이다.[31]

---

29 『에밀』, 359쪽 이하. 소피는 종교 문제에서 남편의 의견을 따르도록 교육받는다.

30 "서기들과 바리새인, 위선자들에게 화 있을지니, 그대들은 박하와 회향의 십일조는 바치지만 더 중요한 법과 의와 인과 신은 저버렸도다"(「마태복음」, 23장 23절).

31 루소는 소피에 대해 이렇게 말한다, "'그녀의 무지는 얼마나 귀여운가! 그녀를 가르칠 사람은 정말 행운아다! 그녀는 남편을 가르치려 들지 않고 그의 학생이 되는 데 만족할 것이다. 그녀는 남편에게 자기의 안목을 강요하지 않고 그의 안목에 따를 것이다. 그녀는 무지하기 때문에 더 소중하고, 그는 그녀를 가르치면서 행복을 느낄 것이다.' 루소의 『에밀』. 나는 한 가지만 묻고 싶다. 이 학생과 제자 사이의 사랑이 식은 후에

그렇다면 이번에는 여성의 다른 모습을 상상하며 마음을 달래야겠다. 평범한 여성을 갖고 얘기해본다면, 적당한 지성을 갖고 태어나, 운동을 통해 단련되고 한껏 원기를 기른 몸과, 삶의 도덕적 의무를 이해하고 미덕과 존엄성의 원천을 알 만큼 정신을 수련해온 여성을 상상해보자.

그녀는 자기 위치에 따른 의무를 이행하며 자라나, 현실적인 조건도 고려하면서 사랑하는 사람과 결혼한 뒤, 결혼의 행복 너머로 눈을 돌려, 치사한 기교를 동원해야만 남편의 사랑을 지키고 그를 즐겁게 할 수 있을 때가 오기 전에, 즉 늙어서 미모를 잃기 전에, 그의 존경을 얻는다. 사랑의 불꽃은 상대가 익숙한 존재가 되면 꺼지게 마련이고, 열렬한 애정 대신 우정과 관용이 그 자리를 차지하게 된다. 사랑은 으레 그렇게 스러진다. 하지만 이 여성은 가정의 평화를 깨면서까지 사랑의 불꽃을 지키려고 발버둥치지는 않을 것이다. 그녀의 남편도 훌륭한 사람이겠지만, 그렇지 않다면 그녀는 더욱더 독립적인 원칙을 갖추어야 할 것이다.

그러나 언젠가는 운명이 이 결합을 깨버릴 것이고, 그녀는 재산도 별로 없는 과부가 되겠지만, 그래도 그녀는 용기를 잃지 않을 것이다. 물론 남편의 죽음이 슬프긴 하겠지만, 시간이 흐르면서 슬픔은 서글픈 체념으로 바뀔 것이고, 그녀는 전보다 더 큰 애정으로 아이들을 돌보고 열심히 그들에게 필요한 것을 대줄 것이다. 그녀는 신성한 영웅적 애정으로 엄마로서의 의무를 이행할 것이다. 그녀는 유일한 위안이면서 동시에 자기 삶에 의미를 주는 아이들의 신뢰 어린 시선과, 슬픔 때문에 약간은 멍해지고 고양된 상상력으로, 자기가 떨리는 손으로 감겨준 남

---

는 무엇이 그들의 우정을 지켜줄 것인가?"[MW]. 인용문의 출처는 『에밀』, 373쪽.

편의 눈이 아직도 자기가 부질없는 욕망들을 다 억누르고 아이들에게 엄마뿐 아니라 아빠의 역할까지 해주는 것을 내려다보고 있다고 추측해 본다. 불운 때문에 오히려 강해진 그녀는 본능적인 욕망이 일어날 때마다 그것이 사랑으로 무르익기 전에 얼른 억눌러 버리고, 삶의 절정기에 자신이 여성임을 잊고 산다. 그녀는 자기 마음속에 싹터서 어쩌면 상대방도 화답해왔을지 모르는, 사랑이 처음 시작될 때 느끼는 그 즐거움을 잊어버린다. 그녀는 이제 남자를 즐겁게 하는 일에는 관심이 없고, 사람들이 자신의 행동을 칭찬해도 자만하지 않으려고 의식적으로 노력한다. 그녀는 아이들을 사랑하고, 수시로 내세를 그려보며 사후의 행복을 소망한다.

나는 그녀가 그동안 기울여온 노력의 보람을 느끼며 아이들에게 둘러싸여 있는 광경을 상상해본다. 아이들의 영특한 눈이 그녀의 눈을 마주보고, 통통한 볼에는 건강과 천진함의 미소가 어려 있고, 커갈수록 엄마의 은혜에 감사하며 그녀를 돌보는 아이들 덕분에 삶의 근심은 점차 줄어든다. 세월이 가면서 그녀는 자신이 원칙에 입각해 아이들에게 심어준 미덕들이 습관으로 고착되고, 그들에게 어려움이 닥치더라도 엄마가 보여준 모범을 기억하며 견뎌낼 인격의 힘을 길러가는 모습을 지켜보게 된다.

이렇게 삶의 과업들을 수행해낸 그녀는 조용히 죽음의 잠을 기다리고, 무덤에서 일어서며 이렇게 말하게 되리라.—보세요, 당신이 주신 1달란트를 5달란트로 늘려 왔나이다.[32]

---

32 「마태복음」, 25장 15~28절에 나오는 달란트의 비유에서, 주인이 하인들에게 각자의 능력에 따라 돈을 나눠준다. 가장 많은 액수인 5달란트를 받은 하인은 그 돈을 잘 투자해 그 가치를 배로 늘리지만, 1달란트를 받은 하인은 어리석게도 그 돈을 땅에 묻

나는 정숙함까지 포함해 남녀의 미덕이 다를 수 없다고 선언함으로써 도전장을 던진 셈이니, 여기서 지금까지의 논의를 간단히 정리하고 넘어가야겠다. 내가 진리라는 말의 뜻을 제대로 이해했다면 그것은 남녀에게 모두 같은 것이어야 한다. 그런데 여러 시인과 소설가들이 아름답게 그려낸, 진솔하지도 성실하지도 않은 감상적인 여성에게 미덕은 순전히 유용성에 토대를 둔 상대적인 개념이고, 남자들은 이 유용성을 자신의 필요에 따라 자의적으로 판정한다.

물론 여성에게는 남성과 다른 의무가 있을 수도 있지만, 그건 어디까지나 그들이 인간이기 때문에 가진 의무이고, 다시 한 번 강조하건대, 여자도 남자와 같은 원칙하에 그 의무들을 수행해야 하는 것이다.

여성이 존경받으려면 이성을 발휘해야 하고, 이성만이 독립적인 인격 형성의 토대인 것이다. 여성은 사회적 편견에 얌전히 고개 숙이는 대신 이성의 권위에만 따라야 한다는 것을 명백히 밝혀둔다.

남들보다 뛰어난 능력, 아니 보통의 학식이라도 지닌 귀족은 정말 드물다. 내가 보기에 그 이유는 너무도 뻔하다. 귀족들은 비정상적인 환경에서 자라기 때문이다. 사람의 인격은 본인이나 그가 속한 계층이 가진 직업에 따라 형성되고, 인간의 능력은 가난으로 단련되지 않으면 더 나아지지 않는다. 이는 여성의 경우에도 마찬가지일 것이다. 대단한 귀족들이 그렇게 진부한 것은 진지한 일에 몰두하는 일 없이 쾌락만을 추구하는 생활 방식이 그들을 하찮은 존재로 전락시켰기 때문이다. 그들은 바로 그런 이유로 꿋꿋한 인격을 갖추지 못했기에 항상 자기 자신을 벗어나 요란한 쾌락이나 인위적인 감정을 추구하고, 결국은 인간 관계

---

는다. 이 일화는 신이 주신 재능을 현명하게 사용하는 예를 보여준다.

조차 허영에 지배되고, 인간다운 면은 전혀 찾아볼 수 없는 존재로 전락하는 것이다. 작금의 사회 구조는 재산과 여성의 부드러움이 둘 다 같은 이유에서 그걸 가진 이의 인간성을 타락시키게 되어 있다. 하지만 여성이 이성을 지닌 존재라면 우리는 그들이 자신만의 미덕을 갖추도록 이끌어야 할 것이다. 이성적인 존재는 자신의 노력으로 얻은 것을 통해서만 고귀해질 수 있기 때문이다.

제4장

# 여성 타락의 원인과 현실

여성이 천성적으로 나약하거나 이런저런 원인 때문에 타락해 있다는 건 분명한 것 같다. 하지만 이것과 귀족들을 변호하기 위해 양식 있는 남자들이 흔히 하는 말을 비교해보자. 그들은 충실한 노예들이 자신의 가치를 깨닫고 쇠사슬을 벗어버리는 대신 지금처럼 묵묵히 명령에 복종하는 걸 보면 대다수 인간은 정말 하찮은 존재일 거라고 주장한다. 그들은 또, 인간이 고개만 쳐들면 굴레에서 벗어날 수 있는데도 억압에 굴종하고, 말없이 땅바닥을 핥으며 내일은 죽을 테니 먹고 마시자고 한다고 말한다. 내가 보기에 여성도 마찬가지로 눈앞의 쾌락을 추구하는 경향 때문에 타락에 빠지고, 결국은 자유를 얻으려고 투쟁할 만한 미덕이 없기에 그걸 경멸하게 되는 것이다. 이에 대해 좀더 자세히 알아보자.

감정 문제에서 남녀의 차이가 없다는 데는 다들 동의하는 것 같다. 하지만 지성의 문제에서는 누구나 남자가 여자보다 우월하다고 본다.[1]

---

1 "원칙의 나침반 없이 논리를 전개할 때 남자들은 정말 어처구니없는 모순에 빠지기 쉽다. 여성, 나약한 여성은 천사에 비유되는데, 천사라면 남자들보다 뛰어난 지성을 가지고 있을 거 아닌가? 그게 아니라면 천사가 인간보다 우월한 이유가 없지 않은가?

여성은 "절대적으로 아름답지만,"[2] 지성은 거의 없는 것으로 간주되는 것이다. 여성에게는 천재성이나 판단력이 없다고 하는데, 그런 것이 바로 지성이기에 그런 것을 못 갖춘 여성은 지성이 거의 없다는 결론이 나온다.

불멸성의 정수[3]는 인간이 지닌 이성의 완성 가능성일 것이다. 이성은 더 나아질 수 있는 가능성 또는 더 정확히 말하면 진리를 알아볼 수 있는 능력이다. 그렇게 보면 각 개인은 그 자체가 하나의 세계인 셈이다. 이성은 개인에 따라 정도의 차이는 있겠지만, 그 본질이 신성의 발현 또는 피조물과 창조주를 이어주는 끈이라면 그것은 누구에게나 동일할 것이다. 인간의 영혼이 스스로 이성을 발휘해 완성에 이르는 존재가 아니라면 왜 신의 이미지를 받고 태어났겠는가?[4] 하지만 정성스레 손질해 아름답게 가꿔지고, 그래서 남자가 "경의를 느끼며 사랑할 수 있도록"[5] 보기 좋게 장식된 존재인 여성의 영혼은 이런 본질이 없다고 간주

---

조소를 거두고 위와 같은 맥락에서 살펴보건대, 여자들은 남자보다 더 착하고, 경건하고, 관대한 걸로 알려져 있다. 그러나 미안한 말이지만 내 생각에는 무지가 사람을 경건하게 만들지 않는 한, 위의 말은 사실이 아닐 것이다. 내 생각에는, 대개의 경우 미덕과 지식 사이에는 일반 사람들이 생각하는 것보다 훨씬 더 큰 연관이 있기 때문이다"[MW].

2 "그녀는 너무도 절대적이고/그 자체로 완벽해 보였다"(『실낙원』, 제8권, 547~558행).

3 정수 또는 근본적인 요소.

4 몬보도 경(Lord Monboddo)은 이런 말을 했다. "동물은 우리 인간이 부여해 주는 문화를 제외하면 자연 그대로의 상태로 남아 있다"[MW]. 이 말은 몬보도 경 버넷(James Burnett, Lord Monboddo)의 『언어의 기원과 발달』(에든버러: 1774), 137쪽에 나와 있다. 울스턴크래프트의 주는 원래의 맥락을 무시한 부당한 인용이다. 몬보도 경은 동물, 그중에서도 오랑우탄을 아주 존중했기 때문이다. 몬보도 경은 그 인용문 다음에 이런 말을 하고 있다. "동물이 문화와 교육으로 얼마나 진보할지는 예측하기 어렵다."

5 '밀턴을 참조할 것'[MW]. "서로에 대한 사랑과 경의로 맺어진 쌍이 또 있을 것인가?"(『실낙원』, 제8권, 57~58행).

되고 있고, 그녀와 이성 사이에는 남자가 자리잡고 있어, 그녀는 언제나 남자라는 육체적인 존재를 통해 신을 보고, 모든 것을 그냥 믿고 따르는 존재로 간주되는 것이다. 하지만 그런 황당한 이론을 제쳐두고, 여성을 남자의 일부분이 아니라 그게 뭐가 되었든 그 자체가 하나의 전체인 존재로 보았을 때, 문제는 과연 여성이 이성을 가지고 있느냐는 것이다. 만약 여성에게 이성이 있다면—나는 한동안 그걸 당연한 진리로 가정할 텐데—그녀는 남성을 위안하려고 창조된 존재가 아니고, 여성이라는 사실이 그녀의 인격을 파괴해서도 안 될 것이다.

남성은 교육에 대한 그릇된 생각, 즉 교육을 점점 완성[6]을 향해 나아가는 인간을 만들기 위한 첫걸음이 아니라 삶을 위한 준비로 보는 그릇된 견해 때문에 그런 오류에 빠지게 되었을 것이다. 그리고 관능적이라 고밖에 할 수 없는 이 오류를 토대로 하여 여성 교육이 이루어진다. 그 토대 위에 서 있는 현재의 여성 교육은 모든 여성에게서 존엄성을 박탈하고, 피부색에 관계없이 모든 여성을 들판에 핀 화사한 꽃들과 동일시한다. 남성은 언제나 그런 식으로 여성을 그려왔고, 상당히 양식 있는 여성조차도 남자 같다는 비난을 받을까봐 그런 식으로 여성을 묘사해 온 것이다.[7] 이처럼 엄밀히 말해 여성은 오성을 갖지 못한 존재로 간주

---

6 "이 말은 조금 부적절하지만 더 나은 말을 찾을 수 없어서 그냥 쓴 것이다"[MW].

7 "'쾌락은 열등한 존재의 몫이지만,/남자는 영광과 미덕을 위해 태어났다.' 바르보 부인(Mrs. Barbauld)은 이런 말을 해놓고 나중에 어떻게 다음과 같은 치욕적인 비유를 할 수 있었을까?

꽃 그림과 함께, 한 숙녀에게

아름다운 숙녀에게 꽃을, 그대에게 이 꽃들을 가져가려네
그리고 그대에게 먼저 봄 인사를 하려네.

되어 왔고, 그 대신 생활에 필요한 재기와 술수로 승격된 본능이 그 자리를 차지하게 된 것이다.

불멸의 존재에게 진정한 의미의 지식은 바로 개념들을 일반화하고, 개개의 사실에서 포괄적인 결론을 이끌어내는 능력이다. 어떤 사실을 보았을 때, 그걸 설명하려고 애쓰지 않고 그냥 파악하는 것만으로도 상식적인 삶을 살아가는 데는 큰 불편이 없을 것이다. 하지만 그게 전부라면 영혼이 육체를 떠났을 때 무엇으로 그 나신(裸身)을 가릴 수 있

---

순수와 아름다움의 상징인 꽃들,
그대처럼 감미롭고, 명랑하고, 섬세한 꽃들.
우아의 여신들은 꽃으로 머리를 묶고,
서로 사랑하는 연인들은 화환을 쓰네.
자연이 아는 유일한 사치인 꽃들은
에덴의 순수하고 죄 없는 정원에서 자랐네.
더 고귀한 존재에게는 더 거친 일이 주어졌고,
커다란 참나무는 사나운 바람을 이겨내네.
튼튼한 주목(朱木)은 침범해오는 적들을 막아내고
키 큰 소나무는 나중에 전함의 재료가 되네.
하지만 근심을 모르는 이 부드러운 종족은
즐거움과 기쁨을 위해서만 태어났네.
힘든 일을 모른 채 명랑하고, 꾸미지 않아도 아름다운 이들은
인간의 감각을 즐겁게 하고, 마음을 밝게 해주기 위해 피어나네.
그러니 아름다운 그대여, 그대가 꽃들을 본받았음을 부끄러워하지 마라,
그대가 가진 최상의 그리고 가장 아름다운 제국은—남을 즐겁게 하는 것이니.

남자들이 여자들에게 하는 말도 바로 그런 내용이다. 하지만 이성의 소리에 귀를 기울여 보면 미덕은 힘든 노력과 세속적인 근심과 유용한 투쟁을 해서 얻어지는 것이다"[MW]. 처음에 인용된 구절은 바르보 부인의 「P****** 부인에게, 조충도(鳥蟲圖)를 보내며」라는 시의 일부이다. 이 인용문은 약간 혼동의 여지가 있는데, 왜냐하면 울스턴크래프트는 '열등한 존재들'을 여자들로 보는데, 바르보 부인의 시에서 열등한 존재는 새들과 곤충들을 가리키기 때문이다. 두번째 시는 위에 전문이 수록되어 있다.

으랴?

지금까지 남성은 여성에게는 그런 능력이 없다고 주장해왔고, 몇몇 예외를 제외한 거의 모든 작가들이, 그런 능력을 갖추는 건 여성의 본질에 어긋난다고 주장해왔다. 만약 남자들이 이게 사실임을 입증할 수 있다면 나는 기꺼이 여성은 남성을 위해서만 존재한다는 걸 인정하리라. 하지만 그보다 먼저, 개념을 일반화하는 능력이 있는 사람은 남녀를 막론하고 아주 드물다는 사실을 지적하려고 한다. 그런데 오성을 훈련하는 데 이보다 효과적인 방법은 없다. 하지만 여성은 생활 자체가 모든 면에서 남성보다 오성을 기르기가 훨씬 힘들다.

이 말을 하다 보니 절로 이 장의 주제로 돌아오게 되었는데, 이제부터는 무엇이 여성을 타락시키고, 여성이 무엇 때문에 경험을 일반화하지 못하는지 알아보기로 하자.

여성의 역사를 살펴보기 위해 아주 먼 과거로 돌아갈 건 없고, 여기서는 그저 여성은 언제나 노예 아니면 독재자였고, 이 둘이 모두 이성의 진보를 막는 상황이라는 것만 짚고 넘어가자. 내가 보기에 여성의 어리석음이나 사악함의 가장 큰 원인은 바로 편협한 정신인데, 현재 사회는 구조적으로 여성의 오성 계발을 막는 엄청난 장애물로 가득 차 있다. 그런데 미덕은 바로 오성의 토대 위에 세워지지 않는가! 부유층 역시 같은 장애에 봉착하고, 그 결과 역시 여성의 경우와 마찬가지다.

필요는 발명의 어머니라고 하는데, 그건 미덕의 경우도 마찬가지다. 미덕은 수련을 통해 가꿀 수 있고, 쾌락을 포기함으로써 얻는 것이다. 하지만 너무도 쉽게 쾌락을 누릴 수 있다면 누가 그 쾌락을 포기하겠는가? 더구나 그 개인이 곤경을 겪으면서 개방되고 강화된 정신의 소유자도, 가난 때문에 공부에 열중해온 사람도 아니라면 그럴 가능성은 더욱더 적을 것이다. 삶의 난관과 씨름하는 사람은 행복할지니, 이런 투쟁을 통해 우리는 인간을 나약하게 만드는 악이나 나태에서 벗어나기 때문이다. 하지만 태어날 때부터 쾌락의 태양이 중천에서 내리쬐는 따뜻한 지방에 살게 됐다면, 삶의 의무를 수행할 강인한 정신과 이기심을 극복하게 해줄 사랑을 얻기란 정말 힘들 것이다.

현 사회에서 쾌락은 여성의 유일한 관심사로 되어 있고, 이런 사회 구조가 지속되는 한 그처럼 나약한 존재에게서는 아무것도 기대할 수 없을 것이다. 최초의 '자연의 귀여운 결점'[8] (이브)에서부터 아름다움이라는 힘을 대대로 물려받아 온 여성은 그 힘을 유지하기 위해 이성을 통해 얻을 수 있는 천부의 권리를 포기해왔고, 평등에서 얻을 수 있는 건전한 기쁨을 획득하려고 애쓰기보다는 짧은 순간 여왕 대접을 받으려고 했던 것이다. 열등함을 통해 우월해진 이들은 (이는 얼핏 보면 모순처럼 들리겠지만), 아주 정중하게 이 독단적이고 오만한 경의를 바치는 걸 자랑으로 아는 남자들이야말로 그들이 소중히 여기는 이 나약함을 학대하고 멸시하는 경향이 있다는 걸 경험을 통해 충분히 깨달았을 텐데도, 언제나 남자들이 자신을 여성으로서 존중해주길 바란다. 그들은 흄의 말을 들먹이는데, 프랑스인과 아테네인을 비교하는 계제에 흄은 여성들에 대해 이런 말을 했다.

> 내가 아테네인에게 말하기를, 노예가 주인들에게서 대접을 받는 당신네 나라의 농신제(農神祭)가 이 특이한 나라에서는 1년 내내, 그리고 평생 계속됩니다. 문제는 그런 일이 그보다 더 이상하고 우스운 일들과 동

8 『실낙원』, 제10권, 891~892행은 여자를 "이 자연의 아름다운 결점"으로 묘사했다.

시에 일어난다는 거지요. 당신 나라의 축제는 운명에 의해 노예가 되었고, 어쩌면 운명의 여신이 장난 삼아 평생 당신들 위에 군림하게 만들 수도 있었을 이들을 며칠 동안 떠받들어 주는 거지만, 프랑스인은 자연이 노예로 만들었고, 절대 고쳐지지 않을 만큼 열등하고 나약한 존재들을 그렇게 열심히 떠받들거든요. 다시 말해 프랑스 여성은 미덕도 없으면서 남성의 주인이자 군주로 군림한답니다.[9]

아, 여성은 왜 모르는 사람에게서도, 남자들끼리 인간애와 문명 사회의 예의에 따라 주고받는 정중한 예의와는 전혀 다른 관심과 배려를 기대하는 걸까? 그들은 왜 "아름다움의 절정에서,"[10] 그들이 받는 여왕 대접은 실은 그들을 속이는 공허한 찬사라는 걸 깨닫지 못한 채, 결국은 아름다움이라는 타고난 권력을 내놓거나 포기하게 되는 걸까? 여성은 새장에 갇힌 새들처럼 깃털을 다듬고 점잔을 빼며 이리저리 횃대를 옮겨 다니는 것 말고는 할 일이 없다. 이들은 물론 아무 일 안 하고도 음식과 옷을 얻지만,[11] 그 대신 자신의 건강과 자유, 미덕을 포기해야 한

---

9 이 구절은 흄의 유명한 윤리학 작품인 「도덕의 제(諸) 원리에 관한 고찰」의 1777년 판(유작)에 수록되어 있는 「대화」에 들어 있다. 흄(David Hume)은 영국의 경험철학자, 역사가, 종교적 회의론자다. 「대화」는 「고찰」의 모든 판에 실려 있지는 않고, L. A. Selby-Bigge, ed., *Enguiry*(Oxford, 2nd ed., 1962), 324~343쪽에 실려 있다.

10 울스턴크래프트는 보비우스(Adam Beuvius)의 『거스텐펠트의 헨리에타』(*Henrietta of Gerstenfeld*) 번역판에 대한 서평에서 이 구절을 사용한 바 있다(*Analytical Review*, I, 209쪽). 이 구절은 "중천에 뜬 쾌락의 태양"(같은 글, 3행)과 연관이 있고, 아마도 보비우스의 작품에 나오는 "중천에 뜬 태양의 광채가 달빛을 제압하듯이 헨리에타의 미모는 그 엄마의 아름다움을 무색하게 만들었다"는 부분에서 비롯되었을 것이다(Beuvius, *Henrietta of Gersten-feld*, Dublin: 1788, II, 24쪽).

11 「마태복음」, 6장 28절; 「누가복음」, 12장 27절.

다. 하지만 이 세상에 이처럼 우연히 얻은 권력을 포기할 만한 정신력을 갖고 있고, 이성의 조용한 권위로써 세상의 편견을 이기고 인간 본연의 특권을 자랑스럽게 여길 만큼 당당한 사람이 어디 있으랴? 더구나 대대로 이어받은 아름다움이라는 힘 때문에 감정이 경색되고 이성의 싹을 일찌감치 잘라버린 존재에게서 그런 걸 기대하는 건 부질없는 일일 것이다.

남자들의 감정은 이처럼 여성을 여왕의 자리에 올려놓았고, 인류 전체가 좀더 이성적이 될 때까지는, 최소한의 노력으로 얻은 이 부끄러운 권력을 여성 스스로 포기하진 않을 것이다. 그들은 이런 말을 들어도 분명 미소 지을 것이다.

> 아름다움의 제국에는 중간이 없기에
> 여성은 노예나 여왕 둘 중 하나이고
> 꾸미지 않았을 때는 금세 경멸의 대상이 된다.[12]

하지만 여자들은 대부분 현재 누리는 경배에만 정신이 팔려 나중에 경멸당하게 될 거라는 생각은 꿈에도 하지 못한다.

루이 14세는 부자연스러운 풍속을 유행시켰고, 온 국민을 그런 허황된 풍조에 젖게 만들었다. 그는 독재의 교묘한 사슬을 만들어 전 국민이 자신의 왕위와 권력을 존중하고 떠받치도록 했다. 그리고 그가 전 여성에게 보인 유치한 관심 때문에 여성은 이성과 미덕에 정말 치명적

12 애나 래티셔 바르보(Anna Laetitia Barbauld), 「노래 V」, 16~18행, 『작품집』(런던: 1875), 제1권, 84쪽.

인 영향을 주는 군주 같은 권력을 누리게 되었다.[13]

왕은 언제나 왕이고, 여자는 언제나 여자다.[14] 왕의 권위와 여자의 성은 그들에게 이성적인 대화를 가로막는 장애물이다. 여성이 연인 앞에서 그렇게 행동하는 건 어쩔 수 없다.[15] 사랑에 빠지면 감성이 그녀로 하여금 허영심 때문이 아니라 정말 마음에서 원해서 상대방의 감정을 자극하는 언행을 하게 만들기 때문이다. 그것은 교태가 아니라 인간의 본능일진대, 내가 문제 삼는 건 마음이 전혀 없으면서도 상대방을 매혹시키려고 하는 경우다.

여자들만 그런 욕망을 갖는 건 아니다. 체스터필드 경은 이런 말을 했다. "나는 아무런 매력도 없는 여자들 스무 명의 마음을 사려고 애써왔다."[16] 이런 냉혹한 악당에 비하면 순간적인 욕망 때문에 순진한 여자를 범하는 바람둥이는 성인군자인 셈이다. 이런 자들은 어떤 욕을 먹어도 싸다. 하지만 여성은 상대방을 즐겁게 해야 한다고 교육받아왔기 때문에 항상 그럴 기회를 엿보고, 그야말로 눈물겨운 노력으로 남자의 마

---

13 프랑스 왕 루이 14세의 전제주의는 이미 전설이 되어 있었다. 그의 치세는 예술과 문학적으로는 눈부신 업적을 이뤘지만 정치적으로는 왕이 곧 국가임을 보여주었다.

14 "그리고 재사(才士)는 언제나 재사일 것이다. 사람들의 주의를 끌고 남의 마음을 사려는 재사들과 미인들의 허황된 우행에는 비슷한 면이 많기 때문이다"[MW].

15 '그렇게 행동하는 것'은 '전형적인 여성이 되는 것', 즉 이성적이 아니라 감정적으로 행동한다는 의미.

16 울스턴크래프트는 체스터필드 경(Lord Chesterfield)의 『아들에게 보내는 서한집』, 제294번(1752년 11월 16일자)을 부정확하게 인용하고 있다. 원문은 "게다가 나는 담배 한 모금만큼의 가치도 없어 보이는 여자라도 가능하면 나를 사랑하게 만들려고 애썼다는 것을 살짝 고백하는 바이다."
제4대 체스터필드 공작인 스탠호프(Philip Dormer Stanhope, 4th Earl of Chesterfield, 1694~1773)는 정치가였는데, 그는 자신의 사생아인 필립을 출세시키기 위해 그에게 보내는 유명한 서한집을 펴냈다.

음을 사로잡으려 한다. 그러다가 상대의 마음을 확실히 얻는 순간 뒤로 물러나거나 갑자기 퇴짜를 놓는 것이다.

이 문제를 좀더 자세히 살펴볼 필요가 있다.

남자들은 여성에게 관심을 기울여주는 게 남자답다고 생각하고, 여자들은 그런 관심 때문에 체계적으로 타락해왔다. 하지만 남자들이 보이는 이런 관심은 뻔뻔하게도 실은 자기들의 우월함을 공고히 하는 수단에 지나지 않는다. 자기보다 못한 사람에게 고개를 숙이는 건 굴욕적인 게 아니기 때문이다. 이런 격식들은 너무도 어처구니없는 것이어서, 나는 숙녀께서 한두 발짝만 움직이면 직접 할 수 있는 것들, 예컨대 바닥에 떨어진 손수건을 집거나 문을 닫는 것 같은 간단한 일을 해주려고 남자가 열성적이고 진지한 태도로 나서는 걸 보면 나도 모르게 움찔하게 된다.

방금 아주 엉뚱한 소망이 내 마음에서 머리로 날아갔고, 남들이 박장대소를 하더라도 이 말은 꼭 해야겠다. 나는 사랑에 빠진 남녀의 경우를 빼고는 사회에서 남녀 구별이 아주 없어져 버리면 좋겠다. 흔히 말하는 여자들의 나약함은 분명 바로 이 구별에서 비롯되었기 때문이다. 여자들이 그토록 열심히 기예를 닦고, 영웅적인 미덕보다 아름다움을 선호하고, 오성을 등한시하는 것도 다 그 때문이다.

인간은 모두 누군가로부터 사랑과 존경을 받고 싶어하고 대개 가능한 한 가장 쉬운 방법으로 그 소망을 이루려 한다. 재산이나 미모는 물론 그 목적을 이루는 가장 흔하고 확실한 방법이고, 평범한 이들의 천박한 주의를 끄는 수단이다. 중간 계층 사람이 주목을 받으려면 능력과 미덕이 반드시 필요하고, 그 결과 잘 알다시피 그 계층에 능력 있고 도덕적인 인물이 제일 많아진 것이다. 그래서 남자들은 최소한 한 계층에서는 성실하게 노력할 기회가 있었다. 그리고 그런 노력이 이성적인 존재를 발전시키는 힘인 것이다. 그런데 여자들은 어떤 계층이든 간에 그 성격이 완성될 때까지 부자들과 같은 위치에 있다. 문명 사회에서 이들은 여성이라는 이유만으로 태어날 때부터 일종의 특별한 힘을 부여받고, 아무 노력 없이도 그걸 누릴 수 있기 때문에, 뛰어난 몇몇 사람의 존경을 받기 위해 필요 이상의 노력을 기울이려는 여성은 거의 없다.

평범하게 태어난 여성이 엄청난 능력과 대단한 미덕으로 사람들의 존경을 사려고 애쓰는 경우를 본 적 있는가? 어디서 그런 여자들을 찾아볼 수 있을까?—'사람들이 그들을 지켜봐 주고, 관심을 쏟아주고, 그들의 생각에 공감하고, 호감을 가져주고, 인정해주는 것'이 그런 여성들의 유일한 바람이다.[17]—이 글을 읽는 남성 독자들은 옳은 말씀이라고 외치겠지만, 성급한 결론을 내리기 전에 위 구절은 여자가 아니라 부자들에 관한 글에서 따온 것임을 기억해주기 바란다.

스미스의 『도덕론』에 나오는 귀족이나 부자들에 대한 묘사는 내가 보기에 여자들에게도 그대로 해당될 부분이 많다. 독자들이 그 비교를 모두 직접 보면 좋겠지만, 여성에 대한 비판 중 가장 결정적인 논의를 예시하기 위해 한 구절을 인용해야겠다. 귀족 계급이 뛰어난 전사(戰士)를 제외하고는 어떤 분야에서도 탁월한 인물을 배출하지 못했다면, 그것은 누구에게나 '존중 받는' 그들의 위치가 그들을 여성과 같은 처지에 빠뜨렸기 때문이라고 할 수 있지 않을까?

남자들은 사람들 앞에서 '숙녀'의 말에 이의를 제기하지도 않고, 힘

---

17 Adam Smith, *The Theory of Moral Sentiments*(Glasgow: 1809. 초판은 1759), 86쪽. 『국부론』(*Wealth of Nations*)으로 유명한 스미스(1723~90)는 스코틀랜드의 사상가, 정치 · 경제가.

든 일을 하도록 놔두지도 않고, 인내심, 유순함, 명랑함, 유연성 같은, 치열한 지성과 어울리지 않는 소극적인 미덕만을 기대한다. 게다가 여성은 자기들끼리 지낼 때가 많고, 완전히 혼자 있는 때가 드물기 때문에 열정보다는 감성의 영향을 받기 쉽다. 깊이 생각하고 혼자 있을 수 있어야 어떤 바람이 열정으로 승화될 수 있고, 상상력으로 그 대상을 가장 매력적인 존재로 만들 수 있기 때문이다. 이건 부자의 경우도 마찬가지다. 그들은 치열한 생각이나 차분한 조사로 얻어지는 일반적인 개념에 도달할 기회가 거의 없는데, 사람이 대단한 결심을 할 만한 인격의 힘을 얻기 위해서는 그런 개념이 반드시 필요한 법이다. 하지만 한 예리한 관찰자가 귀족들에 대해 하는 말을 들어보자.

귀족들이 자기들이 얼마나 쉽게 사람들의 존경을 얻는지 모르는 것 같은가? 아니면, 그들도 다른 사람들처럼 노력과 희생으로 그걸 얻어야 한다고 생각하는 것 같은가? 귀족 청년들은 자기 계급의 권위를 세우고, 조상들의 미덕으로 얻은 자신의 우월함을 지키기 위해 어떤 중요한 공적을 세우도록 교육받는가? 그들이 교육받는 건 지식인가, 근면함인가, 인내심인가, 극기인가, 아니면 다른 어떤 미덕인가? 그가 하는 모든 말, 모든 행동이 사람들의 관심을 끌기에, 귀족 청년은 일상의 모든 행동거지를 조심하고, 이 모든 사소한 의무들을 아주 정확히 수행하려고 애쓴다. 그는 사람들이 자기에게 얼마나 관심이 많은지, 자신의 모든 기호에 얼마나 호감을 갖는지 알기 때문에, 자연히 아주 사소한 일에도 자유롭고 품위 있게 처신한다. 그의 태도, 몸가짐, 행동거지는 자신의 높은 위치에 대한 우아한 자의식을 보여주는데, 하층민은 결코 그런 의식에 도달할 수 없는 법이다. 귀족 청년은 이런 방법을 통해 남들이 자기 권위에 더 쉽게 복종하게 만들고, 자기가 원하는 대로 그들의 기호를 지배하려 하는데, 이런 시도는 실패하는 경우가 별로 없다. 이런 기술은 귀족이 지닌 계급 및 우월함과 합해져서 보통 때라면 세상을 지배하기에 부족함이 없다.

루이 14세는 거의 재위 기간 내내 프랑스뿐 아니라 전 유럽에서 가장 위대한 군주의 전범으로 간주되었다. 그게 과연 그가 한 일이 모두 철저히 정의로웠거나, 그가 엄청난 위험과 어려움을 겪으며 그 일들을 추진했거나, 그 일들을 이루기 위해 그가 부단한 노력을 기울였기 때문이었을까? 아니면 그가 폭넓은 지식이나 탁월한 판단력, 영웅적인 용기를 지녔기 때문일까? 전혀 그렇지 않다. 하지만 그는 우선 유럽에서 제일 강력한 군주였고, 그래서 왕들 중 가장 높은 위치에 있었으며, 한 역사가에 따르면, "그 어떤 귀족보다 뛰어나게 우아한 몸매와 위엄 있게 아름다운 용모를 지니고 있었다. 고상하고 감동적인 그의 목소리는 왕 앞에서 주눅 든 이들의 마음을 사로잡았고, 그의 발걸음과 몸가짐은 그의 지체에만 어울렸지, 다른 사람의 경우에는 아주 우스꽝스러웠을 것이다. 그는 대화 상대를 당황하게 만드는 데서 자신의 우월함을 확인하고 내밀한 즐거움을 느꼈다." 이 경박한 교양들은 그의 지위, 그리고 아마 평범한 수준에 지나지 않았을 다른 몇 가지 재능 및 미덕과 합해져, 그에게 동시대인들의 호평뿐 아니라 후세 사람들에게서도 상당한 존경을 받게 해주었다. 그의 시대나 그의 면전에서는 이런 교양 이외의 다른 미덕들은 아무런 가치도 없는 것 같았다. 그런 것들 앞에서 지식, 노력, 용기, 너그러움은 겁에 질린 채 기가 죽고 모든 위엄을 잃어버렸다.[18]

---

18 스미스, 앞의 책, 90~91쪽.

이런 경박한 교양들을 갖춤으로써 "그 자체로 완벽한"[19] 여성들은 루이 14세처럼 모든 것의 가치를 뒤바꾸어 놓는다.

> 그녀가 원하는 행동이나 말은
> 가장 현명하고, 덕스럽고, 신중하고, 좋아 보였다.
> 그녀 앞에서는 더 드높은 지식들이
> 모두 빛을 잃고, 그녀와 얘기할 때는
> 현명함 자체도 용기를 잃고 어리석음같이 되며,
> 권위와 이성은 그녀의 시종이 된다.[20]

그리고 이 모든 것이 그녀의 미모 때문인 것이다!

비유를 계속하면, 중산층 소년들은 취업에 필요한 기능을 닦고, 결혼을 삶의 가장 중요한 목표로 보지 않는다. 반면에 소녀들은 결혼 이외에는 자신의 능력을 계발할 그 어떤 계획도 없다. 그들의 마음을 사로잡는 것은 사업도, 거창한 계획도, 야망을 달성하기 위한 이런저런 노력도 아니다. 그들은 그처럼 고귀한 계획에는 관심이 없다. 우리 사회에서 여성이 출세하고 갖가지 쾌락을 자유롭게 누리려면 자기보다 나은 사람과 결혼하는 수밖에 없고, 이 목적을 달성하기 위해 그들은 시간을 들이고, 몸까지도 합법적인 매춘에 동원하는 것이다. 남자가 어떤 직업을 갖게 되면 그는 미래에 얻을 이득에 정신을 집중하고(그리고 사람이 이렇게 한군데 노력을 집중하면 정신적으로 큰 힘을 얻게 된다), 일에 바쁜 나머지 쾌락은 일종의 휴식으로 보게 된다. 하지만 여성은 쾌락을

---

19 『실낙원』, 제8권, 548행.

20 같은 책, 549~554행.

삶의 가장 큰 목표로 간주한다. 사실 그들이 사회에서 받는 교육 때문에 여성은 모두 쾌락만을 위해 사는 걸로 보일 수도 있다. 하지만 이게 과연 여성이 남성과 다른 영혼을 가졌음을 입증해줄 수 있을까? 이건 마치 무서운 전제 군주 치하의 프랑스 궁정인이 쾌락과 허영심 때문에 자유와 미덕과 인간성을 포기했으니 남자가 아니라고 주장하는 것만큼이나 불합리한 소리다. 그런데 여성의 경우에는 모든 사람이 그토록 치명적인 감정인 쾌락과 허영심의 지배를 받아온 것이다!

여성 교육이 주입한 쾌락에 대한 욕망 때문에 여성은 어떤 일을 해도 경박해 보인다. 예컨대 여성은 항상 부차적인 것에 신경을 쓰고, 자기가 할 일에 집중하기보다 뭔가 예기치 못한 일이 일어나길 기대한다.

여행길에 나설 때 남성은 목적지를 염두에 두지만, 여성은 그 중간에 일어나는 우연한 일들, 예컨대 도중에 보게 될 희한한 사건이라든지, 자신이 여행길에 만나는 사람들에게 주게 될 인상이라든지, 프랑스식으로 말해 남에게 깊은 인상을 줄 때 자신의 소중한 일부가 될 옷이나 장신구 관리에 엄청나게 신경을 쓴다. 존엄한 정신이 그런 사소한 걱정과 양립하기는 힘들 것이다.

간단히 말해, 대부분의 여성과 부유층 남녀는 문명의 유용한 성과는 놓친 채 그 어리석음과 사악함만 배운 셈이다. 내가 몇몇 예외적인 경우를 배제한 채 여성 전반에 대해 얘기하고 있음을 거듭 밝힐 필요는 없을 것이다. 여성은 감각만 기르고 오성은 방치한 나머지 결국 감성이라는 달콤한 이름으로 불리는 감각의 노예가 되어 수시로 변하는 감정의 바람에 이리저리 흔들리는 삶을 살아간다. 그래서 소위 세련된 여성은 거짓된 교양 때문에 너무 쇠약해진 나머지 윤리적으로 볼 때 자연상태에 더 가까이 산 사람들의 경우보다 훨씬 더 열악하다고 할 수 있다. 그들은 감성이 지나치게 발달한 탓에 항상 불안정하고 초조하기 때문에, 스스로 힘들 뿐 아니라 남에게도 좋게 말해 불편한 존재다. 그들은 항상 남의 마음속에 어떤 감정을 불러일으킬 방법을 궁리하고, 이성적으로 생각해야 할 때 감정이 앞서기 때문에 행동거지가 불안정하고, 어떤 일에 대한 견해 역시 깊은 고민이나 진보적인 생각 때문이 아니라 모순된 감정들 때문에 수시로 변한다. 그들은 가끔 이런저런 일에 매달려 보기도 하지만 이 열의는 끈기로 굳어지지 못한 채 얼마 못 가 제풀에 식고 말거나, 원래 이성적인 판단에 따라 특별히 선택된 게 아닌지라 다른 일시적인 감정에 밀려 그 힘을 잃고 만다.

정신을 단련한다는 교육이 감정을 부채질하는 데만 기여한다면 그 정신의 소유자는 얼마나 가련한 존재인가! 정신을 들뜨게 하는 것과 단련하는 것은 분명히 구별되어야 한다. 판단력은 방치한 채 감정만을 부추기는 교육이 어떤 결과를 낳겠는가? 광기와 어리석음의 덩어리밖에 더 있겠는가!

이 문제가 여성에게만 해당되지는 않겠지만, 지금은 여성의 경우에만 적용해보려고 한다.

소설, 음악, 시, 남성의 친절한 행동 등은 모두 여성을 감성적인 존재로 만든다. 그래서 그들이 지닌 사회적 지위에 따라 여성이 받는 유일한 교육인 교양을 쌓는 동안 그들의 정신은 어리석음의 틀 안에서 그 형태를 갖추게 되는 것이다. 이렇게 과민해진 감성은 정신의 다른 능력들을 약화시키고, 자기 삶에 만족하고 다른 사람에게 도움이 될 이성적인 존재가 되는 데 반드시 필요한 탄탄한 지성을 쌓지 못하게 한다. 삶을 살아가는 동안 감정을 억제하기 위해 자연이 마련해준 유일한 방책은 오성인데 말이다.

지나친 욕망 충족은 전혀 다른 결과를 낳는다. 나는 지옥에 대한 강렬한 묘사에서 깊은 인상을 받았는데, 그런 장면에서 육체를 잃은 인간의 영혼은 실제로는 아무것도 즐기지 못한 채 부질없는 욕망에 가득 차 더럽혀진 육체 위를 떠돌고 있다. 하지만 여성은 감성을 통해 현재의 권력을 획득했기에 자기 감정의 노예가 되어 있다.

그런데도 도학자들은 인류의 절반이 께느른한 나태와 멍한 순종으로 바로 그런 상태에 빠져 있길 원한단 말인가? 그렇게 친절한 교사들이 있을 수 있는가! 여성은 무엇을 위해 창조되었는가? 그 도학자들은 우리가 순진한 상태로 살아가게끔 만들어졌다고 한다. 여성은 언제까지고 어린아이 같은 존재로 남아 있어야 한다는 것이다. 남성에게 이성의 고귀한 특권과 선악을 구별하는 능력을 얻게 해주려고 태어난 게 아니라면, 우리는 차라리 원래의 흙 속에 그냥 묻힌 채 다시는 안 태어나는 편이 낫지 않을까?

여자는 이성보다 감정의 지배를 받고, 매력이나 나약함을 통해서만 권력을 얻을 수 있는 존재라는 우리 사회의 편견 때문에 여성이 겪는 갖가지 치사함과 고민, 슬픔을 열거하자면 끝이 없을 것이다.

> 결점 때문에 우아하고, 매력적으로 나약한 존재여![21]

그리고 부당한 권력을 행사해 얻는 것 말고는 이 사랑스러운 나약함 때문에 완전히 남자에게 의존하는 처지가 되어 그의 보호를 받을 뿐 아니라 그의 의견대로 행동하는 처지니, 여성이 이성을 가졌다면 당연히

---

21 포프의 『도덕론』, 제44행의 부정확한 인용. 원문은 "결점 때문에 아름답고 섬세하게 약한."

수행해야 할 의무와 정신을 강화하는 삶의 역경을 회피하고 자기들의 결점을 우아한 외양으로 감추어 바람둥이의 눈에는 더 사랑스럽게 보이고, 도덕적으로는 더욱 타락하는 것도 당연한 일 아닌가?

모든 의미에서 나약한 이들은 어떤 상황에서든 남자들의 보호를 기대할 수밖에 없다. 아주 사소한 위험에 처하더라도 이들은 정말 끈질기게 남자에게 매달리며 가련하게 구원을 요청하고, 타고난 보호자인 남자는 그토록 귀엽게 떠는 여자를 구하기 위해 팔을 뻗거나 언성을 높인다. 하지만 그녀가 처한 위험이 과연 무엇인가? 늙은 암소가 찡그리거나 생쥐가 튀어나온 것뿐, 그리고 혹시라도 큰 쥐가 나타난 거라면 그건 대단한 위기인 것이다. 이성, 아니 상식에 비추어 볼 때, 아무리 부드럽고 예쁘더라도 그런 존재를 경멸하지 않을 수 있겠는가?

이런 상황에서 여자들이 겁을 내는 것은, 그게 꾸민 게 아니라면, 어느 정도 귀여울 수도 있을 것이다. 하지만 그런 반응은 여자들이 미처 깨닫지 못하는 방식으로 남의 눈에 이성적인 존재를 하찮아 보이게 하는 우둔함에서 나오는 것이다. 사랑과 존경은 서로 전혀 다른 감정이기 때문이다.

지금은 소녀들이 집 안에 갇혀 살기 때문에 근육이나 소화력이 약하지만, 밖에서 충분히 운동할 수 있게 된다면 그처럼 유치한 행태는 사라질 것이다. 한걸음 더 나아가, 소녀들이 어떤 걸 겁낼 때 그걸 감싸주거나 맞장구치지 말고, 비겁하게 행동하는 소년들을 대하듯이 하면, 즉 엄하게 꾸짖거나 용감해지라고 가르치면 여자들도 얼마 안 가 훨씬 더 의젓해질 것이다. 그렇게 되면 물론 여성을 남자들이 가는 길가에 핀 고운 꽃이라고 부르기는 좀 어색해지겠지만, 그들은 사회에서 더 존경받는 구성원이 되고, 스스로 이성을 발휘해 삶의 중요한 의무를 수행하게 될 것이다. 루소는 "여성을 남자처럼 교육하면 우리와 비슷하게 되어 남자를 지배하는 힘이 줄어들 것이다"고 주장했다.[22] 내가 주장하는 게 바로 그것이다. 난 여성이 남자가 아니라 자기 자신을 다스리게 되길 바라는 것이다.

남자들은 빈민층에 대해서도 같은 논리를 편다. 특권은 그야말로 여러 가지 형태로 나타나기 때문이다. 그들은 이렇게 말한다. "가난한 사람들에게 글을 가르치면 그들은 자연이 그들에게 부과한 위치를 벗어나게 될 것이다." 한 프랑스의 달변가가 그 말에 대답을 했는데, 나도 그의 말에 공감한다. 사람을 짐승같이 만들면 언제 무서운 야수로 돌변할지 모른다.[23] 무식한 사람은 도덕적일 수 없기 때문이다!

무지에 기초한 미덕은 너무도 허망한 것이다! 하지만 여성의 삶은 바로 그런 식으로 구성되어 있고, 그게 바로 남성의 우월함을 가장 열렬히 외쳐온 작가들이 주장해온 바이기도 하다. 이들에 따르면 남자들의 우월함은 정도의 문제가 아니라 본질의 문제이고, 그들은 이 말을 좀더 듣기 좋게 만들려고 아주 기사도적인 너그러움을 발휘해 남녀는 서로 너무 다르기 때문에 비교해서는 안 된다는 걸 입증하려고 애써왔다. 즉 남자는 이성적, 여자는 감정적인 존재이고, 이 둘이 영혼과 육신처럼 합쳐질 때, 이성과 감성이 하나로 융합되며 가장 완벽한 하나의 전체가

---

22 『에밀』, 327쪽. 루소는 물론 남녀가 똑같이 교육받는 것을 바라지 않았다. 그는 여성이 성적으로 남성을 지배하는데, 여성이 교육을 받으면 이 힘을 잃게 되어 그들에게 불리할 것이라고 주장한다.

23 울스턴크래프트는 당시 프랑스의 정치 상황에 관심이 깊었으므로, 이 부분은 프랑스의 정치가 미라보(Mirabeau, 1749~91)가 시에예스(Abbé Siéyès) 신부에게 한 말을 가리키는 것인지도 모른다. 1790년 제헌의회에서 신부에게 모욕을 당한 미라보는 "신부님, 황소를 풀어놓으셨군요. 그놈의 뿔을 조심하십시오"라는 말로 그를 질책했다고 한다.

형성된다는 것이다.

그렇다면 이때 감성은 무엇인가? 존슨[24]은 감성을 '예민한 감각과 지각 능력, 섬세함'으로 정의했는데, 내가 보기에 이는 아주 잘 훈련된 본능에 지나지 않는다. 그리고 나는 감각이나 물질 속에는 신의 이미지가 전혀 깃들어 있지 않다고 생각한다. 일흔 번씩 일곱 번[25]을 정화해도 물질은 여전히 물질일 것이고, 납은 아무리 달구어도 금이 되지 않기 때문이다!

다시 원래의 주제로 돌아가면, 여성이 불멸의 영혼을 가졌다면 살아가는 동안 그 영혼을 다듬어갈 오성 역시 가졌다고 봐야 할 것이다. 그리고 현세의 삶은 더 엄청난 전체의 극히 일부분에 지나지 않겠지만 그래도 그걸 좀더 낫게 만들기 위해 여성이 눈앞의 쾌락만 추구하고 더 드높은 목표를 게을리 하도록 이끈다면, 이는 자연의 법칙에 위배될 뿐 아니라 여성을 아이나 낳고 죽어 없어지는 존재로 만드는 행위일 것이다. 모든 짐승에게 비록 이성은 아니지만 영혼이 있다고 본다면, 알 수 없는 이유로 첫 존재 단계에서 이성을 획득할 힘을 갖고 태어난 인간에게는 영원히 뒤지겠지만, 이 세상에서 본능과 감각을 활용하는 건 다음 세상에서 이성을 획득하기 위한 첫걸음일지도 모른다.

시민이나 아버지의 의무도 나중에 살펴보겠지만, 여성 고유의 의무를 생각할 때, 나는 여성이 대부분 가정을 떠나 일해야 한다고 주장하지는 않겠다. 베이컨 경은, "처자가 있는 사람은 운명에게 인질을 맡긴

---

24 1755년에 출간된 존슨(Samuel Johnson)의 『사전』은 그런 종류로는 사실상 최초의 영어 사전이었고, 정확한 표현의 기준 역할을 했다.

25 "예수께서 가라사대, 일곱 번이 아니라, 일흔 번씩 일곱 번까지"(「마태복음」, 18장 22절).

셈이다. 아내와 자녀는 좋은 일이든 나쁜 일이든 간에 큰 일을 추진하는 데 장애가 되기 때문이다. 사회에 크게 기여한 위업은 미혼이거나 아이가 없는 사람들이 이루었다"[26]고 말한 바 있다. 이는 여성의 경우도 마찬가지일 것이다. 하지만 사회 복지가 비상한 노력으로만 이루어지는 건 아니다. 사회가 좀더 합리적으로 구성되어 있다면 비상한 능력이나 영웅적인 미덕을 지니지 않은 사람도 그런 일을 해낼 수 있을 것이다.

가정을 꾸려가거나 아이를 기르는 데는 일반적인 의미에서의 오성과 건강한 심신이 특히 필요하다. 그런데 글로 여성을 집 안에만 묶어두려고 애써온 남성 작가들은 지나친 쾌락 추구로 아주 까다로워진 천박한 욕망에서 나온 논리를 통해 여성의 신체를 약화시키고 정신을 구속하려고 무진 애를 써왔다. 하지만 여성의 감정을 조종하는 이런 수상쩍은 방법으로 이들이 정말 집안에 들어앉아 엄마와 안주인으로서의 역할만을 수행하도록 여성을 설득했다고 해도, 나는 여성이 이성을 무시당했어도 그런 중요한 의무를 자기 생활의 중심으로 삼고 올바르게 처신하도록 해준 다른 의견들을 조심스럽게 소개하려고 한다. 그런데 경험에 비추어 볼 때 오성을 게을리 하면 그야말로 엄청난 지적 활동을 하는 것만큼이나, 아니 그 경우보다 훨씬 더, 이런 가정사에서 멀어지게 될 것이고, 대다수 인간은 지적인 일과 상관없이 살다 죽어가지만,[27] 여성이 어떤 의무든 제대로 수행하려면 이성은 절대적으로 필요하다. 그리고 다시 한 번 말하건대, 감성은 이성이 아니다.

여성과 부유층 간의 유사점이 또 하나 있다. 남성이 인간으로서의 의

---

26 Francis Bacon, *Essay* VIII, "Of Marriage and the Single Life."

27 "사람은 대개 열정보다는 욕망의 노예로 살아간다"[MW].

무를 게을리 하면 여성도 그 뒤를 따를 것이고, 이들은 같은 에너지에 따라 아무 생각 없이 자신의 욕망만을 추구할 것이다. 재산이나 명예를 지닌 인간은 오성을 무시할 것이고, 노동을 통해 진정한 기쁨을 얻게 한 자연의 질서를 거스름으로써 자신의 여러 능력을 상실하게 될 것이다. 마찬가지로 여성도 아무 노력 없이 쾌락—인간의 힘을 약화시키는 쾌락—을 누릴 수 있다. 세습 재산이 사라질 때까지는 남자들은 미덕을 자랑스럽게 여기는 일이 없을 것이고, 여자들도 시간의 날개 위에 사뿐 앉아 있는 쾌락을 잡기 위해 따분한 집안일을 제쳐두고 가장 직접적인 방식으로 남자들을 지배할 것이다.

한 작가는, "여성의 감성이 바로 그들의 힘이다"[28]라고 말한 적이 있는데, 남자들은 그 결과는 무시한 채 여성이 지닌 다른 모든 능력을 억누르고 감성만을 키우기 위해 갖은 애를 쓴다. 시인, 화가, 작곡가 등 감성을 늘 사용하는 사람들이 가장 풍부한 감성을 지니게 될 것이다.[29] 하지만 여성의 이성, 심지어는 상상력까지 억누른 채 감성만을 키워놓은 철학자들이 그들의 바람기를 탓하는 건 이해할 수 없는 일이다. 남성의 성적인 관심은 특히 여성의 감성에 영향을 주는 법인데, 여성은 사춘기 때부터 이런 일에 익숙해져 있다. 그런데 몇 년을 계속해서 격렬한 감정을 불러일으킬 만큼 열렬히 부인에게 구애하는 남편은 거의 없다. 이

---

28 이는 물론 일반적인 견해였지만, 울스턴크래프트는 버크의 다음 구절을 염두에 두었을지 모른다. "여성의 아름다움은 그들의 나약함 또는 섬약함에서 나온다"(Edmund Burke, *A Philosophical Enquiry into the Origin of Our Ideas of the Sublime and the Beautiful*, London: 1759. rcpr. The Scolar Press, 1970, 219쪽).

29 "이런 남성은 작품에 상상력을 불어넣어 비천한 물질을 정화하고, 열정으로 그 물질을 빚어 활기 없는(inert) 육체에 영혼을 부여한다. 그런데 여성의 마음속에서는 사랑이 이 불멸의 빛들을 독차지한다"[MW].

렇게 되면 격렬한 감정에 길들어 있는 여성은 새 애인을 찾을 것이고, 도덕적이거나 신중한 여성은 바람은 안 피워도 남몰래 비탄에 잠길 것이다. 여성의 감정이 정말 예민하고 안목이 갖춰졌을 경우 그렇다는 것이다. 왜냐하면 사교계의 풍속을 관찰한 결과 내가 내린 결론은, 여성이 받는 교육과 남녀 관계의 성격은 감성보다 허영심을 조장하는 경향이 있고, 교태 역시 지나치게 발달한 감성에서 자연스럽게 형성되는 바람기보다는 허영심에서 비롯되는 경우가 많다.

내가 보기에 상당히 설득력 있는 또 다른 이유는 사려 깊고 관대한 다른 독자들에게도 공감을 주리라. 부모가 이처럼 나약한 존재로 교육받은 아가씨들에게 재산 한 푼 안 남기고 죽는 경우, 이들은 오빠나 남동생의 이성과 인정에 의존하게 된다. 재수 좋은 경우라면 이 오빠나 남동생이 사람이 좋아서, 같은 부모의 자식으로서 이들이 당연히 받았어야 할 몫을 나눠줄 것이다. 양순한 처녀는 한동안 이 어정쩡하고 모욕적인 처지에서 웬만큼 편안하게 살아갈 것이다. 하지만 대개의 경우 오빠나 남동생이 결혼하면 집안의 안주인이던 처녀는 이제 침입자, 집안의 주인과 그의 새 반려인 올케의 인정에 매달려 사는 쓸데없는 짐으로 눈칫밥을 먹게 된다.[30]

일할 수도 없고, 구걸할 염치도 없는, 심신이 모두 나약한 이 수많은 처녀들은 그런 상황에서 이루 말할 수 없는 고난을 겪을 것이다. 오성은커녕 인정도 길러주지 않는 요즘의 여성 교육을 생각할 때, 필시 냉정하고 편협한 정신의 소유자일 올케는 남편이 이 처녀에게 베푸는 작

---

30 이 부분은 울스턴크래프트의 동생 이블리나(Evelina)의 이야기인지도 모른다. 이블리나는 울스턴크래프트의 도움으로 독립할 때까지 오빠인 에드워드(Edward)의 집에 얹혀 살았다.

은 호의를 아까워할 것이고, 감성은 있지만 그게 인정으로 승화되지 못한 이 올케는 자기 아이들의 재산이 이 무력한 시누이에게 낭비되는 것을 못마땅해 할 것이다.

나는 이런 경우를 여러 번 보았고, 결과는 명약관화했다. 올케는 시누이를 내놓고 쫓아내지는 못하지만 교묘한 방법으로 남편이 그녀를 싫어하게 만들고, 눈물과 애무로써 남편을 설득하여 혼자 살아갈 힘이 전혀 없는 시누이를 집에서 내보내거나, 체면상 또는 한껏 인정을 발휘하여 얼마 안 되는 돈을 주어 정신이 나약한 이 시누이가 쓸쓸한 독신의 삶을 살도록 조치한다.

이 시누이와 올케는 이성이나 인정에서 대동소이한 존재들이고, 처지가 바뀌었다면 이 시누이도 똑같이 이기적으로 행동했을지 모른다. 하지만 이들이 지금과 다른 교육을 받았다면 상황은 전혀 달라졌을 것이다. 올케는 이기적인 감성이 아니라 이성을 갖추었을 테니, 남편이 혼전에 여러 사람과 맺었던 관계를 다 저버리고 자기만을 사랑해주기를 바라거나 거기서 자부심을 느끼는 일도 없을 것이다. 그녀는 자신에 대한 남편의 사랑이 아니라 그의 미덕 때문에 그를 사랑할 것이고, 시누이 또한 의존의 쓴 빵을 먹는 대신 자기 노력으로 살아갈 수 있을 것이다.

나는 교육, 그리고 얼핏 보면 이해하기 힘들겠지만 신체 단련은 오성뿐 아니라 마음의 문도 열어준다고 굳게 믿는다. 그리고 이건 어쩌다 반짝이는 감성이 아니라 인정을 말하는 것이다. 남녀를 막론하고 사람을 가르치는 데 가장 어려운 것은 바로 오성을 계발하면서 동시에 청소년이 지닌 따뜻한 마음을 성숙의 빛으로 더 강화시키고, 삶과 동떨어진 공부에 몰두함으로써 감정이 메말라버리는 걸 막는 일일 것이다.

여성을 잘 가르치면 그들은 감성과 기발한 상상력이 넘치는 세련된 숙녀도, 건실한[31] 주부도 되지 않을 것이다. 건실한 주부는 뛰어난 정신이나 감식안은 갖고 있지 않지만, 친절하고, 정직하고, 세상을 살아가는 데 필요한 신중함과 약삭빠른 양식을 지니고 있기에 감상적이고 세련된 숙녀들보다 사회에 더 유용한 존재다. 그들은 지적인 세계는 전혀 모르고, 자기 집이나 동네를 벗어나면 할 일이 없어진 나머지 마음까지 공허해진다. 이들은 문학이 주는 즐거움을 즐기기는커녕 무시해왔기 때문이다. 이들은 가족이나 친한 사람이 예민한 감성이나 세련된 안목을 지닌 걸 보면 조롱하지만, 그냥 아는 사람이 그런 걸 지닌 걸 보면 일부러 꾸며서 그러는 거라고 생각한다.

상식적인 남자는 그런 여자를 사랑하고 존경할 것이다. 그녀는 여자이면서 믿음직한 하녀이기 때문이다. 그는 자기 마음의 평화를 지키기 위해 그녀가 하인들을 꾸짖고 제일 좋은 천으로 된 옷을 입고 교회에 가게 해줄 것이다. 그녀만큼의 오성을 지닌 남자는 아마 그녀와 잘 맞지 않을 것이다. 그녀의 권위를 침해하고 자기가 직접 가사에 참여하려 들 것이기 때문이다. 하지만 교육을 받아 정신을 계발하고, 감성이 지닌 천생의 이기심을 명상으로 어느 정도 극복한 여성이 아니라면 가정을 다스리기에 부적합하다. 그렇지 못한 여성은 운명에 따라 우연히 갖게 된 우월함을 지키기 위해 지나친 권력을 휘두르며 하인들 위에 군림할 것이기 때문이다. 그 폐해는 때로 아주 심각해서, 그런 경우 하인들은 소소한 즐거움도 누리지 못하고, 그 건실한 주부가 이웃들보다 더 나은 식탁을 차리고 더 화려한 옷이나 장신구를 갖게 하기 위해 죽도록

---

31 원문은 'notable' women. 부지런하고 정력적인 주부를 가리킨다.

일해야만 한다. 그런 주부가 아이들에게 관심을 쏟는다면 그건 주로 옷을 번듯이 차려 입히는 것이고, 그게 허영심에서 나왔든 애정에서 나왔든 결과는 똑같이 해로울 것이다.

게다가 이런 여성의 대다수는 나날을, 아니면 적어도 저녁 시간을 우울하게 보낸다. 그런 주부의 남편은 아내가 가정을 잘 다스리고 정숙하다는 건 인정하지만, 좀더 매력적인, 그리고 프랑스어로 표현하면 좀더 자극적인 여자들을 찾아 집을 나서기 때문이다. 그리고 연자방아에 매인 눈 먼 말처럼 일만 해온 근면한 주부는 자기가 당연히 받아야 할 대가, 즉 그런 아내가 누려야 할 남편의 애무를 남에게 빼앗기고 만다. 그리고 상당한 정신력을 지닌 여자가 아니면 그처럼 당연한 권리를 박탈당했을 때 그걸 조용히 참고 넘어가지 않을 것이다.

반면에 세련된 숙녀는 평범한 집안일을 경멸하도록 교육받았지만, 오성을 자꾸 사용해 그 힘을 강화하지 않고는 육체적인 일도 정확히 배우기 힘들기 때문에 그녀가 배운 것들은 상식보다 한 단계 높은 것들뿐이다. 원칙의 토대가 없다면 피상적인 안목밖에 기를 수 없고, 모방만으로는 진정한 우아함에 도달할 수 없는 법이다. 하지만 이런 여성은 상상력은 불타오르고, 감정은 비뚤어지거나 꽤 까다로운 상태이며, 감성은 유치하면서도 지나치게 예민하고, 그걸 바로잡아 줄 판단력은 갖추지 못한 처지다.

이런 여성은 대개 상냥하고, 감성이 너그러우며, 건실한 주부들보다는 삶을 세련되게 하는 여러 감정에 예민한 편이다. 하지만 사색과 극기 능력이 모자라기에 상대방에게 사랑만을 불러일으키고, 남편의 애정이 지속되는 동안에는 아내보다 연인 역할을 하며, 남편 친구들의 정신적 애인으로 살아간다. 이런 여성이 바로 '자연의 아름다운 결점'이고, 이들이야말로 남자들과의 우정을 즐기기보다는 그들의 거친 모서리를 다듬어 완전히 짐승같이 사는 걸 막아주는 존재다. 이들은 장난기 어린 희롱으로써 주변에 모여드는 남자들의 욕망에 약간의 품위를 부여한다.—인류를 만드신 신이시여! 고작 그런 목적으로 당신은 당신의 창조물에서 당신의 지혜를 느끼고, 자기 위로는 신만이 계시다는 걸 아는 여성을 창조하셨습니까? 그런 여성이 자신은 자기와 똑같이 미덕을 얻으려고 이 세상에 태어난 남자에게 복종하기 위해 태어났을 뿐이라는 말을 과연 믿을까요? 영혼은 당신께로 향하는 여성이 자기는 남자를 즐겁게 하고 이 세상을 장식하기 위해 태어났을 뿐이라는 말을 믿을까요? 남자와 함께 지식의 계단을 힘차게 올라야 할 여성이 이성의 문제를 그에게 일임한 채 나태하게 쉬고 있을 수 있을까요?

사랑이 정녕 최상의 가치라면, 여성이 사랑만을 불러일으키고, 모든 매력을 가다듬어 상대의 감각을 매혹시키도록 놔두자. 하지만 여성이 도덕적인 존재라면 그들에게도 오성을 닦을 기회를 주고, 남자에게 사랑은 온 인류를 감싼 뒤 감사하는 마음으로 신을 향해 올라가는, 만인에 대한 사랑이라는 휘황한 불꽃의 일부가 되게 하자.

가정을 잘 이끌어가려면 상당한 근기(根氣)와, 그 감정이 아무리 예민하고 진솔할지라도, 감정보다는 더 든든한 토대에 바탕을 둔 대단한 끈기가 필요하다. 아랫사람들에게 미덕의 핵심인 질서의 모범을 보이려면 어느 정도 절도 있는 행동거지가 필요한데, 아주 어릴 때부터 감각의 흔들림에 따라 변덕을 부리도록 교육받아온 여성은 그러기가 힘들 것이다. 누군가에게 유용한 존재가 되려고 하는 사람은 일련의 계획에 따라 행동해야 하고, 아주 간단한 일을 할 때도 눈앞의 연민이나 동정심에 흔들리지 말아야 할 때가 많다. 엄격함이야말로 참된 애정의 가장 확실하고 드높은 징표일 수 있다. 자식을 정말 아끼는 엄마가 아이들을 망쳐 놓는 것은 감정을 다스리는 이런 힘, 즉 눈앞의 즐거움보다 사랑하는 존재가 미래에 누릴 이익을 생각하는 고귀하고 엄숙한 애정이 없기 때문이다. 그런 경우를 보면, 아이들을 방치하는 것과 모든 요구를 다 들어주는 것 중 어느 쪽이 더 나쁜지 가리기 힘든데, 내 생각에는 후자가 더 해로운 것 같다.

모든 사람이 아이들은 여자가 키우는 게 좋다고 생각하는 것 같다. 그런데 지금까지 내가 관찰해온 바로는, 감성적인 여성은 이 일에 가장 부적합한 존재다. 그런 여성은 자신의 감정에 휩쓸려 아이들의 성격을 망쳐놓기 십상이기 때문이다. 성격 형성은 교육의 첫걸음이자 가장 중요한 측면인데, 이 일에는 이성의 진지하고 한결같은 눈과, 너무 억압적이지도 않고 지나치게 방만하지도 않은 태도가 필요하다. 하지만 감성적인 사람들은 바로 이런 극단적인 행동에 빠져들기 쉽고, 언제나 지나치게 엄하거나 너무 방만하게 처신한다. 나는 이 논리를 좀더 확대해서, 천재성을 지닌 사람은 공교육이든 사교육이든 아이들의 교육에 가장 부적합하다고 주장하는 바다. 이 희귀한 사람들의 정신은 모든 것을 뭉뚱그려 파악하고, 대개의 경우 성격 또한 나쁘기 때문이다. 흔히 명랑함이라고 불리는 늘 밝은 성격은 강렬한 감정이나 엄청난 지성과는 양립하기 힘든 것 같다. 흥미와 경탄의 마음으로 천재성의 비상(飛翔)을 지켜보거나, 그보다는 좀더 냉철한 호의를 가지고 심오한 사상가들이 공들여 만든 교훈을 공부하는 이들은, 천재들이 신경질적이고, 사상가들이 침울하다는 걸 알게 되어도 실망해서는 안 될 것이다. 적어도 남자의 경우, 발랄한 상상력이나 강인한 지성을 지닌 사람은 남의 의견이나 편견을 어느 정도 수긍해주는 유연한 세련됨이 없이 그저 완강히 맞서기 때문이다.

하지만 교육이나 예절을 논할 때 그처럼 탁월한 지성의 소유자는 고려에서 제외되어야 한다. 가르침이 필요한 사람은 평범한 재능을 가진 다수의 학생이고, 이들은 주변 사람들의 영향에 예민하기 때문이다. 남자든 여자든, 이 점잖은 무리가 사치스러운 나태 속에서 오성을 저버린 채 감성을 한껏 예민하게 만들도록 이끌면 안 될 것이다. 이런 사람들은 오성이라는 버팀대가 없으면 도덕적이지도 자유롭지도 못한 삶을 살게 될 것이기 때문이다. 재산이나 탁월한 재능 덕분에 귀족이 된 사람들은 항상 이런 사람들을 제치고 앞으로 나아갈 것이고, 소극적이거나 잔인하거나 충동적인 삶을 살아갈 것이다.

여성 억압의 문제를 또 다른 시각에서 살펴보자. 인간 본성에 토대를 두고 있기에 이성적이라는 주장하에 여성을 정신적 · 육체적으로 억압하기 위해 남자들이 동원해온 이유들은 너무도 많지만 여기서는 그중 몇 가지를 검토해보려고 한다.

여성의 오성은 남성에 비해 일찍 성숙한다는 이유로 멸시받는 일이 많다. 남자 중에 천재성뿐 아니라 이성이 일찍 무르익은 카울리, 밀턴, 포프의 예[32]를 들어 그런 주장을 반박할 수도 있지만, 우리의 경험에만 비추어 보아도 일찍부터 어른들과 같이 생활한 소년들이 그런 조숙함을 보이는 예는 얼마든지 찾아볼 수 있다. 이런 경우는 너무도 흔하기

32 "그런 조숙한 천재들은 이들 이외에도 아주 많을 것이다"[MW]. 카울리(Abraham Cowley, 1618~67)는 일설에 따르면 열 살 때 시를 쓰기 시작했다고 한다. 밀턴(John Milton, 1608~74)은 아주 어릴 때부터 학업에 열중했고, 열 살 때는 시를 썼다고 한다. 포프(1688~1744)는 13~15세 사이에 첫 서사시를 썼다고 한다. 울스턴크래프트는 존슨의 『영국 시인전』(*The Lives of the Most Eminent English Poets*, 1779~81)에서 이 세 사람의 이야기를 읽었을 수 있다.

때문에, 조금이라도 세상 경험이 있는 이들은 그런 말을 듣는 순간, 팽이나 굴렁쇠를 갖고 놀 나이에 어른들과 접촉함으로써 오성이 위축되어 속없이 뻐기고 다니는 원숭이같이 미련한 남자들을 쉽게 떠올릴 것이다.

일부 박물학자들은 여자는 스무 살이면 완전히 성숙하는데 남자는 서른이 넘어야 비로소 어른이 된다고 주장한 바 있다.[33] 내가 보기에 이들은, 남성의 아름다움은 정신과 연결지으면서, 여성의 경우는 용모와 피부의 완벽함이라는 천박한 의미의 아름다움을 여성다움의 정점으로 보는 남성 특유의 편견에 사로잡힌 나머지 잘못된 논리를 펴고 있다. 남자와 마찬가지로 여자도 서른은 되어야 육체적인 힘과, 프랑스인이 상(相)[34]이라고 부르는 개성적인 얼굴을 갖추게 된다. 아이들의 천진한 애교는 말할 수 없이 귀엽고 사랑스럽다. 하지만 젊음의 귀여운 신선함이 사라지면, 이 천진한 애교는 교묘히 꾸민 표정이 되고 안목 있는 사람은 누구나 그런 표정에 염증을 느낄 것이다. 소녀들의 얼굴은 활기와 수줍은 겸양이 깃들어 있으면 그걸로 족하다. 하지만 젊음이 사라진 얼굴에서는 좀더 진지한 생각, 생명력의 보조개보다는 열정의 그림자, 그리고 사람의 마음을 사로잡는 유일한 끈인 개성 있는 성격이 깃들어 있어야 할 것이다.[35] 이런 얼굴을 지닌 사람을 만나면 애무보다는 대화를

---

33 예컨대 당대의 가장 유명한 박물학자 중 한 사람인 뷔퐁의 말을 보면, "여성은 남성보다 더 일찍 균형 잡힌 몸매를 갖춘다. 여성은 남성보다 체구가 작고, 근육이나 다른 부분이 더 약하고, 부드럽고, 연하기 때문에 남성보다 더 일찍 성숙에 이르는 것이다. 스무 살의 여성은 서른 살의 남성만큼 완벽한 형태를 갖추고 있다"(Georges Buffon, *Natural History*, trans. William Smellie, Edinburgh: 1780, II, 436쪽).

34 원문은 'physionomie'. 개인의 특성을 보여주는 관상(觀相)적 특징.

35 "애정의 강도는 일반적으로 연인의 개인적 특징이 그/그녀의 종(種)적 특징보다 얼마나 뚜렷한지에 따라 결정될 것이다"[MW].

원하게 되고, 그런 대화는 우리의 감정뿐 아니라 상상력까지 넓혀줄 것이다.

스무 살 무렵의 남녀는 똑같이 아름답지만, 남자들의 방종한 생활이 차이를 만들어내고, 나이 든 바람둥이 여자들도 대체로 그런 생각을 하는 것 같다. 왜냐하면 그런 여자들은 자신의 육체적인 매력으로 사랑을 얻을 수 없게 되면 청년의 활기와 명랑함을 즐기기 위해 돈을 지불하기 때문이다. 아름다움을 논할 때 정신적인 요소를 좀더 고려하는 프랑스인들은 서른 살의 여자가 낫다고 한다. 그들은 여자가 가장 완벽한 상태에 이르는 시기, 즉 명랑함이 이성으로, 그리고 성숙함 또는 안정을 보여주는 위엄 있는 진지함으로 바뀌는 때를 그 시점으로 잡는 것이다. 스무 살까지는 신체가 쑥쑥 자라고, 서른 살까지는 각 부분이 어느 정도 충실해지며, 유연하던 근육들이 점차 굳어지면서 표정에 개성이 생긴다. 이 근육들은 운명의 철필(鐵筆)로 정신의 움직임을 그리고, 그 사람의 내면이 어떤지, 그 정신으로 무엇을 해왔는지 말해주게 된다.

가장 느리게 성숙하는 동물이 가장 오래 살고 가장 고귀하다고 할 수 있는데, 수명에 있어 남자가 여자보다 우월하다고 할 수도 없다. 자연이 남자가 더 오래 살게 만들어놓지는 않았기 때문이다.

일부다처제 또한 여성의 신체적 열등함을 입증하는 데 이용되는 개념이다. 일부다처제하에서는 남아보다 여아가 더 많이 태어난다는 널리 확인된 사실이 가정의 모든 미덕을 파괴하는 이 관습을 옹호하는 데 동원되어왔다. 이는 자연의 법칙인 것 같고, 어느 정도 이성적인 논의는 자연의 법칙을 존중해야 할 것이다. 그렇다면 명백한 하나의 결론이 도출된다. 즉, 인류에게 중혼(重婚)이 꼭 필요하다면, 여자는 남자보다 열등하고 남자를 위해 만들어진 존재일 것이다.

자궁 안에서 태아가 형성되는 과정에 대해선 알려진 바가 거의 없다. 하지만 이 현상은 우연의 산물로 이해할 수 있고, 자연의 법칙을 보여주는 건 아닌 것 같다.[36] 포스터의 남태평양 여행기에는 이 문제와 관련해 아주 적절한 부분들이 나와 있다. 동물의 경우, 자손은 부모 중 더 강하고 활기 있는 신체를 가진 쪽의 성을 따른다고 한 뒤, 포스터는 이런 말을 덧붙이고 있다. "이를 아프리카인에게 적용해보면, 일부다처제에 젖어 있는 그곳 남자들은 그토록 많은 여인들을 취하느라 더 지쳐 있을 것이고, 여자들은 더 예민한 신경, 더 균형 잡힌 체질, 더 활발한 상상력뿐 아니라, 일부일처 사회였다면 혼자서 누렸을 육체적인 사랑이 적기에 남자들보다 활기 넘치고, 따라서 위와 같은 이유로 거기서 태어나는 아기들은 대부분 여아다.

유럽 대부분 지역에서, 가장 정확한 통계 자료를 보건대, 남녀의 비율은 거의 같은데, 굳이 차이가 있다면 105 대 100 정도로 남아가 더 많다.[37]

그렇다면 일부다처제는 반드시 있어야 할 제도는 아니다. 하지만 남

---

36 울스턴크래프트는 태아의 성별 결정에 관해 얘기한 것이다. 이 부분의 '우연'은 현대 의학에서는 X나 Y 염색체로 밝혀져 있다.

37 John Reinhold Forster, *Observations Made During a Voyage Round the World*, London: 1778, 425~426쪽. 포스터는 쿡 선장의 함대와 함께 남태평양을 여행했다. 울스턴크래프트가 인용한 위 구절 다음 부분에서 포스터는 함대가 이스디 섬에 도착했을 때, 그 섬에 사는 900명의 주민들 중 여자는 50명에 지나지 않았다고 말하고 있다. 하지만 여기 나온 이론이 옳다면 남성의 수가 실제보다 더 많았어야 할 것이다.

자가 여자를 유혹할 때 그건 불법적인[38] 결혼이라 할 수 있고, 자연 이혼인 간통이 그 법을 무효화하지 않는 한 그런 남자에게는 법적으로 상대 여자와 그 아이를 먹여 살릴 책임을 지워야 한다. 그리고 이 법은 여성의 연약함 때문에 유혹이라는 말이 그들의 도덕적 나약함과 무원칙을 변명해주는 말로 쓰이는 한, 아니 여성이 자신의 지적·육체적 노동이 아니라 남자에게 의존해 생계를 유지하는 한, 계속 유효해야 한다. 하지만 이런 여자들을 아내라고 부르면 결혼의 목적 자체가 파괴될 것이고, 사랑도 우정도 아닌 것이 두 사람의 마음을 결합시킬 때, 각자의 정절에서 비롯되어 남녀 관계를 신성한 것으로 만들어주는 따뜻한 인정은 이기심으로 변질되어버릴 것이다. 남녀가 자녀 양육 때문에 같이 살 경우, 자연이 남자에게 여러 명의 아내를 두도록 의도한 것은 아니지만, 자기 아이들의 아빠에게 충실한 여자는 존경의 대상이 되어야지 매춘부 취급을 당해서는 안 된다.

나는 모든 사회적 미덕의 토대로서 결혼을 매우 존중하지만, 한 번의 실수 때문에 사회에서 소외되고 인간의 정서와 정신을 향상시키는 모든 애정과 인간 관계에서 고립된 저 가련한 여인들에 대해 정말 진실한 연민을 느낀다. 대개의 경우 그건 실수라고 하기도 어렵다. 왜냐하면 수많은 순진한 처녀들이 진솔하고 인정 넘치는 성품 때문에 남자에게 속아넘어가고, 더 많은 처녀들이 미덕과 악의 차이를 알기도 전에 흔히 말하는 대로 신세를 망치기 때문이다.— 그렇다면 이들은 그동안 받아

---

[38] 원문은 'left-handed marriage'. 불법 결혼 또는 귀천(貴賤) 결혼. 이 경우는 결혼식 때 남자가 오른손이 아니라 왼손을 내민다. 그리고 그런 결혼은 보통 지체 높은 남자와 신분이 낮은 여자 사이에 이뤄지기 때문에, 남편이 자녀들의 양육비는 지불하지만, 거기서 낳은 자녀는 귀족인 아버지의 작위나 재산을 이어받지 못한다는 조건이 붙는다. 따라서 자녀들은 아무런 법적 권리를 갖지 못한다.

온 교육 때문에 타락에 이르는 것이고, 그래서 타락한 여인이 되는 셈이다. 이런 부당함을 매춘부 교화소[39] 같은 걸로 바로잡을 수는 없을 것이다. 이 세상에 부족한 건 동정심이 아니라 정의이기 때문이다!

순결을 잃은 여성은 자신이 타락의 심연에 떨어졌다고 생각한다. 그리고 그들이 원래의 위치로 돌아가는 건 애초부터 불가능한 일이다. 어떤 노력으로도 이 오점을 씻을 수는 없기 때문이다. 이처럼 모든 희망을 잃고, 달리 살아갈 방도도 없는 이 여성에게는 매춘만이 유일한 해결책이고, 뛰어난 양식과 고귀한 품성의 소유자가 아니라면, 이 가련한 여인으로서는 도저히 통제할 수 없는 여러 상황으로 인해 그녀의 인격은 금세 타락에 이르게 된다. 이처럼 수많은 여성이 조직적으로 사악한 존재가 되고 말았지만, 남자들은 가난하다고 해서 매춘을 생업으로 하진 않는다. 하지만 이는 상당 부분 여성이 받아온 교육 때문에 일어나는 일이다. 여자들은 언제나 남자가 먹여살려 주기를 기대하고, 자신의 몸을 그들의 노력에 대한 정당한 대가로 간주하도록 교육받아 오지 않았는가. 음란한 자태와 갖가지 교태는 욕망이나 허영심보다 더 강력한 자극을 가진 셈이고, 이는 순결을 잃은 여성은 존중받을 모든 걸 잃은 셈이라는 세간의 말이 정당하다는 걸 보여준다. 여성은 인간이 가지는 여러 열정 중 사랑만을 키우도록 교육받아 왔는데, 순결이라는 한 가지 미덕을 잃으면 순식간에 나쁜 여자가 되고 만다. 그렇다면 여성의 인격은 자신의 의지에 의해 결정되는 게 아닌 셈이다.

리처드슨의 소설에서 클라리사가 러블리스에게 당신이 내 명예[40]를 앗아갔다고 말한 순간, 그는 명예와 미덕의 의미를 생각하며 한동안 당

---

[39] 매춘부들을 교화하기 위한 시설들. 원문은 'Asylums and Magdalenes'.

[40] honour: '명예' 또는 '순결'의 뜻–옮긴이.

혹스러워 했을 것이다.[41] 자신의 동의도 없이 타락에 이르는 존재의 처지는 그야말로 말할 수 없이 비참하기 때문이다! 이런 극단적인 엄격함을 사람들은 건전한 오류라고 감싸고 나선다. 이에 대해 나는 라이프니츠의 말을 빌려 대답할 것이다. "오류는 유용할 때도 있지만 대개는 다른 오류들을 바로잡기 위해 범해진다."[42]

인생에 있어 대부분의 실수는 곧 스러질 눈앞의 즐거움을 위해 범해진다. 기혼녀들에게 강요되는 순종 역시 이 부류에 속한다. 권위에 의존해야 하기에 자연히 약해진 여성의 정신은 자기 힘으로 뭘 해결하려고 하지 않고, 그래서 순종하는 아내는 나약하고 나태한 엄마가 되는 것이다. 설사 안 그런 경우가 있더라도, 여성에게 소극적인 미덕만을 가르치는 것은 내세를 전혀 고려하지 않는 처사다. 도덕, 특히 여성의 도덕에 대해 얘기할 때, 많은 저자들은 극히 제한된 의미의 미덕만을 고려하고, 순전히 세속적인 유용성을 바탕으로 하여 논의를 전개한다. 아니, 이 엄청난 주제는 대개 그보다 더 나약한 토대에 바탕을 두고 있고, 남자들의 변덕스러운 감정이 미덕의 기준으로 간주되어왔다. 그렇다, 종교뿐 아니라 미덕도 남자들의 구미에 따라 결정되어온 것이다.

남자들이 여성이야말로 인생에서 가장 큰 즐거움을 준다고 주장하면서 다른 한편으로는 바로 그 여성을 너무도 철저히 억압하는 걸 보면,

---

41 리처드슨(Samuel Richardson)의 소설 『클라리사 할로』(*Clarissa Hollow*, 1748)에서 바람둥이인 로버트 러블리스(Robert Lovelace)는 클라리사 할로를 유혹하고, 그녀 역시 그를 사랑하게 되지만 끝내 그의 청혼을 거부한다. 그는 그녀를 강제로 납치해가고, 그녀는 수치심 때문에 숨을 거둔다. 러블리스 역시 클라리사의 사촌인 모든(Morden) 대위와 결투하다가 죽음을 맞는다 - 옮긴이.

42 라이프니츠(Gottfried Wilhelm von Leibniz, 1646~1716)의 유명한 『변신론』(*Theodicy*) 서문의 한 구절(ed. Austin Farrer, trans. E. M. Huggard, New Haven: 1952, 56쪽). 라이프니츠의 가장 유명한 이론은 우주에 '선재(先在)하는 조화'에 대한 내용이다.

누구나 조소를 금치 못할 것이다. 나는 자신 있게 포프의 냉소적인 구절을 남자들에게 적용해왔는데,[43] 좀더 정확히 말하면, 그 구절은 남녀 모두에게 해당하는 말이다. 쾌락이나 권력에 대한 욕망이 모든 사람을 지배하고, 자신의 작은 후궁에서 왕 노릇 하는 남편은 자신의 쾌락이나 편안함만을 생각하는 것이다. 쾌락에 대한 지나친 욕망은 신중한 사람이나, 또는 믿을 만한 상대를 확보하기 위해 결혼하는 닳고닳은 바람둥이가 자신의 아내를 유혹하게 만든다. 그런 경우는 결혼의 여신이[44] 체면을 몰아내고, 정결한 사랑이 도망을 치는 격이 될 것이다.

동물적인 욕망으로 간주되는 사랑은 자신을 파먹다가 얼마 안 가 죽어 없어진다. 자신의 불꽃에 타죽는 이런 경우는 사랑의 격렬한 죽음이라고 부를 만하다. 하지만 그런 결혼으로 육욕에 눈뜬 아내는 아마 남편의 애정이 식어서 생긴 공백을 어떻게든 채우려고 애쓸 것이다. 여신 대접을 받던 사람이 상급 하녀로 지내는 데 만족할 수는 없기 때문이다. 아직도 아름다운 그녀는 그 애정을 아이들에게 옮기는 대신 인생의 햇살을 좀더 쬐고 싶어할 것이다. 게다가 이 세상에는 양식이나 부성애가 모자란 남성이 많아서, 이런 아빠들은 육체적인 사랑이 끓어 넘치는 신혼에는 아내가 아이에게 젖먹이는 걸 막는다. 이들은 아내가 예쁘게 차려입고 자기를 즐겁게 해주기만을 바란다. 그런데 이렇게 쾌락에 빠져 의무를 소홀히 하면 순수한 사랑도 곧 방종으로 변질되고 만다.

부부가 애정에 기초한 우정을 가꿀 수 있다면 참 다행한 일이다. 하지만 도덕적인 두 사람이 결혼해도, 일련의 상황 때문에 그 열정이 식

43 "남자들은 여러 가지 열정에 좌우되는데,/여자들은 두 가지 확실한 열정, 즉 쾌락욕과 권력욕 중 어느 한쪽에 좌우되기 쉽다"(포프,『도덕론』, 207~210행).

44 그리스 신화에 나오는 결혼의 여신 하이멘(Hymen).

는다든지, 최소한 둘 중 한 사람이 혼전에 경험한 다른 연애나 실연으로 상대에 대한 사랑보다 그의 미덕 때문에 결혼하게 된 경우가 아니면, 그렇게 되긴 힘들 것이다. 그런 결혼에서 두 사람은 평생 지속될 우정을 쌓을 계획을 세움으로써 눈앞의 쾌락을 넘어 늘 도덕적으로 살 방도를 마련할 것이다.

원칙에 토대를 두고 오랜 세월 동안 공고해진 우정은 인간의 애정 중 가장 중요하고 고귀한 것이다. 그리고 사랑은 그 반대라고 할 수 있다. 우정과 사랑이 같은 사람의 내면에 자리 잡기는 상당히 어려운 일이고, 설사 그 대상들이 다르더라도 이 두 감정은 서로 약화시키거나 파괴해 버린다. 그리고 그 대상이 같다면, 둘이 동시에 존재할 수는 없고, 순차적으로만 일어날 수 있다. 사랑의 불꽃을 부채질하는 헛된 두려움과 어리석은 질투는 설사 신중하게 또는 교묘하게 억눌러지더라도 우정이 가지는 부드러운 신뢰와 진실한 존경의 마음과는 양립할 수 없기 때문이다.

천재들이 화려하게 묘사해온 그런 사랑은 이 세상에 아예 존재하지 않거나, 그처럼 위험한 그림을 그려낸 시인의 고상하고 흥분된 상상 속에서만 존재한다. 그런 묘사가 위험한 이유는 순전히 육체적인 욕망을 감정의 베일 아래 숨기는 바람둥이에게 그럴 듯한 핑계를 제공해줄 뿐 아니라, 허식을 퍼뜨리고 미덕의 위엄을 손상하기 때문이다. 미덕은 그 말 자체만 봐도 알 수 있듯이 엄격함까지는 아니더라도 진지한 외양을 지녀야 한다. 미덕을 아름다움의 또 다른 이름인 쾌락의 옷으로 치장하는 것은 모래성 위에 올려세우는 일이고, 겉으로는 존중해주는 척하면서 그 추락을 부추기는 극히 교활한 시도다. 유창한 작가들이 열심히 주장해온 바와 달리, 삶에서 미덕과 쾌락은 그렇게 쉽게 양립할 수 없다. 쾌락은 금세 시들 화환을 짜고 금방 취할 술을 빚는 반면, 미덕의 열매는 노력의 산물이고 무르익는 동안 조용한 만족감을 줄 뿐이며, 세월이 흐르면서 자연히 생긴 결과 같아서 별로 특별해 보이지 않는다. 생활 속의 평범한 음식인 빵은 특별한 축복으로 느껴지지 않지만, 그 빵이야말로 우리 몸을 유지해주고 건강을 보전해준다. 하지만 사람들은 기분을 들뜨게 하고 미각을 자극하는 술이나 음식 속에 질병이나 죽음이 깃들어 있다는 사실을 망각한 채 성찬(盛饌)을 보면 즐거워한다. 이와 비슷하게, 흥분으로 들뜬 상상력은 다른 모든 그림과 마찬가지로 정신이 세운 무지개에서 용감히 훔쳐낸 저 빛나는 색채로 사랑을 그려내고, 그 고상한 기원에 어울리게끔, 절대로 도달할 수 없는 완벽함을 추구하며 애타고, 제 자신도 덧없는 꿈임을 아는 것을 붙잡으려고 애쓴다. 이처럼 활발한 상상력은 허상들을 생생히 그려내고, 현실이 재미없을 때 자연히 빠져들게 되는 어렴풋한 몽상을 사실처럼 표현할 수 있다. 그런 상상력은 사랑을 천상의 매력을 지닌 존재로 그려내고, 서로의 영혼을 고양하고, 천국으로 오르는 사다리[45] 구실을 한 후에도 절대로 식지 않으며, 신에 대한 헌신처럼 더 소박한 다른 모든 애정과 욕망을 포괄하는 서로에 대한 사랑을 그려낼 수 있다. 그런 사랑 속에서 두 연인은 구름 위로 치솟은 사원 안에서처럼 서로의 품에 안겨 세상을 잊고, 순수한 사랑과 영원한 미덕을 길러주는 것들 이외에는 어떤 생각이나 소망도 갖지 않는다. 영원한 미덕이라! 아, 대단한 몽상가인 루소여! 그대의 낙원은 갑자기 들이닥친 손님 때문에 얼마 안 가 참담히 무너지리라. 그곳도 밀턴의 낙원처럼 천사나 이성적인 존재의 위엄을 갖추

---

45 "천국의 오르막 사다리로 저녁을 영접하는 별들이 떠올랐네"(『실낙원』, 제4권, 354~355행).

지 못한 인간들만 사는 곳이다. 행복이란 물질적인 것이 아니라서 눈에 보이지 않고 손으로 잡을 수도 없다. 하지만 모든 인간이 각자 상상하는 행복을 열렬히 추구하는 걸 보면, 인간은 낙원이 아니라 이 세상에 사는 존재이고, 주어지는 행복을 그냥 받는 게 아니라 노력으로써 그걸 획득하는 이성적인 존재임에 틀림없다. 그러므로 열정의 허망함을 탄식하는 이들은 영혼의 불멸성을 입증하는 강력한 증거를 무시하는 셈이다.

하지만 그처럼 상상력이 넘치는 이들은 스스로 그런 오류를 고치고 자기 실수에 비싼 대가를 치르도록 놔두고, 나는 여성에게 부디 오성을 발휘해 낭만적인 방황에 빠져들지 말라고 당부하고 싶다. 여성에게 정말 위험한 것은 강렬하고 끈질긴 열정이 아니다. 왜냐하면 사랑에 대한 그런 감미로운 몽상은 활발한 상상력보다는 나태한 정신의 산물인 경우가 많기 때문이다.

여자들에게는 감정을 억제하는 데 도움이 될 진지한 일이 별로 없다. 그들은 사소한 걱정이나 심신을 약화시키는 헛된 일들에 매여 감각에 좌우되는 존재로 전락하고 만다. 간단히 말해 현재 (상류층의) 여성 교육은 최상의 정신을 지닌 여성조차도 낭만적이고 변덕스러운 사람으로 만들고, 나머지는 허영심 많고 치사한 사람으로 만들어버린다는 것이다. 현재와 같은 사회에서는 이 문제를 해결하기 어렵다. 여성이 좀더 고상한 목표를 추구하게 되면 자연과 이성에 더 가까운 존재, 미덕과 능력을 갖춘 존경받을 만한 사람들로 변할 것이다.

대다수 여성이 사람들 앞에서 멋진 모습을 선보이는 걸 인생의 최대 목표로 삼는 한, 그들이 이성을 발휘해 자기 행동을 다스릴 힘을 얻기는 어려울 것이다. 여성은 인간 본연의 애정과 가장 유용한 미덕들을 모두 희생해가며 이 나약한 욕망을 추구한다. 천박하고 의미심장한 어구를 빌려 말하면 처녀들은 팔자를 고치기 위해 결혼하고, 더 많은 재산을 가진 남자가 청혼할 때까지 사랑에 빠지지 않도록 자기 감정을 완벽하게 통제한다. 이 문제는 나중에 더 자세히 다루겠지만, 지금은 운만 떼고 넘어가려고 한다. 어른들의 이기적인 타산 때문에 청춘의 열정을 포기하도록 강요당하는 여성이 많기 때문이다.

소녀들이 바느질에 많은 시간을 바치게 하는 것도 바로 이런 교육관에서[46] 비롯된 것이다. 하지만 바느질은 생각을 옷차림에만 집중하게 만듦으로써 여자들이 하는 다른 어떤 일보다도 그들의 정신을 위축시킨다. 남자들은 양복점에 옷을 주문하는 걸로 이 문제를 일단락 짓는다. 여자들은 꼭 필요한 옷이든 장식적인 옷이든 간에 자기가 직접 만들어야 하고, 항상 옷에 대해 얘기한다. 그리고 생각 또한 옷을 만드는 손을 따라 움직인다. 여성의 정신을 약화시키는 것은 꼭 필요한 옷이 아니라 장식품을 만들 경우다. 가난한 여성이 아이들이나 남편의 옷을 만들 때 그녀는 아내로서의 의무를 수행하는 것이고, 이건 어디까지나 집안일의 일부다. 그런데 더 예뻐 보이려고 옷을 만드는 것은 단순한 시간 낭비가 아니라 더 나쁜 결과를 낳는다. 가난한 이들을 도덕적으로 만들려면 뭔가 일을 하게 해야 한다. 그리고 중산층 여성은, 귀족들의 여유는 배우지 못한 채 그 옷차림만을 모방하는 여성이 아니라면, 자기들은 가정을 이끌고, 아이들을 가르치고, 자신의 지적 능력을 계발하면서, 그밖의 일은 하류층 여성을 고용해 처리할 수 있을 것이다. 정원일, 경험적인 철학, 문학 등은 여성에게 생각할 주제와 대화의 소재를 제공

46 즉 여성 교육에 관한 사회의 인식.

해주고, 오성을 계발하는 데 도움이 될 것이다. 주름 리본을 만들거나[47] 리본을 매는 데 모든 시간을 보내지 않는 프랑스 여인들의 대화도 상당히 피상적인데, 장식품을 사러 다니고 더 싼 걸 찾아헤맬 뿐 아니라 모자, 보닛, 그리고 갖가지 장식품을 만드느라 엄청난 시간을 보내는 영국 여성의 대화는 그보다 몇 배 더 공허하다. 이런 세태 때문에 가장 큰 피해를 보는 것은 점잖고 신중한 여성이다. 왜냐하면 안목을 발휘해 자신의 열정을 좀더 매혹적으로 만드는 바람둥이 여자들이 뭔가 다른 목적이 있는 반면, 이들의 동기는 단순한 허영심이기 때문이다.

이것들은 모두 내가 앞에서 얘기했고 아무리 자주 강조해도 모자라는 일반적인 원칙에서 비롯된다. 성별이나 직업에 관계없이, 사람은 무엇을 어떻게 생각하느냐에 따라 인격의 일반적인 특징이나 개별적인 측면이 형성되기 때문이다. 여자들이 늘 자신의 옷차림을 생각한다면, 그들이 자기 몸을 제일 소중히 여기는 것도 이해할 만하지 않은가? 하지만 몸을 가꾸는 데에도 어느 정도의 정신적인 노력은 필요한 법이고, 일부 주부들이 여성의 관심사 이외는 다른 어떤 것에도 신경을 안 쓰는 건 바로 그 때문인지도 모른다. 게다가 집안에 갇혀 지내는 생활 방식은 대개 여성을 병약하게 만드는데, 이들은 잘못된 우월감이 있기 때문에 끊임없이 자기의 몸에 주의를 집중시키고, 정신을 억압하는 또 다른 족쇄인 이 병약함을 오히려 자랑으로 여긴다.

뛰어난 여자들은 대개 자기 옷을 직접 만들지 않고, 일단 마음에 드는 옷을 골라 입으면 옷차림에 대해 더 이상 생각하지 않기 때문에, 사치하려고 옷을 차려입는 여자들에게서는 찾아보기 힘든 여유가 있다.

---

[47] 여자 모자에 붙일 리본을 매는 일.

실제로 재능 있는 이가 가장 많은 중류층에 대한 내 의견은 그 계층의 여성에게는 해당되지 않는다. 상류층 여성이 책도 읽고 일반적인 문제에 대해 남자들과 대화도 해서 어느 정도의 지식을 얻는 반면, 중산층 여성은 그들의 장점은 빼고 옷차림과 결점만 모방하기 때문이다. 일반적인 의미의 미덕은 하류층 사람들이 가장 많이 갖고 있다. 가난한 여성은 직접 일을 해 아이들을 먹여 살리고 형편없는 남편에게 맡겨 놨으면 풍비박산 났을 가정을 지켜나간다. 하지만 신분이 높은 여성은 적극적으로 미덕을 쌓기에는 너무 나태하고, 문화의 혜택 또한 그들을 세련되기보다는 나약하게 만든다. 아무런 교육도 받지 못했지만 건강한 상식을 지닌 하류층 여성은 하찮은 일들이 여성을 하찮은 존재로 만들었다는 내 의견을 그야말로 강력하게 입증해준다. 여성의 육체는 남자에게 내맡겨지고[48] 정신은 쇠퇴하도록 방치된다. 그래서 남자들이 즐기는 취미 생활인 육체적 사랑이 그들을 나약하게 만드는 반면, 남성은 또 그 상대인 여성을 억압하려고 애쓴다.—그렇다면 대체 얼마나 긴 세월이 흘러야 비천한 노예[49]의 자손들이 억압에서 풀려나 강인한 미덕과

48 "'나는 그녀의 몸을 차지한다'는 레인저의 말에서"[MW]. 호들리(Benjamin Hoadley)의 극 「의심하는 남편」에서 방탕한 바람둥이인 레인저(Ranger)는 밤새도록 즐기다 집에 돌아와 콩그리브(William Congreve: 영국의 극작가 · 시인, 1670~1729 - 옮긴이)의 시집에 실린 「노래」라는 시를 읽는다. "그대는 그녀가 부정하다고 믿지만, 나는 그녀가 친절하다고 생각하네,/나는 그녀의 몸을, 그대는 그녀의 마음을 차지하니, 누가 더 이익인가?"

49 "여성이 자발적으로 노예가 되었다 해도, 모든 노예제는 인류의 행복과 발전에 해가 된다"[MW]. "이런 자생적인 독재자들, 즉 돈 많고, 천박하고, 철학적이지 못한 남성이나, 대담한 걸로 유명하지만 탁월하지는 못한 경박하고 지체 높은 여성처럼, 인간 행동의 규범을 정하는 이들의 추종자들은 스스로 원해서 그렇게 되긴 했지만, 진정한 의미에서 노예라 할 수 있다. 모든 노예제는 인류의 행복과 발전에 해가 되기 때문에, 나는 몇 가지 제안을 내놓음으로써 종속된 부족들이 들고일어나 천부의 권

재능을 얻게 될 것인가?

여성 억압의 원인을 살펴보는 동안 나는 여성 전체의 도덕과 생활에 영향을 주는 요소들만을 다루었는데, 이것들은 모두 오성의 결핍에서 비롯되는 것 같다. 오성의 부족이 여성의 타고난 또는 후천적인 재능 부족 때문에 생긴 현상인지 여부는 시간만이 밝혀줄 것이다. 남자 같은 교육을 받아 용기와 결단력을 갖추게 된 극소수 여성의 예[50]를 별로 강조하고 싶지 않기 때문이다. 나는 다만 일반적으로 볼 때 같은 환경에 처한 남자들은 같은 특징을 나타냈다는 것과, 천재성과 재능을 지닌 남자들은 여성이 한 번도 속해 보지 못한 부류에서 나왔다는 것을 주장할 뿐이다.

---

리인 자유를 되찾도록 종용하려고 한다."(Vicesimus Knox, *Essays, Moral and Literary*, Essay No.5, "On the Fear of Appearing Singular"), 이 수필에서 녹스의 주제는 여성이 아니라 인간이었고, 그가 평소에 여성의 권익을 옹호한 건 사실이지만, 『수필들』에서 여성을 노예로 칭한 부분은 하나도 없다. MW는 자기 논지에 맞게 그의 글을 이용했다

**50** "사포(Sappho), 엘로이자(Eloisa: 12세기에 살았던 프랑스 여성으로, 당시의 위대한 신학자 아벨라르[1079~1142]와 비극적인 사랑을 나눴다. 그들이 주고받은 서한집은 후일 많은 작가들에게 영감을 주었다 - 옮긴이), 머콜리 부인(MW와 동시대인이며, 영국의 위대한 역사가인 캐서린 머콜리Catherine Macaulay - 옮긴이), 러시아의 여제(캐서린 대제로, 탁월하고 전제적인 계몽 군주 - 옮김이), 마담 디온(Madame d'Eon) 등이 그 예다. 이들을 비롯한 많은 탁월한 여성은 어디까지나 예외다. 그리고 여성뿐 아니라 남성들 사이에서도 영웅은 예외적인 존재 아닌가? 내가 바라는 것은 여성이 천재나 동물이 아닌 그저 이성적인 존재가 되는 것이다"[MW]. 마담 디온은 프랑스의 여장 스파이. 그는 1777년, 남자 옷으로 바꿔 입으라는 왕의 명령을 받고도 여장을 고집했지만, 1810년에 행해진 부검에서 남자임이 확인되었다. MW는 이 글을 쓸 당시(즉, 1791년경 - 옮긴이) 이 사실을 모르고 있었던 것 같다.

제5장

# 여성을 모욕에 가까운 연민의 대상으로 그려낸 작가들에 대한 비판

이제 사람들이 여성에 대해 떠들어대는 피상적인 말의 기조를 결정한, 여성의 성격과 교육에 대한 최근의 저서들이 그럴 듯한 증거를 근거로 해서 제시한 의견을 검토해볼 차례다.

## 제1절

여기서는 먼저 루소의 작품을 살펴보려고 하는데, 그의 작품에 나타난 여성상을 살펴보고, 그에 대한 내 의견과 생각을 얘기하려고 한다. 내 의견은 아주 간단한 원칙에 토대를 두고 있고, 앞에서 말한 것들에서 도출할 수 있는 얘기들이다. 하지만 루소의 인위적인 체계는 너무도 교묘하기 때문에 나는 그 원칙들을 적용해 그에 대한 좀더 포괄적인 비판을 해 볼 필요를 느낀다.

루소는 소피가 완벽한 남자인 에밀처럼 완벽한 여자가 되어야 하고, 그러기 위해서는 자연이 여성에게 준 특징들을 검토해볼 필요가 있다고 한다.[1]

그는 여자는 남자보다 체력이 약하므로 나약하고 수동적인 존재라고 주장하고, 그러므로 여자는 남자를 즐겁게 하고 그에 종속되어야 한다고 말한다. 그는 여자는 주인인 남편에게 매력적으로 보일 의무가 있고—이것이 바로 그녀가 살아가는 이유라고 말한다.[2] 하지만 루소는 육욕에 약간의 거짓된 위엄을 부여하려고, 남자가 여자에게서 쾌락을 얻으려고 할 때 힘으로써 강요하면 안 되고 여자의 뜻에 따라야 한다고 덧붙였다.

이처럼 우리는 남녀의 육체적 차이에서 세번째 결론을 도출할 수 있다. 그것은 육체적으로 강한 쪽이 겉으로는 주인 같지만 실은 더 약한 쪽에 의존한다는 것이다. 그리고 이는 경박한 예의나 보호자로서 가지는 허영심 때문이 아니라 자연의 엄정한 법칙에 근거한다. 자연은 여자에게 남자가 미처 다 채울 수 없는 엄청난 욕망을 불러일으킬 수 있는 능력을 부여했기 때문이다. 따라서 남자는 여자의 뜻에 의존할 수밖에 없고, 그래서 그가 더 강해야 한다는 여자의 동의를 얻기 위해 그녀를 즐겁게 하려고 애쓴다.[3] 이렇게 해서 남자가 승리를 누릴 때, 그를 가장 즐겁게 하는 상황은 바로 여자가 그의 뜻에 따라준 게 그의 힘에 못 이겨서인지 아니면 그녀 자신이 그런 욕망을 느껴서인지 알기 어려운 때이고, 여자들은 아주 교묘하게 그 답을 감춘다. 이때 여성의 오성은 그들의 신체 구조와 완벽하게 어울린다. 여자들은 자신의 나약함을 부끄러워하기는커녕 그걸 마음껏 즐기고, 그들의 부드러운 근육은 실오라기도 못 들 것처럼

---

1 『에밀』, 321쪽.

2 "나는 앞에서 이미 이 구절을 인용했다"[MW].

3 "이건 정말 말도 안 되는 소리다!"[MW].

가장하며 아무런 저항 없이 그의 뜻을 따른다. 여자들은 상대에게 강하고 정력적이라는 인상을 주게 되면 부끄러워서 낯을 붉힌다. 그런데 여자들은 왜 그렇게 행동하는 걸까? 그건 나약해 보이기 위해서가 아니라 아주 교묘한 복선이다. 필요한 때 나약해 보이려고 미리 핑계를 만들고 그런 권리를 확보하기 위해 그러는 것이다.[4]

내가 이 구절을 인용한 것은 독자들이 내가 그의 논리를 왜곡해 자의적으로 내 주장에 이용한다고 의심할 수도 있기 때문이다. 나는 앞에서 이미 이 기본적인 원칙들이 여성 교육에서 교활함과 관능성을 부추긴다고 말한 바 있다.

여자가 남자를 즐겁게 하고 그의 부속물이 되기 위해 태어났다면, 다른 모든 걸 포기하고 자신을 남자에게 매력적인 존재로 만들어야 한다는 결론은 지당하다. 그리고 이와 같은 자기 보전의 동물적인 욕망이 그녀의 모든 행동을 지배하고, 그게 정말 운명의 쇠침대라면, 여자들은 자신의 정신적 · 육체적 개성은 무시한 채 그에 맞게 자신을 변모시켜야 할 것이다.[5] 하지만 이 저열한 토대에 근거한 현실적인 법칙들 때문에 삶의 목적 자체가 전도된다면, 나는 여자가 남자를 위해 만들어졌다는 주장을 의심할 수밖에 없다. 그리고 이런 말을 함으로써 남들에게 불경스럽다거나 심지어 무신론자라는 말을 들을지라도, 그리고 설사 하늘에서 천사가 날아와 모세의 아름답고 시적인 창세론과 인간의 타

---

4 『에밀』, 323쪽.

5 그리스 신화에 나오는 아티카의 강도 프로크루스테스(Procrustes)의 이야기. 그는 길 가는 사람들을 쇠침대에 눕혀 보아, 다리가 침대보다 긴 사람은 톱으로 잘라버리고, 짧은 사람은 강제로 늘려 침대 길이에 맞췄다고 한다.

락 얘기가 사실이라고 얘기해주어도,[6] 나는 내 이성의 가르침이 신에게 누(累)가 된다고 생각할 수 없다. 그리고 내게는 악마에 대한 두려움이 없기에, 우리 나약한 여성을 최초로 유혹한 자, 즉 악마의 어깨 위에 내 나약함을 의지하는 대신, 감히 이를 내 이성의 가르침이라고 부르려고 한다.

루소는 또 이렇게 말한다.

> 남녀의 기질과 성격이 다르고, 또 같아서도 안 된다는 게 입증되면, 그들을 가르치는 방법 또한 물론 달라야 할 것이다. 자연의 가르침에 따라 남녀는 서로 조화롭게 살아야 하지만, 양성이 같은 일을 해서는 안 될 것이고, 추구하는 목적은 같을지언정 그걸 달성하는 방법은 달라야 한다. 그리고 그런 연유로 그들의 안목과 성향도 달라야 하는 것이다.[7]

> 여성만의 독특한 목표를 고려하고, 그들의 성향을 관찰하고, 수행할 의무를 검토해보면, 한결같이 그들에게 맞는 교육 방법이 필요함을 알 수 있다. 남녀는 서로를 위해 만들어졌지만, 그들이 서로에게 기대는 이유는 전혀 다르다. 남자는 욕망 때문에 여자에게 의존하지만, 여자는 욕망뿐 아니라 필요 때문에 남자에게 기대는 것이다. 남자는 여자 없이도 어느 정도 잘살 수 있지만, 여자는 남자 없이는 살아가기 힘들 것이다.

> 여성 교육이 늘 남자와의 관계를 염두에 두고 이루어져야 하는 건 바로 그 때문이다. 우리를 즐겁게 하고, 우리에게 유용한 존재가 되고, 우

---

6 18세기 사람들은 「창세기」의 저자가 모세라고 생각했다.

7 『에밀』, 326쪽.

리가 그들을 사랑하고 존경하게 만들고, 우리가 어릴 때는 우리를 가르치고, 우리가 어느 정도 자랐을 때는 돌봐주고, 조언을 해주고, 위로하고, 우리의 일상을 편안하고 즐겁게 만들어주는 것, 이것이 바로 여자들의 영원한 의무다. 그리고 어린 소녀들은 바로 이런 것을 배워야 한다. 여기서 벗어난다면 교육의 목표 자체에서 빗나가는 것이고, 그런 교육은 여자들이나 우리 행복에 전혀 도움이 안 될 것이다.[8]

소녀들은 아주 어릴 때부터 옷을 좋아한다. 그들은 예쁜 걸로 만족하지 않고, 남자가 그렇게 생각하도록 만들려고 한다. 여자아이들이 애교떠는 걸 보면 이 생각이 그들의 마음속에서 얼마나 중요한지 알 수 있고, 아직 사람 말을 잘 알아듣지 못하는 아이들도 다른 사람이 그들의 행동을 어떻게 생각할지 말해주면 고분고분해진다. 하지만 별 생각 없이 이 방법을 남자아이들에게 써보면 전혀 다른 효과가 나타난다. 자기들 마음대로 놀게 놔둬 보면 남자아이들은 다른 사람의 이목에 전혀 신경 쓰지 않기 때문에, 이들을 같은 방법으로 통제하려면 상당한 시간과 노력이 필요하다.

소녀들이 어디서 그런 걸 배웠는지는 몰라도 그건 참 좋은 일이다. 이를테면 영혼보다 육체가 먼저 태어나듯이, 우리도 육체를 먼저 교육해야 한다. 이건 남녀에게 모두 해당되는 얘기이지만, 그 목표는 서로 다르다. 남자아이들은 신체를 강건하게 하는 게 목표이지만, 여자아이들은 매력적인 존재가 되는 게 중요하기 때문이다. 힘이나 매력이 남녀 어느 한쪽

---

8 앞의 두 문단은 『에밀』, 328쪽에 있다.

에만 존재해야 하는 건 아니지만, 한쪽은 다른 쪽보다 이 둘 중 어느 하나가 더 많이 필요하다는 것이다. 우아하게 움직이고 행동하려면 여자들도 상당한 힘이 필요하고, 남자들도 세련되게 처신하려면 상당한 기교가 필요하기 때문이다.[9]

어린아이들은 남녀가 같이 좋아하는 놀이가 참 많은데, 어른이 되었을 때 어차피 같이 지내야 하니까 마땅히 그래야 할 것이다. 그러나 남녀가 각각 좋아하는 놀이도 있다. 소년들은 시끄럽고 활달한 놀이, 예컨대 북치기, 팽이 놀이, 수레 끌기 등을 좋아하고, 여자아이들은 화려하고 장식적인 것, 예컨대 거울, 장신구, 인형 등을 좋아한다. 소녀들이 특히 좋아하는 건 인형인데, 그런 걸 보면 그들의 안목은 여성의 최종 목표와 명백히 연결되어 있다. 남자를 즐겁게 하는 기술의 물질적인 측면은 바로 옷을 잘 입는 것이기 때문이다. 그리고 어린아이들이 이 기술을 익히는 방법은 인형 놀이뿐이다.[10]

여기서 우리는 여성의 타고난 성향이 굳건히 확립되는 걸 볼 수 있는데, 어른들은 그것을 북돋우고 이끌어주면 된다. 어린 소녀는 인형을 어떻게 꾸며줘야 할지, 소매의 장식 매듭이나 겹주름 장식, 머리 덮개 등을 어떻게 만들어야 할지 고심할 것이고, 이런 걸 만들 때 주변 사람의 도움이 많이 필요하기 때문에, 혼자 힘으로 만드는 것보다 훨씬 더 즐거울 것이다. 이처럼 이들이 처음 배우는 소꿉놀이에는 다 이유가 있는 것이다. 일을 시키지 않으면서도 그들에게 직접적으로 필요한 것을 가르쳐주는

---

9 『에밀』, 329쪽.

10 같은 책, 330~331쪽.

셈이다. 그리고 실제로 소녀들은 대개 읽고 쓰기를 배우는 건 싫어하지만 바느질은 열성적으로 배우려 한다. 소녀들은 바느질을 하면서 자기들이 벌써 예쁘게 치장할 수 있는 어른이 되었다고 상상하는 것이다.[11]

이건 분명히 신체만의 교육이다. 하지만 젊은 여자의 경우, 발랄함 말고는 아무런 정신적 요소가 없어도 그 몸만으로도 아주 매력적이라는 주장을 넌지시 편 남자는 루소 이외에도 많이 있다. 여성의 신체를 약화시키고 어떤 이들의 표현대로 아름답게 만들기 위해, 소녀들은 오성은 무시당한 채 가만히 앉아 인형 놀이를 하거나 어른들의 어리석은 대화에 귀를 기울이도록 강요받는데, 이런 습관의 결과를 루소는 타고난 천성이라고 고집하는 것이다. 루소는 유년기에는 몸을 단련하는 교육이 필요하다고 주장했지만, 에밀을 보면 그렇지도 않다. 몸이 튼튼해야 정신도 건전한 법인데, 정말 몸을 단련하는 것과 그냥 몸가짐을 유연하게 만들려고 훈련하는 것은 서로 전혀 다르다.

루소의 발언은 남자를 즐겁게 하는 기술이 그들의 야만스러운 악행을 억제하는 데 사용되던 나라에서 나왔다는 것을 명심할 필요가 있다.[12] 그는 자연으로 돌아가지 않았거나, 지나친 욕망 때문에 이성의 작용이 교란되었던 것 같다. 그렇지 않다면 이렇게 유치한 결론들을 내렸을 리 없다.

프랑스에서는 남녀 모두, 그리고 그중에서도 특히 소녀들은 남을 즐겁게 하고, 몸을 치장하고, 얌전하게 행동하는 법을 배운다. 그리고 그

11 『에밀』, 331쪽.

12 루소는 스위스 제네바에서 태어났지만 거의 평생을 프랑스에서 지냈고, 『에밀』은 1762년 파리에서 출판되었다.

들의 정신은 순결을 지키게 하기 위한 세속적이고 종교적인 교훈들로 아주 어려서부터 불순해지고 만다. 적어도 전에는 그랬다. 믿을 만한 이들의 말에 따르면, 아이들에게 강요되는 고해와 신부들의 질문은[13] 관능적인 생각을 하게 만들고, 사교계에서 보고 배우는 것은 모두 교태와 위선뿐이기 때문이다. 여자아이들은 열 살이나 열한 살, 때로는 그 훨씬 전부터 교태를 부리고, 결혼으로 팔자를 고쳐보겠다는 식의 얘기를 해도 꾸지람 받지 않는다.

다시 말하면 프랑스 소녀들은 아주 어릴 때부터 여자로 취급받고, 교육이 아니라 아첨을 받으며 자란다. 아첨은 인간의 정신을 약화시키고, 자연이 세상을 만든 뒤 아첨을 덧붙인 것은 계모 같은 행동이었다.

하지만 여성에게 오성이 없다면, 이성과 상관없이 무조건 권위에 따르게 만드는 건 당연한 일이다. 그리고 루소는 그들을 그렇게 만들기 위해 다음과 같이 충고한다.

> 소녀들은 활달하고 근면해야 하지만, 그게 전부가 아니다. 그들은 어린 나이부터 통제를 받아야 한다. 이건 물론 안쓰러운 일이지만 여자로 태어난 이상 어쩔 수 없다. 통제를 받지 않으면 더 큰 불행을 겪게 되기 때문이다. 여자들은 평생 아주 엄하고 지속적인 예절의 통제를 받아야 한다. 따라서 어릴 때부터 그런 제약에 길들여져야 나중에 더 큰 화를 면할 수 있고, 변덕스러운 성격을 억눌러야 다른 사람들의 뜻에 순종하게 될 것이다. 그리고 혹시 늘 일 하기를 즐기는 아이라면 가끔은 그러지 못하게 막아야 한다. 방탕함, 경박함, 바람기 등은 어릴 때 갖고 있던 어떤

---

13 가톨릭교의 고백 성사에서 신부는 어떤 죄에 대해 물어볼 수 있었다.

성격이 지나친 방탕을 통해 변질되거나 왜곡되면서 나타나는 결점이다. 이를 예방하려면 무엇보다도 자제하는 법을 가르쳐야 한다. 우리의 부조리한 사회 구조 때문에 얌전한 여성의 삶은 자신과의 부단한 싸움으로 전락해버렸다. 그렇다고 해서 내가 여성이 우리 남자들이 그들 때문에 겪는 고통을 함께하는 게 당연하다고 주장하는 건 아니다.[14]

그런데 얌전한 여성의 삶이 왜 자신과의 부단한 싸움으로 전락해버렸을까? 그건 바로 우리 사회의 교육 제도 때문이다. 얌전함, 절제, 극기 같은 진지한 미덕은 이성에서 나온다. 그런데 오성을 억누르고 감성만을 키워온 나약한 존재들은 강압적으로 통제되어야 하고, 끊임없는 갈등에 시달릴 수밖에 없을 것이다. 하지만 그들의 정신을 더 폭넓게 키워주면 좀더 고상한 열정과 동기들이 그들의 욕망과 감정을 지배하게 될 것이다.

엄마가 아이들의 증오심을 일으킬 일을 삼가고, 거의 습관에 지나지 않는 일상적인 애정과 관심만 쏟아주어도 아이들은 엄마를 사랑할 것이다. 그리고 엄마가 아이들에게 가하는 통제도 잘만 조절하면 오히려 그 사랑을 키워줄 것이다. 여자아이는 천성이 의존적이기 때문에 어른의 말에 복종하는 것이 당연하다고 느낄 것이기 때문이다.[15]

이건 본말이 전도된 소리다. 예속 상태는 사람을 타락시킬 뿐 아니라 그 영향이 후손에까지 미치기 때문이다. 여성이 얼마나 오랫동안 의존

---

14 『에밀』, 332쪽.

15 같은 책, 333쪽.

적인 존재로 살아왔는지 생각하면, 그중 몇 사람이 자기를 얽맨 쇠사슬을 껴안고 애완견처럼 애교를 부리는 게 그렇게 이상한 일인가? 한 박물학자의 말대로, "이 개들은 처음에는 귀를 쫑긋 세우고 있었지만, 습관이 자연의 힘을 이겼고, 처음에는 두려움의 징표였던 것이 이제 귀여운 걸로 간주되고 있다."[16] 루소는 또 이렇게 말한다.

> 여자들에게 자유가 거의 없는 것, 또는 그래야 하는 것도 같은 연유다. 그들은 어떤 게 주어지면 거기 지나치게 탐닉하기 때문이다. 소녀들은 뭐든 지나치게 빠져들기 때문에 놀이를 할 때도 남자아이들보다 훨씬 더 즐거워한다.[17]

이에 대한 답은 아주 간단하다. 노예나 폭도들 역시 해방된 순간에는 그런 식으로 극단적인 행동에 빠져든다.—팽팽히 당겨졌던 활이 갑자기 풀렸을 때 그 화살이 엄청 빠른 속도로 날아가는 것과 같은 이치다. 외적인 상황의 노리개인 감성은 권위에 종속되든지 이성의 제재를 받아야 한다.

루소는 또 이렇게 말한다.

> 여자들은 이렇게 늘 통제받는 생활을 통해 평생 절대로 무시할 수 없는 세상의 의견이나 남자에게 종속된 존재로 살아가면서 필요로 할 유

---

16 박물학자인 뷔퐁은 개들의 귀는 원래 서 있었는데, 개가 가축이나 애완견이 되면서 인간의 문화 때문에 스패니얼 종의 귀가 그렇게 접히게 된 거라고 주장했다(뷔퐁, 『박물지』, 「제4장 개의 역사」).

17 『에밀』, 333쪽.

순함을 익힐 것이다. 여자가 제일 먼저 갖춰야 할 최고의 덕목은 바로 착하고 유순한 성격이다. 대개 사악하고 결점으로 얼룩진 존재인 남자에게 순종하고 살려면 불의까지도 참아내고 남편의 모욕도 묵묵히 견뎌내는 법을 배워야 한다. 여자는 남편이 아니라 자신을 위해 양순한 성격을 길러야 한다. 여자의 성격이 삐딱하고 까다로우면 자신의 불행과 남편의 비행을 더 악화시킬 뿐이다. 그런 방법으로 가정의 주도권을 잡기는 어렵다는 걸 여자들 자신이 잘 알 것이다.[18]

여자는 어차피 남자라는 불완전한 존재와 살 운명이니 인종(忍從)하는 법을 부지런히 배우라는 식인데, 맹목적인 순종을 강요하는 건 인간이 가진 신성한 권리를 모두 파괴하는 행위가 아닌가. 아니면 그 권리가 남자에게만 있다는 말인가.

불의를 참아 넘기고 모욕을 묵묵히 견디는 존재는 얼마 안 가 자신도 불의를 저지르게 되고, 옳고 그름을 분간하지 못하게 될 것이다. 게다가 이건 사람의 성격을 만들거나 개선하는 데 있어 좋은 방법이 아니다. 전반적으로 남자가 여자보다 성격이 나은 것은 감정뿐 아니라 이성까지도 사로잡는 일에 종사하기 때문이고, 머리가 안정되어 있으면 감정도 건전해지는 법이다. 감상적인 사람은 여간해서 성격이 좋기 어렵다. 좋은 성격은 나이가 들면서 여러 상충하는 요소들이 이성의 작용으로 잘 융합되면서 형성되는 것이다. 원래 명랑한 성격을 타고났거나, 소심한 나머지 순하게 행동하는 사람들도 때로 성격 좋다는 말을 듣지만, 나약하거나 무지한 사람 치고 정말 성격 좋은 사람은 본 적이 없다.

18 같은 곳.

내가 여기서 행동이라는 말을 굳이 하는 이유는 진정한 유순함은 이성의 작용을 통해서만 머리와 가슴까지 도달하기 때문이다. 단순한 통제는 가정 생활에서 여러 가지 병적인 심리를 유발하는 법이고, 양식 있는 남자라면 순하면서도 성마른 이 여자들과 같이 사는 게 얼마나 힘겨운 일인지 익히 알 것이다.

루소는 또 이렇게 말한다.

> 남녀는 각각 자기 성에 맞는 말씨와 행동 방식을 갖추어야 한다. 남편이 유순한 집은 아내가 건방질 것이기 때문이다. 하지만 아내가 유순한 집은 남편이 이성적으로 행동할 것이고, 당장은 그렇지 않더라도 그가 구제불능의 악한이 아닌 한 언젠가는 합리적인 인간이 될 것이다.[19]

이성의 온유한 힘이 그런 작용을 하는 경우도 있겠지만, 비굴한 두려움은 언제나 모욕의 대상이 될 뿐이고, 여자가 젊지 않은 한 눈물이 효력을 거두기도 어려울 것이다.

모욕을 당하고도 마음이 풀리고, 불의를 보고도 반항하지 않고 오히려 그 채찍에 입을 맞추는 존재는 대체 정신이 어떤 사람일까? 남편이 부당한 취급을 할 때 여자다운 부드러움으로 그를 애무할 수 있는 여자는 편협한 시각과 이기심에 바탕을 둔 미덕의 소유자일 것이다. 자연은 그런 거짓을 범하도록 지시한 적이 없다. 그리고 이런 유의 신중함을 미덕이라고 할지 모르지만, 일부분이라도 거짓에 토대를 둔 도덕이라면 수상쩍다고 할 수밖에 없다. 이런 것들은 미봉책에 불과하고, 미봉

---

19 『에밀』, 334쪽.

책은 그때가 지나면 아무 소용이 없다.

남편은 이처럼 비굴한 유순함을 과신하면 안 된다. 남편에 대한 경멸심 때문에 치미는 화를 억누르는 경우라면 모르되, 화가 났는데도 귀엽고 달콤하게 남편을 껴안을 수 있는 여자는 연인과 헤어질 때도 그럴 수 있기 때문이다. 이런 건 모두 혼외 정사의 서곡이다. 천성적으로 그리고 교육으로 남자를 즐겁게 해주는 것만 배운 존재가, 남편과 사랑이 식었을 때, 소문이나 지옥에 대한 두려움 때문에 다른 남자와 놀아나지 못하면 무엇으로 그 고통을 달랠 것인가? 무엇이 이 아픔을 달래줄 것이며, 어디서 새로운 소일거리를 찾을 것인가? 습관은 고착되고, 혼란스러운 정신은 허영심으로 가득 찬 이 존재가 어디서 새로운 걸 찾을 힘을 얻을 것인가?

그런데도 이 편파적인 도학자는 체계적이고 능란한 말로 교활해지기를 권한다.

> 딸들은 늘 유순해야 하지만, 엄마들이 너무 엄격하게 그걸 강요해선 안 된다. 딸을 고분고분하게 만들려고 너무 슬프게 하거나, 얌전하게 만들려고 우둔한 아이로 기르면 안 되기 때문이다. 그보다는 딸이 엄마의 말을 어겼을 때 벌을 피하기 위해서가 아니라, 모든 명령을 다 따르지 않아도 되게끔 약간의 술수를 쓰게 해주는 게 좋다. 딸이 자신의 의존 상태를 부담스러워하게 만들지 말고, 그냥 그 사실을 의식하게 해주면 되는 것이다. 여성은 원래 교활한 데가 있고, 내가 보기에 인간의 모든 천성은 그 자체로는 나쁠 게 없으니, 엉뚱한 데 쓰이는 걸 막을 수만 있다면 교활함도 다른 모든 성향과 마찬가지로 키워줄 필요가 있다.[20]

그는 "존재하는 것은 모두 정당하다"[21]며 의기양양하게 자기 주장을 펴나간다. 이 주장이 맞을 수도 있지만, 그렇게 역설로 가득한 말도 드물 것이다. 하느님은 한꺼번에 전체를 보시고 시간의 자궁 속에서 모든 게 어떤 의미를 가질지 훤히 알고 계시니까 경건한 마음으로 말하건대, 신과 관련해서는 이 주장이 틀림없는 진리겠지만, 인간은 단편적인 부분만을 볼 수 있기에 많은 것이 잘못되었다고 느낀다. 따라서 인간이 창조주의 지혜에 고개를 숙이고 자신이 애써 밝히려고 하는 어둠을 존중하면서도, 자기 눈에 부당해 보이는 것을 고치려고 노력하는 것은 우주 질서의 일부이고 정당한 일이다.

기본 원칙이 옳다면 거기서 도출된 결론도 맞을 것이다.

> 여자에게만 있는 교태는 남자보다 체력이 약한 데 대한 아주 적절한 보상이다. 이런 매력이 없었다면 여자는 남자의 짝이 아니라 노예가 되었을 것이다. 여자는 월등한 술수와 교태로 남자와 동등함을 유지하고 겉으로는 복종하는 척하면서 그를 지배한다. 그들이 지닌 이 술수와 아름다움을 빼면, 여자들은 자기 자신의 소심함과 나약함은 물론 우리 남자들의 결점 등 모든 면에서 불리하다. 그렇다면 그들이 이 두 가지를 모두 가꾸는 게 당연하지 않은가?[22]

술수나 교태는 뛰어난 정신과 양립할 수 없는 법이고, 이것들은 아무

---

20 『에밀』, 334쪽.

21 "한 가지 진리는 명백하다. 그것은 바로 존재하는 것은 모두 정당하다는 것"(Pope, *An Essay on Man*, I. 294).

22 『에밀』, 334~335쪽.

리 좋은 말로 꾸며도 불성실함과 가식에 다름 아니니, 나는 사회의 어떤 계층이 진리가 아닌 다른 데서 도출된 내용을 배워야 한다면, 그 사회에서 미덕이란 단지 관습적인 것에 지나지 않는다는 사실만 지적하고 넘어가려 한다. 루소는 인간의 정신은 각자가 추구하는 목표에 따라 형성되고, 큰 시각이 작은 시각들을 수렴하지 못하면 그 스스로 작아진다는 걸 잘 알면서, 이런 충고를 한 뒤 어찌 감히 인생의 거대한 목적을 놓고 볼 때 남녀가 같은 목표를 추구한다고 주장할 수 있는가?

남자는 여자보다 체력이 강하다. 하지만 아름다움에 대한 잘못된 인식만 아니면 여자들도 자신의 생계를 책임질 수 있을 것이며, 그것이야말로 참된 의미의 독립이다. 그들은 또 정신을 강화시키는 육체적 불편과 힘든 일도 이겨낼 수 있게 될 것이다.

여자들이 유년기뿐 아니라 사춘기까지도 남자들과 똑같은 운동을 해서 신체를 단련하면 남자들이 여자보다 과연 얼마나 나은지 알게 될 것이다. 어린 시절에 제대로 교육받지 않은 존재에게서는 어떤 이성이나 미덕도 기대할 수 없기 때문이다. 천상의 바람도 황무지에 뿌려진 씨를 살릴 수는 없는 법이다.

> 좋은 옷을 입었다고 예뻐지는 것은 아니고, 교태의 기술 역시 어릴 때 금방 얻어지는 게 아니다. 하지만 어린 소녀들은 쉽게 매력적인 몸짓이나 듣기 좋은 어조, 세련된 자태와 행동 방식을 익힐 수 있고, 시간과 장소, 상황에 맞게 표정이나 태도를 우아하게 조절할 수 있다. 따라서 소녀들은 가사나 바느질만 익힐 게 아니라, 다른 것들과 함께 이토록 유용한 것들도 열심히 배워야 할 것이다.[23]

나는 체르케스 소녀들이 동방 군주의 후궁에 맞게 자신을 수련하듯이[24] 영국 소녀들도 미래의 남편을 즐겁게 할 갖가지 매력적인 기술들을 익혀야 한다고 본다.

루소는 여자를 정말 쓸모 없는 존재로 만들기 위해 이런 말을 덧붙인다.

여자들은 정말 말이 많다. 여자는 남자보다 더 일찍, 더 쉽게, 더 매력적으로 말을 하고, 훨씬 더 많은 말을 한다는 비난도 받는다. 이건 당연한 일이고, 나는 이 비난을 칭찬으로 바꾸고 싶다. 여자들의 입과 눈은 같은 이유로, 같은 작용을 한다. 남자는 자기가 아는 것을 말하는 반면, 여자는 자기가 좋아하는 것을 얘기한다. 따라서 남자는 지식을, 여자는 안목을 필요로 하는데, 이 둘 사이에는 진리를 빼면 공통점이 전혀 없다.

그러므로 우리는 "어떤 목적으로 그런 말을 하는 거냐"라는 엄정한 질문을 던져 소년들의 수다를 막아야 하지만, 소녀들이 떠들 때는 "다른 사람이 그 말을 어떻게 생각할 것 같니?"라고 물어야 한다. 아직 옳고 그름을 분간 못하는 유년기부터 소녀들은 상대의 기분을 상하게 할 말은 절대 하면 안 된다는 걸 배워야 한다. 그런데 거짓말을 하거나 사실이 아닌 것을 꾸며 말하면 안 된다는 전제하에 이 규칙이 적용되어야 하므로 그러기는 더욱 어려울 것이다.[25]

---

23 같은 책, 336쪽.

24 체르케스(Circassia)는 카프카스 산맥에 있는 산악 국가. 체르케스의 여성은 전통적으로 지위가 낮았고, 동방의 군주들에게 후궁으로 팔려가는 경우가 많았다.

이런 식으로 말을 하려면 정말 대단한 술수가 필요할 텐데, 실제로는 여자뿐 아니라 남자들도 이런 기술을 지나칠 정도로 구사한다. 진솔한 감정에서 나온 말은 정말 드물다![26] 소박함을 사랑하는 나는 미덕의 광택이어야 할 모호한 말투, 즉 미덕에서 나와 미덕을 아름답게 꾸며줄 완곡하고 부드러운 표현 때문에 희생되는 미덕의 4분의 1만 준다 해도 정중한 말투를 포기할 것 같다.

루소의 말을 마저 들어보자.

> 소년들에게 종교를 제대로 이해할 능력이 없다면 소녀들의 경우는 더욱더 그럴 것이다. 내가 소녀들에게 더 일찍 종교 얘기를 하는 것은 바로 이 때문이다. 여자는 아무리 나이가 들어도 그렇게 심오한 문제를 체계적으로 다룰 능력이 없기 때문이다. 여자들은 현실적인 이성을 갖고 있어서 어떤 정해진 목표를 달성할 기존의 방법을 찾는 것은 가능하지만, 목표 자체를 모색할 수는 없다. 남녀 관계는 정말 오묘하다. 그 둘이 결합해야 하나의 도덕적인 존재가 나오기 때문이다. 여기서 여자는 눈, 남자는 손이라 할 만하다. 여자는 남자에게서 뭘 보아야 할지 배우고, 남자는 여자로부터 뭘 할지 배우기 때문에, 이 둘은 서로 의존하는 관계다. 만약 여자가 남자만큼 사물의 기본 원리를 알 능력이 있고, 남자가 그 원리들의 세부 사항을 여자만큼 알 수 있다면, 남녀는 항상 싸우게 될 것이고 이 둘의 결합 역시 불가능할 것이다. 하지만 현재 우리가 보는 타고난 조화 때문에 남녀의 서로 다른 경향은 같은 목표를 향하고 있고, 둘 중 어느 쪽이 그 목표 달성에 더 이바지하는지 알기 어려울 정도로 두 사람은

---

25 『에밀』, 339쪽.

26 "마음이 가득 차야 말이 나오는 법이니"(「마태복음」, 12장 34절).

서로의 욕망을 추구하고, 양편이 모두 순종하고, 양편이 모두 주인이다.

여성은 세론(世論)에 따라 행동하므로, 종교에서도 권위에 순종하게 만들어야 한다. 딸은 엄마, 아내는 남편의 종교를 따라야 하고, 그 종교가 잘못된 것이라 해도, 하느님은 모녀가 자연의 이치에 따르는 그 유순함 때문에 그들의 잘못을 용서하실 것이다.[27] 여자는 스스로 판단할 능력이 없으므로 교회의 결정과 마찬가지로 아버지나 남편의 결정에 따라야 한다.

여성의 종교는 권위의 지배를 받아야 하므로, 그들에게는 신앙의 이유를 설명하기보다 그들이 따르고 지켜야 할 구체적인 신조들을 가르쳐주는 게 좋다. 교리를 설명하면 모호하게 느껴져서 광신에 빠질 수 있을 뿐 아니라, 이해가 안 되는 부분은 위선으로 이어질 수 있기 때문이다.[28]

절대적이고 이론(異論)의 여지가 없는 권위가 어디엔가는 존재해야 할 것이다. 그러나 이건 이성을 직접적이고 배타적으로 도용(盜用)하는 행위다. 바로 이런 논리 때문에 아담 이후 지금까지 인간의 권리가 남성에게만 주어졌던 것이다. 루소는 남성의 이런 특권을 더 강화하기 위해 다음과 같은 주장을 편다. 아내의 순결을 보전하고 남의 눈에 자신의 선택을 정당화하려면 남자와 인간의 감정 때문에 빚어지는 몇 가

27 "그런데 어머니와 아버지의 의견이 서로 다르면 어떻게 될까? 무지한 사람은 아무리 논리적으로 설명해도 자신의 견해를 바꾸지 않고, 혹시라도 설득해서 생각이 바뀌면 마음이 불안해질 것이다. 게다가 남편이 아내에게 가르칠 종교가 없으면 그 아내가 세속적인 고려와 무관하게 도덕적인 생활을 한다는 것은 정말 어려울 것이다"[MW].

28 『에밀』, 340쪽.

지 사실을 가르쳐줘야 하는데, 그럴 필요가 없다면 아내가 아무것도 못 배우게 하겠다는 남자들을 비난하지 않겠다는 것이다. 그런데 정말 아내에게 아무것도 가르쳐주지 않으면 그녀는, 소피처럼 옷을 차려입으며 보낼 결혼 첫해를 빼면, 자신의 관능성과 순진함을 완화해줄 오성을 계발하지 않고 그저 집에서 아이나 낳고 지낼 것이다. 소피의 옷차림은 "일견 아주 소박하지만 실은 매우 관능적이다. 그녀는 자신의 매력을 노골적으로 드러내지 않지만, 그녀의 감춰진 매력은 상대방의 상상력을 자극한다. 사람들은 다들 그녀가 참으로 소박하고 점잖다는 인상을 받지만, 그녀 옆에 있게 되면 눈과 감정이 끊임없이 그녀의 전신을 훑게 될 것이다. 그녀의 옷차림은 겉으로는 단순해 보이지만 상상력에 의해 차례차례 벗겨지도록 설계되어 있다."[29] 이것이 얌전한 것이고, 불멸을 위한 준비란 말인가? 다시 한 번 묻건대, 저자가 자신의 여주인공에 대해 "그녀에게는 어떤 걸 잘한다는 건 이차적인 일이고, 제일 중요한 건 그 일들을 보기 좋게 하는 것이다"[30]라고 말하는 교육 제도를 대체 어떻게 생각해야 할 것인가?

사실 그녀의 미덕과 자질들도 모두 이차적이다. 그녀의 부모는 순종에 길들여진 딸에게 종교 문제에 대해 이렇게 말한다.—"때가 되면 네 남편이 다 가르쳐줄 것이다."[31]

여성의 정신을 이렇게 왜소하게 만든 다음, 그 정신이 완전한 공백 상태가 아니라면 아름답게 보전하기 위해 그는 양식 있는 남자가 사랑을 나눈 후 대화를 할 때 지루해 하지 않도록, 여성에게 생각을 하라고 권

29 『에밀』, 356~357쪽.

30 같은 책, 358쪽.

31 같은 책, 359쪽.

고한다.[32] 하지만 항상 남에게 복종해야 하는 존재가 무엇을 생각할 수 있단 말인가? 그리고 그녀의 정신을 계발함으로써 몽매함과 슬픔으로 가득 찬 자신의 운명을 깨닫게[33] 하는 건 더욱더 잔인한 짓 아닐까? 하지만 바로 그게 루소의 주장이다. 이런 논리가 그의 견해를 보여주기 위해 내가 앞에서 인용한 구절들과 얼마나 비슷한지 독자들은 알 것이다.

평생 일해서 먹고사는 사람들은 자신의 사업이나 이익 말고는 아무것도 생각하지 않고, 오성의 범위도 극히 제한되어 있다. 하지만 이런 무지는 그들의 인품이나 도덕성에 해가 되지 않고 오히려 도움이 된다. 우리는 때로 성찰을 통해 어떤 의무를 받아들이게 되고, 실제로 어떤 일을 하기보다 말로 대신하기도 한다. 우리의 양심이야말로 가장 뛰어난 철학자이다. 키케로의 안내[34]가 있어야만 현명한 사람이 될 수 있는 건 아니다. 그리고 어쩌면 세상에서 가장 현명한 여성은 어떤 게 미덕인지 전혀 모르는 사람일지도 모른다. 하지만 오성을 계발한 사람은 대화 상대로 좋다. 게다가 가정적인 남편이 마음을 나눌 상대가 없어 늘 혼자 생각에 잠겨 있다면 얼마나 슬픈 일이겠는가.

그뿐 아니라, 생각 없는 여자가 어떻게 아이들을 교육할 수 있겠는가? 그녀에게는 아이들에게 무엇이 좋은지 판단할 능력이 없을 것이기 때문이다. 자기가 모르는 미덕을 아이들에게 가르치거나 그 가치를 모르

---

32 같은 책, 371쪽.

33 (원문에서는 'visible' - 옮긴이) 그 출처는 밀턴의 『실낙원』, 제1권 63행의 "아무런 빛이 없고, 오직 눈에 보이는(visible) 어둠뿐."

34 키케로(Marcus Tullius Cicero, B.C. 106~B.C. 43)는 로마의 철학자. 그가 쓴 철학서 『의무론』(*De Officiis*)은 미덕과 도덕의 문제를 다루고 있다.

는 것을 아이들에게 지도할 수는 없는 것이다. 그런 엄마는 아이들을 달래거나 꾸짖고, 방자하거나 소심하게 만들고, 젠체하는 멋쟁이나 어리석은 바보로 만들 수 있을 뿐, 양식이나 좋은 성격을 심어주지는 못할 것이다.[35]

남편과 아내가 한 도덕적 개체를 형성한다면, 그녀에게 이성을 빌려줄 남편이 항상 옆에 있지 않은 한, 그녀가 어떻게 아이들을 제대로 가르칠 수 있겠는가? '눈이 없는 손'에 지나지 않는 맹목적인 의지는 극히 제한된 존재여서,[36] 그녀가 지닌 현실적인 이성의 불꽃들을 압축해줄 그의 추상적인 이성은 포도주의 맛을 감별하거나, 거북이 고기에 가장 적합한 소스에 대해 토론할 때나 유용할 것이다. 그리고 그보다 그의 이성이 더 잘 발휘되는 것은 아마 그가 자녀 교육의 세부 사항들을 모두 조력자인 아내 또는 우연에 맡겨둔 채, 자신의 전 재산을 건 카드놀이에 대해 일반론을 피력할 때일 것이다.

그런데 여성을 남편의 매력적이고 자상한 동반자로 만들기 위해 아름답고 순진하고 어리석은 존재로 만들어야 한다면, 왜 그녀의 오성을 희생해야만 하는가? 루소의 말대로 여자가 남편의 연인 구실을 하는 건 아주 잠깐인데, 왜 이런 요란한 준비가 필요하단 말인가? 루소는 그 누구보다 열심히 사랑의 덧없음을 강조한 작가다. 그는 이렇게 말했다.

관능적인 쾌락은 일시적이다. 일단 습관이 되면 사랑은 약해지기 때문

---

35 『에밀』, 371쪽.

36 "두 사람의 결합에서 한 도덕적 개체가 생성되고, 이때 여성은 눈, 남자는 손의 역할을 하게 된다"(『에밀』, 86~87쪽).

이다. 욕망의 대상을 아름답게 치장하는 상상력은 그 대상을 얻는 순간 사라져 버린다. 자존(自存)적인 존재인 신을 제외하면 이상적인 것만이 아름답다.[37]

하지만 루소는 소피에게 말하는 부분에서 또다시 이 알 수 없는 역설을 늘어놓는다.

에밀은 네 남편이 되는 순간 네 주인이 되고, 너는 그의 뜻에 복종해야 한다. 그것이 자연의 원리다. 하지만 소피 같은 여자에게 장가 든 남자는 아내의 뜻에 따라야 한다. 이 역시 자연의 법칙이기 때문이다. 따라서 내가 너를 그의 쾌락의 중재자로 만들어 놓은 것은 남자가 너의 육신을 지배하듯, 네가 그의 감정을 지배할 권위를 주기 위해서였다. 네 자신의 욕망을 억누르려면 약간은 힘들겠지만, 그렇게 해야만 남편을 계속 지배할 수 있을 것이다. 그리고 내가 지금까지 보아온 바로는 너는 이에 필요한 용기를 충분히 가지고 있다.

남편을 항상 지배하고 싶으면 약간 멀리하는 게 좋다. 네가 어쩌다 한 번씩만 쾌락을 허락하면 그는 그 쾌락의 가치를 알 것이고, 너는 오랫동안 그의 사랑을 지킬 수 있을 것이다. 이처럼 너는 미덕을 위해 교태의 기술을 사용하고, 이성을 위해 사랑의 기술을 이용할 수 있는 것이다.[38]

마지막으로 편안한 결혼 생활을 즐기는 부부에 대한 루소의 묘사를

---

37 『에밀』, 411쪽.

38 『에밀』, 442~443쪽.

읽어보자.

> 하지만 그런 전략만으로 모든 문제가 해결되지는 않는다. 네가 아무리 조심해도 욕망이 충족되면 열정이 식기 때문이다. 하지만 사랑이 오래 지속된 뒤에는 즐거운 습관이 그 자리를 대신한다. 그리고 황홀한 열정 대신 서로에 대한 믿음이 두 사람을 찾아올 것이다. 그리고 아이들은 사랑보다 더 강하게 두 사람 사이에 즐겁고 영속적인 유대를 맺어준다. 에밀의 열정이 식더라도 너는 그의 아내이자 친구, 그 아이들의 엄마일 것이다.[39]

사랑보다 아이가 두 사람 사이에 더 영속적인 유대가 되어준다는 말은 맞다. 루소는 결혼 후 반년이 지난 이들은 서로의 아름다운 용모를 더 이상 소중하게 생각지 않거나 아예 쳐다보지도 않게 되고, 인위적인 우아함이나 교태 역시 얼마 안 가 그 매력을 잃을 것이라 한다. 그렇다면 그는 왜 여성들에게 남편을 위해 동방의 하렘에 어울릴 만큼 자신을 가꾸라고 하는 걸까?

나는 상상력과 고도의 관능성이 아니라 양식이 있는 독자들에게 이 앞에 그토록 그럴 듯하게 묘사된 루소의 교육 방법이 과연 여성을 정결한 아내, 현명한 엄마로 만드는 데 얼마나 적합할지 묻고자 한다. 진솔한 마음에서 우러나온 질박한 매력이나, 의심으로 얼룩지거나 욕망으로 고양되지 않은 부드러운 사랑의 진정한 기쁨을 모르는 관능주의자에게 정신의 교태라 불리는 정부(情婦)의 음란한 기술들을 가르치게 하

39 같은 책, 443쪽.

는 게 아내를 순결한 여인으로 만드는 첩경이란 말인가?

관능적인 즐거움에 빠진 채, 머리가 텅 빈 예쁘고 싹싹한 아내와의 삶에 만족하는 남자는 더 세련된 즐거움을 모르는 사람이다. 그런 사람은 자신을 이해하는 여성에게서 사랑받을 때 느낄 수 있는, 고요히 내려앉는 천국의 이슬처럼 메마른 가슴을 적시는 조용한 만족을 경험해 본 적이 없을 것이다. 그는 스스로 동물처럼 되지 않는 한 아내와 진정으로 함께할 수 없기 때문이다. 한 진지한 철학자는 이렇게 말했다. "삶의 즐거움은 공감에서 온다. 상대방이 나의 모든 감정을 똑같이 느끼고 있다는 걸 깨닫는 것보다 더 즐거운 일은 없다."[40]

하지만 여성의 지식 추구에 반대하는 루소의 논리에 따르면, 잠깐 동안 욕망의 대상이 되기 위해 여성은 중요한 청소년기와 많은 일을 할 장년기를 모두 허비하고, 미래에 대한 이성적인 희망도 저버려야 한다. 그런데 여성이 이성에 기초한 미덕이나 진리를 추구할 수 없다면 어떻게 정결하고 도덕적인 아내가 될 수 있겠는가?

하지만 루소가 펼치는 논리의 모든 오류는 감성에서 나오고, 여성은 자신의 매력에 그토록 민감한 그에게 호감을 느낀다! 그는 논리적이어야 할 때 감정에 휩싸이고, 그의 생각은 오성을 밝혀주는 대신 상상력에 불을 붙인다. 그가 지닌 장점들조차도 그를 더욱 나쁜 길로 이끌었다. 정열적인 체질과 발랄한 상상력을 타고난 그는 여자를 정말 좋아했고, 일찍부터 아주 음란한 사람이 되었다. 그가 이런 욕망을 마음껏 발산했으면 그 불길은 자연히 스러지고 말았을 것이다. 하지만 그는 도덕적인 데다 낭만적인 섬세함까지 지니고 있었기에 이런 욕망을 자제

---

40 "그런 공감을 느끼게 된 원인이나 동기가 무엇이었든 간에, 다른 사람이 우리와 똑같은 감정을 느끼는 걸 보는 것보다 더 즐거운 건 없다"(스미스, 『도덕론』, 10쪽).

했고, 그렇게 억눌린 욕망은 그의 상상력을 타락시켰다. 그는 상상력을 통해 더 강렬해진 감각을 정말 화려한 필치로 그려냈고, 이것들은 그의 영혼에 깊은 자취를 남겼다.

그뒤 루소는 자연인과 잠을 자거나,[41] 뉴턴 경이 생각에 잠겼던 나무 그늘 아래서[42] 사물의 원인을 탐구하기 위해서가 아니라, 자신의 감정에 탐닉하기 위해 고독을 택했다. 그는 자신이 느낀 강렬한 감정을 너무도 열정적으로 묘사했고, 독자들은 그의 글에 매혹당하고 상상력이 불타오른 나머지, 감각적인 대상들을 너무도 교묘하게 묘사하여 관능의 그늘이나 아름다움의 베일로 감싸는 이 시적인 작가의 감정에 공감하면서, 그걸 마치 그의 논리에 이성적으로 설득당한 것처럼 착각한다. 그의 글을 읽을 때, 우리는 꿈을 꾸면서도 논리적인 생각을 한다고 착각하고, 거기서 나온 잘못된 결론을 마음속에 간직한다.

루소는 왜 평생 비참함과 황홀함 사이를 오갔던 걸까? 그건 바로 끓어오르는 상상력 때문이었다. 그가 상상력을 조금 억누를 수 있었으면 지적으로 더 강력한 정신을 가질 수 있었을 것이다. 삶의 목적이 인간의 지적인 면을 계발하는 거라면 그는 모든 면에서 옳았다. 그러나 그가 죽음을 통해 더 고상한 행동의 장으로 옮아가지 않았더라면, 문명인을 분기(奮起)시키는 욕망들을 키움으로써 내세를 준비하는 대신, 이 지상에서 좀더 원만한 행복을 누리고, 자연인이 느끼는 잔잔한 감정을 맛볼 수 있었을 것이다.

삼가 그의[43] 명복을 빈다! 나는 이미 고인이 된 그를 공격하려는 게

---

41 초판은 'not'과 'sleep' 사이에 'to'가 있는데, 그 편이 문법적으로 더 합리적일 것이다.

42 뉴턴(Sir Issac Newton, 1642~1727)은 1665년에 사과나무 아래 앉아 있다가 사과가 떨어지는 것을 보고 만유인력을 깨달았다는 일화가 있다.

아니라, 그의 생각을 비판하는 것뿐이다. 여성을 사랑의 노예로 만듦으로써 하찮은 존재로 전락시킨 그의 감성이 밉다는 것이다.

사랑의 뜨거운 불길이 타오르는 동안에는 숭배 받다가,
불길이 스러지면 그 숭배자들의 노예로 전락하는
— 이 가련한 노예의 처지. — 드라이든[44]

여성의 매력을 찬미하면서도 그들을 억압하는 저 해로운 책들은 기회 닿는 대로 아주 신랄히 비판할 필요가 있다.

독자들이여, 이제 그런 편협한 편견에서 벗어나자! 지혜가 그 자체로 소중하고, 참다운 미덕이 지식의 토대 위에 세워지는 것이라면, 이제 성찰을 통해 우리의 정신을 강화하고, 감정과 이성이 균형을 이루게 해보자. 일상의 사소한 일들에 온 정신을 쏟거나 우리의 지적인 능력을 연인이나 남편의 마음을 읽는 데만 집중하지 말고, 우리의 정신을 계발하고 더 드높은 내세에서의 삶을 준비하기 위해 마음을 가다듬는다는 웅대한 원칙 아래 모든 의무를 수행해가자!

그렇다면 친구들이여, 사소한 일에 동요하지 말자. 갈대는 미풍에도 흔들리고 해마다 죽지만, 참나무는 꿋꿋이 선 채 오랜 세월 폭풍을 견뎌낸다!

우리가 정말 사소한 일에 연연하다가 죽도록 만들어진 존재라면, 감

43 루소의 '혼령'.

44 드라이든(John Dryden, 1631~1700: 영국의 시인 – 옮긴이)의 오페라 『순수의 상태: 그리고 인간의 타락』(*The State of Innocence: and Fall of Man*), 5막 1장, 58~60행. 첫 행은 이브의 대사로, 원문에는 "내 후손 모두가 겪게 될 저주받은 노예 상태."

성에 탐닉하며 이성의 진지함을 비웃어도 좋다. 하지만 아, 그렇게 되면 우리는 건강한 심신을 잃고, 우리 삶은 광적인 쾌락이나 지겨운 나태 속에 잠기고 말 것이다.

그런데 내가 타파하려는 이 교육 제도는 엉뚱한 전제 위에 세워져 있다. 즉 미덕을 갖춘 사람은 인생의 우여곡절을 피해갈 수 있고, 잘 교육받은 여성은 영락없이 운명의 여신에게서 복을 받아 에밀이나 텔레마커스와 결혼하게 될 거라는 것이다![45] 하지만 실제로 미덕의 효과는 그걸 가진 사람의 마음속에서만 느껴지는 법이고, 아주 도덕적인 사람도 삶의 갖가지 고난을 겪고, 절대로 친구가 될 수 없는 친척들의 사악함과 변덕 때문에 고생하는 경우가 비일비재하다.

이 세상의 많은 여성은 아버지나 오빠가 지닌 이성이나 미덕의 덕을 보기는커녕, 그들의 악랄함이나 우행(愚行)과 싸우느라 오히려 더 강한 정신을 지니게 되었고, 뛰어난 남편을 만나지도 못했지만, 남자들이 그들에게 진 빚을 갚으며 이성을 본래의 의존적인 상태로 되돌려놓고, 세론에 맞서 인간에게 그동안 빼앗겼던 천부의 권리를 되찾아 주는 것이다.

## 제2절

포다이스(James Fordyce)의 설교집(1765)은 오래전부터 젊은 여성이 즐겨 읽어온 책이고, 학교에 다니는 소녀들은 그 책을 읽도록 허락받는

---

45 루소의 『에밀』에서, 에밀의 약혼녀인 소피는 페늘롱(Fénelon)의 『텔레마크의 모험』(*Télémaque*)을 읽고 그 주인공을 열렬히 사모하게 된다. (에밀은 루소의 『에밀』의 주인공. 텔레마코스는 호메로스의 『오디세이아』에 나오는 오디세우스의 아들 - 옮긴이).

다. 하지만 그 책이 아무리 유익한 말을 많이 담고 있어도, 소녀들에게 넓은 기반 위에 세워진 건전한 원칙을 갖추게 하여 오성을 키우거나 안목을 길러주고 싶으면 그 책을 읽지 못하게 해야 한다.[46]

포다이스의 설교집은 그 취지는 좋을지 몰라도 문체가 너무 화려해서, 거기 담긴 '음악적인' 교훈들이 그토록 해롭지 않다고 해도, 나는 그 문체 때문에라도 소녀들에게 이 책을 못 읽게 할 것이다. 이 책은 소녀들이 글을 쓸 때 모든 자연스러움을 말살하고 모든 인간적 특징을 여성적인 유순함과 인위적인 아름다움으로 환원시켜 버리는 방법을 배우는 데나 도움이 될 것이다. 내가 인위적이라고 말하는 것은 진정한 아름다움은 어떤 식으로든 독립된 정신에서만 나올 수 있기 때문이다.

아이들이 귀여운 것은 남을 즐겁게 하기보다 스스로 즐겁게 노는 데 열중하기 때문이다. 대부분의 시간을 자기보다 천한 사람들과 보내고, 언제나 경제적으로 풍족하게 생활하는 귀족들은, 정신의 진정한 표현인 출중한 우아함은 아니더라도, 우아한 편안함 또는 습관적으로 우아한 자태를 가지고 있다. 그런데 진정한 정신적 아름다움은 천박한 사람들의 눈에는 보이지 않지만, 못생긴 얼굴에도 활기를 주고, 얼굴 전체를 환히 밝히면서 그 안에 깃든 소박하고 독립적인 정신을 엿보게 해준다. 비록 그 사람이 가만히 있을 때는 아름다운 얼굴이나 균형 잡힌 몸매를 갖지 못했고, 그 행동거지가 모든 사람의 마음을 끌 매력을 지니고 있지 않더라도, 그런 순간에 우리는 그 사람의 눈에서 불멸을 보고, 손짓 하나에서도 영혼을 발견하는 것이다. 그러나 인간은 대부분 좀더

---

46 1765년에 처음 출판된 포다이스의 『젊은 여성들을 위한 설교집』(*Sermons to Young Women*)은 젊은 여성의 교육과 예의범절에 대한 아주 인기 있는 안내서로 18세기에 여러 번 중판(重版)되었다.

구체적인 아름다움을 선호한다. 하지만 자기들이 좋아하는 대상에 대해 진지하게 생각지 않을 때는 소박한 것을 좋아한다. 그런데 진실하지 않은 소박함이 과연 존재할 수 있을까? 이 주제를 생각하다 보니 흥분해서 그랬겠지만 얘기가 너무 엉뚱한 데로 흘러간 것 같으니 다시 본론으로 돌아가면—

포다이스는 요란한 장문(長文)으로 루소가 유창하게 설파한 내용을 지루하게 설명하고, 말할 수 없이 감상적인 어조로 여성의 특징과 아름답게 보일 행동 방식을 묘사한다.

그러면 그의 책에서 자연이 남자들에게 말하는 구절을 살펴보자.

> 내가 아주 아름답게 꾸며 그대들에게 보호하라고 맡긴 저 미소 짓는 순진한 처녀들을 보라. 사랑과 존경에 찬 마음으로 그들을 바라보고, 아끼고 존중하는 마음으로 그들을 대하라. 그들은 소심해서 누군가가 보호해주어야 하고, 나약한 존재이니 함부로 건드려서는 안 된다! 그대는 그들의 두려움과 수줍음을 보고 그들을 사랑해야 할 것이며, 그들이 그대를 믿으므로 더욱 점잖게 행동해야 할 것이다. 그런데 그런 믿음을 악용할 만큼 사악하고 야만적인 남자들이 있을 수 있는가?[47] 그토록 소중하고 부드럽고 순진한 존재들을 범하고 그들의 타고난 미덕의 옷을 벗겨버릴 만큼 잔인한 사람이 있을 수 있는가? 감히 그 순백의 정결함을 더럽히는 불경스러운 손에 저주가 내리기를! 너 사악하고 악랄한 자여! 그 손을 거두지 않으면 무서운 천벌을 받으리라![48]

---

47 "……수 있는가? ……수 있는가?"라는 구문은 속삭이는 듯한 어조로 느리게 말하면 정말 강렬한 효과를 낼 것이다[MW].

48 포다이스, 『젊은 여성들을 위한 설교집』, 63쪽. 이후 포다이스로 칭한다.

이 특이한 구절에 대해 뭐라고 해야 할지 정말 난감한데, 재미있는 것은 이 비슷한 구절이 얼마든지 있다는 사실이다. 그리고 그중 일부는 지나치게 감상적이어서 어떤 양식 있는 이들은 질린 얼굴로 그 구절을 언급하며 상스럽다는 표현을 썼다.

이 구절에는 전체적으로 냉혹하고 인위적인 감정이 깃들어 있고, 편협하고 어리석은 정신의 확실한 징표이므로 아이들에게 절대로 쓰지 말라고 해야 할 감상적인 어조가 깔려 있다. 이 구절에는 건전한 상식은 전혀 없고, 신에게 올리는 요란한 기원, 지상에 살고 있지만 천국의 아름다운 이미지인 사랑스럽고 순진한 존재에 대한 감탄 등이 담겨 있다.—이건 진솔한 감정의 표현이 아닐뿐더러, 귀는 자극할지 몰라도 사람의 마음에는 결코 와닿지 못하는 그런 유의 글이다.

혹자는 그래도 이 책을 좋아하는 이가 많다고 할 것이다. 그건 사실이다. 하지만 이 책과 똑같이 천박하고 몰상식한 허비의 『명상록』[49]도 여태 읽히고 있지 않은가.

포다이스의 책에서 내가 특히 싫어하는 것은 작품 전반에 걸쳐 나타나는, 욕망에 가득 찬 연인과 같은 어조다. 여성이 줄[50] 없이도 걸을 수 있다면, 그들이 도덕적인 존재가 되게 하는 데 교묘한 아첨이나 성적인 찬사가 왜 필요할까? 우리 여성과 얘기할 때는 자장가 부르는 투로 아이들에게나 어울릴 애칭들을 늘어놓지 말고, 진솔하고 진지한 어조를 사용해주기를! 그리고 그들이 보잘것없는 자기 몸에 그렇게 열중하지

---

[49] 허비(James Hervey, 1714~58)는 종교적인 책자의 저자. 그의 『명상록』(*Meditations and Contemplations*)은 아주 인기 있는 종교서였고, 1791년까지 무려 25쇄가 간행되었다.

[50] 아기들에게 걸음마를 가르칠 때 사용하는 줄.

말고, 스스로를 이성적인 존재로 존중하게 해주기를. 목사가 옷이나 수예에 대해 그렇게 자세히 얘기하고,[51] 마치 여자가 감정만 있는 동물인 양 세상에서 가장 아름다운 영국 미녀들[52] 같은 말을 쓰는 걸 보면 정말 민망하기 그지없다.

그는 신앙심을 강조할 때조차 이런 논리를 편다. "여자가 가장 매력적으로 보이는 것은 종교적인 명상과 고상한 생각에 사로잡혀 자기도 모르는 결에 정말 아름다운 위엄과 새로운 우아함을 갖출 때다. 그런 때 그녀는 성스러운 아름다움을 발하는 것 같고, 지나가는 이들은 그녀가 이미 천국에 올라가 천사들과 같이 경배하는 것 같다고 느끼는 것이다!"[53] 그런데 그는 왜 여자들이 그렇게 남의 마음을 정복하고 싶어하도록 양육되어야 한다고 믿는 걸까? 나는 이런 뜻으로 쓰인 정복이란 말을 들으면 그야말로 구역질이 난다! 종교나 미덕이 이보다 더 강한 동기를 제공하고, 더 빛나는 보상을 해줄 수는 없는 것인가? 여자들은 항상 상대방의 성을 생각하게 교육받음으로써 저열한 존재로 전락해야 하는가? 여자들은 항상 남을 즐겁게 하도록 교육받아야 하는가? 그리고 그들이 남자들의 가슴에 그 조그만 무기를 들이댈 때, 약간의 양식이 그들의 관심에 놀라울 만큼 위로가 되게 만든다고 믿어야 하는가? "여성이 약간의 지식을 지니고 있으면 아주 매력적으로 보이듯이, 특히

51 포다이스는 지나치게 촘촘하고 복잡한 무늬는 눈에 무리를 주니까 '좀더 자유로운' 무늬의 수를 놓으라고 말한다(149쪽 이하).

52 약간 부당한 인용문. 포다이스는 이 부분에서 "멋진 옷차림을 뻐기며 사람들이 많이 모인 장소에서 과시하길 좋아하는" 상류층 여성들, "영국의 아름다운 여성들"(30쪽)을 비판하고 있기 때문이다.

53 포다이스, 앞의 책, 275~276쪽. 이 부분에서 포다이스는 시간 엄수, 얌전함 등 교회에서의 예의를 다루었다.

아름다운 여성이, 비록 다른 이유에서 그렇더라도, 약간의 친절을 베풀면 정말 즐겁게 느껴진다!"[54] 내 생각엔 그 이유가 다를 것 같지 않다.

남자들은 왜 소녀를 여자보다 더 열등한 존재로 보면서도 천사에 비유하고, 양순하고 순진한 소녀가 사람들이 생각하는 천사의 이미지에 가장 가깝다고 말하는 걸까? 하지만 여자들은 자신이 젊고 아름다울 때만 천사라는 말을 듣고, 따라서 그런 칭호를 듣게 해준 건 그들이 지닌 미덕이 아니라 신체라는 걸 의식한다.

공허하고 부질없는 말들! 그처럼 거짓된 아첨은 여성의 허영심과 어리석음을 부추길 수밖에 없다. 연인에게는 사랑하는 여인을 찬미할 시적 권리가 있고, 그의 논리는 그가 느끼는 열정의 거품이기에 그가 설사 종교적인 언어를 구사해도 거기엔 거짓이 전혀 없다. 연인의 상상력이 그 애인을 인간 이상의 존재로 묘사해도 사람들은 탓하지 않을 것이고, 여자들이 모두 자기 연인에게서만 그런 찬미를 받는다면 참 다행스러운 일이다. 하지만 엄숙한 목사가 설교에 그런 어리석은 언사를 섞어 넣는 건 이해하기 어렵다.

그런데 실제로 많은 설교나 소설의 내용을 보면 그런 관능적인 언어가 어울린다. 이런 도학자들의 작품을 읽어보면, 남자는 자연이 의도한 대로 각자 한없이 다채롭게 변형된 갖가지 감정에서 비롯된 다양한 성격을 갖게 되어 있다. 도덕적인 남자는 성질이 급하거나 아주 활달할 수도 있고, 명랑하거나 진지할 수도 있지만, 이중 어떤 성격을 갖고 있든 비난받지 않는다. 그는 자기 의견이 너무 강해 고압적일 수도 있고, 나약하게 순종적일 수도 있고, 자기만의 의견이나 의지가 전혀 없을 수

---

54 포다이스, 앞의 책, 324쪽.

도 있다. 그런데 여자는 모두 똑같아야 한다는 것이다. 여자들은 누구든 양순하고 고분고분해서 남의 말에 쉽게 따르고 부드럽게 순종적인 사람이 되어야 한다는 것이다.

포다이스의 말을 직접 들어보자.

> 여성이 남자 같은 운동을 하면 우아해 보일 수 없다. 여자가 남성적인 어조나 체형을 갖거나 남자 같은 자태나 태도를 보이면 험악한 인상을 준다. 감성적인 남자들은 여성이 모두 부드러운 용모와 고운 목소리, 여자다운 몸매, 섬세하고 부드러운 몸가짐을 갖기를 바랄 것이다.[55]

다음 구절을 보면 그가 원하는 건 집안의 노예 같은 여성이다. "나는 아직도 많은 여성이 어리석게도, 그게 모두 자기 탓인지는 모르고 남편이 자기를 혼자 남겨둔다든지, 자기랑 있는 것보다 다른 사람 만나는 걸 더 좋아한다든지, 자기를 무시하거나 자기에게 무관심하다는 걸 보여주는 이런저런 행동을 한다고 불평하는 걸 보면 놀라움을 금치 못한다. 이건 남자들이 잘했다는 뜻이 아니다. 다만, 나는 그 여성이 남편을 존중하고 변함없는 부드러움으로 기분을 살피고, 실수를 눈감아주고, 별로 중요하지 않은 일에는 그의 의견에 따르고, 남편이 약간 부당하게 행동하거나 변덕을 부리거나 화를 낼 때 지긋이 참아주고, 경솔한 말을 할 때 부드럽게 대꾸하고, 가능하면 불평을 늘어놓지 않고, 언제나 한결같이 남편의 불안을 덜어주고, 남편이 원하는 걸 미리 알아서 해주고, 지루해할 때 즐겁게 해주고, 아주 행복한 기분이 들게 해줘봤는지 묻고 싶다.

55 포다이스, 앞의 책, 308쪽.

만약 그랬다면 남편은 그녀를 예전처럼, 아니 점점 더 존중할 것이고, 아내의 영향 아래 더 도덕적으로 변해갈 것이며, 서로 만족한 가운데 그야말로 행복한 가정을 이룰 수 있었을 거라고 믿는다."[56] 그렇게 인간적인 감정도, 이성도, 열정도 없이, 폭군 같은 남편의 삶에 완전히 묻혀 사는 하녀 같은 존재는 천사이거나 바보천치일 것이다.

그리고 그런 여자의 남편이 그녀를 경멸하지 않고 오히려 가정으로 돌아온다면 포다이스는 인간에 대해 정말 아무것도 모르는 사람임에 틀림없다. 그렇다. 아름다운 외모나 유순한 성격이 남자의 사랑을 얻게 해줄지 모르지만, 유일하게 영속적인 애정인 존경심은 이성에 기초한 미덕으로만 얻을 수 있다. 어떤 사람에 대한 애정이 지속되려면 그 사람의 오성을 존중할 수 있어야 하기 때문이다.

내가 이 무익한 책들을 이토록 길게 다룬 것은 많은 소녀들이 읽고 있기 때문이다. 그렇게 많은 사람의 안목을 망치고 오성을 약화시키는 이 책들에 대해 아무 말 않고 넘어갈 수는 없는 일이다.

## 제3절

그레고리의 『딸들에게 남기는 말』에는 아버지의 근심과 사랑이 가득하기에 나는 사랑과 존경의 마음으로 비판을 시작하는 바다.[57] 이 작은 책에는 점잖은 여성의 마음을 끌 만한 내용이 아주 많기 때문에, 여성

56 같은 책, 332쪽.

57 그레고리의 『아버지가 딸들에게 남기는 말』에서 저자는 아내와 사별한 상태에서 자신의 건강도 악화되고 있기 때문에, 자기가 세상을 떠난 후에 딸들에게 도움이 될 내용을 적은 것이라고 말했다.

의 도덕과 행동에 치명적인 영향을 줄 견해를 그럴 듯하게 떠받쳐주는 논리를 찬찬히 살펴볼 필요가 있다.

이 책의 편안하고 친근한 문체는 그 안에 담긴 이런저런 충고에 썩 잘 어울리고, 그가 먼저 세상을 떠난 사랑하는 아내에 대해 느끼는 경의는 책 전체에 서글픈 부드러움을 부여하며 흥미를 더해주고 있다. 하지만 많은 구절에서 두드러지는 간결한 우아함 때문에 이런 느낌이 약화되고, 우리는 그가 아버지라기보다 책의 저자에 불과하다는 인상을 받는다.[58]

게다가 그는 두 가지 목표를 추구하다가 어느 한쪽도 제대로 달성하지 못한다는 느낌을 준다. 다시 말하면, 그는 딸들이 독립적이고 당당하게 처신하는 여성이 되지 못하게 막으면서, 동시에 보통 사람보다 뛰어난 감성을 갖춘 사랑스러운 존재로 만들고 싶고, 그러면서도 그런 탁월함이 그들을 불행으로 이끌까봐 두려워하고 있다는 것이다. 그래서 그의 생각은 자연스럽게 흐르지 못하고, 두 가지 중 어느 한쪽도 강력하게 추천하지 못하는 것이다.

서문에서 그는 딸들에게 서글픈 진실을 들려준다. "너희들은 살아가는 동안 적어도 한번은 아무런 나쁜 의도 없이 진솔한 감정을 토로하는 남자를 만나게 될 것이다."[59] 가련한지고! 그대들에게 이성을 빌려주고 항상 돕기 위해 존재한다는 사람들이 한결같이 그대들을 속이려는 마음을 갖고 있다면 그대들의 운명은 과연 어떻게 될 것인가! 그대들이 지닌 모든 미덕을 부패시키고, 재능의 싹을 말려버리고, 그대들을 그토

---

58 제목과 달리 책 안에는 아버지가 딸들에게 하는 말로는 부적절한 내용이 많다는 것 - 옮긴이.

59 그레고리, 앞의 책, 6쪽.

록 약하게 만든 악의 근원은 바로 이것이다. 이 상충하는 이익, 음험한 전쟁 상태는 인간을 갈라놓고 부도덕하게 만든다!

사랑 때문에 불행해진 여성도 있지만, 그보다 더 많은 여성이 남자들이 보여주는 냉혹하고 공허한 관심 때문에 교만하고 쓸모없는 존재로 전락한다! 하지만 사람들은 남자들의 이 냉정한 관심이 아주 남자답고 정중한 행위라고 느끼기 때문에, 사회가 크게 변하지 않는 한, 더 이성적이고 다정한 행동 양식으로 이런 야만적인[60] 관습의 잔재가 청산될 가능성은 별로 없다. 그리고 이런 관심이 바람직하다는 사람들의 인식을 깨기 위해, 유럽에서 가장 미개한 나라일수록 이런 공치사가 심하고 사람들의 행동이 극도로 난잡하다는 걸 밝혀둔다. 포르투갈의 경우는 특히 그러한데, 거기서는 이런 공치사가 아주 중요한 도덕적 의무를 대신한다. 예컨대 그 나라에서는 여자와 같이 있는 남자가 살해되는 경우는 거의 없다. 잔인한 살인자도 여성에 대한 이런 배려 때문에 칼을 휘두르지 못하는 것이다. 그리고 정말 복수를 해야만 할 상황이면 그는 상대방과 같이 있는 여자에게 자기의 무례를 용서하고, 그녀의 옷이나 몸이 남편이나 오빠의 피로 얼룩졌더라도 조용히 떠나달라고 부탁한다.[61]

---

60 원문은 'gothic'으로서, '야만적인, 거친, 투박한'의 뜻 – 옮긴이.

61 이는 아마 울스턴크래프트가 『애널리티컬 리뷰』지에 서평을 쓴 코스티건(Arthur William Costigan)의 『포르투갈의 사회와 풍속 소고』(*Sketches of Society and Manners in Portugal*, London: 1787)의 내용에 대한 언급일 것이다. 코스티건은 같은 여인을 사랑한 두 사촌 형제의 이야기를 한다. 홀아비인 한 사촌은 장교인 다른 사촌을 만나자 노예를 시켜 그를 매질한 뒤, 보복이 두려워 3년간 외국에 머문다. 3년 후 그는 이제 용서를 받았으리라 생각하고 고국으로 돌아오지만, "숙녀 앞에서 자기를 공격할 정도로 무례한 신사는 없을 것"(402쪽)이라고 생각하며, 외출할 때는 항상 누이를 데리고 다닌다. 하지만 두 사람을 만난 장교는 사촌을 말에서 내리게 한 다음 총으로 쏘

종교에 대한 그레고리의 견해는 따로 다룰 예정이므로 여기서는 그냥 넘어가겠다.

여성의 행동에 대한 그의 말 중에는 괜찮은 것들도 꽤 있지만 나는 그 전체를 거부한다. 전제 자체가 잘못되어 있기 때문이다. 성숙한 오성과 다정한 마음을 지닌 사람에게는 경직된 예법이 필요하지 않다. 그리고 그가 권하는 행동은 거기에 오성이 깃들어 있지 않는 한 그야말로 천박한 허세에 지나지 않을 것이다. 이 책에서 가장 부족한 게 바로 진정한 의미의 예의범절이다!—그가 묘사하는 예의범절은 인간의 본성을 왜곡하고, 여성이 지닌 소박함과 다양성을 모두 앗아가는 결과를 낳았다. 하지만 그는 대체 무엇을 위해 이런 피상적인 충고를 해주는 걸까? 그런데 이성을 발휘하는 것보다는 이런저런 행동을 하라고 충고하는 게 훨씬 더 쉽다. 그리고 유용한 지식과 일을 통해 강화된 정신을 지닌 사람에게는 그런 충고가 필요 없을 것이다.

예컨대 그는 왜 다음과 같은 부분에서 정신을 타락시키는 기교를 동원하라고 충고하는 걸까? 왜 그는 이성과 종교가 똑같이 권하는 인간 행동의 고결한 동기들과, 천박한 바보들의 환심을 사는 데 필요한 치사하고 속된 수단들과 잔재주를 함부로 뒤섞어놓고 있는 걸까? "너희들은 양식 있는 사람이라는 것도 감춰야 한다.[62] 잘난 척한다는 인상을 주면 안 되기 때문이다. 더군다나 너희들이 혹시라도 어느 정도의 학식을 갖추고 있다면 그 사실을 철저히 숨겨야 한다. 특히 남자들에게는 너희

---

아 죽인다. "그 일이 끝나자 그는 숙녀에게 불편을 끼쳐 드려 죄송하다고 정중히 사과한 뒤 어디로 모실지 물어보았다"(403쪽).

62 "여성이여, 양식을 얻어라. 하지만 그게 진정한 양식이라면, 그걸 이용하는 길도 깨닫게 될 것이니, 그렇지 않으면 그게 무슨 소용이 있겠는가?"[MW].

들의 학식을 절대 드러내지 마라. 남자들은 재능이 뛰어나거나 오성이 발달한 여자를 질투하고 시기하기 때문이다."[63] 나중에 그가 말하는 대로 정말 훌륭한 남자는 이런 치사한 행동을 할 리 없다면, 고작 남자라는 것밖에는 내보일 게 전혀 없는 자들이나 바보들을 위해 모든 여성의 행동을 조정해야 한단 말인가? 남자라는 사실밖에는 가진 게 없어서 여성보다 남성이 우월하다고 고집하는 자들은 너무 불쌍하니까 어떤 말을 해도 용서해줘야 한다.

우리가 항상 상대방과 비슷하게 행동해야 한다면, 올바른 행동 양식에 대한 규정은 한없이 많아질 것이고, 내림음(音)이 온음으로 오인되는 경우도 생길 것이다.

그보다는 여성에게 자신을 계발함으로써 허영심을 뛰어넘으라고 권고하는 편이 훨씬 나을 것이다. 그렇게 되면 사람들의 편견은 자연히 스러질 것이다. 세상 인심은 상황에 따라 얼마든지 바뀌기 때문이다. 진리와 미덕의 길은 좌우 어느 편으로도 기울지 않고 앞으로 쭉 뻗어 있으며, 그 길을 꿋꿋이 걸어가는 사람은 얌전함을 유지하면서도 예의범절에 관한 많은 편견을 뛰어넘을 수 있을 것이다. 감정을 순수하게 유지하고 머리를 써서 어떤 일에 열중한다면 잘못된 행동을 할 리 없을 것이다.

많은 젊은이들이 익히려고 애쓰는 사교계 인사들의 행동 방식은 일부 현대 회화의 작위적인 분위기를 연상시킨다. 옛날 그림들을 천박하게 모방한 이 현대화들은 그 안에 영혼이 깃들어 있지 않을뿐더러, 그림 속의 여러 부분이 품격이라고 할 만한 기운에 의해 하나로 융합되는

---

63 그레고리, 앞의 책, 31~32쪽.

경우도 없다. 정신이 나약한 이들은 대개 양식(良識)과는 거리가 먼 이런 번지레한 행동거지를 보고 깊은 인상을 받겠지만, 현명한 이들은 꾸미지 않은 상태를 더 좋아할 것이다. 그뿐 아니라 잘 모르는 것은 아는 척하지 않을 만큼 양식 있는 여성이라면 자신의 재능을 통 아래 숨길 필요도 없을 것이다. 모든 일은 순리에 맞게 하면 탈이 없는 법이다.[64]

나는 『딸들에게 남기는 말』의 전편을 지배하는 이 위선의 체계가 특히 싫다. 그의 말에 따르면 여성은 언제나 이것 또는 저것인 척해야 한다. 하지만 미덕은 그들에게 햄릿의 말을 빌려 이렇게 말할 것이다. 가장(假裝), 저는 가장은 몰라요. 제 마음속에 있는 것은 사람의 눈에 보이지 않아요![65]

하지만 그는 거듭해서 그런 말을 한다. 그처럼 별로 점잖지 않은 충고를 한 다음 그는 또 다른 구절에서 이런 말을 한다.

> 남자들은 네가 너무 비싸게 군다고 투덜대면서 좀더 솔직하게 행동하면 아주 매력적일 거라고 말할지도 모른다. 하지만 그 말을 믿어서는 안 된다.—때로는 솔직한 편이 상대에게 더 편하게 느껴질 수 있지만 여자로서의 매력은 줄어들 것이다. 그런데 여자들은 이 중요한 차이를 별로 의식하지 않는 것 같다.[66]

내가 보기에 언제나 여자이길 바라는 마음이 여성 타락의 가장 큰 원

---

64 「누가복음」, 11장 33절; 「마태복음」, 5장 15절; 「마가복음」, 4장 21절.

65 "어머니, 보이는 게 아니라 존재하는 것입니다. 저는 '보이는' 건 모릅니다……/ 하지만 제 마음속에는 사람의 눈에 보이지 않는 것이 들어 있어요"(『햄릿』, 1막 2장, 76행과 85행).

66 그레고리, 앞의 책, 36~37쪽.

인인 것 같다. 앞에서 한 말을 다시 한 번 강조하건대, 연인과 함께 있을 때가 아니라면, 그저 상냥하고 이성적인 태도로 충분하지 않을까? 하지만 이 문제에 대한 그의 견해는 자기가 다음과 같은 멋진 구절에서 말한 것과도 상충된다.

> 여자가 순결만 지킨다면 다른 가벼운 것들은 모두 허락해도 된다는 생각은 극히 천박하고 위험한 발상이다. 바로 이런 생각 때문에 순결을 잃은 여성이 아주 많기 때문이다.[67]

그건 정말 그렇다. 여자든 남자든 감성이 예민한 사람은 누구나 연인에게 그들이 남자 또는 여자라서가 아니라 바로 그 사람이기 때문에 그(녀)와의 애무가 즐겁고, 그 애무를 통해 감각이 아니라 마음이 만족을 느낀다는 확신을 심어주고 싶어할 것이다. 이런 근본적인 배려가 없으면 사랑은 서로의 인격을 타락시키고 자기만의 만족을 구하는 이기적인 행위가 되고 말 것이다.

이 문제를 좀더 생각해보면, 사랑을 나눌 수 없는 사람들도 애정이 있다면 순수한 마음에서 절로 우러나와 행동에 활기를 주는 많은 다정한 말이나 행동을 주고받을 수 있을 것이다. 하지만 욕망이나 위선적인 기사도 정신, 허영심에서 나온 행동은 치욕스러운 짓이다. 정말 점잖은 여자라면, 처음 보는 남자가 자기를 마차에 태워주며 손을 꼭 쥐어줄 경우, 자신의 미모에 대한 이 무심한 경의의 표시를 보고 기분 좋아하기보다는, 그렇게 건방진 행위는 자기를 모욕하는 짓이라고 느낄 것이

---

67 그레고리, 앞의 책, 44쪽.

다. 이런 건 친구들만이 누리는 특권이거나, 상대방이 아주 좋은 일을 한 순간 마음에서 우러나오는 경의의 표시인 것이다. 그저 육체적인 욕망만을 지닌 사람은 애정에서 우러나오는 사랑의 표시를 즐길 자격이 없다.

현재 허영심을 충족하기 위해 행하는 이런 일들이 앞으로는 사람들 사이의 애정을 돈독히 하는 계기가 되길 바라면서, 나는 여성이 좀더 단순한 원칙에 따라 행동하기를 원한다. 여성이 정말 사랑받을 만한 존재가 되면, "아름다운 여성이 남자, 아주 탁월한 남자에게 미치는 영향은 그녀 자신도 깨닫지 못할 만큼 엄청나다"[68] 같은 소리는 못 듣게 될지 모르지만, 사랑은 절로 찾아올 것이다.

위선, 여성의 부드러움, 연약한 육체 등에 대한 그레고리의 편협한 충고에 대해서는 앞에서 언급했다.[69] 그는 이런 문제에 대해 갖가지 충고를 하는데, 루소보다는 점잖지만 결국은 같은 목표를 추구하고 있고, 거기 담긴 감정들을 분석해보면 그 토대는 충고보다 훨씬 더 점잖지 못함을 알게 될 것이다.

소일거리에 대한 부분도 짧지만 같은 태도를 반영한다.

우정, 사랑, 결혼에 대한 그의 견해는 내 생각과 명확히 다르고, 이 중요한 문제에 대해서는 나중에 아주 자세히 논의할 참이니, 여기서는 그 책의 전반적인 어조, 불행과 실수를 예방하려고 여성에게 감정적인 몰입이나 지성의 사용을 자제하게 하고, 그럼으로써 즐거움이나 발전의

---

68 같은 책, 42쪽.

69 "우리는 늘 여성의 부드러움과 섬세함을 그들의 연약한 육체와 연관지어 생각하기 때문에, 자기가 아주 힘이 세다거나, 식욕이 왕성하다거나, 극심한 피로에도 끄떡없다는 말을 하는 여성이 있으면, 우리는 그녀가 짐작도 못할 혐오감을 느끼게 될 것이다"(그레고리, 앞의 책, 50~51쪽).

기회를 없애고 그 에너지를 모두 파괴하는 신중한 계산 속, 어리석은 편애 등에 대해서만 언급하겠다. 남을 전혀 안 믿는 것보다는 믿었다가 배신당하는 게 낫고, 아무도 사랑하지 않는 것보다는 사랑했다가 실망하는 게 나으며, 남편의 경멸을 사는 것보다는 그의 사랑을 잃는 편이 훨씬 낫다.

이처럼 편협한 안목으로 세속적인 행복을 얻으려고 쓸데없이 안달복달하는 것보다 열심히 오성을 계발하는 편이 세상뿐 아니라 개인을 위해서도 훨씬 나을 것이다. "지혜가 가장 중요하다. 그러니 지혜를 추구하고, 그 지혜로 오성을 단련하라."[70] "그대들은 언제까지 순진함을 사랑하고 지혜를 멀리할 작정인가?"[71] 지혜의 여신이 여성에게 묻고 있다.

## 제4절

여기서 여성의 습속에 대해 글을 쓴 작가들을 모두 다룰 생각은 없다. 그들은 한결같이 비슷한 논조를 펴왔기 때문에 그들 전체를 다룬다는 것은 새로울 게 없기 때문이다. 나는 그들이 자랑하는 남자들의 특권, 전제(專制)의 무쇠 홀(笏)이라고 할 만한 독재자들의 원죄를 논박할 뿐이다. 그리고 아무리 유서 깊은 것이라도 편견에 토대를 둔 권력이면 무엇이든 비판할 생각이다.

하느님은 바로 정의 그 자체이시므로, 누군가가 정의를 토대로 우리의 복종을 요구한다면, 더 높은 권위에 호소할 필요도 없다. 그렇다면

---

70 「잠언」, 4장 7절.

71 "순진한 자들이여, 그대들은 언제까지 단순함을 사랑할 것인가? 냉소가들은 언제까지 냉소를 즐기고, 바보들은 언제까지 지식을 싫어할 것인가?"(「잠언」, 1장 22절).

여자가 좀 나중에 태어났기 때문에 어느 정도 그 정통성이 약할지는 모르지만 남녀는 같은 부모의 자식이니 함께 생각해보고, 이성의 소리가 분명히 들려올 때는 그 권위에 복종하는 법을 배우자. 하지만 이 특권의 옥좌가 아무런 일관성도 없는 갖가지 편견 덩어리나, 코끼리 · 거북이 또는 대지의 아들[72]의 거대한 어깨 위에 얹혀 있다면, 그 결과를 감수할 각오가 되어 있는 사람은 누구나 그 권위를 무시하고 도망칠 수 있을 것이다. 그리고 그것은 어떤 의무를 깨거나 세상의 질서를 어지럽히는 행위가 아닐 것이다.

이성을 지닌 인간이 동물보다 우월하고, 내세가 갖가지 행복을 약속하는 한, 혼자서는 아무 힘도 없는 사람들만이 맹목적인 권위에 복종할 것이다. "자유를 원하는 이들은 자유를 얻을 것이다!"[73]

자기를 다스릴 수 있는 사람은 평생 겁낼 게 없다. 하지만 뭔가를 자존심보다 더 중시하는 사람은 그 대가를 톡톡히 치르게 될 것이다. 미덕은 모든 소중한 것과 마찬가지로 그 자체로 사랑해야지 그렇지 않으면 우리 곁을 떠나고 말 것이다. 체면을 유지하기 위해 미덕을 이용하거나, '정직이 최선의 방책'이라는 이유를 내세워 지나치게 꼼꼼히 미덕을 지키는 이는 "형언할 수 없는"[74] 평화를 얻지 못할 것이다.

---

72 고대 인도의 우주관에서, 지구는 세 마리의 거대한 코끼리 등에 얹혀 있고, 그 코끼리들은 또 큰 거북의 등 위에 서 있다고 한다. '대지의 아들'은 그리스 신화에 나오는 티탄족의 일원인 아틀라스. 아틀라스는 지구를 어깨로 받치고 있다고 한다.
(근대에 제작된 지도에서 아틀라스가 들고 있는 것은 지구지만, 원래 그리스 신화에서 아틀라스가 들고 있는 것은 지구가 아니라 하늘[天空]이다 - 옮긴이).

73 "진리가 자유롭게 하는 자는 자유로운 사람이다"[MW](William Cooper, *The Task*, "The Winter Morning Walk," 733행.

74 "형언할 수 없는 하느님의 평화가 그리스도 안에서 마음과 생각을 지키리라"(「빌립보서」, 4장 7절).

죽을 때 어느 정도의 지식과 미덕을 갖고 내세로 가게 해줄 생활 방식이야말로 이승에서의 만족을 가장 확실히 보장해줄 것이다. 하지만 이처럼 누가 봐도 이론의 여지가 없는 원칙도 실제로 지키는 이는 거의 없다. 사람들은 이 분별 있는 확신보다는 눈앞의 행복이나 권력을 추구하며, 평생이 아니라 오늘 하루를 위해 행복과 거래를 한다. 극소수, 정말 몇몇 사람만이 나중에 다가올 더 큰 화를 피하기 위해 눈앞의 고난을 이겨낼 예지나 꿋꿋함을 지니고 있다.

수시로 변하는 편견에 기초한 미덕[75]을 추구하는 여성은 특히 이런 원대한 정신을 갖기 어렵기 때문에, 자기 감정의 노예가 됨으로써 다른 사람들의 감정에 쉽게 휩쓸린다. 그리고 이렇게 타락한 그녀의 흐릿한 이성은 자기를 묶은 쇠사슬을 끊는 게 아니라 그걸 아름답게 꾸미는 데 이용할 뿐이다.

나는 여성이 남성과 똑같은 논리를 동원하여 무지한 이들이 흔히 그렇듯 아주 끈질기게 여성 자신을 비천한 존재로 만드는 말을 하는 걸 보고 분개한 적이 있다.

몇 가지 예를 들면 먼저, 걸핏하면 자기도 이해 못한 말을 옮기는 피오치 부인[76]의 존슨체(體) 발언이 있다.

"남들과 다른 데서 행복을 찾거나 지나치게 현명해지려다 오류를 범하는 일이 없도록 하십시오." 그녀는 갓 결혼한 한 남성에게 이렇게 독단적인 충고를 한 뒤, 이 오만한 서두를 설명하기 위해 이런 말을 덧붙

75 "나는 성적인/여성의 미덕인 순결(chastity)보다 더 넓은 의미를 담기 위해 이 말 'virtue'를 쓰려고 한다"[MW].

76 피오치(Hester Lynch Thrale Piozzi, 1741~1821)는 존슨의 친구이며 문필가. 그녀는 부유한 양조업자 스레일(Henry Thrale)과 원치 않는 결혼을 했고, 그가 죽은 후 존슨과 딸의 심한 반대를 무릅쓰고 이탈리아 출신의 음악가 피오치와 재혼했다.

인다.

부인의 용모가 점점 더 아름다워질 리는 없지만, 그녀가 그런 사실을 눈치 채게 해서는 안 됩니다. 여자는 멍청하다는 말은 참을 수 있어도 못생겼다는 말은 절대로 용서 못한다는 건 다 아는 사실이고, 여자라면 어느 누구도 거기에 이론을 제기하지 않을 것입니다. 우리 여자들은 온갖 교양과 재주를 이용해 남자들의 관심을 끌고 그걸 유지하려고 애쓰는데, 그게 뜻대로 안 될 때, 그 실망보다 더 큰 굴욕은 없거든요. 양식 있는 여자라면 어떤 신랄한 비판이나 심한 벌도 무관심보다는 낫다고 생각할 것이고, 아무런 불평 없이 남편의 무관심을 참아내는 여자가 있다면 그녀는 필시 다른 남자들의 관심을 끌어 집안에서 무시당한 걸 보상받으려는 속셈을 갖고 있을 것입니다!

피오치 부인의 이 말은 그야말로 전형적인 남성적 사고의 산물이다. "우리 여자들은 온갖 교양과 재주를 이용해 남자들의 관심을 끌고 그걸 유지하려고 애쓴다."[77] 이 말이 내포하는 의미는 무엇인가? 남편이 아내의 육체를 무시하면 아내는 다른 남자들의 관심을 끌려고 애쓸 거라는 건데, 사실은 메디치 가의 비너스[78] 같은 완벽한 몸매도 결국은 무

---

77 앞의 여러 인용문은 모두 피오치 부인의 「갓 결혼한 남성에게 보내는 편지」에서 발췌한 것. 여러 저자의 글을 모아놓은 『연애와 결혼에 관한 서한집』(*A Series of Letters on Courtship and Marriage*, Trenton: 1813, 144~145쪽).

78 클레오메네스(Cleomenes)의 작품이라고 잘못 알려진 플로렌스 소재 메디치가의 비너스로, 완벽한 고전적 균형미를 지닌 여체를 상징. "가장 진실되고 뛰어난 평자들의 말이 맞다면, 메디치의 비너스같이 섬세한 여인은 지금까지 없었다"(James Harris, *Three Treatises*, 1744, New York: Garland Publishing Co., 1970, 217쪽).

시당하게 마련 아닌가? 그야말로 대단한 교훈이다! 하지만 피오치 부인은 바로 이런 식으로 우리 여성 전체의 오성을 모독하고, 여성의 미덕으로부터 그 근본 토대를 박탈하고 있는 것이다.

여자는 남편이 애인만큼 자신의 육체에 매료당할 것을 기대해서는 안 된다. 그리고 그처럼 당연한 인간지사를 가지고 남편에 대해 불평하는 여자가 있다면 그녀는 다른 하찮은 것과 마찬가지로 남편의 애정이 사라졌다는 사실을 슬퍼할 것이다. 그리고 이런 몰상식 또는 부당한 불만을 노정하는 여성은 남편으로 하여금 육체에 대한 애정은 식어도 그녀가 지닌 미덕에 대한 애정이나 오성에 대한 존경심을 느끼게 할 만한 사람이 못 된다.

여자들이 그런 의견을 개진하거나 그에 따라 행동하는 한, 그들의 오성은 여성의 육체에 대해서는 단 한 번도 모욕적인 언사를 하지 않았던 남자들이 여성의 정신에 대해 퍼부은 모욕과 비난을 받아 마땅하다. 그리고 허영심 많은 여자들은 아무 생각 없이, 정신 같은 건 탐내지 않는 이 정중한 남자들의 견해를 공유하는 것이다. 하지만 이들이 반드시 알아둘 게 있다. 그렇게 모욕당한 바로 그 이성만이 여성의 육체에 신성한 조신함을 부여해줄 수 있고, 이 조신함만이 언제나 불순한 요소를 담고 있는 인간의 애정에 영속성을 부여하고, 미덕의 획득이라는 인간 존재의 원대한 목적에 부합하게 만들어줄 것이다.

스탈 남작 부인[79] 역시 피오치 부인과 비슷한 의견을 더 강력히 개진

---

[79] 스탈 부인(Madame de Staël, 1766~1817)의 원래 이름은 네케르(Anne Louise Germaine Necker). 프랑스 재무장관의 딸로, 수필가 · 소설가. 인용문은 모두 Mme. La Baronne de Staël, "Letters sur les Écrits et le Caractère de J. J. Rousseau," *Oeuvres Complètes*(Paris: 1820), I, 20~21쪽.

하고 있다. 나는 우연한 기회에 그녀가 루소에게 바친 찬사를 읽었는데, 그 글에 담긴 그녀의 심정은 너무나 많은 여성의 생각을 대변한다. 여기선 그 글에 대해 몇 마디 논평하려고 한다. 그녀는 이렇게 쓰고 있다.

> 루소는 여성이 공적인 일에 개입하거나 정치 무대에서 눈부시게 활약하는 걸 막으려고 애썼지만, 그 방식은 우리 여성들을 정말 흡족하게 했다! 그는 여성에게 걸맞지 않은 몇 가지 권리를 박탈할 때는, 그들에게 어울리는 모든 권리를 되찾아주었고, 여자들이 남자들의 얘기에 영향을 끼치지 못하게 할 때는, 너무도 신성하게 여성이 그들의 행복에 미치는 엄청난 영향을 확립해주었다! 그는 여성이 찬탈한 옥좌에서 내려오는 걸 도와주면서, 자연이 그들에게 부과한 자리에 잘 앉혀주었고, 그들이 남자 같아지려고 할 때는 분개했지만, 특유의 매력과 나약함, 미덕과 오류를 간직한 채 자기 앞에 나타나면, 여성의 육체에 대한 그의 찬탄은 거의 경배에 가까울 정도다.

맞는 말이다! 미모의 성전(聖殿)에 루소만큼 열렬히 경배 드린 관능주의자는 일찍이 없었기 때문이다. 그는 육체를 정말 존중했기 때문에, 명백한 이유로 중시되는 순결이라는 미덕을 빼면, 여성의 육체가 매력과 나약함, 오류로만 장식되기를 원했다. 이성의 엄정함이 사랑의 부드러운 장난기를 손상할까봐 우려했던 것이다. 이 주인은 자신의 이성과 온정에 완전히 의존하는 음란한 노예를 애무하고 싶었을 뿐, 존중해야 할 동반자나, 자기가 그 신성한 의무를 마치지 못하고 죽을 때 자녀의 교육 문제를 상의할 친구를 원했던 게 아니다. 그는 여성에게 이성이 없다고 주장하며 지식 추구를 금지하고 진리에 도달하지 못하게 막는다. 그런데도 남작 부인은 그가 '사랑의 열정을 인정했다'는 이유로 그를 용서하는 것이다. 루소는 분명히 남자들의 편의와 종족 보전을 위해 사랑의 존재를 인정했는데, 여성이 왜 그것 때문에 그를 용서해야 하는지 설명하려면 상당히 교묘한 논리가 필요할 것이다. 하지만 그는 열정적인 어조로 글을 썼고, 그 강력한 주문(呪文)은 이 젊은 여류작가의 감성을 자극했던 것이다. 남작 부인은 "그의 가슴이 온전히 우리 것인데, 그의 이성이 여성과 패권을 다툰들 그게 뭐 대수인가?"라고 묻는다. 그런데 여성이 차지하려고 애쓸 것은 패권이 아니라 바로 평등이다. 하지만 여성이 그 패권을 유지하려면 육체만 갖고는 안 될 것이다. 설사 미모로 남자의 마음을 사로잡을 수 있어도 이성이 주는 우아함이 전혀 없으면 미모가 최고조에 달한 동안에도 그 사랑을 오래 지킬 수 없기 때문이다.

여성의 정신이 자신에게 진정 이로운 게 뭔지 깨달을 만큼 개화되면, 영원한 특권인 평등한 사랑이 아닌 한, 그들은 사랑이 주는 특권들을 모두 버리고 우정의 잔잔한 만족이나 평소에 늘 서로 존중하는 데서 오는 부드러운 신뢰감을 택할 것이다. 그들은 결혼 전의 처녀들이 흔히 보이는 도도함이나 결혼한 여자들이 보이는 비굴한 순종 대신, 결혼 전이나 후나 똑같이 이성적으로 행동하려고 애쓸 것이고, 옥좌에서 발걸이 의자로 내려앉는 일도 없을 것이다.

장리 부인은 몇 권의 재미있는 동화책을 썼고, 그녀가 쓴 『교육에 관한 서한집』에는 양식 있는 부모라면 틀림없이 적용해볼 몇 가지 유익한 조언도 들어 있다. 하지만 그녀는 편협한 견해와, 불합리하기에 더 완강한 편견을 지니고 있다.[80]

나로서는 인간이 그토록 맹렬하게 그런 주장을 편다는 게 민망하기 때문에, 지옥의 영원한 형벌에 대한 그녀의 격렬한 주장[81]에 대해서는 별말 없이 그냥 넘어가고, 부모의 권위가 이성 위에 있다는 그녀의 황당한 논리에 대해서만 몇 마디 하려고 한다. 그녀는 틈만 나면 아이들에게 부모의 권위나 세상 사람들의 의견에 무조건 따르라고 가르치기 때문이다.[82]

그녀는 아버지의 명백한 뜻에 따라 부유한 처녀와 약혼한 청년의 이야기를 한다. 그런데 처녀는 그후 재산을 잃고 돌봐줄 사람도 없이 세상에 내던져진다. 청년의 아버지는 아주 파렴치한 방법으로 이들을 헤어지게 만들지만, 그걸 안 청년은 양심에 따라 약혼녀와 결혼을 한다. 그리고 아버지의 허락 없이 결혼한 두 사람은 아주 불행한 생활을 하게 된다.[83] 이처럼 정의가 부모에 대한 반항으로 매도된다면, 종교나 도덕의 토대는 대체 무엇일까? 엄마가 권하는 사람이면 누구하고든 결혼하겠다고 하는 교양 있는 처녀에 관한 이야기도 이와 비슷한 견해를 담고

---

80 장리 백작부인(Stéphanie-Félicité Ducrest de Saint-Albin, Comtesse de Genlis, 1746~1830)은 프랑스의 문필가로, 사르트르 공작 집안의 가정교사였다.

81 장리 부인의 『아델라이데와 테오도르』(*Adelaide and Theodore*)에 나오는 세실리아의 이야기. 세실리아는 슈발리에 드 뮈르빌을 사랑하지만, 아버지의 강요로 수녀가 되고, 너무도 불행한 나머지 결국 자살을 결심한다. 그녀의 부친은 딸이 죽기 직전에야 자신의 실수를 깨닫고 자기가 바로 '그녀의 영원한 저주'의 원인이라고 생각한다(제1권, 183쪽). "하늘은 자살에 대해 아주 심한 벌을 내리시기 때문이다"(제1권, 225쪽).

82 "자기 행동이 옳다고 확신하더라도 기묘한 상황 때문에 세상 사람들에게서 그대가 뭔가 다른 이유 때문에 그렇게 행동했다는 의심을 받지 않도록 주의해야 한다." 이건 그림자 때문에 실체를 희생하는 경우다. 우리는 양심에 따라 올바로 행동하고, 세상 사람들의 오해가 풀릴 때까지 차분히 기다려야 할 것이다. 편리함의 다른 이름인 예의범절 때문에 정의를 희생하는 일이 참 많은데, 가능하면 아주 단순한 동기에서 행동하는 게 좋다[MW].

83 『아델라이데와 테오도르』에 실린 「성 안드레의 삶」(제2권, 14~36쪽)이 MW가 말하는 내용과 대충 일치한다.

있다. 이 처녀는 실제로 자기가 원하는 청년과 결혼을 하지만, 제대로 교육받느라 사랑에 빠질 시간이 없었기 때문에 상대에 대한 아무런 감정이나 열정 없이 결혼에 이른다. 이성과 본능을 이토록 모독하는 교육체계가 과연 무슨 쓸모가 있을까?

장리 부인의 책에는 그녀의 이성과 감정을 돋보이게 해주는 구절과 함께, 이와 비슷한 예도 많이 들어 있다. 그런데 그녀의 종교관에는 너무 많은 미신이 뒤섞여 있고, 그녀의 도덕관에는 세속적 타산이 너무 많이 들어 있기 때문에, 나는 읽고 난 후에 같이 앉아 그 문제를 검토하고 그 모순을 지적할 수 있는 경우가 아니면 아이들에게 절대로 그녀의 작품을 읽히지 않을 생각이다.

양식과 진정한 겸양이 깃든 샤폰 부인의 『서한집』에는 유용한 말이 아주 많이 실려 있어서 나는 그 훌륭한 저자에게 존경을 표하기 위해 그 책을 언급하는 바다.[84] 나는 여러 주제에 대한 그녀의 의견에 전적으로 동의하지는 않지만, 그녀에 대한 존경의 마음에는 변함이 없다.

존경이라는 말이 나오니 절로 머콜리 부인이 생각난다.[85] 그녀는 영국이 배출한 가장 뛰어난 여성이다. 하지만 그녀는 진가를 인정받지 못한 채 세상을 떠났다.

후세 사람들은 이 세대보다 좀더 공정할 것이고, 그들은 캐서린 머콜리는 여성이라는 나약한 존재에게는 어울리지 않는다고 생각되던 지적 능

---

84 샤폰(Hester Mulso Chapone, 1727~1801)은 아홉 살에 첫 작품을 쓴 조숙한 소녀였다. 『정신 계발에 대한 서한집』(*Letters on the Improvement of the Mind*)은 성경 공부에 관한 내용을 담고 있다.

85 머콜리 그레이엄(Catharine Sawbridge Macaulay Graham, 1731~91)은 역사가이며 지식인이다. 1763년부터 여덟 권으로 된 『영국사』(*History of England*)를 펴냈다. MW가 말하는 작품은 1790년에 나온 『교육에 관한 서한집』(*Letters on Education*).

력을 지녔던 사람이라고 평가할 것이다. 그녀의 문체에서는 남녀의 차이가 전혀 느껴지지 않고, 문체 자체가 그 내용처럼 강하고 명확하다.

나는 그녀의 오성이 남성적이라고 주장하지 않겠다. (이성에 대한 그런 오만한 주장은 용납할 수 없기 때문이다.) 그녀의 오성은 건전하고, 심오한 사고에서 비롯되는 그녀의 견해는 여성도 최고 수준의 판단력을 획득할 수 있음을 보여준다. 현명하기보다 예리하고, 상상력보다 오성이 강한 그녀는 침착한 에너지와 철저한 논리로 글을 전개한다. 하지만 공감과 온정이 그녀의 감정에 매력을 더하고, 논리에 생생한 열기를 부여해줌으로써 독자로 하여금 그 옳고 그름을 따져볼 수밖에 없게 만든다.[86]

이 글을 처음 쓸 때는 평소 애써 억눌러온 뜨거운 열정으로 머콜리 부인의 찬사를 기대했다. 그런데 그로부터 얼마 뒤, 그녀가 세상을 떠났다는 말을 듣고 실망으로 마음이 어둡고 착잡했다![87]

## 제5절

교육에 대한 저작들을 논하는 자리에서 체스터필드 경의 『아들에게 보내는 서한집』을 빼놓으면 안 될 것이다. 내가 굳이 그의 책을 거론하는 것은 거기 든 비겁하고 부도덕한 체계를 분석하거나, 그의 편지에 담긴 현실적이고 약삭빠른 말들을 열거하려는 게 아니라, 아이가 세

---

86 나는 교육의 여러 측면에 관한 논의에서 머콜리 부인의 의견에 동의한다. 하지만 내 생각이 옳다는 걸 보여주기 위해 그녀의 의견을 인용하는 것보다 독자가 직접 그 책을 읽어보면 좋을 것 같다[MW].

87 머콜리는 1791년 6월 22일에 별세했다.

상을 배우는 방식에 대한 그의 견해를 검토하기 위해서다.[88] 그가 권하는 방식은 꽃봉오리 속에 숨은 벌레처럼 아이의 정신을 좀먹고, 젊은 육체에 활기차게 샘솟아 따스한 애정과 웅대한 결심을 가능하게 해주는 풍부한 열정을 독으로 바꿔놓을 것이다.[89] 현자의 말마따나 모든 일에는 때가 있는 법이다.[90]—그리고 누가 따뜻한 봄날에 가을철의 과일을 찾아 나서겠는가? 하지만 나는 이렇게 웅변조의 한탄을 늘어놓자는 게 아니라, 저 세속적인 저자들의 주장을 이성적으로 따져보고 싶은 것이다. 이들은 아이들의 판단력을 길러주는 게 아니라 편견을 심어주고, 그들이 경험을 통해 지혜를 얻기도 전에 정신을 굳어지게 만든다. 내가 보기에는 아이들이 소위 세상에 대한 지식, 즉 인간의 온갖 결점에 대해 미리 알게 하는 것은 그들의 마음을 인색하게 만들고, 뛰어난 재능과 위대한 미덕을 가능하게 해주는 아이들 특유의 청신한 열정을 억누르는 행위다.[91] 침전 중인 쇳가루에 자석을 대서 응집을 방해하면 그 형태와 힘이 흩어져버리듯, 묘목이 잎을 떨구기도 전에 경험의 과실을 맺게 하면 그 나무는 생명력과 자연스러운 모습을 잃게 될 것이다.

---

88 『여권의 옹호』 초판은 '편지'가 아니라 '천박한 서신'이라는 표현을 쓰는데, 그 편이 울스턴크래프트가 체스터필드 경(Lord Chesterfield)의 『아들에게 보내는 서한집』(*Letters to His Son*)에 대해 느낀 감정을 더 정확히 보여주는 말일 것이다.

89 "세상의 악과 어리석음에서 아이들을 항상 보호해야 한다는 것은 내가 보기에는 아주 잘못된 생각 같다. 내가 오랫동안 보아온 바로는 어린 나이에 이런 냉담한 의심을 주입받고, 습관적으로 어른들이나 가지는 신중함을 발휘하는 아이는 십중팔구 아주 이기적인 인간으로 자랐기 때문이다"[MW].

90 "모든 일에 때가 있고, 하늘 아래 모든 목적에 그걸 이룰 시기가 있느니라"(「전도서」, 3장 1절).

91 "나는 앞에서 이미 장교들과 여성을 그 예로 들며 어린 나이에 어른들과 어울리며 자연스럽게 세상을 배우는 것도 같은 효과가 있다는 이야기를 한 적이 있다"[MW].

인간 정신을 연구한 이들에게 묻건대, 아이들에게 인간 사회의 갖가지 원칙은 언제든 바뀐다는 걸 보여줌으로써 굳건한 원칙을 가지게 한다는 건 좀 이상한 방법 아닌가? 그리고 그 원칙들이 습관으로 굳건해지기도 전에, 그것이 잘못되어 있다는 걸 실례를 통해 보게 된다면 어떤 결과가 나오겠는가? 왜 아이들의 열정을 그처럼 억누르고, 피어나는 상상력을 그처럼 철저히 꺾어버려야 하는가? 이렇게 냉정한 가르침을 받은 아이는 세상을 살며 겪게 되는 이런저런 재난은 피할 수 있을지 모르지만 탁월한 미덕이나 지식은 절대로 얻지 못할 것이다. 가는 길마다 의심이라는 장애물이 놓여 있다면, 그 아이는 재능이나 온정을 마음껏 발휘하지 못하게 될 것이고, 그런 사람에게 삶은 명상에서 위안과 힘을 얻을 석양이 되기도 전에 그 가장 아름다운 매력을 모두 잃게 될 것이다.

상냥한 가족에 둘러싸여, 독서를 통해 얻은 추상적인 지식과 젊은이 특유의 넘치는 활기와 본능적인 감정이 불러일으키는 자연스러운 생각을 지니고 세상에 나온 청년은 삶에 대해 열렬하고 잘못된 기대로 가득 차 있을 것이다. 하지만 그게 바로 자연의 뜻이고, 우리는 예술뿐 아니라 도덕에서도 자연의 신성한 가르침을 잘 보고 충실히 따라야지, 먼저 나서서 자연을 이끌려고 해서는 안 된다.

원칙대로 행동하는 사람은 극히 드물다. 사람은 대부분 원칙보다는 현재의 감정과 어린 시절부터 길러진 습관에 따라 행동하기 때문이다. 하지만 경험으로 서서히 쌓인 인간과 자신에 대한 지식의 보호막이 없는 어린이들에게 세상의 모습을 있는 그대로 보여주면 그들의 감정은 마비되고 습관은 단단한 족쇄가 되어버릴 것이다. 그렇게 되면, 그들은 다른 사람을 자신과 똑같이 인간의 결점과 싸우고, 어떤 때는 좋고 어떤 때는 나쁜 모습을 보임으로써 사랑이나 증오를 일으키는 나약한 존재가 아니라 야수 같은 존재로 여기게 될 것이고, 결국 확대된 사회성, 즉 인간성을 완전히 상실하게 될 것이다.

그런데 우리는 살아가면서 인간의 나약함과 갖가지 미덕을 발견하고, 이런저런 상황에서 다른 사람과 어울리면서, 그처럼 급하게 세상에 대한 부자연스러운 지식을 얻을 때는 생각지도 못했던 것들을 같이 보게 될 것이다. 어떤 사람이 하찮은 실수에서 시작해 자기도 모르는 사이에 큰 죄악을 범하게 되는 걸 보면 우리는 그 사람을 탓하면서도 안쓰러워할 것이다. 하지만 갑자기 무서운 괴물이 나타나면 두려움과 혐오감 때문에 필요 이상으로 매정하게 대할 것이고, 우리에게는 인간의 마음속을 읽을 능력이 없고 우리 자신의 마음속에도 똑같은 죄악의 씨앗이 깃들어 있다는 걸 잊은 채, 전지전능한 하느님처럼 상대방에게 맹목적으로 저주를 퍼부을 것이다.

나는 앞에서 이미, 우리는 아이들에게서 교육으로 이룰 수 있는 것 이상을 기대한다는 말을 했다. 청소년이 삶의 어려움을 꿋꿋이 극복하고, 자신의 능력을 발휘해 지혜와 미덕을 얻고, 이성으로 굳은 확신을 얻도록 인도하는 대신, 우리는 아이들에게 수많은 교훈을 가르치고, 맹목적인 복종만을 요구하고 있는 것이다.

예컨대 첫사랑에 빠진 소년이 상대방을 신처럼 숭배한다고 할 때, 현실적이진 않지만 이런 열광적인 애정이 어째서 해롭다는 건가? 어쩌면 청소년에게는 미덕이 그런 인간의 형상을 하고 나타나야 할지도 모른다. 더 성숙하고 고양된 정신이 받드는 이상적인 전범(典範)은 청소년에게는 안 보일 수도 있기 때문이다. 현자도 이렇게 물었다. 눈앞의 형제를 사랑하지 않는 자가 어찌 하느님을 사랑할 수 있겠는가?[92]

청소년이 첫사랑의 대상에게 온갖 미점(美點)을 부여하는 것은 자연스러운 일이다. 그리고 무지, 아니 더 정확히 말해 경험 부족 때문에, 그 상대방을 최고로 알고 모방하려고 애쓰는 아이는 시간이 흐르면서 점차 인간은 완벽함에 도달할 수 없다는 걸 깨달을 것이고, 미덕이 아름답고 지혜가 숭고하다는 건 어디까지나 추상적인 개념이라는 걸 알게 될 것이다. 그렇게 되면 상대에 대한 경탄은 그에 대한 존경심으로 더욱 굳건해져서 진정한 의미의 우정으로 바뀔 것이고, 고귀한 정신 안에서 항상 불타오르는 완벽함에 대한 갈망은 하늘만을 향한 채, 이 세상 누구에게도 그런 걸 기대하지 않는 독립적인 인간으로 서게 될 것이다. 하지만 희망이 깨졌을 때 얻는 실망의 복된 열매라 할 이런 깨달음은 인간이 자기 능력을 발휘해 얻어야 하는 것이다! 왜냐하면 그분에 대해 배워가는 약한 자들에게 행복과 자비를 베풀며 기뻐하시는 분께서는 사람의 마음을 괴롭히는 도깨비불[93] 같은 역할을 하라고 인간의 마음속에 좋은 형질들을 심어놓지는 않으셨기 때문이다.

요즘 사람들은 나무가 마음껏 우거지게 그냥 놔둔다. 어린 나무의 귀여움과 늙은 나무의 장엄함을 억지로 결합하려고 애쓰지 않고, 그 나무가 깊이 뿌리를 내리고 많은 폭풍을 견뎌낼 때까지 느긋하게 기다린다. 뛰어날수록 더 느리게 성숙하는 인간의 정신은 이보다 더 존중해주어야 하지 않겠는가? 이 비유를 빌려 얘기해보면, 우리 주변의 모든 것은 이처럼 진보해가는 과정에 있다. 그런데 인생에 대해 전부 알아버리면

---

92 "하느님을 사랑한다고 하면서 형제를 미워하는 자가 있다면 그는 거짓말쟁이다. 자기 눈으로 본 형제를 미워하는 자가 어찌 본 적도 없는 하느님을 사랑할 수 있으리?"(「요한복음」, 4장 20절).

93 망상 또는 매혹적인 허상.

모든 게 시들해질 것이고, 자연스러운 과정을 통해 이 세상의 모든 게 덧없다는 걸 깨달을 때가 되면[94] 우리는 인생이라는 연극의 무서운 종말에 다가가 있는 것이다. 그때가 되면, 희망 속에 열심히 일할 시기는 다 지나가고, 젊은 날 우리에게 주어졌던 정신 계발의 기회는 이제 마지막 결산만 남는 것이다. 그 단계의 인간이 삶의 허무함을 느끼거나, 어떤 사건 때문에 좀더 일찍 그걸 체험한다면, 그건 어디까지나 자연스러운 깨달음이므로 본인에게 매우 유익할 것이다. 하지만 어려서 나약한 존재가 인간의 우매함과 악랄함을 보고, 자신의 감정을 억눌러 삶의 갖가지 고난에 신중히 대비하라는 가르침을 받는다면 그런 건 신앙심과 경험의 고귀한 열매와 달리 세속의 지혜라 불러도 무방하리라.

나는 역설을 이용해 내 의견을 솔직히 밝히려 한다. 인간이 생사(生死)의 고리 안에 갇힌 존재라면, 미리미리 조심해서 행복한 삶을 살도록 신중을 기하는 게 현명한 일일 것이고, 모든 일에 있어 중용을 지키는 게 최고의 지혜일 것이다. 그리고 이렇게 자신의 오성을 계발하지도, 마음을 순결히 지키지도 않은 신중한 관능주의자는 어느 정도 만족하며 살아갈 것이다. 우리가 필멸의 존재라면 신중함이야말로 진정한 지혜, 아니 좀더 구체적으로 말한다면, 인생 전체를 놓고 볼 때 가장 많은 행복을 확보하는 길일 것이고, 생활의 편리함 이상의 뭔가를 추구하는 지식은 하나의 저주가 되고 말 것이다.

그렇다면 몸이 상할 만큼 열심히 공부할 필요도 없을 것이다. 지적 탐구에서 오는 고상한 기쁨은 거기 따른 고단함에 비하면 너무 초라하고, 특히 아무리 열심히 공부해도 그 성과가 의심스럽거나 실망스러울

---

94 "모든 게 헛되고…… 세상에 새로운 것은 아무것도 없느니라"(「전도서」, 1장 2절과 1장 9절).

수 있다면 더더욱 그러할 것이다. 우리가 특히 찾고 싶은 어떤 진리가 다가갈수록 멀어지는 지평선처럼 눈앞에서 사라진다면 허영심과 초조함 때문에 공부하기가 어려워질 것이다. 반면에 무식한 이들은 어린아이처럼 앞으로 똑바로 걸어가면 땅과 구름이 만나는 곳에 닿을 수 있을 거라고 믿는다. 하지만 설사 공부하다가 실망하는 한이 있더라도, 우리의 정신이 초조하게 제기한 질문에 답을 얻게 될 다음 단계의 삶, 약한 날개를 가진 오성이 눈앞에 보이는 결과의 주변을 맴돌다가 그 숨은 원인 속으로 날아 들어갈 내세의 삶에서 주어질 답을 이해할 만큼 열심히 노력하다 보면 공부를 계속할 힘을 얻게 될 것이다.

우리의 사고를 형성하는 물질들이 생각에는 전혀 도움이 안 되고, 다만 육체를 유지하고, 배추에 생기를 주고, 장미의 색깔을 진하게 하는 데 이용될 뿐이라면, 삶의 바람이라 할 감정도 쓸모없거나 해로운 존재가 될 것이다. 그렇게 되면 육체적 욕망만 가지고도 이 세상을 살 수 있을 것이고, 극히 안정되고 지속적인 행복을 얻을 수 있을 것이다. 하지만 이런 경우에 거의 쓸모없고 오히려 우리의 육체적 쾌락을 방해할 영혼의 힘은, 자신이 그런 힘을 가진 걸 안다면 자랑스러워 할 사람들에게, 삶은 그 때문에 우리가 소중히 간직할 만한 희망을 버려서는 안 되는 하나의 교육 과정 또는 우리 존재의 영아(嬰兒) 단계라는 걸 깨닫게 해줄 것이다. 따라서 우리는 교육을 통해 달성해야 할 목표를 명확히 규정해야 할 것이다. 영혼의 불멸을 소리 높여 주장하는 이들 중에는 그와 정반대되는 행동을 하는 자들이 많기 때문이다.

내세의 일은 무시한 채 그저 현재의 안위와 풍요만을 중시한다면 자녀에게 인간의 나약함에 대해 일찌감치 가르쳐주는 게 좋을 것이다. 인간의 나약함에 대해 그처럼 일찍 알아버린 아이는 잉클[95] 같은 자가 되지는 않겠지만 법 이상의 드높은 규율을 지키거나 평범한 이들의 기준 너머로 도약할 필요가 없다고 생각할 것이다. 그런 아이는 정직이 최상의 방책이라는 걸 알기 때문에 아주 극악한 범죄를 저지르지는 않겠지만, 탁월한 미덕을 갖추려고 애쓰지도 않을 것이다. 작가나 예술가 중에 특히 그런 사람이 많다.

그래서 나는 소위 도덕적 교훈이라는 게 책에서 인간을 냉정히 관찰한 사람들이 만들어낸 교조적인 주장에 지나지 않을 수도 있다고 생각하면서, 그들의 견해에 정면으로 맞서, 열정을 억누르는 게 항상 현명한 일은 아니라고 주장하고 싶다. 오히려 나는 남자가 여자보다 판단력이나 인내심이 뛰어난 것은 강한 열정을 더 자유롭게 발휘하고 더 자주 실수를 범함으로써 정신이 담대해졌기 때문인지도 모른다는 생각이 든다. 그렇다면 누군가가 스스로의 이성을 발휘해[96] 어떤 굳건한 원칙을 세웠다면 그것은 그들이 삶에 대한 잘못된 견해에 빠지는 바람에, 안락한 생활을 보장해주는 울타리를 뛰어넘어 열정을 발휘해보았기 때문일 것이다. 하지만 청소년기에 마치 멀리서 모든 걸 내려다보듯 삶의 모습을 있는 그대로 볼 수 있다면, 우리의 열정이 어찌 그 능력을 발휘할 만

---

95 『스펙테이터』지, 제11호(1711년 3월 13일자)에 실린 스틸(Richard Steele)의 글로 유명해진 잉클과 야리코의 이야기. 잉클(Thomas Inkle)은 잘생긴 영국 청년으로, 서인도제도로 가던 중 배가 인디언들의 공격을 받지만, 인디언 처녀 야리코(Yariko)의 도움으로 구조되어 그녀의 간호를 받는다. 그를 사랑하는 야리코는 지나가던 영국 배에 신호를 보내 잉클과 같이 떠나려 하지만 돈이 필요했던 잉클은 그녀를 팔아넘기고, 그의 아이를 임신 중이었던 그녀는 다른 인디언보다 높은 값에 팔린다(Donald F. Bond, *The Spectator*, Oxford: 1965, I, 49~51쪽).

96 "시드니는, '경험에서 나오지 않은 말은 모두 입발림에 지나지 않는다'고 말한 바 있다"[MW]. "난 경험에서 나오지 않은 말은 모두 입발림에 지나지 않는다는 걸 알고 있다"(Sir Philip Sidney, ed. Albert Feuillerat, *Arcadia*, Cambridge: 1965, I, 113쪽).

큼 강한 힘을 얻을 수 있겠는가?

우리가 저 높은 산 위에 서서, 사람의 마음을 오도(誤導)하는 거짓된 매력을 모두 벗겨내고 세상의 참모습을 관조할 수 있다고 가정해보자. 그렇게 되면 우리는 아주 차분한 심정으로 모든 것을 있는 그대로 볼 수 있을 것이다. 우리는 밤 동안의 휴식으로 원기를 되찾은 채 안개가 서서히 걷히면서 자연의 아름다움이 드러나는 아침 풍경처럼 차분한 심정이 될 것이다.

그럴 때, 세상은 어떻게 보일까? 나는 눈을 비비며, 마치 생생한 꿈에서 깨어나는 듯한 기분이 들 것이다.

나는 사람들이 허깨비를 좇아다니고, 이런 맹목적인 충동들이 지나치게 많아서 결국은 같은 말이지만, 그들이 눈앞의 헛된 이익을 얻으려고 애쓰고, 사람을 오도하는 데도 항상 신뢰받는 안내자인 상상력의 도움으로, 내세에서의 삶을 위해 어리석은 인간을 억지로 현명하게 만들지 않는 한, 가당치 않은 대상을 얻기 위해 열정을 낭비하는 꼴을 보게 될 것이다.

이런 식으로 모든 걸 보고 나면, 이 세상이라는 게 인간보다 우월한 존재들을 즐겁게 하기 위해 매일 무언극이 올려지는 일종의 무대에 지나지 않는다는 느낌이 드는 것도 무리가 아닐 것이다. 그런 존재들은 우리 인간이 죽을힘을 다해 환영을 좇아다니고, 자신을 한 방에 날려버릴 "대포의 포문에 떠 있는 명성의 비눗방울을 추구하는"[97] 걸 보며 얼마나 고소해 할 것인가. 의식을 잃고 나면 우리가 회오리바람을 따라 치솟든, 빗줄기에 떠내려가든 전혀 상관없기 때문이다. 그 우월한 존재

---

97 "대포의 포문에서조차 비눗방울 같은 명성을 추구하며"(『좋으실 대로』 2막 7장, 152~153행).

들이 인간을 가엾게 여겨 그의 눈을 맑게 함으로써 그 높은 곳까지 데려다주었지만, 그가 올라가면 수렁처럼 푹 꺼지고, 희망을 거의 성취한 순간 실망을 안겨주는 가시밭길을 보여준다면, 그는 그 우월한 존재들을 즐겁게 할 영예를 다른 이들에게 양보하고, 빠르게 흘러가는 냇물을 잡기에는 너무 약하지만 그래도 눈앞의 즐거움을 붙잡기 위해 애쓰지 않겠는가? 우리는 그토록 철저히 희망과 두려움에 사로잡혀 사는 존재인 것이다!

하지만 야심 찬 추구가 헛될지라도, 인간은 명성보다 더 확고한 것을 얻고자 노력하는 경우가 많다. 그런 욕망은 어쩌면 그를 파멸로 이끄는 도깨비불이나 별똥별일 수도 있고, 혹자는 그처럼 사후의 명성을 위해 작은 쾌락이나마 희생하는 이들을 비웃겠지만, 인간이 불멸이든 필멸이든 간에, 그 고귀한 열정이 그 사람을 다른 이들보다 더 드높은 존재로 만들어주지 않는다면 왜 이런 투쟁을 하겠는가?

그리고 사랑! 그 우월한 존재들은 인간의 사랑을 보며 얼마나 즐거워하겠는가—사랑은 우리가 판탈론[98]의 장난보다 더 어리석은 짓들을 하게 만든다. 인간이 어떤 대상에게 있지도 않은 갖가지 매력을 부여해 놓고, 자기가 세운 그 우상 앞에 엎드려 경배하는 걸 보면 얼마나 우스울까! 하지만 신이 인간을 창조함으로써 확실히 약속하신 (그렇지 않다면 신의 여러 속성은 어떤 근거 위에 서 있는 걸까?) 행복의 그 부분을 우리에게서 박탈해가신다면 얼마나 심각한 결과가 빚어질 것인가? 인간이 소위 육체적 사랑만을 느끼게 되어 있다면 인생의 모든 목적이 훨씬 더 쉽게 성취되지 않을까? 사람만의 고귀한 특징인 생각이 사랑을 인간이

---

[98] 여러 인물들이 서로에게 술수와 속임수를 부리는 희극 형식 코미디아 델아르테(Commedia dell-Arte)에 등장하는 전형적인 인물 중의 하나인 판탈론(Pantalone).

모든 완벽함의 중심을 동경하게 함으로써 육체를 뛰어넘을 수 있게 해주는 도구로 만들어주지 않는다면, 그가 상상력이라는 매개물 없이 사랑하는 이를 보았을 때, 그의 열정은 곧 육체적 욕망으로 변해 버리지 않을까? 이 완벽함의 중심이신 신이 지닌 지혜는, 열정의 고뇌가 빚어내는 질서에 대한 사랑과 깊은 생각을 통해 인간의 이성이 밝아지고 드높아질수록 자연 속에 더욱 선명히 드러날 것이다.

열정을 북돋움으로써 얻어지는 지식과 깊이 생각하는 습관은 설사 그 대상이 잘못됐더라도 둘 다 똑같이 유용하다. 인간의 능력을 자극하여 강화시키고, 이유도 모른 채 뭔가를 하는 어린아이가 체험할 수 있는 모든 경험을 얻을 수 있도록 모든 선의 창조주이신 신이 우리 인간의 마음속에 심어주신 가장 중요한 열정에 따라 확대되지 않는다면, 그 대상들은 우리 눈에 모두 똑같이 보일 것이다.

나는 아까 서 있던 높은 곳에서 내려와 다른 사람들과 교류하면서 그들과 같은 방향으로 나아간다. 우리는 이성적으로는 야망과 사랑, 희망, 두려움이 약속해주는 매력적인 보상들은 모두 헛된 꿈에 지나지 않는다는 걸 알면서도 그 영향에서 벗어나지 못한다. 하지만 어떤 열정이 우리 마음속에 지워지지 않는 흔적을 남기거나 어떤 습관을 형성하기도 전에 신중함 때문에 식어버린다면, 그런 인간에게서 이기적인 조심성이나 본능보다 조금 더 나은 이성 이외에 무엇을 기대할 수 있겠는가? 야후족에 대한 스위프트 목사의 혐오스러운 묘사나 철학적인 눈을 가진 후이늠족[99]에 대한 김빠진 묘사를 읽은 사람이면 누구나 열정을

99 스위프트(Jonathan Swift)의 『걸리버 여행기』(*Gulliver's Travels*) 제4장에서, 야후(Yahoo)족은 원숭이처럼 생긴 인간으로 아주 역겨운 관습을 갖고 있고, 후이늠족(Houyhnhnms)은 지나칠 정도로 합리적인 완벽함을 갖춘 말 모양의 동물들.

비하시키거나 인간이 태평한 삶을 살게 만드는 게 얼마나 헛된 일인지 알 것이다.

그의 여러 미덕이 머리보다 가슴에 깃들어 있어 별 성과를 내지 못하고, 이 세상에 걸맞게 만들어진 그의 오성이 아무리 드높이 날아도 더 나은 것을 이루지 못할지라도, 젊은이는 행동해야 한다. 젊은이가 노인과 같은 경험을 지니고 있다면 그는 삶보다 죽음에 더 적합할 것이기 때문이다.

게다가 젊은이에게 인생을 정확히 보여준다는 건 불가능한 일이다. 그 자신이 직접 열정과 씨름해보아야 다른 사람을 악으로 이끈 유혹의 힘을 제대로 알 수 있기 때문이다. 삶을 시작하는 사람과 끝내는 사람은 시각이 전혀 다르기 때문에, 전자의 미숙한 이성이 한 번도 스스로 날아보지 못했다면 모를까, 그렇지 않다면 둘이 비슷한 생각을 하기란 정말 어려울 것이다.

어떤 엄청난 범죄 얘기를 들었을 때, 처음부터 그 원인과 결과를 지켜본 사람은 좀더 동정적이고 차분한 시선으로 그 일을 바라보겠지만, 갑자기 그 얘기를 들은 사람은 제일 나쁜 쪽으로 해석하고 분개하게 된다. 세상을 제대로 보려면 우리 자신이 사람들 틈에 휩쓸려 살아야 하고, 남들과 같은 감정을 느껴봐야만 그걸 제대로 평가할 수 있는 법이지, 자기는 가만히 있으면서 세상을 정확히 볼 수는 없다. 간단히 말하면, 삶의 좋은 면만을 즐기지 않고, 살아가면서 점점 더 선하고 현명한 인간이 되려면, 자기 자신과 주변 사람들에 대해 계속 배워가야 한다는 것이다. 다른 방법으로 얻은 지식은 우리의 감정을 메마르게 하고 오성을 흐려놓을 것이다.

혹자는 내가 말하는 지식은 그 대가가 너무 크다고 할지 모른다. 이에 대해 나로서는, 노력이나 슬픔 없이 얻어지는 지식이 과연 있는지 묻고 싶고, 이 노력이나 슬픔 없이 어떤 지식을 얻게 해주려는 부모는 아이들이 현명하거나 도덕적이지 않더라도 불평하지 말라고 말하고 싶다. 그런 부모는 아이들을 신중하게만 만들려고 했던 것이고, 너무 어려서부터 신중한 것은 무지한 자기애(愛)의 조심스러운 방법이기 때문이다.

그동안 내가 보아온 바로는 아주 어릴 때부터 부모가 열심히 가르친 아이들은 피상적이고, 교만하고, 아주 매력 없는 사람이 되는 경우가 많았다. 그런 사람은 젊은이에게만 있는 순진한 상냥함도, 어른들이 지닌 냉철한 깊이도 없기 때문이다. 내가 보기에 이들이 이렇게 부자연스러운 것은 주로 그들에게 주입된 촌스러운 견해를 건방지게 되풀이하기 때문이다. 그들은 그 교묘한 교육 때문에 평생을 편견의 노예로 살게 된 것이다.

신체뿐 아니라 정신적 노력도 처음에는 아주 힘겹기 때문에 많은 사람이 남의 힘으로 그 일이나 생각을 처리하려 한다. 이것을 설명하기 위해 내가 자주 드는 예를 여기서 되풀이해보겠다. 재주가 별로 없는 사람은 처음 보는 사람이나 지인들과 얘기할 때 자기 생각을 아주 강하게 주장하는 경우가 많은데, 그 원인을 추적해보면 주로 그 생각이 편견이기 때문이다. 이들은 어떤 친척이나 친구의 판단을 높이 평가하여, 그 의미를 완전히 이해하지도 못한 채, 처음 그 생각을 해낸 사람조차 놀랄 정도로 완강하게 그 말을 되풀이한다.

요즘은 편견을 존중하는 게 유행인 것 같다. 그래서 동정심과 이성으로 무장한 누군가가 거기 맞서면 사람들은 아주 건방지게 혹시 조상이 바보 아니었느냐고 묻는다. 나는 아니라고 대답할 것이다. 모든 의견은 처음에는 이런저런 고려를 거쳤을 터이고, 따라서 어떤 이유가 있어서 형성되었을 것이다. 하지만 그 이유란 게 대부분 언제나 성립되는 어떤 근본적인 원리보다는 지엽적인 편의였을 것이다. 그런데 그 이유가 정당성을 잃거나 내용조차 잊혀진 시점에서 오래됐다는 이유만으로 그 의견을 주장하는 사람이 있다면, 그 케케묵은 의견은 편견이라는 황당한 모습을 띠게 될 것이다. 편견이라는 이유만으로 어떤 의견을 좋아해야 한단 말인가?[100] 편견은 이유를 찾기 어려운, 그저 어리석고 고집스러운 신념에 지나지 않는다. 어떤 의견에 이유가 생기는 순간, 그게 설사 오판(誤判)이라 해도 더는 편견이 아니다. 그렇다면 우리는 이성을 거스르기 위해서만 어떤 의견을 가져야 한단 말인가? 이게 추론 방법인지조차 불분명하지만, 이런 추론 방법은 천박하게 흔히들 여성의 사고 방식이라고 부르는 그 태도를 상기시킨다. 여성은 간혹 자기가 뭔가를 사랑하고 믿기 때문에 그걸 사랑하고 믿는다고 말하기 때문이다.

흑백 논리를 고집하는 사람과는 의미 있는 대화를 나누기 어렵다. 이야기를 제대로 시작하기 위해 어떤 전제를 확립하려는 순간 대화는 그들이 강력하게 주장한 어떤 편견의 토대가 된 간단한 원칙들로 되돌아가버린다. 그리고 그러는 도중에 필시 상대는 어떤 원칙들은 추상적으로는 옳지만 실제로는 틀리다는 철학적인 주장을 내세우며 이쪽의 말을 잘라먹을 것이다.[101] 그건 아마도 이성이 그로 하여금 자신의 주장이

---

100 '버크 씨의 책 참조'[MW]. 버크, 『프랑스 혁명론』, 마호니(H. D. Mahoney) 편(뉴욕: 1955), 98~102쪽. 여기서 버크의 요점은, 사회적 편견은 과거에 좋았던 것들을 대표하기 때문에 보전되어야 한다는 것이다.

101 "누군가의 뜻을 거슬러 그를 설득하면 그 사람은 항상 자신의 의견을 굽히지 않을 것이다"[MW]. "하는 수 없이 누군가의 뜻에 따른 사람은 항상 자신의 의견을 고수할 것이다"(Samuel Butler, *Hudibras*, III. 3, 547~548쪽).

틀렸음을 느끼게 했기 때문일 것이다. 자기 생각에 자신이 없을 때 사람들은 상대방을 설득시킴으로써 자신의 의심을 몰아내기 위해 아주 강력하게 어떤 의견을 내세우기 때문에, 이쪽이 그의 심기를 불편하게 하는 의심을 되받아쳐서 다시 불안에 빠지게 만들면 화를 낸다.

사실 사람들은 교육에서 불가능한 것을 기대한다. 현명한 부모나 가정교사가 아이의 몸을 튼튼하게 하고 지성을 단련시켜 줄 수는 있지만, 아이 자신의 노력이 없으면 큰 성과가 나오기 어렵다. 운동에 대한 얘기를 듣거나 남이 운동하는 걸 보면서 몸이 건강해질 수 없듯, 다른 사람의 경험으로 아이를 현명하게 만들 수는 없는 것이다.[102]

어른들이 아주 철저히 감독한 아이가 커서는 형편없이 나약한 사람이 되는 경우가 많은데, 그것은 그 아이를 가르친 사람들이 자신의 권위에만 근거를 둔 갖가지 의견을 주입했기 때문이다. 그리고 그런 아이들이 남의 사랑이나 존경을 받으면, 그들의 정신은 노력도 안 하고 앞으로 힘차게 전진하지도 못한다. 이 경우 교육은 벋어나는 덩굴손을 제 기둥에 감기도록 이끌어주는 건데, 부모는 아이 스스로 판단할 여유를 주지 않고 갖가지 교훈만을 가르쳐주면서, 아이들 스스로 그걸 깨달은 것처럼 남의 잘못된 판단에 따라 행동하기를 바라고, 일단 성인이 되면 늙은 부모처럼 행동하길 바란다. 그들은 나무나 인체가 완전히 자랐을 때에야 비로소 튼튼한 조직을 갖는다는 사실을 깨닫지 못한다.

정신도 비슷할 것이다. 유년기와 청소년기에는 감각과 상상력이 아이의 성격을 결정한다. 그리고 나이가 들면서 오성이 감성의 고운 목표에 힘을 실어준다. 그리고 감정의 충동이 아니라 이성의 명확한 확신에

102 "'명상만으로는 아무것도 볼 수 없다. 다른 사람들의 행동을 이해하려면 자신이 직접 행동해보아야 한다.' 루소"[MW].

서 비롯되는 미덕은 열정의 폭풍우가 몰아쳐도 끄떡없는 바위 위에 자리 잡게 된다.

이 말을 곡해하는 사람도 있겠지만, 내가 보기에는 종교 역시 이성에 토대를 두지 않으면 이와 같이 강력한 힘을 가질 수 없다. 종교가 자신에 대한 이해와 신의 속성에 대한 합리적인 의견에 토대를 둔 행동의 지침이 아니라, 나약함이나 무모한 광신의 은신처라면, 그런 종교에서 무엇을 기대할 수 있겠는가? 인간의 감정을 자극하고 상상력을 드높이는 것은 종교의 시적인 측면에 지나지 않고, 이 측면은 인간을 도덕적인 존재로 만들어주지 못한 채 개인적인 즐거움만을 제공할 것이다. 그렇게 되면 종교는 어떤 세속적인 것의 대체물에 지나지 않고, 우리의 정신을 확장하는 게 아니라 오히려 더 편협하게 만들 것이다. 그런데 미덕은 그 자체가 고귀하고 뛰어난 존재로 사랑받아야지, 어떤 이익을 가져다준다든지 어떤 불행을 피하게 해준다는 이유로 사랑받는다면 정말 뛰어난 것이 될 수 없을 것이다. 인간이 현세에서 겪는 실망을 보상해줄 내세에서의 천국을 그린다든지, 눈앞의 의무를 게을리 한 채 종교적인 환상에만 몰두한다면, 도덕적인 존재가 되기 어려울 것이다.

인생의 많은 일들은 하느님과 마몬 신을 동시에 섬길 수 없다는 걸 잊은 채 서로 모순되는 것들을 섞으려고 애쓰는 교활한 세속적 고려 때문에 엉망이 되기 일쑤다. 아들을 부자로 만들고 싶으면 그 길로 가게 하라. 하지만 그 아이를 도덕적인 인간으로 만들고 싶으면 다른 길로 나아가게 해야 한다. 두 길을 오가다가는 길을 잃는 법이다.[103]

---

103 『산문집』(*Miscellaneous Pieces in Prose*)에 실린 바르보 부인의 뛰어난 수필을 참조할 것[MW]. 문제의 수필은, 바르보의 「우리가 가지는 모순된 기대들」.

제6장

# 유년기의 연상이 인격 형성에 미치는 영향

내가 앞에서 비판한 작가들이 권하는 위험한 방식으로 교육받고, 사회에서 자기들이 잃어버린 영역을 되찾을 기회도 갖지 못한 채 종속적인 존재로 살아온 여성이, 어디서나 자연의 결점같이 보이는 건 당연한 일 아닌가? 유년기의 연상(聯想)이 사람의 성격에 미치는 결정적인 영향을 고려할 때, 여자들이 오성은 방치한 채 몸치장에만 신경 쓴다는 건 당연한 일 아닌가?

지식을 쌓을 때 자연히 얻어지는 큰 혜택들은 다음과 같은 것들을 생각해보면 명백해진다. 우리가 가지는 연상들은 습관적이거나 순간적인데, 이중 후자는 의지보다는 그 사람의 정신이 원래 지닌 성격에 의해 결정되는 것 같다. 인간의 정신이 어떤 개념이나 사실을 접하면 나중에 이용하려고 일단 저장해둔다. 그러다가 우연히 어떤 일이 생기면 그동안 접해온 여러 정보가 선명히 떠오르게 된다.[1] 수많은 기억이 번개

[1] MW가 여기서 얘기하는 것은 흔히 '연상주의'(associationism)라고 불리는 당시의 인식론의 하나. 그 이론의 주창자인 하틀리(David Hartley, 1705~57)는 『인간론』(*Observations on Man*)이라는 긴 글에서 뉴턴의 이론을 이용했는데, 그에 따르면 물

처럼 되살아나고, 일순간에 한 개념이 다른 개념에 동화된다. 지금 나는 너무 직관적이라서 이해하기 어렵고, 너무 빨리 떠올라서 검은 구름을 뚫기 때문에 기억인지 추론인지 결정하기도 힘든, 진리에 대한 순간적인 깨달음을 말하는 게 아니다. 정신이 광대한 비상(飛翔)이나 심오한 명상으로 확장되고 나면 거기 들어오는 개념들은 어느 정도는 저절로 정리되기 때문에 이런 순간적인 연상은 우리가 어떻게 해볼 수 있는 게 아니다. 우리가 생각을 정리하거나 상상력에서 환상의 영상들을 끌어낼 때, 오성은 우리가 지나치게 부정확한 사고를 하지 않게 막아줄 수는 있지만, 그 사고에 색채를 부여하는 건 우리가 지닌 활기 또는 개성이다. 이 미묘하고 활기 찬 용액은 우리 힘으로는 어쩔 수 없고, 이성도 거의 영향을 미치지 못한다![2] 이 놀랍고 통제할 수 없는 활기야말로 천재성의 정수이고, 천재의 독수리 같은 눈 안에서 번득이며, 사람을 놀라게 하고, 즐겁게 하고, 가르침을 주는 생각을 연결해주는 복된 에

---

질을 둘러싸는 일종의 액체인 에테르(aether)를 통과하는 진동이 감각을 일으킨다고 한다. 그런데 이 장 후반에 나오는 물질주의자들에 대한 MW의 비판적 시각이나 '사실들'에 대한 말들로 미루어 볼 때, MW가 말하는 내용은 흄(Hume)의 『인간오성론』(*An Enquiry Concerning Human Understanding*)이나 『도덕의 원칙들』(*Enquiry Concerning the Principles of Morals*)에서 나온 것 같다. 흄은 개념들이 어떻게 연관되기 시작하는가 하는 문제보다 개념들의 축적이 어떤 결과를 낳는가 하는 문제에 더 관심이 있었다.

2 "나는 물질주의자들을 비웃고 싶어질 때마다, 자연에서 가장 강력한 효과들은 액체나 자력으로 인해 일어나는 만큼, 인간이 느끼는 갖가지 열정은 실은 견고한 것들을 하나로 묶으면서 우리 주변을 둘러싼 희박하고 불안정한 액체가 아닐까, 아니면 그저 무기력한 물질들을 꽉 채움으로써 거기에 활기와 열을 불어넣는 일종의 액화된 불이 아닐까 하는 생각을 해보았다"[MW]. 뉴턴이나 하틀리 같은 '물질주의자들'은 어떤 희박한 액체가 모든 것을 채우고 있고, 이 액체를 통과해 인지자의 감각으로 전해지는 진동이 그에게 대상을 인식하게 만든다고 믿었다.

너지를 풍부히 샘솟게 해준다. 이런 이들의 휘황한 정신은 우리가 보통 때 무심히 스쳐간 사물들을 열정에 찬 상상력을 통해 다시 한 번 응집해 보여줌으로써 관심 있게 보게 만든다.

이 말의 뜻을 다시 한 번 설명해보겠다. 보통 사람들은 상상력이 없기 때문에 시적으로 보거나 느끼지 못한다. 그래서 고독에서 벗어나 구체적인 사물을 보려고 한다. 하지만 예술가가 자기 눈을 빌려주면 그들은 그와 같은 방식으로 사물을 보고 눈앞에 있었어도 못 보던 것을 보고 즐기게 된다.

이처럼 교육은 천재에게 자신의 연상에 다양성과 대비를 부여해줄 지식을 제공한다. 하지만 "우리가 성장해감에 따라"[3] 점점 늘어나면서 인류의 도덕성에 큰 영향을 미치고, 평생 평범했을 사람의 정신에 어떤 전환점을 제공해주는 습관적인 연상도 있다. 오성이란 아주 가변적이면서도 완강하기 때문에, 청소년기 동안 우연한 상황 변화에 따라 좌우되는 연상들은 이성으로 분해되기 어렵다. 한 개념이 다른 개념, 즉 처음에 받았던 인상과 연관된 기억을 불러오고, 특히 지적인 능력이 감각을 식힐 만큼 성숙하지 못했을 때는, 마치 기계처럼 정확하게 처음의 연상을 되살려낸다.

이처럼 최초의 연상을 기억해내는 습관은 남자보다 여자에게 더 큰 해를 끼친다. 남자들의 경우는 사업이나 오성이 필요한 다른 냉철한 일들이 감정을 메마르게 하고, 이성을 해치는 연상들을 끊어놓기 쉽기 때문이다. 하지만 아직 어린 나이에 이미 여자로 교육받고, 어른이 되어

---

3 "그가 자라남에 따라 더 늘어나고, 그가 강해짐에 따라 더 강해지는"(포프, 『인간론』, 제2부, 136행). 포프는 인간의 감정을 얘기하고, MW는 한 사람의 인격을 형성하는 주요 개념들을 얘기한다.

야 할 때까지도 어린아이 취급을 받는 소녀들은, 자연을 억누르는 기술, 즉 교육의 영향을 지워버릴 만큼 건강한 지성을 갖기 어렵다.

그들이 보고 듣는 모든 것이 인상을 고정시키고, 감정을 환기시키고, 정신에 여성적인 특징을 부여하는 개념이 연상들을 형성하게 만든다. 민감한 내장이 아니라 섬세함과 아름다움에 대한 그릇된 견해가 그들의 성장을 막고 체질을 병약하게 만든다. 이처럼 여성은 주변의 온갖 사물에서 받은 최초의 연상들을 비판적으로 검토하는 대신 그걸 연장하도록 교육받으면서 점점 더 약해지는데, 이런 상황에서 어떻게 그들이 지닌 부자연스러운 성격을 떨쳐낼 원기를 얻을 것이며, 봄의 아름다운 약속을 깨부수는 억압의 체계를 극복하고 이성으로 되돌아갈 힘을 얻을 수 있겠는가? 모든 것이 이런 잔인한[4] 연상들을 그들의 사고 방식, 아니 더 정확히 말해 감정의 작용 속으로 짜넣으려 하고, 이런 경향은 그들이 자주적으로 행동하기 시작하는 시기에 더욱 심해진다. 왜냐하면 이때 소녀들은 남자들의 감정을 자극하는 솜씨를 통해서만 쾌락과 권력을 얻을 수 있다는 걸 깨닫기 때문이다. 게다가 그들의 정신에 첫인상을 심어주는 수신서들 또한 한결같이 그런 생각을 심어준다. 이집트 노예보다[5] 더 나쁜 방식으로 교육받은 이들을 두고, 극소수의 사람만이 가지는 타고난 활기가 없는 한 전혀 피할 수 없는 결점들을 탓하는 건 잔인하면서도 불합리한 일 아닌가?

그동안 여성은 지독한 풍자를 받아왔고, 그들이 받는 교육을 생각할 때 너무도 당연한 일인데 "암기한 몇 마디를"[6] 반복한다고 비난을 받기

---

4 이것이 '잔인한' 이유는 일단 어떤 개념들이 확립되면 소녀들이 미래에 하게 될 모든 사고와 행동이 그에 따라 결정되기 때문이다.

5 모세가 그들을 해방시키기 전에 유대인들이 이집트에서 겪은 노예 생활을 말한다.

도 하고, 여자들이 “가장 좋아하는 찬사란 게, 군소리 없이 남자의 말에 따른다는 것”[7]이란 말도 들어왔다. 여성에게 자신의 처신을 통제할 이성을 갖출 기회가 없다면, 그들이 배우는 모든 게 암기한 것일 수밖에 없지 않은가! 그리고 옷차림을 가다듬는 데 모든 재주를 기울여야 한다면, “진홍빛 드레스에 대한 열망”[8]을 가지는 건 너무도 자연스러운 귀결이니 전혀 놀랄 일이 아니다. 그리고 “여자는 마음속 깊은 곳에선 모두 바람둥이”[9]라는 포프의 말이 정당하다 하더라도, 여자들이 마음에 맞는 사람을 찾으려 한다든지, 양식 있는 남자보다 바람둥이를 선호한다고 해서 그렇게까지 심하게 비난 받을 이유는 없다.

바람둥이는 여자들의 감성을 자극할 줄 알지만, 양식 있는 남자들의 장점은 여성의 감정에 별 영향을 못 미친다. 그런 이들은 여자들과 공통점이 거의 없어서 오성으로 그들의 마음을 사로잡을 수 없기 때문이다.

여자들이 이성을 자유롭게 사용하는 걸 막으면서, 그들이 남성보다 더 이성적인 기호를 갖기를 기대한다는 건 좀 이상한 일이다. 남자가 상대방의 양식(良識) 때문에 사랑에 빠지는 경우가 있는가? 여자들보다 더 나은 여러 힘과 이점을 가진 남자들이 여성의 육체보다 정신을 더 사랑하는 경우가 있는가? 사람들의 행동만을 보고, 도덕보다는 관습을

---

6 스위프트, 「여성 정신의 내용」(The Furniture of a Woman's Mind), 1행.

7 “나는 군소리 없이 순종하네. 신께서 그렇게 명하셨기 때문에/신은 당신의 법, 당신은 나의 법일지니, 그 이상은 모른다는 게 여자가 가진 가장 복된 지식이고 찬사라네”(『실낙원』, 제4권, 636~638행).

8 스위프트, 「여성 정신의 내용」, 2행.

9 “남자들은 장사나 쾌락에 빠지지만, 여자는 마음속 깊은 곳에선 모두 바람둥이”(포프, 『도덕론』, 215~216행).

배우라고 교육받은 여성이 평생 익히려고 노력해온 것을 경멸할 수 있겠는가? 사람들의 행동 방식을 면밀히 평가하도록 교육받은 여성이, 외양이 어색하지만 훌륭한 남자를 만났을 때, 그의 행동이 쌀쌀맞고 재치 있는 대꾸나 그럴 듯한 찬사를 늘어놓지 못해 말투가 냉정하고 멋없을 경우, 갑자기 어디서 그의 진가를 찬찬히 따져볼 판단력을 획득하겠는가? 뭔가를 계속 좋아하거나 그 진가를 알려면, 적어도 어느 정도는 그 대상의 가치를 앎으로써 호기심을 느낄 수 있어야 한다. 인간은 자기가 이해할 수 있는 범위 내에서 상대방의 가치나 미덕을 평가할 수 있는 법이다. 그런 존경심을 느낄 수 있다면 그건 정말 대단한 것이고, 그럴 때 느끼는 당혹스러운 겸허함은 어떤 관점에서 보면 그런 걸 느끼는 사람 자체를 아주 흥미로운 존재로 만들어줄 것이다. 하지만 인간의 사랑은 그보다 천박한 요소들도 포함하는 법이고, 그 대상 또한 그런 요소를 공유, 아니 상당히 많이 공유할 수밖에 없는 것이다! 사랑은 상당히 자의적인 감정이고, 통제하기 힘든 다른 여러 문제와 마찬가지로, 이성의 소리를 무시한 채 제 스스로의 권위에만 의존한다. 사랑은 또 우정의 토대인 존경심과는 쉽게 구별되는데, 그것은 사랑이 아름다움이나 우아함 같은 덧없는 것에서 시작하지만, 감정에 힘이 실리고 가장 아름다운 것을 가장 좋은 것으로 만들려면 뭔가 더 견실한 요소가 그런 인상에 깊이를 더하고 상상력을 자극해야 하기 때문이다.

평범한 감정은 평범한 요소에서 시작된다. 남자들은 예쁘고 명랑하고 유순한 여자를 좋아하고, 여자들은 편안한 남자를 좋아해서 신사 같은 인상을 주는 남자면 무조건 호감을 갖고, 정중하게 찬사를 늘어놓는 남자의 말에는 열심히 귀를 기울이지만, 난해한 말을 하거나 이성적인 남자에게는 관심이 없다. 바람둥이들은 피상적인 장점에서는 단연 앞서고, 그게 바로 여자들이 익히 아는 것이니만큼, 그들은 그런 것들을 기준으로 남자를 평가한다. 여자들은 평소의 생활 방식 때문에 화려하고 부산한 존재가 되어버렸기에 지혜나 미덕의 근엄한 얼굴은 그들에게는 너무 무겁게 느껴지고, 그래서 명랑한 존재인 사랑이나 여자들은 그에게서 도망치고 마는 것이다. 아주 사소한 안목이야 있겠지만, 여자들은 원래 판단력의 산물인 안목이 없는지라 진정한 아름다움과 우아함은 정신의 산물임을 깨닫지 못한다. 그리고 그런 걸 거의 또는 전혀 갖지 못한 이들이 연인의 그런 면을 제대로 평가할 수 있겠는가? 여자들에게는 두 사람의 마음을 맺어주고 믿음을 심어주는 공감이 별로 없기 때문에 어느 순간 확 불이 붙어 열정으로 타오르지도 못한다. 그런 정신의 소유자들은 그보다 더 천박한 연료에 불이 붙는 법이다!

그렇다면 결론은 명백하다. 여성이 오성을 마음대로 발휘하게 될 때까지는 그들이 바람둥이를 좋아하거나, 바람둥이 같은 마음을 가져도 비웃지 말라. 그건 어디까지나 그들이 받아온 교육의 결과이기 때문이다. 삶의 목적 자체가 쾌락인 이들에게는 쾌락이 즐거움과 행복의 원천일 수밖에 없지 않은가! 뭔가를 그 자체로 좋아해야 정말 잘할 수 있다는 건 진부하지만 틀림없는 말이다.

하지만 여기서 잠시 여성이 언젠가 내가 진정 원하는 바로 그런 존재로 바뀐다고 가정해보자. 그때는 남녀의 사랑도 좀더 고상해질 것이며, 그 자체의 불로 정화될 것이다. 그때는 그들의 감정 또한 미덕을 통해 극히 섬세해져서 바람둥이들은 거들떠보지도 않게 될 것이다. 지금은 여성이 감정만 갖고 있지만 그때는 이성까지 겸비하게 되어 외양의 아름다움에 속아넘어가지도 않을 것이고, 사악함이나 유혹, 애교를 무기로 하는 여성의 태도 때문에 생기고 진부해진 감성을 경멸하게 될 것이다. 그들은 사랑의 불꽃이 육욕 때문에 스러지고, 지나친 탐닉으로 시들해진 욕망은 순결하고 소박한 즐거움에서는 전혀 만족을 느끼지 못하고 관능적인 기교나 새 연인을 만났을 때만 충족되었던 것을 기억하게 될 것이다. 섬세한 감성을 가진 여인이 그런 남자와의 관계에서 어떤 즐거움을 느낄 수 있겠는가? 그런 남자는 그녀의 꾸밈없는 사랑 같은 건 재미없다고 느낄 것이다. 드라이든은 그런 상황을 이렇게 읊은 바 있다.

—사랑이 여자 편의 의무일 때,

남자는 통명스럽고 거만한 자세로 육체의 만족을 꾀할 뿐이다.[10]

그런데 여자들이 꼭 알고 반드시 실천해야 할 중요한 진실이 있다. 그건 바로 남편을 고를 때 연인과 같은 특징을 찾는 데 눈이 어두워 잘못 선택해서는 안 된다는 것이다. 아무리 현명하고 훌륭한 남자라 해도 결혼 후 오랫동안 연인으로 남아 있는 경우는 없기 때문이다.

여자들이 좀더 합리적으로 교육받고 넓은 안목을 갖춘다면, 평생에 한 번 사랑하는 걸로 만족하고, 결혼 후 열정이 우정으로 식어가도 애석해 하지 않을 것이다. 이 부드러운 우정은 우리가 근심 걱정에 휩싸였을 때 가장 포근한 안식처가 될 것이고, 극히 순수하고 차분한 애정에 토대를 두기 때문에, 그런 부부는 부질없는 질투 때문에 일상의 의무를 수행하는 데 차질이 생긴다거나, 다른 일들을 게을리 하지 않을 것이다. 그런데 남성은 대다수가 이렇게 사는 반면, 여성은 그런 사람

10 John Dryden, *Palamon and Arcite*, III, 231~232. 두 번째 행의 만족(gust)은 식욕/욕망의 충족을 뜻한다.

이 거의 없다. 그리고 이는 남녀간의 차이까지 들먹이지 않더라도 쉽게 설명할 수 있다. 여자는 남자를 위해 만들어졌다고 하고, 그래서인지 여자들은 지나칠 정도로 남자 생각에 빠져 산다. 그리고 바로 그 이유 때문에 여성의 경우 다른 여러 행동의 동기가 사랑과 뒤엉켜서, 케케묵은 말을 빌리면 여자들은 사랑을 얻기 위해 준비하든지, 아니면 실지로 그 준비한 내용을 실천에 옮기든지 둘 중 하나여서, 사랑 없이는 살 수 없는 상태가 된 것이다. 그래서 의무감이나 수치심 때문에, 비록 죄악은 아니지만 점잖지 못한 것 같아서 더 이상 누군가를 즐겁게 해줄 수 없게 되면, 그들은 고집스럽게도 자기 남편을 끝까지 그야말로 열정적으로 사랑하기로 결심하고, 전에 자기가 연인들에게 강요했던 역할을 떠맡아 비굴하게 남편의 사랑을 구걸하든지 아니면 노예처럼 남편의 온갖 뜻을 받들게 된다.

재기 넘치고 상상력이 풍부한 남자는 바람둥이인 경우가 많고, 상상력이야말로 사랑의 연료이기 때문에, 그런 남자는 여자의 마음에 열정을 불러일으키기 쉽다. 지금 인류의 절반은 러블리스처럼 재기 넘치고, 우아하고, 용감한 남자를 애타게 찾고 있다.[11] 하지만 그렇다고 해서 어릴 때부터 줄곧 교육받은 대로 행동하는 그들을 과연 탓할 수 있는가? 그들은 연인이나 보호자를 원하고, 러블리스 같은 멋진 남자는 미인들의 발치에 꿇어앉아 사랑을 구하는 것이다! 그러니 남편이 지닌 미덕들은 사랑 때문에 뒷전으로 밀려나고, 차분한 생각 또한 즐거운 기다림이나 열띤 감정에 밀려 심판의 그날까지 돌아오지 못한다. 하지만 심판의 날은 반드시 오게 마련이고, 발랄하던 연인은 의심 많은 독재자로 변해

11 러블리스는 리처드슨의 『클라리사』(*Clarissa*, 1747~48)에 나오는 잘생긴 바람둥이.

자신이 북돋우던 바로 그 결점들을 비웃고 탓하게 되는 것이다. 그리고 설사 바람둥이가 정신을 차렸다 해도 오래된 습관은 쉽게 없어지지 않는 법이다.[12] 재능 있는 남자가 처음 사랑에 빠지면, 감정과 기호(嗜好) 때문에 상대의 무서운 결점도 무시하게 되고, 지나친 육체적 탐닉도 그의 욕망을 부채질할 뿐이다. 하지만 점차 신선함이 사라지고 감각적인 쾌락이 매력을 잃으면, 음탕함만 노골적으로 드러나게 되고, 쾌락은 악마들을 피하듯 깊은 생각을 피하는 나약함의 필사적인 노력에 지나지 않게 된다. 아, 미덕이여, 그대는 허깨비가 아니라 삶이 기약하는 모든 것을 줄 수 있는 존재인 것을!

재능이 뛰어난 바람둥이가 개심을 해도 그와의 우정에서 별로 기대할 게 없을진대, 그가 양식도 도덕적 원칙도 없는 자라면 어떻겠는가? 끔찍한 불행만이 남을 것이다. 나약한 사람들의 습관이 시간이 흐르면서 굳어지면 그걸 고치기란 정말 힘들고, 소박한 즐거움에서 기쁨을 느낄 만한 지성이 없는 이들을 불행하게 만들 뿐이다. 바쁘게 일하던 장사꾼이 사업을 그만두면 모든 게 공허해지고 우울한 마음속에 어수선한 생각만 들끓는 것과 비슷하다. 그런 처지의 바람둥이나 장사꾼은 할 일도 없을 뿐 아니라, 그들의 나태한 정신을 자극하던 희망이나 두려움이 모두 사라졌기에 그저 불행할 뿐이다.[13]

---

12 "흔히 바람둥이가 정신을 차리면 가장 좋은 남편이 된다고들 하는데, 분별없는 여성에게 이게 얼마나 위험한 생각인지 경고하기 위해"(Samuel Richardson, *Clarissa*, ed. George Sherburn, Boston: 1962, xx쪽).

13 "나는 나이 들어 미모를 상실한 여성에게서 이런 예를 많이 봤다. 그들은 번잡한 사교계를 떠나긴 했지만, 감리교도가 되지 않는 한, 몇몇 친지나 가족만의 단출한 만남에서는 두려운 공허감을 느낄 뿐이다. 결국 그들은 갖가지 신경 증세와 쓸데없는 망상에 시달리며 아무 쓸데없는 존재로 전락하고, 정신없이 몰려다니던 때보다 훨씬 더 불행해진다"[MW].

습관이란 그렇게 무서운 것이다. 어리석음의 굴레가 그처럼 강고할진대, 우리는 어떻게 해서든 나쁜 연상들로부터 우리 정신을 지키고, 설사 해가 없더라도 무지한 자의 힘 없고 의존적인 처지에서 가엾은 여성[14]들을 지키기 위해 오성을 계발해야 한다. 우리가 "완벽한 자유를 얻게 해주는"[15] 명징한 이성을 제외한 모든 것에서 자유로워지려면 이성을 제대로 사용하는 수밖에 없다.

---

14 원문은 'wight'로, '사람'이라는 뜻.

15 『성공회 기도서』(Anglican Book of Common Prayer)의 아침 기도에 나오는 이 구절은 크랜머(Thomas Cranmer)가 쓴 것으로, 이성이 아니라 신을 묘사한 것이다. MW가 '신' 대신 '이성'이라는 말을 쓴 것은 불경스러운 의도가 있거나 지나친 합리주의 때문이 아니라, 아마도 머콜리의 다음 구절을 요약하기 때문일 것이다. "메시아는 '나는 완전한 자유를 얻게 해준다'고 하시는데, 그 이유는 명백하다. 신앙의 제국과 이성의 제국은 결국 같은 것이기 때문이다"(Macaulay, Letters on Education, London: 1790, 422~423쪽).

제7장

# 여성의 미덕으로서가 아니라 넓은 의미에서의 겸손 또는 정숙함

감성과 이성의 신성한 산물이며 정신의 진정한 순결인 겸손함이여! 내가 그대의 특성을 조사하고, 사람의 거친 면들을 부드럽게 만들고, 냉랭한 경의만을 불러일으킬 것들을 사랑스럽게 만들어주는 그 따스한 매력을 원천까지 따지고 들어도 원망하지 말라. 지혜의 주름살을 펴고, 드높은 미덕을 부드럽게 만들어 온정으로 변하게 하는 그대여. 사랑을 부드럽게 감싼 채 마음속에 스며들어 감각을 매혹시키는 저 수줍은 매력을 불어넣으며 연인의 매력을 반은 가리고 반은 드높여주는 천상의 구름을 펼치는 그대여. 내가 꽃 위에 누운 채 인생을 허비하는 우리 여성을 깨울 설득력 있는 이성의 말을 할 수 있게 도와주기를!

개념의 연상에 대해 얘기하는 중에 나는 두 가지 방식을 발견했는데,[1] 겸손함에 대한 논의에서도, 자기 자신의 존엄성에 대한 고고한 의식과 결코 모순되지는 않지만 허영심이나 건방짐과는 거리가 먼 올바른 자기 인식을 갖게 해주는 소박한 성품과, 정숙함에서 나오는 순결한 정신

1 '습관적인 경우와 즉발적인 경우'를 말한다.

을 구별할 필요가 있는 것 같다. 겸손함이 후자를 뜻하는 경우, 그것은 자신을 실제보다 더 좋게 보지 못하게 하는 냉철한 정신으로서, 이는 일종의 자기 비하인 겸허와는 사뭇 다른 것이다.

겸손한 사람은 흔히 자신의 능력을 잘 알고 있고, 대단한 계획을 세우고 거기에 매진해서, 성공을 통해 그 자신을 규정해주는 정당성을 획득한다. 밀턴이 나중에 사실로 판명된 자기 평가를 내비쳤을 때,[2] 그리고 워싱턴 장군이 전 미군의 사령관 자리를 맡았을 때, 그건 오만한 행위가 아니었다. 워싱턴 장군은 항상 겸손한 사람이라는 평가를 받았다. 그가 그저 겸허한 인물이었다면 그렇게 중요한 일을 맡는 게 두려워서 허둥지둥 뒤로 물러났을 것이다.

겸손한 사람은 의연하고, 겸허한 사람은 소심하고, 오만한 사람은 건방지다. 이건 내가 많은 사람을 관찰해보고 내린 결론이다. 예수 그리스도는 겸손했고, 모세는 겸허했으며, 베드로는 오만했다.

한 경우에서 겸손한 이와 겸허한 이를 구별했지만, 다른 경우에서 겸손과 수줍음을 혼동하고 싶지 않다. 사실 수줍음은 겸손함과 전혀 다르기 때문에, 아주 수줍은 처녀나 세상 물정 모르는 시골 총각이 말할 수 없이 건방지게 구는 경우가 있다. 그들의 수줍음은 무지에서 나오는 본능적인 소심함이고, 일단 익숙해지면 곧 자신감으로 바뀌기 때문이다.[3]

---

2 당대의 여러 전기작가들에 따르면, 밀턴은 아주 어린 나이에 자신이 언젠가는 유명해질 거라는 사실을 알았으며, 남들에게 그렇게 말했다고 한다.

3 "맨 처음 붉은 외투를 봤을 때
시골 처녀는 파랗게 겁에 질려
문 뒤에 숨고 마네.
하지만 그 다음번에는 먼발치에서 그의 레이스를 훔쳐보고
이제는 더 겁내지 않네.
그리고 그이가 손을 쥐어도 달아나지 않네.

이 대도시의 거리를 횡행하면서 동정심이나 혐오감을 자아내는 매춘부들의 뻔뻔스러운 행동은 그 좋은 예가 될 것이다.[4] 그들은 보란 듯이 순진한 이들의 정숙함을 짓밟고, 자기들의 창피한 처지를 과시하면서, 남자보다 더 야하게 행동한다. 남자들은 아무리 타락해도 이 여자들처럼 저절로 성적인 면을 타고나거나 그렇게 보이지 않기 때문이다. 그러나 겸손함은 미덕이지 어떤 특성이 아니기 때문에, 이 가엾고 무지한 아가씨들이 매춘에 뛰어들었다고 겸손함을 잃은 것은 아니다. 애초에 이들은 수줍고 주눅 든 순진한 처녀들이었기 때문에, 순결을 잃은 순간 창피함도 단번에 사라진 것이다. 미덕은 열정에 희생되더라도 마음속에 어떤 흔적을 남겼을 것이고, 우리는 멋진 파멸을 보며 경의를 표했을 것이다.

정신의 순결함 또는 순결을 받쳐주는 유일한 미덕인 진정한 품위는, 교양 있는 이들의 마음속에만 깃드는 정제된 따스함에 가까울 것이고, 무지의 수줍음이 아니라 깊은 사고의 섬세함인 것이다. 영혼이 살아 있는 사람만이, 항상 깨끗한 사람처럼, 이성에서 비롯된 점잖음을 지니고 있고, 이런 특징은 촌사람의 수줍음이나 경박한 이의 얌전함과 쉽게 구별된다. 그렇다면 그건 지식과 모순되는 게 아니라 바로 지식의 가장

---

그녀는 그의 품 안에서 편안해 하고
모든 군인이 나름의 매력을 갖고 있네.
마침내 그녀는 이 군대 저 군대를 돌아다니며 매력을 뽐내네.
무엇이든 일단 익숙해지면 두려움과 수치심은 없어지는 법이니. 게이"[MW].
John Gay, "Fable XIII. The Tame Stag" 27~36행.

4 매춘부의 숫자를 정확하게 파악하기는 어렵지만, 그 당시 사람들의 말에 따르면 1789년에 런던에는 5만 명 가량의 매춘부가 있었다고 한다(D'Archenholz, *A Picture of England*, London: 1789), II, p. 89; Fernando Henriques, *Prostitution in Europe and the New World*(London: MacGibbon & Kee, 1963)에 인용되어 있다.

아름다운 열매인 것이다. 다음과 같은 말을 한 작가는 겸손함에 대해 정말 피상적인 견해를 갖고 있다! "여성의 품위에 맞는 범위 내에서 여성에게도 현대 생물학을 가르칠 수 있는지 물은 한 숙녀는 지나치게 얌전빼다는 비난을 받았다. 하지만 내가 그 질문을 받았더라면 나는 분명히 안 된다고 대답했을 것이다."[5] 지식의 아름다운 책이 이런 식으로 영영 닫혀버리다니! 이 비슷한 구절들을 읽을 때 나는 영원불멸이신 하느님을 우러르며 마음속으로 이렇게 말했다. '오 아버지이시여, 당신은 당신의 여식인 여성의 천성 자체를 아름다운 진리 속에서 당신의 모습을 찾지 못하게 만들어놓으셨나이까? 그녀를 당신께 인도하는 엄청난 지식을 그녀의 영혼이 과연 이해할 수 있겠나이까?'

나는 이 문제들을 철학적으로 연구해왔고, 그 결과 이성이 발달한 여성일수록, 처녀의 장난스럽고 매혹적인 수줍음[6] 대신 품위 있는 음전함을 갖고 있겠지만, 그만큼 더 겸손할 거라는 결론에 이르렀다.

그리고 그런 전제 아래 다음과 같은 논리를 펴는 바다. 여성의 순결을 소박한 겸손함이 자연스럽게 흘러나오는 하나의 미덕으로 변화시키려면 감성만을 키워주는 활동들을 그만두게 하고, 사랑이 아니라 타인에 대한 연민에 가슴이 뛰게 해야 한다. 순전히 지적인 일에 많은 시간을 보내고, 유용한 인간이 되기 위해 좋은 일에 마음을 쏟는 여성은 화려한 쾌락을 추구하거나 남자의 환심을 사려고 갖가지 술수를 짜며 시간과 정력을 낭비하는 무지한 여성보다 훨씬 더 순수한 정신을 갖고 있

5 John Berkenhout, *A Volume of Letters to His Son at the University*(Cambridge: 1790), p. 307. 베르겐호우트(1730?~1801)는 의사 · 박물학자로, 『편지』에서는 여성의 천성적인 수줍음을 보전하는 방법을 비롯한 여러 주제를 다루었다.

6 "얌전함은 어른의 우아하고 차분한 미덕이고, 수줍음은 명랑한 처녀들의 매력이다"[MW].

을 것이다.[7] 격식에 맞게 행동하는 여성은 얌전하다(modest)는 말을 듣지만, 겉으로만 조신하게 구는 건 정숙함이 아니다. 여성의 마음을 정결하게 지키고, 이기적인 열정 때문에 편협해지는 대신 더 넓은 마음으로 인간이 느끼는 모든 감정을 느끼게 하라. 상상력을 자극하는 대신 오성을 계발하는 주제들을 자주 생각하면 소박한 정숙함이 그녀의 아름다움을 더욱 드높여 줄 것이다.

무지의 어둠을 꿰뚫고 올라가며 더 밝은 날을 기약해주는 빛살에서 불멸의 새벽을 보는 여성은 점점 더 나아지는 영혼을 담고 있는 자신의 육체를 하나의 신성한 성전으로 존중할 것이다. 마찬가지로 진정한 사랑도 연인을 이런 신비로운 성스러움으로 감싸고, 그녀와 함께 있을 때면 정말 정숙하게 처신하게 만든다.[8] 그런 사랑은 너무도 조신하기 때문에 밀어를 주고받을 때에도 사람의 눈에 띄어 그 신성함이 더럽혀지

---

7 "나는 남자 대 남자로 얘기하듯이 의사들과 해부학적 주제에 대해 얘기해보았고, 예술가들과 더불어 인체의 비율에 대해 얘기해보았다. 그런데 그들은 늘 얌전했기에 여성인 나의 어투나 성별 때문에 얌전함을 나약함의 가면으로 만드는 예의의 법칙들을 들먹인 적이 없었다. 그리고 나는 양식 있는 남자, 아니 남자는 대부분, 남자와 단둘이 있을 때 상대가 자신을 최소한 마구 더듬거나 하지 않으면 모욕당했다고 생각하는 포르투갈 여성이 지닌 것 같은 얌전함에 대한 잘못된 시각 때문에 상대가 여성임을 기억하게 되지 않는다면, 지식을 추구하는 여성을 모욕하지 않을 것임을 확신한다. 남성은 여성과 같이 있을 때 늘 남자로 행동하지는 않는다. 마찬가지로 여성도 좀더 많은 지식을 얻는다면 남자와 같이 있을 때 자신이 여성이라는 사실을 늘 기억하지는 않게 될 것이다"[MW]. 출판업자 존슨 주변에 모여든 재기발랄한 지식인 그룹의 일원이었던 MW는 평소에 포다이스나 에이킨(Dr. John Aiken) 같은 저명한 의사나 블레이크나 퓨슬리 같은 화가들과 대화할 기회가 많았을 것이다. 그녀는 또 1785년에 패니 블러드(Fanny Blood)를 만나러 포르투갈에 갔다가 그녀의 장례를 치르고 온 적이 있다.

8 "이건 남녀에게 모두 해당되는 내용이다. 세상에는 정숙한 남자도 많기 때문이다"[MW].

는 것을 저어하고, 밝은 햇살조차 피하려고 어두운 구름에 휩싸이고 싶어한다.

하지만 진정한 기쁨의 원천인 신의 존재를 느끼며 가만히 멈춰 서서 이 순간의 만족을 즐길 수 있게 해주는 부드러운 우울함이 가진 장엄한 암흑을 느낄 수 있는 정신이 아니면 진정으로 순결하다고 하기 어렵다.

나는 유행하는 편견의 원인을 추적해보았는데, 그중 하나로, 이기적인 사제들이 그토록 악용해온 성인의 유품에 대한 사람들의 경의는 멀리 있거나 세상을 떠난 친구나 친척의 손길이 닿았던 것에 대한 우리의 애정에서 비롯된 것 같다. 그들에 대한 우리의 사랑은 그들의 몸뿐 아니라 옷까지도 신성하게 변화시키는 것 같다. 그래서 상상력이 있는 연인이라면 사랑하는 여인이 쓰던 장갑이나 슬리퍼까지도 경배하고, 품목은 같더라도 그런 영예를 지니지 못한 천한 다른 물건들과는 구별하게 되는 것이다. 이런 멋진 감정은 실험과학자의 분석 대상이 되지는 못하겠지만—인간은 바로 그런 데서 황홀감을 느끼는 것이다!—우리 눈앞을 스치는 희미한 환상은 다른 모든 물체를 지워버린다. 그런데 이 부드러운 구름을 붙잡아보면 그 형체는 평범한 공기로 녹아내리고, 우리에게 남는 것은 허망함이나 제비꽃 향기뿐이다. 그리고 우리는 이 허망함 또는 향기를 기억 속에 소중히 간직한다. 아, 때는 쌀쌀한 11월인데, 나는 부드러운 봄바람에 취해 나도 모르게 상상의 땅을 거닐었다.

전체적으로 볼 때 여성은 남자들보다 순결하고, 정숙함은 순결에서 나오니, 여자들이 정숙하다고 말해도 무방하리라. 하지만 꼭 그럴 수만은 없는 이유가 있다. 정숙함이라는 게 정말 순결에서 비롯되는지 의심스럽기 때문이다. 세상의 평판이 두렵거나 마음속에 교태나 소설가들의 연애담이 가득 차 그처럼 음전하게 행동하는 경우도 있기 때문이다.[9] 그렇다. 내 경험을 봐도 그렇고 이성적으로 따져 봐도, 여자보다는 남자 중에 정숙한 사람이 더 많다. 남자들이 여자들보다 오성을 더 많이 사용하기 때문이다.

하지만 여자들 중 한 계층을 제외하면, 남자보다는 여자가 정숙하게 행동하기가 더 쉽다. 남자는 대부분 여자를 만날 때마다 무례하게 뜯어보는 버릇이 있는데, 다들 이걸 아주 남자답다고 생각하지만, 기사도 정신의 뻔뻔스러운 잔재인 이 버릇보다 역겨운 게 또 있을까? 이걸 과연 여성에 대한 경의라고 말할 수 있을까? 이런 무례한 행위는 타락했거나 나약한 정신에서 비롯되는 것이다. 그리고 남녀 모두 지금보다 더 정숙해지고, 남자들이 여성에 대한 관능적인 욕망이나 남자답다는 자신감, 아니 더 정확히 말해 뻔뻔함을 버리고 욕망이나 열정이 그들의 행동에 남자만의 특징을 부여하지 않는 한, 서로를 더 존중하게 될 때까지는, 이런 이들에게서 개인적 미덕이나 사회적 미덕을 기대하기는 어려울 것이다. 내 말은, 그때는 남자들이 욕망에서 나오는 왜곡된 기사도 정신이나 여성을 보호해야 한다는 의무감에서 비롯된 뻔뻔한 친절이 아니라, 인간에 대한 겸손한 존중심과 동지애인 개인에 대한 경의를 느끼게 될 거라는 것이다.

이 문제를 좀더 살펴보면, 정숙한 여성이라면 남자들이 다른 사람들 앞에서 뻔뻔스럽게 야한 농담을 하거나 상스러운 객담을 늘어놓을 때 강력히 항의하고 주제를 바꾸어야 할 것이다. 그런 경우 여성은 완전히 무시된 채 그 무례함을 참고 견뎌야 한다. 인간을 인간으로 존중하는

---

[9] "다른 남자와 성적인 관계를 맺지는 않지만 음란하게 행동하는 유부녀들이 그런 예가 될 것이다"[MW].

것이 모든 고귀한 감정의 원천일진대, 그런 더러운 농담으로 사람들을 웃기는 남자는 육욕이나 연심(戀心)에 따라 행동하는 바람둥이보다 더 상스러운 존재다.

이게 바로 정숙함과 관련해 남녀를 구별하는 게 미덕이나 행복에 얼마나 치명적일 수 있는지를 보여주는 한 예일 것이다. 그러나 실지로 상황은 이보다 더 심각하여, 아, 나약한 여성이여, 그들은 자신이 받은 교육 때문에 감성의 노예가 되어 아주 견디기 힘든 상황에서도 이런 감정을 억누르도록 강요받는다. 녹스[10]는 이렇게 말했다. "여성을 무지한 존재로 만들어놓고, 유혹을 이기라고 강요하는 건 너무 불합리한 처사 아닌가?" 미덕이나 체면 때문에 열정을 억눌러야 할 때, 그 책임은 흔히 여성의 몫이다. 그런데 흔히들 남자들의 미덕이라고 하는 신사적인 관대함은 빼놓고라도, 이성과 진정한 정숙함을 고려한다면, 최소한 양측이 모두 자제력을 발휘해야 할 것이다.

정숙함에 대한 루소와 그레고리의 견해도 그와 비슷하다. 두 사람은 모두 아내가 남편 품에 안긴 이유가 감성 때문인지 욕망 때문인지 불확실하게 해두라고 권유하면서, 남편의 마음속에 그런 의심이 조금이라도 남아 있게 하는 여자는 정숙하지 못하다고 말한다.

이번에는 이 문제를 다른 시각에서 살펴보자. 정숙함이 없으면 도덕적으로 살기가 아주 힘든 법인데, 그건 주로 남녀간의 전쟁 상태를 정숙함을 해치는 독이 아니라 그 정수로 보는 관능적인 남자들의 끈질긴

10 영문학사에 등장하는 두 녹스 중 누구인지 판단하기 어렵다. 존 녹스(John Knox, 1505~72)는 둘 중 더 유명한 인물로, 열렬한 종교개혁가이며, 『스코틀랜드 종교개혁사』로 유명하다. 비케시무스 녹스(Vicesimus Knox, 1752~ 1821)는 『명구선(名句選)』으로 잘 알려져 있다 - 옮긴이.

편견 때문이다. 하지만 실상 그건 사랑의 소박한 즐거움들을 완상할 만한 미덕을 갖추지 못한 남자들이 즐기는 육욕의 더 극단화된 형태다. 그런데 섬세한 남자는 겸손함/얌전함에 대한 시각을 더 넓혀서, 여성의 나약함이나 감성에는 만족하지 못하고, 그녀의 애정을 원할 것이다.

남자가 어떤 여자를 정복했다고 떠벌릴 때, 그건 과연 무엇을 자랑하는 건가? 감성의 동물인 여성은 자신의 감성 때문에 과오, 아니 악행을 저지른 것이고, 이성이 깨어나면 그 무서운 결과는 모두 그녀의 몫이 된다.[11] 외롭고 가여운 그녀가 위안을 얻을 곳은 그 어디에도 없기 때문이다. 여성의 이성을 이끌고 나약한 그녀를 도와주었어야 할 남성은 그녀를 배신한 것이다! 사랑의 꿈에 취한 여성은 그를 따라 꽃길을 거닐었고, 그녀를 보호하는 대신 그리로 이끈 남성 때문에 절벽에 떨어진 그녀는 그제야 꿈에서 깨어 황야에 홀로 남겨진 채, 자기를 비웃고 비난하는 세상을 대면해야 한다. 그녀의 나약함을 이용해 정복에 성공한 남자는 이제 새 연인을 찾지만, 그녀는 이 세상 어디에서도 구원을 찾을 수 없고, 무력해진 마음이 슬픔에 빠지는 걸 막을 방도도 없는 것이다.

하지만 남녀가 전쟁을 하는 게 진정 자연의 섭리라면, 양편이 모두 당당하게 싸우고, 상대의 감성을 굴복시키는 건 자랑할 일도 아니라는 걸 알면 좋겠다. 진정한 승리는 여자가 점차 애정을 느껴 엘로이자처럼 사랑을 위해 모든 걸 버리는 경우일 것이다.[12] 나는 그런 희생에 깃들인

---

11 "촛불 주변을 날아다니는 가여운 나방은 날개가 불타게 마련이다"[MW].

12 엘로이자는 포프의 시 「엘로이자가 아벨라르에게」(1717)의 여주인공. 이 시는 중세의 유명한 신학자 아벨라르(Pierre Abelard, 1079~1142)와 그의 아내 엘로이즈(Heloise)의 사랑 이야기에서 소재를 딴 것이다. 아벨라르는 자신이 가르치던 엘로이즈를 사랑해 결혼했으나, 그녀의 임신 사실을 안 엘로이즈의 삼촌 퓨베르가 아벨라

지혜나 미덕을 고려하는 건 아니고, 다만 그 동기가 감성이 아니라 애정이라는 걸 말하는 것이다. 물론 엘로이자의 경우 감성의 역할도 아주 컸지만 말이다. 남자들이 좀더 순결해져야 여성이 정숙해질 것이고, 그렇게 볼 때 엘로이자 같은 여성은 정숙한 여성이라 할 수 있다. 정숙한 여성이 혐오감 없이 계속 사랑할 만한 남편감이 어디 있는가? 남녀가 모두 정숙해지지 않으면 그건 병약한 온실의 화초일 뿐이고, 정숙한 척하는 행위는 음란한 자들이 관능적인 쾌락을 드높이기 위해 빌려 입는 무화과 잎사귀에 지나지 않을 것이다.

남자들은 여전히 여성이 더 정숙해져야 한다고 주장하겠지만, 냉철하고 합리적으로 생각하는 사람은 내 의견에 동의할 것이다. 그런 주장을 고수하는 이들은 자기들이 데리고 노는 나약한 여자들을 겉으로는 존중하면서도 속으로는 무시하는, 그러면서도 인기 있고 재기발랄한 바람둥이들일 것이다. 이들은 가장 강렬한 관능적 쾌락도 포기하지 못하고, 도덕적인 이들의 즐거움인 자제심도 즐기지 못한다.

그럼 이번에는 여자들과 관련해서 이 문제를 검토해보자.

어른들은 정숙함에 대한 그릇된 견해 때문에 아이들에게 말도 안 되는 거짓말을 늘어놓는데,[13] 그걸 듣고 자란 아이들은 아주 일찍부터 이

---

르의 하인을 시켜 조카딸의 순결을 망친 그의 성기를 절단했고, 이때 헤어진 두 연인은 수십 년 후 우연히 다시 만나 서한을 주고받았다. 이 서한을 소재로 한 문학작품들이 많다 - 옮긴이.

13 "아이들은 아주 어린 나이부터 고양이나 새들이 새끼를 낳는 걸 본다. 그렇다면 그들에게 엄마도 그런 식으로 아기를 낳았다고 얘기하는 게 뭐가 잘못됐단 말인가? 그렇게 말해주면 이 문제는 신비함을 잃어서 아이들도 더 이상 그에 대해 생각하지 않게 될 것이다. 아이들에게는 가능하면 진지한 어조로 늘 진실을 말해주어야 한다. 아이들에게 정말 해로운 것은 거짓된 정숙함에 깃들인 음란함이다. 그런 태도는 어떤 현상을 숨기려는 헛된 노력을 통해 아이들의 상상력을 자극하기 때문이다. 아이들

문제에 호기심을 갖게 되어 사춘기에 생각할 것들을 미리 생각하게 되고, 그렇게 되면 오성을 계발하고 도덕적인 인품을 형성하는 데 쓰여야 할 양식(良識)이 약해지고 그 대신 열정이 마음을 채우게 된다.

여자아이들은 육아실이나 기숙학교에서 나쁜 걸 배우는데, 그중에서도 학교가 더 위험하다. 기숙학교에서는 수많은 소녀들이 같이 자고 목욕도 같이한다. 순진한 소녀들의 마음을 순결에 대한 잘못된 생각이나 건강하지 못한 금욕 정신으로 더럽히고 싶지 않지만, 될 수 있으면 어떻게 해서든 소녀들이 그런 나쁜 버릇을 배우지 못하게 막고 싶은 게 내 바람이다. 수많은 소녀들이 무지한 하녀에게서 그런 고약한 버릇을 배우기 때문에, 아이들과 하녀들을 그렇게 뒤섞어놓는 건 정말 염려스러운 일이다.

사실 여자들은 서로 너무 잘 알고, 결혼 생활에 방해가 될 정도로 지나치게 친밀하다. 자매들이나 여자 친구들 또는 귀부인과 시녀들이 서로에 대한 예의를 잊을 만큼 그렇게 친밀하게 지내는 건 점잖지 못한 일이다. 애정이나 인정 때문에 누군가를 병구완할 때, 예의를 차리느라고 역겨운 시중을 못 드는 건 안타까운 일이다.[14] 하지만 건강한 여자들이 자기들은 남자들보다 더 점잖다고 하면서도 서로 그렇게 가깝게 지내는 건 나로서는 도저히 이해할 수 없다.

건강과 미모를 보전하려면 자주 씻어야 하는데, 까다로운 이들이 기

---

이 못된 사람들과 만나는 걸 막을 수만 있다면 그런 문제를 언급할 필요도 없으리라. 하지만 그럴 수는 없기에 아이들에게는 진실을 말해주는 게 제일 좋다. 그런 정보는 아이들에게 흥미로운 주제가 아니기 때문에 상상력을 자극할 염려도 없기 때문이다"[MW].

14 "병 때문에 꼼짝할 수 없다는 건 자존심 상하는 일이므로, 애정이 있는 사람이라면 그런 일을 할 때 친구의 몸 위에 베일을 덮고 할 것이다"[MW].

분 나빠 하지 않을 점잖은 예를 들면, 여성은 지위 고하를 막론하고 혼자서 씻고 옷 입는 버릇을 들일 필요가 있다. 그리고 관습상 도움이 필요하면, 인간의 존엄성을 존중하는 의미에서 남 앞에서 하면 안 되는 일이 끝날 때까지는 하녀를 부르지 말아야 한다. 그건 정숙함이 아니라 기본적인 예의 문제다. 얌전한 여자들이 남에게 다리를 안 보여주려고 하면서, 자신들이 그 다리를 감추기 위해 얼마나 애쓰는지 과시하는 건 유치할 뿐 아니라 점잖지 못한 짓이기 때문이다.[15]

비슷한 이야기지만, 남자들은 절대 범하지 않는 여자들만의 더 나쁜 습관에 대해 좀더 살펴보려고 한다. 여자들은 침묵해야 할 때 비밀을 누설하고, 유대족의 일파인 에세네인처럼 지나치게 청결에 집착하여 인간에 대한 무례에 지나지 않는 불결함을 신에 대한 모독으로 간주한 이들도 있지만,[16] 정말 어떤 여성은 청결에 너무 무관심하다. 정숙한 여자가 어떻게 그처럼 혐오스러운 동물적 기능을 남한테 보여줄 수 있는가?[17] 이런 문제에서 다른 여성의 인격을 존중하도록 교육받지 못한 여성은 머지않아 남편의 인격도 무시하게 될 것이다. 내가 본 바로는, 이들은 처녀 때 가졌던 수줍음이 사라지면 전에 가졌던 습관이 되살아나, 자매나 여자 친구 앞에서 하던 일을 남편 앞에서도 하게 될 것이다.

여자들은 정신을 계발하지 못했기 때문에 어쩔 수 없이 행동으로 뭔

---

15 "나는 어떤 책에 실린 다음과 같은 구절을 읽고 실소를 머금은 적이 있다. '칼라 밑에 손을 넣지 않게 조심하라는 말은 다시 할 필요도 없을 것이다. 얌전한 여성은 절대로 그러지 않을 테니 말이다'"[MW].

16 에세네인(Essenes)은 기원전 2세기경부터 서기 1세기까지 팔레스타인 지방에 살았던 유대인의 한 종족. 그들은 청결의 규율을 엄수했고, 씻는 의식을 거행했다.

17 '보이다'의 원문은 'obtrude'로 '앞으로 또는 밖으로 내밀다'의 뜻. MW는 남 앞에서 용변을 보는('동물적 기능') 여성을 점잖게 표현하기 위해 이런 특이한 단어를 사용한 것 같다.

가를 보여주는 경우가 많고, 애정 표현 또한 그렇게 한다. 다시 말하면 여자들은 정신적으로나 육체적으로 너무 친밀하게 행동한다. 남에게 감출 건 감추면서 점잖고 조신하게 행동하는 것은 인간적 위엄의 토대이고, 여자들끼리도 이런 예의를 지켜야지 그렇지 않으면 그들의 정신은 강해지지도, 정숙해지지도 않을 것이다.

그리고 바로 이런 이유 때문에 나는 많은 소녀들이 육아실이나 학교, 수녀원 등에 갇혀 지내는 것에 반대한다. 촌스러운 시골 꼬마였던 내가 우연히 같이 지내게 된 여러 소녀들이 주고받던 농담이나 짓궂은 장난들을 생각하면 지금도 분노를 금할 수 없다. 그들은 야한 농담을 잘 알았고, 식사 때는 마음대로 술잔을 주고받으며 그런 농담으로 좌중을 떠들썩하게 만들었다. 하지만 단순한 개념들을 일반화함으로써 여러 가지 사고를 비교하고, 그럼으로써 정숙함을 익히지 않으면 순결한 마음을 지키기 힘든 법이다.

내가 조신함을 지나치게 강조한다고 생각할지 모르지만, 그게 없으면 정숙해지기 어렵다. 그래서 여성의 아름다움을 드높여 줄 것들을 꼽으라면 나는 주저 없이 청결, 단정함, 조신함이라고 외칠 것이다. 내가 말하는 조신함이 성적(性的)인 것과 거리가 멀고, 남녀가 모두 똑같이 조신해야 한다고 생각한다는 건 누가 봐도 명백할 것이다. 게으른 여자들은 이런 조신함이나 청결을 하찮게 여기기 쉽지만, 내 생각에는 사랑과 무관한 상황에서 두세 명의 여자가 같은 집에 살 경우, 늘 자기 몸을 깨끗이 가꾸는 여자가 그 집안의 남자들에게 가장 존경받을 것이다.

가족이 아침에 모이면, 각자 그날 할 일을 생각하며 다정하지만 진지한 분위기가 감돌 텐데, 이런 말을 들으면 좀 지나치다고 생각하는 이들도 있겠지만, 나는 신선한 아침 바람을 들이마시며, 사랑하는 가족들의 얼굴에도 그런 깨끗함이 깃들인 걸 보며 기분이 좋아졌다. 그들은 그날의 일과 앞에서 각오를 새롭게 한 것이며, 하루를 열심히 살 준비가 되어 있었던 것이다. 아침에 나누는 이런 사랑의 인사에는 흔히 저녁나절의 대화를 길어지게 하는 친숙한 애정보다 더 많은 경의가 깃들어 있다. 그런데 전날 저녁 깔끔한 차림으로 헤어진 친구가, 마지막 순간까지 자리에 누워 있다가 허둥지둥 옷가지를 걸쳐 입고 내려온 모습을 보면 역겨울 뿐 아니라 기분도 언짢았다.

사람들이 자기 몸을 꾸미거나 망치는 데 들이는 시간의 반만이라도 들여 평소에 옷차림을 단정히 한다면, 그들의 정신도 그만큼 정결해질 것이다. 사람들은 대개 이런 걸 소홀히 하지만, 가족간의 애정은 이런 배려를 통해 유지되는 것이다. 연인들은 몸매를 드러내는 단순한 옷차림을 가장 좋아하고, 여자들은 바람둥이들이 좋아할 차림을 하고 다닌다. 사랑은 언제나 가정이라는 개념과 연관되어 있기에, 화려한 장식에는 애정을 가로막는 일종의 불손함이 깃들어 있다.

여자들은 습관적으로 나태하고, 그들의 생활 자체가 그런 경향을 부추긴다. 어떤 감정에 사로잡힌 사람은 일시적으로 상당히 부산해지지만, 이런 강렬한 감정은 차분하고 정연한 이성의 행보와는 거리가 멀기에 결코 바람직하지 않다. 여성의 정신적 · 육체적 나태는 너무도 심각하기에, 상당한 노력으로 신체가 건강해지고 오성이 확장되지 않는 한, 여성의 수줍음이 진정한 정숙함으로 바뀌기는 어려울 것이다. 그들은 즐겨 얌전한 척하지만, 아름다운 베일은 원래 축일(祝日)에만 쓰는 것이다.

정숙함만큼 다른 모든 미덕과 잘 조화되는 미덕은 없을 것이다. 정숙함은 모든 미덕을 부드럽고 흥미롭게 만들어주고, 좁아진 지평선에 따뜻한 장대함을 부여해준다. 은빛 초승달을 단 다이애나[18]를 순결의 여신으로 만든 시적 허구보다 더 아름다운 것은 없을 것이다. 나는 아득한 옛날에 살았던 한 정숙한 여성이 어떤 쓸쓸한 곳을 천천히 거닐다가 눈앞에 펼쳐진 부드러운 저녁 풍경을 보며, 평온하지만 열정적인 심정으로 다이애나 여신의 빛을 자신의 정결한 마음속에 불러들이면서, 자기가 지닌 위엄의 빛을 느꼈을 거라는 상상을 해본다.

기독교도의 몸은 살아 계신 하느님, 얌전한 행실 이상의 것을 요구하시는 하느님의 성전이기에,[19] 기독교를 믿는 여성은 자신의 순결을 지키고 정숙함을 획득할 더 드높은 이유가 있다. 하느님의 눈은 그녀의 마음속을 들여다보며, 정결함 자체이신 그분의 마음에 들려면 그녀의 순결함이 세속의 체면이 아니라 정숙함에서 나온 것이어야 한다고 가르쳐 주신다. 그렇지 않으면 좋은 평판밖에는 얻을 게 없을 것이다. 미덕이 인간과 창조주 사이에 열어주는 저 엄청난 관계 또는 대화로 인간은 자신도 그분만큼 정결해지고 싶다는 소망을 품게 될 것이다![20]

그렇다면 여성이 거짓된 수줍음을 벗고 성숙한 자태로 남편의 애정을 지키거나, 그녀의 그런 계략이 없었으면 자연히 사랑이 우정으로 바뀌었을 시기까지도 남편을 억지로 연인으로 지키려는 노력을 계속하는 것이 정숙하지 못한 행위라는 건 말할 나위도 없을 것이다. 남자가 자기 아이들의 엄마에게 느끼는 애정은 연인의 애타는 열정 못지않게 소중한 것이다. 그런데 여성이 남편의 이 열정을 연장하기 위해 부자연스

---

18 로마 신화에서 달의 여신으로 처녀신, 사냥신, 출산하는 여성의 보호자.

19 "그대가 신의 성전이고, 성령이 그대 안에 거하는 것을 모르느냐?"(「고린도 전서」, 3장 16절).

20 "그러니 하늘에 계신 하느님이 완전하듯 그대도 완벽할지어다"(「마태복음」, 5장 48절).

럽게 냉정한 척하는 것은 정숙하지 못할 뿐 아니라 음란한 행위다. 여자도 남자와 똑같이 본능적인 욕망과 열정을 가지고 있는데, 이 욕망을 이성으로 누르지 않는 건 야만적인 일이다. 그리고 이 욕망을 억제하는 것은 여성뿐 아니라 인간이면 누구나 지켜야 할 의무다. 이 문제에서는 자연의 섭리를 그대로 두어도, 여성이 지식과 인간성을 획득하면 사랑을 통해 저절로 정숙함을 배우게 될 것이다.[21] 부질없을 뿐 아니라 혐오스러운 가식은 불필요하다. 복잡한 예의범절은 생각 없는 상대에게나 먹혀들지, 양식 있는 남자라면 금방 그 가면을 꿰뚫어보고 그 위선을 경멸하게 될 것이기 때문이다.

젊은이들이 남녀로서 서로에게 취할 행동 방식은 교육에서 고려할 필요가 거의 없는 문제다. 그런데 요즘 대부분의 상황에서는 예의범절이 아주 중시되고 있어서 진솔한 행동을 찾아보기 힘들 정도다. 하지만 사람들이 미덕을 기르고 그게 마음속에 단단히 뿌리내리면, 거기서 나오는 우아한 분위기와 외양이 가식적인 행동의 매력을 무색하게 할 것이다. 진실에 기초하지 않은 행동은 불안정할 뿐 아니라 일종의 속임수이기 때문이다!

오, 자매들이여! 그대들이 진실로 정숙해지고 싶다면, 모든 미덕은 무지나 허영과는 양립할 수 없음을 기억하라! 주어진 의무를 다하고 지식을 추구함으로써만 얻을 수 있는 건전한 정신을 갖추지 못하면, 지금처럼 모호하고 의존적인 상태에 머물며, 아름다움이 지속되는 동안은

---

21 "신혼의 여성들은 아주 혐오스럽게 처신하는 경우가 많다. 그들은 남편이 늘 결혼의 특권을 기억하기를 바라고, 연인처럼 굴지 않으면 불쾌해 한다. 쓸 만한 연료도 대주지 않은 채 그렇게 불꽃만 피워올린다면 사랑의 불은 얼마 못 가 꺼지고 말리라"[MW].

사랑받으리라! 내리깐 눈과 장밋빛 홍조는 그대가 젊을 때는 어울리지만, 이성의 자식인 정숙함은 깊은 생각에 따라 가다듬어진 감성과는 어울리지 않으리라. 게다가 그게 설사 순수한 사랑일지라도, 그대가 사랑밖에는 아무 할 일이 없다면, 그대의 정신은 너무 연약해져서 정숙함과 인간애가 공존하는 저 평온한 정적이 깃들 수 없게 되리라.

제8장

# 여성에게 있어 좋은 평판의 중요성이 도덕에 끼치는 해악

나는 아주 오래전부터 여성에게 끈질기게 주입되어온 행동에 대한 갖가지 충고와 좋은 평판을 유지하기 위한 여러 방법들은 도덕을 뒤덮고 그 실체를 갉아먹는 일종의 독약 같은 거라고 생각해왔다. 그림자의 길이는 태양의 고도나 다른 우연적인 요소들에 따라 달라지기 때문에, 이처럼 도덕의 실체가 아닌 그림자의 길이를 재다보니 나머지 계산이 전부 잘못되었던 것이다.

겉보기에 편안하면서도 남의 눈을 현혹하는 궁정인의 행동은 물론 그의 처지에서 나오는 것이다. 아랫사람들의 갖가지 청탁에 시달리다 보니 그는 상대의 마음을 상하게 하지 않으면서 그 부탁을 거절하거나, 허황한 약속으로[1] 상대를 안심시키는 법을 배워야만 했던 것이다. 그래서 정중함이 진실을 희롱하고, 인간이 본래 가진 진솔함과 인간성이 사라지면서 멋진 신사라는 존재가 생겨나는 것이다.

---

1 원문은 도마뱀의 먹이. 이 도마뱀은 거의 죽은 듯이 보였기 때문에 공기를 먹고 산다고 생각되었다.

그럴 필요가 있다는 오해 때문에 여성 역시 궁정인과 같은 인위적인 행동 방식을 배운다. 하지만 진실을 희롱하는 자는 반드시 그 대가를 치르게 마련이어서, 인위적인 행동에 익숙해진 이는 바로 그 기술의 희생자가 되어 상식이라는 이름의 지혜, 즉 평범한 진리들을 단번에 인식하는 능력을 잃게 된다. 순박한 이들은 자기가 처한 환경의 편견 때문에 자신의 힘으로 그런 평범한 진실들을 깨닫지 못할 수도 있지만, 대개는 늘 그런 지혜를 갖고 살아간다. 하지만 사람들은 대개 스스로 생각하는 수고를 덜기 위해 남의 의견을 그대로 받아들이고, 이런 나태한 정신의 소유자들은 자연히, 그게 종교적 규율이든 세속적 규율이든 간에, 그 법의 정신보다는 표면적인 뜻에 매달린다. 이름은 기억나지 않지만, 한 작가는 이런 말을 했다. "여자들은 하늘만 아는 일에는 신경 쓰지 않는다." 그도 그럴 것이 인간의 눈만을 두려워하도록 교육 받아온 여성들이 왜 하늘의 눈에 신경을 쓰겠는가? 그리고 만약 아르고스[2]를 잠재울 수 있다면 평판에는 문제가 없을 것이기에, 하늘에도 자기 자신에도 신경 쓰지 않을 것이다. 여자들이 깨끗하게 간직하려는 것은 순결이나 거기 따른 아름다운 미덕들이 아니라 평판이기 때문이다. 그리고 이는 미덕이 아니라 사회적 지위를 유지하기 위한 것이다.

유부녀, 특히 귀족 계층의 유부녀나 사회적 지위에 맞춰 중매 결혼하는 나라의 여자들이 벌이는 연애 사건들을 보면 이 말이 맞음을 알게 될 것이다. 순진한 처녀가 사랑에 빠지면 자신에 대한 존중 이외에는 아무런 의무를 깨지 않았어도, 그리고 결혼이라는 편리한 장막 뒤에서

---

2 그리스 신화에서, 제우스(Zeus)는 이오(Io)와 사랑에 빠졌는데, 헤라(Hera)가 이를 눈치채자 그녀를 암소로 바꾸었다. 헤라는 눈이 100개인 괴물 아르고스(Argos)를 보내 그녀를 감시했다.

유부녀들이 행하는 갖가지 술수로 마음이 더럽혀지지 않았어도, 돌이킬 수 없는 오명(汚名)을 안게 된다. 반면에 유부녀들은 가장 신성한 약속을 깨고, 잔인한 엄마, 부정하고 거짓된 아내가 된다. 그리고 남편이 아직도 그녀를 사랑한다면, 그녀는 가장 파렴치한 사람이나 저지를 갖가지 술수를 써서 남편을 속이게 될 것이다. 설사 그렇지 않더라도, 그녀는 그럴듯한 외양을 유지할 이런저런 계략을 지어내느라고 유치하거나 사악한 심리 상태에 빠져 있을 것이고, 그 때문에 정신의 원기를 모두 잃고 말 것이다. 그런 여성은 또 시간이 갈수록 희망이나 두려움이 가득한 일에서만 즐거움을 느끼게 되어, 기분이 좋아지라고 늘 술을 먹는 사람처럼, 활기를 유지하기 위해 늘 연애 상대를 찾아다니게 될 것이다.

그리고 일부 유부녀들은 그보다 더 대담한 일도 불사하는데, 다음 이야기가 그 예다.

아직 남편과 같이 살긴 하지만 갖가지 연애 사건에 연루된 한 귀족 여성은, 결혼 전에 남자의 유혹에 넘어간 것 때문에 항상 기죽어 사는 이웃 여자를 아주 깔보았다. 그녀는 처녀 때 남자의 유혹에 넘어갔다가 나중에 그 남자와 결혼한 처지였다. 그런데 그녀를 무시하는 이 귀족 여성은 실지로 미덕과 평판을 혼동하여, 결혼 전의 자기 처신이 흠잡을 데 없음을 자랑으로 여겼고, 일단 가족이 흡족해 할 정도의 상대와 결혼한 후에는 남편과 똑같이 바람을 피워, 그 엄청난 재산을 물려받을 아들 중 대다수가 아버지가 불분명한 정도였다!

이 문제를 다른 시각에서 검토해보자.

나는 남편을 사랑하지 않는 많은 여성이 다른 누구도 사랑하지 않고 그저 사치와 방탕에 빠져 집안일을 도외시하는 경우를 보아왔다. 이들은 나중에 아이들에게 물려주어야 할 돈을 다 써버리고, 평판만 유지하면 엄마나 아내로서의 의무를 다하는 걸로 생각하며, 좋은 평판을 내세운다. 또 일부 나태한 여성들은 자기 할 일은 전혀 안 하면서 평판이 좋으니 당연히 남편의 사랑을 받아야 한다고 생각한다.

나약한 정신의 소유자들은 의무의 격식적인 면을 지키는 걸로 만족하는 경향이 있지만, 진정한 도덕은 그렇게 복잡한 게 아니다. 그리고 피상적인 도학자들이 행동 방식이나 표면적인 예절에 대해 그렇게 많이 떠들어대지 않았으면 좋겠다. 그 종류를 막론하고 지식에 기초하지 않은 도덕은 하찮은 결과밖에 낳지 못할 것이기 때문이다. 하지만 여성은 남들의 의견을 존중하는 게 가장 중요한 의무라는 명백한 가르침을 받아왔다. 루소는 "평판은 순결만큼이나 중요하다"고 말한 바 있다. 그러면서 그는 이런 말을 덧붙였다. "남자는 자기 자신만 제대로 행동하면 남들이 뭐라 하든 개의치 않을 수 있다. 하지만 여자는 제대로 행동하는 것만으로는 의무의 반밖에 수행하지 못한다. 평판은 그녀의 실체만큼이나 중요하기 때문이다. 따라서 여성 교육은 남성 교육과 전혀 달라야 한다. 평판은 남성에게는 미덕의 무덤이지만 여성에게는 왕좌이기 때문이다."[3] 그렇다면 평판에 기초한 미덕은 완전히 세속적이고 이성을 박탈당한 존재의 미덕이라고 보는 게 논리적일 것이다. 하지만 내 생각에 이들은 세상의 의견에 대한 논의에서도 오류를 범하고 있는 것 같다.

---

3 『에밀』, 328쪽.

그런데 미덕의 자연스러운 결과로서가 아니라, 이런 식으로 해서 얻은 평판에 대한 시각은 여성 타락의 가장 큰 원인, 즉 남자들은 온갖 악행을 저질러도 평판에 문제가 없지만, 여자는 미덕을 갖추어도 좋은 평판을 얻기 힘든 현실에서 비롯된 것이다. 그렇기 때문에 여성이 한 번 잃으면 영원히 되찾을 수 없는 것, 즉 순결을 지키려고 애쓰는 것은 너무도 당연한 일이다. 그래서 여성은 순결을 그 무엇보다 중시하게 되었고, 순결하다는 평판만 있으면 된다고 생각하게 된 것이다. 하지만 마음속에 깃든 동기가 순수하다면 거기서 나온 행동 역시 대체로 옳은 법이므로, 어떤 사람이 지닌 종교든 미덕이든 그게 정말 진솔하다면 그처럼 유치하게 격식에 연연하지 않을 것이고, 무지한 자들처럼 그렇게 표면적인 것에 집착하지는 않으리라.

나는 아주 명망 있는 저자의 말을 빌려 내 의견이 옳다는 걸 보여주려고 한다. 그리고 진지한 논자의 견해는 독자의 마음을 움직이지는 못할 망정 이 문제를 다시 한 번 생각해보게 만들 수는 있으리라. 스미스는 일반적인 도덕률에 대해 이렇게 말한 바 있다.

> 도저히 그런 일을 저지를 수 없는 착한 사람이 아주 기이하고 불운한 정황 때문에 어떤 죄를 범했다는 의심을 받고, 억울하게도 그 때문에 죽을 때까지 모든 사람의 공포와 혐오의 대상이 될 수 있다. 아주 용의주도한 사람이 평소에 그렇게 조심해도 지진이나 홍수 때문에 망할 수 있듯이, 그가 아무리 훌륭하고 올곧은 사람이라 해도 이런 우연 때문에 모든 걸 잃을 수도 있는 것이다. 하지만 전자와 같은 우연은 후자보다 훨씬 드물고 개연성이 없기 때문에, 우리가 진실하고 올바르고 인간적인 삶을 영위한다면 확실히, 그리고 거의 항상 이런 미덕들이 목표로 하는 것들,

즉 주변 사람들의 믿음과 사랑을 얻을 수 있다. 어떤 한 가지 행동이 오해를 불러일으킬 수는 있지만, 행동 전반에 걸쳐 그런 오해를 받는 건 거의 불가능하다. 죄 없는 사람이 의심을 받는 경우는 극히 드물다. 그보다는 설사 그가 실지로 그런 일을 저질렀고 증거가 상당히 분명하더라도, 평소에 그가 착하게 살았기 때문에 용서를 받는 경우가 더 많다.[4]

나는 이 분의 의견에 전적으로 동의한다. 남자든 여자든 죄가 없는데 오해로 멸시받는 일은 별로 없기 때문이다. 11월 아침 이 대도시를 온통 뒤덮고 있다가 해가 뜨면 서서히 사라지는 짙은 안개처럼 일시적으로 어떤 사람에 대해 떠도는 중상모략의 경우는 다르겠지만, 대개 평소의 행동이 사람들의 평가를 결정하게 되어 있다. 맑은 햇살은 날마다 빛나며 순수한 사람의 명성에 먹칠을 한 무지한 억측이나 악랄한 헛소문을 불식할 것이다. 거짓된 빛이 잠시 동안 그 그림자인 평판을 왜곡할 수는 있지만, 허상을 만들어낸 구름이 걷히면 대개 본래의 모습이 나타나는 법이다.

어떤 경쟁에서든 꾸준히 노력하는 사람은 목표를 이루게 마련이므로, 우리는 대개 어떤 면에서는 실제보다 더 나은 평판을 누리며 산다. 사람은 타인의 마음을 읽을 수 없으니, 남의 눈에 띄기 위해 길모퉁이에서 기도했던 바리새인처럼,[5] 이 초라한 보상을 얻으려고 애쓰는 이들은 그들이 바라는 걸 얻게 되리라! 그러나 누군가가 남의 시선에 개의

---

4 스미스, 『도덕론』, 227~228쪽.

5 "기도할 때는 사람들 눈에 띄기 위해 회당이나 길모퉁이에 기도하는 위선자들처럼 하지 말라"(「마태복음」, 6장 5절). 바리새인은 율법의 정신이 아니라 문자 그대로의 뜻에 충실했다.

치 않고 바른 길을 가려고 애쓸 때, 그의 선한 행동이 자연히 불러오는 명성은 일반적으로 더 진실하고 확실한 법이다.

물론 선한 사람이 부당한 취급을 당해 하느님께 억울함을 호소하며, 소문이 사그라질 때까지 마음속의 안식처에 숨은 채, 입바른 이들의 불평이나 시기하는 이들의 비난을 피할 수도 있고, 부당한 비난의 화살이 순진하고 부드러운 마음을 꿰뚫어 슬픔을 자아낼 수도 있다. 하지만 이런 경우는 아주 드물다. 그리고 우리는 일반적인 법칙에 따라 행동해야 한다. 혜성의 특이한 움직임은 태양계 혹성들의 공전을 설명하는 불변의 법칙에 관한 천문학적 계산에 전혀 영향을 주지 않는다.

그렇다면 앞에 나온 그런 예외들을 제외하면, 성년에 이른 사람의 평판은 대체로 정당하다는 결론을 내릴 수 있겠다. 적극적으로 착한 일을 하는 대신 그저 죄를 범하지 않으려고 조심함으로써 잘못을 저지르지 않는 신중하고 영리한 사람이 그보다 더 현명하고 선한 사람보다 나은 평가를 받을 수도 있다. 그래서 지금까지 내가 본 바로는, 거의 비슷한 정도의 미덕을 지닌 두 사람이 있을 때, 다른 쪽이 친구는 더 많을 수 있지만, 세상 사람들이 더 좋아하는 쪽은 신중한 사람일 확률이 높다. 하지만 위대한 사람의 미덕에 특히 잘 나타나는 언덕과 계곡, 구름과 햇살은 서로를 더 강조해주고, 나약하고 시기심 많은 인간에게 더 확실한 표적을 제공해주지만, 약한 사랑과 교묘한 악의가 아무리 그의 명성에 먹칠을 해도 그 사람의 진면목은 반드시 드러날 것이다.[6]

자기 힘으로 쌓지 않았기에 현명한 사람들이 캐고 드는 평판을 보전

---

6 "이 부분은 여러 전기 작품에 부합하는 내용이지만, 특히 보스웰의 존슨 전기가 좋은 예가 될 것이다"[MW]. 보스웰의 『새뮤얼 존슨 전기』는 사소한 미움과 인간적인 결점들 때문에 오점을 남긴 위대한 인물의 삶을 그렸다.

하려는 노력에 대해서 뻔한 말을 덧붙이진 않겠다. 하지만 여성의 삶에서 이처럼 실체보다 쏟는 노력이 더 많은 데서 벌어지는 도덕상의 부작용은 심각하다는 사실을 지적하고 싶다. 바로 이것 때문에 단순한 것이 말할 수 없이 복잡해지고, 미덕과 그 그림자가 전혀 다르게 나타나는 일까지 벌어지는 것이다. 루크레티아가 평판이 아니라 순결을 지키기 위해 죽었다면 그렇게 유명해지지 않았을지도 모른다.[7] 우리가 각자 양심에 따라 처신하면 남들도 좋게 평가해줄 것이다. 그러나 훨씬 더 훌륭하고 뛰어난 사람이 되길 열망한다면, 그것이 비록 교묘한 논리를 통해 현재 도덕의 토대가 되어 있긴 하지만, 남의 눈에 비치는 대로 자신을 평가해서는 안 될 것이다.[8] 그들은 그 시대나 나라의 편견뿐 아니라 개인적인 편견까지 갖고 있기 때문이다. 우리는 각각의 생각이 행동으로 드러나는 걸 지켜보고 계시고, 빗나간 적 없는 영원한 정의의 기준으로 우리를 평가하시는 그분의 눈으로 자신을 평가하도록 노력해야 할 것이다. 그분의 판단은 올바르고 자비롭기 때문이다!

하느님의 마음에 들려고 애쓰고, 마음속에서 다른 게 모두 사라지고 그분의 존재만이 느껴질 때 자기 행동을 진지하게 평가하는 겸손한 사람은 자신의 미덕에 대해 대체로 올바른 평가를 내리게 될 것이다. 자신의 행동을 반성해보는 조용한 시각에, 그는 자기가 저지른 잘못에 대해 간절히 참회할 것이고, 경건하고 순수한 믿음 속에서 하느님과 인간

---

7 루크레티아(Lucretia)는 로마의 콜라티누스(Lucius Tarquinius Collatinus)의 아내로, 한 왕자에게 겁탈당하자 남편과 아버지에게 이 사실을 알리고, 복수의 약속을 받아낸 다음, 스스로 목숨을 끊었다.

8 '스미스'[MW]. 스미스의 책 제목(『타인과 자신의 행동과 성격을 평가하는 기준이 되는 원칙들에 대한 분석』)에서 알 수 있듯이, 그는 개인은 '공감'(sympathy) 또는 '동지애'(fellow-feeling)라고 불리는 사회적 요인에 따라 조건화된다고 생각했다.

을 이어주는 끈을 느끼고 격렬한 흥분 없이 조용히 가슴이 부풀어 오르는 걸 느낄 것이다. 이런 거룩한 시각에 인간은 그 그늘에 죽음을 품고 사방에 독기를 내뿜는 자바 나무[9] 같은 죄악의 씨앗을 발견할 것이다. 하지만 그는 자신이 사랑의 끈으로 세상의 모든 사람과 이어져 있고, 다른 사람이 잘못을 저질렀을 때 그건 모두 인간이기 때문이라며 어떻게든 이해하려고 애썼듯이 자기 마음속에도 그런 천성이 있음을 느낄 것이기에, 그 죄악의 씨에 대해 지나친 혐오감을 느끼지는 않을 것이다. 그는 아마 이런 식으로 마음을 단련하고 고난을 통해 더 나은 사람이 된 내가 마음속의 어떤 구석에서 뱀의 알[10]을 발견하고 어렵사리 그걸 깨버렸다면, 그 알을 나만큼 열심히 깨지 않았거나 아무 생각 없이 그 무서운 알을 마음속에 품어 그 교활한 뱀에게 피를 빨린 사람들에게 연민을 느껴야 한다고 느낄 것이다. 내 안에 깃든 죄악을 아는 내가 과연 동료 인간을 쓰러뜨려 그들이 저 아래 펼쳐진 지옥에 떨어지는 모습을 마음 편히 지켜볼 수 있는가? 절대로 그럴 수 없다! 그의 마음은 괴로움에 휩싸인 채 애타게 외칠 것이다. 나도 인간이고, 하느님 앞에서 나를 흙 쪽으로 밀치며 모두가 조용할 때 큰 소리로 우리는 모두 같은 흙에서 나왔고 같은 공기를 마시고 산다고 외치는 마음속의 숨은 죄악을 지니고 있다! 이처럼 인간애는 겸양에서 자연스럽게 흘러나와, 여러 사람의 마음을 이어주는 사랑의 끈을 엮는 것이다.

---

9 다윈(Erasmus Darwin)은 『식물의 사랑』(*Loves of the Plants*, 1788) 후기에서 반 농담 삼아 자바 나무의 전설을 소개했다. 이 나무는 너무도 강한 독기를 뿜어내기 때문에 그 근처에는 늘 해골이 즐비하고, 사형수를 이 나무 옆으로 보내면 교수형에 처하는 것만큼이나 확실하게 처형할 수 있다고 한다.

10 "그러니 그자를 일단 알에서 깨면 다른 뱀들과 마찬가지로 악한 존재가 될 뱀의 알로 생각하시오"(『줄리어스 시저』, 제2막 1장, 32~33행).

그는 예전에는 낮을 다스리는 그분께서 모든 사람에게 똑같이 햇살을 비춰주신다고 확신했지만, 이제 전보다 더 큰 인간애로 남들을 잘못으로 이끈 이유를 가장 호의적인 시각에서 이해하려고 애쓰고, 인간의 모든 오류에 나름의 이유가 있음을 깨닫고 기뻐하며, 자신에게는 확신을 주지 못했지만 남의 잘못을 이해할 수 있게 해주는 논리의 힘을 새롭게 느끼게 될 것이다. 하지만 한 발은 땅에 딛고 이렇게 타락과 악수를 하지만, 다른 발은 하늘로 치솟으며 천사들과 동질감을 느낄 것이다. 이런 진지한 시각에 미덕은 인간의 눈에 띄지 않게 향기를 발할 것이고, 갑자기 치솟는 위안의 깨끗한 물결로 생기를 되찾은 대지는 웃음 짓는 초목으로 뒤덮일 것이다. 죄악을 보기에는 너무 순수한 눈은 느긋한 마음으로 이 푸른 초원을 보게 될 것이다!

하지만 내 영혼은 갑자기 힘을 잃고, 나는 영혼을 달래준 이런 느낌을 말로 표현하지 못한 채 그저 조용히 이런 생각이 불러일으킨 환상을 즐길 뿐이다. 이건 마치 아침이 밝아올 때 나뭇잎 사이로 몰아치며, 나른하지만 평화로운 영혼에 떨어져 이성이 가라앉히지 못한 열정들 때문에 달아오른 마음을 식혀주는 부드러운 소나기와 같다.

내 논의의 주요 원칙들은 아주 명백하기 때문에, 도학자들이 평판을 깨끗이 유지하도록 늘 신경을 쓰는 게 여자들이 지켜야 할 유일한 의무이고, 도덕적 의무보다는 처신을 바로 하고 평판을 유지하는 게 더 중요하다는 사실을 여성에게 그토록 줄기차게 주입하지 않는다면, 이 문제를 이토록 자세히 설명할 필요가 없었을 것이다. 그런데 사람들이 이 평판을 논할 때 유일하게 관심을 두는 건 바로 육체적 순결이다. 여자들은 정절(honour)이라는 이상한 이름으로 불리는 이 순결만 지키면 다른 사회적 의무를 모두 게을리 해도 문제가 되지 않는다. 그녀가 설사 도박이나 사치로 가정을 망쳐도 정절을 지킨 여인이므로 떳떳할 수 있다는 식이다!

"여자는 한 가지 잘못만 피하면 어떤 짓을 해도 용서 받는다"[11]는 머콜리 부인의 말이 바로 그런 뜻이다. 그녀는, "순결을 잃으면 거기서 다른 모든 죄악이 시작된다는 진부하고 어리석은 말이 나온 것도 그 때문이다. 하지만 자연은 그렇게 나약한 존재를 만든 적이 없다. 인간의 정신은 쉽게 타락하지 않는 고귀한 속성을 지니고 있고, 여성이 비록 열악한 상황에 처해 있고 교육도 제대로 못 받지만, 다른 여자들의 극악한 증오 때문에 자포자기 상태에 빠지지 않는 한 철저히 타락하는 경우는 거의 없다"[12]는 온당하고 인간적인 말을 덧붙이고 있다.

그런데 여자들이 순결을 중시하는 만큼 남자들은 그걸 경시하고, 이런 극단적인 태도는 둘 다 도덕에 치명적인 영향을 미친다.

남자는 여자보다 욕망의 유혹에 더 약하고, 지나친 충족으로 둔해진 욕망을 만족시키기 위해 고안된 복잡한 기법들과 무절제한 방탕 때문에 더 타락해 있는 게 사실이다. 사치스러운 생활은 건강에 해로운 미식과 과식을 부추기는데, 다른 사람 앞에서 지나치게 많은 음식을 먹고 나중에 소화가 안 된다고 투덜대는 것은 정말 점잖지 못한 일이다. 일부 여성, 특히 프랑스 여성은 이 면에서 뻔뻔한 편이다. 그들은 남 앞에서 아무렇지도 않게 소화 불량에 대해 얘기하기 때문이다. 나태가 부유함이라는 기름진 땅 위에 썩은 걸 먹고사는 저 여름 벌레들을 까놓지

11 머콜리는 그 '한 가지 잘못'을 다음과 같이 설명했다. "여자는 거짓말을 하고, 남을 속이고, 비방하고, 도박으로 집안을 망치고, 교태로 수많은 가정의 평화를 깨더라도, 바람 피우다 들키지만 않으면 명성과 평화를 지킬 수 있다"(『교육에 관한 서한집』, 210쪽).

12 머콜리, 앞의 책, 212쪽.

않는다면, 그렇게 야만적일 정도로 과식하는 인간이 사라질 것이다. 나는 모든 행동 규범 중 눈앞의 쾌락을 쫓느라 다른 사람을 불쾌하게 하지 않도록 인간에 대해 늘 존중하는 마음을 갖는 것이 가장 중요하다고 생각한다. 유부녀나 나이 지긋한 여자들의 뻔뻔한 나태함은 점잖지 않은 행동으로 이어지기 십상이다. 그들은 자기들이야말로 남녀를 이어주는 끈이라고 생각하지만, 순전히 게으름 때문에 또는 약간의 호의를 누리기 위해 얼마나 불쾌한 짓들을 하는지 모른다.

남녀를 이어주는 타락한 욕망은 그보다 더 치명적인 해를 끼쳐왔다. 이런 문제에서는 자연이 기준이 되고 욕망의 척도가 되어야 하는데, 탕아들은 자연을 완전히 무시한다. 자연은 늘 그렇듯이 이 문제에서도 욕망의 충족을 종족 보전을 위한 지당하고 불가결한 법칙으로 보기 때문에, 욕망에 존엄성을 부여하고 관능적인 욕구[13]에 정신과 애정을 더해준다. 그저 동물적인 본능에 부모로서의 감정이 더해지면 그만큼 존엄성이 생기고, 아이 때문에 남녀가 만나면 그 아이에 대한 공통의 감정 때문에 서로에 대해 관심과 애정을 갖게 된다. 그렇다면 여성은 자기 몸을 치장하는 것 이상의 드높은 의무들을 지니고 있기에, 아무 생각 없이 가벼운 육욕의 노예로 살면 안 될 텐데, 실지로는 상당히 많은 여성이 이를테면 지나가는 남자는 누구나 집어먹을 수 있는 음식 같은 삶을 산다.

혹자는 그런 여자들의 문제는 심각하긴 하지만, 그렇지 않은 나머지 여자들의 구원을 위해 애쓰는 이들에게만 문제로 느껴질 거라고 할 수도 있다. 하지만 금세 그 오류가 드러나는 많은 주장과 마찬가지로 이

13 '욕구'의 원문은 'gust'.

말도 더 큰 선을 위해 작은 악을 묵인하자는 의도를 담고 있다. 그런데 문제는 여기서 그치지 않는다. 왜냐하면 그런 여자들의 처신은 정숙한 여성의 도덕성이나 마음의 평화에 큰 해를 끼치기 때문이다. 그들은 정숙한 여성이 죄를 범했을 때 기댈 여지도 주지 않고, 갖가지 술수로써 그들의 남편을 유혹하고 아들을 타락시키는가 하면, 그런 얌전한 여성이 어느 정도 자기들처럼 처신하는 것도 용납하지 않기 때문이다. 하지만 내가 볼 때 여성이 앞에서 본 것처럼 그렇게 타락하거나 나약해지는 것은 바로 남자들의 방탕함 때문이다.

너무도 널리 퍼져 있는 이 방탕함은 욕망을 타락시켜 아주 강한 자극에만 반응하게 만들고, 자연의 원래 의도는 잊힌 채 여자의 육체에 대해서만, 그것도 잠시 흥미를 느끼게 만드는 것이다. 이렇게 욕망에 찬 바람둥이는 너무도 관능적이 된 나머지 나중에는 여자의 부드러움보다 더 나은 것을 바라게 된다. 그들은 여자보다 더 나긋한 존재를 갈망하고, 심지어 이탈리아와 포르투갈의 어떤 남자들은 여성이 지닌 나른한 매력보다 더한 걸 즐기기 위해 수상쩍은 자들의 모임[14]에 나가기도 한다고 한다.

이런 부류의 남자들을 만족시키기 위해 여자들은 체계적으로 관능성을 기르도록 훈련받아 왔고, 모든 사람이 그 정도까지 방탕해지진 않겠지만, 그들이 체험하는 이런 냉혹한 관계는 남녀를 모두 타락시킨다. 왜냐하면 그런 관계에서 남자들은 더 타락한 욕망을 갖게 되고, 여자들은 쾌락과 권력을 얻기 위해 자연히 그런 이들의 욕망을 만족시키게끔 처신하게 되기 때문이다. 그렇게 되면 여성은 자기 삶의 커다란 목적

---

14 '모임'의 원문은 'levee'로, 보통 남자 손님을 받는 일을 말한다. '수상쩍은 자들'은 아마 동성애자들을 가리키는 듯하다.

중 하나, 즉 아이를 낳고 기른다는 중요한 일을 수행하기 어려울 만큼 심신이 약해지고, 엄마로서의 의무를 수행할 힘도 잃게 될 것이다. 심지어 그들은 본능에 존엄성을 부여하는 모성애를 저버린 채 관능을 택해 뱃속의 아이를 낙태하거나,[15] 낳은 아이를 내다버리기도 한다. 자연의 모든 측면은 존중되어야 하는데, 이렇게 자연의 법칙을 어기는 이들은 반드시 그 벌을 받게 된다. 바람둥이들이 특히 좋아하는 저 나약하고 무기력한 여성은 설사 임신을 하더라도 엄마가 되기에는 부적합한 존재다. 그래서 타락과 고통을 퍼뜨리며 여자들과 놀아나던 관능주의자는, 대를 이으려 할 때, 아내에게서 양쪽 부모의 나약함을 물려받은 부실한 아기를 얻게 될 것이다.

인간적인 현대와 야만적이었던 옛날을 비교할 때, 사람들은 기를 수 없는 아이를 내다버렸던 야만적인 관습을 그 좋은 예로 든다.[16] 하지만 그런 불평을 늘어놓는 현대의 바람둥이는 자신의 방탕한 연애 행각으로 얼마나 많은 여자들을 불임(不姙)으로 고통받게 만들고, 주변에 타락한[17] 분위기를 조장하는가? 자연은 여자들이 욕망을 충족하느라 자기 존재 이유 자체를 부정하게 될 거라는 생각은 꿈에도 못했을 것이다.

나는 앞에서, 남자는 자기가 유혹한 여자를 부양해야 한다는 말을 했는데, 그렇게 되면 여성의 처신도 나아지고, 사회와 도덕에 그처럼 큰 해를 끼치는 악습도 사라질 것이다. 그리고 그만큼 중요한 또 하나의

---

15 방탕한 아버지는 아내에게 매독을 옮기고, 아내는 너무 약하고 부실한 상태로 임신을 한다. 그렇지만 임신을 해도 아기가 자연 유산되거나 성병 때문에 맹인이나 기형아로 태어나기 쉽다.

16 기형으로 태어났거나 뭔가 다른 이유로 기르고 싶지 않은 아이를 바깥에 내놓아 죽게 만드는 것은 고대 그리스에서 널리 행해진 관습이었다.

17 원문은 'flagitiousness'로 '타락'의 뜻.

효과는 바로 여성이 순결의 진정한 가치를 깨닫게 되리라는 것이다. 왜냐하면 정숙함의 관점에서 볼 때는, 설사 평판이 완벽한 여성일지라도 바람둥이의 무절제한 욕망과 자신의 어리석음 때문에 순결을 잃어버린 여성을 경멸하면서도 바로 그 바람둥이에게 미소를 보낸다면, 그런 여자는 존경받을 자격이 별로 없기 때문이다.

게다가 자신은 순결하다고 생각할지라도, 단지 남자들의 눈에 띄기 위해, 그리고 남들의 찬사를 받으며 소위 순수한 희롱이라 불리는 남자들의 부질없는 친절을 받기 위해 열심히 몸치장을 한다면 그녀 역시 같은 나약함의 오점을 갖고 있는 셈이기 때문이다. 미덕을 그 자체로 존중하는 여성이라면, 좋은 평판을 유지하기 위해 감수해야 하는 자제에 대한 보상으로 남들의 칭찬을 받으려 하지도 않을 것이고, 평판을 더럽힐 남자와 교류하지도 않을 것이다.

남녀는 서로 타락시키기도 하고 나아지게 만들기도 한다. 이건 틀림없는 사실이고, 그 범위 또한 모든 미덕에 걸쳐 있다. 순결, 정숙함, 공익 정신, 그리고 이와 연관된 모든 고귀한 미덕들은 사회적 미덕과 행복의 토대로서, 사회 구성원 모두 이를 이해하고 육성해야지 그렇지 않으면 아무 소용없을 것이다. 그리고 이런 미덕들을 남녀 어느 한쪽의 의무라고 주장함으로써 사악하거나 게으른 자들에게 신성한 의무를 파기할 구실을 마련해주지 말고, 자연은 이 면에서 남녀를 구분하지 않았다는 걸 보여주어야 할 것이다. 방탕한 남자는 여자처럼 나쁜 평판에 시달리지는 않겠지만, 상대 여자를 불임의 몸으로 만들고 자신의 건강을 망침으로써 자연의 뜻을 거스르게 된다. 이건 육체적인 결과이고, 도덕적인 결과는 더욱 심각하다. 시민, 남편, 아내, 아버지, 어머니, 가장들의 의무가 편의를 위한 이기적인 관계로 전락한다면 미덕은 허명(虛

名)에 지나지 않게 될 것이다.

그렇다면 철학자들은 왜 공익 정신을 강조하는가? 개인의 미덕에 기초하지 않은 공익 정신은 평판에만 신경 쓰는 여자들이나 체면 유지에만 급급한 남자들의 거짓된 감정과 비슷하게 될 것이다. 이런 감정은 한 가지 의무를 습관적으로 깨뜨리면 도덕률 전체를 어긴다고 생각하는 사람이 갖고 있는 저 드높은 도덕이나 미덕의 토대 위에 서 있지 않다.

제9장

# 우리 사회에 존재하는 인위적인 구별이 끼치는 해악

생각 있는 이가 보기에 너무도 한심한 이 세상의 많은 문제점과 악은 물욕에서 비롯된다. 끔찍한 파충류나 독사들이 울창한 수풀 속에 웅크리고 있는 것은 사회의 최상층에서 벌어지는 일이고, 그 후터분한 공기 속에 웃자란 향락은 아무리 도덕적인 천성도 채 미덕으로 성숙하기 전에 타락하게 만든다.

모든 계층이 재산을 기화로 사람들의 존경을 사려고 하고, 일단 부자가 되면 재능이나 미덕을 지닌 사람만이 받아야 할 존경을 거저 받기 때문에, 모든 계층이 부자가 되려고 서로 경쟁하는 형편이다. 인간으로서 수행해야 할 의무를 게을리 하는 사람도 반신(半神) 대접을 받고, 종교는 의식(儀式)의 베일 뒤에서 도덕과 분리되어 있다. 그런데도 사람들은 이 세상이 거의 문자 그대로 사기꾼과 억압자들의 소굴이 된 이유를 궁금해 한다.

악마는 한가한 자를 부린다는, 통찰력 있는 진리를 담은 소박한 속담이 있는데, 세습 재산과 계급만큼 습관적인 나태를 부추기는 게 또 있을까? 인간은 자신의 재능을 발휘해야만 그걸 제대로 활용할 수 있는 법인데, 어떤 식으로든 그럴 계기가 있어야만 노력을 하게 된다. 마찬가지로, 미덕도 각자의 의무를 수행하는 과정에서 얻어지는데, 아첨꾼들의 감언이설 때문에 인간성을 상실한 사람이 그 신성한 의무의 중요성을 느끼기는 정말 어려울 것이다. 사회가 좀더 평등해져야 도덕이 제자리를 잡을 것이다. 하지만 이 도덕적 평등이 바위 위에 서 있다 해도, 여자들이 운명의 사슬로 그 바위 아래 묶인 채 무지나 자만심을 통해 끊임없이 그 토대를 와해시키는 한 진정으로 견고한 바위 위에 서 있다고는 말할 수 없으리라.

여성이 남성에게서 어느 정도 독립하지 않는 한 그들이 도덕적이 된다든지, 좋은 아내나 엄마가 되는 데 필요한 강한 본능적 사랑을 갖추길 기대할 수 없을 것이다. 그들이 남편에게 완전히 의존해 있는 동안은 늘 교활하고 이기적인 존재로 살아갈 것이다. 그리고 주인을 사랑하는 애완견처럼 아첨하며 달라붙는 그들에게서 만족을 얻는 남성은 별로 민감하지 못한 존재들일 것이다. 사랑은 그 어떤 의미에서도 대가를 치르고 살 수 있는 게 아니기 때문이다. 사랑에 빠진 이는 상대방도 그와 똑같은 사랑을 느끼길 바라지만, 그외의 다른 뭔가를 바라게 되면 그 부드러운 날개가 금방 시들어버린다. 재산이 남자들을 무기력하게 만들고 여자들이 자신의 매력을 팔아 살아가는 동안은 양쪽 모두 노력과 극기가 필요한 저 고귀한 의무를 수행하기 어려울 것이다. 세습 재산은 인간의 정신을 타락시키고,[1] 그 재산에 희생된 불운한 존재들은 태어날 때부터 돈에 감싸인 채 심신을 움직이려 하지 않는다. 그래서 이렇게 잘못된 매개물을 통해 모든 걸 보다보니 뭐가 정말 가치 있고

---

1 '타락시키다'의 원문은 'sophisticates'.

행복한지 알 수 없게 되는 것이다. 재산의 망토에 휩싸인 채, 둔하고 맥 빠진 사지를 이끌고, 보기에도 멍청한 눈을 굴리며 여기저기 쾌락을 찾아다니는, 변장한 춤꾼 같은 그에게 뭐가 제대로 보이겠는가?

그렇다면 각자가 자신의 의무를 수행함으로써 모든 사람이 어떻게든 얻으려 하는 그런 존경을 받을 수 있어야만 제대로 된 사회일 것이다. 따라서 재산이나 미모에 주어지는 존경은 애정과 미덕의 연한 꽃봉오리를 시들게 하는 진(眞)북동풍이다. 현명한 자연은 힘든 일을 쉽게 느끼게 하고 마음이 있어야만 가능한 이성의 노력에 힘을 실어주기 위해 의무에 애정을 결합해두었다. 하지만 어떤 이들이 자기 의무는 방기한 채 마음대로 전유(專有)한 표지로서의 애정은 사악하고 어리석은 이들이 미덕과 진실에 바치는 공치사 중 하나다.

예컨대 사람들이 자기 미모에 바치는 찬사에 넋을 잃어 엄마로서의 의무를 게을리 하는 여성이 있다면, 그녀는 그에 못지않은 보람과 행복을 가져올 애정을 포기함으로써 스스로에게 죄를 짓는 것이다. 이 불완전한 세상에서 얻을 수 있는 진정한 행복인 모든 기쁨과 도덕적인 만족은 잘 조절된 애정에서 나와야 하고, 애정은 의무를 수반하는 것이다. 남자들은 그들이 여성에게 매력적인 존재가 되라고 부추김으로써 초래하는 불행이나 그들이 좋아하는 사악한 나약함을 잘 알아차리지 못한다. 그들은 아름다움에 대한 그런 관능적인 시각이 여성의 삶을 불편하고 부도덕하게 만들고, 자연 상태라면 조화를 이루었을 본래의 의무와 인위적인 의무 사이에 갈등을 초래한다는 사실을 모르는 것이다.

청소년기의 방탕한 생활 때문에 부자연스럽게 변했거나 정말 냉혹한 사람이 아니라면, 여자의 관능적인 교태보다는 엄마 젖을 빠는 자기 아이의 모습에서 더 큰 기쁨을 느낄 것이다. 그런데 여자들은 재산 때문에, 부부간의 사랑을 깊게 하고, 더 달콤한 기억들과 아내에 대한 존경의 마음을 한데 얽어줄 이런 자연스러운 길을 거부하는 것이다. 여자들은 미모를 지키고, 잠시 남자들을 휘두를 권리를 주는 화관(花冠)을 쓰기 위해, 나이가 들어 열정이 식었을 때, 남편이 매력적이었던 처녀 때보다 더 큰 애정으로 되돌아보게 할 이미지를 심는 걸 게을리 한다. 이성적이고 다감한 엄마의 모성애는 정말 흥미롭고, 자기 위치에 걸맞은 중요한 의무를 수행해온 남편이 가족에게 쏟는 사랑에 정결하고 위엄 있게 응답하는 아내의 모습은 품위 있을 뿐 아니라 아름답다. 나는 언제나 인위적인 감정을 피해왔고, 내 마음을 알아주는 이도 없었기에, 가족간의 사랑 대신 맥빠진 호사와 비굴한 격식으로 전락한 번거로운 겉치레에 지친 눈을 쉬기 위해, 자연이 여기저기 펼쳐놓은 상쾌한 초원 같은 다른 광경으로 시선을 돌려야 했다. 그래서 이번에는, 아주 천한 일만 하녀에게 맡기고 다른 집안일은 직접 하면서 아이를 돌보는 여인을 기쁜 마음으로 바라보았다. 그녀는 아이와 함께 깨끗이 씻는 것 말고는 별 치장 없이 남편을 맞았고, 피곤한 남편은 저녁에 집에 돌아와 아이가 방글거리고 집안이 깨끗이 정돈된 모습을 보았다. 내 마음은 이들 옆에 머물렀고, 낯익은 발소리가 들려오자 그 주부와 똑같이 기쁨으로 가슴이 두근거렸다.

이 소박한 광경을 상상하며 나는 마음이 흐뭇해졌고, 아내와 남편으로서 지닌 의무를 각자 충실히 이행하고, 그래서 서로에게 똑같이 필요하면서도 서로 독립적인 이런 부부는 인생이 줄 수 있는 모든 걸 가졌다고 생각했다. 이들은 한 푼이라도 아껴야 할 정도의 비참한 가난에서 벗어났고, 감정과 정신을 편협하게 만드는 인색한 살림 방식을 고수하지 않아도 될 만큼의 재산을 갖고 있었다. 나는 극히 대중적인 사고 방식을 갖고 있기에, 이 부부에게 인간 관계에 다양성과 흥미를 더해줄 문학에 대한 안목과, 가난한 이들을 돕고 책을 사볼 경제적 여유만 있다면, 이들보다 더 행복하고 존경스러운 사람은 없을 거라고 생각한다. 거지에게 동정심을 느껴 하다못해 푼돈이라도 주려고 잔돈밖에 없는 지갑을 꺼내려는데, 인색한 꼬마가 정의가 우선이라는 안일한 소리를 지껄이며 팔을 붙잡는다면 참 불쾌할 것이기 때문이다.

앞에서 재산이나 세습 계급이 인간성에 파괴적인 영향을 미친다고 했는데, 그중에서도 여성은 그런 경우 남성보다 더 심하게 타락하고 위축된다. 남성은 돈이나 지위가 있어도 군인이나 정치가가 되어 어느 정도 자신의 재능을 펼칠 수 있기 때문이다.

물론 군인이 되는 남성도 대개는 황량한 북쪽 구석이나 후미가 빛을 경사지게 하지 않도록 아주 정확하게 균형을 유지하면서 허황한 영예만 거두기 십상일 것이다. 그러나 진정한 영웅의 시대는 갔고, 지금은 평범한 시민이 조국을 위해서 파브리시우스[2]나 워싱턴[3]처럼 싸우다가 다시 농토로 돌아가 전쟁보다 더 평온하지만 그에 못지않게 유익한 일에 신실한 미덕을 쏟는 시대인 것이다. 그런데 우리 영국의 영웅들은 밭고랑이 아니라 도박판에서 출전 명령을 받는 경우가 많고, 역사의 한 페이지에서 용감하게 미덕의 행진을 벌이려고 가슴이 설레는 게 아니라, 멍청한 긴장감 속에 도박의 판세를 지켜보느라 열을 내는 경우가 대부분이다.

---

2 파브리시우스(Fabricius)는 기원전 3세기 로마의 장군으로 청렴한 성품으로 유명하다. 그가 몸값을 가지고 포로로 잡힌 로마군들을 되찾으러 갔을 때, 그의 인격에 감동한 적군이 몸값을 받지 않고 포로들을 풀어주었다는 일화가 있다.

3 전설에 따르면 신시내투스(Cincinnatus)는 농사를 짓다가 장군으로 발탁되었다고 하는데, 워싱턴은 '미국의 신시내투스'(the American Cincinnatus)라고 불린다.

정치가가 되어 나라를 다스리려고 도박판[4]를 떠나는 건 좀더 적절할 수도 있겠다. 정치가 역시 노름꾼처럼 패를 뒤섞고 술수를 부려야 하기 때문이다. 영국의 정치 체제를 체제라고 할 수 있을지 모르겠지만, 어쨌든 그 존재 목적은 추종자의 수를 늘리고 가난한 이들에게서 더 많은 세금을 걷어다가 부자들을 챙겨주는 데 있다. 그래서 전쟁이나 그 비슷한 부질없는 시도들은, 속된 표현을 빌리면, 제자리 지키는 재주밖에는 별 가치가 없는 장관이 생색내기 좋은 돌발 사건에 지나지 않는 것이다. 그렇다면 그가 자기 가족과 잘먹고 잘살 길을 찾는 데 있어 가난한 이들에 대해 연민의 정을[5] 느낄 필요는 전혀 없다. 무지한 이들의 멋 부린 표현마따나, 사나운 맹견(猛犬)을 속여서[6] 끌고 가거나, 정말 안전하게도 단 한 번의 구령으로 경기병 대대를 다른 쪽으로 행진해가게 만듦으로써 공허한 공을 세운다든지 할 때, 영국인의 생득권에 호소하는 게 편리할 것이다. 그리고 인간애의 문제가 제기되면 인간적인 친절이라는 수프에 빵을 적셔서 케르베루스[7]을 달래고, 냉정한 다른 쪽 손으로는 잔인한 정책을 통과시켜 그들을 얽어맬 쇠사슬을 조이면서, 입으로는 자기 자식의 피를 흡수한 대지가 더는 복수를 원하지 않게 할 방도를 찾고 있다는 등의 헛소리를 지껄일 것이다. 꼭 관철하고 싶은 목적을 이룰 수 있을 때만 장관이기에, 누군가가 자기 의지를 흔들어

---

4 원문은 'Faro bank and card-table'로서 카드 게임의 일종. 패를 섞었을 때 어떤 카드가 맨 위로 올지 맞추는 게임인데, 파로 은행이란 도박꾼들이 돈을 거는 은행의 예탁금.

5 원문은 'bowels'로 '연민'의 뜻.

6 원문은 'bubble'로 '속이다'의 뜻.

7 케르베루스(Cerberus)는 그리스 신화에서 머리가 세 개 달린 개로 지하 세계의 입구를 지키는데, 세 입에 동시에 빵을 물려주면 짖지 않는다고 한다.

앉은 자세가 흐트러질 지경이 되면 장관은 인간애 같은 건 내던져버릴 것이다.

하지만 이런 단편적인 얘기는 이쯤 해두고, 여성을 영원히 무지의 굴레에 가둬놓고 그 영혼 자체를 구속하는 좀더 허울 좋은 노예 상태에 대해 다시 생각해보자.

이 세상 사람들을 방탕한 폭군들과, 그들을 질투하며 약삭빠르게 처신하는 추종자들의 두 부류로 나누어 문명 자체를 일종의 저주로 만드는 불합리한 계급 제도하에서는, 의무의 수행이 아니라 지위에 따라 개인의 사회적 위치가 정해지기 때문에 모든 계층을 거의 비슷한 정도로 타락시킨다. 의무가 제대로 수행되지 않으면 인간의 감정은 그 자연스러운 보상인 미덕을 강화할 힘을 얻지 못하기 때문이다. 하지만 이런 제도에도 구멍이 있어서 일부 남성은 거기서 탈피해 독자적으로 생각하고 행동할 수 있다. 그런데 여성은 여자라는 사실 자체가 수많은 어려움을 수반하기 때문에 그들에게 그런 일탈은 초인적인 능력을 요하는 엄청난 일이다.

정말 훌륭한 입법자는 누구나 도덕적인 존재가 되고 싶게 만들려고 늘 애쓸 것이다. 그렇게 되면 개인의 미덕은 공공의 복지를 강화시키고, 사회의 전 계층이 하나의 중심을 향하게 되어 질서 정연한 공동체가 확립될 것이다. 그런데 여성의 개인적 · 사회적 미덕은 참으로 복잡한 주제다. 루소와 수많은 남성 작가들이 여성은 평생을 예절이라는 엄격한 굴레 안에 갇혀 있어야 한다고 주장했기 때문이다. 여성이 예절보다 더 고귀한 원칙에 따라 행동할 불멸의 존재라면 왜 예절, 맹목적인 예절에 가둬두어야 하는 걸까? 왜 항상 인간의 피로 설탕을 만들어야 하는 걸까? 인류의 반이, 단지 남성을 즐겁게 하기 위해, 흑인 노예들처럼 그들을 야만적인 존재로 만드는 편견에 시달려야 한단 말인가? 쓸 수 없는 선물을 주는 건 조롱에 지나지 않으니, 이는 간접적으로 여성에게 이성을 부정하는 행위가 아닐까?

여성은 남성과 마찬가지로 재산을 통해 얻을 수 있는, 인간을 나태하게 만드는 갖가지 쾌락 때문에 나약하고 방탕해지는데, 여기에 더해 그들은 외모의 노예가 되어 남자들의 이성을 빌려 불안정한 행보를 바로잡을 수 있도록 아름다운 외모를 갖추려고 애쓴다. 혹 야심이 있는 여성은 교활한 술수로써 자기를 억압하는 폭군을 휘어잡으려 한다. 권리가 없으면 거기 따른 의무도 없기 때문이다. 여성에 관련된 법들은 불합리하게도 남편과 아내를 하나의 단위로 만들고,[8] 남자만 책임이 있고 여자는 아무것도 아닌 존재로 환원시켜 놓았다. 이 문제는 나중에 다시 논의할 것이다.

자기 위치에 수반하는 의무를 다하는 사람은 독립적인 존재다. 그리고 여성 전체를 놓고 볼 때 그들이 지닌 가장 중요한 의무는 이성적인 존재로서 자기 자신에게 진 의무이고, 그다음으로 중요한 시민으로서의 의무는 바로 엄마로서 지닌 여러 의무다. 여성이 이런 의무를 수행하지 않아도 되게 하는 그들의 현재 처지는 그들을 인형 같은 존재로 전락시킴으로써 타락으로 이끈다. 혹 여성이 부드러운 틀에 옷감을 맞춰보는 일 말고 좀더 중요한 일에 관심을 돌린다 해도, 그건 기껏해야 부드럽고 정신적인 연애에 한눈을 팔거나, 애인과의 밀회를 숨기기 위해 머리를 굴리는 정도일 것이다. 여자들이 가정을 돌보지 않을 때, 군인처럼 전쟁터에 나가 이리저리 행진하거나 의회에 나가 토론을 벌임

---

8 당시 영국 민법의 'couverture'라는 개념에 따르면, 남편과 아내는 법적으로 단일 개체이고, 이중 남편이 법적으로 책임 있는 존재였다.

으로써 자기 능력이 저하되는 걸 막을 기회는 없기 때문이다.

루소는 여성이 남성보다 열등하다는 걸 보여주는 증거로 의기양양하게, "여자들이 어찌 아이들을 버려두고 전쟁터로 나가겠는가!"[9]라고 외친 바 있다. 그리고 일부 도학자들은 전쟁터를 가장 영웅적인 미덕을 닦을 수 있는 장소로 규정했다. 하지만 내가 보기에는 아무리 날카로운 궤변가일지라도 영웅들을 배출해낸 여러 전쟁의 정당성을 증명하기 힘들 것이다. 이 문제를 비판적으로 볼 생각은 없다. 땅을 일구고, 불을 지르고 나무를 잘라 숲을 개간해야 했던 인류 문명 초기에는 이런 야심찬 영웅들이 그 자연스러운 산물이었을 것이므로, 그들을 해로운 존재로 규정하고 싶지는 않다. 하지만 현대의 전쟁 방식은 강인함보다는 책략이나 나약함을 길러줄 뿐, 그 어떤 미덕과도 관계가 없다.

미덕이 모습을 드러내고 산정(山頂)의 공기까지 맑게 할 혹독함 속에서 성숙해가는 이 개화된 사회에서, 유일하게 정당한 전쟁이라 할 방어전만이 공정하고 영예로운 전쟁이라고 한다면, 과거의 진정한 영웅 정신이 또다시 여성의 마음을 설레게 할 수 있으리라. 하지만 잠깐, 그대가 여성이든 남성이든, 독자들이여, 부디 안심하시라. 내가 현대의 군인들을 세련된 여성에 비유했고, 군인들의 총검이 전지(剪枝)용 낫으로[10] 바뀌기를 진심으로 바라지만, 여성들에게 실꾸리를 소총으로 바꿔 들라고 종용하지는 않을 테니 안심하시라. 나는 그저, 자연스러운 애정의 깨끗한 시냇물을 흐려놓은 재산이라는 더러운 물결에서 비롯되는 갖가지 사악함과 어리석음에 질린 나머지, 시민으로서 자신의 의무를 수행하지 않으면 멸시당하고, 남편이 문명 사회의 일원으로 어떤 직업에 종

9 "오늘 젖 먹이던 여성이 내일 군인이 될 수 있는가?"(『에밀』, 325쪽).

10 "그들은 칼을 보습으로, 창을 전지용 낫으로 만들 것이다"(「이사야서」, 2장 4절).

사할 때 아내 역시 활동적인 시민으로서 가정을 돌보고, 아이들을 가르치고, 이웃을 돕는 그런 사회를 상상하면서 지친 마음을 달래보려고 했을 뿐이다.

그러나 여성이 정말 도덕적이고 유용한 존재가 되려면, 시민으로서 의무를 수행하는 과정에서 법의 보호를 받을 수 있어야 한다. 여성이 남편의 생전에는 그의 호의에, 그리고 사후에는 그의 보조에 의존해 생계를 유지하면 안 된다. 자기 것이라곤 아무것도 없는 존재가 어찌 너그러울 수 있고, 자유롭지 못한 존재가 어찌 도덕적일 수 있겠는가? 남편에게만 충실하고, 아이는 젖을 먹이지도 가르치지도 않는 이 사회의 아내들은 그 이름값도 못할 뿐 아니라 시민이라고 할 수도 없다. 하지만 인간의 타고난 권리를 박탈하면 그가 지닌 의무도 없어지는 법이다.

어떤 덧없는 쾌락을 추구하거나 경박한 유행을 만들어낼 때 말고는 아무런 힘든 일도 못할 정도로 심신이 나약해진 여성은 남성의 음란한 노리개에 지나지 않는다. 생각 있는 사람의 눈에, 이 대도시의 아침나절에 자신에게서 도망치는 파리한 얼굴의 여인들을 태우고 이리저리 질주하는 수많은 마차 안을 들여다보는 것보다 더 서글픈 광경이 있을까? 나 역시 존슨처럼, 그 나른한 얼굴들을 바라보며 도움을 청하는 여러 명의 아이들이 우글거리는 작은 가게에 그런 여성을 들어앉히고 싶다는 생각을 한 적이 있다.[11] 내 생각이 옳다면, 만일 그렇게 되면 마음속에 숨어 있던 어떤 힘이 그들의 눈에 건강과 생기를 불어넣고, 전에는 볼우물만 패던 매끈한 얼굴에 이성의 작용으로 생긴 주름살이 그들이 잃어버렸던 위엄을 되찾아주고, 진정한 위엄을 획득할 수 있게 해줄

---

11 『램블러』(*The Rambler*)지, 85호(1751년 1월 8일)에 실린 "극단적인 나태의 해로움"에 대한 언급일 수 있다.

것이다. 생각만으로는 미덕을 획득할 수 없고, 재산이 있으면 자연히 빠져들게 되는 소극적인 나태 상태에서는 더군다나 도덕적인 삶을 살기 어렵다.

게다가 가난을 사악함보다 더 창피하게 여기는 사회는 도덕에 그야말로 치명적인 영향을 주지 않을까? 보통 여성은 종교나 이성 때문에 아내나 엄마로서의 의무를 수행하게 되는데, 상류층 여성은 좀더 유용하고 독립적인 존재가 될 수 있는 길이 거의 없는 실정이다. 이런 말을 하면 웃을지 모르지만, 우리 여성은 정치에 개입하지 못한 채 그저 자의적인 지배를 받는 대신, 대표를 선출해 정치에 직접 참여할 수 있어야 한다. 이에 대해서는 나중에 더 얘기할 생각이다.

하지만 현재 우리의 의회 제도가 편리한 독재 수단에 지나지 않을지라도 여성이 불평할 필요는 없다. 굶주린 자녀들을 먹여살릴 빵도 못 사면서 왕족들을 부양할 세금을 내야 하는 근면한 기계공들도[12] 정치에 참여하지 못하고 있기 때문이다. 황태자의 멋진 말을 먹여살리거나 빈민들을 깔보는 총희(寵姬)의 마차를 장식하기 위해 땀 흘려 일하는 사람들은 현재 어떻게 정치에 참여하는가? 생필품에 붙는 갖가지 세금은 게으른 왕족들의 끝없는 행렬이 감탄하는 군중 앞을 멍청하게 거들먹거리며 지나갈 수 있게 해주고, 군중은 자기들이 그렇게 비싼 대가를 치른 그 행렬을 거의 숭배하는 마음으로 바라본다. 이 야만스러운 호사는 화이트홀[13] 앞에 말을 탄 보초를 세우는 것처럼 속되고 쓸데없는 과시 행위다. 나는 그 보초들을 볼 때마다 경멸과 분노를 느낀다.

아주 희한하게 불순해진 정신의 소유자만이 그런 허세에 감동할 수

12 단순 노동자나 어떤 직업에 종사하는 남자들.

13 영국 정부 청사인 화이트홀을 지키는 유명한 기병대를 말한다.

있을 것이다! 하지만 이런 어리석음의 상징들이 미덕 때문에 무너지지 않는 한, 온 국민이 그와 비슷한 어리석은 짓들에 감탄할 것이다. 어느 정도는 같은 특징이 사회 전체를 지배하고, 부자들의 호사와 그걸 시기하는 가난한 자들의 사악한 불평은 둘 다 똑같이 사회를 타락시키기 때문이다. 미덕이 사회 전체를 특징짓지 않으면, 세련된 사람을 꾸며주는 여러 장식품 중 하나로 전락하게 되는 것이다.

상류층 사람들은 의무라는 게 면제받을 수 있는 것인 양, 모든 의무를 남이 대신 수행케 하고, 그로써 생긴 여유를 헛된 쾌락을 추구하는 데 바친다. 그리고 어떻게든 돈을 모으려고 애쓰는 그다음 계층은 그 쾌락이 너무 좋아 보여서 모든 걸 바쳐 그걸 흉내 내려 한다. 그래서 가장 신성한 직위들이 연줄로 얻어지고, 일단 그 자리에 앉으면 세력자들을 만날 수 있기 때문에 한직(閑職)으로 간주된다. 특히 여성은 너나없이 모두 상류층이 되려 한다. 하지만 이는 아무 할 일 없이, 이유도 모른 채 아무 데나 슬슬 갈 수 있음을 의미할 뿐이다. 그런데 여성이 우아하게 빈둥대는 것 말고 사회에서 어떤 일을 할 수 있단 말인가? 혹자는 그런 질문을 제기할지도 모른다. 그렇다고 그런 이들도 설마 모든 여성이 바보에게 젖을 먹이고 하찮은 일을 기록하는 삶[14]을 살아야 한다고 주장하진 않겠지! 여성은 의술을 공부해 간호사는 물론 의사도 될 수 있을 것이다. 우리말의 산파라는 말이 곧 산부인과 의사[15]라는 말로 바뀌고, 즉 산파가 없어져 그 일을 남자 의사가 대신하게 되고, 여성의 조신함을 보여주는 증거 중의 하나가 영어에서 사라질 것 같은 전망이지만, 내 생각에 출산은 여자 산파가 맡는 게 점잖을 것 같다.

---

14 「오셀로」, 제2막 1장, 160행.

15 원문은 'accoucheur'로, 출산을 감독하는 남자 의사.

여성은 정치가가 되어 그 온정을 더 큰 스케일로 펼칠 수도 있을 것이다. 역사를 단지 정치가들의 전기로 읽고, 그 안에 담긴 시대의 특징이나 정치적 개선, 예술 등을 고찰하지 않는다면, 소설을 읽는 것보다 크게 이로울 게 없기 때문이다. 역사는 명성이라는 성전의 한 구석을 채우다가 말없이 모든 걸 휩쓸어 영원이라는 형체 없는—형체가 없는 것을 형체라 할 수 있을까?[16]—심연으로 몰아넣는 시간의 검은 물결 속으로 잠겨버린 몇몇 개인의 역사가 아니라 인류 전체의 역사로 해석되어야 하기 때문이다.

여성 교육을 좀더 체계적으로 하면, 많은 여성이 각종 사업에 종사함으로써 일반화되고 합법적인 매춘에서 벗어날 수도 있을 것이다. 그렇게 되면 남자들이 공직에 취임하듯이 여성이 생계를 위해 결혼하고 거기 따른 의무를 게을리 하는 일은 없어질 것이다. 그뿐 아니라, 가상하게도 먹고살기 위해 일하는 여성이 매춘으로 목숨을 이어가는 저 버림받은 여자들처럼 비참해지는 일도 없을 것이다. 모자가게 점원이나 재봉사들이 매춘부 비슷한 취급을 받는 게 현실 아닌가? 현재 여성이 가질 수 있는 직업은 점잖은 건 거의 없고 아주 천한 것들뿐이다. 그리고 좀더 나은 교육을 받아 가정교사가 되어도, 편안한 삶을 누리기는커녕 아이들의 선생 대접도 받지 못한다. 물론 성직자 출신의 남자 가정교사도 아이들의 눈에 항상 존경스러운 존재로 비치게끔 취급받지는 못하지만 말이다. 그러나 숙녀 교육을 받은 여성은 가난 때문에 어쩔 수 없이 몰리는 이런 모욕적인 처지에 적응할 기회가 전혀 없다. 이런 처지는 일종의 몰락으로 간주되기 때문이다. 그리고 인간의 심리를 조금이

16 『실낙원』, 제2권, 666~667행.

라도 아는 사람은, 그렇게 비참한 처지에 빠지는 것만큼 인간의 감성을 예민하게 만드는 게 없다는 걸 알 것이다.[17]

이런 여성 중 일부는 정신이 올곧고 점잖아서 결혼을 안 했을 수도 있고, 다른 이들은 이렇게 비참한 방식으로 예속 상태를 벗어날 용기가 없었을 수도 있다. 그런데 정직하고 독립적인 여성이 점잖은 직업을 얻어 생계를 유지하게끔 해줄 수 없는 정부라면 극히 불완전하고 국민 절반의 행복을 완전히 무시하는 정부가 아닐까? 그러나 여성이 자신의 개인적 미덕을 공공의 복지를 위해 쓰려면 결혼을 했든 안 했든 사회 안에서 어떤 위치를 지녀야 한다. 그렇지 않으면, 부당한 멸시 때문에 비참할 정도로 예민해진 감성을 지닌 훌륭한 여성이 "쟁기에 잘린 백합처럼"[18] 시드는 모습을 계속 보게 될 것이다.

이건 참 슬픈 일이지만, 문명의 축복은 바로 그런 효과가 있는 것이다! 가장 훌륭한 여성이 가장 억압받고, 남녀를 통틀어 아주 빼어난 오성을 갖춘 여성이면 몰라도 그렇지 않으면 하찮게 취급받다가 결국 정말 그런 존재로 전락할 것이다. 처음에는 미모에 광채를 더해주었지만 이제 그걸 갉아먹는 감성에 흠뻑 젖은 채 고개를 숙이는 대신, 의사로 활동하거나 농장이나 가게를 운영함으로써 자기 힘으로 독립할 수도 있었을 수많은 여성이 이런 불만의 노예가 되어 인생을 낭비하는 것이

17 울스턴크래프트는 1년 동안 아일랜드의 코트 카운티에서 킹스버러 자작 집의 딸들을 가르치는 가정교사로 일했다.

18 페늘롱(Fénelon, 1651~1715, 프랑스 작가 · 종교가 - 옮긴이)의 『텔레마커스』(*Télémaque*)를 보면, 신들의 뜻에 따라 자기 아들을 죽여야 하는 이도메네우스의 이야기가 나온다. 소년은 "쟁기에 뿌리를 잘린/들판의 고운 백합처럼 시들어간다." *The Adventures of Telemachus*, Boston: 1797, 68쪽. 번스(Robert Burns)의 「산(山) 데이지에게」, 49~54행에도 비슷한 이미지가 나온다.

다! 연민과 사랑이 시인들이 그린 것처럼 그렇게 가까운 건지 의심스럽다. 왜냐하면 예쁜 얼굴 덕분에 연민을 받다가 그것이 사랑이나 욕망으로 바뀌는 경우는 몰라도, 불운한 여성이 사람들에게 깊은 동정을 받는 건 별로 못 봤기 때문이다.

어떤 일로든 스스로 생계를 해결하는 여성이 절세미인보다 훨씬 훌륭하다! 미인 얘기가 나왔으니 말이지만, 내게는 정신의 아름다움 또는 균형 잡힌 정신의 여러 열정을 잘 조절하는 조화로운 온당함이 너무도 아름다워 보여서, 그걸 외모의 아름다움과 비교하는 것 자체가 부끄러울 지경이다. 하지만 쾌락의 어찔한 회오리바람이나, 선한 여성까지도 무기력하게 만드는 나태한 안일에서 벗어나, 이렇게 훌륭한 삶을 살려고 하는 여성이 거의 없다는 건 정말 서글픈 일이다.

여성은 대부분 나약한 걸 자랑으로 알면서, 늘 보호받고, 정신을 고귀하게 해주는 거친 일이나 근심 없이 지내려 한다. 이게 운명이고, 그들이 스스로를 하찮고 경멸스러운 존재로 만들고 나태하게 인생을 낭비하려 한다면, 미모가 스러졌을 때 천대를 받더라도 감수해야 할 것이다. 아주 예쁜 꽃은 무심히 그걸 꺾어든 사람의 찬사를 받다가 갈가리 찢기게 마련이다. 나는 정말 순수한 선의에서 이 진리를 여성에게 알려주고 싶지만, 많은 여성이 값비싼 경험을 통해 얻고 흥분했던 이 진리에 귀를 기울이거나, 계급이나 성에서 비롯된 특권을 버리고 거기 따른 의무를 수행해야만 얻을 수 있는 인간으로서의 권리를 얻으려고 하는 여성은 별로 없을 것 같다.

내가 보기에 지위나 여러 인위적인 감정에 상관없이 다른 사람에게 연민을 느끼게 하는 작가들이 특히 유용한 것 같다. 그러면 나는 이성적인 남성들의 마음속에 내가 제시하는 의견들이 중요하다는 확신을 심어주고, 이 책 전체의 의미를 제대로 평가하게 만들 수 있을 것 같다. 나는 그들의 오성에 호소하고 싶다. 그리고 여성을 대표하여, 같은 인간으로서, 그들의 정신에 관심을 가져줄 것과, 아내를 해방시켜 줄 것, 그리고 그들을 반려자로 만들어달라고 부탁하는 바다!

남성이 너그러운 마음으로 우리의 쇠사슬을 끊어주고, 비굴한 순종 대신 이성적인 동지애에 만족하게 된다면, 우리 여성들은 더 효성스러운 딸, 다정한 자매, 충실한 아내, 이성적인 어머니, 한마디로, 더 나은 시민이 될 것이다. 그렇게 되면 우리는 스스로를 존중하게 되어 진실한 애정으로 그들을 사랑할 것이고, 훌륭한 남자가 아내의 쓸데없는 허영심 때문에 마음의 평화를 잃는다든지, 자식이 엄마 아닌 다른 사람의 젖을 먹는 일도[19] 없어질 것이다.

---

[19] 당시에는 어머니가 아니라 유모의 젖을 먹고 자라는 아기들이 아주 많았다.

**제10장**

# 부모의 사랑

자식 사랑은 아마 그릇된 자기애의 맹목적인 형태일 것이다. 프랑스어와 달리[1] 영어에는 나약한 이들의 무지한 타산과 자연스럽고 이성적인 욕망을 구분할 단어들이 없기 때문이다. 부모 중에는 아주 야만적인 자식 사랑 때문에 자신이 지닌 다른 의무를 모두 저버리고 그들을 출세시키려고 애쓰는 이들도 많다. 이런 부모는 원칙이 결여된 비뚤어진 편견에 사로잡혀, 자녀의 미래를 위한다는 명목 아래 아주 독재적인 권위를 휘둘러 그들의 삶을 불행하게 만들기 십상이다. 사실 권위란 항상 그 본질에 충실한 것이어서, 어떤 형태를 띠든 어떤 한계나 의문의 여지도 없이 사람들 위에 군림하게 마련이다. 권위의 옥좌는 시꺼먼 심연 위에 걸려 있기 때문에, 이성적인 분석에 따라 그 심연 자체가 무너지지 않는 한 아무도 그 안을 들여다볼 수 없다. 복종, 무조건적인 복종

---

[1] L'amour propre와 L'amour de soi même[MW]. 이 둘의 차이는 라 로슈푸코(La Rochefoucauld)의 『추가 경구집』(*Maximes Supplémentaires*) 제1번과 루소의 『불평등 기원론』(*A Dissertation on the Origin of Inequality*)에 의해 잘 알려지게 되었다. 'L'amour propre'는 단순한 이기주의, 'L'amour de soi même'는 자존심을 바탕으로 한 자기애를 가리킨다.

이 모든 독재자들의 구호이고, 그들은 "확실한 걸 더 확실히 하려고,"[2] 여러 형태의 독재를 동시에 휘두른다. 이성이 모든 인간 관계의 토대가 되면 독재자들은 두려움에 떨 것이다. 햇살은 아침이 올 때까지 계속 퍼져나가기 때문이다. 그리고 정말 날이 완전히 밝으면 사람들은 무지의 밤이나 조심스러운 의문의 여명에 그들을 놀라게 한 도깨비들을 보고 미소 짓게 될 것이다.

실지로 많은 경우에 부모의 사랑이란 마음대로 권위를 휘두를 구실에 지나지 않는다. 선하고 현명한 사람들만이 이성적인 논의에도 끄떡없는 존경을 원하기 때문이다. 그런 이들은 자신이 그런 존경을 받을 만하다고 생각하기 때문에, 이성을 두려워하지 않고, 본연의 정의에 대한 얘기가 나와도 걱정하지 않는다. 그들은 인간 정신이 진보할수록 정당하고 진솔한 원칙들이 더 깊이 뿌리내릴 것이라고 믿는다. 그들은 편법에 만족하지 않고, 형이상학적으로 옳은 것이 실제 생활에서는 틀릴 수 있음을 인정하지도 않으며, 일시적인 변화에 흔들리지 않고, 새로운 것의 장점을 입증해주는 시간이 이기심이나 시기의 야유를 잠재울 때까지 꿋꿋이 기다린다.

과거를 반성할 힘과 미래를 예견할 날카로운 감각이 인간의 위대한 특권이라면, 어떤 이들은 이런 능력을 아주 조금밖에 지니지 않았다는 것도 인정해야 하리라. 그들은 새로운 건 모두 잘못되었다고 느낀다. 그래서 가능한 것과 기괴한 것을 구별하지 못한 채, 하찮은 것도 무서워하고, 마치 불붙은 장작을 피하듯 이성의 빛을 거부한다. 하지만 새 것을 만들어내는 강인한 손길은 항상 이런 가능성의 지평을 넓혀갈 수

---

2 『맥베스』, 제4막 1장, 83행.

있다. 그런데 항상 편견의 노예인 여성은 현명한 모성애를 발휘하지 못하고, 아이들을 방치하거나 잘못된 사랑으로 망쳐놓고 만다. 게다가 일부 여성의 모성애는 앞에서 말했듯이 상당히 야만적인 데가 있어서, 이런 리브가[3] 같은 엄마들은 인간애, 정의, 진리의 싹을 잘라버리고, 인류 전체를 한 가족으로 묶어주는 공통의 관계를 망각한 채, 자기 아이들만을 위해 가장 신성한 의무들을 저버린다. 하지만 이성적으로 볼 때, 어떤 한 가지 의무나 애정 때문에 다른 책임들을 방기(放棄)하는 이들은 대개 그 의무나 애정도 제대로 감당할 감성이나 지성이 없다. 그렇게 되면 그건 의무가 지니는 엄숙한 외양을 잃고 변덕이라는 이상한 모습을 띠게 된다. 어린아이를 돌보는 것은 자연이 여성에게 부과한 위대한 의무의 하나인 만큼, 이 문제를 제대로 이해한다면, 이 의무 때문에라도 여성의 오성은 반드시 계발할 필요가 있다.

인간의 정신은 아주 어릴 때부터 형성되어야 하고, 특히 성격 형성은 아주 세심히 관리되어야 한다. 그런데 단지 자기 아이라는 이유로 아이를 사랑하거나, 단지 일시적인 감정 때문에 엄마로서의 의무를 수행하는 여성은 그럴 능력이 없다. 엄마들이 아이에게 너무 다정하거나 차갑게 대하고, 비정상적으로 나가는 등 극단을 치닫는 것은 바로 이런 비이성적인 애정 때문이다.

좋은 엄마가 되려면 양식과 독립적인 정신을 갖춰야 하는데, 남편에게 완전히 의존해 살아가도록 교육받은 여성은 그런 정신을 갖기 어렵다. 순종적인 아내는 대개 어리석은 엄마가 되기 쉽다. 그런 여성은 아

---

3 「창세기」, 27장에서, 이삭의 아내이자 야곱과 에서 등 두 아들의 엄마인 리브가는 자기가 편애하는 아들인 야곱이 눈 먼 아버지의 축복을 받게 하는데, 이 때문에 그녀는 야심 많고 교활한 엄마로 알려져 있다.

이들이 자기를 더 사랑하고 자기 편을 들게 만들기 위해 남편을 허수아비로 만들고 만다. 그래서 아이들이 엄마에게 잘못을 저질러도 아빠가 매를 들게 하고, 아이들끼리 싸울 때마다 아빠가 판단을 내리게 만든다. 이 문제는 나중에 사교육을 다룰 때 다시 논하기로 하고, 지금은 여성이 독자적으로 행동하게 함으로써 그들의 오성을 계발하고 더 확고한 인격을 갖추게 하지 않으면, 아이들을 제대로 기를 양식이나 안정된 성격을 갖추기 어렵다는 것만 밝혀두는 바다. 아이에게 모유를 먹이지 않는 엄마는 모성애를 지녔다고 보기 어렵다. 엄마 젖을 먹여야 부모 자식간의 사랑이 생기고, 각자의 의무를 수행해 아이들의 마음속에 가장 확실하게 타락을 막아줄 여러 애정이 생기게 하는 것이 남녀 모두가 반드시 지킬 도리이기 때문이다. 내 생각에 소위 타고난 애정이라고 하는 건 아주 약한 것이고, 서로 늘 아끼고 사랑해야만 사랑이 생겨나는 것일진대, 아이가 학교에 들어갈 때까지 유모에게만 맡겨두는 엄마가 과연 어떤 애정을 지니고 있을 것인가?

모성애가 남편과의 사랑을 대신하게 되는 게 섭리이고, 연인이었던 남편이 친구로 바뀌면서 뜨거웠던 열정이 서로에 대한 믿음으로 바뀔 때, 아이가 이 헐거워진 마음의 끈을 다시 조여주고, 아이에 대한 애정이 부부 사이에 새로운 공감을 만들어주는 법이다. 하지만 아무리 자녀가 부부애의 징표라 해도, 부부가 아이를 유모에게 맡겨버리면 두 사람 사이의 공감이 커지지 않을 것이다. 그리고 다른 사람에게 자신의 의무를 떠맡기는 이들은 거기 따른 보상을 못 받아도 불평하지 말아야 할 것이다. 부모가 아이를 사랑해야 아이도 그들을 사랑할 것이기 때문이다.

**제11장**

# 자식의 도리

우리 인간에게는 모든 걸 이성적으로 따져보는 대신 이미 존재하는 규범을 따르고, 모든 의무를 자의적인 토대 위에 세우려는 나태한 경향이 있는 것 같다. 그래서 왕들의 권리는 왕 중의 왕인 신에게서, 그리고 부모에 대한 효도는 아담과 이브에게서 직접 추론된다.

우리는 왜 항상 같은 토대에 기초하여 오늘날에도 천년 전과 똑같이 중요해야 할 원칙들을 정당화하기 위해 그렇게 먼 과거까지 거슬러 올라가는지 모르겠다. 부모가 자기 할 도리를 온전히 수행하면 자식들의 마음속에 강하고 신성한 효성을 싹트게 할 텐데, 그런 식으로 자녀들의 존경 어린 사랑을 받으려는 부모는 별로 없다. 대부분의 부모는 합리적인 효도를 받을 자격이 없기 때문에 그저 맹목적인 순종을 요구하고, 이렇게 나약함과 무지에서 나온 요구를 더 확실히 관철시키기 위해 지극히 자의적인 원칙에 신비로운 권위를 부가한다. 단지 강력한 본능에 따랐다는 이유만으로 사악하거나 나약한 부모에게 복종하라는 맹목적인 의무에 어떤 다른 이름을 붙일 수 있겠는가?

부모 자식간에 본질적으로 존재하는 상호적인 의무는 몇 마디로 규정할 수 있다. 즉 아이가 어릴 때 제대로 돌본 부모는 자신이 노쇠해졌을 때 똑같은 보호를 받을 권리가 있다는 것이다. 하지만 사회에서 책임 있는 행동을 할 만큼 나이가 든 이성적인 존재를 다른 사람의 뜻에 무조건 복종하게 만든다는 것은 부모의 권위를 너무도 잔인하고 부당하게 휘두르는 행위이고, 신의 뜻 이외에는 선악의 구별도 없는 종교 체계들만큼이나 도덕에 치명적인 일이다.

나는 여태껏 자식 사랑이 유별난 부모가 아이들에게 천대받는 경우를 본 적이 없다.[1] 반면에 어릴 때 존경하는 부모의 의견에 거의 전적으로 의존하던 습관은 아이가 자라 자기 아버지가 세상에서 제일 현명한 사람이 아니라는 걸 알 만큼 이성이 무르익은 후에도 잘 없어지지 않는다. 이런 나약함은 겉으로는 좋아 보일지 모르지만, 이성적인 사람이라면 어떻게든 그걸 떨쳐버려야 할 것이다. 단지 부모라는 이유만으로 어른에게 복종해야 한다는 불합리한 의무는 어린이의 정신을 구속할 뿐 아니라, 나중에 이성이 아닌 갖가지 권위에 무조건 복종하게 만들 것이기 때문이다.

부모의 의무에는 우유(偶有)적인 것과 본질적인 것, 두 종류가 있다.

자녀의 감성을 형성하고 오성을 넓혀주기 위해 끊임없이 노력하는 부모는 모든 동물들이 가진 의무에 이성만이 줄 수 있는 위엄을 부여하는 셈이다. 이것이 바로 인간만이 가질 수 있는 자식 사랑의 특징이고, 본능적이고 원초적인 애정은 이에 비하면 아무것도 아니다. 이런 부모는 자녀와 가장 신성한 우정을 누릴 권리가 있고, 아이가 자라 어른이 되더라도 그런 부모의 의견이라면 신중히 고려할 것이다.

---

1 "존슨도 같은 말을 했다"[MW]. 『램블러』지, 148호(1751년 8월 17일자)에 실린 존슨의 글 「부모의 독재에 관해」 참조.

결혼 문제에서, 아들이 21세가 넘으면 어떤 이유로도 그의 결혼을 막을 수 없지만, 아들은 20년간 받아온 사랑을 생각해서라도 최상의 친구인 부모가 상대를 못마땅해 한다면 적어도 2~3년은 결혼을 미뤄야 할 것이다.

하지만 부모에 대한 공경은 대개 그보다 훨씬 더 저열한 원칙이고, 재산에 대한 이기적인 고려에 지나지 않는다. 아버지에게 무조건 복종하는 아들은 원래 나약한 사람이거나, 저열한 동기에서 그러는 것이다.

세상에 존재하는 끔찍한 불행은 대부분 부모의 무관심에서 비롯되는데, 그런 부모일수록 이성의 명령에 따라 행동해야 한다는 인간의 천부적 권리에 위배되더라도 자기가 부모로서 가진 본래의 권리를 끈질기게 주장하는 법이다.

그동안 내가 보아온 바로는 사악하고 나태한 인간일수록, 그리고 대개 특권을 정당화해 줄 의무를 게을리 하는 사람일수록, 전제(專制)적인 특권을 행사하여 이득을 보려고 하는 경우가 많았다. 이는 근본적으로 무지하고 나약한 자들 특유의 상식 또는 자기 방어 본능으로서, 천적을 만난 물고기가 맑은 물에서 용감하게 맞서지 않고 물을 흐려버리는 본능과 비슷한 것이다.

어떤 형태든 전통적인 권리를 주장하는 이들은 논리의 맑은 물을 피해 숭고한 시에서 신의 옥좌를 감싸고 있다는 어둠 속에 숨은 채, 감히 불가해한 신만이 받을 수 있는 무조건적인 존경을 요구한다. 그러나 우리에게 신을 못 보게 하는 그 어둠은 사변적인 진리와 연관이 있을 뿐, 도덕적인 진리는 가리지 않고 환히 빛나게 해준다. 하느님은 빛이시고, 인간의 특성상 우리가 눈을 떴을 때 그 합리성이 불분명한 의무를 수행하도록 강요하시지 않기 때문이다.

지위가 높은 나태한 부모는 자녀가 공손하게 행동하길 원할 수 있고, 특히 유럽 여성은 자신의 바람이나 그 권위 때문에 피해보는 사람의 입장은 전혀 무시한 채 자기 가족의 견해를 그대로 답습하는 경향이 있다. 그리고 그 결과는 참담하다. 이 공손한 딸들은 자라서 아이들 교육은 뒷전인 채 남편 몰래 바람을 피우고, 그 아이들에게 무조건적인 복종만을 요구하게 되기 때문이다.

물론 어느 나라든 여성은 지나칠 정도로 부모의 권위에 눌려 살고, 신께서 인간을 다스리시는 그 이성적인 방식으로 자녀들을 대하는 부모는 극소수에 지나지 않는다. 그 방식이란, 네가 자라서 스스로 판단할 수 있을 때까지는 내가 시키는 대로 하는 게 네게도 이롭다. 그리고 전능하신 아버지 하느님께서는 네 이성이 활짝 피어날 때까지 너를 지켜주도록 내 마음속에 사랑을 심어놓으셨다. 하지만 네가 어른이 되면 네 마음속에 깃든 빛과 일치할 때만 내 의견에 따르거나 존중하라는 것이다.

부모에 대한 무조건적인 복종은 아이의 모든 능력을 구속한다. 로크는 "지나치게 엄한 훈육 때문에 아이들의 정신이 억눌리고 기백이 꺾이면 원기와 근면함을 모두 잃게 된다"[2]는 현명한 말을 남겼다. 여성의 나약함 역시 어느 정도는 이런 엄한 훈육에 기인할 수 있다. 부모는 모든 의미에서 아들보다 딸을 더 엄격히 구속하기 때문이다. 딸들에게 강요되는 의무는 여성에게 자의적으로 부과되는 모든 의무들처럼 이성보다는 예의범절이나 체면에서 비롯된다. 그리고 소녀들은 그처럼 무조건적으로 부모에게 복종하도록 교육받으면서 결혼이라는 노예의 삶에

---

2 로크, 『교육론』, 46.2항.

대비하는 것이다. 혹자는 결혼한 여성이 모두 노예의 삶을 사는 건 아니라고 말할지 모른다. 그건 그렇다. 하지만 노예가 아닌 여성은 집안의 독재자가 된다. 그들이 가진 힘은 이성적인 자유가 아니라 절대 군주의 총신(寵臣)들이 비열한 수단으로 얻은 권력과 같이 무단(武斷)한 힘이기 때문이다. 마찬가지로 나는 모든 소년 또는 소녀들이 노예라고 주장하고 싶지도 않다. 나는 그저 아이들에게 어떤 권위에 맹목적으로 복종하게 하면 그들이 지닌 능력은 약해지고, 그들의 성격 또한 독재적이거나 비굴해진다는 것을 주장할 뿐이다. 나는 부모가 나태하게도 효도라는 특권을 강제로 행사함으로써, 이성의 희미한 첫 불꽃을 짓누르고, 그들이 아이들에게 그토록 강요하는 의무를 무의미하게 만드는 것을 안타깝게 생각한다. 그들은 의무가 탄탄히 자리할 유일한 토대를 없애는 셈이다. 의무가 지식에 토대를 두지 않으면 열정의 폭풍이나 이기심이라는 말없는 적을 이겨낼 힘을 얻지 못하기 때문이다.

하지만 자녀들이 자기 뜻에 무조건 따르기를 가장 강력하게 주장하는 부모는, 아이들에게 사랑의 가장 확실한 징표를 보이거나, 좀더 적절히 표현하면 부모의 도리를 다함으로써 그들의 마음속에 이기적인 자만심의 거만한 자식이 아니라 공감과 이성의 소산인 효심이 뿌리내리게 해주지 않는다. 반면에 모범을 보이고 조용히 그 효과를 기다리는 부모는 거의 틀림없이 자녀의 효도를 받게 될 것이다.

아이들은 아주 어릴 때부터 이성, 즉 루소가 그 의미는 설명하지 않은 채 꼭 필요하다고 말한 그것에 따르도록 훈련받아야 한다. 이성에 따르는 것은 바로 만물의 이치에 따르는 것이고, 모든 것을 우리에게 진정 이롭도록 만드신 하느님의 뜻에 따르는 것이기 때문이다.

왜 막 피어나는 아이들의 정신을 속박하여, 자연이 정해 놓은 대가를 치르지 않은 채 특권만을 누리려 하는 부모의 나태함을 감싸준단 말인가? 나는 앞에서 모든 권리에는 의무가 따른다는 말을 한 적이 있는데, 그렇다면 의무를 수행하지 않는 사람은 권리를 포기하는 것이나 마찬가지라고 할 수 있겠다.

물론 이성적으로 따지는 것보다 명령하는 게 편하긴 하다. 하지만 이 말이 곧 아이들이 늘 해야 하는 어떤 일들의 이유를 이해 못할 거라는 뜻은 아니다. 몇 가지 간단한 원칙만 고수한다면, 현명한 부모는 점차 건전한 권위로 자녀의 마음을 사로잡을 수 있을 것이기 때문이다. 그리고 부모가 한결같은 애정으로 자기를 사랑한다는 걸 아이들이 잘 알게 되면 이 권위는 더 강화될 것이다. 우리가 받는 애정은 언제나 우리가 기울이는 애정과 비슷하다는 게 일반적인 사실이기 때문이다. 그래서 이성과 전혀 무관한 것으로 알려진 본능적인 애정은 사실은 오성과 생각보다 더 밀접한 연관이 있다. 애정이 감정적인 차원에만 머물면 일종의 본능적인 변덕을 지니게 된다는 걸 감안하면 여성의 오성을 계발하는 게 얼마나 중요한지 알 수 있을 것이다.

부모가 권위를 함부로 휘두르면 아이가 정신을 다치게 되고, 여자아이들은 이 자의적인 권위에 더 많이 노출되는 편이다. 기분이 좋거나 느긋할 때 빼고는 언제나 상대방이 무조건 자기 뜻에 복종하기를 바라는 사람은 불합리한 요구를 하기 십상이다. 여자아이들은 이런 독재적인 권위를 피하기 위해 아주 일찍부터 몇 가지 기술을 배우고, 나중에는 남편에게 그런 기술을 써먹는다. 나는 그 집의 주부가 머리 모양이 마음에 안 든다든지,[3] 전날 밤 도박판에서 남편에게 밝히기 힘들 정도

3 "어떤 소녀가 하인에게 얘기하는 걸 내가 직접 들었는데, 자기가 그날 오전 엄마한테서 호된 꾸중을 들은 이유는 그날 엄마의 머리 모양이 이상했기 때문이라는 것이다.

로 많은 돈을 잃었다든지 등의 이유로 기분이 나빠서 버럭 소리를 지를 때 빼고는 늘 영리하게 생긴 어린 딸이 온 집안을 휘두르는 경우를 많이 보았다.

그렇게 소리 지르는 엄마를 보며 나는 여성의 삶에 대해 일련의 우울한 생각을 하게 되었고, 어린 소녀들의 정신이 왜곡되고 서로 상충하는 의무들 때문에 엉망이 되어 결국 모든 행동이 충동이나 관습에 따라 결정된다면, 나이가 들어도 별로 나아질 게 없다는 결론에 이르렀다. 이런 현실을 교사가 어떻게 바로잡을 수 있겠는가? 그런 소녀들에게 어떤 견고한 토대에 입각한 미덕을 가르치면 그들은 부모를 멸시하게 될 것이니 말이다. 아이들에게는 부모의 결점에 대해 너그러워지도록 가르치면 안 된다. 그런 행위는 아이들이 지닌 이성의 힘을 약화시키고 아이들 자신의 결점에 대해서는 더욱더 너그러워지게 만들 것이기 때문이다. 나이 들며 얻게 되는 혜택 중 하나가 바로 자신에게는 엄하고 남의 잘못에 대해서는 너그러워진다는 점일 것이다. 하지만 아이들에게는 단순한 미덕만을 가르쳐야 한다. 너무 어린 나이에 인간의 감정이나 행동에 대해 너그러워지게 되면, 자기 자신의 감정이나 행동을 규제할 기준이 모호해지고, 너그러운 만큼 부당해질 가능성도 커지기 때문이다.

아이들이나 나약한 이의 애정은 언제나 이기적이다. 그들이 가족을 사랑하는 이유는 상대가 훌륭해서가 아니라 자기를 아껴주기 때문이다. 하지만 아이의 마음속에서 미덕에 대한 존경과 사랑이 어우러지고 이성이 의무의 토대로 자리잡는다면, 그 아이는 도덕적인 인간으로 자

---

이건 물론 건방지지만 맞는 말이었다. 그리고 그 아이의 이성에 깊은 상처를 주지 않고는 그런 엄마를 존경하게 만들 수 없을 것이다"[MW].

라날 것이다. 그러나 사회가 크게 달라지지 않는 한 부모는 늘 무조건적인 복종을 바랄 것이고, 그 권위를 이성적인 논의를 거부하는 천부적인 권리로 만들려고 애쓸 것이다.

제12장

# 국민 교육[1]

사교육의 효과는 언제나 미미할 것이고, 교육이 국가 전체의 관심사가 되지 않는 한, 스스로 자녀를 가르쳐본 부모는 언제나 어느 정도는 실망하게 될 것이다. 아버지가 아이를 사막에 데리고 갈 수도 없고, 설사 간다 하더라도 자기가 다시 아이가 되어 아들이나 딸의 좋은 친구나 놀이 상대가 될 수는 없기 때문이다. 그리고 아이들이 어른하고만 지내면 얼마 안 가 정신이나 신체적 능력의 성장이 멎은 애늙은이가 되고 말 것이다. 그들의 능력을 피어나게 하려면 스스로 생각할 수 있게 도와주어야 하는데, 이는 여러 아이들과 어울려서 놀고, 여럿이 같은 목표를 추구하게 함으로써만 가능한 일이다.

스스로 정보를 찾지 않고 그냥 어른에게 질문을 던져 주어진 답에만 전적으로 의존하는 아이는 사람을 무기력하게 만드는 나태한 정신을 갖게 될 것이고, 이 나태함은 여간해서 떨쳐내기 어렵다. 또래끼리 놀면 이런 일이 절대 일어날 수 없고, 탐구의 주제 또한 어느 정도 어른의

1 울스턴크래프트가 헌사(獻辭)에서 언급한, 탈레랑(Talleyrand)의 교육론을 정리한 책자.

영향이 가해지긴 하겠지만 완전히 어른의 통제 아래 놓이진 않을 것이다. 어른들은 너무 성급하게 결론에 도달함으로써 아이들의 능력을 파괴하거나 위축시킬 것이고, 아무리 현명한 어른일지라도 너무 확실한 방법으로만 문제를 해결하게 이끌 것이다.

그뿐 아니라 모든 애정의 씨앗은 어린 시절에 뿌려지는 법인데, 부모에 대해 느끼는 존경 어린 애정은 나이가 들면서 삶의 행복을 일구어줄 사회적인 애정과는 전혀 다른 것이다. 이런 사회적 애정의 토대를 이루는 것은 평등과, 순종을 요구하진 않더라도 논리적인 추론을 가로막는 저 공손한 예의라는 장애 없이 자유롭게 이루어지는 감정의 교류다. 아이가 부모에 대해 그런 애정을 갖게 하면, 그 아이는 늘 아이들과 어울려 놀며 재잘대기를 원할 것이고, 부모에 대한 애정에는 언제나 일말의 두려움이 섞여 있기 때문에, 그가 느끼는 존경심은 그에게 교활함을 가르치거나 적어도 어린아이가 나중에 더 큰 온정으로 무르익을 우정과 신뢰에 마음을 열게 해주는 저 작은 비밀들을 털어놓지 못하게 만들 것이다. 게다가 그런 아이는 자기 생각을 솔직히 털어놓아도 건방지다고 혼나거나 멍청하다는 비웃음을 받지 않을 자리에 자주 가야만 길러지는 저 솔직하고 천진한 태도를 갖추지 못하게 될 것이다.

나는 작금의 학교 운영 실태를 보고 느낀 바가 많아서 자연스럽게 사교육을 열렬히 옹호하는 말을 한 적이 있지만, 그 뒤 이런저런 경험을 하면서 생각이 달라졌다. 하지만 나는 여전히 지금처럼 운영되는 한 학교는 사악함과 어리석음의 온상일 뿐 아니라, 그곳에서 얻는 인간관은 교활한 이기심에 지나지 않는다고 생각한다.

소년들은 학교에서 탐욕스럽고 너저분한 성격을 갖게 되고, 가정적인 성격을 기르는 게 아니라 오성을 약화시키고 마음을 냉혹하게 만들며,

미처 다 자라지 못한 신체를 부실하게 만드는 방탕에 빠져들게 된다.

사실 나는 아이들이 방학을 기다리는 동안 빠져드는 불안정한 정신 상태 때문에라도 기숙학교 제도에 반대한다. 아이들은 최소한 절반 이상의 시간을 방학에 대한 열렬한 기대로 들뜬 채 보내고, 정말 방학이 되면 모든 시간을 완전히 방탕하고 야만적으로 방종한 짓에 허비하고 만다.

반면에 집에서 사교육을 받는 아이는 1년의 거의 4분의 1을 나태와 후회, 기대로 보내는 경우보다 (즉 기숙학교를 다니는 경우보다) 더 정연하게 교육받을 수는 있지만, 하인들을 맘대로 부리고, 아이를 신사로 만들기 위해 인간으로서의 미덕을 싹부터 잘라버리는 엄마의 극성 때문에, 자신을 대단한 존재로 착각하게 될 것이다. 그래서 열심히 공부해야 할 때 어른들과 어울리고, 아직 어린 나이에 성인 대접을 받으면서 그들은 교만하고 나약한 성격을 갖게 되는 것이다.

도덕에 똑같이 해로운 이 두 극한을 피하려면, 공교육과 사교육을 결합하는 어떤 방도를 찾아야 할 것이다. 그렇다면 시민을 길러내는 데 두 단계의 교육이 필요할 텐데, 그런 교육은 바로 우리가 바라는 목표를 달성하는 데 이바지할 것이다. (그런 교육 체계에서) 아이는 여러 형태의 인간애에 마음을 여는 계기가 될 가족애를 배우면서 동시에 상당한 시간을 다른 아이들과 평등한 관계 속에서 지내게 될 것이기 때문이다.

비가 오나 눈이 오나 아이들이 아침마다 책(과 거리가 상당히 먼 경우에는 도시락)을 들고 등교하던 시골 학교를 생각하면 지금도 마음이 흐뭇해진다. 그때는 하인이 주인 아들의 손을 잡고 같이 가지도 않았다. 일단 옷을 입고 나면 혼자서 모든 걸 해결했고, 저녁에도 혼자 돌아와 그날 있었던 일을 부모에게 얘기하곤 했다. 그런 아이는 부모의 집이 곧 고향이었고, 평생 그곳을 그리워했다. 우리 사회의 명사들에게 묻노니, 어린 시절 공부 내용을 익혔던[2] 그늘진 가로수길이나, 연(鳶)이나 방망이를 고치려고 걸터앉았던 울타리 계단 때문에 조국이 더 소중하게 느껴지지 않는가?

하지만 가엾은 보조교사[3]을 괴롭힌 일이나, 파이 장수에게서 파이를 낚아채 이기적이고 얄밉게 먹어치운 일을 기억한다면 혹시 모르지만, 런던 근교의 사립학교에서 완전히 갇혀 지낸 소년 시절을 즐겁게 회상하는 사람은 거의 없을 것이다. 모든 형태의 기숙학교에서, 하급생들의 오락은 장난질이고, 상급생들의 오락은 비행(非行)이다. 게다가 대규모 학교에서 종교를 우습지도 않은 존재로 만드는 허례허식에 대한 맹종은 차치하고, 소년들 사이에 엄존하는 전제(專制)와 비굴한 복종의 체계만큼 도덕에 해로운 게 또 있을까? 반 기니[4]를 안 내려고 성찬식에 참가한 뒤, 그 아낀 돈을 나중에 관능적인 쾌락에 써버리는 소년에게서 뭘 기대할 수 있단 말인가? 이 소년들은 예배에 빠질 구실을 찾느라 시간의 반을 낭비한다. 그런데 그도 그럴 것이 같은 일을 그렇게 여러 번 반복하는 것은 활기찬 소년들에게 너무도 지겨운 억압일 것이기 때문이다. 이런 의식(儀式)들이 소년들의 도덕에 그처럼 해롭고, 마음과 정신은 딴 데 가고 입발림만으로 이루어짐으로써 연옥에 갇힌 가엾은 영혼들을 구할 요금을 받아낼 일종의 은행으로 전락했으니, 이제는 모두

---

2 '익히다'의 원문은 'conned'로서, 공부하거나 학습한다는 뜻이다. 주로 'well-conned'처럼 과거분사로 사용된다.

3 원문은 'usher'로, 교사나 교장의 보조를 뜻한다.

4 과거에 통용되던 영국의 금화로 21실링에 해당.

없애야 하지 않겠는가?

하지만 이 나라에는 혁신에 대한 두려움이 팽배해 있다. 그러나 그건 어디까지나 몇몇 공허한 형식적 행위만 빼고는 원래 그 자리에 따라오는 업무는 전혀 수행하지 않은 채, 먹고 마시고 즐기는 나태한 게으름뱅이들의 소심한 두려움 또는 비밀스러운 공포다. 이들은 자신의 직위를 마치 조상에게서 물려받은 특권인 양 생각하며, 그 편안한 자리에 달팽이처럼 기어 올라타 소유권을 주장하는 것이다. 이들은 그 제도를 처음 만든 사람의 뜻을 존중해야 한다고 소리 높여 외치면서, 모든 개혁은 부당한 양 격렬히 반대한다. 그중에서도 우리나라 대학에 남아 있는 구교의 유습(遺習)이 특히 그러한데, 학내의 신교도들은 국교를 그렇게 고집하면서도 열렬한 신심 때문에 저 미신의 시대에 탐욕스러운 사제들이 거둬들였던 무지의 열매를 포기하지는 않는다. 그렇다. 자신들의 세대에 현명한 이들은[5] 관행에 따라 확립된 소유권을 자기들을 보호해주는 성채(城砦)처럼 존중하면서, 개혁이 연이어 일어나거나 영(靈)이 문자를 죽일까봐, 낮에 성병(聖餠)을 올리면 사람들의 죄가 사해진다는 말에 따라 내키지 않는 손길로 종을 울리며 기도를 한다. 가톨릭교의 이런 관습[6]은 우리 사제들의 도덕에 치명적인 영향을 준다. 하루에 두세 번씩, 스스로 생각해도 쓸데없는 의식을 거행하는 게 자신의 의무라고 하면서, 아주 태만한 자세로 그걸 행하는 게으른 기생충 같은 인간은 곧 의무에 대한 감각조차 잃게 될 것이기 때문이다. 이들은 대학 시절 강제로 예배에 참석하거나 빠지면서, 그들에게 나태한 생활을

---

5 "이 세상의 자녀들은 자기 세대에는 빛의 자녀들보다 현명하다"(「누가복음」, 16장 8절).

6 이 문단 앞부분에 나온 로마 가톨릭 교회와 '구교의 유습(遺習)들'에 대한 언급을 뜻한다.

보장해주는 바로 그 의식들에 대해 습관적인 경멸감을 갖게 된다. 그래서 둔한 아이가 숙제를 외우듯이 형식적으로 기도문을 읊조리게 되고, 신부가 된 후에도 막 설교를 마치고 나올 때나, 그렇게 부정한 방법으로 얻은 식사를 할 때면 대학 때 쓰던 그런 은어가 자기도 모르게 불쑥 불쑥 튀어나오는 것이다.

오늘날 우리나라에서 행해지는 구교 예배보다 더 불경스러운 건 없을 것이고, 이 유치한 의식(儀式)을 노예처럼 행하는 자들보다 더 나약한 사람은 없을 것이다. 전에 존재하던 장엄함의 역겨운 그림자는 남아 있지만, 마음을 맑게 하거나 적어도 상상력을 자극하던 엄숙함은 사라져 버렸다. 대륙의 장엄미사를 보면 누구나 깊은 인상을 받을 것이다. 거기서는 거룩한 슬픔, 경건함에 아주 가까운 숭고한 부드러움과 함께 상상력의 불꽃이 번득이기 때문이다. 도덕적인 견지에서 볼 때 이런 경건한 느낌은 다른 예술적인 느낌들과 별반 다르지 않을 것이다. 하지만 우리의 감각을 만족시켜주는 장엄미사의 극적인 장엄함은, 마음에 와 닿지도 않은 채 오성을 모욕하는 차가운 과시 행위보다 나을 것이다.

혹자는 교육을 논하는 자리에서 왜 종교 얘기를 하느냐고 묻겠지만, 유치한 장난으로 전락해버린 이런 제도의 추종자들이 종교의 수호자를 자처하고 있으니 이 문제는 꼭 짚고 넘어가야 한다. 이 눈물의 계곡에서 우리를 달래주는 순수한 샘인 종교여! 존재의 거룩한 바다인 하느님께로 흐르는 살아 있는 강물을 좁은 한 물길로 몰아 놓으려는 건방진 초보자들이 그대의 맑은 물을 흐려 놓았네! 인간애에 기초한 신에 대한 사랑만이 줄 수 있는 평화가 없다면 인생이 얼마나 무의미해질까? 세속적인 감정들은 모두 때때로 (화살처럼 되돌아와서) 그 감정을 느낀 마음을 갉아먹고 만다. 그리고 흔히 사람에게 무참히 짓밟히는, 그리고 하느님의 눈부신 형상을 희미하게 반영하는, 순수한 연민의 정은 그런 감정을 생겨나게 한 그분에게 자유롭게 바쳐져야 한다.

그런데 공립학교에서는 종교가 지겨운 예배나 불합리한 규제들과 뒤섞여 극히 불쾌한 존재, 두려움과 함께 존경의 마음을 일으키는 진지하고 엄격한 존재가 아니라, 농지거리의 주제가 되는 우스운 존재로 전락해 있다. 그도 그럴 것이, 사실 휘스트 도박에 열중해 있던 이들의 정신에 활기를 불어넣는 재미있는 이야기와 재기 넘치는 농담은 대부분 그로부터 나오는 소득에 생계가 달려 있기에 거기에 따른 모욕을 참는 이들이 일부러 거기서 재미를 찾으려는 여러 사건에 바탕을 두고 있다.

이 왕국 전체를 놓고 볼 때, 대학 내에 살거나 공립학교에서 가르치는 현학적인 독재자들보다 더 독단적이고 사치스러운 이들은 없을 것이다. 방학은 선생과 학생 모두에게 똑같이 해롭고, 선생들이 귀족들과 맺는 관계는 그 가족에게도 귀족의 가정에서 가족간의 의무와 편안함을 없애 버리는 허영과 사치를 배우게 만들어, 선생 가족은 원숭이처럼 그 호사스러움을 모방하게 된다. 게다가 좋은 가정교육을 받기 위해 아주 비싼 수업료를 내고 선생이나 조교와 같이 생활하는 학생들은 그런 걸 전혀 배우지 못한다. 침묵 속에 저녁을 먹고 난 소년들은 얼른 포도주 한 잔을 마시고 나와 못된 장난을 꾸미거나 방금 전까지 그 앞에서 굽실거렸고, 제2의 부모로 생각해야 할 사람들의 용모나 행동을 비웃기 때문이다. 그렇다면 이렇게 사회적 교제 없이 생활하는 소년들이 이기적이고 사악한 존재로 성장하거나, 부지런한 목사 중 하나가 주교가 된다는[7] 건 당연한 일 아닌가?

---

[7] '주교관'의 원문은 'mitre'. MW는 그 지역의 귀족들에게 아첨하는 성직자가 주교 등 높은 성직에 오르는 경우가 많다는 사실을 지적했다.

자기보다 한 단계 높은 계층의 사람들처럼 살고 싶다는 것은 모든 사람, 모든 계층의 공통된 소망이고, 사람들은 바로 이 한심한 야심 때문에 비열한 행동을 하는 것이다. 그리고 그중 사람을 가장 많이 타락시키는 게 바로 성직이다. 그런데 교사는 대개 이 성직자 출신이다. 그러니 늘 승진을 노리며 신중하고 조심스럽게 행동해야 하는 이들이 독립적으로 행동하는 학생들을 길러내기를 기대하는 건 무리 아닐까?

그런데 나는 몇몇 교사들이 아이들의 도덕에는 전혀 무관심한 채, 자기들은 그저 고전어를 가르칠 뿐이고, 일부 우수한 학생들을 대학에 보냈으니 할 도리를 다한 거라고 주장하는 걸 보았다.

물론 몇몇 학생은 선생을 모방하고 엄한 훈련을 받으며 탁월한 실력을 갖추게 되었을 것이다. 하지만 이 소수의 머리 좋은 학생을 길러내기 위해 수많은 학생의 건강과 도덕이 희생되는 것이다. 우리나라의 젠트리[8]와 부유한 평민의 자제들은 대부분 이런 학교를 다니는데, 아무리 좋게 보더라도 그 누구도 감히 이들 중 대다수가 우수하다는 말은 못할 것이다.

우수한 학생 몇 명을 길러내기 위해 대다수 학생을 희생시키는 건 사회에 이롭지 못하다. 어쩌다 한 번 커다란 변혁이 일어날 때마다 걸출한 인물들이 나타나 질서를 회복시키고 진리의 얼굴을 가린 구름을 걷어내는 건 사실이다. 하지만 사회에 이성과 미덕이 넘치게 하면 이런 강한 바람은 불필요해질 것이다. 모든 종류의 국민 교육은 시민을 길러내는 데 목적을 두어야 하는데, 좋은 시민이 되려면 먼저 아들과 형제로서의 애정을 발휘할 줄 알아야 한다. 이것이 마음속의 사랑을 기르는

---

8 귀족 바로 아래 계급 - 옮긴이.

유일한 방법이고, 시민으로서의 미덕과 애정은 모두 개인의 인격에서 나와야지 그렇지 않으면 사람들이 멍청히 찬탄하는 동안 밤하늘을 가로질러 어둠 속으로 사라지는 유성 같은 것에 지나지 않을 것이다.

부모나 형제자매 또는 어릴 때 같이 놀던 애완동물을 사랑하지 않고 자란 사람이 커다란 인간애를 갖게 된 경우는 거의 없을 것이다. 어릴 때 느끼는 감정이 우리의 도덕적 성품을 형성하고, 삶의 초기에 느끼는 이런 애정이나 꿈에 대한 회상이 후에 좀더 강하게 이성의 영향을 받는 감정이나 목표에 활기를 주는 것이다. 우리는 여러 종류의 따스한 감정이 솟아나 서로 뒤섞이는 어린 시절에 가장 절친한 우정을 맺는다. 그리고 이를 다르게 표현한다면, 우정을 받아들이기 위해 부드러워진 마음이 이기적인 욕망 충족보다 더 고결한 것에서 즐거움을 찾는 데 익숙해진다고 할 수 있을 것이다.

그렇다면 가정과 가족에 대한 애정을 기르기 위해 아이들을 집에서 교육해야 할 것이다. 방만한 방학은 아이들이 자신의 즐거움을 위해서만 집을 그리워하게 만들기 때문이다. 가정이나 가족에 대한 애정을 길러주지 않는 방학은 끊임없이 학습을 방해하고, 절제를 요하는 수양 계획을 무색하게 만든다. 하지만 방학을 완전히 없애면 아이들은 부모와 완전히 떨어져 살게 될 것이고, 그럼으로써 아이들이 어린 시절에 여러 사람과 맺는 따스한 관계를 파괴하고, 결혼을 인간에게 꼭 필요하고 고상한 제도로 만들어주는 관계들의 힘을 파괴하여 그 아이들을 더 나은 시민으로 만들 수 없게 할 것이다. 하지만 사교육이 아이들을 자기만 아는 사람으로 만들고, 그들을 가정 내에 격리하는 제도라면 그 폐해는 치유되는 게 아니라 자리만 바뀌는 셈일 것이다.

이런 생각을 하다보니 내가 자세히 다루고 싶은 주제, 즉 적절한 공립학교를 세울 필요성에 대해 얘기할 차례가 된 것 같다.

그런데 공립학교는 반드시 국립이라야 한다. 교사들이 부모의 변덕에 의존하게 되면, 무지한 이들을 만족시킬 만큼의 노력밖에 기울이지 않을 것이기 때문이다. 사실 교사가 학부모에게 아이의 능력을 보여줄 증거를 만들어내야 한다는 건 흔히 생각하는 것보다 훨씬 더 큰 부작용을 초래한다. 그리고 이런 증거는 방학을 맞아 아이를 데리러 오는 부모라면 꼭 보게 된다.[9] 실상 그런 증거를 아이들 스스로 만드는 경우는 거의 없다. 따라서 교사는 거짓을 장려하든지, 아이를 무리하게 내몰아 비상한 노력을 하게 만듦으로써 정신에 상처를 주거나 점진적인 개선의 과정을 중단시키게 된다. 이런 경우 학생은 부모에게 보이기 위해 이성적으로 명확히 이해하지도 못한 채 뜻도 모르는 말을 잔뜩 외우게 된다. 하지만 아이들이 생각하기 시작하게 만드는 교육만이 정신 계발이라고 할 수 있다. 오성이 확립되기도 전에 상상력 때문에 망쳐진다면, 허영심이 생겨 죄악으로 이어질 것이다. 아이의 실력을 보여주는 방법들은 모두 아이의 도덕성에 해를 끼칠 것이기 때문이다.

한결같이 멋지게 차려입은 엄마들이 의자에 앉아, 무지하고 우매한 이들만이 갖는 자신감으로 가득 찬 아이들이 엄숙한 어조로 읊어대는 앵무새 같은 재잘거림에 귀를 기울이는 동안, 아이들 자신은 뜻도 모르는 구절을 낭송하기 위해 얼마나 많은 시간을 허비하는가? 그런 행사는 커져가는 허영의 줄기를 아이의 정신 전체로 퍼져나가게 할 뿐, 아이들이 더 유창하게 말하거나 더 우아하게 처신하게 만들지 못한다. 그리고 바로 그렇기 때문에 이런 어이없는 행사는 전반적으로 가식의 전

---

[9] "런던 시내와 그 근교에 있는 수많은 학교들, 런던 상인 계층의 행동이 특히 그렇다"[MW].

형이라고 불릴 만하다. 안목 있는 사람이면 그 나이의 아이들이 자연히 갖고 있는 쑥스러운 수줍음을 보고 눈살을 찌푸릴 리 없건만, 요즘은 아이들이 일찌감치 학교와 사교계에 익숙해지는 바람에 소박하고 숫기 없는 아이들이 별로 없고, 그 대신 건방지고 어른처럼 점잔빼는 아이들이 대부분이다.

하지만 교사들의 생계가 학부모에게 달려 있고, 여러 학교가 허영심 많은 부모의 관심을 끌기 위해 경쟁적으로 미끼를 내걸고 있는 한 이런 현상은 계속될 것이다. 자식을 사랑하는 부모라면 자기 아이가 다니는 학교가 다른 데보다 낫기를 바랄 것이기 때문이다.

그러니 교사들만 아는 비밀스러운 기술을 발휘해 나약한 부모의 환심을 사기를 거부하는 양식 있고 양심적인 교사는 여간 운이 좋지 않은 한 학교를 운영해갈 수 없을 것이다. 공간이 넉넉한 아주 좋은 학교에서도 아이들이 고약한 습관들을 배울 텐데, 보통 학교에서는 아이들의 몸과 마음, 오성이 모두 위축되고 말 것이다. 부모는 무조건 수업료가 싼 학교만 찾고, 교사는 자기가 감당할 수 없을 정도로 많은 학생을 받아야만 생활이 가능하고, 각 학생이 내는 적은 돈으로는 교육의 기계적인 면을 도와줄 조수들을 고용할 수 없기 때문이다. 게다가 학교나 정원이 겉보기에 아무리 좋아도 아이들은 그 안락함을 즐기지 못한다. 갖가지 지겨운 제재 때문에 아이들은 여기가 집이 아니라는 사실을 끊임없이 의식하게 되고, 정원은 학부모들의 눈요기를 위해 들어가지도 못하게 되어 있기 때문이다. 그래서 일요일에 학교에 찾아온 부모들은 자녀의 삶을 불편하게 하는 바로 그 광경들을 보며 감탄을 금치 못하는 것이다.

그런데 여학생은 남학생보다 더 많은 제재와 억압 속에서 생활한다.

나는 양식 있는 여성이 학교에서 겪은 온갖 고단한 구속에 대해 얘기할 때마다 얼마나 역겨운지 모른다. 이들은 아마 아름다운 정원의 큰길을 벗어나지 못한 채,[10] 자연이 자신의 작품을 완성하기 위해 아이들의 건강에 이롭도록 고안해놓은 갖가지 방식으로 뛰어다니는 대신, 아주 얌전한 자세로 고개를 숙이고 발끝을 밖으로 내민 채 어깨를 뒤로 젖히고 걸어다녔을 것이다. 이런 상황에서는 아이들의 심신을 쑥쑥 자라게 하고 희망의 부드러운 꽃잎을 피어나게 하는 육체적 활기는 변질되어, 아이들의 자질을 위축시키고 성격을 망쳐놓는 헛된 꿈이나 건방진 불평으로 표출되거나, 머리로 올라가서 오성이 적합한 힘을 얻기도 전에 그걸 날카롭게 만들어 전에 창피하게도 여성의 정신을 특징짓고, 여성이 권력의 노예로 남아 있는 한 언제까지고 그들의 정신을 특징지을 저 한심한 교활함으로 나타나게 한다!

내 생각에 남자들의 세계에서 순결이 그토록 경시되기 때문에 인류를 괴롭히는 수많은 육체적 · 도덕적 해악이 생겨나고, 여자를 타락시키고 파괴하는 갖가지 죄악과 어리석은 짓들이 행해지는 것 같다. 그런데 학교에 다니는 소녀들은 집에서라면 정숙함으로 피어났을 그 점잖은 수줍음을 모두 잃고 만다.

그리고 여러 명이 한 방에서 자다보면 정신의 섬세함이 형성되는 걸

---

10 "전에 나는 바로 그런 일 때문에 정말 분개한 적이 있다. 상급학교 진학을 준비시키는 한 학교에 어떤 아이를 보러 간 적이 있는데, 교사를 따라 교실 등을 구경한 뒤 넓은 자갈길을 걸어가는데, 양 옆에 풀이 우거져 있었다. 아이에게 물어본 결과, 교사가 학생들에게 절대로 풀밭에 들어가지 못하게 하고 가끔 양을 풀어놓아 풀을 뜯긴다는 것이었다. 이 학교의 독재자인 교사는 창가에 앉아 감옥 마당 같은 운동장을 감시했고, 아이들이 자유로이 뛰어놀 수 있었던 빈터에는 울타리를 둘러 감자를 심었다고 했다. 교사의 부인 또한 아이들이 옷을 더럽힐까봐 언제나 질서 있게 행동하도록 감독했다"[MW].

막으면서 육체를 쇠약하게 만드는 나쁜 짓이나 고약하고 점잖지 못한 장난들을 서로 배우게 된다.[11] 소년들에게 정숙함을 길러주지 않으면 우리 사회의 모든 인간 관계가 아주 심하게 타락하고 말 것이다. 조숙한 육체적 욕망 때문에, 마음을 정화하고 삶의 도덕적 의무들을 수행하는 데 필요한 능력들을 처음으로 발휘하게 만들어야 할 사랑이 희생될 뿐 아니라, 아주 어린 아이의 정신을 더럽히고 모든 너그러운 감정을 고갈시키는 이기적인 욕망의 충족이 모든 사회적 애정들을 둔화시키고 만다. 그런 학교에서는 아주 이상한 방식으로 소년의 순수함이 더럽혀지고, 그 심각한 결과는 개인의 죄악을 사회적 문제로 변모시킨다. 그리고 흔히 생각하는 것 이상으로, 소년의 도덕성에 영향을 미칠 단정한 버릇은 보통 가정에서만 습득될 수 있다. 가정에서는 가족들간에 존재하는 점잖은 예의범절 때문에 서로 지나치게 친밀해지기 어렵고, 그래야만 애정을 모독하고 갉아먹는 무례를 피할 수 있다.

나는 앞에서 이미 소녀들끼리 갇혀 있을 때 얻게 되는 나쁜 버릇에 대해 경계한 바 있는데, 이는 소년들의 경우도 마찬가지일 것이다. 그리고 이런 걸 보면 자연히 내가 처음부터 염두에 두었던 결론에 이르게 될 것이다. 즉 남녀를 모두 더 나은 사람으로 만들려면 가정뿐 아니라 공립학교에서도 같이 교육해야 한다는 것이다. 결혼이 사회의 결속을 다지는 제도라면 남녀가 같은 방식으로 교육받아야지 그렇지 않으면 남녀가 동반자가 될 수 없을 것이다. 그리고 여성이 개화된 시민, 오해를 피하기 위해 다시 말하건대 마치 남자들이 서로 그렇듯이, 남자와 상관없이 자신의 생계를 버는 자유로운 존재가 되어야만, 그들이 지닌

11 수음(手淫)이 몸과 마음을 약화시킨다는 오해는 늘 있어 왔다.

의무를 제대로 수행할 수 있게 될 것이다. 그렇다. 여성이 남자들과 같이 자라서 그들의 연인이 아니라 동반자가 될 때 비로소 결혼은 신성한 것이 되리라. 지금과 같은 결혼 제도하에서 여성은 치사하고 교활한 속임수들 때문에 비열해지고 억압 때문에 소심한 존재가 되기 때문이다. 나는 이 말이 옳다는 걸 굳게 믿기 때문에, 남녀가 모두 이성에 기초한 미덕을 갖추고, 양성이 모두 각자의 의무를 수행함으로써 그들이 공통으로 지닌 감정이 강화되어야만 비로소 도덕적인 사회가 도래한다고 예언하는 바다.

남녀공학을 실시하면, 정신을 오염시키는 성 구별 없이 정숙함을 길러주는 저 점잖은 예절들이 어릴 때부터 길러질 것이다. 그러면 아이들은 늘 예의 바르게 행동하게 되어 가식에 가까운 저 예절 또는 이전의 에티켓 교육은 무용지물이 될 것이다. 그런 행동은 손님들에게 보여주려고 옷처럼 걸치는 예절이 아니라 말끔한 정신에서 우러나오는 차분한 행동일 것이다. 이처럼 진솔한 마음에서 나오는 소박한 우아함은, 사교계의 냉혹한 인간 관계에서 거짓된 빛으로 반짝이는 음란한 아첨보다 훨씬 나은, 가족간의 애정에 바치는 정결한 찬사가 아닐까? 하지만 우리 사회에서 오성이 더 중요한 위치를 점하게 될 때까지는 늘 진정한 사랑과 안목이 모자랄 것이고, 도덕적인 애정을 가진 이의 얼굴에만 나타나는 저 천상의 빛 대신 매춘부의 연지가 판을 칠 것이다. 연애 또는 흔히 사랑이라고 불리는 행위는 소박한 인간성 없이도 가능하지만, 우정의 두 기둥은 존경과 믿음이니, 이유도 모른 채 누구를 존중하는 법은 없다.

예술적 안목을 기르는 데는 엄청난 훈련이 필요한데, 도덕적인 감정을 육성하려면 그보다 더한 노력이 필요하다. 그리고 이 둘은 정신적 쾌락의 무수히 많은 원천을 여는 정신의 확장을 요하기도 한다. 사람들이 시끄러운 장소나 혼잡한 곳에 몰려드는 이유는 정신적인 미덕들을 하찮게 여겨 생각이 부족하기 때문이다. 그래서 그들은 소박한 것은 시시해하면서, 끊임없이 새로운 것을 찾아 헤매고, 뭔가를 섬세하게 보거나 느끼지 못한다.

이 문제는 철학자들이 생각하는 것보다 훨씬 더 큰 함의를 지니고 있다. 자연이 양성 중 특히 여성이 가사를 돌보도록 계획했다면, 그와 동시에 그들을 그런 소임과 관련된 여러 가지 애정에 특히 예민하게 만들어놓았기 때문이다. 작금의 여성은 쾌락을 무척 좋아하는데, 내가 보기에 그건 당연한 일이다. 그들은 모든 안목의 토대인 오성이 모자라기 때문에 세세한 가정사에 관심이 없는 것이다. 관능적인 논자들의 주장과 달리 오성만이 인간의 마음에 순수한 기쁨을 전해줄 수 있다.

나는 여성이 탁월한 안목을 지닌 사람이면 몇 번이고 다시 읽으며 탄복할 시를 아주 거창한 하품을 하며 내던지고, 너무도 아름다운 음악 때문에 숨이 멎을 듯한 순간에 그 옷을 어디서 샀느냐고 묻는 광경을 본다. 그런가 하면 아주 뛰어난 그림은 냉정하게 훑어보던 여성이 아무렇게나 그려진 풍자화 앞에서는 기쁨으로 눈을 빛낸다든지, 어떤 엄청난 풍경 앞에서 영혼 전체가 숭엄한 정적에 휩싸여 있을 때, 짓궂은 운명의 장난으로 같이 여행하게 된 애완견의 귀여운 재롱을 보라는 부탁을 받은 적도 있다. 그렇게 안목이 없는 인간이 자기 아이들보다 개를 더 귀여워하거나, 진솔한 감정에서 나온 말보다 요란한 아첨을 좋아하는 게 뭐 이상한 일인가?

그런 내 생각이 옳다는 걸 보여주는 예로, 아주 탁월한 재능이나 세련된 정신을 지닌 이들이 자연의 소박한 아름다움을 가장 좋아하는 것 같다는 말을 해야 할 것 같다. 그들은 또 자기들이 그토록 잘 묘사한 것, 즉 자연스러운 감정과 소박한 느낌의 소유자들이 지닌 매력을 아주 강하게 느꼈음에 틀림없다. 시인이 인간의 여러 감정을 생생히 묘사하고 화가가 불같은 필치로 그림을 그릴 수 있는 것은 바로 인간의 마음을 들여다보고 거기 담긴 갖가지 감정에 반응하는 이 능력 때문일 것이다.

진정한 안목은 어떤 사물에서 자연스럽게 우러나는 효과를 관찰하는 데 동원되는 오성의 작용이다. 그리고 여성이 좀더 많은 오성을 갖출 때까지는 그들이 가사에 취미 갖기를 기대하는 건 무리일 것이다. 그들의 예민한 감각은 늘 마음을 냉혹하게 만드는 데 기여할 것이고, 적절한 교육으로 지식을 쌓지 않는 한 그들이 느끼는 감정은 언제나 생생하고 일시적일 것이다.

여성이 가정을 도외시하고 방글거리는 아기를 품에서 밀어내는 것은 지식의 획득이 아니라 가정사에 안목이 없기 때문이다. 그들은 지금까지 아주 오랜 세월을 무지와 노예 같은 의존 상태 속에 살아왔고, 지금도 쾌락이나 권력을 좋아한다는 둥, 바람둥이나 군인을 선호한다는 둥, 유치하게도 장난감에 집착한다는 둥, 허영심 때문에 미덕보다 세련됨을 더 좋아한다는 둥, 부정적인 평만 듣는 형편이다.

역사가들은 나약한 노예들이 주인을 농락할 만큼 영리했던 시대에 교활한 여성이 저지른 무서운 범죄들을 열거한다. 프랑스를 비롯한 많은 나라에서 남자들은 방탕한 독재자, 여자들은 교활한 하수인 역할을 했던 것이다. 그런 걸 보면 무지와 의존이 여성을 가정적으로 만들지는 않음을 알 수 있다. 바람둥이들은 여자들과 어울리면서도 그들이 어리석다는 말을 입에 달고 다니고, 양식 있는 남자들은 여성이 옷과 오락에 너무 빠져 가정을 등한시한다고 개탄한다. 여성이 자연이 준 의무를 제대로 수행하지 않는 것은 지식 때문에 마음이 타락했거나, 과학적인 탐구 때문에 잘못된 길로 빠졌기 때문이 아니다. 남녀간에 계속되는 전쟁이 여성에게 저 교활함을 발휘해 공정한 실력 대결로는 이길 수 없는 싸움에서 승리하게 만드는 것이다.

그러므로 내가 여성을 노예라고 부르는 건 어디까지나 정치적 · 사회적 의미에서 그렇다는 얘기다. 간접적으로는 여성이 너무 많은 권력을 쥐고 있고, 이처럼 부당한 힘을 얻기 위한 노력 때문에 타락해가고 있기 때문이다.

그렇다면 여성을 자연과 의무로 돌아가게 하는 데 이성이 어떤 역할을 할 수 있는지 계몽된 국가[12]가 먼저 보여주어야 할 것이다. 그리고 여성에게도 남성과 같은 교육과 정치 참여의 기회를 줌으로써 더 현명하고 자유로운 존재, 더 나은 인간으로 변모할 수 있는지 지켜봐야 할 것이다. 이 실험이 여성에게 해를 끼칠 위험은 전혀 없다. 여성을 지금보다 더 열등한 존재로 만들기는 어렵기 때문이다.

이 실험을 위해서는 국가가 각 연령에 맞는 공립 남녀공학을 설립해야 한다. 5~9세의 아이들이 다닐 학교는 수업료를 전액 면제하고, 누구나 들어갈 수 있어야 한다.[13] 그리고 각 교구마다 위원회를 두어 교사를 충분히 확보하게 하고, 교사가 수업을 태만하게 한다는 등 불평이 있으면 그곳에 학부모 6명 이상이 서명한 문서를 제출하게 해야 한다.

---

12 '프랑스'[MW].

13 "이 부분에서는 고(故) 오턴 주교가 쓴 국민교육에 대한 아주 유용한 책자에서 도움을 많이 받았다"[MW]. 탈레랑의 『국민교육에 관한 보고서』(*Rapport sur L'Instruction Publique*, Paris: 1791)를 가리킨다.

그렇게 되면 보조교사는 없애도 된다. 내가 보아온 바로는 그와 같은 부차적인 권위는 아이들의 도덕에 특히 해롭기 때문이다. 겉으로는 순종하면서 마음속으로 경멸하는 것보다 더 인간을 타락시키는 건 없기 때문이다. 교사가 보조교사를 거의 하인 취급하고, 아이들이 놀이 시간에 그를 늘 놀려대는데도 그걸 묵인하는 현실에서 그가 어떻게 아이들의 존경을 받을 수 있겠는가?

하지만 남학생과 여학생, 부유한 아이들과 가난한 아이들이 모두 같은 공립 초등학교에서 공부하게 되면 이런 일은 전혀 없을 것이다. 그리고 아이들의 허영심을 없애려면 모두 같은 옷을 입게 하고, 모든 학생에게 같은 교칙을 적용하되, 그걸 어기는 아이는 퇴학시켜야 할 것이다. 그리고 그 나이에는 한 번에 한 시간 이상 앉아 있는 건 무리이므로, 교실 주변에 넓은 땅을 두어 유익한 활동을 하게 해야 한다. 또 딱딱한 원리로 주어지면 전혀 관심을 못 끌 것도 놀이처럼 가르치면 아이들의 감각을 개선하고 즐거움을 줄 수 있으므로, 이런 휴식도 초등 교육의 일부로 행해져야 할 텐데, 생물학 · 기계공학 · 천문학이 그 예가 될 것이다. 수업 내용은 읽기 · 쓰기 · 산수 · 박물학, 그리고 자연 철학과 관련된 간단한 실험 등으로 이루어지겠지만, 이런 것 때문에 바깥 운동을 못 하면 안 될 것이다. 종교, 역사, 인류사, 정치 등도 소크라테스식 대화법으로 가르치면 좋을 것이다.

9세 이후에는 나중에 가사에 종사할지, 기계에 관련된 일을 할지 결정한 후 다른 학교로 옮겨가 각자의 목표에 맞는 수업을 받아야 할 것이다. 이때도 오전에는 남녀가 같이 배우다가, 오후가 되면 소녀들은 다른 반에 가서 재봉, 망토나 모자 만들기 등을 익히게 될 것이다.

그리고 재능이 뛰어나거나 부유한 집 아이들은 또 다른 학교에서 언어 · 기초 과학 등을 익히고, 초등학교에서 배운 역사와 정치를 더 자세히 배우며, 정치학에 대한 책들도 읽게 될 것이다.

혹자는 그 나이까지 남녀가 같이 배우는 걸 이상하게 여길 수 있다. 그런데 내가 보기에 그런 제도의 유일한 부작용은 아이들이 일찍부터 연애를 할 수 있다는 건데, 부모들은 좀 달리 볼 수 있지만, 내가 보기에 그런 연애는 아이들의 도덕성에 아주 좋은 영향을 줄 것 같다. 내 생각에, 아주 오랜 세월이 흘러 사회가 상당히 개화되기 전까지는, 부모들은 늘 아이들을 도덕적으로 만드는 데만 연연한 나머지 아이들이 자신의 배우자를 고르도록 놔두지 않을 것이다.

게다가 이는 아이들이 일찍 결혼하게 만드는 가장 확실한 방법이기도 하다. 그리고 아이들이 일찍 결혼하면 육체적 · 도덕적으로 아주 좋은 결과를 가져올 것이다. 결혼한 시민은 자유를 빼앗길까봐 결혼을 미루고 자신만을 위해 사는 이기적인 바람둥이와는 전혀 다른 품성을 지니게 될 것이다. 평등에 기초한 사회에서는 좀처럼 일어나지 않는 아주 거창한 위기에는 예외이겠지만, 우리는 인간을 형성하는 저 사소한 의무들을 수행하면서 공공의 의무를 수행할 자질을 닦기 때문이다.

이런 교육 제도하에서는 소년들이 너무 일찍 방탕에 빠져 건강을 상하고 이기적인 인간이 되거나, 소녀들이 나태와 경박한 일들 때문에 나약하고 허영기 많은 사람으로 자라는 일도 없을 것이다. 하지만 그렇게 되려면 남자들의 괜한 친절이나 여자들의 교태가 불필요해지고, 우정과 사랑이 서로의 마음을 가다듬어 더 드높은 의무들을 수행하게 만들 정도의 평등이 보장되어야 할 것이다.

그런 학교는 그야말로 도덕성의 수련장이 될 것이고, 의무와 애정이라는 순수한 샘에서 행복이 흘러나오게 될 것이니, 그런 상태에서 인간의 정신은 무한히 발전할 수 있을 것이다. 한 사회의 행복과 자유는 도덕성에 비례할 텐데, 현 사회에 존재하는 갖가지 차별은 모든 개인적 미덕을 좀먹고 공공의 미덕을 손상시킨다.

나는 앞에서 소녀들을 바느질 같은 일에만 묶어두고 모든 정치적·사회적 직업에서 제외하는 현실을 비판한 바 있다. 사회가 그들의 정신을 그토록 편협하게 만들기 때문에 소녀들은 자연이 부과한 의무조차 제대로 수행할 수 없는 나약한 존재가 되는 것이다.

소녀들은 사소한 일상사에만 매달리게 되기 때문에 자연히 그렇게 교활해지는 것이다. 나는 여자들이 마음에 드는 어떤 하찮은 걸 갖기 위해 교활한 잔재주를 부리는 걸 보고 영혼 깊은 곳까지 역겨움을 느꼈다. 그들은 돈은커녕 자기 것이라 할 만한 게 전혀 없기 때문에 장보고 남은 잔돈을 빼돌리게 되고, 남편이 바깥으로 나돌아 자기를 속상하게 하거나 질투 나게 만들 때도, 새 옷이나 장신구를 사주면 화를 푼다.[14]

그러나 여성이 정치나 도덕적인 분야에 종사할 수 있고, 스스로 존중할 수 있게 되면, 이런 작은 일들 때문에 인격이 타락하지는 않을 것이다. 그리고 감히 주장하건대, 그렇게 되어야만 여성이 가정을 제대로 돌보게 될 것이다. 활발한 정신의 소유자만이 자신의 여러 의무를 모두 포용하고 수행할 여유가 있기 때문이다. 내가 보건대, 과감히 남성의 미덕을 앞서려 한다든지, 문학의 매력에 빠진다든지, 과학에 정진한다든지 하는 여성이 아니라, 나태하고 허영기 많은 여성, 텅 빈 머릿속을 지배하는 쾌락이나 권력에 대한 사랑을 지닌 여성이 빗나가기 쉽다. 그런데 이렇게 여성의 머릿속이 텅 빈 이유는 현재 그들이 받는 교육

---

14 원문은 'smooths Juno's angry brow'. 주노(Juno)는 로마 신화에서 주피터의 아내로 요구가 많고 잔소리 잘하는 아내의 전형이다.

이 너무도 형편없기 때문이다. 그들이 인생에서 중요한 시기인 유년기와 청소년기에 받는 얼마 안 되는 교육은 거의 교양과 관련이 있는데, 오성의 계발 없이 얻은 교양이란 피상적이고 단조롭기 때문에, 이들이 가진 교양은 그야말로 아무런 토대가 없는 셈이다. 마치 화장한 얼굴이 그렇듯이 이런 여성은 지성이 없기에 밖에서는 매력적이지만, 가정에서는 단조로울 뿐이다. 그리고 그 결과는 명약관화하다. 고독으로부터 도피하는 사람은 남을 즐겁게 해주거나 흥미를 끌 수 없고 자기 자신이 혼자 즐기거나 관심 가는 게 없기 때문에 스스로 하찮은 사람이라는 걸 안다. 그들은 가정을 고독 다음으로 싫어하기 때문에 그처럼 인위적으로 꾸민 정신과 얼굴의 소유자들은 방탕하고 화려한 곳을 찾아다니게 된다.

게다가 상류층 소녀의 데뷔만큼[15] 상스러운 일도 없다. 그건 소녀를 화려하게 꾸며 이리저리 끌고 다니며 결혼 시장에 선보이는 것에 지나지 않기 때문이다. 그런데 이 소녀들이 앞으로의 운명을 결정할 이 시기를 위해 준비하는 동안 부모들이 가장 세심한 주의를 기울이는 것은 바로 그들의 용모이기 때문에, 이들의 최대 관심사는 바로 자신의 몸치장이고, 그래서 갖가지 제약 속에 화려한 사교계를 출입하는 동안 이 나비들은 자유롭게 날게 될 날만을 고대한다. 사교계의 천박한 외관과 냉정한 화려함에 한숨을 쉬며 나태한 나날을 반복하는 것에 비하면, 내가 앞에서 대강 묘사한 그런 학교에서 사랑하는 사람을 만나는 게 훨씬 고상하다. 부유한 학생들은 성년이 될 때까지 그런 학교에 다니면서 나이가 듦에 따라 취미로 춤 · 음악 · 미술을 즐길 수 있을 것이고, 특정

15 18세기에 데뷔는 오늘날과 같은 의미, 즉 젊은 처녀가 사교계에 진출함을 뜻했다.

직업으로 나아갈 학생들은 일주일에 서너 번, 오전 중에 그런 걸 가르치는 학교에 다니면 될 것이다.

이 시점에서는 이런 얘기를 자세히 하기보다 그저 어떤 계획의 개요나 암시로만 언급하려고 한다. 하지만 앞에서 말한 그 책자에[16] 실린 한 가지 규칙만은 정말 좋다고 생각한다. 즉 아이나 청소년이 어떤 잘못을 저질렀을 때 교사가 아니라 동급생들에게서 벌을 받게 해야 한다는 것이다. 그렇게 되면 아이들의 마음속에 몇 가지 건전한 원칙이 확고히 자리 잡게 될 것이고, 독재 때문에 아주 어린 나이에 비뚤어지거나 거칠어져서 결국 짜증 많고 교활하거나 잔인하게 거만해질 수 있는 그들의 성격에도 아주 좋은 영향을 미칠 것이다.

냉정한 이들은 냉담하고 오만한 태도로 이런 계획을 낭만적이라고 비웃겠지만, 나는 상상 속에서 저 사랑스럽고 고결한 학생들을 그려보며 넘치는 사랑으로 인사를 건넨다. 그리고 한 도덕가의 유창한 말을 빌려 낭만적이라는 게 그렇게 나쁜 게 아님을 보여주려고 한다. "공공의 복리에 대한 무관심 때문에 그 복리를 진작시키는 데 장애가 될 것들을 제일 먼저 찾는 거칠고 냉정한 이성보다는, 자신이 지닌 열성으로 모든 걸 쉽게 만드는 정말 인간적인 정신의 소유자가 더 나을 수도 있다."

바람둥이들은 여성이 심신의 힘을 얻게 되면 여성스러움과 저 부드럽고 매혹적인 아름다움을 잃을 거라고 소리칠 것이다. 하지만 내 생각은 정반대다. 나는 나태한 아름다움이나 무력한 자의 우아함이 아니라, 고대 미술품에서 보는 것과 같은, 고귀한 정신에 어울려 경탄을 일으키

---

16 즉 탈레랑의 「공교육에 관한 보고서」.

는 멋진 육체, 고결한 아름다움과 진정한 우아함은 심신의 여러 힘이 합해져야 나올 수 있다고 생각하기 때문이다.

나는 그리스 조각은 실제 인물을 토대로 한 게 아니라는 일반인들의 견해를 안다. 즉 그 조각들은 어떤 특정 인물의 몸을 그대로 작품화한 게 아니라, 여러 사람의 몸에서 아름다운 팔다리나 얼굴을 베껴 조화로운 전체를 만드는 데 사용했다는 것이다. 이는 어느 정도 사실일 것이다. 고결한 상상력이 만들어낸 우아하고 이상적인 모습은 실제 모습보다 아름다울 수 있고, 그렇게 해서 만들어진 작품은 인간보다는 인류의 모습이라고 하는 게 더 적절할지 모른다. 그러나 이때 조각가들은 여러 인물의 팔다리나 얼굴을 기계적으로 골라낸 게 아니라 고양된 상상력을 분출한 것이고, 예술가의 탁월한 감각과 높은 판단력은 물질을 골라 이 빛나는 초점으로 응집한 것이다.

그렇다. 이 과정은 기계적인 게 아니다. 왜냐하면 그 과정에서 하나의 유기적 전체, 우리의 마음을 사로잡고 경탄케 하는 저 엄청난 소박함과 응집된 에너지의 전형이 생겨났기 때문이다. 아무리 멋진 자연도 맹목적으로 모방하면 무미건조하고 생명력 없는 아름다움을 낳을 뿐이다. 하지만 이런 문제들과 별도로, 나는 인간의 몸이 과거에는 지금보다 훨씬 더 아름다웠을 거라고 생각한다. 그 시대에는 현재 방만한 우리 사회에서 신체의 발달을 막고 뒤틀리게 하는 극단적인 나태나 야만적인 구속이 없었기 때문이다. 육체적인 면만을 고려할 때, 운동과 청결이 건강뿐 아니라 아름다움을 높이는 가장 확실한 방법이다. 하지만 정신적인 요소가 빠지면 아무리 뛰어난 미모도 정신 활동이 별로 없는 시골 사람들의 순수하고 건강한 얼굴에 피어나는 저 조야한 아름다움과 다를 바 없다. 완벽한 인간이 되려면 심신의 아름다움이 동시에 갖춰져 서로를 강화해야 한다. 이마에 지성이 깃들고, 눈에 사랑과 상상력이 빛나고, 인간애가 볼의 윤곽을 둥글게 하지 않으면, 아무리 아름다운 눈의 광채, 아무리 세련되게 가꾼 고운 용모도 무용지물이 될 것이다. 그리고 건강한 팔다리와 부드러운 관절을 보여주는 동작에는 우아함과 얌전함이 깃들어야 한다. 이런 아름다운 조합은 우연의 산물이 아니라, 서로 다른 요소들을 상호 강화하려는 노력을 통해 얻어지는 것이다. 판단력은 생각을 통해, 애정은 의무의 수행을 통해, 인간애는 살아 있는 모든 것에 대한 연민을 통해 길러지기 때문이다.

국가가 세우는 공립학교에서는 아이들에게 특히 동물에 대한 사랑을 길러주어야 하는데, 이는 작금의 영국인이 동물을 별로 좋아하지 않기 때문이다. 문명국보다는 야만국의 하류층 사람들이 자기 집에서 기르는 동물을 사랑하는 경우가 많다. 문명은 조야한 오막살이나 흙으로 지은 움막에 사는 사람들이 나누는 다정한 인간 관계를 불가능하게 만들고, 무지한 이들은 사회에 존재하는 갖가지 교양 때문에 타락할 뿐이다. 부유층이 빈민층을 무시하는 사회에서 가난한 이들은 상류층에게서 어쩔 수 없이 당하는 수모를 되갚기 위해 동물을 학대하게 된다.

아이들은 학교에서 이 습관적인 잔인함을 처음 익힌다. 학동들은 우연히 잡힌 불쌍한 동물을 괴롭히는 걸 정말 즐기기 때문이다. 그리고 동물을 그렇게 야만적으로 다루던 아이들이 어른이 된 후 아내나 아이, 하인들에게 독재적인 사람이 되는 건 아주 쉬운 일일 것이다. 정의나 친절은 살아 있는 피조물 전체에 적용되어야 한다. 누군가가 고통 받는 걸 보면서도 아무 느낌이 없는 사람은 얼마 안 가 폭력을 행사하게 될 거라는 게 하나의 격언이 될 수도 있을 것이다.

보통 사람은 순간의 감정이나 우연히 익힌 습관에 따라 행동한다. 하지만 개별적인 감정은 그게 설사 정당하더라도 별로 믿을 게 못 된다. 왜냐하면 그런 감정이 깊은 생각을 통해 강화되지 않으면 습관에 의해 점점 약해져 나중에는 거의 없어져 버릴 것이기 때문이다. 맥베스는 수백 명을 죽였지만 그의 마음을 정말 괴롭힌 것은 그런 잇단 살인 행위로도 감추지 못한 최초의 살인이었다. 하지만 내가 말하는 보통 사람이란 단순히 가난한 사람을 가리키지는 않는다. 순간의 감정이나 변덕에 좌우되는 편협한 성격은 가난한 사람들 못지않게 부유층에도 많고, 어쩌면 그런 계층에 더 많을 수도 있기 때문이다.

덫에 걸려 굶어 죽은 새 때문에 눈물을 흘리고, 소를 혹사하는 사람이나 짐이 너무 무거워 비틀거리는 당나귀를 후려치는 자를 비난하는 숙녀들도 자기 마차를 끄는 하인이나 말은 차가운 바깥에 몇 시간씩 기다리게 하지 않는가. 이들은 외풍이 전혀 없는 따뜻한 방 안에 앉은 채 바깥이 얼마나 추운지 까맣게 잊고 있다. 개를 자기 침대에 재우고 혹시 병이 나면 지극 정성으로 돌보는 여성도 자기 아이들은 유모에게 맡긴 채 아무렇게나 자라게 놔둔다. 난 그런 경우를 직접 보았다. 내가 말하는 이 여성은 미인이고, 얼굴만 통통하고 예쁘면 정신에 대해서는 전혀 신경 쓰지 않는 이들의 눈에는 절세가인으로 보이는 사람이었다. 하지만 그녀는 문학을 통한 오성의 발달 때문에 여성으로서의 의무를 게을리 하지도 않았고, 지식 때문에 순수함을 상실한 것도 아니었다. 그렇다. 그녀는 남자들이 말하는 소위 여성적이라는 개념의 전형 같은 사람이었고, 자기 아이들의 자리를 빼앗은 저 버릇없는 개들을 별로 사랑하지도 않았다. 그녀는 주변에 몰려드는 남자들을 즐겁게 해주기 위해 프랑스어와 영어가 뒤섞인 귀여운 어조로 말도 안 되는 소리를 지껄여댔다.[17] 부적절한 교육과 미모 때문에 생긴 이기적인 허영심 때문에 부자연스러운 존재로 전락한 그녀는 아내, 엄마 그리고 인간으로서의 도리를 모두 게을리 했던 것이다.

나는 무차별한 구분은 하고 싶지 않지만, 자기 아이 대신 애완견을 애지중지하는 상류층 숙녀나, 말을 마구 때리면서 자기는 기독교인이니 죄 될 짓은 안 한다고 큰소리치는 남자나 똑같이 한심한 인간들이라고 생각한다.

이런 어리석은 행위들을 보면, 여성을 독립시켜 준다면서도 그들의 마음속에 미덕을 심어줄 오성의 계발을 막는 이들이 얼마나 큰 오류를 범하고 있는지 알 수 있을 것이다. 여성이 양식을 갖추면 남편부터 강아지까지 집안의 모든 구성원을 각각의 위치에 맞게 적절히 사랑할 가정적인 판단력이 생길 것이고, 동료 인간보다 개에게 더 큰 관심을 쏟으면서 하인을 모욕하는 일도 없을 것이다.

국가가 운영할 공립학교에 대한 내 발언은 아직은 아주 간단하지만, 이 시점에서 두 가지는 꼭 강조하고 싶다. 즉 남녀를 모두 제대로 가르치기 위해서는 반드시 같은 학교에서 교육해야 한다는 것과, 가정에 대한 사랑을 길러주기 위해 밤에는 집에서 자게 해야 한다는 것을 강조하는 바다.

인류가 더 도덕적이고 행복해지기 위해서는 남녀가 모두 같은 원칙에 따라 행동해야 할 텐데, 한쪽만 그 원칙들이 합리적임을 이해할 수 있다면 어떻게 그런 걸 기대할 수 있겠는가? 평등한 사회를 이룩하고, 인류의 운명을 개선할 유일한 방도인 저 개화의 원칙들을 널리 퍼지게 하려면, 여성도 지식에 기초한 미덕을 갖출 수 있어야 한다. 하지만 그

---

[17] 1786년부터 1787년까지 울스턴크래프트를 고용했던 킹스버러 부인(Lady Kingsborough)에 대한 언급일 수도 있다.

들이 남성과 같은 교육을 받지 않으면 그렇게 될 수 없다. 그런데 작금의 여성은 무지와 천박한 욕망 때문에 남성과 동등하다고 말할 수 없을 만큼 타락해 있거나, 뱀처럼 교활한 술수를 통해 남자를 잘못된 길로 이끌 정도의 지식만을 획득한다.

만국의 역사를 살펴보면, 여성의 정신이 더 넓은 영역을 포괄할 수 없으면 주부로서의 역할도 제대로 수행할 수 없기 때문에 여성을 가정 안에만 묶어두면 안 된다는 게 명백히 드러날 것이다. 여성이 무지한 상태에 머무는 한 그들은 남자와 쾌락의 노예일 뿐이다. 그리고 편협한 정신 때문에 일을 망치는 경우도 없지 않겠지만, 여성도 큰일에 참여할 수 있어야 한다.

뛰어난 남성의 방탕함, 아니 미덕까지도 어떤 부류의 여성에게는 대단한 권력을 줄 수 있다. 그리고 이런 나약한 여성은 유치한 열정과 이기적인 허영심에 젖어, 그런 남성이 여자를 바른 길로 이끌기는커녕 현실을 제대로 볼 수 없게 만든다. 상상력이 강한 남자와 사회의 지도층인 저 정력적인 남자들은 대개 여성과 같이 있기를 즐기고, 역사에 대해 자세히 모르는 사람도, 의도는 좋았지만 무지 때문에 피해를 준 이들은 물론 애첩 때문에 나쁜 짓을 저지르고 국민을 억압한 수많은 지도자의 이야기를 익히 알 것이다. 악당은 최소한 어떤 원칙을 고수하고, 무지한 이의 영감보다는 합리적인 계획이 훨씬 더 실행하기 쉽기 때문에, 사업 상대로는 바보보다 악당이 훨씬 나은 법이다. 사악하고 어리석은 여자들이 상상력을 지닌 현명한 남자들에게 미친 영향력은 대단한데, 여기서는 그런 예를 하나만 들고 넘어가려 한다.

루소는 여성 전체를 다룰 때는 늘 아주 비천한 존재로 그렸지만, 한 인물을 그릴 때는 그야말로 한없이 멋지게 묘사했다.[18] 그는 자신의 나약함과 미덕 때문에 그 어리석은 테레즈에게 느낀 애정을 스스로에게 정당화하기 위해 그처럼 여성 전체를 비하시키곤 했을 것이다. 그는 테레즈를 일반 여성의 수준으로 끌어올릴 수 없었기에, 여성 전체를 그녀의 수준으로 낮추려 했던 것이다. 그녀는 그에게 아주 소박하고 편안한 반려자였고, 그는 이 동거녀가 도덕적인 존재임을 보여줌으로써 자신의 자존심을 세우려 했던 것이다. 하지만 그의 생전과 사후에 그녀가 취한 행동들을 보면, 그녀를 천사처럼 순수하다고 말한 그가 얼마나 어리석었는지 알 수 있지 않은가?[19] 루소 자신도 자기가 어떤 병 때문에 더 이상 남자 구실을 못하게 됐을 때 그녀가 자신을 사랑하지 않게 되었다고 슬프게 탄식하지 않았던가?[20] 하지만 그녀가 그런 것도 당연한 일이다. 둘 사이에 아무런 공감대가 없는 상황에서 성적인 유대가 끊어지면 무엇이 그녀를 붙들어 둘 수 있겠는가? 한 성, 아니 한 남자에 대한 감성만을 소유한 여성의 경우, 그녀의 사랑을 붙잡아 두려면 그녀의 감성을 드넓은 인간애로 바꿔줄 양식이 필요하다. 그리고 여성은 대개 다른 여성을 사랑하거나 남자와 사랑이 아닌 우정을 가꿔갈 정도의 지성을 갖고 있지 못하다. 그리고 남자에게 의존해 생계를 유지하는 여성은, 자기를 먹여 살리고 애무해주는 어떤 남자에게든 그럴 것이지만, 남편에 대해 일종의 고양이 같은 애정을 갖게 되어 늘 애교를 부리게

---

18 루소의 소설 『쥘리, 신(新)엘로이즈』(*Julie, ou La Nouvelle Héloïse*)의 주인공에 대한 언급.

19 루소는 "내 테레즈는 심성이 천사 같았다"고 말했다(Rousseau, Oeuvres Complètes, ed. Marcel Raymond et Bernard Gagnebin, Paris: 1959, I, 353쪽). 바쇠르(Thérèse de Vasseur)는 루소가 평생 같이 한 연인. 루소는 그녀를 "심성이 소박한 여자"라고 한 적은 있지만 순수하다(innocent)고 한 적은 없다.

20 루소는 선천적으로 요도(尿道)에 이상이 있었고, 이 병은 고통이 아주 심했다. 그리고 이 때문에 나이가 들어서는 정상적인 성생활이 어려웠을 수도 있다.

마련이다.

대다수의 남자는 자기만을 향한 이런 야만적인 애정에 만족을 느낀다. 하지만 그들이 좀더 도덕적이 된다면, 연인과 놀고 난 후에는 화롯가에서 친구와 대화를 나누고 싶어할 것이다(연인 같은 아내도 좋지만, 친구 같은 아내를 원하게 될 것이다).

게다가 오성이 있어야만 관능적 사랑에 다양성과 흥미를 더해줄 수 있다. 정말 무지한 사람만이 육체적 욕망에 인간적인 면을 더해줄 미덕이나 양식이 없는 상태에서도 상대방을 계속 사랑할 수 있기 때문이다. 하지만 양식은 언제나 이기게 마련이고, 그렇기 때문에 여성이 전반적으로 남성과 비슷한 수준으로 올라가지 않으면, 아내가 좀더 양식이 있거나 안목의 산물인 오성과 상상력에서 나오는 우아함을 갖추고 있었더라면 가정에 충실했을 많은 시민이 가정을 버리고 그리스의 고급 창부[21] 같이 뛰어난 여자들 주변에 몰려들게 될 것이다. 정말 추녀만 아니라면 재능을 갖춘 여자는 늘 대단한 매력을 지닐 것이고, 남자들이 이성을 계발해 미덕과 섬세함을 갖춰갈수록 여성에게서 이 두 가지를 요구하게 될 것이다. 하지만 남성과 마찬가지로 여성도 이성을 계발해야 이것들을 얻을 수 있다.

프랑스와 이탈리아 여성은 아직까지 정치에는 참여하지 못했지만, 가정에만 갇혀 있지는 않았고, 그래서 잘못된 방법으로나마 대단한 권력을 누리며 자기 자신은 물론 그들의 감정 놀음에 희생된 남자들을 타락시켜 왔다. 간단히 말하면, 이 문제를 어떤 측면에서 보든 간에 내 이성과 경험에 비추어 볼 때, 여성이 자신이 지닌 여러 의무를 수행하게

---

21 그리스의 고급 창녀(hetaerae)는 유식한 여성이었고, 그중 몇 사람은 아주 영특하여 배후에서 정치적 영향력을 행사하기도 했다.

만들 유일한 방법은 바로 그들에게도 인간의 천부적인 권리들을 공유하게 함으로써 모든 제약에서 풀어주는 것이다.

여성을 해방시키면 그들은 금세 현명하고 도덕적인 존재로 변모할 것이고, 남성의 지혜와 도덕도 향상될 것이다. 남녀가 똑같이 발전해야지, 그렇지 않으면 인류의 절반이 다른 절반에 가하는 부당함과 그에 대한 여성의 반발 때문에 남성의 도덕은 자신이 짓밟고 있는 벌레에게 좀이 슬고 말 것이다.

남성은 선택의 기로에 서 있다. 남자와 여자는 하나는 아니지만 서로를 위해 만들어졌기에, 남성이 여성에게 개선의 기회를 주지 않으면 그들 때문에 타락하게 될 것이다!

나는 지금 여성 전체의 개선과 해방을 다루고 있다. 내가 아는 여성 중에는 우연이나 천성 덕분에 다른 여성보다 훨씬 뛰어난 지식을 획득하여 아주 거만해진 이들이 꽤 있기 때문이다. 하지만 유식한 여성 중에는 겸손함을 간직한 채, 자신이 떨쳐버리려 애써 온 무지를 오만하게 무시하지 않는 이들도 있다. 그렇다면 내가 여성 교육을 얘기할 때 많은 여성, 특히 미모의 여성이 그들을 그처럼 싫어하는 것은 어쩌면 질투 때문일 수도 있다. 뛰어난 오성을 지닌 여성이 대화를 좀더 이성적인 방향으로 이끌어 갈 때, 자신들의 빛나는 눈이나 세련되고 애교 있는 명랑한 장난도 남자들의 주의를 저녁 내내 묶어두지 못한다는 걸 알 때, 그들이 공통으로 위안을 삼는 것은 바로 그처럼 똑똑한 여성은 대개 시집을 못 간다는 사실이다. 남자들로 하여금 자기들의 미모를 잊게 만드는 이성적인 대화를 방해하기 위해 어리석은 여자들이 동원하는 교묘한 희롱—그런 술책을 가리키는 데 그야말로 적합한 말 아닌가?—을 얼마나 많이 보아 왔던가.

남자들 사이에서는 아주 자연스럽게 받아들여지는 일, 즉 탁월한 능력을 지닌 사람은 아주 오만한 긍지—남자든 여자든 그렇게 행동하면 정말 역겹겠지만—를 지니게 마련이라고 다들 생각하는 반면, 소위 유식한 여자라고 조롱당하는 여성이 획득한 얼마 안 되는 지식이 그토록 특이하게 보일 정도라면, 여성이 얼마나 열악한 상태에서 타고난 재능을 썩히고 있는지 알 수 있을 것이다. 그래서 그런 지식을 지닌 여성은 오만해지고, 다른 여자들과 일부 남자들은 그걸 보며 시기하는 게 현실이다. 사실 조금이라도 뛰어난 이성을 지닌 여성은 아주 심한 혹평의 대상이 된다. 나는 의사들의 말에 따라 좀 특이하게 아이를 기르는[22] 여성이 비웃음을 사고 갖가지 이유로 책잡히는 경우를 많이 보아 왔다. 변화에 대한 야만적인 혐오가 어느 정도인가 하면, 이렇게 열심히 아이들의 건강을 챙겨온 한 양식 있는 여성이, 아무리 조심해도 막을 수 없는 병으로 아이 하나를 잃었을 때, 비정상적인 엄마라는 비난을 받는 걸 본 적이 있다. 그녀의 한 친구는 새로운 육아 방식이 이런 결과를 낳았다고 말했다. 하지만 그건 모두 편리와 청결을 위한 변화였던 것이다. 아주 현명한 의사들이 인류를 괴롭혀 온 편견들이라고 판단한 여러 관습을 고수해온 소위 경험 많다는 여자들은 이런 비난에 구실을 제공해준 이 재난에 기뻐 날뛰었다.

바로 이 이유 때문에라도 여성에 대한 공교육은 정말 중요한 것이다. 편견이라는 몰록[23] 때문에 얼마나 많은 인명이 희생되어왔던가! 그리고 남성의 방탕함 때문에 얼마나 다양한 방식으로 아이들이 희생되어왔던

22 즉 하층 여성에게 자기 아이들의 수유를 맡기는 대신 자기들이 직접 수유하는 여성.

23 몰록(Moloch)은 가나안인이 숭배하던 우상으로, 어린아이를 제물로 취했다는 설이 있다. 그래서 보통 엄청난 희생을 요구하는 숭배의 대상을 가리키게 되었다.

가? 남자들과의 연애에 정신이 팔려 엄마로서의 도리를 잊은 많은 여성의 무관심과 다른 엄마들의 무지 때문에 아기들은 짐승의 새끼보다 훨씬 더 위험한 영아기를 보내고 있다. 그런데도 남자들은 여성에게 아기를 제대로 젖먹일 정도의 오성을 갖출 기회도 주지 않는다.

이 문제는 너무도 중요하기 때문에, 나는 내 논지의 축을 거기에 두려 한다. 여성에게 엄마의 도리를 다하지 못하게 하는 것은 무엇이든 그들이 본연의 의무를 제대로 수행하지 못하게 만들 것이기 때문이다.

작금의 나약한 엄마들에게는, 아기가 방탕한 아빠의 업을[24] 받지 않고 태어났다고 가정할 때, 합리적인 육아법으로 그 아이를 건강한 어른으로 기르거나, 아이가 나이 들면서 최초의 교사인 엄마가 직 · 간접적으로 가르쳐준 것들을 저버리지 않게 아이의 성격을 현명하게 바로잡아 줄 능력이 없다. 그리고 아주 총명하게 태어난 아이라면 몰라도 대개는 엄마가 지닌 어리석음이 아이에게도 전염되어 평생 거기서 벗어나기 힘들 것이다. 엄마의 나약함은 아이에게도 그대로 전해지기 때문이다! 그리고 남녀 어느 한쪽만의 이성이 계발된다든지 모방을 통해 현명하게 처신할 수는 없기 때문에, 여성이 남편의 판단에만 의지하는 한 이런 일은 언제까지고 되풀이될 것이다. 살다보면 일반적인 법칙을 좀 다르게 적용해야 하기에 본인의 판단력이 요구되는 일이 계속 생기기 때문이다. 어떤 한 분야에서 제대로 생각할 수 있게 된 사람은 그 지성의 범위를 다른 데까지 넓혀가게 되고, 자기 자녀를 잘 기를 수 있는 여성은 무조건 남편에게 복종하거나, 아내를 아무것도 아닌 존재로 만드는 사회의 여러 법에 말없이 순종하지는 않을 것이다.

---

24 성병은 태아에 영향을 줄 수 있다.

공립학교에서 여성은 무지 때문에 빚어지는 오류들을 피하기 위해 해부학과 의학의 기초를 배워야 할 것이다. 그렇게 되면 여성은 자신은 물론, 아이나 부모, 남편의 건강도 잘 챙기게 될 것이다. 아직은 인체에 대해 아무것도 모르면서 엉터리 약을 지어주는 독단적인 노파들의 실수 때문에 많은 사람이 희생되는 형편이다.[25] 모든 과목을 남녀가 같이 배우게 하고, 과학과 인문학은 물론 도덕이나 정치사에서 인간의 오성이 이룩해온 진보를 공부하게 함으로써 여성이 인간 정신을 이해하게 하는 게 좋을 것이다.

인간은 소우주라는 말이 있지만, 각 가정 역시 하나의 국가라 할 수 있다. 지금까지는 많은 국가가 인간임을 부끄럽게 하는 술수로 통치되어온 게 사실이다. 그리고 공평한 헌법이나 평등한 법이 너무 드물기 때문에 현명한 이들은 인간의 권리를 논하는 것 자체가 과연 의미 있는 일인지 의아해 하는 형편이다. 이처럼 국가라는 원천에서 썩은 물이 흘러나와 온 나라를 타락시키고 있는 게 현실이다. 하지만 국가 차원에서 좀더 고결하고 공정한 원칙이 법을 지배한다면, 개인도 자신이 지닌 의무에 따라 행동하게 될지 모른다.

그뿐 아니라 여성은 심신을 훈련해 엄마로서 반드시 갖춰야 할 정신적인 능력과 강인함을 획득하게 될 것이다. 이런 강인함은 나약한 자들의 완고함과는 달리 한결같은 처신의 바탕이 된다. 나태한 이들에게서 일관성을 기대하는 건 위험한 일이다. 그런 사람들은 곧바로 아주 경직된 태도를 갖게 될 것이고, 합리적인 사람이라면 꾸준한 인내로 예방했을 잘못도 자신의 편의를 위해 아주 엄하게 처벌할 것이다.

---

25 원문은 "교구의 사망자 명단을 불리다", 즉 죽어간다는 뜻.

그리고 그런 인내는 정신력에서 나오는데, 나태하게 남의 말에 따르는 사람이 어떻게 그런 정신력을 기를 수 있겠는가? 자신의 판단력을 발휘하는 대신 남의 충고를 듣는다든지, 우리 모두가 필요로 하는 관용을 실천하는 대신 두려움 때문에 남의 말에 복종한다면 그런 정신력을 기를 수 없을 것이다. 내가 내리려는 결론은 자명하다. 여성을 이성적인 존재, 자유로운 시민으로 만들면 그들은 곧 좋은 아내, 좋은 엄마가 될 것이다. 그리고 그러기 위해서는 물론 남성이 남편과 아버지로서의 도리를 다해야 할 것이다.

지금까지 우리는 앞에서 말한 공교육과 사교육을 결합해 우리가 이성적으로 기대할 수 있는 효과 중 특히 여성과 관련된 부분을 주로 살펴보았다. 그건 내가 여성이 억압받고 있다고 생각하기 때문이다. 그런데 그 억압 때문에 발생하는 문제들은 여성뿐 아니라 사회 전체를 타락시킨다. 내가 여성을 도덕적 주체로 만들자고 주장하면서, 도덕만이 줄 수 있는 저 고귀한 만족이 사회 전체에 퍼지게 될 때를 생각하며 가슴이 뛰는 것은 바로 그 때문이다.

제13장

# 여성의 무지에서 비롯된 우행들:

## 여성의 습속을 개혁함으로써 이루어질 정신적 개선의 예에 대한 결론들

어느 정도는 여성만이 범하는 오류들이 있다. 해야 할 일을 안 해서 생기는 오류도 있고, 하면 안 되는 일을 범해서 생기는 오류도 있는데, 이것들은 모두 무지와 편견에서 비롯된다. 여기서는 그중 그들의 도덕에 특히 해로워 보이는 것들만 언급하려고 한다. 그리고 그런 오류들을 논하면서 나는 남성이 이런저런 이유로 영속화하려고 애써온 심신의 나약함 때문에 여성이 그들에게 주어진 의무를 제대로 수행할 수 없다는 걸 보여주려고 한다. 나약한 신체 때문에 아이에게 젖을 먹이지 못하고, 나약한 정신 때문에 아이의 성질을 망치는 여성은 정상적인 상태라고 할 수 없기 때문이다.

### 제1절

무지에서 나오는 오류 중 맨 처음 생각나는 현상은 정말 신랄하게 비판받을 만하다.

이 도시에는 여성의 우매함을 악용하여, 그들이 쓰는 용어로 말하면 사주를 푸는[1] 척하여 파렴치하게 먹고사는 기생적인 존재들이 참 많다. 그리고 자신의 지위와 재산에 대한 자부심 때문에 가난한 이들을 아주 깔보는 여자들이 그런 기생적인 존재들을 믿는 걸 보면, 이 지위나 재산의 차이는 그야말로 자의적인 것이고, 지위가 높거나 부유한 여성도 보통 사람들이 갖는 편견을 극복할 만한 지성은 갖추지 못했다는 걸 알 수 있다. 자기에게 주어진 의무를 알고, 그 의무를 수행하며 하루하루를 사는 게 제일 중요하다는 걸 깨닫지 못한 여성은 미래를 들여다보고, 어떤 재미있는 일이 일어나 무지의 단조로움을 깨줄지 알고 싶어 안달한다.

한 가정의 주부인 여성이 창피한 줄도 모르고 자기 집 마차를 타고 점쟁이의 문전에 몰려드는 걸 보면[2] 이 부질없는 일에 몰두하는 숙녀들에게 아주 진지하게 충고를 해야 할 것 같다. 그리고 그 주부들 중 혹시 이 글을 읽는 이가 있거든, 그들이 모두 신 안에 살고 있음을 기억하면서 마음속에서 다음 질문들에 스스로 대답해보라고 권하는 바다.

그대는 신이 오직 한 분임과, 그분이 강하고 현명하고 선하시다는 걸 믿는가?

그대는 하느님이 모든 걸 만드셨고, 모든 존재가 하느님께 의존한다는 걸 믿는가?

그대는 모든 피조물과 그대 자신의 몸에 그토록 분명히 나타나 있는

---

1 점성술적 계산으로 미래를 예측하는 방법.

2 "전에 내가 살던 동네에 그런 남자가 있었다. 잘생긴 그 점쟁이 집에는 옷차림이나 하녀들의 행색으로 보건대 보통 사람들보다 더 나은 교육을 받았을 여성이 몰려들었고, 나는 그 광경을 보며 분노를 금할 수 없었다"[MW].

하느님의 지혜에 의존하는가? 그리고 그대가 볼 수 없는 것까지도 모두 신의 뜻을 이루게끔 똑같이 완벽한 조화를 이루고 있다는 것을 확신하는가?

그대는 미래를 예측하고 아직 존재하지 않는 것을 마치 눈앞에 있는 양 아는 것이 하느님의 속성이라는 걸 인정하는가? 그리고 혹 하느님이 인간의 마음속에 어떤 인상을 심어주심으로써 아직 다가오지 않은 시간의 그늘에 숨은 사건들을 알려주신다면, 직접적인 영감을 통해 그런 비밀을 알려주실 분은 누구일 것 같은가? 여러 시대 사람들의 의견에 따르면, 경건한 노인이나 뛰어난 신앙심으로 유명한 이들이 그런 은혜를 받는다.

그래서 옛날에는 신의 영감을 받는다고 생각된 사제들이 신탁을 전했다. 이 사기꾼들을 둘러싼 세속적인 화려함과, 이 유용한 장치를 잘 이용해 강한 이들을 교활함의 굴레 안에 묶어둔 능란한 정치가들이 그 사제들에게 보여준 존경 때문에, 그들의 거짓말과 추태가 신비와 신성함의 베일 속에 감춰져 있는 것이다. 그처럼 장엄한 종교적 외양에 매료된 그리스나 로마의 여인이 미래를 알고 싶거나 불확실한 일을 판단하는 데 이용할 신탁을 구했다면, 비록 불합리하긴 해도 불경스러운 행위라고 할 수는 없을 것이다. 하지만 기독교도가 그런 비난을 피할 수 있을까? 기독교도가 과연 가장 드높으신 하느님의 총아가 제 본모습을 숨긴 채 정말 부정직한 술수를 부려 어리석은 여인들을 속임으로써 가난한 이들에게 가야 할 돈을 빼앗는다는 생각을 할 수가 있을까?

그런 질문이 상식에 대한 모독이라고 말하지 말라. 오! 어리석은 여인들이여. 그대들의 처신 때문에 여성 전체가 욕을 먹고 있다! 그리고 그런 생각을 하면 그대들 자신의 몰지각과 비이성적인 신앙심에 치를 떨게 될 것이다. 나는 점집에 들어간 여성이 모두 대단한 기독교도는 아닐지 몰라도 종교를 버렸다고는 생각지 않기 때문이다. 그러나 나는 이 부분에서 계속 무지한 여성을 상대로 얘기해왔다. 그렇게 지독히 어리석은 여인들을 상대로 가장 지혜로우신 분께서 감춰두신 것을 알려는 행위가 얼마나 황당하게 어리석은 짓인지 따져보는 것 자체가 이상한 일일 것이다.

그대들은 내가, 그런 행위는 인간을 현명하고 도덕적인 존재로 만든다는 삶의 가장 큰 목표와 완전히 배치(背馳)된다든지, 설사 하느님이 그런 행위를 용인한다 해도 그건 우주의 질서를 어지럽히는 행위이고, 신이 용인하지 않은 행위라면 진실을 알 수 없을 거라고 해도 무슨 말인지 모를 것이다. 어리석은 이들을 이용해 사리사욕을 채우는 사악한 속물들이 과연 인간이 감지할 외양을 갖추지 않은 사건들을 예견할 수 있을까?

그대들이 진심으로 악마의 존재를 믿고 그가 자신의 추종자들을 도와줄 거라고 생각한다면 혹 그럴 수도 있으리라. 하지만 선과 하느님의 적인 그런 존재의 힘을 정말 믿는다면, 그에게 그런 신세를 지고 나서 과연 교회에 갈 수 있는가?

이런 망상에서 그보다 더 인기 있는 거짓, 즉 온갖 병을 치료해준다고 떠드는 자기(磁氣) 최면술사[3]들의 사기술로 옮겨가는 건 아주 자연스러운 일이다. 그런 자들에 관해서도 여성에게 몇 가지 질문을 던져볼 수 있으리라.

그대들은 인체를 조금이라도 아는가? 그렇지 않다면 그대들은 아이

---

[3] 몸과 마음의 병을 치료해준다고 나서는 최면술사들.

들도 아는 사실을 다시 배워야 하리라. 무절제나 나태 때문에 신체의 놀라운 균형이 깨졌을 때, 즉 아주 심한 병이 아니라 그냥 고질적인 병인 경우에는, 몸의 일부가 정말 심하게 상하지 않은 한, 절제의 또 다른 형태인 식이요법과 바깥 공기, 운동 그리고 인체를 연구한 이들이 처방한 몇 가지 약으로 서서히 회복하도록 하는 게 말할 수 없이 귀중한 축복인 건강을 되찾는 데 지금까지 발견된 유일하게 현실적인 방법이다.

그런데도 그대는 수상쩍은 방법으로 기적을 행하는 척하는 저 자기 최면술사들이 신의 대리자이거나, 그런 유의 어려움을 모두 해결해주는 악마의 도움을 받고 있다고 생각하는가?

그대는 그들이 의학으로 해결되지 않은 병들을 '내몰 때', 그들이 이성의 법칙에 따라 행동한다고 보는가, 아니면 초자연적인 존재의 도움을 얻어 저 놀라운 치료 효과를 낸다고 보는가?

숙련자들은 영계(靈界)와 교통해 그런 일이 가능하다고 말하리라. 그렇다면 그건 정말 대단한 특권일 것이다. 어떤 고대인들은 자신에게 수호 정령 같은 게 있어서, 어떤 식으로 그걸 알려주는지는 모르겠지만, 위험한 지경에 처하게 되면 친절하게도 미리 경고를 해준다든지, 취해야 할 조치를 알려준다고 주장했다. 그러나 그런 초자연적인 특권을 누렸다고 주장한 이들은 그게 비범한 극기와 신앙심에 대한 보상 또는 결과였다고 말했다. 그런데 요즘 기적을 행한다고 하는 이들은 남보다 특별히 절제된 생활을 한다든지 경건한 것 같지 않다. 그들이 병을 치료하는 것은 하느님에 대한 사랑이 아니라 돈 때문이다. 그들은 연옥에 있는 영혼들을 구하기 위한 미사를 올리거나[4] 자기들의 손길이나 말로

---

[4] 가톨릭 교회에서는 돈을 내고 미사를 올리면 연옥에 있는 망자의 영혼을 천국으로 올려줄 수 있다고 한다.

병이 나은 이들의 목발이나 팔다리 모형을 성당에 전시하지는 않지만, 그래도 역시 사기술의 사제들이다.

나는 그런 자들의 전문 용어나 은어를 잘 모르기 때문에 좀 부적절한 말을 쓸 수도 있겠지만, 이성의 법칙에 따르지 않고 정직한 방법으로 생계를 유지하는 사람이 서서히 그렇게 친절한 정령을 사귀게 된다면 정말 다행한 일일 것이다. 하지만 그 정령들이 특별히 현명하거나 선할 것 같지는 않다. 왜냐하면 그들이 정말 현명하고 선하다면 좀더 고결한 사람들을 통해서 자기들이 인간의 좋은 친구임을 보여주었을 것이기 때문이다.

그러나 인간이 그런 능력을 갖고 있다고 주장하는 건 일종의 신성 모독이다!

이성적으로 생각해보면, 세상에 나타난 신의 섭리를 살펴볼 때, 어떤 죄악은 어떤 결과를 낳는 게 분명하다. 그리고 누가 감히 인간이 신의 일반적인 법칙들을 깨는 기적을 행할 수 있다든지, 무절제하고 사악한 사람의 건강을 회복시켜주어 아무 벌도 받지 않고 전과 같은 행동을 계속하게 해줄 수 있다고 믿을 정도로 신의 지혜를 심하게 모욕할 수 있을 것인가? 예수님께서는 "건강해질지어다, 그리고 더는 죄를 범하지 말라"[5]고 말씀하셨다. 그리고 인간의 마음을 고치기 위해 몸의 병을 치료해준 그분을 본받지 않는 이들이 과연 대단한 기적을 행할 수 있을까?

그런 못된 사기꾼들을 논하는 자리에서 예수님의 이름을 들먹이는 걸 못마땅해할 독자도 있으리라. 나도 그들의 심정을 이해한다. 하지만

---

5 "보라, 너는 이제 온전해졌노니, 더는 죄 짓지 말라. 또 죄를 지으면 더 나쁜 일이 네게 닥치리라"(「요한복음」, 5장 14절).

그런 독자들은 저 사기꾼들이 그분의 이름을 팔고, "그들의 행위를 통해 우리는 그들이 신의 자녀인지 죄의 종인지 알리라" 하신 그분의 사도라고 주장한다는 사실을 상기할 필요가 있다. 나는 물론 욕망을 억제하거나 열정을 다스리는 것보다 성인(聖人)의 몸에 손을 댄다든지 자기(磁氣) 치료를 받는 게 훨씬 쉽다는 걸 알고 있다. 하지만 욕망이나 열정을 억제해야 심신의 건강을 회복할 수 있다. 그렇지 않다면 가장 높은 판관이신 하느님이 부당하고 복수심 강한 존재라고 볼 수밖에 없다.

하느님이 변덕스럽거나 어떤 원한 때문에 인간에게 벌을 주는 존재라면 인간과 다를 게 뭐 있겠는가? 우리의 이성은 이렇게 속삭인다. 만물의 아버지인 하느님께서는 우리를 치료하기 위해 상처를 주시고, 우리의 무절제는 반드시 어떤 결과를 낳음으로써 우리에게 죄의 특징을 아주 분명히 가르쳐준다. 이처럼 우리는 경험을 통해 선악을 구별할 수 있게 되고, 우리가 얻은 지혜의 정도에 따라 선을 좋아하고 악을 싫어하게 되는 것이다. 원래 독 안에 약이 들어 있는 법인지라, 성서의 웅변적인 언어를 빌려 표현하면, 인간은 사악한 버릇을 고침으로써 자기 육체에 대해 죄 짓기를 그치든지, 아니면 때 이른 죽음이라는 죗값을 받아 목숨을 잃게 된다.

이 이야기는 여기서 그쳐야겠다. 하지만 내 감정을 숨길 필요는 없을 것 같다. 신의 속성을 생각할 때, 나는 하느님이 주시는 벌은 병의 고통처럼 악의 나쁜 점을 보여줌으로써 우리를 더 나은 사람으로 만들어줄 거라고 믿는다. 벌은 자연과 우리의 이성에 나타나 있는 신의 속성에 어긋나기 때문에, 나는 하느님이 우리를 더 나은 사람으로 만들기 위해 벌을 가하신다는 걸 의심하는 건 그분이 우리 인간의 행동에 전혀 관심이 없다고 믿는 것보다 더 어렵다고 생각한다.

전지전능하시고, 위대한 만큼 선하신 분이, 인간이 50~60년 동안 열에 들뜬 듯 살다가 영원한 고통 속으로 가라앉을 걸 미리 알고도 그런 존재를 창조하셨다고 믿는 건 신성모독이다. 영원히 죽지 않는 벌레는 무엇을 먹고사는가? 그대는 어리석음, 무지라 말하리라. 나는 그 대답에서 자연히 도출되는 결론에 너무 화가 나서 내 주님의 날개에서 빠져나오고 싶어하리라(왜냐하면 그렇다면 모든 여성이 지옥에 가게 될 것이므로). 경건한 마음으로 말하건대, 그렇게 가정하면, 하느님은 모든 것을 불사르는 불꽃이 되시리라.[6] 두려움이 사랑을 삼키고, 암흑이 하느님의 모든 가르침을 가릴 때, 우리가 아무리 신에게서 도망치려 해도 그건 부질없는 짓일 것이다.

나는 신앙이 독실한 많은 사람이, 자기들은 마치 인디언들이 악마를 모시듯, 신의 뜻이 독재자의 권위나 폭력인 양 맹목적으로 거기 따른다고 주장하는 걸 보아왔다. 다시 말하면, 이들은 일상에 묻혀 있는 다른 사람들과 마찬가지로 권력을 숭배하고 자기를 짓밟을 수 있는 힘을 가진 이 앞에서 굽실대는 것이다. 그런데 이성적인 종교란 완벽하게 현명하여 원하시는 것이 모두 온당한 동기에서 나오고 합리적인 존재의 뜻에 따르는 걸 의미한다.

그리고 우리가 이렇게 신을 존중한다면, 그분의 법을 모욕하는 저 모호한 암시들을 믿는다든지, 하느님께서 저 사기꾼들의 잘못된 짓을 용인하고 그런 짓으로 혼란을 초래하게끔 기적을 행해주실 거라고 믿지는 못할 것이다. 결국 우리는 이런 불경스러운 결론을 받아들이든지, 아니면 초자연적인 방법으로 병든 신체에 건강을 되찾아주거나 하느님

6 "그들의 벌레는 죽지 않고, 그들의 불 역시 꺼지지 않으리라"(「이사야서」, 66장 24절).

만이 아시는 미래를 예측해준다는 약속들을 경멸하든지, 둘 중 하나를 선택해야 할 것이다.

## 제2절

부실한 교육에 기인하는 여성의 나약함의 또 다른 예는 바로 감상이라는 적절한 이름으로 불리는 낭만적 성향이다.

무지 때문에 감각에 휘둘리고 사랑에서만 행복을 구하도록 교육받은 여성은 관능적인 감정을 곱씹고, 자신의 열정에 대해 형이상학적인 명상을 한다. 그런데 그러다 보면 부끄럽게도 삶의 의무를 게을리 하게 되고, 이런 고상하고 추상적인 생각에 너무 열중한 나머지 실지로 죄를 범하기도 한다.

바로 이런 여성이 우둔한 소설가들이 써내는 몽상을 즐기는 사람들이다. 그런데 이 소설가들은 인간성을 알지도 못하면서 감상적인 말투로 진부한 줄거리를 짜내고 음란한 장면들을 묘사함으로써 독자들의 안목을 타락시키고 일상적인 의무를 게을리 하게 만드는 것이다. 오성에 대해서는 말할 가치도 없다. 이런 여성의 오성은 한 번도 발휘된 적이 없어서 모든 물질에 퍼져 있다는 불의 입자들처럼, 에너지가 잠든 채 활동을 멈추고 있기 때문이다.

정치적인 특권을 전혀 갖지 못하고, 일단 결혼한 후에는 범죄를 저지른 경우를 빼고는 시민으로서의 존재도 전혀 인정받지 못하는 여성은, 자연히 사회 전체의 이익보다는 몇 사람의 일에 관심을 갖게 된다. 그런데 누구든 사회 전체의 이익을 염두에 두지 않으면 자신의 의무를 제대로 수행하기 어려운 법이다. 여자들의 가장 큰 관심사는 남을 즐겁게 하는 것이고, 정치적 · 사회적 억압 때문에 더 중요한 일에 관여하지 못하는 처지에 놓인 이들에게는 어떤 감정이 하나의 사건이 된다. 그리고 오성이 더 넓게 발휘될 수 있다면 지워버려야 했고 또 그렇게 되었을 감정까지도 오랫동안 곱씹어 더 심각한 지경에 이른다.

하지만 사소한 즐거움밖에 누리지 못하는 이 여성은 자연히 순진하고 경박한 정신을 지닌 이들의 흥미를 끌도록 씌어진 작품들에 담긴 견해를 흡수하게 마련이다. 위대한 것은 이해할 수 없는 이들이 역사물을 아주 재미없어 하고, 오성을 발휘해야 이해할 수 있는 작품은 말할 수 없이 지겨워하고 그 내용을 거의 이해하지 못하는 게 놀라운 일인가? 그러니 이들은 소설에서 즐거움을 찾을 수밖에 없는 것이다. 그런데 내가 소설을 비난하는 것은 그것이 오성을 단련하고 상상력을 제한하는 글들과 대조되기 때문이다. 왜냐하면 어떤 종류의 글이든 안 그래도 텅 빈 정신을 더 공허하게 놔두는 것보다는 낫기 때문이다. 인간 정신은 사고력을 자극해 더 넓고 강해질 필요가 있다. 그뿐 아니라 상상력만 자극하는 작품들조차도 정신에 의해 전혀 정화되지 못한 천한 육욕의 충족보다는 더 높은 것을 추구하게 만든다.

이 말은 경험에서 나온 것이다. 나는 훌륭한 여성, 그중에서도 특히 아주 착한 여성을 알고 있다. 편협한 정신의 소유자치고는 착한 그녀는 세 딸들에게 절대로 소설을 못 읽게 했다. 그녀는 부유한 상류층 여성이었기 때문에, 여러 선생을 고용해 딸들을 교육하고, 일종의 하급 가정교사를 두어 그들의 뒤를 따라다니게 했다. 세 딸은 선생들에게서 식탁이나 의자의 프랑스어나 이탈리아 명칭을 배웠다. 그러나 그들의 능력에 조금이라도 벅차거나 종교를 다룬 책은 거의 못 읽었기에, 이들은 혼기가 찰 때까지 지적인 개념도 섬세한 감정도 배우지 못한 채, 어학 공부를 안 할 때는 몸치장을 하거나, 서로 싸우거나, 하녀들과 몰래 속살거리며 시간을 보냈다.

과부인 그들의 엄마는 딸들을 사교계에 제대로 내놓기 위해 그사이 자기가 아는 많은 사람들과 연줄을 다지고 있었다. 그리고 그 말의 모든 의미에서 천박한 정신과 못된 성격을 갖춘 이 세 딸은 스스로 대단한 존재라고 생각하고, 옷이나 장식이 자기들보다 못한 사람들을 깔보며 사회에 발을 내디뎠다.

자연과 유모들은 그들에게 사랑의 육체적 의미만을 가르쳐주었고, 그래서 별다른 이야깃거리나 세련된 감정이 없던 이 처녀들은 결혼에 대해 스스럼없이 이야기할 때마다 아주 천박한 말투로 육체적인 욕망을 표현했다.

이 소녀들에게 소설이 해로웠을까? 이 세 자매 중 하나는 특히 단순한 사람이었다. 그들 중 하나는 어떤 사람이었는지도 잘 기억나지 않지만, 그녀는 멍청할 정도로 순진했고, 사교계에 나오기 전에 그 뜻을 익히 배웠지만 고압적인 자기 엄마 앞에서는 감히 못했던 아주 천박한 말이나 질문을 던지며 능글맞게 웃었다. 그녀는 자기들이 아주 훌륭한 교육을 받았다고 자부하고 있었고, 시시한 소설은 손도 안 댔으며, 식사 전에는 꼭 성경 구절을 읽었다.

이건 한 예에 지나지 않는다. 나는 기초부터 시작되는 적절한 교육도 받지 못하고 스스로 공부할 걸 선택하지도 못한 채 덩치만 큰 어린아이같이 되거나, 어른들 틈에서 생활하면서 약간의 상식, 즉 객관적인 시각으로 일반적인 일들을 바라보는 독특한 시각을 얻은 처녀들을 많이 안다. 그러나 이들이 일반적이고 추상적인 개념이나 직관을 얻는 능력인 지성을 갖춘다는 건 불가능한 일이다. 그들의 정신은 늘 정지해 있기에, 그런 여성은 눈에 보이는 물체나 실지로 벌어지는 일에 자극을 받지 않는 한 울적해하거나 울거나 잠을 잔다. 따라서 내가 여성에게 형편없는 작품을 읽지 말라고 하는 건 그보다 더 뛰어난 작품을 읽으라는 뜻이다. 나는 딸과 조카딸을 서로 전혀 다른 방식으로 교육한 어떤 현명한 분의 의견에 동의하기 때문이다.

상당한 재능을 타고난 그분의 조카는 그 집에 맡겨지기 전에는 아무 책이나 마구 읽었다고 한다. 그분은 조카에게 역사와 윤리책을 읽히려고 노력했고, 그녀는 그분의 지도에 따랐다. 그런데 나약하고 사랑에 찬 엄마 때문에 응석받이가 된 그분의 친딸은 힘든 일은 전혀 안 하려 했고, 그분은 그런 딸에게 소설을 읽도록 허락했다. 그 이유는 딸이 책 읽기에 흥미를 붙인다면 다른 공부를 할 토대가 마련되는 셈이고, 잘못된 생각도 아무런 의견이 없는 것보다는 낫기 때문이었다.

사실 여성의 정신은 너무 심하게 방치되어왔기 때문에, 그들은 이 흐린 원천에서 지식을 얻어야 하는 처지다. 그리고 개중에 아주 뛰어난 여성은 소설을 읽음으로써 그 작품들이 얼마나 시시한지 깨닫게 되었던 것이다.

내 생각에 소설 읽는 취미를 고치는 가장 좋은 방법은 바로 소설을 우스갯거리로 만드는 것이다. 하지만 이 일을 아무렇게나 하면 별 효과를 못 볼 것이다. 유머 감각이 있는 총명한 사람이 소녀들 앞에서 몇 권의 소설을 읽으며 어조나 역사에 등장하는 감동적인 사건이나 영웅적인 인물들과 적절히 비교해 문제의 소설들이 인간성을 얼마나 어리석고 터무니없게 그려냈는지를 보여준다면, 소녀들은 낭만적인 감정을 버리고 올바른 의견을 갖게 될 것이다.

하지만 이 점에서는 남녀 모두 대개는 똑같이 안목 없고 천박하게 행동한다. 체면 때문에 순결을 지켜야 하는 무식한 여자들은 현대 소설가들이 그려낸 부자연스럽고 음란한 장면들을 읽으며 온갖 상상에 탐닉하고, 역사 속에 나오는 진지하고 위엄 있는 여자들과 점잖은 미인들을 진부하다고 비웃는다.[7] 남자들은 남자들대로 그처럼 닳고닳은 취향을 실생활에 적용해서, 도덕적인 여성의 소박한 매력과 양식 있는 여성의 근엄한 점잖음을 버리고 방탕한 여자들과 즐기러 간다.

그뿐 아니라 소설은 여성 독자들, 특히 상류층 여성이 남들과 얘기할 때 아주 강한 표현이나 최상급을 남발하게 만든다. 그들은 방탕하고 인위적인 삶을 살기 때문에 강하고 진솔한 감정을 느낄 수 없을 텐데도 걸핏하면 아주 유창하고 열정적인 어조로 사랑을 얘기하고, 아주 작은 일에도 어둠 속에서만 열정의 불꽃처럼 보이는 저 도깨비불 같은 언사를 늘어놓는다.

## 제3절

여성은 자연이 나약한 이들의 머릿속에 일종의 자기 보호 방편으로 심어준 잘못된 교활함과 무지 때문에 옷을 정말 좋아한다. 그리고 그런 취향에서 비롯되는 허영심 때문에 여성은 탁월함을 지향하거나 너그럽게 행동하지 못하는 것이다.

나도 남자를 즐겁게 하는 기술의 물질적인 차원은 바로 옷차림이라는 루소의 생각에 동의하지만, 바로 그 이유 때문에 나약한 여성이 흔

---

7 "지금 나는, 자기 자신은 예리한 사람이 보면 상상력의 도움 없이는 우리 마음을 만족시킬 게 거의 없는 일종의 희비극 같은 존재에 지나지 않으면서도 이상적인 아름다움을 꾸며내는 저 오만한 인간들에 대해 말하고 있는 게 아니다"[MW].

히 지닌 옷에 대한 지나친 관심을 소녀들만은 배우지 않기를, 그리고 사랑이 물질적인 차원에 머물지 않기를 바라는 것이다. 하지만 정신의 도움, 즉 정신적으로 상대방을 즐겁게 해주는 기술 없이 오랫동안 상대의 마음을 지킬 수 있다고 생각하는 여성은 정말 나약한 존재일 것이다. 행동의 동기가 아니라 미덕의 소산인 이런 아름다움에 기술이라는 말을 쓰면 신성모독이 될지 모르지만, 이는 무지한 사람에게서는 결코 찾아볼 수 없고, 이 뛰어난 아름다움은 양성(兩性)의 세련된 바람둥이들이 좋아하는 순진한 이의 명랑함과는 그 본질에서 전혀 다른 것이다.

몸치장에 대한 관심은 모든 야만 사회에서 강하게 나타나는데, 그런 문화에서는 여자가 아니라 남자가 몸을 꾸민다. 따라서 여자가 그만큼 남자와 동등해진 사회는 최소한 문명 사회와 한걸음 더 가까워진 것이다.

그렇다면 여성의 특징으로 간주되는 옷에 대한 관심은 인간이면 누구나 가진 욕망이다. 좀더 정확히 말하면, 정신이 사고를 통해 즐거움을 얻을 만큼 개방되어 있지 않은 사람은 몸을 정성스럽게 꾸미게 마련이고, 문신이나 보디 페인팅으로 자신의 야망을 드러내는 것이다.

이런 욕망은 너무도 강하기 때문에 흑인들은 지옥 같은 노예 생활 속에서도 부모에게서 이어받은, 사람들의 찬탄을 사고 싶다는 야만적인 갈망을 억누르지 못한다. 그래서 노예 생활에서 힘들게 번 돈을 대개 값싼 장식품을 사는 데 쓰고 만다. 내가 본 하인과 하녀는 대부분 옷을 정말 좋아했고, 그들에게는 옷이 재산이었다. 그리고 유추를 빌려 말하면, 여성이 옷을 그토록 좋아하는 것은 바로 정신 계발의 부족이라는 같은 원인에서 비롯된다. 스위프트에 따르면, 남자들은 만나면 사업이나 정치, 문학에 대해 얘기하는 반면, 여자들은 "아주 자연스럽게 상대방의 옷에 늘어뜨린 주름이나 옷깃의 주름 장식을 만져본다."[8] 그리고 이건 극히 자연스러운 일이다. 여자들은 관심 가질 사업도 없고, 문학에 대한 안목도 없고, 인류의 행복을 증진하고 사회 전체의 복지를 위한다는 거창한 목표를 생각해본 적도 없는지라 정치 얘기에는 흥미를 못 느끼기 때문이다.

게다가 남자들은 우연히 또는 스스로 노력하여 권력이나 명성을 얻을 방법이 참 많다. 그리고 직업이 같은 사람끼리 친구가 되긴 힘들기 때문에 서로 경쟁하는 일은 있지만, 절대로 충돌하지 않고 지내는 남자 친구들도 아주 많다. 하지만 여자들끼리의 관계는 전혀 다르다. 그들은 모두 서로 경쟁자이기 때문이다.

여자들은 처녀 때는 남자들의 마음에 들려고 노력하고, 결혼한 후에는 몇몇 예외적인 경우를 제외하고는 모두 본능처럼 끈질기고 집요하게 같은 냄새를 추적한다. 도덕적인 여성도 다른 사람들과 같이 있을 때는 자신이 여자라는 사실을 절대로 잊지 않고, 남에게 잘 보이려고 노력하기 때문이다. 아름다운 여성이나 재기 넘치는 남성은 똑같이 사람들의 주의를 끌려고 애쓰고, 같은 재사(才士)끼리는 언제나 앙숙인 법이다.

이처럼 여성의 유일한 야심이 아름다워지는 것이고, 남의 관심이 그들의 자존심을 한층 더 높여준다면, 그들이 늘 서로 경쟁하는 건 당연한 일 아닌가? 그들이 모두 같은 경주를 하는 셈이니, 부처님 같은 여자가 아닌 한, 서로를 의심과 질투의 눈으로 바라보는 것은 이해할 만한

---

8 Jonathan Swift, "A Letter to a Young Lady on Her Marriage," Written in 1727, ed. William Alfred Eddy, *Satires and Personal Writings by Jonathan Swift*, New York: 1932, 67쪽.

일이다.

옷이나 쾌락, 권력에 대한 지나친 욕망은 모두 야만인들의 특징으로, 이런 것은 아직 정신의 영역을 넓히지 못했거나 여러 개념을 연결해 어떤 원리에 도달할 만큼 왕성하게 사고하지 못하는 미개한 사람들이 가진 욕망인 것이다. 그리고 여성이 부적절한 교육과 현 사회의 제약 때문에 바로 그런 상태에 처해 있다는 것은 아무도 부인할 수 없는 사실이다. 그렇다면 여성을 비웃는다든지, 한 번도 자신의 이성에 따라 자유롭게 행동할 기회가 없었던 그들의 어리석음을 비꼬는 것은 잔인할 뿐 아니라 불합리한 일이다. 권위에 무조건 복종하도록 교육받은 사람이 그 권위를 피하려고 술수를 쓰는 건 너무도 자연스럽고 뻔한 일이기 때문이다.

여성이 남성에게 무조건 복종해야 한다는 걸 입증해보라. 그러면 나도 여성이 남성을 즐겁게 하기 위해 옷에 대한 사랑을 기르고 생존에 필요한 교활함을 길러야 한다는 걸 당연한 일로 받아들일 것이다.

하지만 무지에 기초한 미덕은 폭풍우에 쓰러지는 모래 위의 집처럼[9] 늘 불안정할 것이다. 그러니 권위를 이용해 여성을 도덕적인 존재로 만들 생각이라면 그 말 자체가 모순이지만 차라리 그들을 하렘에 가두고 철저히 감시하는 게 나을 것이다. 쇠가 그들의 영혼으로 스며들어 가는 건 염려하지 말라. 그런 취급을 참고 견딜 존재라면 몸을 움직일 만큼의 에너지밖에 없을 것이고, 아주 나긋나긋한 물질로 이루어져 있을 것이기 때문이다.

---

[9] "한 어리석은 사람이 모래 위에 집을 지었다. 비가 내려 홍수가 지고 바람이 몰아치자 그 집은 무너지고 말았다"(「마태복음」, 7장 26~27절).

'지워지지 않는 표식을 새기기에는 너무 부드러워

까만지, 누르스름한지, 하얀지, 색깔로 구별하는 게 제일 좋은 존재들.'[10]

아무리 잔인한 상처도 결국은 아무는 법이니, 그들은 여전히 세상에 살아남아, 저 유명한 작가들이 하느님이 여성을 창조한 유일한 이유라고 지적한 일, 즉 아름다운 옷차림으로 남자들을 즐겁게 해주는 임무를 수행하리라.

## 제4절

혹자는 여성이 남성보다 감성이나 인간애가 더 풍부하다면서, 여성이 애정이 더 강하고 더 쉽게 연민을 느낀다는 사실을 그 증거로 제시한다. 하지만 무지에서 나온 의존적인 애정은 고귀하지도 않고, 아이들이나 동물처럼 쉽게 이기심으로 변질될 수 있다. 나는 모든 감성이 남편에게 집중되어 있고, 인간애 역시 아주 약하거나 순간적인 동정심에 지나지 않는 나약한 여성을 많이 보았다. 한 저명한 연설가의 말을 빌리면, "인간애란 남의 불운에 쉽게 동정을 느끼는 심약한 귀가 아니라 의지나 지성의 문제인 것이다."

그런데 이런 배타적인 애정이 그 개인을 타락시키긴 할지언정, 여성의 열등함을 보여주는 증거로 이용되어선 안 된다. 그건 여성의 좁은 소견에서 나온 자연스러운 결과이기 때문이다. 여성은 아주 뛰어난 양

---

[10] 포프, 『도덕론』, 3~4행.

식을 지닌 경우에도 사랑에 자극 받지 않는 한 사소한 일이나 개인적인 계획에 관심이 한정되어 있기 때문에 영웅적인 일에 뛰어들지 못한다. 그리고 사랑은 거창한 열정과 마찬가지로 아주 드물게 나타날 뿐이다. 그래서 나는 "남자만큼 관대한 여자는 아주 드물고,"[11] 여자들의 편협한 애정은 정의나 인간애를 희생시키기 쉬우며, 그 애정이란 게 보통 어떤 한 남자를 향한 마음이기에 여성을 열등한 존재로 만든다고 말한 한 도덕가의 의견에 동의한다. 하지만 나는 여성이 태어날 때부터 억압받지 않으면 오성이 강화되면서 정서적인 면 또한 발달할 거라고 생각한다.

아주 나약하고 감성이 발달한 사람은 이성(異性)에게 아주 강한 사랑을 느끼겠지만, 이성적인 사람은 우정을 느낄 것이다. 따라서 여성보다는 남성 사이에 우정이 더 흔하고 정의감 또한 남성이 더 강할 것이다. 여성의 배타적인 애정은 조국에 대한 카토[12]의 극히 부당한 사랑과 아주 비슷하다. 그는 로마의 존속이 아니라 그 영광을 높이기 위해 카르타고를 멸망시키고 싶어했고, 진정한 의무들은 서로 연결되어 있기에, 대개는 그런 원칙 때문에 인간애가 희생된다.

게다가 여성 자신이 부당한 대우의 희생자인 판에 어떻게 정의롭거나 관대할 수 있겠는가?

---

11 "인간애는 여성, 관대함은 남성의 미덕이다. 여성은 대부분 우리보다 훨씬 더 상냥하지만 우리만큼 관대한 여성은 극히 드물다"(스미스, 『도덕론』, 274쪽).

12 카토(Marcus Porcius Cato, B.C. 234~B.C. 149). 카르타고에 대해 알게 된 카토는 로마가 살아남기 위해서는 반드시 없애버려야 할 존재라고 생각했다. 그는 늘 "카르타고는 타도되어야 한다"고 주장했다.

## 제5절

다음 세대의 정신과 육체를 건강하게 만들 토대를 마련하는 과정인 육아는 여성만의 독특한 의무로 간주되어왔다. 하지만 무지가 그들을 무능력하게 만드는 한 그 의무를 제대로 수행하기는 정말 힘들 것이다. 그리고 내 생각에는 여성의 정신이 지금보다 훨씬 더 많은 것을 배울 수 있고, 또 당연히 배워야지 그렇지 않으면 현명한 어머니가 될 수 없을 것이다. 말의 교배나 사육에는 관심을 쏟으면서도 아이들 양육 문제에 관여하면 품위가 떨어진다고 생각하는 남자들이 많다. 어떻게 그렇게 양식과 감정이 결핍될 수 있는 건지! 그러는 동안 수많은 아이들이 엄마의 무지 때문에 죽어가고 있다! 그리고 거기서 살아남아, 비인간적인 방치나 맹목적인 애정으로 인한 파멸을 피한 아이들도 어린애의 마음을 이해하지 못하는 엄마 때문에 제대로 양육되지 못한다! 이렇게 집에서 사나워진 아이들의 기를 꺾어놓기 위해 부모는 아이들을 학교에 보내고, 많은 아이들을 다잡기 위한 학교의 훈육 방법은 그처럼 함부로 파헤쳐진 땅에 갖가지 사악함의 씨앗을 뿌린다.

나는 종종 부모가 늘 한결같은 마음으로 양육했으면 제약을 느끼지도 않았을 것이고, 느꼈어도 안 되는 아이들이 경험하는 어려움을 냇가에 쓰러지는 기운 찬 망아지에 비유한다. 탄 사람을 떨어뜨리려고 애쓸수록 망아지의 발은 모래 속으로 빠져들게 되고, 한참 그러던 망아지는 결국 하는 수 없이 말을 듣게 되는 것이다.

나는 말을 참 좋아하는데, 말은 다정하고 일관성 있게 대하면 참 온순한 동물이다. 따라서 말을 길들이는 데 사용되는 폭력적인 방법은 본질적으로는 그들에게 상처를 주게 될 것이다. 그러나 무분별하게 놓아

먹였던 아이들을 그렇게 억지로 길들여서는 안 된다. 아이들을 다루는 데 조금이라도 정의나 이성에 위반되는 방법을 동원한다면 그들의 이성은 그만큼 약화될 것이기 때문이다. 아이들의 성격은 아주 일찍 형성되고, 내 경험에 따르면 7세 전에 이미 그 토대가 마련되는 것 같은데, 이 시기에는 엄마만이 아이들의 양육에 관여한다. 그리고 그후에 이루어지는 교육의 절반은 아주 성급하고 부적절한 방법으로 엄마가 좀더 현명하게 길렀으면 생기지 않았을 문제들을 고치는 데 바쳐지는 경우가 많다.

여성의 어리석음을 잘 보여주는 한 예가 바로 아이들 앞에서 하인을 대하는 태도다. 아이들은 엄마의 그런 태도를 보면서 하인은 당연히 자기의 시중을 들고 기분을 맞춰주어야 한다고 생각하게 될 것이다. 엄마들은 모범을 보여 남의 도움을 받을 때는 당연히 감사해야 하고, 건강할 때 남의 시중을 받는 건 인간성에 대한 모독이라는 걸 아이에게 가르쳐야 할 것이다. 그리고 아이들로 하여금 오만하게 굴지 말 것, 자신은 나약한 존재라는 것, 그리고 인간은 태어날 때부터 평등하다는 것을 알게끔 가르쳐야 할 것이다. 그런데 실지로는 엄마들이 아주 고압적인 태도로 하인들에게 아이를 재우라든지, 조금이라도 더 엄마 옆에 있고 싶어 매달리는 아이를 데려가라고 몇 번이고 소리치는 걸 자주 보게 된다. 그래서 하인이 이런 식으로 귀하신 꼬마의 기분을 맞춰주게 되면, 아이들은 성질이 고약해져서 정말 밉살스러운 갖가지 행태를 보이게 되는 것이다.

간단히 말하면, 대다수의 엄마는 아이를 완전히 하인들 손에 맡겨두든지, 자기 자식이라는 이유만으로 왕자나 공주처럼 떠받든다. 그런데 이렇게 아이들을 떠받드는 엄마 치고 하인들을 인간적으로 대하거나 다른 집 아이들을 다정하게 대해주는 사람은 별로 없다.

여성의 정신이 조금도 개선되지 않고, 아이들에게 온 정성을 기울임으로써 그들의 건강을 해치고 성격을 버려놓는 것은 바로 무지에서 나오는 이런 배타적인 애정 또는 사물을 보는 개인적인 시각 때문이다. 엄마가 찬성하지 않는 한, 아이들의 자유를 제한하는 아버지는 늘 독재자로 간주될 것이기 때문에, 이런 상황에서는 합리적인 아버지가 동원하는 교육 방법도 아무 효과가 없을 것이다.

그런데 여성이 엄마 노릇을 제대로 하려면 자기 몸을 항상 건강하고 깔끔하게 유지하면서, 필요한 경우에는 가사를 돕고, 독서나 대화를 통해 지적으로 발전할 필요가 있다. 자연의 섭리는 아주 교묘해서, 여성이 수유를 하면 건강도 유지되고 터울도 조절되어 집안이 아이들로 가득 찰 염려가 없다.[13] 그리고 엄마들이 시간을 잘 관리하고, 유행을 따르는 데 헛된 노력을 쏟지 않는다면, 가사나 아이들 교육에 신경을 쓰면서도 문학 작품을 읽고, 지적인 발전을 도울 한결같은 눈으로 과학에 관심을 쏟고, 안목을 높여줄 미술 창작 활동도 할 수 있을 것이다.

하지만 작금의 여성은 옷 자랑을 하느라 남의 집을 방문하고, 노름이나 무도회에 열중하고, 아침마다 몸단장하느라 쓸데없이 바빠서 자기가 할 도리를 게을리 하고, 그럼으로써 남편을 제외한 모든 남자들의 마음에 드는 하찮은 존재로 전락하는 것이다. 정서적 개입이 전혀 없는, 세상 구경이라는 잘못된 이름으로 불리는 이런 일련의 쾌락들은 오

---

13 수유는 믿을 만한 현대적 산아 제한 방법은 못 되지만, 어느 정도는 그런 효과가 있다. 임신과 수유의 관계를 연구한 역사학자 맥라렌(Dorothy McLaren)에 따르면, 모유를 먹인 산모들은 다른 사람들보다 적은 수의 자녀를 두었고, 아기들의 생존율도 더 높았다고 한다(McLaren, "Marital Fertility and Lactation, 1570~1720," *Women in English Society 1500~1800*, ed. Mary Prior(New York: Methuen, 1985), 22~53쪽.

성의 발전에 전혀 도움이 안 된다. 여성은 그런 데 흥미가 없어진 후에도 습관 때문에 이런 무의미한 교류를 계속하게 되고, 그런 상황에서 그들의 마음은 냉정하고 무책임해진다.

그러나 사회가 좀더 평등해지고, 계급이 없어지고, 여성이 해방되어야 비로소 여성의 마음이 사랑으로 가득 차고, 무지하거나 타락한 사람은 그 참맛을 알 수 없는 고결한 가정적 행복의 가치를 알게 될 것이다. 그리고 여성의 육체보다 정신이 대접받는 시대가 와야 교육이라는 중요한 일이 제대로 이루어질 것이다. 몽매한 여성이 현명한 어머니가 되기를 바라는 것은 살갈퀴풀에서 옥수수, 엉겅퀴에서 무화과가 열리기를 기대하는 것만큼이나 어리석은 일이기 때문이다.

## 제6절

이 책의 결론 부분에 이른 이 시점에서, 현명한 독자는 이 문제에 대한 내 논의가 몇 가지 간단한 원리를 소개하고, 그것들을 가리고 있던 쓸데없는 의견들을 불식시키는 정도에 지나지 않는다는 걸 감지했을 것이다. 하지만 모든 독자가 현명한 건 아니므로, 나태하게 남의 의견을 있는 그대로 믿거나, 생각하는 수고를 아끼기 위해 그 의견을 고집하는 게으른 이성이 이 문제를 생각해볼 수 있도록 몇 마디 설명을 덧붙여야 할 것 같다.

자유에 기초하지 않은 미덕은 건실해질 수 없다는 게 도학자들의 한결같은 의견인데, 어떤 경우에든 도덕은 불변의 원칙에 토대를 두어야 하고, 이성 이외의 권위에 복종하는 사람은 합리적이거나 도덕적이라고 할 수 없으니, 남성에 대한 이 말은 인류 전체에 적용될 수 있으리라.

여성을 사회에 정말 유용한 존재로 만들려면 그들의 오성을 적극 계발하여 지식에 바탕을 둔 애국심을 갖추게 해야 한다. 인간은 이해하기 힘든 것에는 무관심하기 때문이다. 그리고 이런 일반적인 지식의 중요성을 강조하기 위해, 이 책에서 나는 오성을 통해 선한 사람이 되어야 개인으로서의 의무를 제대로 수행할 수 있고, 사회적 미덕이란 개인적 미덕의 집합체에 지나지 않는다는 것을 보여주려고 애썼다. 그런데 우리 사회에 존재하는 갖가지 차별은 미덕이라는 금덩이를 얇게 두드려 결국 사악함을 감싸는 금박으로 만듦으로써 개인적 · 사회적 미덕을 모두 해치고 있다. 미덕보다 재산이 존중받는 사회에서는 누구나 미덕보다 돈을 얻기 위해 노력할 것이고, 정신의 부재를 보여주는 유치한 미소를 짓는 여성의 육체가 사랑받는 사회에서는 여성의 정신이 계발되지 않은 채 방치될 것이기 때문이다. 하지만 진정한 관능미는 정신에서 나올 것이다. 남녀가 서로 존경하고 사랑할 때의 느낌만큼 감미로운 건 없기 때문이다. 순수한 마음과 고양된 상상력의 정숙한 분출에 비하면, 육체적 욕망의 냉혹하고 열띤 포옹은 죄악이 죽음을 껴안는 것에 지나지 않는다. 그렇다. 여성의 오성을 무시하는 상상력이 풍부한 바람둥이에게 말하건대, 그가 무시하는 바로 그 정신만이, 금세 스러지지만 너무도 달콤한 황홀감의 유일한 원천인 열렬한 애정에 생명력을 부여한다! 그리고 미덕이 결여된 육체적 사랑은 촛대 속의 수지 양초처럼 금방 꺼져가며 정말 역겨운 뒷맛을 남긴다. 이 말이 옳다는 걸 보여주는 증거는 바로, 여자들과 반평생을 허비하며 부지런히 바람 피운 남자들이 여성을 가장 경멸한다는 사실이다. 기쁨에 깊이를 더해주는 미덕이여! 어리석은 남자들이 거리낌없이 욕망을 채우려고 그대를 이 땅에서 몰아내면, 안목을 지닌 호색가가 참된 쾌락을 즐기기 위해 하늘까지 올라가 그대를 되찾아오리라!

작금의 여성이 무지 때문에 어리석거나 사악한 상태라는 건 누구나 인정하리라. 그리고 그로부터, 여성의 생활 방식을 혁명적으로 개선하면 인류의 앞날을 밝혀줄 아주 바람직한 결과가 나올 거라는 결론이 자연스럽게 도출되리라. 결혼이 인간과 금수(禽獸)를 구분해주는 저 소중한 인간애의 원천이라면, 부와 나태와 어리석음에서 비롯되는 불순한 남녀 관계는 인류의 도덕에 인간의 모든 죄악을 합친 것보다 더 많은 해를 끼친다. 남자들은 여자들과 분방하게 혼전 교제를 함으로써 사랑을 이기적인 욕구 충족의 방법으로 간주하게 되고, 습관이나 약간의 인간애에 기초한 애정, 또는 상대에 대한 존경심과 분리해서 생각하게 되기 때문에, 기혼자들의 연애 때문에 가장 신성한 의무들이 희생된다. 그리고 그런 상황에서는 정의와 우정이 대립 관계에 놓이게 되고, 순수한 안목이 타락하여 꾸밈없는 애정 표현보다 인위적인 작태를 선호하게 만든다. 바람둥이는 꾸밈없는 모습으로 나타나는 사랑의 고결한 소박함을 좋아하지 않지만, 부부에게는 바로 그것이 더 열정적인 사랑에 부모로서의 의무감을 더해줌으로써 두 사람 사이의 관계를 다져주는 매력이 된다. 우정으로 맺어져 있지 않은 부부는 아이들을 양육할 수 없기 때문이다. 부부가 대립해 있는 가정에서는 미덕이 사라지고, 온갖 악마들이 그 자리를 채우게 될 것이다.

부부가 공감대가 별로 없고, 각자 추구하는 바가 다를 때 반드시 그렇듯 서로에 대한 신뢰가 그렇게 적다면, 두 사람 사이의 애정이 순수할 수 없을 것이다. 부도덕한 사람들 사이에는 예민함의 원천인 친밀함이 유지되기 어렵다.

따라서 나는 남성이 그토록 열렬히 고집하는 남녀간의 차이가 자의적인 것임을 지적하면서, 이 문제에 대해 대화를 나눈 몇몇 양식 있는 남성도 타당하다고 했던 말을 다시 한 번 되풀이하려 한다. 그건 바로, 남성 사이에 팽배해 있는 바람기와 거기서 비롯된 난잡함이 남녀를 모두 타락시키고, 남녀가 모두 정숙해질 때까지는 현재 여성의 얌전함으로 간주되는 태도도 순결함의 자연스러운 결과가 아니라 사실은 바람기를 가리는 교묘한 베일에 지나지 않을 거라는 사실이다.

나는 여성이 저지르는 오류의 상당 부분이 남자들의 독재에서 비롯된다고 확신하며, 현재 여성성의 일부를 이루는 교태 역시 억압의 소산임을 입증하려고 오랫동안 애써왔다.

예컨대 정말 진솔한 비국교도들[14] 역시 교활하다는 말을 듣지 않는가? 이는 이성이 아닌 다른 권력이 인간의 자유로운 정기를 꺾으면, 사람들은 자연히 가식과 갖가지 술수를 쓸 수밖에 없다는 걸 보여주는 증거 아닐까? 인간이 이성 아닌 다른 힘 때문에 자유로운 정신을 억압당하면 자연히 속임수를 쓰게 되고, 이런저런 방법을 동원하게 된다는 걸 입증하기 위해 이 사실을 강조할 수 있으리라. 버틀러의 우스꽝스러운 묘사에서도 보듯이, 비국교도들은 지나칠 정도로 예의범절에 신경을 쓰고 사소한 일에 유치할 정도로 법석을 떨고 점잔을 뺀 나머지 체구뿐 아니라 정신 역시 말끔하지만 졸렬한 존재로 변해 버렸다.[15] 물론 그들 중에는 인류의 자랑거리가 될 만한 이도 있지만, 전체적으로 볼 때 비국교도들은, 다른 방면에서 아무리 뛰어나다 할지라도, 여자들이 가

---

14 영국 국교에서 떨어져 나온 사람들.

15 비틀리(Samuel Butler)의 『휴디브라스』(*Hudibras*)에서, 거만하고 유식한 체하는 청교도 기사(騎士) 휴디브라스는 종자(從者)인 랠포(Ralpho)와 함께 장광설을 늘어놓고 갖가지 실수를 저지르고 다닌다. 이 부분은 또 버틀러가 쓴 약 200편의 인물 묘사 중 하나인 '위선적인 비국교도'를 가리킬 수도 있다.

족에게 가지는 것과 비슷한 편협한 편견이나 그들이 하는 모든 일의 가치를 실추시키는 우직한 면이 있는 이들이 많기 때문이다. 그처럼 억압받은 결과 비국교도들은 인류의 억압받는 절반이 지닌 것과 똑같은 특징을 다수 지니게 되었다. 그들이 여자들처럼 끼리끼리 모여 상의하고 충고를 주고받으면서도 그 복잡다단한 궁리의 결과는 보잘것없다는 건 주지의 사실이다. 그리고 여자들이나 비국교도들은 둘 다 비슷한 요인 때문에 체면을 아주 중시하는 경향이 있다.

여성이 남성과 똑같이 누려야 할 권리들을 요구하면서 나는 그들의 결점을 감싸려는 게 아니라 그게 모두 그들이 받은 교육이나 사회적 지위 때문에 빚어진 자연스러운 결과임을 입증하려 했다. 그러니 여성에게 육체적 · 도덕적 · 법적 자유가 주어지면 그들도 자신의 성격을 바꾸고, 잘못된 행동과 어리석은 짓들을 바로잡을 거라고 생각하는 게 합당할 것이다.[16]

여성에게 남자와 같은 권리를 누리게 해주면 남성의 미덕도 갖추게 될 것이다. 여성이 해방된 뒤에도 나아지지 않으면 그처럼 약한 존재에게 의무를 지우는 권위의 쇠사슬이 부당하다는 말을 못하게 될 것이기 때문이다. 만약 그렇다면, 러시아와 새로 교역의 길을 터 채찍을 수입하고, 딸을 시집 보내는 아버지는 사위에게 반드시 그 채찍을 선물하여 온 가족을 매로 다스리게 하는 게 마땅하리라. 가정 안에서 우주의 주인이신 신께서 인간에게 불어넣어 주신 신성하고 파기 불가능한 지상

---

16 "원래는 이 바로 뒤에, 여성의 습속을 개선하면 사회가 전반적으로 어떻게 나아질 것인지 설명하는 부분을 썼는데, 그런 내용은 마지막 권* 말미에 붙이는 것이 더 적절할 것 같아 미뤄두었다"[MW].

* 그런데 MW는 생전에 여기까지만 쓰고 말았기 때문에 계획했던 마지막 권은 끝내 출간되지 않았다 – 옮긴이.

최고의 권위인 이성이 있는 이는 그 남편뿐일 것이니 그가 그렇게 처신해도 부당한 일은 아닐 것이다. 현재 우리 사회에서 여성이 점하는 위치를 볼 때, 여성에게는 아무런 천부의 권리가 없고, 같은 이유로 아무런 의무도 없다고 할 수 있다. 권리와 의무는 따로 떼어 생각할 수 없기 때문이다.

그렇다면 아, 이성적인 남성들이여, 여성이 뭔가 잘못해도 그건 여물을 먹는 말이나 당나귀가 부리는 말썽이나 같은 것이니, 그들을 너무 나무라지 말라. 여성에게 이성의 권리를 부인할 바에는 무지의 특권이라도 인정하라. 그렇지 않으면 그대들은 이성을 갖지 못한 존재가 도덕적으로 행동하기를 바라는 셈이니, 이집트의 노예 십장보다 더 비정하다는 평을 들어 마땅하리라.

# 부록

메리 울스턴크래프트

# 배경

## 로크, 『교육론』 발췌[1]

〔옷〕

여자들에 대해 생각할 때 얼른 떠오르는 것은, 아들의 옷을 만들 때 넉넉하게 해야 하고, 특히 가슴 부분은 반드시 여유 있게 만들어야 한

1 로크(John Locke, 1632~1704)는 옥스퍼드 대학 의예과를 졸업한 후인 1666년, 후에 샵스베리 공작이 된 쿠퍼(Anthony Ashley Cooper)의 의사 겸 15세 된 그 집 아들의 가정교사가 되었다. 로크는 미국의 '건국의 아버지들'에게 영감을 주고 제퍼슨(Thomas Jefferson)이 인용한 "인간은 모두 평등하게 태어났다"는 구절이 수록되어 있는 철학서 『시민 정부에 관한 두 번째 논문』(*The Second Treatise of Civil Government*)의 저자로 유명하다. 1693년에 나온 『교육론』(*Some Thoughts Concerning Education*)은 교육뿐 아니라 식사 · 처벌, 심지어는 배변에 관한 실제적이고 명쾌한 지침서다. 로크는 여성 교육에 대해 직접적으로 논의한 적은 없지만, 6절에서 이런 말을 했다. "여기서 내가 '그'라고 하는 것은 신사를 길러내는 방법을 설명하는 것이 이 책의 주요 목표이기 때문이다. 그러니 여기 나온 내용은 딸들을 길러내는 데는 별 도움이 되지 않을 것이다. 하지만 아이의 성별에 따른 교육 방법의 차이는 생각해보면 그렇게 어려운 문제는 아닐 것이다." 울스턴크래프트는 로크가 쓴 이 책을 읽었고, 『여권의 옹호』에서 일부를 인용했다. 여기 실린 것은 『교육론』의 11, 12, 110절에서 따온 것이다.

다는 것이다. 자연은 본래대로 둘 때 우리가 관여하는 것보다 훨씬 더 능란하고 정확하게 인체를 만들어가기 때문에, 아이의 몸은 자연의 뜻대로 자라도록 놔두는 게 좋다. 여자들이 아이를 낳은 다음에 그러하듯이, 아이들이 태중에 있을 때 그 몸을 손질할 수 있다면, 완벽한 몸을 갖고 태어난 아기는 거의 없을 것이다. (여자들이 태중의 아이를 손대지 못하기 때문에 완벽한 아이가 태어날 수 있다는 말.) 너무 졸라매거나[2] 지나치게 손이 간 아이는 완벽한 몸매를 가질 수 없기 때문이다. 그렇다면 쓸데없이 바쁜 사람들(예컨대 무지한 유모나 코르셋 제작자)이 자기도 이해 못하는 일에 간여하는 것은 잘못된 일이고, 가장 졸렬하고 초라한 부분이 어떻게 만들어지는지 밝혀진 지금에 와서는 더군다나 자연의 작업을 방해하면 안 될 것이다. 그런데도 정말 많은 아이들이 코르셋 때문에 해를 입는 걸 보면, 어리석은 사랑과 지나친 포옹으로 아이를 망쳐놓는 게 꼭 원숭이들만의 일은 아님을 알 수 있다.

좁은 가슴, 가쁜 숨과 구취(口臭), 폐의 이상, 굽은 체형 등은 모두 지나치게 꽉 끼는 코르셋이나 너무 작은 옷을 입는 데서 오는 당연하고도 거의 예외 없는 결과다. 그런 옷은 허리를 날씬하게 하고 몸매를 멋지게 가꾸기 위한 수단이지만, 바로 그런 것들이 아이들의 몸매를 망치는 것이다. 그리고 체내의 여러 곳에서 만들어진 영양분이 자연의 섭리대로 분배되지 않는다면 체형이 균형에 맞지 않게 변할 수밖에 없을 것이다. 그처럼 영양분이 덜 조여진 부분으로 흐른다면 한쪽 어깨가 치켜 올라간다든지 한쪽 엉덩이가 더 커지는 것도 당연한 일일 것이다. 다들

---

2 '꽉 졸라맨'(straight-laced)이라는 말은 지금은 점잖고 적절하다는 의미이지만, 원래는 꽉 졸라맨 상반신 거들(bodice)이나 코르셋을 입는다는 의미였다. 전에는 여자들뿐 아니라 아이들도 그런 옷을 입어야 했다 – 편집자.

존 로크

알다시피 중국에서는 아주 어린 나이부터 여자아이들의 발을 동여매 아주 작게 만든다고 하는데(그게 왜 예쁜 건지는 전혀 모르겠지만), 최근에 본 중국 신발은 그 나이의 여자가 신기에는 너무 작고, 우리나라에서는 아주 어린 소녀들에게나 맞을 만한 크기였다.[3] 게다가 중국 남자들은 다른 나라 사람들만 한 체구에 수명 또한 비슷하다고 하는데, 여자들은 체구도 아주 작은데다 수명도 짧다고 한다. 어떤 이들은 그건 바로 전족이라는 불합리한 관습이 혈액 순환과 전신의 성장과 건강에 장애를 초래했기 때문이라고 한다. 발의 일부를 삐거나 얻어맞았을 때 다리와 허벅지 전체가 기력과 영양을 잃고 왜소해져 버리는 경우도 흔히 보지 않는가? 그러니 심장과 생명 자체가 자리하는 가슴 부분을 그렇게 부자연스럽게 졸라매고 성장을 막을 경우 그 피해가 얼마나 더 클지는 능히 짐작할 수 있을 것이다.

〔잔인함〕

어린아이들에게서 흔히 볼 수 있는 특징 중 하나는 바로 자기 수중에 들어온 동물이나 곤충을 괴롭힌다는 것이다. 아이들은 어린 새나 나비 등의 곤충이나 동물을 잡으면 그것들을 괴롭히고 구박하면서 큰 재미를 느끼는 듯하다. 하지만 이런 것은 어른이 잘 지켜보다가 혹시라도 그런 기미가 보이면 말려야 할 것이다. 동물을 괴롭히거나 죽이게 되면 마음이 점차 냉혹해져서 나중에는 사람에게도 그런 짓을 할 수 있고, 자기보다 약한 동물을 괴롭히거나 죽이는 데서 즐거움을 느끼는 아이는 인간에게 연민을 느끼거나 친절해지기 어렵기 때문이다. 우리 사회

---

3 MW는 이 책 88쪽에서 중국의 전족(纏足)에 대해 언급했다 - 편집자.

에서 정육점 주인들을 피의자의 생사가 걸린 재판의 배심원으로 기용하지 않는 이유도 바로 그런 데 있다. 우리는 아이들이 아주 어릴 때부터 살아 있는 걸 죽이거나 괴롭히는 행위를 혐오하고, 그보다 더 귀한 존재의 생명이나 이익을 위해서라면 몰라도 그렇지 않다면 그 어떤 것도 망가뜨리거나 파괴하지 않도록 가르쳐야 한다.

인류의 보전은 우리 모두의 의무이지만, 모든 사람이 그것을 자신의 신조로 삼고, 우리의 종교와 정치 · 윤리의 토대가 될 진정한 원칙으로 받아들인다면, 세상은 지금보다 훨씬 더 평화롭고 선한 곳이 될 것이다. 내가 아는 한 착하고 신중한 여성은 딸들이 그 또래들이 대개 좋아하는 개 · 다람쥐 · 새 같은 동물을 원하면 얼마든지 구해주되, 일단 데려온 뒤에는 반드시 잘 돌보고 부지런히 관리하도록 한 결과, 아이들이 나중에는 아무것도 원하지 않거나, 일단 구하면 아주 잘 기르게 만들었다. 그녀는 딸들이 동물을 방치하면 아주 큰 잘못을 저지른 것으로 간주하여 남에게 주어 버리거나 꾸짖음으로써 일찍부터 부지런하고 착한 마음씨를 갖게 만들었다. 사람은 아주 어릴 때부터 모든 생명 있는 존재에게 친절히 대하고 아무것도 망치거나 낭비하지 않는 버릇을 들여야 한다.

## 아스텔, 『여성에게 드리는 진지한 제안』 발췌[4]

* * *

신께서 남자와 마찬가지로 여자에게도 이성을 주셨거늘, 우리는 왜 그 이성을 단련하지 못하게 되어 있는 걸까? 신께서 여자에게도 생각할 힘을 주셨거늘, 왜 우리는 (신에게 드리는 감사의 표시로라도) 가장 고귀한 주제인 신에 대해 생각하지 않고, 하찮은 일이나 쾌락, 기타 속된 문제들에 대해서만 생각하는 걸까? 인간의 영혼은 진리에 대해 생각하고 선을 완성하기 위해 창조된 것일진대, 여성이 진리를 알지 못하고 선을 누리지 못한다면 얼마나 잔인하고 부당한 일인가? 의지란 맹목적인 것이고, 판단력에 따라서만 갈 길을 선택하는 법, 아니 좀더 정확히 말해 사람의 의지는 판단력에 좌우되는 것이라서, 판단을 잘못 내리면 의지 역시 잘못된 방향으로 나아가게 마련이다. 그리고 인간의 능력은 훈련에 따라 커지고 높아지는 것이라서, 어떤 능력이든 발휘하지 않고 놔두면 자연히 쇠퇴하고 줄어들게 되어 있다. 따라서 우리가 판단력을 전혀 또는 거의 사용하지 않으면, 얼마 안 가 그 자취조차 사라질 것이고, 생각하고 선택하는 능력이 줄어들면 그만큼 무익하고 잘못된 판단을 내릴 가능성이 커질 것이다. 여성이 대부분 그토록 무미건조하고 몽매한 말을 하고, 혼자 있는 시간을 그토록 지루해하는 것은 바로 적절한 교육을 받지 못했기 때문이다.[5]

따라서 여성을 더 즐겁고 유익한 대화 상대로 만들고, 혼자 있을 때

---

4 Mary Astell, *A Serious Proposal to the Ladies*, London: 1701; New York: Source Book Press, 1970, 18~20, 129~131쪽. 뉴캐슬 어펀 타인 출신인 아스텔은 목사인 숙부 밑에서 수준 높은 교육을 받았고, 20세 때 런던으로 가 공부를 계속했다. 『진지한 제안』은 1697년에 나왔다. 아스텔은 그후 앤 여왕의 후원으로 여자대학을 설립하려 했으나 버닛 주교(Bishop Burnet)의 반대로 이 계획은 무산되고 말았다. 스위프트는 『태틀러』(*The Tatler*)지에서 그녀를 '마도넬라'(Madonella)라고 부르며 풍자했고, 그녀의 교육안을 '프로테스탄트 수녀원'이라고 비꼬았다 - 편집자.

5 '적절한'(ingenious)은 원래는 '높은 지적 능력'을 의미했다. 여기서 아스텔은 여성의 대화 내용이 하찮고, 혼자 있는 시간이 따분하고 지루한 것은 교육이 부족하기 때문이라고 말한다.

현명한 사람이라면 절대로 허비하지 않을 소중한 시간을 낭비하게 만드는 저 쓸데없는 짓들을 안 하게 해줄 적절한 소일거리를 찾게 하려면 교육이 반드시 필요하다. 그리고 내세의 행복은 우리가 죽을 때까지 지니고 가는 성격에 많이 좌우되는 법이니, 올바른 습관이나 성품을 갖추지 못하면 결코 천국에 이르지 못할 것이다. 게다가 우리의 지복이라는 게 바로 신의 진리와 아름다움, 선의 완성을 명상하는 데 있으니, 무지한 사람은 천국에 가기 힘들 것이다. 하찮고 쓸데없는 것에 판단력을 허비한 여성이 과연 고귀하고 드높은 진리를 즐길 능력이 있을까? 그렇다면 여성의 지성을 단련하는 데 반대하는 이들은 흔히들 짐승에게도 영혼이 있다고 보는 시대에 '여성에게는 영혼이 없다'는 야비하고 비논리적인 주장을 편 이의 역설을 설명하든지, 여성이 이성을 단련하고 다듬을 수 있게 해달라. 세상에는 최악의 무지보다 더 나쁜 지식도 있어서, 예컨대 하루 종일 희곡이나 소설을 공부하여 전보다 훨씬 더 아는 건 많아졌지만 전혀 현명해지지 않는 여성도 있을 수 있다. 그런 지식은 지독한 어리석음을 가르치고 실행에 옮기게 할 뿐이지만, 그녀가 그보다 더 나은 걸 배우지 못하게 하거나 그런 기회를 안 주는 사람이 그녀를 탓하는 건 부당한 처사라 아니할 수 없다. 이성적인 정신을 지닌 사람은 아무 일도 안 하고 빈둥거리는 법이 없기 때문에, 그런 정신의 소유자가 만족해할 만한 적당한 주제를 주지 않으면 뭐든지 쉽게 구할 수 있는 주제에 대해 생각하게 될 것이다.

나는 여성이 교회에서 설교하거나 지금 누리지 않는 권위를 부여받아야 된다고 주장하는 게 아니라, 그저 다른 사람에게서 무조건 그걸 하라고 명령받는 대신, 우리 스스로 자신의 소임을 이해하도록 놔두고, 무력하고 어리석은 여성을 나쁜 길로 이끄는 사기꾼들이 몰래 집안으로 기어 들어가지 않고 지붕 꼭대기에 올라가 그들의 실수를 외칠 권위를 지니게 되는 이 위험한 말세에 우리를 위험에서 구해줄 기독교에 대한 올바른 이해에 도달할 만큼의 지성이라도 갖출 수 있게 놔두라고 요구할 뿐이다. 우리 여성이 올바른 신앙과 경건한 생활이 반드시 필요하고, 불경스럽고 사악한 생활이야말로 가장 위험한 이단이라는 것을 깨달을 정도의 진정한 현실적 지혜에 도달하게 해달라는 것이다. 그리고 상류층 여성이 대부분 프랑스어를 알고 있는 만큼, 쓸데없는 소설이나 이야기책 대신 (프랑스 여성이 그런다고 하는데) 데카르트, 말브랑슈[6] 등의 철학자들이 쓴 책을 읽으면 자기 계발에 훨씬 더 도움이 될 것이다. 우리 영국 여성이 정말 모방해야 할 것에는 아무 관심 없이 프랑스 여성의 옷차림이나 맵시만을 베끼려고 열을 올리는 건 이상하지 않은가? 프랑스 철학을 이해하는 것이 프랑스식으로 옷을 차려입는 것보다 고상하지 못할 이유가 없지 않은가? 그렇다면 우리 영국 여성이 저 유명한 다시에 부인이나 스키데리 부인, 그리고 우리나라의 저 빼어난 오린다 부인을 본받는 게 어떨까?[7]

---

6 "나는 생각한다. 고로 나는 존재한다"는 유명한 말을 남긴 프랑스의 수학자이자 철학자인 데카르트(René Descartes, 1596~1650)는 근대 철학을 합리주의 쪽으로 이끌었다는 평가를 받는다. 말브랑슈(Nicolas Malebranche, 1638~1715)는 프랑스의 신학자 · 철학자로 일찍부터 데카르트를 추종했다. 그는 나중에 신앙과 이성, 물질과 영혼을 조화시키는 데 전념했다.

7 다시에 부인(Madame Dacier, 1654~1720)은 그리스어와 라틴어를 공부했고, 호메로스의 『일리아스』와 『오디세이아』 등을 번역했다. 소설가인 스키데리(Madeleine de Scudéry)는 극작가인 조르주 드 스키데리(Georges de Scudéry)의 여동생으로, 그녀의 소설에서는 등장인물들이 여성 교육에 대해 논쟁을 벌인다. 그녀는 또 매주 토요일 자기 집에서 문학자들을 초대해 회합을 한 것으로도 유명하다. '빼어난 오린다'(Matchless Orinda)는 필립스(Katherine Philips, 1631~64)의 별명. 그녀는 생존 당시 명성을 누린 시인으로, 유명 인사들과 교유했으며, 천연두로 사망했을 때 많은 사람

여자들은 이 제안을 싫어할 이유가 없겠지만, 자기들만의 아성을 부수고 여성을 불러들여 그토록 오랫동안 자기들만이 누려온 지혜의 나무 열매를 맛보게 하는 것에 대해 남자들이 어떻게 생각할지 모르겠다. 하지만 남자들이 자기들의 이익에 민감하듯이 내가 여성의 편을 좀 들고, 여성도 남성들과 똑같이 학습 능력이 있고, 그런 활동이 남성들 못지않게 여성에게도 잘 어울린다고 주장하더라도 용서해주기 바란다. 여성이 악랄하고 허황된 대화로 서로 해치는 대신 최소한 자기들끼리 서로 가르치고 이끈다면 해로울 게 뭐가 있겠는가? 성경에도 프리실라가 남편과 같이 저 유창한 아폴로스에게 교리를 가르쳤지만 위대한 사도께서는 그걸 탓하지 않았다고 되어 있지 않은가?[8] 그렇다면 우리 여성이 하루 중 일정 시간을 유용한 지식으로 마음을 가꾸는 데 쓰는 것도 아주 좋은 일일 것이다.

* * *

흔히 여성은 지식을 익힐 필요가 없다고 하지만, 진정으로 선한 여성은 자신의 영적인 삶뿐 아니라 가정을 이끌고, 이웃과 교류하고, 생활의 모든 면을 처리해나가는 데 지식을 한껏 활용한다. 아동 교육은 정말 꼭 필요한 일이고, 특히 아이를 둔 사람에게는 아마 제일 중요한 일일 것이다. 하지만 아이를 가르친다는 것은 잘 이루어졌을 때 효과적인 만큼 어렵기도 한 일이다. 그리고 내가 보기에는 사람들이 그토록 불평

---

들이 그녀의 죽음을 애도했다.

8 프리실라(또는 프리스카, Priscilla or Prisca)는 신약에 여섯 번 언급되어 있고, 매번 남편인 아퀼라(Aquila)와 같이 등장한다. 아퀼라는 로마에서 추방당한 유대인이었다. 초기 교회 발전에 중요한 역할을 했던 이 부부는 바울을 따라 에베소에 갔을 때 "종교에 대해 잘 아는 언변 좋은 아폴로스"를 가르쳤다고 하고, 바울은 이들에 대해 늘 애정 어린 말을 했다.

하면서도 거의 고치지 못하는 갖가지 어리석고 사악한 행위들은 거개가 잘못된 아동 교육에서 비롯된 것 같다. 그런데 모든 이들의 성공의 토대가 된 아동 교육의 기초는 엄마가 마련하는 것이다. 아버지들은 다른 일로 바쁘기 때문에 그렇게 힘든 일에만 매달릴 수 없을 뿐 아니라, 아이의 기질을 관찰할 시간도 없고, 좋은 교훈도 실제의 행동과 다르면 아무 효과가 없기 때문에 아버지는 대부분 옆에 있어도 아이에게 별 도움이 안 될 것이다. 아버지 아닌 다른 남성의 경우도 마찬가지일 것이다. 부정(父情)이 없는 사람이 그렇게 힘든 일을 하거나 그걸 달갑게 생각하기는 어렵기 때문이다. 하지만 애정만 가지고는 그 일을 제대로 하기 어렵다. 아이를 잘 기르기 위해서는 인간성에 대한 철저한 이해, 다양한 기질을 다룰 수완, 독립적인 정신, 아이가 이런저런 고집을 부리거나 실수를 저지를 때, 다른 아이에게는 해가 되어도 그 아이에게는 잘 맞는 방법으로 너무 엄하거나 무르지[9] 않게 대처할 능력이 필요하기 때문이다. 어떤 아이는 이쪽에서 약하게 나가면 도저히 통제가 안 되는 반면, 아주 무섭게 해야만 말을 들을 정도로 굼뜬 아이들도 있다. 그런가 하면 어떤 아이들은 상냥하게 달래거나 부드럽게 권고하면 잘못된 행동을 고치는 반면, 심한 꾸중이나 엄숙한 설교에는 반발심만 갖게 되기도 한다. 하느님께서도 관대하게 때를 기다리고, 가장 적절한 시기에 약을 쓰시지 않는가? 부모들은 당연히 하느님의 이런 태도를 본받아야 할 것이다. 신실한 이들이 자녀 교육에 많은 노력과 정성을 쏟은 후에도 좋은 결과를 얻지 못하는 것은 바로 이런 태도의 부족 또는 각 자녀의 성품에 맞는 다양한 방법을 사용하지 않은 데 기인하기 때문이다.

[9] 부드럽거나 상냥하다는 뜻.

가르칠 자녀가 없는 여성도 지식이 있으면 얼마든지 활용할 수 있을 것이다. 이 세상은 어떻게 보면 독신 여성의 거대한 가족이라고 볼 수 있고, 미혼 여성은 가정에 매이지 않기 때문에 좋은 일을 할 기회가 줄어드는 게 아니라 더 늘어나기 때문이다. 독신 여성의 정신은 좁은 의미의 가족에 대한 의무에 얽매이지 않기 때문에, 그녀가 지닌 선의는 더 큰 영역에서 발휘될 수 있다. 그리고 어쩌면 이 속되고 방탕한 시대를 고친다는 영광스러운 일은 그대와 같은 여성의 몫일 수도 있다. 그대들이 지닌 자연스럽고 편견 없는 감정을 잘 표현하면 학자들의 복잡한 논리보다 더 설득력이 있을 수도 있기 때문이다. 대포를 막아내려고 애쓰는 사람들도 그대들의 매복[10] 작전은 당해내지 못할 수 있다는 말이다. 이야기에 나오는 바람과 같은 이들의 강한 논리에는 완강히 맞서는 끈질긴 죄인들도 햇빛처럼 다사롭고 강한 그대들의 설득에는 어쩔 수 없이 그토록 단단히 그들을 감싸온 악의의 외투를 벗게 될 것이다. 그리고 스스로 그런 일에 적합한 인재가 되는 것은 분명히 해볼 만한 일이다. 다른 사람의 일시적인 욕구를 채워주거나 몸을 멸망에서 구해주는 것도 신과 같은 일이거늘, 영혼을 죽음에서 구해주는 일이야 말할 나위도 없으리라! 그 가치를 익히 아는 이에게 영혼은 이 세상 전체보다 더 소중하기 때문이다. 그렇게 현명한 이들은 창공보다 더 빛나고, 많은 이들을 옳은 길로 인도하는 이들은 별처럼 영원히 반짝이리라. 그리고 그것이야말로 우리가 진정으로 추구할 영예요, 당연히 욕심 낼 아름다움일 것이다. 우리에게 그런 영광을 추구할 야심이 있다면 얼마나 좋으랴! 우리에게, 초라하고 덧없으며, 그걸 누리는 사람에게는 항상

[10] 즉 교묘한 논리로 무장한 남자를 다룰 때는 여성의 강력하고 명료한 추론이 효과적일 수 있다는 뜻.

메리 아스텔

근심거리가 되고, 언제든 다른 사람에게 빼앗길 수 있는 세속적인 영예에 허비되는 만큼의 야심이라도 있다면 얼마나 좋으랴! 하지만 우리 조상들이 아무 생각 없이 무조건 천국을 점령한 것과 달리 우리는 천국에 도달하기 위해 행하거나 겪어야 할 것들을 너무 많이 생각한다! 천국은 전과 똑같이 눈부시고 찬란하고 참으로 매력적이지만, 우리가 어리석고 멍청해져서 그 장점을 보지 못하고 눈을 감아버리는 것이다. 우리가 이걸 제대로 깨닫는다면, 우리는 어떤 자손보다 정신의 산물을 만들려 할 것이고, 어떤 영예보다 많은 사람을 이끌고 천국에 들어가는 것을 더 영광스럽게 생각하게 될 것이다!

그렇다면 우리 여성에게는 기독교 신앙을 얻어 지키고, 다른 이들이 그 길을 벗어나지 않게 도와주고, 영광의 보관(寶冠)을 얻으려고 애쓰고, 우리를 그 길로 인도하게 해줄 만큼의 교육이 필요할 것이다. 내가 원하는 것은 그뿐이다. 나는 여성이 자기 임무를 저버린 채 복잡한 철학적 명상에 몰입하기를 원치 않는다. 가정이 있는 여성이 정성을 다해 가족을 보조하고 다스리면 그건 종교적 의무를 수행하는 것이며, 그런 여성이 가족이나 하인이 그녀의 지시를 필요로 할 때 서재에만 틀어박혀 있다면 그건 종교적 의무를 게을리 하는 일이 될 것이다. 하지만 내 글을 읽는 여성은 대개 부질없는 일에 허비하는 시간을 없애면 여유 시간이 많아질 것이고, 나는 바로 그런 시간을 유용하게 활용할 방도를 얘기하고 싶다는 것이다. 아침나절을 몸치장보다 독서에 바치고, 저녁 시간을 도박보다 명상에 바치면 더 낫지 않겠는가? 친구를 찾아갔을 때 쓸데없는 잡담이나 험담을 하거나, 아무도 좋아하지 않는 교묘한 경구들을 지겹도록 반복하는 것보다, 점잖고 지적인 얘기를 나누는 편이 더 낫지 않겠는가? 모두 쓸데없다고 하면서도 아무도 어기지 못하는 수많은 허식들보다는 우리 이웃에게 정말 도움이 될 일을 하는 게 우리에게 더 어울리고 진정으로 정중한 행동이 아니겠는가?

* * *

## 버그, 『여성 교육』[11]

남자아이뿐 아니라 여자아이도 이성을 갖고 태어난 존재이니, 그들을 기를 때 몸치장 못지않게 이성을 계발해주는 데에도 신경을 쓰는 게

---

[11] James Burgh, *The Dignity of Human Nature*, London: 1767, 126~128쪽. 버그(1714~75)는 스코틀랜드 출신의 정치 경제학자로, 울스턴크래프트가 뉴잉턴 그린에서 학교를 운영하기 전, 그곳에서 살았다. 울스턴크래프트는 미망인이 된 그의 부인

당연할 것이다. 그들의 기질을 형성하는 데는 위에서 말한 방법을 조금 변형해서 적용하면 될 것이다. 여자아이들은 미모나 옷 때문에 남자아이들보다 허영심에 빠지기 쉬우니, 이것을 미리 제재하지 않으면 나중에는 봐주기 힘든 지경에 이를 것이다. 우둔한 머리는 그 위에 모자가 얹히든 가발이 얹히든 똑같이 경멸스러운 법이니, 자긍심의 원천이 외모뿐이고 더 예뻐지는 것밖에는 아무런 야심이 없는 존재라면, 그런 사람의 오성은 정말 미약할 것이고, 이성을 지녔다고 하기도 어려울 것이다.

딸을 사회의 일원이자 양식 있는 남자의 반려로 기르고 싶은 부모라면, 적절한 책을 열심히 읽도록 지도하고, 특히 중류층의 소녀라면 바느질을 가르치고, 글씨 쓰기와 쉬운 회계[12] 정도는 할 수 있게 가르쳐야 할 것이다. 이런 걸 못 배운 여성은 자기 집안의 씀씀이도 확실히 계산하거나 검토할 수 없을 것이다. 남이 무슨 말인지 알아볼 정도의 글을 쓰려면 영문법과 정서법도 배워야 할 것이다. 어느 정도 포괄적인 대화를 나누고, 남편이나 남편 친구들의 이야기를 즐기게 되려면 지리나 역사도 약간은 알아야 할 것이다. 아내가 유행이나 소문밖에 모른다면 남편도 그녀와 대화하는 걸 별로 달가워하지 않을 것이다.

연극, 연애소설, 연애시, 카드놀이는 여성을 망치는 첩경이다. 이런 걸 즐기는 여성은 가정 생활에 맞는 성격을 갖추기 어려울 것이다. 우

---

과 친해졌으며, 아마 부인을 통해 그의 작품, 특히 『정치론』(*Political Disquisitions*)과 교육 문제를 다룬 이 책을 읽고 영향을 받았을 것이다. 버그는 정치와 교육 문제에 대해 진보적인 태도를 보였으며, 그의 책은 당시 진보적인 이들의 여성관을 대변해 주고 있다.

12 '회계'의 원문은 'Practice'로, 일상적인 상업에서 사용된 계산 방법의 일종인 Practica Italica를 가리킨다.

리 시대의 상류층 여성이 어떻게 생각할지 모르지만, 그들이 가질 수 있는 합리적인 야심은 바로 부모 말을 잘 듣는 딸, 남편을 사랑하는 아내, 충실한 친구, 신실한 기독교도가 되는 것뿐이고, 이런 여성은 노름에 능하다든지, 춤을 잘 추거나 옷을 잘 입는다든지, 심지어는 재기 있고 안목 있는 여성보다도 훨씬 더 가치 있는 존재이다.

* * *

## 머콜리, 『교육에 관한 서한집』 발췌[13]

### 제4신 "남녀의 놀이와 교육은 동일해야 한다"

* * *

호텐시아,[14] 강한 엄마가 자녀들에게 줄 수 있는 여러 혜택과 나약한 엄마가 끼칠 수 있는 갖가지 해악에 대해서는 아주 많은 얘길 할 수 있겠지. 건강한 사람이 누리는 정신적인 혜택과 그런 이들이 흔히 갖게 되는 차분하고 밝은 성격이나 또는 그 반대의 경우, 즉 나약한 체질이나 다른 신체적 결함에서 나오는 변덕과 상대를 괴롭히는 어리석은 짓들, 악행에 대해 얘기할 수도 있겠지. 하지만 이 문제를 아무리 자세히 분석하고 내 의견이 옳다는 걸 입증해 보여도 내 생각에 동의해주는 사람은 아마 별로 없을 거야. 내가 이런저런 논리를 빌려 이런 생각이 옳

---

13 Catharine Macaulay, *Letters on Education*, London: 1790, 제4신(pp. 48~ 50)과 21신(201~202쪽) 일부, 22~23신 전체(203~215쪽). 머콜리는 아홉 권으로 된 영국사를 쓴 유명한 역사가로, 울스턴크래프트는 그녀를 존경했으며, 『여권의 옹호』에서 언급했다(106쪽). 하지만 두 사람은 만나거나 서신을 교환한 적이 없다 - 편집자.

14 호텐시아(Hortensia)는 이 편지들의 수신자로 설정된 인물.

다는 걸 보여줘도, 여성은 여전히 남자들의 관심을 끌기 위해 혀 짧은 소리를 하고, 걸핏하면 넘어지고, 실제보다 더 약하고 아픈 척할 거거든. 어떤 세련된 작가도 완벽한 존재를 사랑하기는 정말 힘들다고 했었지? 우리는 뛰어난 사람을 존경하긴 하지만, 실제로 우리가 사랑하는 건 결점이 많은 사람이거든.[15]

여성의 행복과 지위에 더 큰 영향을 주는 편견이 또 하나 있지. 이 편견은 여성이 예속된 존재로 살아가는 동방 국가들에나 있을 법하고, 여성이 남성에 비해 정신이 열등하다는 게 입증되어야만 성립될 수 있는 얘기야. 그렇다면 이 편견이 바로 지난 수백 년 동안 유럽 전역에 널리 퍼져 있던, 남녀의 오성에 대한 모욕적인 이중적 관점을 가리킨다는 게 금방 짐작이 가지? 르네상스 시대의 우리 선조들은 모든 자녀들에게 똑같이 고전 교육을 시켰지만, 현학성이 두드러졌던 시기이니만큼 당시 여자를 가르치는 건 별로 달갑지 않은 일이었겠지. 그런데 당시에는 남자들도 학문을 하면서 진정한 철학을 공부할 기회가 거의 없었어. 편견으로 눈이 어두워진 사람이 아니라면 누구나 오성을 계발하는 것만큼 유익한 공부는 없으며, 지혜의 밝은 빛을 받고 있는 정신의 소유자는 이성적인 대화라면 뭐든지 능숙히 할 수 있다는 걸 알 수 있는데 말야. 무지하고 경솔한 여성은 딸 · 아내 · 엄마라는 중요한 위치에 수반되는 사회적 역할을 제대로 수행할 수 없을 것이고, 부부 관계에서도 안목과 진정한 학식이 있는 남자라면 양식이 있는 아내와 없는 아내의

---

15 버크(Edmund Burke) 씨의 「숭고함과 아름다움」을 참조할 것 – 머콜리의 주. 버크, 「숭고함과 아름다움에 대해」, 제3부, 9절 참조. 버크는 아름다움이 가장 잘 나타나는 여성의 경우 '아름다움은 거의 항상 나약함과 불완전함을 동반하기 때문에' 완벽함은 아름다움으로 이끌 수 없다고 말한다.

차이에 대해 무심할 수 없을 것 같아. 그렇다면 오! 부모들이여, 당신들의 자녀에게 자연과 운명이 부여해주는 모든 혜택을 누리게 해주기를! 딸들에게 장식적인 것들만 가르친다든지, 아들의 교육에서 아름다움에 관련된 모든 걸 배제하는 일이 없기를. 편견 때문에 딸들을 더 아름답게 만들기 위해 건강을 상하게 하지 말고, 아이들이 어린 나이부터 우정의 부드러운 띠로 맺어져 집안에 미덕과 조화가 깃들게 하기를. 아이들이 모두 같이 자라면서 같은 운동과 공부를 하게 하고, 선생의 지속적인 감독 아래 천진하기에 순결하고 본능적으로 즐거운 자유를 마음껏 누리게 해주기를. 이렇게 남녀 아이들을 늘 같이 놀게 해주면 아이들은 양성간에 사랑 아닌 우정도 존재할 수 있다는 걸 깨닫게 되리라. 그대의 딸들은 현명하니까 교태의 해악을 알 것이고, 성년이 되어도 남자라는 게 별로 새로운 존재가 아니니 그다지 쉽게 반하지 않을 거야. 아들들 또한 여자를 볼 때 외모보다는 좀더 실질적인 미덕을 갖춘 사람을 찾을 것이고, 여자들 중 가장 비열하고, 나약하고, 방탕한 이들에게 넘어가는 일이 없을 거야. 그대의 자녀들은 도움을 요하는 가족을 늘 돌볼 것이고, 장자 상속이라는 부당한 제도 때문에 손해를 보거나 해를 끼치는 일도 없을 거야.

### 제21신 도덕은 불변의 원칙에 토대를 두어야 함

* * *

* * * 호텐시아, 내가 남녀가 비슷한 교육을 받아야 한다고 주장하는 건 다음과 같은 이유들 때문이야.

첫째, 모든 이성적인 존재는 같은 도덕률을 따라야 하고, 따라서 어느 한 성에게 바람직한 행동은 그런 행동을 취해야 할 계기가 있을 경우

다른 성에게도 마찬가지일 것이야. 마찬가지로 어느 한 성에게 부도덕한 행동은 다른 성에게도 부도덕하겠지.

둘째, 언제나 도덕률에 합치되는 참된 지혜는 남성뿐 아니라 여성에게도 유용해. 최고의 행복은 무지와는 양립할 수 없고, 참된 지혜가 있어야만 가능하기 때문이지.

마지막으로, 내세에 들어갈 때 우리가 누릴 행복은 아마도 이 세상에서 도달한 완벽함의 정도에 비례할 것이기 때문에, 지혜의 또 다른 이름인 완벽함에 도달할 기회를 어느 한 성에만 덜 부여하면 안 될 거야.

편견에 사로잡힌 이들이 여성 교육에 제기하는 경박한 반론들을 하나하나 반박하는 것은 호텐시아 그대의 지성을 모욕하는 일이 될 것 같아. 유용한 지식은 모두 인간의 정신을 오류에서 벗어나게 해주고, 우리에게 이로운 학식의 양을 늘려주기 때문이지. 유식한 여성이 어느 정도의 시간을 공부에 할애한다 해도, 오늘날 유행하는 요란한 오락들에 비하면 훨씬 더 시간 낭비가 적을 것이고, 그 편이 유용한 취미 생활을 할 시간도 더 많이 남을 거야. 경박함과 무지는 삶에서 유용하고 아름다운 것의 반대편에 늘 자리하고 있고, 진실로 현명한 이들은 두 반대되는 요소들을 늘 염두에 두고 있을 거야. 호텐시아, 지금 내가 이 문제에 대해 한 얘기들을 예시하려면 흔히 여성의 천성과 불가분의 관계에 있다고 생각되는 갖가지 부도덕한 일과 결점이 실은 여성의 본성이 아니라 그들이 처한 상황이나 교육에서 나온다는 것을 보여줄 필요가 있겠지만, 그런 얘기는 다음 기회에 더 하도록 하지.

### 제22신 남녀의 천성에는 차이가 없다

호텐시아, 여성의 천성에 대한 수많은 오해는 상당 부분 우리가 사회에서 흔히 보는 남녀의 행동 방식이 아주 많이 다른 데서 기인하는 것 같아. 오늘날 식자들은 대부분 본유(本有)의 개념이라든지 천성적인 감정 같은 건 없다고 생각하지만, 어떤 추상적인 주제에 대하여 길게 추론해 자신이 세운 전제와 전혀 모순되지 않는 결론에 도달할 정도로 면밀하고 정확하게 생각할 수 있는 사람은 별로 없지.

보통 사람이 전에 옳다고 배운 의견을 버리려면 정말 오랜 시간이 걸리지. 그리고 사람은 대부분 선선히 우리의 논리를 따라오다가도, 얘기가 자기가 소중히 여기는 어떤 편견을 깰 것 같은 단계에 이르면 뒤로 물러나든지, 논리로는 못 당하면서도 말도 안 되는 주장을 계속 되풀이함으로써 상대방이 먼저 지쳐 떨어진 나머지 결국 얘기를 중단하게 만들지. 남녀가 천성적으로 다르다는 생각 역시 그런 경우에 속하는데, 자연에 대한 더 면밀한 관찰과 더 정확한 추론이 있었으면 여지없이 무너졌을 것을, 한쪽의 자존심과 다른 쪽의 무지 · 허영심 때문에 아주 오랜 옛날부터 지금까지 세력을 유지해온 것이지.

지금까지 인간들 중 남성이 여성보다 더 대담하고 일관성 있게 탁월한 미덕을 발휘해온 게 사실이지. 비범한 지성을 지닌 여성을 칭찬할 때 남성적이라고 하는 것도 바로 그런 이유 때문이고, 포프가 완벽한 여성은 부드러운 남자일 뿐이라고[16] 말한 것도 이와 비슷한 이유 때문이겠지. 같은 물질로 이루어져 있고, 같은 방식으로 조직되어 있고, 같은 자연 법칙에 좌우되는 존재들은 동일한 도덕률의 지배를 받아야 한다는 걸 고려하면, 우리는 포프의 말을 그대로 받아들이든지, 아니면 비유를 뒤집어서 완벽한 남자는 좀더 거칠게 빚어진 여자라고 말해

16 포프, 『도덕론』, 272행.

야 할지도 모르지. 그런데 남녀간에 존재하는 차이는 남자들에게는 아주 유리하게 작용하기 때문에 그 차이가 우연의 소산이라는 걸 인정하기 어려울 거야. 우연의 소산을 지혜로 고쳐 나갈 수도 있으니까 말야. 남자들은 자존심 때문에 자연이 남녀에게 모두 똑같은 혜택을 주었다는 걸 인정하기보다는, 여성을 완벽한 존재로 만듦으로써 얻는 이득을 포기하는 게 낫다고 생각하는 거지. 그런 게 남성의 시각인데, 문제는 여성이 너무도 쉽게 그걸 받아들인다는 데 있지. 겸손해서가 아니라 체면 깎이지 않고 자기들이 원하는 부질없는 허영심을 지키려고 말야. 자신들의 외모를 최고로 여기고, 하찮은 일에 몰두하고, 저속한 욕망들을 충족시키게만 해주면, 여자들은 자신을 저급한 존재로 만드는 일에 열성적으로 동참할 거거든.

남녀의 차이를 강조하는 이들 중 루소가 제일 두드러져 보이는데, 그건 그 사람 글의 특징인 열정과 능변 때문이야. 그런데 철학적 추론의 적(敵)인 열의와 역설이 상식을 공격하는 데 쓰인 가장 분명한 예가 바로 성차(性差)에 대한 루소의 주장이야. 루소는 처음에 두 성 중 어느 한쪽이 다른 쪽에 예속되는 게 자연의 뜻이고, 따라서 예속된 쪽은 지적으로 더 열등하다는 주장을 폈어. 하지만 남자는 아주 불완전한 존재이고 변덕스러운 독재자가 될 수 있기에, 자연은 양쪽을 더 평등하게 만들기 위해 여성에게 매력적인 아름다움과 애교스러운 태도를 부여해 더 많은 힘을 실어줬던 거지. 이렇게 경솔해진 자연은 원래의 목적을 망각한 채, 엉뚱한 쪽에 특권을 부여하여 인간 사회에 혼란과 무질서를 초래하게 된 거지. 이런 반론을 예견한 루소는 양성이 합쳐져서 한 도덕적 주체를 이룬다는 이론을 제시했는데, 이는 수많은 학파들이 제기해온 그 어떤 형이상학적 난제(難題)보다 더 모순되고 황당한 이론인 것 같아.[17] 간단히 말해서, 이런 이론은 루소의 이성이나 재기(才氣)가 아니라 자만심과 음란함에서 나온 것이고, 이런 시각 때문에 그는 이 경우 천재에서 음탕한 현학자로 전락하고 만 거야.

세상을 이렇게 만드신 신의 현명한 뜻이 무엇이었든, 신체적 힘에서 어느 정도의 불평등은 양성간에 늘 존재해왔어.[18] 그리고 인류 역사의 초기에는 남자들이 이 이점을 맘대로 휘둘러서 여성은 천부적 인권을 모두 유린당한 채 굴욕적인 예속 상태를 벗어나지 못했지. 유럽 여성의 처지 개선에 기여한 몇 가지 요인은 논외의 문제 같고, 여성의 역사 또한 여기서 얘기할 문제가 아닌 것 같아. 내가 다루고 싶은 것은 여성의 결점이나 악행의 원인이고, 나는 그런 것들이 모두 여성이 처한 상황이나 그들이 받는 교육에 기인한다고 굳게 믿어. 현명하고 공정하신 신께서 여성의 예속 상태를 불변의 법칙으로 해두셨을 리는 없고, 남성이 자신의 이익을 위해 여성의 예속 상태를 완화시켜 온 것이지. 그리고 여성은 세상사[19]에 아주 능숙하고 남자들의 심리를 잘 알기 때문에 이런 이점들을 잘만 활용하면 모든 면에서 자신들의 명예와 행복을 증진시킬 수 있지. 하지만 여성이 현명하게 처신하는 날이 올 때까지는 그들의 우매함에 대해 얘기해보는 것도 괜찮을 것 같아. 호텐시아, 여성의 심신을 타락시키고 약하게 만드는 것은 바로 그들이 처한 처지와 그들이 받는 교육이야. 아름다움과 섬세함에 대한 잘못된 생각 때문에

---

17 울스턴크래프트도 "이 둘의 결합에서 한 도덕적 인격체가 나오는데, 이중 여성은 눈, 남성은 손이라 할 만하다"는 구절에 나타난 루소의 이 개념을 공격했다(89쪽). 루소에 따르면 여자는 남자 없이는 도덕적인 결정을 내릴 수 없다.

18 이 부분과 『여권의 옹호』의 다음 부분을 비교해보라. "육체의 영역에서는 보통 여성이 남성보다 힘이 약하다"(8쪽).

19 세속적인 것과 관련된 일들.

아주 어린 나이부터 신체가 허약해지고, 이것이 흔히 생각하는 것보다 더 심각하게 정신과 도덕에 악영향을 미치는 거지. 그런데 여성의 타락에 기여하는 건 이것 말고도 또 있어. 여성에 대한 도덕 교육은 신체 교육보다 더 불합리하거든. (우리나라에서는) 소년들을 가르칠 때도 미덕의 원칙이나 특성에 대해 별로 설명하지 않지만, 소녀들을 가르칠 때는 정말 아무 말도 해주지 않거든. 소녀들은 자신들의 행복을 깰 만한 나쁜 행동을 하지 말라는 것과, 만약 그런 행동을 하면 하느님이나 사회의 지탄을 받게 된다는 것은 배우지만, 우리를 무해한[20] 존재, 사회에 유용한 존재로 만들어주는 더 높은 원칙들은 전혀 배우지 않거나 아무 효과 없는 방식으로 배우는 실정이야. 이런 문제점은 누가 봐도 명백하기 때문에, 여성 교육이 잘못 됐다는 것은 도덕가들이 즐겨 다뤄온 주제였지. 하지만 그들 중 그 누구도 이 문제를 시정할 좋은 방도를 내놓진 않았어. 남녀 어느 한쪽이 우월하다는 생각이 없어지지 않는 한, 남성이나 여성을 가르칠 좋은 교육법이 나오긴 힘들 거야. 현명한 애디슨은 여성 교육의 최고 목표가 남편에게 기분 좋은 아내를 만드는 것이라는 사실과, 그런 아내가 되는 데 필요한 것이 용모를 아름답게 가꾸는 것뿐이라는 사실이 얼마나 말도 안 되는 얘기인지에 대해 신랄한 반론을 편 적이 있지.[21]

---

20 문자 그대로 해석하면 '해가 없는'의 뜻으로. 여성이 사회에 해를 끼치지 않고 득이 되게 이끈다는 뜻이다.

21 이 구절은 아마 소녀들의 교육을 주제로 한 『스펙테이터』지 66호의 글을 가리키는 듯하다. 그 글에서 저자는, "소녀들의 몸치장도 무시하면 안 되지만, 그들의 정신을 계발해주는 것이 훨씬 더 중요하다"고 말한다. 이 글은 애디슨(Joseph Addison)이 아니라 스틸(Richard Steele)이 쓴 것이었다. 하지만 당시 이 잡지의 글들은 저자의 이름 없이 발표되었기 때문에 머콜리는 이 글이 스틸의 작품임을 알 길이 없었다. 애디슨은 18세기 초의 인기 있는 수필가로 도덕 문제에 대해 자유로운 논평을 썼다.

모든 부모나 가정교사가 애디슨이 말한 식으로 아이들을 가르치진 않겠지. 하지만 소녀들을 가르칠 때 대부분 사람이 여자는 남성의 사랑을 받는 게 최고의 영예라고 가르치는 건 사실이지. 그래서 소녀들은 그게 가장 중요한 목표라고 생각하게 되고, 소년들은 여자를 고를 때는 외모가 제일 중요하다고 생각하게 되는 것이지.[22] 여성의 허영심과 거기에 수반되는 질투심이 타고난 또는 후천적인 미덕을 모두 망쳐놓고 있는 게 현실이야. 호텐시아 그대도 이런 것들이 무지와 결합되면 여성만이 갖고 있는 사악함이나 결점들을 만들어내고 고착시킬 수 있다는 걸 부인하지 못할 거야. 그리고 바로 이런 사악함과 결점들 때문에 여성은 고대에는 교육이 불가능한 존재로 간주되고, 현대에는 자신이 깔보는 여성보다 별로 나을 것도 없는 바람둥이 멋쟁이[23]에서 심오한 철학자에 이르기까지 수많은 작가들의 비난과 조롱의 대상이 되었던 것이지. 정중하고 예의 바른 체스터필드 경의 다음 구절은 바로 그런 현상을 잘 보여주는 좋은 예 같아. "여성은 덩치만 큰 어린아이이다. 그들은 귀엽게 지껄이고, 때로는 재치 있는 말도 하지만, 논리에 강하거나 양식을 가진 여자, 또는 24시간 동안 계속해서 그런 논리나 양식에 따라 행동하는 여자는 내 평생 단 한 번도 본 적이 없다. 그래서 양식 있는 남자는 아이들에게 그러듯 여자를 희롱하고, 데리고 놀고, 기분을 맞춰주거나 듣기 좋은 말을 해주긴 하되, 중요한 일에 있어 그들의 의견을 묻는다든지 그들의 판단을 믿는 법은 없다."[24]

---

22 원문은 'Summon bonum'(가장 좋은 것), 'desideratum'(가장 필요하고 바람직한 것).

23 프링스어의 'ton'은 '멋' 또는 '유행'.

24 체스터필드 경의 『아들에게 보내는 서한집』 제294편(1752년 11월 16일자)에 나오는 구절. 이 편지들은 사생아인 아들이 5세 되던 해부터 사망할 때까지, 멀리서나마 아들을 가르치려는 목적으로 씌었는데, 그 안에 담긴 성적 방종에 대한 충고들 때문에

## 제23신 교태

현대 유럽 여성은 굴종적인 예속 상태 속에 살아온 동방의 여성에 비하면 훨씬 나은 처지에 있다고 하겠지만, 이런 비교를 떠나 현실을 정확히 따져보면 우리가 그들보다 낫다든지, 우리를 대하는 남자들의 태도가 솔직하고 친절하다고 자랑할 이유가 별로 없지. 우리 사회에서 여성은 그야말로 아무런 정치적 권리도 없는데다, 그중에서도 특별한 보호가 필요한 처지에 놓인 기혼녀들은 아무런 법적 권리가 없기 때문에 아무리 부당한 취급을 당해도 참을 수밖에 없거든.[25] 그리고 유럽의 몇몇 국가에서는 남자들의 정중함 때문에 여성에게 어느 정도 관대한 태도가 존재하지만, 다른 나라에서는 여성이 실수를 범하면 종교나 상식에 완전히 어긋날 만큼 가혹하게 처벌하지. 여기서 호텐시아 그대는 이렇게 반문할 거야. 실수라고요? 그건 너무 광범위한 말이고, 상류층 여성이 저지르는 실수 중 처벌을 받는 것은 딱 하나뿐이죠. 거짓말하고, 속이고, 남을 중상하고, 도박으로 집안의 재산을 날리고, 교태를 부려 여러 가정을 파괴해놓고 자기는 아무렇지도 않게 잘살아도, 바람피우다 걸리지만 않으면 괜찮잖아요. 호텐시아, 그 말이 맞아. 하지만 여성이 연극과 소설에 탐닉하고, 남자들의 관심을 사는 게 여성이 누릴 최고의 영예로 간주되고, 권력을 얻을 유일한 방도가 아름다운 외모이고, 생각할 시간도 없이 늘 놀기에 바쁜 생활이 계속되는 한, 욕망과 아첨만이 여성의 정신을 지배할 거야. 그리고 그런 현실에서 자신의 나약함

---

비판을 받아왔다.

25 머콜리가 이 글을 쓸 당시, 기혼 여성은 거의 아무런 권리도 갖지 못했다. 그들의 재산은 결혼과 동시에 남편의 소유가 되었고, 이혼은 거의 없었지만, 별거의 경우 자녀의 양육권 역시 남편에게 주어졌다.

을 아는 존재들은 아무리 저열하고 사악한 범죄라도 숨길 수 있는 그런 방도를 찾아낼 거야. 여성이 타고난 결점을 숨기거나 욕망을 충족하기 위해 저질러 온 범죄들은 우리의 도덕감에 큰 충격을 안겨주지. 그런데 모든 혼외 정사가 그렇게 끔찍한 결말을 맞는 것은 아니지만, 그때까지 교육받은 내용을 저버려야 하고, 비밀리에 진행되어야 하고, 자기가 유지해온 체면을 유지하기 위해 치사한 수단까지 동원해야 한다는 그 특성 때문에 반드시 여성의 정신을 타락시키게 되어 있지. 이런 상황에서 비밀을 유지하려면 거짓말, 아첨, 위선, 뇌물 그리고 그밖에 여러 가지 저열한 수단이 필요한 법이거든. 그러다 보면 점점 부끄러움이 없어지고, 양심의 가책도 사라질 뿐 아니라, 정신이 타락하여 욕망이나 열정에 따르는 갖가지 유혹에 쉽게 넘어가게 되는 거야. 이게 모든 인간이 겪는 자연스러운 과정일 텐데, 여기서 한 번 순결을 잃은 여성은 완전히 타락하고 만다는 진부하고 어리석은 말이 나오게 된 것이지. 하지만 자연은 그렇게 약한 존재를 만든 적이 없어. 인간의 정신은 그렇게 쉽게 타락할 수 없는 고귀한 존재이고, 여성이 비록 남자보다 불리하고 교육 역시 열등하다 해도, 다른 여성의 독살스러운 악의 때문에 자포자기에 빠지지만 않는다면 완전히 타락하는 일은 없을 거야.

루소는 여성 특유의 매력적인 태도는 남자보다 힘이 약하게 태어난 데 대한 정말 적절한 보상이라고 말한 바 있어. 그게 없으면 여자는 남자의 반려가 아니라 노예일 것이고, 겉으로는 남자에게 복종하는 척하면서 실은 그와 동등한 위치를 유지하거나 오히려 그를 휘어잡는 것은 바로 그녀의 뛰어난 기술과 재간 때문이라는 것이지. 남자의 갖가지 결점과 여성 자신의 소심하고 나약한 천성 등, 교묘한 재주와 미모 말고는 모든 게 여성에게 불리하게 작용하니, 그들이 그 두 가지를 갈고 다

듣는 것도 당연한 일이라고 루소는 주장하는 것이지.

그렇게 탁월한 오성을 지닌 루소가 이런 터무니없는 주장을 편 것은 자만심과 육욕에 눈이 멀었기 때문이야. 남자가 여자보다 우월하다는 생각은 그의 자만심을 자극했고, 바로 그 자만심 때문에 그는 교묘한 논리로 그런 오류를 지지하게 되었으며, 그의 관능성은 남성의 욕망을 부채질하기 위해 온갖 교태를 다 부리는 여성의 모습에서 매력을 느꼈거든. 그는 프랑스의 소녀도 미래의 남편을 즐겁게 하기 위해서 동방의 파샤를 모시게 될 체르케스 소녀처럼 갖가지 매력적인 재주를 익히는 데 정성과 노력을 다해야 한다고 주장함으로써 이런 감정을 명백히 드러냈지.[26]

유럽 각국의 궁정에서는 여성이 이런 매력적인 재주를 한껏 활용하며, 그런 여자들은 교태로는 체르케스 소녀들에게 결코 뒤지지 않아. 그런데 남자를 사로잡기 위한 바로 이런 재주들이 여성의 정신을 타락시키고 있어. 바람둥이 여자는 시샘, 악의, 질투, 마음도 없으면서 상대가 자기를 사랑하게 만드는 잔인한 취미를 갖고 있으며, 온 세상 사람을 자기 마음대로 주무르고 싶어하지. 하지만 그런 여성은 대개 별 효과도 없는 그런 노력 때문에 염치도 도덕성도 잃게 되는 것이야.

여성의 음모와 강한 권력욕이 온 세상을 폭력과 부정으로 물들이고 있고, 그들의 변덕과 영향력 때문에 합리적인 행동이 존재하거나 유지되기 힘들다는 걸 감안하면 포프의 날카로운 풍자도 일리가 있어.[27]

호텐시아 그대는 내가 여자들의 처신에 대해 그렇게 분개하면 어떤 결과가 오겠느냐고 묻겠지. 여성을 감싸줄 줄 알았는데 오히려 내리깎

26 『에밀』, 337쪽. 울스턴크래프트도 86쪽에서 이 구절을 인용했다.

27 울스턴크래프트는 포프의 『도덕론』, 「2편 여성의 성격에 대해」를 자주 인용한다.

다니 의외라면서, 여자들이 정말 내가 말한 그런 식으로 처신한다면 철학자들이 남자들의 성차별 행위보다 정중함을 더 비난하고, 현대 유럽 남성의 친절함보다 고대 그리스 남성이나 화려한 아시아의 이기적인 남성을 더 좋게 보는 것도 이해할 만하다고 말할지 모르지.

내가 그대 앞에서 열렬한 어조로 여성성을 옹호한 적도 많지만, 여성의 처신을 변호한 적은 없었어. 무뚝뚝한 그리스인이나 사치스럽고 이기적인 아시아인의 관습이 문제 해결에 도움이 될 것 같진 않아. 고대와 현대 아시아 사회의 가정 생활을 자세히 살펴보면, 사회라는 거대한 기계를 처음 작동시킨 것은 바로 여성임을 알 수 있지. 그리스 사회의 남성은 그 특이한 관습 때문에 여성에게는 무관심했을 것 같지만, 사실은 여성의 영향력이 아주 컸어. 다만 우리 영국 남성이 매춘부들에게 상냥하고 다감하게 대하듯이 그리스 남성도 아내가 아니라 고급 창부들에게 모든 걸 털어놓았지.[28] 그런 남자들의 아내는 그동안 그를 위해 재산을 모으고 가정을 지켜왔음에도, 이제 회한의 제물이 되거나, 아내가 그런 기회를 줄 경우 그녀보다 천한 애인과 바람 피우는 남편을 보며 기독교적 인내심을 한껏 발휘해야 하지.

루소가 말했듯이 여성은 어떤 방법을 써서든 늘 남자를 지배하려 하므로, 우리가 할 수 있는 일은 사악하고 어리석은 여자들 대신 자기가 지닌 힘을 악용하지 않을 여성이 그 권력을 쥐게 만드는 거지.

역사를 보면 물론 절대 권력을 악용한 남성의 수가 여성보다 훨씬 더 많은 게 사실이지. 그리고 교육으로 여성이 지혜롭게 바뀌면 간접적인 영향력보다 합리적인 권리들을 더 선호하게 될 것이고, 남자들 중에서

---

28 울스턴크래프트도 175쪽에서 그리스 창부들에 대해 같은 말을 했다.

도 제일 치사하고 질 나쁜 자들과 밀회할 때 누리는 한 시간 동안의 절대 권력보다, 우연적인 상황에 좌우되지 않고 여성 전체를 보호해줄 확실한 권리들을 더 좋아하게 될 거야.

## 울스턴크래프트, 「헨리 가벨에게 보내는 편지」[29]

1787년 4월 16일 더블린 발

헨리,

편지 받은 날 바로 답장하려 했으나 딴 일이 생겼고, 떨쳐버리기 힘든 그 고민 때문에 골치 아픈 문제에 대해 생각해볼 여유가 없었어요. 저 역시 이 문제에 대해서는 양측 모두 많은 얘기가 나올 수 있다는 건 인정하지만, 그래도 당신 생각에 완전히 동의할 수는 없어요. 전지전능하신 하느님이 뭔가를 괜히 만드셨을 리 없다는 건 명백하지요. 하느님께서 실수를 하거나 누군가를 쓸데없이 고통받게 만드실 리는 없잖아요.[30] 우리가 쌓는 모든 수련이 현세만을 위한 거라면 오히려 무지한 편

[29] Kenneth Cameron, ed., *Shelley and His Circle: 1773~1822*, IV, 857~858쪽. 저작권은 칼과 릴리 포르츠하이머 재단 소유, 1970. 하버드대 출판부의 양해하에 전재. MW는 아일랜드에 있는 킹스버러 경 집에 가정교사로 근무하러 가는 배 안에서 헨리 가벨(Henry Gabell)을 만났다. 가벨 역시 오닐이라는 사람 집에 가정교사로 가는 길이었던 것 같다. 두 사람은 아일랜드에 도착한 후 서신을 교환하기 시작했는데, 혹자는 둘이 잠시 동안 연애를 했다고도 하지만, 가벨은 그후 바로 다른 여성과 결혼했고 나중에는 윈체스터 칼리지의 교장이 되었다 - 편집자.

[30] 『여권의 옹호』 제1장에서 MW는 이 논의를 더 구체화하여 신은 악을 초래할 수 없다고 주장했다. 신은 모든 걸 다 아시기 때문에 인간이 악을 선택할 거라는 사실을

이 낫겠지요. 정말 그렇다면 우리 인간은 아무런 이유 없이 괜히 자신을 닦달하며 교양을 쌓는 것이고, 슬픔의 폭을 넓히고 고뇌의 촉을 날카롭게 만드는 신세가 될 거예요. 지식이 썩 높은 사람은 삶의 평범한 기쁨을 즐기기 어렵게 되는데, 만약 내세라는 게 없다면 그 모든 지식은 하나의 저주에 지나지 않겠지요. 우리가 구원의 한 방편이 될 지혜를 생각으로 얻는 게 아니라면, 그것에 대해 이토록 강한 욕망을 갖고 태어나지도 않았을 거예요. 제가 볼 때 지식을 쌓는 일은 도덕적 수련과 긴밀하게 연관되어 있기 때문에, 저로서는 그 둘을 떼어서 생각하기 힘들답니다. 지성은 우리 감정을 정화하고, 자신의 마음속에 깃든 여러 애정을 냉철히 분석해보게 함으로써 품격을 더해주지요. 그리고 다른 사람을 사랑할 때 그 이유를 찾는 사람은 신 또한 이성적으로 사랑할 것입니다. 그런 이들은 종교의 아름다움을 느낄 것이고, 사랑의 힘에 이끌릴 테니까요. 지적인 능력을 발휘하지 않으면 어떻게 정신이 육체를 지배할 수 있겠습니까? 존슨은 조개껍질 수집같이 하찮은 일도 도덕성을 기르는 데 도움이 된다고 했지요. 그런 일을 하면 그만큼 육체적 욕망을 추구하는 시간이 줄어들 것이기 때문이죠.[31] 저도 같은 생각입니다. 그리고 우리 인간이 좀더 완벽하다면, 모든 선의 창조주이신 하느님을 기쁘게 해드리겠다는 욕망 하나만 갖고 있어도 도덕적인 존재가 될 수 있을 거예요. 하지만 우리 인간은 늘 새로운 것을 바라기 때문에, 정신이 공허하다면 욕망이 우리를 지배하고 말 것입니다.[32] 우리

---

알고 계시지만, 전적으로 선한 존재이기 때문에 악한 일이 일어나게 할 수는 없다는 것이다.

31 아마 『아이들러』(*Idler*)지 56호의 내용을 가리키는 듯(1759년 5월 12일자).

32 정신이 공허한 사람은 관능적 욕망에 사로잡히기 쉽다는 것이 MW가 『여권의 옹호』에서 여성 교육의 필요성을 주장하는 강력한 근거 중 하나다.

인간은 논리적 오류를 범하기도 하고 지식 또한 추측에 지나지 않는 경우가 많지만, 이런 실수들을 하면서 영혼의 능력이 커지는 것이죠. 사도 바울은 우리 인간은 "유리창을 통해 아주 희미하게 본다"[33]고 했지만, 눈이 멀었다고는 하지 않으셨죠. 그리고 만약 동물이 영혼을 가지고 있다 해도, 사후에 우리 인간과 동등한 존재가 될 거라고는 생각지 않아요. 거대한 존재의 사슬에서[34] 우리 인간은 별로 높은 곳에 있지 않지만, 동물은 그보다도 더 낮은 곳에 위치한다는 게 제 추측이랍니다. 이 문제를 생각하면 할수록 그대 생각에 동의할 수 없다는 느낌이 드네요. 그대 생각을 받아들일 수 있다면, 편안한 오류—'만족감에 젖은 뚱뚱한 무지'를 부러워하게 되겠지요. 지루하죠? 설교를 써주겠다고 했는데, 정말 하나를 쓰고 말았군요—하지만 이 문제는 다음에 더 얘기해야 할 것 같아요. 제 논리의 핵심은 바로 내 영혼이 본능적으로 사랑하는 매력적인 재능인 세련됨, 천재성 같은 것들은 현세에서는 불행을 가져온다는 것, 즐거움보다는 훨씬 많은 고통을 느끼게 한다는 사실이에요. 그렇다면 왜 우리 인간이 현세에서 그런 재능을 발휘하게 되어 있을까요? 그런 재능들이 무익한 거라면, 우리 마음속을 훤히 읽으시는 자상한 아버지이신 하느님께서 왜 그것들을 묻어두었다가 더 적당한 곳, 어린 꽃봉오리를 시들게 할 찬바람이 없는 곳에서 피어나게 하시지 않았을까요? 그뿐 아니라 감성은 모든 의무의 길을 더 복잡하게 만들고 투쟁을 훨씬 더 격렬하게 만들지요. 특별한 고난에는 뭔가 그만한 대가가 따르겠지요! 그대가 이 문제를 다룬 방식이 마음에 들어요.

33 「고린도 전서」, 13장 12절.

34 우주 안의 모든 존재는 신을 정점으로 하고 의식이 없는 사물이 맨 아래에 자리하는 일종의 사다리 안에 존재한다는 시각.

그리고 그대가 앞으로도 이런 식의 편지를 보내주면 좋겠어요. 우리는 대개 자기 경험을 근거로 판단을 내리지요. 제 이성은 너무나 무리해서 거의 실성할 지경에 처해 있었는데, 제가 그런 어려운 고난이 어떤 식으로든 좋은 결과를 낳고 이 모든 괴로움이 헛된 게 아니었기를 바라는 것도 무리는 아니겠지요? K경[35] 댁으로 편지 보내면 됩니다. 거기는 봄이 한창인 모양인데 여기는 싹틀 기미도 없답니다.

총총
자매[36]
메리

워들, 「『여권의 옹호』의 지적 · 역사적 배경」[37]

* * * 울스턴크래프트가 살아 있던 당시, 대다수 영국 여성은 경제적 · 지적 자유를 거의 누리지 못했다. 중세 말기와 르네상스 시대에 주로 성모 숭배 덕분에 여성이 누렸던 특권은 영국에서는 청교도 혁명과 동시에 사라져 버렸다. 독실한 기독교인은 성경에서 여성에 대한 경멸의 선례를 배웠던 것이다. 사도 바울은 여성에게 인류 타락의 죄를 속

35 MW의 고용주였던 킹스버러 경 가족은 당시 더블린에 살았다.

36 이 부분을 보면 거벨에 대한 MW의 감정은 (한때 연애 감정이었다 하더라도) 이제 낭만적이라기보다는 그냥 따뜻한 형제애 같은 것으로 바뀌었음을 알 수 있다.

37 Ralph Wardle, *Mary Wollstonecraft*, 135~136, 139~142, 143~145쪽. 저작권은 1951년 캔자스대 출판부 소유. 캔자스대 출판부의 양해로 전재. 원저자의 각주는 번호만 바뀌었다.

죄하려면 침묵과 순종의 덕을 배워야 한다고 가르쳤다.[38] 남성은 여성과 그들이 지닌 교묘한 힘에 겁을 먹었을 수도 있다. 1770년에 의회에서 통과된 법령을 보면 그런 느낌이 든다.

> 이 법령이 시행되면, 어떤 연령 · 계급 · 직업 · 신분의 여성이든, 순결한 처녀든 과부든 간에, 향수, 화장품, 의치(義齒), 가발, 스페인 산 양모, 쇠로 만든 코르셋, 치마 버팀살, 굽 높은 구두, 거들 등을 이용해 국왕의 신민(臣民)을 유혹하는 자는 마술이나 비행(非行)을 저지른 자들과 동일한 처벌을 받을 것이고, 공소와 동시에 그 여성의 결혼은 무효가 될 것이다.

게다가 영국의 관습법에 따르면, 여성이 결혼 전에 소유했거나 결혼 후에 취득한 재산은 모두 자동적으로 남편에게 귀속된다고 규정하고 있다. 블랙스톤 경(Lord William Blackstone)은[39] 여성이 남편과 하나가 되면 법적 정체성을 상실한다는 말로 이 규정을 설명하면서, 이는 어디까지나 여성을 보호하고 그들에게 이롭게 하려는 조치라고 주장한 바 있다. 하지만 존슨은 이 규정을 다르게 설명했다. "자연이 여성에게 너무나 많은 힘을 주었기 때문에 법은 그들에게 아주 적은 힘만 부여하는 것이다."[40] 그러나 그 이유가 무엇이든 간에, 영국의 관습법은 여성에게 진정한 자유를 거의 부여하지 않았고, 돈 많은 처녀들이 결혼으로 한몫

38 「에베소서」, 5장 22~24절; 「디모데서」, 2장 11~14절 참조.

39 18세기 영국의 법학서 주해자 · 변호사. 그의 『주해서』(*Commentaries*)는 오랫동안 영국 보통법의 권위 있는 안내서로 간주되었다.

40 James Boswell, *The Life of Samuel Johnson*, ed. G. Birbeck Hill, Oxford and New York, 1887, V. 226n.

잡아보려는 파렴치한 자들의 제물이 되는 데 일조한 건 사실이다.

* * *

18세기 여성은 대부분 자신들의 열등한 처지를 순순히 받아들였다. 어떤 면에서 남성과 평등했던 지식인 여성조차도[41] 이 문제에 대해서는 신중한 태도를 취했다. 그들은 자기 위치를 지키는 데 급급하여 그걸 다른 여성과 공유하는 데는 별 관심이 없었다. 괜한 논란을 불러일으켜 그나마 얻은 힘을 잃게 될까 두려웠던 것이다. 어쨌든 그들은 여성의 지위 향상을 위해 애쓰지는 않았다. 바르보(Barbauld) 부인은 「꽃 그림에 부쳐」라는 단아한 시에서 상대방 여성에게 "그대가 지닌 가장 좋고 달콤한 권력은 바로—남편을 즐겁게 해주는 일"[42]이라고 말했다. 그리고 누가 여성을 위한 외국어 학교 교장을 맡아달라 부탁하자 딱 잘라 거절하면서 여성 보통 교육에는 절대 반대라고 말했다. 모어(Hannah More)는 『현대 여성 교육론』이라는 책을 썼지만, 주로 예절 교육에 관한 내용이고, 여성이 정말 도덕적이 된다면 그들의 지위를 바꿀 필요도 없다고 주장했다. 그녀는 여성 해방의 필요성을 전혀 느끼지 못했고, 1792년에 월폴(Horace Walpole)에게 보낸 편지에서는 "노처녀가 된 지금, 저는 충분한 자유를 누리고 있고, 젊었을 때는 필요 이상의 자유를 누렸어요"[43]라고 썼다. 당시 대부분의 지식인 여성은, "학식은 여성의

---

41 청답파(Bluestockings)라는 말은 원래 참석자들이 편안한 옷차림으로 모여 문학적인 대화를 나누던 문학적 · 지적 회합들을 지칭했다. 이 명칭은 그런 회합에 늘 푸른 소모사 양말을 신고 참석했던 스틸링플릿(Mr. Benjamin Stilling-fleet) 때문에 생긴 것으로, 나중에는 문학적이거나 지적인 여성을 의미하게 되었다 - 편집자.

42 MW는 『여권의 옹호』 53쪽에서 바르보의 이 시를 인용하고 있다 - 편집자.

43 더랜트(W. Clark Durant)가 고드윈의 『전기』에 붙인 증보 216쪽에 인용되어 있다. 그래도 모어의 여성관은 MW를 '페티코트를 입은 하이에나'라고 부른 월폴의 견해보다는 진보적이었다.

행복에 필수적이고, 무지는 오류의 원인"이라고 하면서도, "팔다리의 기형이나 불구를 숨기듯 학식을 감추라"[44]는 몬터규 부인의 말에 동의했을 것이다. 여성은 남자들이 자기를 내리깔거나 경멸하는 데 익숙해진 나머지 비굴해져버린 것이다. 그들은 남자에게 복종하는 걸 운명으로 받아들이고, 혹 반항하고 싶은 마음이 생기면 얼른 억눌렀다. 여성은 순종하는 존재라고 생각했던 것이다.

영국인이 여성에게 가졌던 전통적인 태도를 잘 보여주는 책 두 권이 있다. 포다이스의 『젊은 여성을 위한 설교집』(1765)과 그레고리의 『딸들에게 남기는 말』(1774)이 그것이다. 이 책들은 수천 권씩 팔렸는데, 그도 그럴 것이 소녀들은 이 두 책에서 도덕적 귀감이 될 두 기독교도 남성이 여성의 의무라고 주장한 것, 즉 남자들에게 매력적인 존재가 되는 구체적인 방법을 배울 수 있었기 때문이다.

울스턴크래프트의 친구였던 그레고리 포다이스와 형제지간이던 존 포다이스는 '수줍은 매력'을 기르라고 충고했다. 그는 독자들에게 (물론 타락 전의) 밀턴(John Milton)의 이브처럼 유순하고, 조심스럽고, 고분고분하고, 상냥하고, 귀엽고, 친절하고, 부드러워야 한다며, "기독교도 여성에게 가장 잘 어울리는 성품은 다정한 슬픔"[45]이라고 말했다. 그는 심한 운동은 절대 하지 말라면서, 지나치게 운동을 하면 그들이 그토록 소중히 여기는 부드러움을 잃을 수도 있다고 말한다. 그는 또 신앙의 중요성을 강조하기 위해 이런 말을 했다.

---

[44] Lady Mary Wortley Montagu, *Letters, 1709~1762*, London And New York, 414, 454쪽(몬터규는 18세기의 유명한 시인 · 수필가 · 편지작가).

[45] James Fordyce, *Sermons for Young Women*, 11th ed., London: 1792, I, 185쪽.

멋진 여성이 가장 돋보이는 것은 자기도 모르는 사이에 아주 고귀한 생각과 드높은 품위, 참신한 매력을 지닌 채 종교적인 명상에 빠져 있을 때다. 이럴 때 종교의 아름다움이 광채처럼 그녀를 감싸고, 보는 이들은 그녀가 이미 천국에 들어가 천사들과 같이 경배하는 것 같다는 인상을 받게 된다.[46]

물론 포다이스는 처녀들에게 역사, 여행기, 지리, 천문학, (『스펙테이터』지 같은 데 실리는) 고상한 소설, 그리고 '누구나 배워야 한다고 생각되는 자연 과학과 윤리'에 관한 책들을 읽으라고 권한다. 그러나 그는 이런 말을 덧붙인다.

내 생각에는 그대들 자신도 전쟁 · 상업 · 정치, 힘이나 기민함이 필요한 일들, 그리고 더 추상적인 학문들은 남성에게 적합한 분야라는 걸 인정할 것 같은데. 여자도 남자처럼 이런 일을 해야 한다고 주장하는 저 남자 같은 여자들은 여성에게 진정으로 이로운 게 뭔지 모르는 사람들이지.[47]

이처럼 포다이스는 추상적인 철학을 공부하려는 여성은 군대에 가겠다는 여성만큼이나 '남성적'이라고 생각했던 것이다.

그레고리는 때로 포다이스보다는 더 진보적인 태도를 보인다. 그는 여성에게 남자들의 평등한 반려자가 되라고 하고는, "우리 남자들의 마음을 부드럽게 하고 행동거지를 세련되게 만들어야 하니까"라고 덧붙

---

46 앞의 책, 제2권, 163쪽.

47 같은 책, 제1권, 272쪽.

인다. 그는 대체로 여성이 양식(良識)을 갖고 있다고 보는 것 같지만, 그걸 감춰야 한다고 충고한다. 『딸들에게 남기는 말』에서 그는 여성에게 양식뿐 아니라 재기(才氣)나 학식도 숨겨야 한다고 말하며, 남자가 자기를 사랑한다는 확신이 들 때까지는 사랑에 빠지지 않도록 조심해야 한다고 경고한다. 그레고리의 에티켓 체계에서는 가장(假裝)이 아주 중요한 위치를 차지하고, 실제로 그는 정말 현명한 여성은 자신이 상대방을 얼마나 사랑하는지 절대 밝히지 않는 법이라는 말까지 한다. 사실상 그는 여성에게 (최소한 자기 딸들에게), 실제로 남자들이 생각하는 만큼 경박스럽지 않더라도 그렇게 보이도록 노력해야 한다고 이르고 있다. 물론 그가 영리한 여성에게 사회가 부여하는 위치를 받아들이도록 설득하는 것처럼 보일 때도 있다. 하지만 그의 현실적인 시각이 아무리 유익하다 하더라도, 그의 태도는 근본적으로 냉소적이다. 남자는 대개 사기꾼이라서 여자가 정직하면 자기만 손해라는 게 그의 논지이기 때문이다.

그레고리의 책을 읽은 여자들은 노예가 아니었고, 그들에게도 나름의 자유와 성취가 있었기 때문이다. 하지만 그 자유와 성취는 어디까지나 사회가 정해준 한계 내에서 얻은 것이었다. 그 여성은 울스턴크래프트가 말한 대로 '비단 족쇄'로 묶여 있었다. 그들은 끊임없이 아내와 딸로서의 도리를 배웠지만, 그들이 아버지나 남편에게서 뭘 원하는지 묻는 사람은 없었다. 이런 현실은 야심이나 자긍심이 없는 여성에게는 그런대로 견딜 만했지만, 울스턴크래프트에게는 말할 수 없이 모멸스럽게 느껴졌던 것이다.

* * *

여성의 지위에 개탄하고, 그게 잘못된 교육 때문이라고 주장한 사람은 울스턴크래프트 말고도 여럿 있었다. 영국에서는 1백여 년 전부터 여러 선각들이 더 나은 교육으로 여성을 이성적인 존재로 만들어야 한다고 주장해왔었기 때문이다. 메이킨 부인(Mrs. Makin)은 1673년에 이미 『고대 숙녀 교육 부활론』(*An Essay to Revive the Ancient Education of Gentlewomen*)을 냈고, 1694년 아스텔(Mary Astell)은 『숙녀들에게 고함』(*Serious Proposal to Ladies*)에서 진지한 여성이 연구와 명상에 몰두할 수 있는 일종의 수녀원을 세우자고 제의한 바 있다. 그로부터 3년 후, 디포(Daniel Defoe)는 『구상』(*Essay on Projects*)에서 여성이 원하는 과목은 뭐든지 공부할 수 있는 일종의 학당을 세우자고 주장하며, "여자들이 우리만큼 교육받았다면 틀림없이 우리보다 나았을 텐데, 사람들은 걸핏하면 여자들이 어리석고 건방지다고 비난한다"고 말한 바 있다. 스틸 경(Lord Richard Steele)은 『태틀러』와 『스펙테이터』지에서 여성을 더 존중할 것과 그들에게 더 나은 교육을 시행할 것을 주장했다. 『스펙테이터』지 66호에서 그는, "우리나라 아동 교육 전반의 문제점은 바로 소녀들이 용모에만 신경을 쓰고 정신은 방치하는 반면, 소년들은 그 반대라는 것이다"[48]라고 말했다. 가끔 당대 여성을 비판하는 글을 쓴 애디슨이나 스위프트 같은 이들도 여성에게 더 나은 교육을 받을 기회를 줘야 더 좋은 반려자가 될 수 있다고 말했다.[49]

18세기 전반에 활동한 가장 강력한 여권 옹호자는 소피아라는 필명을 사용한 여성인데, 혹자는 몬터규 부인이 바로 소피아라고 생각한다.

---

48 『태틀러』지, 제61, 141, 248호; 『스펙테이터』지, 53, 66호도 참조.

49 Swift, "Letter to a Very Young Lady on Her Marriage," "Of the Education of Ladies,"; Addison, *Spectator*, No.10. 또 『걸리버 여행기』의 제1장 제6절과 제4장 8절에서 스위프트는 남녀가 같은 교육을 받아야 한다고 주장하는 듯하다.

첫 저서인 『여성, 남성보다 열등하지 않다』(*Woman Not Inferior to Man*, 1739)에서 소피아는 여성에게 더 나은 교육을 실시해야 할 뿐 아니라 사회에서 독립적인 존재로 살 수 있어야 한다고 주장했다. 그녀는 여성이 남성보다 업적이 적은 이유는 순전히 교육을 덜 받았기 때문이라면서, 여성을 노예라고까지 묘사했다. 그녀는 여성은 원래 남성보다 책임감이 강하기 때문에, 가사 노동에서 해방되기만 한다면 우수한 교사, 의사, 변호사(말을 잘 하니까!), 군인, 더 뛰어난 철학자가 될 수 있을 거라고 주장했다. 이에 대해 '한 신사'가 『남성, 여성보다 우월하다』(*Man Superior to Woman*)라는 책에서 아주 완곡하게 찬동의 뜻을 표하자, 소피아는 『여성이 남성보다 뛰어난 이유』(*Woman's Superior Excellence to Man*, 1740)를 펴내 대담한 반론을 펴고, 여성의 결점들을 비난하면서 그것은 모두 부적절한 교육과 남자들의 전제 때문이라고 말했다.

울스턴크래프트가 살아 있던 당시 프랑스에는 여권에 대해 글을 쓴 작가들이 몇 명 있었다. 토마(Antoine Leonard Thomas)의 『여성의 성격, 습속, 정신사』(*Essay on Character, Customs, and Minds of Women in Different Centuries*, 1772)는 정말 건설적인 비판은 거의 없지만 여성에 대해 호의적인 감정을 담고 있는 책이다.[50] 그러나 구즈는 여러 저작에서 여성을 열렬히 옹호했다(그 저작 중 하나는 「여권 선언」이었다).[51] 콩도

---

50 이 글의 서문을 증보 번역한 글이 「여성에 대한 서한」(An Occasional Letter on the Female Sex)이라는 제목으로 『펜실베이니아 매거진』(*Pennsylvania Magazine*)에 게재되었는데(1775), 그 저자가 페인(Thomas Paine)이라는 설이 유력하다. 이 글의 저자에 대한 논의는 『미국 문학』(*American Literature*), 제2권(1930~31), 277~280쪽에 실린 스미스(Frank Smith), 「'여성에 대한 서한'의 저자」 참조.

51 구즈(Olympe de Gouge, 1748~93)는 프랑스의 선동적인 극작가 · 논설가. 구즈는 1791년에 「여성과 시민의 권리 선언」을 펴냈는데, MW가 『여권의 옹호』를 쓰기 전 이 글을 읽은 것 같지는 않다. 구즈는 공포 정치 당시 단두형에 처해졌다 - 편집자.

르세는 『국민교육론』(1790) 첫 편에서 여성 교육의 개선을 주장했다.[52] 울스턴크래프트는 이 글들에 대해 전혀 몰랐을 가능성이 크지만, 이 문제에 대한 또 다른 저작, 즉 머콜리의 『교육에 관한 서한집』에 대해서는 분명히 알고 있었다.[53] 실제로 그녀는 『애널리티컬 리뷰』지에 실린 서평에서 그 책을 극찬했다. 그리고 자신의 교육론을 쓸 때 그 책에서 많은 도움을 받았을 것이다. 『교육에 관한 서한집』은 여성 교육이 주요 주제는 아니지만, 그 문제에 많은 지면을 할애했다. 머콜리 부인은 남녀간에는 근본적인 차이가 없고, 양성이 똑같은 교육을 받아야 한다고 주장했다. 그녀는 여성의 결점은 모두 잘못된 교육과 사회적 지위에서 기인한다며, 여성에게도 가벼운 교양뿐 아니라 진지한 미덕도 가르쳐야 하고, 더 나은 어머니가 되기 위해서는 체력도 길러야 한다고 말했다. 머콜리 부인은 소녀들이 남편을 즐겁게 하는 교육만을 받는 현실을 개탄하면서, 여성은 타고난 권리를 박탈당했기에 남을 즐겁게 하는 능력을 발휘해 비열한 방법으로 힘을 얻으려 하는 것이라고 설명했다. 하지만 그녀는 여성에게도 희망이 있다고 보면서, 만약 그들에게 타고난 권리를 되돌려준다면 그동안 누려온 특권들을 기꺼이 포기할 거라고

---

52 프랑스의 철학자. 초기의 사회학자였던 콩도르세(Condorcet, 1743~94)는 인류가 야만 상태에서 문명 사회까지 단계적으로 발전해왔다고 생각했다. 프랑스 혁명 초기에 공헌한 바가 컸던 그는 공포 정치 당시 피신했다가 체포되자 감옥에서 독약을 먹고 자살했다 – 편집자.

53 MW가 세상을 떠난 뒤, 그녀의 친구였던 헤이즈(Mary Hays)는, "『여권의 옹호』에 제시된 기본 원칙들은 머콜리의 『교육에 관한 서한집』에 들어 있다는 사실을 덧붙이는 게 정당하리라"고 썼다(Annual Necrology 1797~98, London: 1800, 422쪽). 커닝엄(George G. Cunningham)도 『영국 명사전』(*Lives of Eminent and Illustrious Englishmen*, Glasgow, 1835~37, VI, 248쪽)에서 헤이즈의 주장을 되풀이했지만, 그 뒤로는 이런 말을 한 사람이 없었다.

말했다. 그녀는 또 남성에게 말하기를, 여성을 개선시키고 싶으면 그들이 먼저 나아져야 한다면서, 여성을 더 나은 존재로 만들려면 가장 먼저 남자들이 정숙해져야 한다고 주장했다. 그렇다면 머콜리 부인은 이 문제에 대해 그 시대 어느 누구보다 진보적인 견해를 가졌다고 할 수 있겠다. 그리고 울스턴크래프트는 분명 그녀의 책을 세심히 연구했을 것이다. 『여권의 옹호』는 머콜리 부인이 주장했던 내용의 거의 대부분을 더 발전된 형태로 다루고 있기 때문이다. 그런데 불행히도 『교육에 관한 서한집』은 머콜리 부인이 재혼 때문에 그 굉장하던 인기를 모두 잃은 시기에 출판되었고, 그 책에 실린 주장들은 대부분 울스턴크래프트의 글을 통해 세상에 알려지게 되었다.

# 울스턴크래프트 논쟁

인류의 사상사를 보면 어떤 인물이든 그를 옹호하는 편과 비난하는 편이 있게 마련이다. 하지만 울스턴크래프트는 좀 특별하다. 1792년 『여권의 옹호』를 출판하고 그로부터 5년 후 아이를 낳다가 젊은 나이에 애석하게 죽기까지, 그녀는 자신을 좋아하는 이들과 싫어하는 이들 모두에게서 아주 극단적인 반응을 자아냈고, 그 파란만장한 삶 자체가 작품에 대한 평가에 적잖은 영향을 미쳤기 때문이다. 누구든 그녀에 대해서는 중립적인 태도를 견지하기 어렵다는 점을 감안하면, 그녀에 대한 비평적 논의를 '논쟁'이라고 부르는 게 적절할 것 같다.

그녀가 『여권의 옹호』를 내고 약 200년이 지난 지금, 그녀에 대한 평판이 그동안 어떻게 변해왔는지 살펴보면 많은 것을 알 수 있을 것이다. 여기 실린 자료들은 1797년 그녀가 사망한 후 지금까지 사람들이 그녀에 대해 해온 말들을 모아놓은 것이다. 어떤 위대한 견해의 수용 과정을 살피는 작업은 쉬운 게 아닌데, 이 경우에는 소위 '여성 문제'의 지난(至難)한 변천사를 같이 고려해야 하기에 특히 그런 것 같다.

어떤 이들은 남녀 평등에 관한 견해를 조롱하는 데 수고를 아끼지 않았는데, 그들이 쓴 요란한 글들을 보면 정말 흥미롭다. 하지만 다른 이들이 울스턴크래프트의 글에서 영감을 받아 각오를 다지는 모습을 보는 것도 재미있다. 예컨대 엘리엇(George Eliot)은 풀러(Margaret Fuller)와 울스턴크래프트를 비교하면서, 자신의 정신 상태를 점검하고, 골드먼(Emma Goldman)은 자기와 같이 엄청난 어려움에 처한 울스턴크래프트가 그 모든 걸 과감히 극복하는 모습을 보며 그녀의 용기와 정열에 박수를 보냈다. 최근의 연구에 따르면[1] 『여권의 옹호』는 처음에는 상당히 좋은 평가를 받았다. 울스턴크래프트와 친했고 그녀의 도움을 받기도 했던 헤이즈(Mary Hayes)는 『애널리티컬 리뷰』에 실린 서평에서 그 책을 좋게 평가하며, 당시의 다른 이들처럼 그 책을 "여성 교육에 대한 최신의 글"이라고 말했다. 이 책은 사회적 · 지적으로 혁명의 기운이 가득했던 1792년에 출판되었다. 당시 미국 식민지에서는 봉기가 일어나 결국 미국 독립으로 이어졌고, 프랑스에서는 혁명이 발발했으며, 영국에서는 진보적인 견해들에 대한 논의가 분분했다. 모든 계층이 평등해져야 한다는 주장도 어느 정도 공감을 얻고 있었으니, 그에 비하면 여성이 남성과 같은 교육을 받아야 한다는 진지한 주장은 정말 아무것도 아니었을 것이다. 그로부터 적어도 1백 년 전부터 여러 사람이 여성 교육의 필요성을 역설해왔기 때문에, 그 주장을 다시 실은 『여권의 옹호』는 처음에는 비난보다는 존경의 대상이었던 것이다.

물론 모든 사람이 그렇게 생각한 건 아니었다. 그전에는 늘 정중한 태도를 견지했던 헤이즈는 울스턴크래프트가 죽자마자 '가끔 천박하기까지 한 그녀의 극히 남성적인 어조'를 비난하고 나섰다. 가장 극단적

---

[1] 특히 이 책의 비평 부분 297~307쪽에 실린 제인스(R. M. Janes)의 논문을 참조할 것.

인 경우는 테일러(Thomas Taylor)인데, 그는 『수권(獸權)의 옹호』(1792)에서 그녀를 조롱하면서, 그들의 거창하고 유례 없는 사랑에서 [……] 여성의 매혹적인 우아함과 코끼리의 엄청난 힘과 체구를 갖춘 잡종이 나올 거라면서, 코끼리야말로 여자들에게 제일 잘 어울리는 짝일지도 모른다는 점잖지 못한 제안을 하기도 했다. 그는 성교육은 솔직하게 해야 한다는 그녀의 지론을 비꼬기도 했다. 울스턴크래프트는 『여권의 옹호』에서, "늘 아이들에게 진지한 어조로 사실을 그대로 말해주는 게 좋다. 아이들에게 정말 해로운 것은 그 말을 할 때 어른들이 취하는 점잖은 척하는 태도다. 바로 그것이 점잖지 못하기 때문이다"고 말했다(127쪽). 테일러는 그녀의 이런 견해를 비웃으며, 개들을 시켜 아이들에게 성교육을 하자는 말도 안 되는 제안을 했다.

고드윈(William Godwin)은 그녀의 공정한 성격, 아이들을 대할 때의 참을성 있는 태도, 하인들에 대한 자상함 등을 칭찬했지만, 그녀를 싫어하는 사람들은 그의 책에서 그녀가 추잡하고 부도덕한 삶을 살았다는 증거들을 찾아냈던 것이다. 폴웰(Richard Polwhele) 목사 같은 이는 그녀의 분방한 삶에 대해 비열하고 독선적인 시를 썼는데, 오늘날 그의 『남자 같은 여자들』을 읽다 보면, 일면식도 없는 여자에 대해 그렇게까지 노발대발한 이유가 뭔지 의아해진다. 미국에서 생활한 영국인 실리먼(Benjamin Silliman)과 폴웰의 글은 울스턴크래프트의 행적보다도 여성 혐오자의 정신에 대해 더 많은 것을 보여주는 것 같다. 어떤 면에서는 실리먼의 글이 더 충격적인데, 그것은 그 글이 울스턴크래프트 자신이 언젠가는 이민 가고 싶어했던 새로운 자유의 나라 미국에서 씌어졌기 때문이다. 일부 학자들의 주장에 따르면, 울스턴크래프트의 명성이 문제되기 시작한 것은 그녀가 사망한 후, 그녀의 행적을 설명하여 오명을 씻어주려는 의도로 씌어진 책이 출판된 때부터라고 한다.

고드윈은 아내의 죽음을 슬퍼하며, 그녀의 삶과 업적을 옹호하기 위해 『「여권의 옹호」 저자의 전기』를 펴냈다. 그런데 그 책이 아니었다면 몇 사람만 알거나 관심 가졌을 여러 사실들, 예컨대 퓨슬리(Henry Fuseli)에 대한 연모, 파리에서 만난 임레이(Gilbert Imlay)와의 연애, 자살 시도 등이 세상에 알려지게 되었다. 그후 평자들은 이런 선정적인 사실들을 근거로 그녀를 비난했고, 옹호자들은 그런 사실들을 정당화하느라 애를 써야 했다. 그 책의 출판과 함께 그녀의 인간성 자체가 논란의 대상이 되었고, 그녀는 많은 이들의 입줄에 오르게 되었다.

하지만 다른 이들의 글은 아첨에 가까운데, 그런 태도는 좀 변형된 형태이긴 하지만 오늘날 우리 사회에서도 찾아볼 수 있다. 블레이크(William Blake)는 런던의 존슨(Joseph Johnson) 주변에 모여들었던 일단의 문인들 모임에 다닐 때 그녀를 만나 얘기를 나누었을 것이다. 블레이크는 그전에 나온 울스턴크래프트의 『창작 동화집』의 삽화를 그렸고, 확실하게 입증하긴 힘들지만 「메리에게」라는 헌사는 울스턴크래프트를 가리키는 것으로 추정된다.

시인 사우디(Robert Southey) 역시 그녀를 좋게 보았다. 그는 1797년 런던에서 그녀를 만난 뒤 자신의 작품을 출판해온 코틀(Joseph Cottle)에게 보낸 편지에서 이렇게 말했다. "내가 여기서 만난 모든 명사와 작가들 중 메리 임레이의 얼굴이 단연 최고였소. [……] 눈은 연갈색이었는데, 한쪽 눈꺼풀이 약간 마비되긴 했지만, 그녀야말로 지금까지 만난 사람들 중에 가장 깊이 있어 보이는 눈매의 소유자였소."[2] 「여성의 승

---

2 C. Kegan Paul, *William Godwin*, Boston: 1876, I, 234쪽.

리」라는 긴 시에 부친 서문에도 그녀에 대한 얘기가 나온다.

남녀 평등에 대한 울스턴크래프트의 이론은 19세기 전반에는 별로 논의되지 않았으나 미국에서의 여권 운동에 힘입어 다시 주목받기 시작했다. 이 변화에 촉매가 된 것은 노예제 폐지 운동, 그중에서도 1840년에 런던에서 있었던 노예제 반대 회합이었다. 열렬한 노예제 폐지론자인 모트(Lucretia Mott)와 스탠턴(Elizabeth Cady Stanton)은 부부 동반으로 이 모임에 참석했으나, 남자 대표들만 회의에 참가할 수 있다는 결정 때문에 관람석에 앉아 있어야만 했다. 인종 평등을 논하는 자리에서 그들은 자유롭지도, 남성들과 동등하지도 못했던 것이다. 세니커 폴스(Seneca Falls)에서 열린 여권 대회는 바로 그 충격적인 깨달음에서 비롯되었다. 스탠턴과 모트, 그리고 다른 세 여성이 주도한 이 대회에서 원칙 선언문이 채택되었고, 이를 계기로 아직까지 진행 중인 투쟁이 시작되었던 것이다. 이 대담한 출발에서부터 몇 년 뒤, 내분이 운동 자체를 약화시키고 선거권 쟁취 이슈 자체가 힘을 잃었을 때, 미국 페미니즘의 창시자들은 그 투쟁의 역사를 엮기로 결정했다. 『여성 참정권 운동사』(1881~1922)의 한 구절은 울스턴크래프트에게 경의를 표하고 있으나 놀라울 정도로 많은 오류를 담고 있다. 책제목의 철자부터 틀린데다가('woman' 대신 'women'을 사용하고 있다), 출판 연도 역시 다르고, 개념들도 원래와 다르게 그려져 있다.

1790년, 런던에서 출간된 울스턴크래프트의 『여권의 옹호』(*Vindication of the Rights of Women*)가 진보주의자들의 주목을 받았다. 그녀는 여러 사회에서 여성이 점한 위치를 논하면서, 여성이 더 많은 교육, 일, 정치적 지식, 참정권을 부여받아야 한다고 주장했다. 그 책은 고결한 도덕적 교훈과 진정으로 순수한 지혜의 말들을 듬뿍 담고 있지만, 어찌나 혹독한 반론을 불러일으켰는지, 울스턴크래프트의 남편인 고드윈은 당대보다는 후대인들의 평가를 기다린다고 말했을 정도다. 그녀는 여성(운동)에 대한 탁월한 안목과 삶에 대한 통찰력을 갖고 있었고, 그래서 풀러는 그녀에 대해, "여권에 대한 새로운 해석을 요할 정도로 뛰어난 여성인 울스턴크래프트는 너무도 편협한 환경에 태어났기에, 자신을 묶고 있는 굴레들을 깨고 스스로 탈법자가 되는 그런 부류에 속한다"[3]고 말했다.

'여러 사회의'란 말은 다양한 문화 속에서 여성이 점하는 위치를 비교한다는 인상을 준다. 그런데 실제로 울스턴크래프트는 프랑스 여성을 비판하고, 중국의 전족, 여성의 영혼에 대한 마호메트교의 태도, 고대 그리스 사회의 고급 매춘부들에 대해 얘기할 뿐이다. 그리고 울스턴크래프트가 여성의 교육 기회를 요구한 건 사실이지만, 참정권 얘기는 꺼냈다가 금방 접고 있다.[4] 그리고 『여성 참정권 운동사』가 말하는 '혹독한 반론'은 실은 바로 고드윈의 그 호소 때문에 일어난 것이며, 『여권의 옹호』는 처음에는 꽤 좋은 평가를 받았다는 사실도 이제는 밝혀진 바다.

『여성 참정권 운동사』의 저자들이 부주의하거나 다른 뜻이 있었던 건 아니다. 일이 그렇게 된 원인은 실은 『여권의 옹호』는 당시 이미 하나의 상징, 울스턴크래프트는 선구자 · 순교자 같은 존재가 되어 있었기 때문이었다. 이 미국 여성은 그녀의 책에서 자기들이 원하던 것, 즉

---

[3] Elizabeth Cady Stanton, Susan B. Anthony, Matilda Joslyn Gage, *History of Woman Suffrage*, New York: Fowler & Wells, 1881, I, 34쪽.

[4] 같은 책, 147쪽 참조.

영국과 미국의 여권 운동이 제시해오던 화급한 사회적 · 정치적 문제에 대한 포괄적인 해결책을 찾았던 것이다. 그러니 그들에게는 정확성 이상으로 중요한 다른 요소들이 많았던 것이다.

그러나 그들이 울스턴크래프트와 풀러를 연관지었다는 사실은 주목할 만하다. 영국의 위대한 소설가 엘리엇은 1855년에 쓴 한 수필에서 이미 이 둘을 연결지어 다룬 바 있다. 울스턴크래프트와 마찬가지로 풀러는 당대의 유명한 지식인 모임인 보스턴 초절주의자 그룹(Transcendentalists)의 일원이었고, 그들의 문학적 기관지인 『다이얼』(*Dial*)지를 편집했다. 울스턴크래프트는 1780년대와 1790년대 진보적 사상의 집적소라 할 존슨의 『애널리티컬 리뷰』에 엄청난 양의 글을 실었다. 그리고 두 사람 모두 평탄치 않은 말년을 보냈다. 풀러는 이탈리아로 건너가 자기보다 나이도 어리고 지위도 낮은 남편과 결혼해 아이를 낳았는데, 나중에 그들이 탄 배가 침몰하는 바람에 온 가족이 비극적인 죽음을 맞았다. 울스턴크래프트는 아이를 낳다가 젊은 나이에 죽었다. 불리한 사회적 여건 속에 태어나 여성이기에 치러야 할 신고(辛苦)로 쓰러져 간 이 두 천재 지식인은 비교의 대상이 될 수밖에 없었다.

20세기에는 새로운 형의 여성이 영웅시되고, 여성 혐오주의에 새로운 차원이 더해지긴 했지만, 울스턴크래프트에 대한 반응에서는 19세기와 별 차이가 없었다. 그녀에 대한 비평적 공격들은 반작용의 형태를 취했는데, 제2차 세계대전 후 프로이트 정신 의학의 아성에서 그 첫 작품이 나왔다. 런드버그(Ferdinand Lundburg)와 파넘(Marynia Farnham)의 『현대 여성: 실종된 성』(*Modern Woman: The Lost Sex*)은 울스턴크래프트를 병적인 여성의 예로 들었다. 프로이트의 정신 의학은 현대 '여성 문제'의 토론장 역할을 해왔다. 프리단(Betty Friedan)이 『여성의 신비』(*The Feminine Mystique*)에서 그토록 활기차게 묘사한 세계 제2차 대전 후의 시기는 여성 운동에서 혁명적인 기간이었던 1960년대와 1970년대를 배태시켰다. 그리고 옥스퍼드 대학의 현대사 교수인 코브(Richard Cobb)의 맹렬한 반동적 발언을 낳은 것도 바로 그 시기였다. 코브는 『타임스 문예 부록』(*Times Literary Supplement*) 1면에 실린 토말린(Claire Tomalin)의 울스턴크래프트 전기에 대한 서평에서 울스턴크래프트는 "언제나 둔했고, 거의 언제나 이기적이었으며, 전반적으로 시샘 많고, 악의에 차 있고, 오지랖 넓은 여자였다"[5]고 혹평했다. 그는 울스턴크래프트 같은 사람이 정의를 논하는 건 그 실현에 오히려 큰 방해가 될 뿐이라며, "그녀는 기분 내키는 대로 이런저런 작품에 손을 댔지만, 끝낸 건 별로 없었다. 하지만 그렇다고 아쉬울 것도 없다. 완결된 작품들 자체도 진부하고, 문체도 형편없는데다, 기막히게 감상적이거나, 논쟁적이거나, 히스테릭하기 때문이다"라고 썼다.

코브는 『여권의 옹호』는 거의 무시한 채, 그녀 생애의 마지막 4년 동안에 일어난 일들, 즉 프랑스 혁명 당시 그녀가 파리에 체류했던 일, 임레이와의 연애, 죽음 등을 주로 다루었다. 어떤 학교나 대학을 그녀의 이름으로 헌정하여 울스턴크래프트가 교육 발전에 미친 공적을 기리자는 토말린의 제의에 코브는 이렇게 대답했다.

> 교육에 가장 큰 해를 끼친 사람이나, 교육에 대해 아무것도 모르면서 아주 많은 글을 쓴 사람을 기리는 게 우리 사회의 관습이니, 높은 자리에 있는 사람 중 누군가는 그녀의 호소에 귀를 기울이리라. 메리의 성(姓)을

---

5 『타임스 문예 부록』, 1974년 6월, 941~944쪽.

보면 어딘지 모르게 꽤 까다롭고, 꼴사납고, 불편한 인상과, 금욕주의나 진지한 의도의 소유자라는 느낌을 받게 된다.

그녀 삶의 극히 일부만을 다루면서 그토록 무례한 언사를 휘두르는 코브를 보면—그런 증거를 안 봐도 능히 짐작할 수 있는 일이긴 하나—여성 혐오주의는 여전히 건재하며 글로 출판되고 있음을 알 수 있다.

코브의 공격이 울스턴크래프트 전기에 대한 서평이었다는 건 시사하는 바가 크다. 1950년대 이래 그녀에 대해 나온 책 중 가장 많은 것은 전기류였기 때문이다. 이는 아마도 그녀가 전기작가에게 어떤 경험들이 그런 혁명적인 사상을 낳았는지 파헤쳐 보고 싶게 하는 아주 매력적인 소재이기 때문일 것이다. 이 전기작가 중 몇 명은 간혹 울스턴크래프트에 대해 비판적인 태도를 취하기도 했지만, 전반적으로 보면 대부분 아주 긍정적으로 다루었고, 그녀를 막무가내로 공격한 전기는 아직 한 권도 없다.

그런데 20세기에는 새로운 목소리가 등장했다. 비단 울스턴크래프트뿐 아니라 새로운 여성이 딛고 설 토대를 마련해온 일련의 여권운동가들이 추구해온 해방을 경험한 여성작가의 목소리가 그것이다. 이 신여성은 오래전에 살았던 할머니에 대해 글을 쓰고 있는 것이다.

만찬(『댈러웨이 부인』)이나 여행 가자는 약속(『등대로』)만 가지고도 소설 한 권을 쓸 수 있었던 영국의 소설가 울프(Virginia Woolf)는 울스턴크래프트의 인간 관계에 대해 주로 얘기했다. 그녀는 고드윈의 큰 머리와 임레이의 우둔함에 대해 웃음을 감추지 못했다.

무정부주의자이자 과격한 연설가 · 사상가였고, 자유 연애를 옹호했을 뿐 아니라 직접 실행에 옮겼던 골드먼(Emma Goldman)은 울스턴크래프트의 열정적인 삶에 매혹되었다. 웩슬러(Alice Wexler)는 골드먼이 그 글을 쓸 당시 경험하고 있던 사건들을 다루었는데, 그걸 보면 골드먼은 울스턴크래프트에게서 하나의 전범(典範)뿐 아니라, 정열적이고, 영특하고, 지적인 여성이 살아남을 수 있다는 확신을 구하고 있었던 것 같다.

웩슬러는 골드먼과 함께 인류학자 베네딕트(Ruth Fulton Benedict)를 언급하고 있는데, 베네딕트가 쓴 울스턴크래프트론은 제자인 미드(Margaret Mead)가 편집한 유고집 『연구 중인 인류학자』(*An Anthropologist at Work*)에 처음 실렸다. 그 글을 쓸 당시 베네딕트는 아직 인류학자로서의 길을 찾지 못한 상태였다. 그때 그녀는 불행한 사회복지사, 아이를 원하지만 갖지 못한 젊은 주부, 아직 자신의 소명을 깨닫지 못한 탁월한 사상가였다. 그녀의 일기를 보면 어린 시절, 국립 초상화 미술관에 소장되어 있는 울스턴크래프트의 초상을 보고 큰 감동을 받았다는 얘기가 나온다. "나는 어떻게든 다른 여성이 영혼을 보전한 방도를 알고 싶었다. [……] 그녀는 자신의 영혼을 보전했고, 그 살아 있는 영혼은 그녀의 차분한 눈을 통해 당당하게 세상을 내다보고 있었다."

이처럼 지난 200년 동안 많은 남녀가 울스턴크래프트와 그녀의 생애, 작품에서 자신의 모습을 발견했다. 그중 몇 사람은 거기에 공감해 울스턴크래프트를 영웅시했고, 다른 이들은 자기들이 본 것이 너무 싫어서 그녀를 혹평하며 완벽하지 못함을 탓했다. 하지만 그들 앞에는 늘 나름의 결점과 재능, 천재성과 인간적 한계를 지닌 한 사람이 서 있었다. 리치(Adreienne Rich)는 「며느리의 스냅 사진들」에서 그 울스턴크래프트를 이렇게 그렸다.

"이 불확실한 세상에서

무너지지 않을 확실한 뭔가를 갖는다는 건

정말 중차대한 일이다."[6]

용감하고 선했으며,

확실히 알 수도 없는 적에 맞서 싸웠던

한 여성은 이렇게 썼다.

그녀 주변에 그보다 더한 걸 이룰 의도나 능력이 있는 남자는 별로 없었다.

그녀가 하피, 사나운 여자, 창녀라 불린 것은 바로 그 때문이었다.

헤이즈, 『메리 울스턴크래프트 전기』[7]

* * *

이 책[『인권의 옹호』][8]의 성공으로 한결 자신을 얻은 울스턴크래프트는 그보다 더 큰 관심의 대상이었던 문제를 다룬 『여권의 옹호』를 쓰기

---

6 Mary Wollstonecraft, *Thoughts on the Education of Daughters*, London: 1787 - 리치의 주.

7 *The Annual Necrology for 1797~98*, London: 1800, 422~423쪽. 헤이즈(1759 또는 1760~1843)는 『에마 코트니 회고록』(*The Memoirs of Emma Courtney*)을 쓴 페미니스트 · 소설가. 헤이즈는 울스턴크래프트를 만난 후 그녀를 깊이 존경하게 되었고, 그녀가 세상을 떠날 때도 며칠 동안 옆에서 간호했다.

8 MW의 『인권의 옹호』는 버크(Edmund Burke)의 『프랑스 혁명론』에 대한 반론으로 씌어진 것이다 - 편집자.

시작했다. 이 문제는 그녀에게 아주 중요했을 뿐 아니라, 그간 깊이 천착해온 주제였고, 그녀는 자신의 성과 그때 처한 상황, 지난날의 경험 때문에 더욱더 관심을 갖게 되었던 것이다. 고도로 발달한 사회에서도 똑똑한 여성이라면 아주 여러 번 자신이 여자라는 이유만으로 견뎌야 하는 조직적인 법적 · 사회적 예속 상태를 감지하고 탄식했을 것이다. 대부분의 남자들보다 본인이 뛰어나다는 걸 의식하는 그 여성에게, 여자는 천성적으로 뛰어넘을 수 없는 장벽 때문에 공부로 일가를 이룰 수 없다고 납득시키기는 어려울 것이다. 그럴 때 그녀는 그토록 부당한 논리를 펴는 이들에게, 운동의 실재성을 의심하는 철학자에게 점잖게 일어서서 그의 눈앞에서 걸어 보인 사람과 같은 대답을 해주고 싶었을 것이다.

대담하게 자유를 옹호하고 버크에 맞섰던 이가 오만한 억압자들에게 도전장을 던지며 고귀한 열정에 넘쳐 남녀의 차이를 부인한 것은 어찌 보면 지당한 일이다.

그녀는 인류의 절반을 위해 떨쳐 일어나 열렬하고 유창한 어조로, 남성이 여성을 억압하고, 아첨을 통해 여성을 바보로 만들고, 그러면서도 그들을 여지없이 예속하는 데 동원해온 갖가지 수단과 기술을 비난하고 폭로했다. 그녀는 여성의 지위와 그 개선책에 대해 글을 썼던 저자들의 견해를 분석하고 그들이 제시한 교훈들을 논평하면서, 강력하면서도 예리하게 그들이 지닌 편협한 견해와 관능적인 편견, 모순되는 원칙들, 졸렬하면서도 이기적인 목적들을 비난한다. 이 유명한 저서의 기본 원리들이 머콜리의 『교육론』에서 나왔다는 건 짚고 넘어가야 하리라.[9] 문명 또는 점차로 야만성을 극복해가는 지성의 발전은 여성의 지적 발전과 거기에 따른 여성의 사회적 지위 변화에 기인한다는 것도 간과해서는 안 될 것이다.

이 대담하고 열정적인 책은 여러 사람의 주의를 끌고, 논쟁을 일으키고, 편견을 지닌 이들에게 충격을 주고, 허영심에 상처를 주고, 특권을 지닌 이들에게 경계심을 일으키고, 나태한 이들에게는 자극을 주었다. 격렬한 반대, 무지한 이들의 아우성, 미신에 사로잡힌 이들의 트집, 억지스러운 곡해에도 불구하고, 이 소동이 가라앉고 나면 아주 풍요로운 수확을 기약하는 씨앗이 뿌려진 것이다. 이 책의 주조를 이루는 것은 때로는 거칠어지기까지 하는 극히 남성적인 어조이지만, 어떤 부분에서는 그것이 부드러운 감상과, 사람의 심금을 울리고 상상력을 사로잡는 섬세한 감정과 한데 어우러지기도 한다. 이 책에는 강렬한 생각의 힘과 에너지가 깃들어 있지만, 명쾌함이나 구조는 좀 허술한 게 사실이다. 문체를 보면, 어떤 부분에서는 아주 화려하지만 간혹 과장이 지나치기도 하고, 전반적으로 부정확한 데가 많다. 개정판을 낼 때는 이런 문제점들을 고치겠다는 저자의 약속이 내내 지켜지지 않다가 이제 영원히 그럴 수 없게 되어 버렸으니 안타까운 일이다. 그런 결점들은 아마 이 작품이 저자의 말대로 단 6주 만에 집필이 완료되어 인쇄에 들어갔다는 사실에 연유할지도 모른다. (저자가 아무리 재능이 있다 하더라도) 그렇게 성급하게 일을 처리했다는 건 어찌됐든 경솔하고 분별 없는 행동인데, 이제 와서 새삼 그 얘길 꺼낼 필요는 없을 것 같다. 저자의 유고 중에는 첫 권에 약속된 후속편을 쓰기 위한 자료들이 몇 편 들어 있었다.

* * *

---

[9] 이 책 330~341쪽에 실린 머콜리의 『교육에 관한 서한집』 참조 - 편집자.

## 테일러, 『수권(獸權)의 옹호』 발췌[10]

* * *

숙녀분들을 즐겁게 하는 게 제일 큰 목적이니, 여기서는 먼저 천성적으로 아주 음탕하고, 현명하게도 고대의 케케묵은 베일을 벗어 던지고 이제 아주 배포가 커져서 어지간히 큰 거 말고는 절대로 겁내지 않는 현대의 처녀들이 아주 좋아할 만큼 거대한 체구를 지닌 코끼리에 대해 얘기해보겠다. 플루타르크(Plutarch)[11]는 육지 동물과 바다 동물의 지능을 비교한 그 글에서 어떤 동물은 아주 격렬하고 심하게 사랑을 나누는 반면, 다른 동물은 인간처럼 점잖게 예의를 지켜 아주 정중한 대화를 나누며 교접한다고 말한 바 있다.

플루타르크에 따르면, "알렉산드리아의 한 코끼리의 사랑은 문법학자인 아리스토파네스(Aristophanes)의 사랑에 비견될 만했다. 아리스토파네스와 그 코끼리는 화환을 파는 한 소녀를 사랑했는데, 코끼리도 문법학자 못지않은 구애 작전을 펼쳤던 것이다. 그는 과일 가게 앞을 지날 때마다 그 처녀에게서 사과를 샀고, 한동안 그녀의 조끼 속에 그 긴 코를 넣어 젖가슴을 부드럽게 어루만지며 무척 즐거워했다"고 한다.

이 경우를 보면, 코끼리들이 여성과 대화로 친해지게 되면 양편 모두에서 거창하고 유례 없는 연애 사건들이 생겨날 것이고 [……] 여성의 매혹적인 우아함과 코끼리의 엄청난 힘과 체구를 갖춘 잡종이 나올 것

10 테일러(Thomas Taylor, 1758~1835)는 흔히 '플라톤주의자'로 불리는 철학자 · 고전문학 번역가로, 1792년에 울스턴크래프트를 풍자한 글을 펴냈다. 이 발췌문은 보아스(Louise Schutz Boas)가 서문을 쓴 최근판(Gainesville: Scholar's Facsimiles and Reprints, 1966), 77~83쪽에서 뽑은 것이다.

11 그리스의 전기작가 · 도학자 – 편집자.

이다.

한 에톨리아 여인을 사랑했던 용의 이야기에서 보듯이 용과 여성 간의 연애도 그에 못지않게 매력적일 것이다. (플루타르크에 따르면) 이 용은 밤에 그녀를 찾아와 옷 속으로 살며시 기어들어 그녀의 나신(裸身)을 껴안았지만, 고의든 아니든 단 한 번도 그녀의 몸에 상처를 내지 않았으며, 새벽녘에는 아주 정중하게 떠나갔다고 한다. 그런데 이 사실을 알게 된 가족이 그녀를 이 사랑의 보금자리에서 아주 먼 곳으로 데려다 놓자 용은 사나흘 동안 줄곧 그녀를 찾아다녔다. 그리고 천신만고 끝에 그녀의 거처를 알아낸 후에는 전보다 딱딱하고 거친 어조로 그녀를 부르더니, 비늘을 써서 그녀의 손과 팔을 묶고 꼬리 끝으로 그녀의 종아리를 때렸다. 하지만 그건 벌이라기보다는 다정한 타이름에 가까운, 부드럽고 사랑에 찬 분노의 몸짓이었다.

플루타르크는 이어서 한 이집트 소년을 사랑한 오리나, 글라우체를 사랑한 하프 타는 양에 대해서는 다들 잘 알고 있으니 그냥 넘어가겠다고 썼다. 현명한 독자라면 앞에 나온 예들만 보고도 지금까지 무관했고 어쩌면 적대적일 수 있다고 간주된 여러 종 사이의 교제와 교접에서 엄청난 이득을 얻을 수 있음을 확신하게 되었을 것이다.

그리고 여기서 꼭 기억해야 할 것은, 우리가 개들의 언어를 완전히 이해하게 되어 그들과 연애하게 되면, 아동 교육에서 가장 흥미로운 사실들을 가르칠 때 큰 도움이 될 거라는 점이다. 아이들 사이에 자위 행위가 널리 퍼져 있고, 그것이 신체를 약화시킨다는 것과, 그 혐오스러운 행위를 하는 가엾은 아이들의 도덕을 타락시킨다는 것은 누구나 잘 알고 있다. 그런데 그 놀라운 천재 울스턴크래프트는 『어린이를 위한 도덕 기초』라는 위대한 저서에서 이 해로운 행위에 대해 다음과 같은 처방을 내놓았다. "나는 인간 행복의 원천을 망쳐놓는 이 나쁜 버릇을 뿌리뽑는 가장 좋은 방법은 아이들에게 신체의 다른 부분에 대해 얘기할 때처럼 아주 자연스럽게 생식기에 대해 얘기해주고, 그것들의 고귀한 목적을 설명해주고, 어떻게 하면 그걸 다치게 되는지 알려주는 것이라고 확신한다."[12] 그녀는 또 이렇게 덧붙이고 있다. "나는 아주 양식 있는 교사들과 이 문제를 상의해봤는데, 그들은 모두 내 생각이 옳다고 말했다." 이 제안은 명백히 그녀의 놀라운 능력과 남녀 평등이라는 그녀의 위대한 이론이 옳다는 걸 보여주는 탁월한 증거다. 이 문제를 진지하게 생각해본 사람이라면 누구나 아이들에게 생식기가 어떻게 다칠 수 있는지, 그것을 자연스럽게 사용하는 방법은 뭔지 알려주면 자연의 선한 뜻을 거스르는 실험을 해보고 싶어할 리 없다는 걸 알 것이기 때문이다.

하지만 이 생각이 아무리 위대하고 독창적이더라도, 이 문제에 대한 교육을 개들에게 맡긴다면 더욱더 효과적일 것이다. 개들은 모두 현명한 견유(犬儒)학자이니[13] 생식기의 고귀한 용도가 뭔지 잘 헤아려서 가르칠 뿐 아니라, 언제 어디서든 그것을 자연스럽게 사용하는 방법을 가르쳐줄 용의가 있을 것이기 때문이다. 그뿐 아니라 개들은 아이들에게 잘못된 관념에서 비롯된 체면과 수치감이라는 어리석은 습관을 극복하는 방법도 가르쳐줄 것이다.

* * *

---

12 서문 14쪽[MW는 1790년에 잘츠먼(Christian Salzmann)의 『도덕의 요소들』(*Elements of Morality*)의 번역판을 펴냈는데, 그 서문은 MW 자신이 쓴 것이다 - 편집자.

13 실제로 고대 그리스에는 견유학파(cynic)라는 철학자들이 있었다. 원래는 금욕주의자들(Stoics). '견유'(cynic)라는 말은 '개'를 뜻하는 그리스어에서 온 것이다.

## 고드윈, 『「여권의 옹호」 저자의 전기』 발췌[14]

* * *

더 중요하고 큰 일도 능히 해낼 재능을 지닌 사람을 갖고 그보다 못한 일에 잘 맞는다고 말하는 게 어떨지 모르지만, 그녀는 그 누구보다도 교육에 적합한 품성을 갖고 있었다. 그녀는 성미가 급했지만 누가 무심코 한 일에 화를 내지 않았고, 잠깐이라도 만난 사람이면 그 상대의 마음을 잘 파악한다고 믿었으며, 상대의 친절이나 부당함에 어떻게 대처해야 할지 잘 알고 있었다. 그녀는 화가 나면 간혹 아주 냉정하거나 무례하게 굴기도 하고, 정말 분개하면 상대가 심한 모멸감을 느낄 만한 어조로 화를 내기도 했다. 하지만 아무리 마음에 안 들어도 실망 때문에 더 악화된 경우가 아니면 심하게 화를 내는 일은 없었다. 기대를 걸었던 경우가 아니면 상대의 잘못을 심하게 나무라는 일은 없었다는 것이다.

하지만 그녀에게 어떤 성격적 결함이 있었더라도, 자기보다 신분이 낮거나 어린 사람에게 그런 걸 내보인 적은 없었다. 그녀는 자기의 우월함을 악용하거나 약한 자에게 상처주는 행위는 경멸했기 때문이다. 하인들에게 그처럼 세심하고 친절하게 대하는 주인은 없었다. 아이들에게 그렇게 참을성 있게 대하는 이도 없었다. 그렇게 많은 아이들을 가르쳤지만, 그녀가 부당하게 화를 낸 적은 아마 단 한 번도 없었을 것

---

14 William Godwin, *Memoirs of the Author of a Vindication of the Rights of Woman*, London: 1798. 루리아(Gina Luria)의 서문이 붙은 재판은(New York: Garland Publishing Co., 1974), 41~44, 79~85쪽 참조. 유명한 철학자이자 소설가인 고드윈은 1797년 3월 29일에 MW와 결혼했다. 그녀가 세상을 떠나자 그는 아내의 죽음을 애통해 하며 이 전기를 썼다 - 편집자.

이다. 그녀는 마음이 정말 너그러웠고, 아이들을 대할 때는 늘 사려 깊고 친절하게 처신했다. 이해심이 어느 수준에 달하면 상대방도 애정을 느끼는 법이거늘, 그녀는 자기를 사랑하고 자기 마음에 들려고 애쓰는 아이들에게 관심을 갖고 지도했다고 말한 적이 있다. 그녀가 교육자로서 지녔던 또 다른 큰 강점은 바로 자신감과 확신이었다. 그녀는 거의 직관적으로 자신이 나아갈 길을 알았고, 자신에게 그 목표를 달성할 능력이 있다는 확신이 있었다. 그런데도 그녀에게는 고집이라는 게 전혀 없었다. 그녀는 아이들의 행동을 면밀히 지켜보고, 자기가 행한 교육의 결과를 잘 관찰한 다음 그에 따라 적절한 조치를 취했다. 이렇게 그녀가 지녔던 모성(母性) 이상의 특징들을 열거하다 보니, 이제 고아가 된 그녀의 딸들이 더 가련하게 느껴진다![15]

* * *

그녀는 요란하고 말만 많은 선동가가 아니라 목표를 달성하는 투사가 되기를 간절히 바라며 이 문제에 대해 글을 썼다. 그녀는 자신이 인류 역사를 통틀어 이성적인 존재로 인정받지 못한 채 거의 동물 취급을 받으며 늘 억압에 시달려 온 인류의 절반을 위해 일어섰다고 믿었다. 그녀는 남성이 늘 여자들을 비단 족쇄에 얽어매려고 애쓰고, 갖가지 선물로써 예속 상태로 끌어들였지만, 그런 가장(假裝)과 속임수가 더 위험하다고 생각했다. 그녀는 칼리스타(Calista)의 말마따나, 여성이

> "어떤 위치에 있든 모두 다, 남성의 노예"[16]

---

15 MW는 딸 메리를 낳은 지 열흘 만에 세상을 떠났는데, 첫 아이인 패니는 당시 세 살이었다.

16 Nicholas Rowe, *The Fair Penitent*(1703), 3막 1장, 40~41행. '멋쟁이 로타리오'(the

윌리엄 고드윈

라고 생각했다. 부유층 여성은 아버지나 오빠, 남편의 전제(專制)에 시달리고, 중산층이나 빈곤층 여성은 생계 유지를 위한 노동은 하면서도 독자적으로 벌어먹고 살 자유는 누리지 못했기 때문이다. 그녀는 이 문제에 대해 그런 견해를 지녔었고, 그래서 이 일에 더 몰두하게 되었다.

『여권의 옹호』는 정말 대담하고 독창적인 작품이다. 그녀가 강력하고 단호한 어조로 여성의 지위에 관한 루소, 그레고리, 포다이스의 견해를 반박하는 걸 보면, 마음이 열려 있는[17] 독자라면 누구나 아주 깊은 인상을 받을 것이다. 일반 독자들은 이 책에 아주 다양한 반응을 보였다. 이

gay Lothario)는 이 극의 여주인공 칼리스타의 연인.

17 원문은 'ingenious'로, '솔직한, 개방적인, 허심탄회한'의 뜻.

책에는 상당히 남성적인 감정도 많이 들어 있다. 그래서 독자는 대부분 여성을 대하는 남성의 정중함과 찬사에 대한 저자의 활달하고 단호한 반론에 충격을 감추지 못했다. 그들은 자신이 이 새로운 견해에 느낀 감정이 분노라고 오해했다. 여성 중 저 귀엽고 부드러운 이들과, 그렇게 귀엽고 부드러운 여성이 없으면 살아갈 수 없다고 생각하는 남자들이 힘을 합해, 그렇게 이단적이고 불경스러운 주장을 편 이 저자를 공격했다. 물론 이 책에는 저자의 진정한 힘에 어울리지 않게 거칠고 가혹한 구절들도 더러 있지만, 그런 건 저자의 본래 성격은 아닐지언정, 자기가 생각한 바를 곧이곧대로 말하는 그녀의 '즉흥적인'[18] 성격에서 나온 것이었다. 하지만 그녀는 이 책의 일부분에서 엿볼 수 있는 이처럼 단호하고 어느 정도는 전투적인 기질과 함께, 넘치는 상상력과, 시인에게서도 찾아보기 힘든 예민함과, 아르미다나 디도[19]와 같이 발랄한 감성을 지니고 있었다.

독자들은 책에 못지않게 그 저자 자신도 그런 상반되는 특징들을 지니고 있다는 사실에 우려를 표했다. 여성에게도 남성과 같은 권리를 부여하기 위해 애쓴다는 여성 옹호자를 호기심 때문에 일부러 만나본 사람들은 강건하고, 울퉁불퉁하고, 남성적인 여장부를 기대했다가, 아름다운 용모에 최상의 의미에서 아주 매력적이고 여성적인 자태를 지닌

---

18 원문은 'pro tempore'로, '한동안, 일시적으로'의 뜻.

19 아르미다(Armida)는 타소(Tasso)의 『해방된 예루살렘』(*Jerusalem Delivered*, 1581)에 나오는 인물. 다마스커스 왕의 조카로, 예루살렘 포위 공격 동안 기독교도 기사들을 향기로운 마법의 정원으로 유인해 전쟁터로 돌아갈 의지를 잃게 만들었다고 한다. 디도(Dido)는 카르타고의 여왕으로, 베르길리우스(Vergilius)의 『아이네이스』(*The Aeneid*)를 보면 영웅 아이네아스를 사랑했는데, 그가 자신을 떠나게 되자 멀어져 가는 그의 배를 보며 화장용 나무 더미 위에 올라가 분신 자살했다고 한다.

이가 나타난 걸 보고 깜짝 놀랐다.

『여권의 옹호』는 의심할 여지없이 뛰어난 부분과 형편없는 부분이 뒤섞여 있고, 그 방법이나 구조에서도 부족한 점이 많다. 전통적인 작문의 원칙을 기준으로 판단해보면, 이 책은 결코 최상의 작품이라 말할 수 없다. 하지만 거기에 실려 있는 주장의 중요성과 놀라운 천재성을 감안한다면, 영어가 사용되는 한 언제까지고 읽힐 가능성도 배제할 수 없을 것 같다. 이 책의 출판은 이 문제에 대한 논의에서 신기원을[20] 이루었고, 울스턴크래프트는 아마 억압받고 상처 입은 여성을 위해 분기했던 남녀 작가 중 그 누구보다 여성을 위해 큰 공헌을 세운 이로 기억될 것이다.

이 한없이 중요한 책이 6주 만에 완성되었다는 걸 알면 그 결점들에 대한 비평가들의 비난은 경탄으로 바뀔 것이다.

* * *

같이 있으면서 우리보다 깊고 순수한 만족감을 맛본 이들은 없을 것이다. 그 관계의 진정한 의미는 살아남은 사람만이 온전히 이해할 수 있을 것이다. 그러나 그녀의 평온한 표정, 다정한 태도, 주변 사람이 모두 자기만큼 행복하기를 바라는 낙천적인 품성은 그녀를 아는 사람이면 누구나 알 수 있었다. 그녀는 원래 행복감을 전달하는 능력이 그 누구보다 뛰어났지만, 이제 그 능력을 끊임없이, 그리고 한껏 발휘했다. 기질이나 성격상 당연히 누려야 하지만 지금까지는 한 번도 누려보지 못한 그런 상태를 이제 누리고 있었고, 그녀의 지성이나 감성도 그 혜택을 맛보고 있었다.

---

20 원문은 'epocha'로, 특정 사건이 일어난 시점이나 역사상의 어느 한순간.

우리가 마지막으로 이사 가기 전 그냥 한 동네에 살 때는 그녀의 정신이 상당히 평온해져서 전에는 늘 느끼던 고뇌를 아주 드물게만 느끼게 되었다. 그런 평온함은 우리가 이사 가고 살림을 차리면서 더 깊어지고 아주 분명해졌다. 그녀는 가정 생활을 정말 중시하고 사랑했다. 그녀는 나와 당시 세 살이던 자기 딸 사이에 정이 깊어지는 것이라든지 내가 아직 태어나지 않은 아이를 걱정하는 걸 보며 즐거워했다. 개인에 따라 차이가 큰 임신이라는 경험 덕분에 우리는 서로에게 아주 깊은 애정을 표현할 기회가 참 많았다. 울스턴크래프트는 회의적이고 세속적인 사람은 알아차리지도 못할 아주 사소한 일에도 정말 행복해하는 성격이었다. 가족 동반으로 시골에 소풍 가면 울스턴크래프트는 마음을 활짝 열고, 어찌 보면 아기 같지만 위엄 있는, 세상에 대한 믿음과 사랑을 보여주었다. 이런 것은 경험한 사람은 알겠지만 나로서는 정말 묘사하기 힘든 감정이다.

* * *

## 폴웰, 『남자 같은 여자들』 발췌[21]

* * *

남자 같은 여자들이 오만한 자세를 뽐내는

---

21 폴웰(Polwhele, 1760~1838) 목사는 시인 · 신학자 · 작가로서, 영국 국교회의 목사보와 교구 주관자 대리(vicar)를 역임했다. 수많은 작품을 남긴 그는 잡지에 글을 기고하기도 하고, 데번과 콘월 지방의 지형사(史)를 쓰기도 했다. 그는 이 많은 분야 중 그 어느 쪽에서도 명성을 얻지 못했으나, 울스턴크래프트에 대한 이 시는 가장 비판적이고 요란한 작품이라는 평을 듣고 있다.

새로운 광경에 내 마음은 절로 오싹해지네.

그 안에는 감정은 내던지고 프로테우스[22]처럼
몸이든 마음이든 멋대로 이리저리 모습을 바꾸며
상대를 돌로 변화시키고,
프랑스식 변덕이나 종교에 몸을 맡겨[23]
유행이 명하는 대로 긴 목을 드러내거나,
가발의 앞 부분을 볶고,
거미줄같이 얇은 천 아래
음란한 앞가슴을 훤히 드러낸 채,[24]
우아함이 빛나고 사랑이 깃들어 있던
지복(至福)의 허리를 조이던 정숙한 거들을 풀어버린[25]
여자들의 모습이 있네.
멋진 원형 천장이 배우들의 열연을 유도하듯,
이들은 음란한 상상력을 비밀스런 무대로 초대하고,
설레는 가슴으로 식물을 관찰하며[26]

---

22 프로테우스(Proteus)는 호메로스의 『오디세이아』에 나오는 '바다의 노인'으로, 모습을 자유자재로 바꿀 수 있었다. '돌로 변화시키는'(petrific)은 메두사의 머리가 붙어 있어 상대를 돌로 변화시키는 페르세우스의 방패처럼, 뭔가를 돌로 변하게 할 수 있는 힘을 가졌다는 뜻이다. 폴웰의 말은, 이 여성은 너무도 자주 변하기 때문에 그들을 조각할 조각가는 프로테우스 같은 능력을 갖추고 있어야 할 거라는 뜻이다.

23 '프랑스식'의 원문은 'Gallic'. 프랑스의 습속이나 사상, 언어와 관련된 것들을 가리킨다 - 편집자.

24 '드러낸 채'의 동사는 'sport'. 'Sport a face'는 어떤 자리에 원치 않는 사람이 나타나는 걸 뜻하는 대학생들의 은어다. 우리가 원하지도 용인하지도 않은, 가슴을 훤히 드러내는 유행에도 적용될 수 있는 말이리라.

25 허리와 상체를 감싸는 넓은 띠(girdle)를 푼다는 뜻이다.

26 최근 처녀들 사이에 식물학이 유행인데, 식물들의 번식 체계를 연구하는 이 학문이

이브와 함께 금단의 과일을 따네,

나어린 사춘기 소녀가 한숨을 내쉬며

식물이 바람 피우는 모습을 가리키고,

불순한 생식기를 해부하고,[27]

음란한 꽃가루를 흐뭇한 눈초리로 응시하네.

자유를 찾는 고상한 욕망으로 부푼 채,

쓰러져 버린 왕국들 위에 버티고 서서,

민주화의 폭풍 속에 한껏 흥분하여

오, 철학이여, 그들은 너의 환영(幻影)을 쫓아다닌다!

한편 다른 쪽에 서 있는 다소곳한 여성은

점잖은 사치로 고상하고 세련된 모습을 가꾸었네.

유행에 맞는 옷으로 치장된 팔다리와 몸매는

아름다움으로 다듬어지고 안목으로 장식되어 있네.

---

정숙해야 할 처녀들과 어떻게 조화될 수 있는지 나로서는 알 수 없는 일이다.

＊＊＊이 부분은 원래 이렇게 씌어 있었다.

금단의 지식을 더 얻고 싶어 헐떡이며

욕망에 불타는 소년들과 함께 식물을 분석하네.

그 풍부한 꽃가루의 힘에 대해 얘기하고

낯도 붉히지 않은 채 암술을 가리키네.

나는 소년, 소녀들이 같이 식물을 관찰하는 광경을 여러 번 보았다.

27 울스턴크래프트는 소녀들을 위해 쓴 책 서문에서 얼굴도 붉히지 않고 이렇게 말하고 있다. "부정의 뿌리를 잘라버리려면 거짓된 체면 때문에 대화에서 언급되지 않는 저 주제들에 대해 남녀 모두 자유로이 얘기할 수 있게 되어야 한다. 생식기에 대해서도 손이나 눈에 대해 얘기할 때처럼 자유롭게 얘기할 수 있어야 한다는 것이다." 식물학을 공부하는 우리의 소녀들은 바로 그런 어투에 익숙해져 있고, W양의 훌륭한 제자들이 되어가고 있는 것이다. 그런 소녀들은 까딱하면 얌전함을 모두 잃고 뻔뻔하게 변해버릴 것이다.

늘 조화로이 흐르는 그들의 영혼은
음악처럼 설레고 화사하게 빛나네.
그 영혼은 아름다운 시(詩)에게
상상력의 빛으로 지루한 날을 밝히고
가정 생활의 근심을 걷어내고
전쟁의 무서운 주름살을 미소로 펴는 역할을 되맡으라 하네.
아, 예전에는 자연에 충실한 여류 시인이
상상력에서 감정을 길어올리고
고뇌의 손아귀에서 황홀한 시간을 빼앗아오고,
삶의 어두운 골짜기를 밝히고, 무덤을 꽃으로 꾸미기도 했지.
하지만 보라! 그녀는 지금 거친 벌판에 창백한 모습으로 선 채
회의적인 이성의 통에서 냉철한 교훈들을 떠내어
무모한 팔로 그 탁한 액체를 따르고
군중을 물보라 이는 격류 속에 잠기게 하네.
아, 그녀의 아는 체하는 자만심이 드리우는 그늘은
아름다운 순진함의 풋풋한 봉오리를 몰아내고
모든 즐거움의 부드러운 빛을 꺼버리고
갖가지 괴로움에 새로운 공포를 더하고
죽음의 '길고 중단 없는 잠'을 되불러오네.
예의범절 같은 것엔 콧방귀도 안 뀌는
용감한 여권 옹호자 울스턴크래프트가
짓밟힌 남성을 압도하고
처음 얻은 명성의 수줍은 홍조를[28] 모욕하는 모습을 보라!
그녀는 이렇게 소리친다, "부드러운 처녀들이여, 저리 썩 물러나시오,

저 호젓한 그늘 아래 그대들의 부드러움을 감추고

그 처량한 속삭임으로 아무것도 모르는 숲에게 속삭이고

무시당하면서도 사랑하다가 힘없이 쓰러지시오.

루소의 멋진 소설들이

온몸을 떨리게 하고 가슴을 달아오르게 하면 어떻소.

그대들의 제국을 소유하려고 하는 그 영감에 찬 시인이

바닥에 엎드려 그대들의 살아 있는 옥좌를 숭배하면 어떻소.

그가 직접 만든 그 살아 있는 옥좌의

바닥은 능글맞은 웃음, 그 좌대는 눈물이라오.[29]

이제 곧 여성은 그 불확실한 권력을 포기하고

훤한 대낮에 왕홀(王笏)을 휘두르려 할 것이오.

이제 곧 그들은 귀엽고 애교스러운 몸짓들을 다 버리고,

나약한 모습을 보임으로써[30] 상대방의 애정 어린 눈길을 얻으려 하지 않고,

볼을 붉히며 눈을 굴리지도 않고,

나약한 영혼의 나른함도,

일순간 화들짝 놀라는 모습도, 수줍은 점잖음도 없이,

---

28 울스턴크래프트가 홍조의 앙숙이었다는 건 굳이 말하지 않아도 다들 아시리라. 하지만 영국의 몇몇 여자 기숙학교에서 학생이 얼굴을 붉히면 벌을 받는다는 사실을 알면 놀랄 독자들이 더러 계시리라.

29 루소에 따르면, 여성의 제국은 부드러움과 매력의 제국이다. 애무는 그들의 명령이고, 눈물은 그들의 위협 수단이다.

30 헤이즈는 "우리의 나약함을 이용하려는 자들의 아첨 때문에 우리는 왕들과 마찬가지로 어리석은 존재로 전락했다"고 말한 바 있다(*Essays and Letters*, 92쪽). 하지만 아첨과 상관없이 여성은 늘 나약한 존재였고, 그 나약함을 이용해 무력(武力)으로도 못 이룰 것들을 달성해왔다.

운동으로 단련된 힘줄을 자랑스레 과시하게 될 것이오.[31]
그들은 이제 더 이상 마음에 드는 남자에게서
자기 마음을 숨기려고 점잖을 빼는 법도 없이,
영광의 빛이 어린 저 높은 곳으로 솟아올라
지성의 힘과 정열의 불을 뒤섞어
지력에서 상대를 능가하며
여성의 권리를 옹호하게 될 것이오.

* * *

## 실리먼, 『샤쿨렌의 편지』 발췌[32]

〔제2신〕

거짓된 철학은 평범한 쾌락과 사상들 위로 솟아오르려고 애쓰면서, 위대한 브루마께서 그 사랑스러운 상냥함으로 우리의 모든 고통을 덜어주고 이 삶의 모든 기쁨을 더 크게 하라고 보내신 여성을 무시하고 비하해왔지. 그대는 이 사랑스럽고 탁월한 성에 대한 나의 애정을 알고 있으니, 내가 지금까지 어느 나라를 가든 그들의 행복을 제1의 연구 과제로 삼아왔다고 말해도 놀라지 않겠지?

---

31 울스턴크래프트는 여자 기숙학교에서 여학생들이 운동을 전혀 안 한다는 사실을 진심으로 개탄한다.

32 실리먼(Benjamin Silliman, 1779~1864)은 미국의 유명한 과학자, 예일대 교수로, 22세 때 『샤쿨렌의 편지』(*The Letters of Shahcoolen*)를 썼다. 이 편지들은 힌두교도인 엘 하산이라는 인물에게 보내는 것으로 되어 있고, 여러 개의 동양식 용어를 지어내 사용했다. 실리먼은 이 편지에서 미국의 습속과 미국인의 성격을 설명했다.

지난번 편지에서 내가 간단히 설명한 그 새로운 철학의 가장 중요한 목표가 바로 여성의 성품을 완전히 개조하고, 사회에서 전혀 새로운 위치를 갖게 하는 것이라네.

이 새 학파의 여성 철학자인 울스턴크래프트는 몇 년 전 여성을 그 부끄러운 나태에서 깨어나 타고난 에너지를 한껏 발휘하게 하겠다는 분명한 목적을 갖고 『여권의 옹호』라는 책을 썼다네.

그녀는 여성을 사랑스러운 존재로 만드는 모든 부드러움, 점잖음, 겸양을 모두 버리고, 여성은 체력을 제외한 모든 측면에서 남성과 동등하다고 당당히 선언하면서, 그들이 체력에서 남성에게 뒤지는 건 쓸데없이 세련된 교육 때문이라고 주장했지. 그녀는 학문적 성취에 비하면 남편은 초라한 장식품이라면서, 여성은 지성의 발달 정도에 따라 남성보다 우월할 수도 있고 열등할 수도 있으며, 그런 지성이 없는 경우에만 아내가 남편에게 종속될 수 있다고 말한다네. 그녀는 인간의 영혼에는 남녀 구별이 없다고 강력히 주장하면서, 여성의 감성 · 수줍음 · 상냥함은 관능적인 쾌락을 더 깊게 하기 위해 남성이 주입하고 발달시킨 인위적인 세련됨에 지나지 않는다고 주장하지. 그녀는 순결을 대단히 중시한다고 했지만, 안타깝게도 본인의 삶에서는 그걸 실행하지 못했다네. 그녀는 수많은 연인들이 자신의 매력을 만끽하게 해주었고, 그녀에게 학문적 성취는 관능적인 즐거움에 비하면 아무것도 아니라는 것을 보여주었지.

다시 말하면 울스턴크래프트는 여성이 저지를 수 있는 최악의 범죄로 더러워진 몸이면서도, 여성을 대변하고 개조하겠다고 나섰던 것이야. 그녀는 그들의 여성적인 특징을 모두 없애고 최대한 빨리 남성적인 존재로 만들고자 했던 것이지.

벤저민 실리먼

아, 친애하는 하산(El Hassan), 그녀의 사상은 우리가 사랑하는 여성적인 특징들과 정반대지. 아, 아지미어의 아름다운 평원에 가장 눈부시게 빛나는 보석인 사랑스러운 알라그라여, 이 여성성을 상실한 여자, 여자의 몸을 한 남자를 보면 그대의 그 순결한 영혼은 얼마나 놀랄 것인가!

이 미친 여자의 사회 개혁안을 자세히 설명하자면 이 편지의 지면을 너무 많이 차지하게 될뿐더러, 그대도 지루해할 걸세.

하지만 그녀의 사상은 너무도 상식에 어긋나는지라 간략하게나마 설명할 수밖에 없다네. 울스턴크래프트는 남성의 사고와 습속에 만족하지 않고, 여성이 독립을 성취하여 군대 · 성직 · 정부에 들어가게 되기를 바란다네. 그녀는 가정을 완전히 저버리려 하진 않지만, 정말 어쩔 수 없는 경우가 아니면, 그렇게 비천한 일에 종사함으로써 여성의 에너지를 제한하는 일이 없기를 바란다네.

그녀는 진지하게 여성의 참정권을 옹호한다네. 이 나라와 유럽의 몇몇 나라에서는 내가 영국에서 띄웠던 편지에서 설명했듯이 참정권이 완전히 확립되어 있거든.[33]

화환을 쓰고 멀두반의 향기로운 숲에서 내리드(Nared) 뮤즈의 음악에 맞추어 춤을 추는 서른 명의 라기니(Ragini)[34]처럼 아름다운 여성 의원들이 남성 의원들과 한자리에 모이면, 사랑의 마술 때문에 입법에 관한 업무는 처리되지 못할 것 아닌가! 아름다운 연사의 연설보다는 그 매력이 더 인기를 끌 것이고, 의원들은 이성적으로 판단하면 완강히 반대할 일도 기사도 정신 때문에 찬성하고 말 걸세.

내각에 들어간 여성은 더 쉽게 세력을 얻을 걸세. 그들의 미소와 눈물, 한숨이 제국(諸國)의 운명을 결정하고, 그들의 미모가 전선에 나간 군인들의 행로와 해군들의 항로를 결정짓게 될 걸세.

울스턴크래프트는 자신이 유일하게 옹호하는 방어전에서만 옛 여전사들의 무훈과 여성이 휘두르는 무서운 무기가 힘을 발하길 바란다네.

이거야말로 교묘한 생각 아닌가? 아침 햇살처럼 아름다운 여자들이 전투하러 나온다면 어떤 남자든 칼을 던져버릴 게 아닌가? 그 앞에선

---

33 미국 여성은 '남성 시민들'만을 언급한 제14수정안에서 투표권을 박탈당할 때까지 적어도 법적으로는 투표권을 갖고 있었다. 여성의 투표권 행사 여부를 결정하는 것은 각 주의 권한이었고, 몇몇 주에서는 남북 전쟁 때까지 실제로 여성이 투표에 참가했다 - 편집자.

34 여자 연인들.

모든 군인이 자진해서 이들의 포로가 될 걸세.

원숭이 부대를 거느리고 적을 물리치신 라마(Rama) 신이 원숭이 대신 아리따운 처녀들을 데리고 나가셨다면 그렇게 많은 피를 안 흘리고도 더 큰 승리를 거두셨을 거야.

이 여성 철학자는 육체적 피로를 예방하는 조치로 소녀들에게는 운동을, 소년과 청년들에게는 체조를 권한다네.

그녀는 여성이 정신적 · 육체적 원기가 신비롭게 합해질 때 형성될 수 있다고 생각하는 더 놀라운 인격을 도야하기 위해 소녀들도 달리기, 높이뛰기, 권투, 레슬링, 펜싱, 격투를 해야 한다고 주장한다네.

그녀는 각자의 성별을 감춘 채 남녀 어린이들이 같이 이런 운동을 해야 한다고 주장한다네. 물론 신체가 자라면서 잠재된 감정이 발휘되면 그 놀라운 비밀이 드러나겠지만 말야.

경애하는 하산, 그 이상한 철학자의 주장이 너무 특이해서 편지가 애초 생각한 것보다 훨씬 길어지고 말았네. 나중에 다시 한 번 그녀의 다른 주장들을 편지에 담아 보내지. 그때는 특히 이 나라 여성이 그녀의 영향하에 어떤 일을 벌이고 있는지 설명해줌세.

이런 얘기를 아름다운 힌두교 여성의 귀에 들어가지 못하게 하게. 얌전하고 점잖은 힌두교 여성도 이 새로운 사상과 남성으로부터의 독립이라는 개념을 알게 되면 어떻게 변할지 알 수 없으니 말야.

## 사우디, 「메리 울스턴크래프트에게」[35]

백합 같은 볼, '사랑의 홍조',

달콤한 눈길의 맑은 광채……

메리! 시인은 이런 주제에 대해 노래했소.

여성의 힘은 그런 데 있었으므로…… 그대여.

이런 주제를 경멸하며 돌아서지 마오.

그 시대에는 나라를 위해 자유의 칼을 휘두른

잔다르크[36]도 없었고, 여성의 굳은 의지를 보여준

롤랑 부인[37] 같은 여성도 없었고,

카이사르가 죽은 그때처럼 자신을 희생시켜

복수자의 영광을 드높인

코르데[38] 같은 여성도 없었지 않소.

어쩌면 이 문제를 주제로 하여, 그대에게 보여도

부끄럽지 않을 노래를 몇 편 지어낼 수도 있을 것 같소.

---

35 사우디(Robert Southey, 1774~1848)는 영국의 시인 · 문인. 코울리지(Samuel Coleridge)의 친구로, 그와 함께 공산적 유토피아인 팬티소크라시(pantisocracy)를 창안했다. 그는 프랑스 혁명에 열렬히 찬동했으며, 잔다르크(Joan of Arc)에 대한 시를 쓰기도 했다. 여기 실린 울스턴크래프트에 대한 단시는 1795년 브리스톨에서 집필한 「여성의 승리」라는 좀더 긴 시의 서문 격으로 쓰였다.

36 프랑스를 이끌었던 오를레앙의 성녀 잔다르크 - 편집자.

37 롤랑(Madame Manon Roland) 부인은 1793년 프랑스 혁명의 공포 정치 당시 단두대에서 처형되었다.

38 코르데(Charlotte Corday)는 1793년에 마라(Marat)를 목욕탕에서 살해한 여성이다. 과격파의 지도자인 그를 암살함으로써 온건파인 지롱드당의 위상을 높이려 했지만, 암살 사건 직후 처형되었다.

## 블레이크, 「메리」[39]

메리

아름다운 메리가 처음으로
어여쁜 여성이 모여 선 무도회장에 들어섰을 때,
청춘남녀들이 그녀 주위에 모여들어
이렇게 말했네.
"저 여자는 천상에서 온 천사 같아.
황금 시대가 되돌아온 것 같군.
저 여자의 눈빛은 어떤 광채보다도 아름답고
입을 여니 오월이 찾아온 것 같군."

메리는 부드러운 아름다움과 기쁨 속에 움직이며
감미로운 미소로 밤의 즐거움을 더해주네.
그리고 당당한 어조로 거기 모인 여성에게
달콤한 사랑과 아름다움이야말로 우리가 추구할 바라고 주장하네.

---

[39] 이 시는 블레이크가 1801년과 1805년 사이에 쓴 시들을 모아 놓은 소위 『피커링 원고집』(*Pickering Manuscripts*)에 수록된 시 중 하나다. 블레이크의 전기 『욕망의 화살들』(*Arrows of Desire*, 1956)을 쓴 건트(William Gaunt)는 울스턴크래프트가 바로 블레이크가 말하는 '이상적인 여인'이라고 주장하고 있다. 이는 물론 지나친 비약일 수 있지만, 블레이크가 어느 정도 울스턴크래프트의 영향을 받은 것은 사실인 것 같고, 그렇다면 이 시가 어떤 식으로든 그녀를 기리는 작품이라고 보는 것도 온당할 것 같다.

다음날 아침 마을 사람들은 기쁜 마음으로 일어나
어젯밤의 즐거움을 얘기했고,
메리는 잠에서 깨어 다정한 친구들을 마주하네.
하지만 메리, 그대는 그후 그처럼 친절한 이들은 만나지 못했네.

어떤 이들은 그녀가 도도하다고 했고, 어떤 이들은 그녀를 창녀라고 불렀으며,
일부는 그녀가 지나가면 문을 닫아걸기도 했네.
축축한 냉기가 그녀를 덮쳤고, 홍조는 모두 사라지고,
뽀얀 살결과 아름다운 입술의 색조도 흔적이 없네.

"아, 저는 왜 남들과 다른 얼굴로 태어났을까요?
왜 저는 저렇게 시기심 많은 사람들과 다르게 태어났을까요?
하느님은 왜 제게 이렇게 너그러운 심성을 주신 다음
이 속 좁은 이들 사이에 살게 하셨나요?"

"양처럼 약하고, 비둘기처럼 유순하고,
시기하지 않는 것이 바로 기독교적 사랑일진대,
네가 사람들의 시기를 받는 것은 네가 지닌 장점 때문이라.
나약한 자들은 네 장점 때문에 너를 미워하는 것이니라."

"그렇다면 저는 제 아름다움을 낮추고, 소박한 옷을 입고,
무도회에 가지 않고, 눈도 빛나지 않게 하겠나이다.
그리고 애인 있는 남자가 저를 탐내어 그녀를 버리면

저는 그를 거절함으로써 시기를 피하겠나이다."

그녀는 아침에 수수하고 깨끗한 옷을 입고 밖으로 나갔네.
그러자 거리에 서 있던 한 아이가 말했네. "도도한 메리가 미쳤다네."
아침에 수수하고 깨끗한 옷을 입고 나갔던 그녀는
저녁에 흙투성이가 되어 집에 돌아왔네.

그녀는 덜덜 떨며 침대에 걸터앉아 울었네.
그녀는 밤이라는 것도 잊고 덜덜 떨며 울부짖었고,
밤인지 낮인지 구별하지 못했네.
그녀의 부드러운 마음속에는 경멸하는 표정이 새겨졌네.

메리의 고운 마음속에는 자신을 경멸하고 비웃는 사람들의 낯빛이
무서운 친구들처럼 우글거리네.
그녀는 신적인 인간의 얼굴은 모두 잊어버렸네.
메리, 그대를 뺀 모든 이들의 얼굴에 시기심이 깃들어 있네.

메리, 그대의 얼굴에는 절망에 빠진 감미로운 사랑과
부드러운 슬픔과 근심,
죽을 때까지 결코 사라지지 않을
엄청난 공포와 두려움이 깃들어 있네.

## 세인츠베리, 「메리 울스턴크래프트의 문학사적 위상」[40]

* * *

고드윈과 울스턴크래프트가 운명과 철학적 공감에 따라 남녀가 맺을 수 있는 가장 가까운 관계를 이루지 않았다고 해도, 두 사람은 같이 논의되는 게 마땅하다. 고드윈의 '신(新)철학'이 인간과 인간, 그리고 남자와 여자 사이에 성립될 수 있는 기존의 관계를 모두 뒤집어엎으려는 가장 대담한 시도를 담은 책이라면, 그의 아내가 쓴 『여권의 옹호』는 여성의 지위에 관한 논의를 통해 고드윈이 그 책에서 주장하는 내용을 보충하는 작품이기 때문이다. 울스턴크래프트는 생전에 많은 비난을 받았고, 심지어 월폴 경은 (그 인용문의 진위 여부는 확인하지 못했지만) 그녀를 '페티코트를 입은 하이에나'라고 불렀다고 한다. 하지만 그건 오포드 경(Lord Orford)을 바지를 입은 원숭이라고 부르는 것만큼이나 부당한 처사다.[41] 그리고 최근에는 그녀에 대한 평가가 다소 좋아졌지만, 그것도 그녀의 인품보다는 특이한 사상 때문인 것 같다.

그런데 그녀는 아주 불행했지만 정말 뛰어난 인격의 소유자였던 것 같다. 그녀의 아버지는 상당한 재산을 날리고 자식들에게 짐이 되었고,

---

40 세인츠베리(George Saintsbury, 1845~1933)는 많은 작품을 남긴 문학 비평가 · 편집자 · 저널리스트로서, 이 글이 실려 있는 『19세기사』(*History of the Nineteenth Century*)는 높은 평가를 받은 명저다. 그는 문체에 대한 독자의 반응에 중점을 둔 일종의 개인적 비평의 비조(鼻祖)다.

41 월폴(Horace[Horatio] Walpole, 1717~97)은 제4대 오포드 백작이었다. 자주 인용되는 이 말은 그가 모어(Hannah More)에게 보낸 편지에 썼던 것이다. 그런데 원래 월폴은 울스턴크래프트의 여권 이론이 아니라 그녀가 또 다른 책 『인권의 옹호』(1790)에서 프랑스 왕비(즉, 마리 앙투아네트 - 옮긴이)를 너무 나쁘게 그린 것 때문에 이런 말을 한 것이었다 - 편집자.

오빠는 변호사였지만 이기적인 사람이어서 자매들에게 전혀 도움을 주지 않았기 때문에, 그녀는 거의 혼자 힘으로 생계를 이어가야 했다. 그녀는 여동생들과 학교를 운영하기도 하고, 이튼 학교 교사인 프라이어 씨(Mr. Prior)의 추천으로 킹스버러 경(Lord Kingsborough) 집의 가정교사로 일하기도 했다. 그 뒤에는 당시 자유주의자들의 저서를 주로 펴낸 존슨의 출판사에서 이런저런 글을 맡아 쓰다가, 파리에 건너가서는 불행히도 임레이라는 잘생긴 바람둥이 미국 군인과 사랑에 빠지기도 했다. 임레이는 동거하던 그녀를 버렸고, 그녀는 자살을 기도했다. 그리고 이 두 사람의 딸인 가엾은 패니 임레이(Fanny Imlay, 또는 고드윈)는 나중에 정말 자살로 생을 마감했다. 울스턴크래프트가 행복했던 건 죽기 전의 짧은 기간뿐이었다. 몇 가지 단점은 있었지만 결코 바람둥이는 아니었던 고드윈은 그녀를 만나 사랑에 빠졌고, 두 사람 모두 결혼 제도를 부정했지만, 결국 결혼에 이르렀다. 그런데 울스턴크래프트는 딸을 낳은 지 일주일 만에 세상을 떠나고 말았다. 이 딸이 바로 후에 시인 셸리(Shelley)와 결혼한 메리다. 울스턴크래프트가 유명한 것은 주로 『여권의 옹호』 덕분이지만, 이 책은 어떻게 보면 그야말로 형편없는 저작이다. 문체도 거칠뿐더러, 그 책이 공격하는 견해들 못지않게 잘못된 편견으로 가득 차 있고, 인간이나 바람직한 사회에 대한 지식도 아주 미천하기 때문이다. 그리고 세부적인 논의들은 거의 고약하다고 할 정도로 지독하다. 하지만 포다이스나 그레고리 같은 영국인들이 쓴 교육서에 나타난 '점잖은' 감상성(感傷性)이나 루소의 책에 나타나 있는 '점잖지 못한' 감상성에 대한 그녀의 비판은 진솔하고 자세하다. 그 책에 나와 있는 여러 견해나 주장들은 이제 열렬한 여권 운동가가 아닌 사람도 쉽게 수용할 수 있는 그런 내용들이다. 그리고 울스턴크래프트는 그

조지 세인츠베리

뒤에 등장한 많은 여권 운동가들과는 달리 전혀 거만하지도, 거칠지도 않다. 그녀는 불운했고, 문학적 안목도 부족했지만, 멍청하지도, 감정적으로 조야하지도 않았으며, 그녀가 죽은 한참 뒤까지도 사우디 같은 남성이 쓴 글을 보면 얼마나 매력적인 여성이었는지 능히 짐작할 수 있다.

* * *

## 엘리엇, 「마거릿 풀러와 울스턴크래프트」[42]

신간이 적은 관계로 이번에는 전에 나온 책 중 별로 다루지 않았던 작품들에 대해 써볼까 하는데, 그중 우리가 고른 것은 풀러의 『19세기의 여성』 최신판이다. 이 작품은 그 문제를 다룬 다른 책들보다도 더 포괄적이고 솔직하기 때문이다. 극소수의 뛰어난 작가를 제외한 거의 모든 미국 작가들의 작품이 그렇듯이 이 책도 촌스러운 안목, 모호한 관념론, 과장된 문체를 지니고 있지만, 그래도 소중한 작품이다. 이 책에는 고결하고 관대한 성품에서 나오는 열성과 적확하고 세련된 판단력에서 나오는 온건함과 포괄성, 관대함이 모두 들어 있기 때문이다. 이 책에서 풀러는 여성의 도덕성이나 지적 능력을 지나치게 강조하지도 않고, 지금까지는 남자들의 전유물이었던 이런저런 직업이 여자들에게 알맞다고 떠들어대지도 않으면서, 여성의 잠재력이 활짝 피어날 수 있도록 부당한 법이나 자의적인 규제를 없애줄 것을 차분하게 당부했다. 풀러는 아주 현명한 방식으로

> 여성 내면의 잠재력이 모두 싹트고 꽃필 수 있는
> 여건을 마련해주고, 여성 스스로 자신을 남에게 주든
> 독신으로 살든 선택하게 하고, 자기 힘으로 생활하고, 배우고,
> 여성만의 특징을 잃지 않으면서 무엇이든 될 수 있도록,

---

42 영국의 위대한 소설가 엘리엇(George Eliot, 본명은 메리 앤 에번스Mary Ann Evans)은 런던 『웨스트민스터 리뷰』(*The Westminster Review*)의 번역자와 부(副)편집자로 작가 생활을 시작했다. 이 글은 1855년 10월 13일 『지도자』(*The Leader*)지에 게재되었는데, 울스턴크래프트의 『여권의 옹호』와 풀러의 『19세기의 여성』(*Women in the Nineteenth Century*)을 비교하는 내용으로 되어 있다 - 편집자.

여성을 드높여주는 것 같으면서도 실은 비하하는
기생(寄生)적인 형식들을 없애달라고[43]

요구하는 것이다.

1843년에 처음 나온 풀러의 이 글[44]과 60~70년 전에 나온 여성 문제에 대한 또 다른 책, 즉 울스턴크래프트의 『여권의 옹호』를 비교해 보면 아주 흥미롭다. 『여권의 옹호』는 첫 권만 완성됐지만, 그 부분만 갖고 보더라도 최소한 그 강력한 메시지와 고결한 도덕적 어조에서는 풀러의 책에 결코 뒤지지 않는다. 어떤 사람들은 『여권의 옹호』가 부도덕한 책일 거라고 생각하는데, 실제로 읽어보면 아주 진지하고, 말할 수 없이 도덕적이며, 엄숙하다는 걸 알고 놀라움을 금치 못할 것이다—1796년 이후 새 판이 나오지 않았고, 그래서 이제는 구해 보기가 정말 힘들게 된 것도 실은 그와 같은 엄숙함 때문일 것이다. 이 두 책은 어떤 면에서는 비슷하지만, 또 다른 면에서는 극히 대조적이다. 울스턴크래프트와 풀러는 둘 다 엄청난 지성을 갖추고 있지만, 풀러의 정신은 미국 대륙의 어떤 부분 같아서, 밝은 공터에서 갑자기 신비로운 어둠이 깃든 숲 속으로 뛰어들기도 하고, 치밀한 논리를 펴다가 갑자기 몽롱하고 모호한 얘기로 빠지기도 한다. 풀러는 또 다채로운 미국 문화에서 정말 다양한 예들을 들고 있다. 반면에 울스턴크래프트는 말할 수 없이 합리적이다. 그녀는 해박한 지식을 펴보이지도 않고, 진지한 내용을 상

---

43 Tennyson, *The Princess*, 7. 253~258행. 편집자 피니(Thomas Pinney)에 따르면 엘리엇은 그 시의 1847년 판을 사용했으며, 본문과 약간 다른 부분도 있다고 한다.

44 『19세기의 여성』은 원래 1843년에 『대소송』(大訴訟, *The Great Lawsuit*)이라는 제목으로 출판되었다.

상력의 빛으로 물들이지도 않는다. 두 책은 모두 이 강력하고 진솔한 저자들의 당당한 외양 뒤에 숨은 따뜻한 여성적 감성을 느끼게 해준다. 이런 여성적 감성 때문에 두 사람은 아주 사소한 집안일이나 친절도 가벼이 여기지 않았다. 하지만 풀러가 아주 열정적인 감성의 소유자이면서 뭔가 써내지 않고는 만족할 수 없는 문학적인 여성이었던 반면, 울스턴크래프트는 단지 글을 쓰기 위해서가 아니라 다른 긴박한 이유 때문에 책들을 써냈다. 두 사람은 시대의 차이에도 불구하고 아주 비슷한 생각을 했고, 풀러의 책을 보면 가정 교육과 함께 남녀가 같이 다닐 공립학교를 세워야 한다는 주장만 뺀다면 『여권의 옹호』에 나오는 중요한 개념들이 모두 나와 있다.

두 작가가 역설하는 것 중 하나는 바로 남자들은 여성을 자기들과 비슷하게 만들어줄 견해에 질색을 하면서, 무지하고 둔한 여자들에 의해 좌우된다는 것이다. 풀러는 이렇게 말한다.

> 인간이 극단적인 가난이나 짐승 같은 무지를 극복하고 안락한 가정 생활이나 삶의 아름다움을 추구하는 단계가 된 사회라면 어디에서든 여성은 마음만 먹으면 자신의 무지나 유치한 허영심에 비례한 만큼의 권력을 누릴 수 있고, 여성은 대부분 그러길 바란다. 그런 여성은 삶이나 그 목적들이 얼마나 고귀한지 전혀 모른 채 이기적인 목적을 위해 교태를 부리고 하잘것없는 권력을 추구하도록 훈련받아 왔기에, 눈앞의 권세에 눈이 멀기 십상이다. 그리고 그런 애첩들 때문에 한 국가의 정부가 흔들리고 교역이 혼란에 빠진다. 영국 점원의 아내는 선거권도 없지만, 정치가들은 표를 얻기 위해 저급한 아첨을 이용하는 것이다.

그런가 하면 이런 구절도 있다.

모든 아내들은—병자라고 불려 마땅할—남편들이 경계를 풀고 있을 때, 어떤 일의 증거를 왜곡하고 거기에 감정을 불어넣음으로써 아내라는 지위 덕분에 생기고, 그런 위치에 있기 때문에 꼭 필요한 그런 권력을 행사한다.

그러면 이번에는 그 문제에 대해 울스턴크래프트가 한 말을 보자.

여성은 아주 오랫동안 무지와 노예 같은 의존 상태 속에 살아왔고, 지금도 사람들은 그들이 쾌락과 권력을 정말 좋아한다든지, 바람둥이나 군인들을 선호한다든지, 아이들처럼 장난감을 탐낸다든지, 허영심 때문에 미덕보다 교양을 더 쌓고 싶어한다고 떠들어댄다. 역사를 보면 나약한 노예인 교활한 여성이 주인들을 조종해 저지른 무서운 범죄들이 나열되어 있다. [……] 따라서 내가 여성을 노예라고 부르는 것은 바로 정치적 · 법적 의미에서다. 그들은 간접적으로 너무 많은 권력을 얻고, 그 권력을 이용해 부당한 힘을 행사함으로써 도덕적으로 타락하기 때문이다. [……] 유능한 남자들은 바람기, 아니 심지어는 미덕 때문에도 어떤 유의 여자들의 지배를 받게 되고, 이 나약한 여성은 유치한 열정과 이기적인 허영심 때문에, 그들을 선도해야 할 바로 그 남자들의 판단을 흐려놓는 것이다. 상상력이 풍부하거나 사회를 이끄는 저 정열적인 남자들은 여자들과 같이 있을 때 긴장을 풀게 되고, 역사를 살펴보면 선의에서 비롯된 실수로 빚어진 나쁜 일들 말고도, 이런 애첩들의 이기적인 계략 때문에 남자들이 저지른 악행과 억압 행위가 얼마나 많은지 모른다. 본래 거래는 바보보다는 악당과 하는 편이 낫다고 하지 않는가. 악당은 어떤 계산이 있고, 어떤 일이든 충동적으로 저지르기보다 논리적으로 계획을 세워야 쉽게 해낼 수 있기 때문이다. 사악하고 어리석은 여자들이 예민한 감성을 지닌 현명한 남자들에게 끼쳐온 영향력은 말할 수 없이 크다.[45]

남자들은 흔히 자기 의견을 지닐 만큼 유식한 여자는 남편의 뜻을 거스르며 멋대로 행동하고, 철학적인 문제에 대해서까지 베갯머리송사를 일삼기 때문에 신붓감으로 부적합하다고 생각한다. 그런데 고집으로 말할 것 같으면, 몽둥이나 채찍, 굴레 또는 다리를 매는 동아줄을 이용할 수 없는 나라의 경우, 머리를 쓰지 않는 동물만큼 다루기 힘든 짐승도 없다. 우리 사회의 경우, 전부터 내려온 체벌과 여성을 가장 고상한 의미에서 합리적인 존재로 만들어줄 교육 사이에 일관성 있고 편리한 중간 단계가 전혀 없는 것 같다. 어른이 작은 아이의 손을 잡고 걸어갈 때, 아이에게 이리저리 끌려 다니고, 아이의 변덕과 사소한 움직임 때문에 지쳐 떨어지는 것처럼, 나약한 존재들은 단단히 통제하지 않으면 이 쪽을 다스리려 든다. 정말 세련된 여성은 정말 세련된 남성과 마찬가지로 사소한 일에서는 선선히 상대방의 의견을 받아들일 것이다. 내가 지금까지 보아온 바로는, 머리가 나쁜 것과 의지가 약한 것 사이에는 거의 아무런 연관이 없는 것 같다. 철학에 대해 아무런 의견이 없는 여성은 부엌일에 대해서도 확실한 신념을 갖고 있을 가능성이 별로 없다. 그리고 진정한 미덕의 소유자보다는 미덕이 별로 없는 여성이 더 거만하게 굴기 쉽다. 거만함은 말라프로프 부인(Mrs. Malaprop)[46]의 말

45 『여권의 옹호』, 167, 174쪽. 고딕체는 엘리엇.

46 영국의 소설가 셰리든(Richard Brinsley Sheridan)의 『경쟁자들』(*The Rivals*)에 나오는

대로 "여성의 무력한 속성들", 다시 말하면 그 사람의 됨됨이를 형성할 만큼 철저히 동화된 지식이 아니라 그저 표면적으로 지니고 다니는 교양에서 나온 결과다.

다시 풀러에 대해 얘기하자면, 그녀의 책에서 가장 뛰어난 구절들은 여성의 속성과 소임에 대한 절대적인 정의(定義)에서 비롯되는 오류들에 대한 부분이다. 풀러는, "자연은 아무런 규칙에도 얽매이지 않는다는 걸 보여주고 싶은 듯 정말 다양한 조합(組合)을 만들어내는데, 그렇다면 우리도 그 다양한 조합들을 받아들여야 할 것이다"라든지, "자연이 아무런 제약 없이 무한한 영감에 따라 인간을 만들어낸다면, 그걸로 충분하다. 여성이 뭔가 할 말이 있어서 글을 쓰거나 강연을 하고 싶어 한다면, 그렇게 하는 게 좋을 것이다. 하지만 인간 사회의 전통이 아니라 신의 섭리 때문에 수백 년 동안 침묵을 지켜야 한다면 그건 어쩔 수 없는 일이리라." 그리고 아래 구절은 그 첫 부분이 자주 인용된다.

> 여성이 어떤 일을 할 수 있느냐고 묻는다면 나는 무슨 일이든 괜찮다고 대답할 것이다. 무슨 일이든 말해보라. 선장이 필요하다면 그 일에 맞는 여성이 있을 것이고, 그렇다면 나는 사라고사의 아가씨나 미솔롱기의 처녀, 술리의 여걸, 또는 플레이터를 영접하듯 그들을 맞이할 것이다.[47]

---

인물. 엉뚱하거나 부적절한 용어를 자주 사용하는 코믹한 여성을 가리킨다. 이 인용문은 『경쟁자들』의 3막 3장에 나온다.

47 사라고사(Saragossa)의 아가씨는 1808년 스페인 사라고사 함락 때 프랑스군에 맞서 싸운 어거스틴(Maria Agustin). 바이런(George Gordon Byron)의 「해롤드 경의 순례」, 1장 54~56행 참조. 미솔롱기(Missolonghi)의 처녀는 1822년 또는 1826년 터키의 미솔롱기가 터키의 공격을 받을 때 활약한 신원 미상의 그리스 여성. 술리(Souli)의 여걸은 1803년 알바니아의 술리가 터키의 공격을 받았을 때 300명의 여성으로 구성된 군대를 이끈 모스카(Moscha)를 가리키는 듯하다. 플레이터(Emily Plater)는 1831년

내 생각에 여성은 특히 이 전환기에 그들의 잠재력을 일깨우기 위해 지금보다 훨씬 더 다양한 직업을 필요로 하는 것 같다⋯⋯ 내가 아는 집안의 딸들 중에는 나무에 톱질하는 걸 좋아하는 아이도 있고, 목공 연장을 쓰는 걸 좋아하는 아이도 있다. 어른들이 그런 기호를 만족시켜 주면, 그 아이들은 명랑하고 활달하게 살아갈 것이다. 하지만 '그런 일은 여자들에게 안 어울린다'는 이유로 못하게 하면 그 아이들은 시무룩하고 불만에 찬 여자로 커갈 것이다. 어린 여자아이들의 취미나 성인 여자들의 권태를 자세히 관찰해본 사람이면 누구나 알 수 있는 일이지만, 퓨리에[48]는 여성의 이런 욕구에 대해 얘기한 바 있다(뭔가를 통해 자기들만의 오붓한 세계를 이룩한 여자들을 제외하면 성인 여성 모두 그런 권태 속에 살아간다). 퓨리에는 여성에게도 제조업이나 식물 가꾸기, 동물 기르기를 포함한 여러 직업을 주어야 한다고 주장하면서, 여성 중 3분의 1은 남성적인 직업을, 그리고 남성의 3분의 1은 여성적인 직업에 적성을 갖고 있을 거라고 말한 바 있다. [⋯⋯] 하지만 내 생각에는 그렇게 되어도 여성 중 많은 수가 지금과 같은 직업을 선택할 것 같다. 그 직업을 택하게 만든 상황은 그대로 있기 때문이다. 엄마들은 가정을 안락하고 따스하게 꾸미는 걸 좋아할 것이다. 그게 자연의 뜻이기 때문이다. 그러니 높이 날아올라 노래하고 싶어하거나, 자기 무리와 달리 철새처럼 멀리 날아가려고 하는 새의 날개를 잘라버릴 필요는 없다. 차이가 있다면, 일부 여성에게만 맞는 직업에 모든 여성이 종사할 필요는 없다는 점일 것이다.

---

폴란드가 러시아에 대항해 싸울 때 한 중대를 이끈 폴란드의 애국자 - 길버트(Sandra M. Gilbert)와 구바(Susan Gubar)의 주.

48 퓨리에(Charles Fourier, 1772~1837)는 『새로운 산업 사회』(*The New Industrial World*)의 「작은 무리들」 부분에서 이런 이야기를 하고 있다 - 샌드라 길버트과 수잔 구바의 주.

같은 문제에 대해 울스턴크래프트는 미국 여성이 이미 실천하고 있는 방안을 제시했다. 그녀의 말을 들어보자.

> 여성은 특히 모두 상류층이 되려 한다. 하지만 이는 아무 할 일 없이, 이유도 모른 채 아무 데나 슬슬 갈 수 있음을 의미할 뿐이다. 그런데 여성이 우아하게 빈둥대는 것 말고 사회에서 어떤 일을 할 수 있단 말인가? 혹자는 그런 질문을 제기할지도 모른다. 그렇다고 그런 이들도 설마 여성 모두가 바보에게 젖을 먹이고 하찮은 일을 기록하는 삶을 살아야 한다고 주장하진 않겠지! 여성은 의술을 공부해 간호사는 물론 의사도 될 수 있을 것이다. [……] 좀더 체계적으로 교육받는다면 각종 사업에 종사할 수도 있을 것이다. [……] 그렇게 되면 남자들이 공직에 취임하듯이 생계를 위해 결혼하고 거기에 따른 의무를 게을리 하는 일은 없어질 것이다.[49]

남자들은 여성의 자립과 독립 정신을 억누름으로써 비싼 대가를 치르고 있다. 천재적인 남성은 그의 비밀스러운 동경을 전혀 이해하지 못한 채, 아무 일도 못하고 그저 성소 안의 성모상처럼 거실에 앉아 있는 여자를 위해 '가정'을 유지하느라 소중한 중년기를 진부한 일을 하며 보낸다. 그래도 상관없다는 것이다. 여성에 대한 전통적인 시각을 유지하고, 아내를 존중하는 대신 계속 무시할 수만 있다면 무슨 일이든 감수하겠다는 게 남자들의 태도인 것이다. 옛 로마의 원로원 의원들은 로물루스(Romulus)에 대해 "살아나지만 않는다면 신으로 받들어주겠다"

---

[49] 『여권의 옹호』, 147~148쪽.

조지 엘리엇

고 말했는데, 남자들도 여자들에게 그와 비슷한 태도를 갖고 있다. 즉 여자들이 공정하게 대하고 진지하게 존중해야 할 남자의 동반자로 바뀌지만 않는다면 얼마든지 떠받들어 주고, 소중한 것들을 낭비하는 무익한 존재로 살아가게 해주겠다는 것이다.

어떤 사람들은 여자들 자신이 나아지지 않으면 여성의 지위는 절대로 개선될 수 없다고 주장한다. 그런가 하면, 법이 더 공정해지고 여자들이 일할 분야가 많아짐으로써 그 지위가 올라가야 여성도 나아질 거라고 주장하는 이들도 있다. 하지만 인류 전체에 대해서도 사람들은 늘 그런 말을 하지 않는가. 개인과 조직 사이에는 부단히 작용과 반작용이 존재하고, 우리는 모든 것을 조금씩 고쳐나가려고 노력해야 한다──그 것만이 인류 사회가 더 나아지는 길인 것이다.

그런데 안타깝게도 지나치게 열성적인 여권 운동가들은 남녀가 사실은 완전히 평등하고──아니, 여성이 도덕적으로 우월하기 때문에 억압적인 법과 갖가지 제약에서 해방되어야 한다고 주장하고, 바로 이 잘못된 시각 때문에 많은 손해를 보고 있다. 만약 그들의 말이 옳다면 예속 상태와 무지가 미덕을 길러준다는 말이고, 그렇다면 계속 예속 상태에 묶여 있는 게 좋다는 결론이 나오기 때문이다. 하지만 우리가 여성의 자유와 교육을 원하는 것은 예속과 무지가 여성을 타락시켰고, 그 결과 남성 또한 타락했기 때문이다.

> 여성이 작고 하찮고 비참하다면,
> 어떻게 남성이 위대해질 수 있겠는가?[50]

풀러와 울스턴크래프트는 현명하기 때문에 이런 감상적이고 과장된 발언을 하지 않는다. 그들은 여성이 지금보다 훨씬 더 나아지기를 열망하지만, 그러면서도 여성의 현재 모습을 정확히 파악해 묘사한 것이다. 남녀의 도덕성에 대해 울스턴크래프트는 아주 단호한 태도를 취한다.

> 혹자는 여성이 남성보다 감성이나 인간애가 더 풍부하다고 말하면서, 여성이 애정이 더 강하고 더 쉽게 연민을 느낀다는 사실을 그 증거로 제시한다. 하지만 무지에서 나온 의존적인 애정은 고귀하지도 않고, 아이

---

50 Tennyson, *The Princess*, 7. 249~250행.

들이나 동물의 경우처럼 쉽게 이기심으로 변질될 수 있다. 나는 모든 감성이 남편에게 집중되어 있고, 인간애 역시 아주 약하거나 스쳐가는 동정심에 지나지 않는 나약한 여성을 많이 보았다. 한 저명한 연설가의 말을 빌리면, "인간애란 (남의 불운에 쉽게 동정을 느끼는) 심약한 귀가 아니라 의지나 지성의 문제인 것이다."

그런데 이런 배타적인 애정이 그 개인을 타락시키긴 할지언정, 여성의 열등함을 보여주는 증거로 이용되어선 안 된다. 그건 여성의 좁은 견해에서 나온 자연스러운 결과이기 때문이다. 여성은 아주 뛰어난 양식을 지닌 경우에도 사랑에 자극받지 않는 한 사소한 일이나 개인적인 계획에 관심이 한정되어 있기 때문에 영웅적인 일에 뛰어들지 못한다. 그리고 사랑은 거창한 열정과 마찬가지로 아주 드물게 나타날 뿐이다. 그래서 나는 '남자만큼 관대한 여자는 아주 드물고', 여자들의 편협한 애정은 정의나 인간애를 희생시키기 쉬우며, 그 애정이란 게 보통 어떤 한 남자를 향한 마음이기에 여성을 열등한 존재로 만든다고 말한 한 도덕가의 의견에 동의한다. 하지만 나는 여성이 태어날 때부터 억압받지 않는다면 오성이 강화되면서 정서적인 면 또한 발달할 거라고 생각한다.[51]

풀러의 책에도 이와 비슷한 구절들이 몇 군데 있지만, 이 문제를 그렇게까지 자세히 다룰 의도는 없기 때문에 몇 가지만 언급한 것이다. 이런 지엽적인 문제를 너무 길게 다루는 것도 독자에 대한 예의가 아니기 때문이다.

---

51 『여권의 옹호』, 188~189쪽.

## 골드먼, 「메리 울스턴크래프트의 비극적 생애와 자유를 위한 열렬한 투쟁」[52]

인류 진보의 선구자들은 어떤 갈매기처럼 다른 이들이 끝없이 펼쳐진 바다만을 보고 있을 때 새로운 해변을 발견하고, 대담한 사상의 새 영역을 본다. 그들은 먼 나라를 향해 기쁨에 찬 인사를 보내고, 요란한 파도 소리 속에서도 그 예리한 귀로 새로운 전언(傳言)과 인류의 새로운 상징을 들을 수 있기에 그리움에 찬 강렬하고 뜨거운 신념으로 의심의 구름을 뚫는다.

둔하고 무기력한 다른 이들은 새로운 것을 보지 못한 채, 진리의 선구자들을 평화를 깨고 안정된 습관과 전통을 모두 없애버릴 존재로 간주하여 의심하고 미워한다.

그래서 극소수의 사람만이 새로운 길을 개척해가는 선구자들의 말에 귀를 기울인다. 사람들은 대부분 그들을 따라 미지의 영역으로 들어갈 힘이 없기 때문이다.

선구자들은 타협을 거부함으로써 자기 시대의 모든 제도에 맞서기 때문에, 자기들이 돕고 싶은 바로 그 사람들에게 소외당한다. 그리고 가장 가까운 친지들이 그들을 고립시키고 피하고 거부하는 것이다. 하

---

52 골드먼(Emma Goldman, 1869~1940)은 열렬한 연설가이자 급진적인 선동자로 '붉은 에마'라는 별명을 갖고 있다. 젊은 시절에는 무정부주의에 심취하여 1893년, 시위를 주도한 혐의로 투옥되었다. 1919년에는 평생 동지인 버크먼(Alexander Berkman)과 함께 미국에서 추방되었다. 소련의 공산주의에 실망한 그녀는 캐나다로 이주, 그곳에서 생을 마감했고, 묘소는 시카고에 있다. 이 인용문의 주들은 편집자가 붙인 것이고, 원문은 『페미니스트 스터디스』(*Feminist Studies*), 제4권 제1호(1981), 114~121쪽에 인용되었던 것을 전재한 것이다.

엠마 골드먼

지만 모든 선구자가 경험하는 비극은 그런 이해 부족이 아니라, 인류 진보의 새로운 가능성을 보았기 때문에 현실에 뿌리를 내릴 수 없고, 새로운 것은 아직도 저 멀리 있기 때문에 그들 자신은 사회에 발을 붙이지 못하는 방랑자, 절대로 찾을 수 없는 것을 찾아 늘 헤매는 탐구자라는 사실에서 비롯된다.

그들은 모든 고통과 다른 사람들에게 연민을 느끼고 공감하지만, 자신은 주변에서 소외된 삶을 살아간다. 위대한 영혼들이 늘 그렇듯, 선구자들은 그 엄청난 정신이 갈구하는 사랑 또한 영원히 받지 못할 것이다. 그들은 인류에게 엄청난 사랑을 느끼지만, 그들이 받는 사랑은 극히 미미하다.

울스턴크래프트의 생애와 비극도 그와 같았다. 그녀는 인류와 친지들에게 엄청난 사랑을 주었고, 그녀의 열정적이고 그리움에 찬 영혼은 평범한 삶의 초라한 식탁에서 떨어지는 빵 조각으로는 만족할 수 없었다.

울스턴크래프트는 여성이 어려서는 아버지의 소유물이고 결혼하면 상품으로 남편에게 넘겨지는 예속 상태에 처해 있을 때 세상에 태어났다. 그녀가 1759년 4월 27일에 태어난 세상은 정말 이상한 곳이었다. 물론 우리 사회도 그에 못지않게 이상하지만 말이다. 인류는 그 비참한 순간에서 꽤 많이 진보했지만, 울스턴크래프트는 지금도 선구자이고, 우리 시대보다 훨씬 더 앞서 있기 때문이다.

그는 한 중산층 가정의 많은 자녀 중 하나로 태어났고, 아버지는 아내와 아이들을 마음대로 휘두르고 나태와 사치로 재산을 날려버림으로써 가장으로서의 권리를 행사한 사람이었다. 우주의 창조자인 그의 뜻을 누가 막을 수 있겠는가? 그런데 사회의 다른 많은 면과 마찬가지로 울스턴크래프트의 아버지 시대나 지금이나 가장들의 그런 권리는 별로 변한 게 없다. 울스턴크래프트의 가정은 곧 아주 빈곤한 지경에 처했는데, 사회에서 할 게 거의 없는 중산층 아가씨들은 먹고살 방법이 별로 없었다. 그들에게 열린 길은 단 하나, 결혼뿐이었다. 울스턴크래프트의 여동생은 그걸 깨달았던 듯, 친정의 비참한 가난을 피하기 위해 사랑하지도 않는 남자와 결혼해버렸다. 하지만 울스턴크래프트는 그녀와 전혀 다른 아주 고귀한 인물이었기 때문에 그렇게 조야한 환경에 걸맞지 않았다. 그녀의 지성은 여성의 타락한 현실을 직시했고, 불의를 보면 언제나 맹렬히 불타오르는 그녀의 영혼은 인류의 절반이 예속 상태에 처해 있는 현실에 반기를 들었다. 그녀는 자립하기로 결심했다. 이 과정에서 패니 블러드와의 우정이 큰 힘이 되었는데,[53] 패니는 울스턴크래프트보다 먼저 자신의 힘으로 생계를 꾸려가며 독립을 향한 첫발을 내딛고 있었다. 하지만 패니의 커다란 정신적 도움이나 경제적 요인이 없었더라도 울스턴크래프트는 타고난 천성 때문에 세상이 그녀에게 따르라고 요구하는 기준을 내세우는 거짓된 신들을 깨부수는 우상파괴자가 될 운명이었다. 천재를 만들 때는 다른 사람의 경우보다 훨씬 많은 재료가 들어간다는 말이 있다. 진정한 반항아나 선구자들의 경우에도 그럴 것이다. 울스턴크래프트는 애초에 그렇게 태어난 것이지, 이런저런 상황 때문에 그런 사람이 된 건 아니었다. 울스턴크래프트의 고귀한 영혼, 삶에 대한 지혜로운 철학, 깊은 사고, 인간 해방을 위한 강력한 투쟁, 여성 해방을 위한 불굴의 투지 등을 보면, 그녀는 오늘날의 기준으로 봐도 너무나 비범하기 때문에 백 년에 한 번 나올까 말까 한 그런 천재라고 해도 무방할 것이다. 하늘 높이 솟아올라 태양을 보고 그 대가로 목숨을 잃는 독수리처럼 울스턴크래프트는 비극의 컵을 끝까지 들이켰다. 그게 지혜를 얻은 자의 대가이기 때문이다.

이 18세기의 놀라운 선구자에 대해 그동안 많은 논의가 있었지만, 그녀는 너무도 거대한 주제이고 아직 다뤄지지 않은 부분이 많이 남아 있다. 여성 운동가, 특히 참정권 운동가들은 울스턴크래프트의 삶과 투쟁을 통해 여성 해방에 있어 외적인 승리가 얼마나 하잘것없는지 잘 알 수 있을 것이다. 그녀가 여성의 경제적 · 정치적 예속 상태를 개탄한 이후 아주 많은 성과가 있었던 건 사실이다. 하지만 그런 성과를 통해 여

---

53 패니 블러드는 젊은 울스턴크래프트의 가장 친한 친구였다. 울스턴크래프트는 블러드 집안에 들어가 살았고, 패니와 함께 뉴잉턴 그린에서 학교를 운영하기도 했으며, 1785년 패니의 출산을 보기 위해 스페인의 리스본까지 찾아가기도 했다. 패니는 아이를 낳다가 사망했다.

성은 정말 해방되었는가? 그런 성과 덕분에 여성의 정신이 더 심오해졌는가? 그것이 여성의 삶에 기쁨과 즐거움을 더해주었는가? 그녀의 비극적인 삶을 살펴보면 경제적 · 사회적 권리는 여성의 삶, 아니 그게 남자든 여자든 심오한 삶을 원하는 이를 만족시킬 수 없다는 걸 알 수 있다. 보통 남자는 몰라도, 심오하고 세련된 남성은 심오하고 세련된 여성과 크게 다르지 않다. 그런 남성은 그런 여성과 마찬가지로 아름다움과 사랑, 조화와 이해를 추구할 것이다. 울스턴크래프트는 자신을 여성이라는 굴레에 묶어두지 않았기에 그것을 깨달았고, 여성뿐 아니라 인류 전체의 해방을 요구했다.

울스턴크래프트는 경제적 독립을 위해 처음에는 학교 교사로 일하다가, 그후 한 응석받이 여성의 응석받이 아이들을 가르칠 가정교사로 취직했다.[54] 하지만 그녀는 곧 하인 취급을 받고 살 수는 없다는 걸 깨닫고, 뭔가 먹고살 길을 찾았지만, 자신을 타락시키는 일에는 종사할 수 없었다. 그녀는 가난하다는 게 얼마나 괴롭고 치욕적인 일인지 뼈저리게 느꼈다. 울스턴크래프트가 괴로웠던 건 생활의 불편함 때문이 아니라 가난해서 누군가에게 의존해 있으면 정신적으로 자유로울 수 없다는 사실 때문이었다. 그녀는 당시 이런 말로써 자신의 감정을 토로했다. "가난이야말로 최대의 적이라는 걸 모르는 사람이 어찌 자유의 친구라 할 수 있으랴."

그런데 이때 울스턴크래프트와 후대의 인류를 위해 아주 다행스러운 일이 일어났다. 20세기에도 드문 아주 인간적인 후원자가 나타났으니, 바로 대담한 진보주의 출판업자 존슨이었다. 그는 경제적 손실을 감수

---

[54] MW는 1786~87년에 킹스버러 자작 집의 가정교사로 일했다.

하면서도 블레이크, 페인, 고드윈, 그리고 당대 여러 반항아들의 글을 출판한 사람이었다. 존슨은 울스턴크래프트의 잠재력을 보고, 그녀를 고용해 교정 · 번역 등의 일을 맡기고, 자기가 펴내는 『애널리티컬 리뷰』에 글도 실어주었다. 그는 거기서 그치지 않고, 그녀의 가장 헌신적인 친구 겸 조언자가 되어주었다. 실제로 울스턴크래프트가 알고 지낸 남자들 중 이 탁월한 사람만큼 그녀의 특이한 성품을 잘 이해하고 충실한 친구가 되어준 이는 없었다. 그리고 그녀가 그토록 솔직하게 자신을 드러내 보여준 친구도 없었다. 그녀는 다음 구절에서 자신을 이렇게 분석하고 있다.

> 삶은 어릿광대 놀음에 지나지 않아요. 저는 나약함과 꿋꿋함이 기묘하게 뒤섞인 존재로서, 제 정신은 큰 결점을 지니고 있고, 감정이 불안정하여 스스로 슬픈 일을 자초하곤 해요. 제가 왜 이렇게 만들어졌는지는 저도 몰라요. 다만 제 존재 전체를 이해하게 될 때까지는 어린아이처럼 웃고 울 수밖에 없겠지요. 우리는 모두 광대 모자를 쓰고 있지만, 제 모자는 다른 사람들 것보다 종이 많이 달리고 무거워서 참기 힘들 정도예요.[55]

울스턴크래프트가 자신에 대해 존슨에게 이런 편지를 썼다는 것은 두 사람 사이에 아주 아름다운 동지애가 존재했음을 보여준다. 어쨌든 이 친구 덕분에 그녀는 끔찍한 가난에서 벗어날 수 있었고, 그에게서 지적 자극도 얻을 수 있었다. 존슨의 집은 런던의 지성인들이 모이는

---

55 이 편지의 전문은 Ralph M. Wardle, ed., *Collected Letters of Mary Wollstonecraft*, Ithaca: Cornell Up, 1979), 220~221쪽에 수록되어 있다.

장소였다. 페인, 고드윈, 포다이스, 화가 퓨슬리, 그밖의 다른 지식인들이 거기 모여 당대의 여러 중요한 주제들을 토론하곤 했다.

울스턴크래프트는 이 모임에 참가하여 그 활발한 지적 토론의 중심이 되었다. 고드윈은 페인의 강연을 들으러 갔다가 울스턴크래프트의 이야기를 들었던 날에 대해 썼다. 그녀는 다른 모든 면과 마찬가지로 언변도 워낙 뛰어났기 때문이다.

이처럼 울스턴크래프트는 하늘로 솟아올라 영적으로 아주 높은 곳에 이르렀던 것이다. 뒤이어 다른 기회들도 찾아왔다. 한때 영국 진보주의자들의 대변인이었던 위대한 버크가 프랑스 혁명에 대해 아주 감상적인 반론을 펴냈다. 그는 아름다운 마리 앙투아네트를 알현한 적이 있었기 때문에, 파리의 성난 민중 손에 죽어간 그녀의 운명을 개탄했다. 그는 소시민적 감상 때문에 이 가장 위대한 봉기(蜂起)의 표면밖에 볼 수 없었고, 프랑스 시민을 그런 행동으로 이끈 지독한 탄압은 전혀 깨닫지 못했던 것이다. 하지만 울스턴크래프트는 그 탄압을 직시하고 거물 버크의 글에 반박하는 글을 썼으니 그것이 『인권의 옹호』다. 이 책은 인류사에서 억압받고 가난한 사람들의 권익 보장을 요구한 가장 강력한 호소문 중 하나다.

프랑스 혁명을 면밀히 지켜본 울스턴크래프트는 극도로 흥분한 상태에서 그 책을 썼다. 그 책에 나타나 있는 힘과 열성, 논리와 명확한 비전은 전직 교사인 그녀가 사실은 엄청난 지성과 깊고 열정적인 감성의 소유자였음을 보여준다. 여성이 그런 글을 썼다는 것은 전례가 없는, 마치 폭탄이 터진 것 같은 그런 사건이었다. 그 책은 세상을 놀라게 했지만, 그녀는 그후 당대 남성들에게서 존경과 사랑을 받게 되었다. 그들은 울스턴크래프트가 자기들과 동등할 뿐 아니라 많은 면에서 대부분의 남성보다 훨씬 더 낫다는 것을 깨달았던 것이다.

> 당신이 자유의 옹호자라고 자처한다면, 가슴에 손을 얹고 생각해 보라. 그보다는 재산의 옹호자나 권력이 옹립한 황금 우상의 경배자라고 자처하는 게 더 정확하지 않은지.
>
> 재산의 안전! 그게 바로 영국인이 말하는 자유의 정의(定義)다. 하지만 부자들의 재산만 안전하지, 땀흘려 벌어먹고 사는 사람들은 억압을 피할 길이 전혀 없다.[56]

백 년도 더 전에 여성이 이처럼 놀랍도록 통찰력 있는 글을 썼다는 사실을 생각해보라. 오늘날에도 이 18세기의 거인만한 지성을 지닌 개혁가는 별로 없고, 여성 개혁가 중에는 그런 사람이 더욱 드물다. 울스턴크래프트는 정치적 변화만으로는 사회의 모든 문제를 해결할 수 없다는 것을 잘 알고 있었다.

그녀는 열정에 대해 이렇게 말했다.

> 열정을 억누르는 게 늘 좋은 것만은 아니다. 남자가 여자보다 판단력이나 의지력이 강한 이유도 엄청난 열정을 더 자유롭게 발휘하고, 더 자주 실수를 저지름으로써 정신을 확장할 수 있기 때문이다.
>
> 남자들이 술에 빠지는 것도 인간 본연의 악행보다 더 나은 오락거리가 없기 때문일 것이다. 범죄 또한 많은 경우 넘치는 생명력에서 비롯되는 것이다.

---

56 Mary Wollstonecraft, *A Vindication of the Rights of Men*(1790; New York: Scholars Facsimiles & Reprints, 1975), 20, 24쪽.

사회가 지금보다 더 나아지면 현재의 악한들도 사회에 이바지하는 인물이 될 것이다.

울스턴크래프트는 지성인이었을 뿐 아니라, 본인의 말마따나 정에 목마른 여성이었다. 다시 말하면, 그녀는 사랑과 애정을 갈망했다. 그러니 그녀가 잘생기고 정열적인 화가 퓨슬리에게 그렇게 반해버린 것도 무리가 아니었다. 하지만 퓨슬리가 똑같은 감정을 안 느꼈든지, 결정적인 시기에 용기가 부족했기 때문인지 몰라도, 그녀는 이때 생전 처음으로 사랑의 아픔을 체험했다. 그녀는 아무 남자에게나 매달릴 여자가 아니었고, 선선한 성격의 퓨슬리도 그녀의 미모에 매료되긴 했지만, 그는 이미 결혼한 몸이었고 세상의 눈도 무시할 수 없었다. 어쨌든 울스턴크래프트는 이 일로 엄청난 고통을 겪었고, 매력적인 퓨슬리 옆에 있기가 너무 힘들어서 프랑스로 건너가 버렸다.

전기작가들이야말로 자기들이 다루는 인물을 제일 이해 못하는 부류일 것이다. 그렇지 않다면 이 사소한 일을 가지고 그렇게까지 떠들어댔을 리가 없다. 큰소리 잘 치는 퓨슬리가 울스턴크래프트만큼 분방했더라면 그녀는 금세 평소의 생활로 돌아왔을 것이다. 하지만 그는 용기가 없었고, 성적으로 굶주려 온 울스턴크래프트는 한번 타오른 욕망을 쉽게 억누를 수 없었다.

그녀가 다시 정상을 되찾는 데는 강한 지적 자극이 필요했고, 프랑스혁명이 바로 그런 자극을 제공해주었다.

하지만 울스턴크래프트는 퓨슬리 사건 전에 이미 『인권의 옹호』의 후속작으로 여성 해방을 촉구하는 『여권의 옹호』를 완성했다. 그녀가 여성이 이토록 타락한 것이 남성들의 책임이라고 주장한 것은 아니었다. 그릇이 크고 박식했던 울스턴크래프트는 그 책임을 남성에게만 돌리지는 않았다. 그녀는 여성이 독자적인 인격을 갖추고 삶의 창조적인 힘이 되는 대신 남성들의 노리개로 남아 있는 한 인류 진보를 방해할 뿐이라는 사실을 강조했다. 그녀는 남자들이 너무도 오랫동안 여성 위에 군림해왔기 때문에 자기들의 영역이 침범당하는 걸 꺼려하지만, 인간 해방을 성취하려면 여성에게 경제 · 정치 · 성적 자유를 부여해주는 수밖에 없고, 그 편이 남성에게도 이롭다고 주장했다. "여성에 관련된 법을 보면 부부를 하나로 만든 다음, 그중 남성을 주체로 삼음으로써 여성은 아주 하찮은 존재로 만들어놓고 있다."[57]

자연은 울스턴크래프트에게 아주 많은 것을 부여해주었다. 그녀는 엄청난 지성뿐 아니라 뛰어난 미모와 매력을 갖춘 여성이었던 것이다. 그녀는 또한 기쁨과 슬픔을 모두 깊이 느끼는 성격이었다. 그러니 그녀가 여러 번 열애에 빠진 것도 무리가 아니었다. 퓨슬리에 대한 사랑은 곧 그보다 더 지독하고 강한 사랑으로 이어졌다. 그 사랑은 그녀를 운명의 손아귀에서 아무 힘없이 이리저리 나뒹구는 장난감으로 전락시킨, 인생 최대의 사건이었다. 울스턴크래프트 같은 사람에게 사랑 없는 인생은 생각할 수도 없는 일이었고, 그녀가 자신의 신념까지 어기면서 절망에 찬 삶을 살게 된 것은 사랑에 대한 갈망과 그리움 때문이었다.

파리 체류 중 그녀는 자신을 따뜻이 맞아준 페인의 집에서 활달하고, 잘생기고, 엄청나게 매력적인 (길버트) 임레이를 만났다. 그는 울스턴크래프트의 연인이 아니었다면 역사에 남았을 리 없는 그런 인물이었다. 물론 그는 평범한 인물은 아니었다. 만약 그랬다면 울스턴크래프트

57 『여권의 옹호』, 145쪽.

가 그에게 자기 삶을 거의 망가뜨린 그런 열렬한 사랑을 느꼈을 리 없을 것이다. 그는 미국 독립 전쟁 때 공을 세운 군인이었고, 책도 한두 권 썼지만, 세상을 온통 들썩이게 할 인물은 결코 아니었다. 하지만 그는 울스턴크래프트를 매료시켰고, 그녀는 상당 기간 그에게 푹 빠져 있었다.

그에 대한 열렬한 사랑 때문에 울스턴크래프트는 평정을 잃었다. 하지만 그게 임레이의 책임은 아니었다. 그는 그녀에게 최선을 다했지만, 사랑에 대한 그녀의 갈망이 너무도 컸기에 비극이 싹텄던 것이다. 그는 또한 한 여자에 만족하지 못하는 떠돌이, 모험가, 방랑자였다. 그는 방랑벽이 있어 한군데 오래 붙어 있지도 못했다. 반면에 울스턴크래프트는 안정을 원했고, 어린 시절에 누리지 못한 평온하고 따스한 가정 생활을 갈구했다. 하지만 그녀가 제일 바란 것은 바로 사랑, 조건 없고 열정적인 사랑이었다. 임레이는 그녀에게 아무것도 줄 수 없었고, 갈등은 미친 듯한 열정의 기간이 끝난 후 바로 시작되었다.

임레이는 처음에는 사업을 핑계로 그녀 옆을 자주 떠나 있었다. 하지만 사업 때문에 연애를 등한시한다면 미국인이 아닐 것이다. 독일 속담처럼 그는 여기저기 돌아다니며 수많은 여자들을 만났던 것이다. 여러 여자를 사귀는 건 남자로서 그가 당연히 누려야 할 권리였고, 울스턴크래프트를 배신하는 것 또한 그 권리의 일부였을 뿐이다. 그녀가 그 때문에 느낀 고통은 그런 일을 겪어본 사람만이 알 것이다.

울스턴크래프트는 임신 기간 내내 그를 그리며 돌아와 달라고 애걸했지만, 그는 바쁘다는 핑계로 이를 거절했다. 이 한심한 남자는 그녀의 사랑이 이 세상 그 무엇보다 값지다는 사실을 깨닫지 못했던 것이다. 일만이 그녀에게 위안을 주었다. 그녀는 이 엄청난 시련을 겪는 와

중에 『프랑스 혁명의 기원과 진전에 관한 역사적 · 도덕적 견해』를 썼다. 이 책은 그녀의 날카로운 통찰력을 보여주는 동시에, 그녀가 버크보다 깊이 있는 시각으로 혁명 당시의 엄청난 인명 피해 그 자체보다 빈부 격차가 더 심각하고, 빈부 격차가 지속되는 한 그 모든 희생은 아무 보람이 없다는 사실 등을 깨달았음을 보여준다. 그녀는 이렇게 말했다. "귀족들이 패망한 뒤 부자들이 그 자리를 차지한다면, 사회가 아무리 변해도 민중의 정신은 크게 나아지지 않을 것이다. 어디를 봐도 원칙이 아니라 이름만 바뀌었음을 알 수 있다." 파리에 있는 동안 그녀는 『인권의 옹호』에서 우려했던 것, 즉 재산이라는 악마가 인간의 신성한 권리를 언제든 침해할 수 있다는 걸 절감했던 것이다.

하지만 아무리 일에 파묻혀 봐도 임레이를 잊을 수 없었던 그녀는 연인을 돌아오게 하기 위해 별별 노력을 다해본 끝에 자살을 기도했다. 이 자살 기도는 실패로 끝났고, 그녀는 힘을 되찾기 위해 임레이의 일로 노르웨이까지 갔다. 그 결과 육체적인 기력은 회복했지만, 그녀의 영혼은 여전히 상처투성이였다. 그후 두 사람은 몇 번 더 만났지만, 그건 불가피한 이별을 미루는 행위일 뿐이었다. 그리고 마침내 최후의 일격이 가해졌다. 그녀는 그에게 다른 여자들이 있고, 꼭 나쁜 뜻이 있어서가 아니라 용기가 없어서 그 얘기를 못했다는 걸 알게 되었다.

울스턴크래프트는 가장 지독하고 필사적인 행동을 취했다. 다시 떠오르지 않을 만큼 옷이 젖도록 여러 시간을 걸어다닌 다음 템스 강에 몸을 던졌던 것이다. 피상적인 비평가들은 그녀 자신의 주장과 어긋나는 그런 행동을 개탄한다. 하지만 그게 정말 그녀의 주장과 어긋나는 행동이었는가?

자신의 지성과 열정이 충돌했을 때 울스턴크래프트는 참패하고 말았다. 그녀는 그런 끔찍한 경험을 이겨내기에는 너무 자존심이 강하고 강력한 여성이었다. 그녀는 자살을 기도할 수밖에 없었다.

하지만 그녀의 삶을 가지고 그토록 많은 장난을 쳐온 운명은 그녀가 죽게 버려두지 않았다. 운명은 그녀에게 삶과 희망을 되돌려주었다가 그 문턱에서 죽게 만들었던 것이다.

울스턴크래프트는 고드윈을 무정부주의적 공산주의를 대표하는 최초의 인물이라고 생각했고, 거칠고 원초적인 관계가 아니라 다정하고 부드러운 관계를 가꿔갈 수 있는 동지라고 느꼈다. 이 우정은 펄펄 끓는 이마를 짚어주는 시원한 손처럼 조용하고, 성숙하고, 따뜻하게 그녀를 달래주었다. 그녀는 고드윈과 자유스러우면서도 자신의 사상에 부합되는 삶을 살았다. 두 사람은 각자 생활하면서도 공유할 수 있는 것은 같이 누렸다.

그녀는 둘째 아이를 임신했다. 첫 아이는 긴장과 슬픔 속에서 태어났지만, 이번에는 평온하고 사랑에 찬 분위기 속에서 아이를 가졌던 것이다. 하지만 운명의 장난으로 그녀는 둘째 아이인 메리 고드윈을 낳기 위해 자신의 목숨을 내놓아야 했다. 그녀는 38세도 채 안 된 1797년 9월 10일에 세상을 떠났다. 해산은 아주 어려웠지만 그녀에게는 하나의 놀이, 동생에게 쓴 편지에서 그녀가 말했듯 '침대에 누워 있기 위한 핑계'에 지나지 않았다. 하지만 이 비극적인 시대는 제물을 요구했고, 패니 임레이는 엄마가 시도했던 방식으로 생을 마감했다. 그녀는 강물에 뛰어들어 자살했고, 메리 울스턴크래프트 고드윈은 가장 아름답게 자유를 노래한 시인 셸리의 아내가 되었다.

천재적인 지성인이면서 18, 19, 20세기의 용감한 투사인 울스턴크래프트, 여성이자 연인이었던 울스턴크래프트는 자신이 지닌 그 엄청나게 풍요로운 영혼 때문에 비극적인 삶을 살 수밖에 없었다. 그녀는 여러 번의 연애 사건에도 불구하고, 위대한 영혼들이 흔히 그렇듯이 늘 외로운 삶을 살았고, 어쩌면 그게 바로 위대함의 대가인지도 모른다.

지상의 억압받는 이들을 위한 그녀의 대담한 투쟁은 그녀의 삶에 부조화를 초래했고, 임레이와의 연애가 그토록 비극적으로 끝난 것도 바로 그 때문이었을 것이다. 울스턴크래프트는 인간이 지닌 잠재력을 한껏 계발하려고 했다. 그녀는 영리하고 현실적이었기에 자신의 사상과 사랑이 서로 조화될 수 없다는 걸 알았고, 이 깨달음은 그녀의 예민하고 복잡한 영혼을 파괴해버렸던 것이다.

그녀가 그때 죽은 건 어쩌면 다행이었는지도 모른다. 한 번 삶의 광기를 경험한 사람은 다시는 평온한 삶에 적응할 수 없기 때문이다. 하지만 우리는 정말 많은 걸 잃었고, 그녀가 남긴 엄청난 유산으로만 그 손실을 보충할 수 있다. 울스턴크래프트가 글을 한 줄도 안 썼다 해도, 그녀의 삶 자체가 우리에게 많은 것을 시사해주었을 것이다. 하지만 그녀는 우리에게 둘 다를 남겨주었고, 너무도 깊고, 풍요롭고, 진정으로 아름다운 삶을 산 온전한 인간인 그녀는 가장 탁월한 인물 중 하나로 남아 있다.

## 웩슬러, 「후기: 골드먼, 울스턴크래프트, 그리고 베네딕트」[58]

리치는 "우리 문화가 우리에게 심어주는 가장 중요한 교훈은 바로 우리의 한계다. 한 여성이 다른 여성을 위해 해줄 수 있는 가장 중요한 일은 현실에서 성취할 수 있는 일이 얼마나 많은지 가르쳐주고 일깨워주는 것이다"[59]라고 말한 바 있다. 리치는 여기서 모녀 관계에 대해 말하고 있지만, 이 말은 역사적 의미의 모녀에게도 해당될 것이다. 라이트(Francis Wright), 모트(Lucretia Mott), 스탠턴(Elizabeth Cady Stanton) 같은 19세기 초의 페미니스트들은 울스턴크래프트의 『여권의 옹호』에서 많은 영감을 얻었다. 19세기 후반 울스턴크래프트의 명성이 되살아나면서 그녀의 사상뿐 아니라 삶에 대한 관심도 높아졌다. 20세기 초에는 많은 여성 운동가들이 그녀의 삶에서 여성의 잠재력에 대한 많은 교훈을 얻었다. 그중 어떤 여성은 그녀의 복잡하고 모순된 삶을 분석하면서 자신의 정체성과 나아갈 길을 명확히 규정하기도 했다. 그들에게 울스턴크래프트를 마주하는 것은 자신과 마주하는 행위였던 것이다.

골드먼이 울스턴크래프트와 자신을 동일시한 것은 어찌 보면 당연한 일이었다. 1889년에서 1940년에 이르는 기간에, 국제 무정부주의의 지도자 중 한 사람이었던 그녀는 권위에서 비롯되는 갖가지 제한, 그중에서도 특히 여성에게 가해지는 경제적 · 지적 · 사회적 제약을 척결하기 위한 자신의 투쟁에서 울스턴크래프트를 선구자로 보았다. 울스턴크래프트와 마찬가지로 골드먼도 의식 개혁, 즉 여성이 "진정한 의미에서 인간이 되려면"[60] 반드시 극복해야 할 갖가지 억제와 두려움을 없애는 과정이 필요하다고 주장했다. 울스턴크래프트는 이렇게 말한 바 있다. "나는 오래전부터 독립이야말로 삶의 가장 큰 축복, 모든 미덕의 토대

---

58 Alice Wexler, "Afterword," *Feminist Studies*, Vol.7, No.1, 1981, 113~133쪽. 출판사(Feminist Studies, Inc., Women's Studies Program, University of Maryland, College Park, MD 20742)의 양해로 전재한다.

59 Adrienne Rich, *Of Woman Born*, New York: Norton, 1976, 246쪽.

60 Emma Goldman, "The Tragedy of Woman's Emancipation," *Mother Earth*, 1(1906. 3), 10쪽.

라고 생각해왔다."[61] 골드먼의 말도 비슷한 내용을 담고 있다. "자기 힘으로 굳건히 서서 무제한한 자유를 요구해야만 진정으로 해방된 여성이라 할 수 있다."[62]

울스턴크래프트와 골드먼은 아주 비슷한 삶을 살았다. 한쪽은 18세기 영국, 다른 쪽은 19세기의 러시아 · 독일 · 미국에서 자라났지만, 두 사람은 모두 가세가 기우는 중산층 가정에서 태어났고, 모친이 억압을 받으면서도 자신들을 거부한다고 느꼈다. 두 사람은 모두 집안에서는 엄하고 권위적이고 쌀쌀하면서도 바깥 세상에서는 무능한 아버지 때문에 고민했고, 어릴 때부터 반항적이었으며, 사랑뿐 아니라 배울 기회와 독립을 갈망했다. 두 사람은 자신의 엄청난 야망과 경제적 독립을 원하는 젊은 여성에게 열린 얼마 안 되는 기회 사이에 존재하는 엄청난 간극에 정면으로 맞섰다. 그들은 반항적이고 정력적이고 열정적이고 지적이었지만, 때로 우울증에 빠지기도 했다. 다른 무엇보다도 작가였던 울스턴크래프트와 달리 골드먼은 주로 운동가였으며, 그 다양한 재능 덕분에 살아 있는 동안 가장 존경받는 무정부주의자로 인정받았다. 그런데 (『대지』의 발행자뿐 아니라) 선동가로 자처했던 골드먼도 결국은 울스턴크래프트와 같이 자신을 교육자로 규정했다.

골드먼이 울스턴크래프트에게 처음 관심을 갖게 된 건 이 연설을 한 1911년이었던 것 같다. 그녀는 그전에 울스턴크래프트에 대한 글을 읽었고, 1893년 또 다른 무정부주의자인 클레어(Voltairine de Cleyre)가 18세기 페미니즘에 대해 행한 연설을 들었다고 말한 바 있다. 하지만 그녀 자신의 말이나, (거의 1911년 전에 씌인) 페미니즘 관련 글들에서

---

61 『여권의 옹호』(1792년의 재판, 1987).

62 Goldman, "The Tragedy," 3쪽.

울스턴크래프트나 『여권의 옹호』가 한 번도 언급되지 않았다는 사실로 미루어 볼 때, 골드먼은 울스턴크래프트의 남자 관계 때문에 그녀의 삶이나 작품에서 어떤 힘이나 영감을 얻을 수 없다고 믿었던 것 같다. 골드먼이 울스턴크래프트의 여권 사상에서 어떤 영감을 얻었을 수도 있지만, 그녀는 그 사실을 인정하지 않았다.[63]

그런데 1911년, 자신의 삶에 새로운 변화가 일고 울스턴크래프트의 전기가 새로 출판되면서 골드먼은 이 작가에 대해 관심을 갖게 되었다. 그해, 테일러가 『울스턴크래프트의 경제 이론과 연애에 대한 연구』(*Mary Wollstonecraft: A Study in Economics and Romance*)를 펴냈고, 골드먼의 글과 이 책의 내용, 주안점, 인용문이 비슷한 걸 보면, 그녀가 주로 이용한 자료는 바로 이 책이었던 것 같다. 하지만 울스턴크래프트뿐 아니라 골드먼이 자신에 대해 갖고 있던 생각을 잘 보여주는 것은 바로 테일러에 대한 그녀의 독해가 아니라 오독(誤讀) 또는 곡해다.

그 책에서 테일러는 놀라운 지성과 열정적인 감성의 공존이 바로 울스턴크래프트의 위대성을 보여주는 증거라고 주장하는데, 골드먼은 그런 그의 의견에 동의한다. 테일러는 울스턴크래프트의 지적인 투쟁과 성적인 투쟁은 둘 다 성공적인 결말에 이르렀다고 주장한다. 울스턴크래프트의 동시대인들은 그녀의 생활과 사상에 충격을 받고 비난을 가했지만, 런던의 가장 뛰어난 진보운동가들 중 일부는 그녀를 흠모하고 존경했다. 울스턴크래프트는 임레이와의 비극적인 연애 사건 때문에 두 번이나 자살을 기도했지만 결국은 그 충격에서 헤어났고, 그 뒤 고드윈과는 그런 집착을 버리고 좀더 상호적이고 만족스러운 관계를 형

---

63 골드먼이 레이트먼(Ben Reitman)에게 쓴 1911년 7월 26일자 편지. 시카고 소재 일리노이 대학교 소장 레이트먼 장서. 이 정보를 준 사람은 포크(Candace Falk)다.

성한 걸 보면 그녀가 경험을 통해 뭔가를 배우고, 친밀함과 독립을 동시에 보장해주는 사랑이라는 자신의 이상을 실천할 능력을 지니고 있었음을 알 수 있다. 테일러는 그것을 이렇게 묘사했다.

> 그녀는 자신의 유명한 저서에서 남녀 관계에 대한 견해를 제시한 바 있다. 그리고 이제 그 이론을 부족하게나마 실천에 옮겨볼 기회가 온 것이었다. 그녀는 1년 동안 비교적 평안하고 만족스러운 생활을 즐겼다. 그녀는 인간적인 애정에 대한 갈망을 충족할 만큼 자주 고드윈을 만났고, 독립에 대한 강렬한 욕망을 충족시킬 만한 자유도 누렸다. 그리고 이 두 가지는 그녀에게 평화를 주었다.[64]

그런데 골드먼은 그와 전혀 다른 해석을 내렸다. 그녀도 울스턴크래프트가 런던의 최고 지성인들에게 인정받았다는 사실은 수긍했지만, 그처럼 대담한 파격에 대한 일반 대중의 거부감과 반발에 더 많은 중점을 두었다. 하지만 골드먼이 볼 때 울스턴크래프트의 가장 큰 비극은 그런 '이해 부족'이 아니라 바로 자신의 내면에 깃든 갈등, 즉 "인류 진보의 새로운 가능성을 보았기 때문에 현실에 뿌리를 내릴 수 없고, 새로운 것은 아직도 저 멀리 있기 때문에 그들 자신은 사회에 발을 붙이지 못하는 방랑자, 절대로 찾을 수 없는 것을 찾아 늘 헤매는 탐구자라는 사실"에 있었다.

골드먼은 임레이에 대한 울스턴크래프트의 불행한 사랑은 그녀의 일생에서 중요한 전환점이자 비극적 절정이었고, 그녀는 이 사건의 아픔

---

64 G. R. Sterling Taylor, *Mary Wollstonecraft: A Study in Economics and Romance* (1911, reprinted ed., New York: Haskell House Publishers, 1969), 193쪽.

을 평생 잊지 못했다고 보았다. 골드먼은 울스턴크래프트의 삶이 "이 한 번의 엄청난 열애 때문에 갈가리 찢겼고", 그 뒤에 알게 된 고드윈과의 관계는 임레이와의 사랑에 비하면 아무것도 아니었고, 고드윈은 "거칠고 원초적인 관계가 아니라 다정하고 부드러운 관계를 가꿔갈 수 있는 동지라고 느꼈다. 이 우정은 펄펄 끓는 이마를 짚어주는 시원한 손처럼 조용하고, 성숙하고, 따뜻하게 그녀를 달래주었다"고 말했다. 골드먼은 또 울스턴크래프트가 그때 죽은 건 다행한 일이었다고 주장했다. "한 번 삶의 광기를 경험한 사람은 다시는 평온한 삶에 적응할 수 없기 때문이다." 골드먼은 울스턴크래프트가 아이를 낳다 요절한 것은 어쩌면 지적 · 사회적 반항이나 지나치게 발달한 지성에 대한 정당한 대가일지도 모른다고 주장하는 것 같다. 골드먼은 "울스턴크래프트는 인간이 지닌 잠재력을 한껏 계발하고자 했다." 그리고 "하늘 높이 솟아올라 태양을 보고 그 대가로 목숨을 잃는 독수리처럼 울스턴크래프트는 비극의 컵을 끝까지 들이켰다. 그게 지혜를 얻은 자의 대가이기 때문이다"라고 썼다.

하지만 테일러는 울스턴크래프트의 삶이 비극적이었다고 주장하지 않는다. 그는 울스턴크래프트를 승리자로 본다. 그는 『여권의 옹호』와 관련하여 "광야에서 소리치는 예언자의 비극"[65]이란 표현을 쓴 적이 있는데, 골드먼은 바로 이 점을 자기 글의 중심 주제로 삼았다. 실제로 테일러는 울스턴크래프트의 지성과 사랑이 고드윈과의 관계에서 마침내 하나로 융합되었음을 시사하고 있는 데 반해, 골드먼은 울스턴크래프트가 이상과 사랑 사이의 간극 때문에 자살을 기도했다고 역설했다. 골

65 앞의 책, 110쪽.

드먼은 성장과 성취가 아니라 고뇌와 고통을 강조했다. 테일러가 쓴 전기를 놓고 판단해볼 때, 골드먼이 울스턴크래프트의 삶을 왠지 어둡고 실패한 것처럼 묘사하고 있는 이유는 무엇일까? 그녀는 왜 울스턴크래프트의 삶을 '비극적'이었다고 말하는 것일까?

사실 골드먼은 울스턴크래프트에 대해 '현대 여성성의 선구자'와 비극적이고 낭만적인 여주인공이라는 상반된 두 이미지를 제시했다. 울스턴크래프트는 지성과 의지로써 자신이 처한 어려운 상황들을 극복한 여성이었고, '대담한 전사(戰士)', '남들이 간 길은 가지 않는 선구자', 타협을 거부하고 '인간이 지닌 잠재력을 한껏 계발하고자 한' 여성이었다. 반면에 비극적인 울스턴크래프트는 끊임없이 '운명', '팔자', '필연성'의 지배를 받는 '타고난' 반항아였고, 선구자의 '가장 가까운 친지들이 그들을 고립시키고, 피하고, 거부하는 것'도 '불가피한' 일이었다. 울스턴크래프트는 그 천성 때문에 위대한 반항아가 될 운명이었고, "자신이 지닌 그 엄청나게 풍요로운 영혼 때문에 비극적인 삶을 살 수밖에 없었다". 그녀는 또 사랑의 제물이 될 수밖에 없는 '운명'이었고, 아이를 살리기 위해 '자신의 목숨을 바쳐야 하는' 이상한 운명의 주인공이었다는 것이다.

긍정적이고 비극적인 이 두 이미지는 골드먼의 글 전체에 흐르는 모순을 반영하고 있고, 골드먼 자신의 사상 안에 내포되어 있는 갈등과도 부합된다. 골드먼은 한편으로는 자유 의지, 뭔가를 선택하고 행동에 옮길 인간의 능력, 자유의 가능성을 믿었지만, 다른 한편으로는 그보다 덜 의식적인 차원에서, 인간 행동의 많은 측면이 유전이나 운명 또는 우리가 통제할 수 없는 요소들에 의해 결정된다고 믿었던 것 같다. 골드먼은 어떤 특정의 상황에서 이 각각의 요소가 차지하는 역할을 분석하려고 시도하는 대신, 이 두 견해를 통합하려는 노력을 하지 않은 채 결정론과 자유의지론 사이를 오갔던 것 같다.

골드먼의 무정부주의는 인간의 행동할 수 있는 능력, 어떤 '이상(理想)'에서 나온 경제 · 사회적 반항의 가능성에 대한 믿음에 바탕을 두고 있었다. 그녀는, "나는 '현실은 어쩔 수 없다'는 이론을 믿지 않는다. 그건 비겁하고 약한 사람들의 변명일 뿐이다"[66]라고 쓴 적이 있다. 그리고 자신의 생활 속에서 이런 믿음을 실천에 옮겼다. 선동가, 선전자, 간호사, 출판업자, 저자, 조직책, 극장 지배인, 연극 비평가로서 그녀가 거둔 엄청난 성공은 자신의 의지대로 살아가려는 그녀의 노력이 성공적이었음을 보여준다.

하지만 골드먼의 사신(私信)에는 운명, 유전, 팔자, 불가피성에 대한 언급이 자주 나온다. 이런 경향은 골드먼이 자신의 행동을 묘사하거나 설명할 때 특히 잘 나타나는데, 한 편지에서는 스스로를 "입은 옷조차 잃을 때까지 어쩔 수 없는 힘에 의해 노름을 계속하는 도박꾼"[67]이라고 묘사하고 있다. 다른 글에서는, "내가 불의에 항거하는 것은 물에 빠진 사람이 살려달라고 소리치는 것과 비슷하다. 난 탑시[68] 타입의 무정부주의자인데, 내가 그런 일에 투신하게 된 것은 애초에 그렇게 태어났기 때문이다"[69]라고 썼다. 이렇게 볼 때 울스턴크래프트에 대한 골드먼의 엇갈리는 평가는—즉 운명의 개척자이자 희생자로서의 모습은—이렇게 상반된 자아상과 연관이 있다.

---

66 리트먼에게 보낸 편지, 연도 불명, 6월 22일, 리트먼 서류집.

67 한 '친구'에게 보낸 편지, 1909년 2월 20일, 리트먼 서류집.

68 탑시(Topsy)는 『엉클 톰의 오두막』에 나오는 명랑한 노예 소녀 - 옮긴이.

69 Richard Drinnon, *Rebel in Paradise*(1961, reprinted ed., New York: Bantam, 1973), 22쪽.

많은 것을 '운명'으로 돌리는 골드먼의 경향은 그녀의 특징 중 하나인 자기 극화(劇化)와도 연관이 있다. 울스턴크래프트에 대한 글, 특히 그 도입부에 나타난 과장되고 감상적인 웅변조의 어투는 자신을 울스턴크래프트와 똑같이 동시대인들이 진가를 알아주거나 이해할 수 없는 이상을 지닌 위대한 예언자로 보는 골드먼의 경향을 반영했다. 이는 물론 어느 정도 사실에 부합되는 평가였다. 하지만 골드먼은 그런 자아 도취 때문에 자신과 같이 투쟁한 다른 무정부주의자들의 노력을 과소 평가하고, 니체의 초인처럼 자신이 구원하려는 사람들을 무시하기도 했다. 그녀가 울스턴크래프트에 대해, "위대한 영혼이 그렇듯 그녀는 외로울 때가 많았다—그리고 그건 위대함의 대가였다"[70]고 한 것은 골드먼 자신의 자아상을 반영하는 말이다.

골드먼이 울스턴크래프트의 삶에서 부정적이고 '비극적인' 면을 강조한 것은 이 글을 쓸 당시 그녀 자신이 스스로의 삶에 대해 낙담하고 있었기 때문일 것이다. 1911년 초, 골드먼은 아주 우울한 상태에서 친구인 햅구드에게 자신의 씩씩하고 낙관적인 외양과 극적인 대조를 이루는 슬픔과 체념의 감정을 묘사하는 아주 절절한 편지를 썼다.

> 허치, 나도 늙었나봐. 늘 구름이 낀 것 같고, 다른 건 보이지도 않아. 그거야 물론 나 혼자만의 상상일 수도 있지만, 잘 모르겠어. 한 가지 분명한 것은 마치 내 영혼이 얇은 포장지로 덮여 있는 것처럼 만사에 지나칠 정도로 예민해졌다는 사실이야. 내가 이런 운동에 뛰어든 것은 운명이나 악마의 장난인 것 같기도 해. 시간이 갈수록 이런 일을 해낼 자신이

---

70 Emma Goldman, *Living My Life*(1931. reprinted ed., New York: Dover, 1970), 343쪽.

없어져. 그렇다고 개인적인 삶을 잘살 성격도 아닌 것 같고. 한마디로 못난 거지. 삶이란 어떤 상황에서도 견디기 힘든 것 같아. 난 너만큼 잘나질 못했잖아. 나도 내가 싫어. 삶 또는 우리가 삶이라 부르는 것도 싫고, [……] 남들은 내가 지속적인 관계를 싫어한다고 하지만, 그 말은 사실이 아니야. 나에겐 모든 일이 아이의 탄생보다 더 중요하게 느껴져. 그리고 모든 일에서 투자한 것보다 얻은 게 적었어. 그거야 물론 전부 내 탓이겠지만, 글쎄, 내가 너무 욕심이 많은 건지도 모르지. [……] 난 정말 이상한 사람이야. 내 친구들이 나를 잘 모르는 게 다행이야. 안 그랬으면 지금보다 더 외로울 거거든.[71]

이 편지에 나타나 있는 그런 느낌 때문에 골드먼은 울스턴크래프트의 삶에서 고뇌와 외로움, 내면의 갈등과 채워지지 않는 그리움을 강조했는지도 모른다. 그녀가 울스턴크래프트에 대해 생각하고 글을 쓸 당시 이런 감정이 골드먼 자신의 삶을 지배했으니 말이다. 그런데 골드먼이 이 당시 울스턴크래프트의 삶에서 '비극적'이고 '불가피한' 측면을 강조한 데에는 또 다른 이유가 있었다. 울스턴크래프트에 대한 글을 쓸 당시 골드먼은 3년째 본인이 보기에 어떤 면에서 임레이에 대한 울스턴크래프트의 열정과 비슷한 연애를 하던 참이었다. 당시 골드먼의 연인은 10년 연하의 화려하고 성미 급한 시카고 출신의 의사 벤 리트먼이었다. 이민자인 골드먼이 보기에 리트먼은 임레이와 마찬가지로 거침없고, 활기 넘치고, '원초적인' 미국 생활을 상징하는 인물이었다. 임레이가 늘 '사업 때문에' 울스턴크래프트의 곁을 떠났듯이, 리트먼 역시

71 골드먼이 햅구드에게 보낸 편지, 1911년 2월 23일. 햅구드 서류집. 코네티컷 주 뉴헤이븐 시 소재 예일대, 바이네케 희귀본과 원고 도서관.

골드먼 옆에 오랜 기간 가만히 머물지 못하고 늘 여기저기 떠돌아 다녔고, 한때는 부랑자 생활을 한 적도 있었다. 그는 1908년 시카고에서의 의사 생활을 접고 거의 10년 동안 해마다 몇 달씩 매니저의 자격으로 골드먼의 강연을 따라다녔다. 그는 (무정부주의자는 아니었지만) 홍보와 선전에 재능이 있었기 때문에 이 일에 아주 적격이었다. 하지만 두 사람이 같이 있는 시간은 늘 격렬한 싸움과 갈등으로 가득 차 있었다. 둘은 강렬하고 만족스러운 성 관계를 유지했지만, 골드먼은 리트먼의 오랜 부재(그는 시카고에 가정이 있었다)와 바람기 때문에 늘 괴로워했다. 그는 그런 바람기를 청산할 능력도 의지도 없어 보였다. 골드먼은 그를 피상적이고 자기 도취적이고 둔감한 사람이라고 생각하면서도, 스스로 "결코 건강하지 못하다"[72]고 묘사할 정도로 열렬하게 그에게 매달렸다.

정치뿐 아니라 사랑에서도 자유와 독립을 신봉했던 골드먼은 리트먼에 대한 열정 때문에 자신이 얽매이고 예속된다고 느꼈다. 그녀는 자신이 이성적으로 용납하기 어려운 남자에게 이렇게 집착하는 이유를 설명할 수 없었고, 그래서 이것은 '팔자 소관' 또는 '운명의 장난'이라고 말하곤 했다. 리트먼에 대한 그녀의 집착과 거기서 오는 불행은 그녀가 보기에 '불가피한'[73] 일이었던 것이다.

골드먼이 울스턴크래프트의 삶에서 팔자와 운명의 역할을 강조한 것은 스스로 이해할 수도 통제할 수도 없는 감정 앞에서 무기력하다고 느꼈기 때문인 것이다. 사랑에 대한 울스턴크래프트의 갈증과 그녀의 삶에서 성(性)이 차지했던 중요성을 강조하면서 골드먼은 평생 자신이 느

---

72 골드먼이 리트먼에게 보낸 편지, 1912년 7월 9일자, 1912년 9월 26일자, 리트먼 서류집.

73 골드먼이 리트먼에게 보낸 편지, 1909년 12월 30일, 리트먼 서류집.

낀 사랑에 대한 갈망과 채워지지 않는 그리움을 묘사한 것이다. 울스턴크래프트의 삶이 비극적이라고 보는 골드먼의 시각은 '너무나 뻐저린 비극'이라고 느끼면서도 어쩔 수 없었던 리트먼과의 관계에 대한 그녀의 태도와 연관이 있을 것이다.

더 큰 맥락에서 볼 때, 골드먼이 울스턴크래프트의 삶을 '비극적'이라고 한 것은 골드먼이 평생 갖고 있던 '해방된' 또는 '현대의' 여성에 대한 그녀의 시각을 반영한 것이다. 1906년에 처음 나온 「여성 해방의 비극」이라는 글에서 골드먼은 미국 페미니즘 운동이 '외부의 독재자들'에만 신경을 쓰고 "열성적인 여성 운동가들의 머리와 가슴속에서도 우리 할머니들의 머리와 가슴속에서 못지않게 멀쩡히 살아 있는" "내면의 독재자들"[74]의 힘을 간과한다고 비판했다. 골드먼은 현대의 편협한 해방 이론 때문에 여성이 "겉으로는 의젓하고 고상한 모습을 유지하지만 속으로는 공허해지고 죽어가고 있다"고 썼다. 골드먼에 따르면 현대 여성은 그 이론 때문에 사랑과 성 관계를 두려워하는 '억지 처녀'가 되어 있다며, "경제적으로 자립했거나 자유로운 여성의 비극은 풍부한 경험이 아니라 너무 빈약한 경험에 기인한다." "해방이라는 개념에서 해방되어야만", 즉 자신의 "내적 갱신에 착수하고" 그녀의 성적 · 정서적 삶을 억압해온 "편견, 전통, 관습의 무게에서 벗어나야만" 과거에서 진정 해방될 수 있다는 것이다.

몇 년 후 골드먼은 이 갈등을 조금 다르게 표현했다. 1925년 그녀는 동지인 버크먼에게 보낸 편지에서 이렇게 말했다. "내 자신을 포함한 모든 해방된 여성의 비극은, 우리는 미래에 대한 비전과 자유롭고 독립

---

74 Goldman, "Tragedy," 9~18쪽.

적인 존재가 되고자 하는 욕망을 갖고 있으면서도 여전히 묵은 땅 위에 서 있다는 사실입니다."[75] 당시의 여러 운동가와 과격분자 여성은 이 글에 내포되어 있듯이 자신들의 삶을 비극적이라고 보는 골드먼의 평가를 거부했을 것이다. 길먼(Charlotte Perkins Gilman), 플린(Elizabeth Gurley Flynn), 애덤스(Jane Addams), 이스트먼(Crystal Eastman), 월드(Lilian Wald) 등의 자서전이나 편지를 보면 한결같이 목적 의식과 자신의 삶에 대한 만족감을 엿볼 수 있기 때문이다. 그러나 오늘날 골드먼의 페미니즘이 중요한 이유는 여성 해방을 가로막는 외적이고 객관적인 장애뿐 아니라, 내면의 주관적인 장애들, 즉 지성적으로 그런 감정이 불합리하다는 걸 잘 의식하는 경우에도 극복하기 어려운 비이성적인 감정의 힘에 대한 그녀의 의식 때문이다. 골드먼의 삶에서 성과 감정이 가졌던 중요성 때문에 그녀는 때로 다른 사람들의 삶을 얘기할 때 그런 측면을 지나치게 강조하는 경향이 있었지만, 그녀의 페미니즘 이론에서 가장 주목할 만한 부분들은 바로 그런 예민함에 토대를 두고 있다.

이런 관점에서 볼 때, 울스턴크래프트에 대한 골드먼의 글과, 그로부터 불과 몇 년 후인 1914년과 1917년 사이에 씌인 베네딕트의 글을[76] 비교해보면 많은 걸 알 수 있다. 베네딕트에게 울스턴크래프트의 삶은 "인간이 남긴 글 중 가장 소중한 작품, 어떤 개념을 현실 속에서 실현한 사람의 이야기"였다. 그러나 그건 책에서 배운 추상적인 개념이 아니라 경험으로 얻은 것이었다. "그녀는 풍요한 삶을 통해 그 이상에 도달했

---

75 골드먼이 버크먼에게 보낸 편지, 1925년 9월 4일.(*Nowhere at Home: Letters from Exile of Emma Goldman and Alexander Berkman*, ed. Richard Drinnon and Anna Maria Drinnon, New York: Schocken, 1975), 128쪽.

76 Ruth Benedict, "Mary Wollstonecraft," *An Anthropologist at Work: Writings of Ruth Benedict*, ed. Margeret Mead(Boston: Houghton Mifflin, 1959), 491~519쪽.

다. 그리고 자신의 생활 속에서 자신이 얻은 그 이상을 냉철히 실험에 붙여보았다." 그녀의 삶은 일련의 열정적인 실험이었고, 울스턴크래프트는 "어떤 경험에 직면할 때마다 예리한 지성을 발휘해 거기 집중했다." 울스턴크래프트가 보기에,

> 삶에는 무조건 따라야 할 규칙은 없었다. 모든 게 실험의 대상이었던 것이다. 그녀는 늘 뭔가를 시험하고 탐색했으며, 현실 대신 위선이나 인습을 받아들이는 건 있을 수 없다고 생각했다. 그녀는 이성적으로 사고할 수밖에 없는 그런 사람이었다. 삶에 대해 열정적으로 지적인 태도를 견지하는 것이 그녀의 도구였기 때문이다.

베네딕트는 『여권의 옹호』야말로 삶에 대한 울스턴크래프트의 시각을 가장 잘 보여주는 책이라고 생각했고, 그녀의 그 시각이 '우리의 현대 사회를 형성한 위대한 힘들 중 하나'라고 보았다. 그런데 '종교, 경제, 성, 철학 등 모든 문제를 동시에 제기하는 울스턴크래프트의 놀라운 방식'에도 불구하고, 베네딕트는 가정 생활에 대한 욕구, 결혼 제도에 대한 용인, 가족 관계에 대한 집착 등, 울스턴크래프트의 이론이 지닌 한계 또한 지적했다. 그녀는 "여성의 지위를 조금 개선해달라는 게 사회의 균형을 깨뜨린다고는 생각지 않았다. 그녀는 자신이 제시한 그 사상 초유의 요구들이 [……] 우려의 대상이라고 생각지 않았던 것이다. 그녀는 세상은 그 정도 위협으로 흔들릴 만큼 불안정한 곳이 아니라고 믿었다."

『여권의 옹호』에서 울스턴크래프트는 사랑을 '반갑지 않은 침입자'라고 불렀지만, 그녀의 삶은 사랑의 부침(浮沈)에 깊은 영향을 받았다.

골드먼과 달리 베네딕트는 고드윈과의 관계를 울스턴크래프트가 추구했던 행복의 정점으로 보았다. 울스턴크래프트는 "삶의 갖가지 고난을 겪고, 운명의 온갖 장난에 시달렸지만, 마침내 '지쳤으나 명예를 회복하고 흡족하게'" 죽어갔다.

그 글의 결말 부분에서 베네딕트는 자신의 삶에서 울스턴크래프트가 지녔던 의미를 밝혔는데, 골드먼과 베네딕트가 내린 결론을 보면 꼭 이 두 여성의 감성뿐 아니라, 세대 · 문화 · 출신 계층의 차이가 반영되어 있다. 골드먼의 글에 깃든 염세적인 분위기는 동유럽 유대인의 보수적인 문화, 유대인에 대한 반감, 이민의 충격, 소시민에서 무산 계급으로의 지위 변화가 그녀의 상상력에 가한 압박을 반영했다.

"계집애들은 많이 배울 필요가 없어! 유대인의 딸은 생선 요리 잘하고, 국수 가늘게 뽑고, 자식만 많이 낳으면 돼!"[77] 골드먼은 어렸을 때 아버지한테서 들은 이 말을 회상했다. 그 아버지가 보기에 "공부하고, 인생을 알고, 돌아다니고", 사랑하는 사람과 결혼하는 것(또는 사랑만 하고 결혼은 하지 않는 것)은 부모에 대한 반항의 표시일 뿐이었다. 그리고 그에게 골드먼은 '방종한 인물'이자 집안의 '수치'였던 것이다. 그런 분위기 속에서 울스턴크래프트 같은 여성의 항거는 골드먼처럼 반항적인 딸이 보기에도 양면성을 지닌 도전이었다. 그런 항거는 한편으로는 자유, 지적 성장, 자기 표현의 길이 될 수 있지만, 다른 한편으로는 사회적 소외, 내면적 갈등, 고뇌의 길이었기 때문이다.

울스턴크래프트와 마찬가지로 골드먼은 그의 부모가 대표하는 극도로 제한된 세계를 탈출하는 데 성공했고, 결국은 그들의 존경과 찬사를

77 Goldman, *Living My Life*, 12쪽.

받기도 했다. 하지만 그녀는 초기에 아버지에게서 들은 저주를 평생 잊지 (그리고 용서하지도) 못했다. 그건 자신의 아버지뿐 아니라 자기가 속한 계급과 문화 전체의 판단이었기 때문이다. 자신이 악마의 "친자식", "모자가 아니라 교수형 올가미를 쓸 머리"[78]를 가진 사람이라는 골드먼의 역설적인 말은 가족과의 그런 갈등에서 비롯된 것이었다. 울스턴크래프트에 대한 골드먼의 글은 자신의 항거는 불가피하고 정당했다는 확신과, 그런 대담성과 야심은 반드시 비극적인 결말을 가져오고 만다는 두려움을 동시에 반영했다.

베네딕트의 글에 나타난 더 강한 낙관성은 골드먼보다 17년 후 미국의 중산층 지식인 가정에 태어난 여성이 누린 더 많은 가능성을 반영하고 있다. 남편을 일찍 잃은 베네딕트의 어머니는 교사와 사서로 일했고, 딸의 지식욕을 키워주려 애썼다. 베네딕트는 대학 교육을 받고, 결혼한 후에도 교사와 사회사업가로 일하다가, 30대에 인류학에 뛰어들었다. 울스턴크래프트에 대한 글을 쓸 당시, 베네딕트는 사랑하는 사람과 결혼한 자신이 어떻게 그렇게 힘든 일을 할 수 있을 것인가 하는 문제로 고민했다. (그녀는 교직이나 사회사업에는 만족할 수 없었다.) 천직이라는 문제로 고민하던 그녀는 1914년 일기에 이렇게 썼다.

> 나는 극도로 억압받고 불만에 차 있던 과거 여성의 삶을 자세히 연구한 다음 '신여성'의 입장에서 그중 몇 사람의 전기를 쓰려고 한다. 지금

---

78 Frank Harris, "A Biographical Sketch of Emma Goldman," *Contemporary Portraits*, 4th ser. New York: Brentano's, 1923). Emma Goldman, *My Disillusionment in Russia*, New York: Thomas Y. Crowell, 1970, p. xi에 재인용되어 있다. 골드먼이 멘델스존(Lillian Mendelssohn)에게 보낸 편지, 1938년 9월 9일. 윌리엄 멘델스존 서류집, 캘리포니아 주 라구나 시 소재.

루스 베네딕트

까지의 연구 결과 내가 내린 결론은, 현대에 와서 여성의 명칭이 바뀌고 경제적으로는 좀더 자유로워졌지만 근본적으로는 달라진 게 전혀 없다는 것, 탐색과 불만은 여성의 천성이고, 우리 시대 여성이 옛날 사람들보다 나은 것은 좀더 솔직하게 그런 천성에 따라 행동한다는 것뿐이라는 사실이다.[79]

3년 후인 1917년, 그녀는 "강인한 여성의 삶에서 느껴지는 강렬한 영

[79] Ruth Benedict, "Journals," *An Anthropologist at Work*, p. 132.

감에 대해 쓰고 싶다. 그들은 위대한 모험과 같은 삶을 살았고, 극도로 혼란에 빠진 영혼에서 확고한 목적이 [……] 나올 수 있다는 걸 보여주었다"[80]고 썼다.

베네딕트는 『여권의 옹호』가 주창한 것들이 실현되기 시작해서, 적어도 일부 여성은 더 많은 교육과 취업 기회를 누릴 수 있었던 세계에서 자라났다. 어린 시절의 골드먼이 품었던 그런 희망은 이제 부모의 권위에 대한 맹랑한 도전으로 간주되지 않았다. 여성은 이제 자신의 성적 욕망이나 지적 · 정치적 야심을 더 떳떳하게 표현할 수 있게 되었다.

이런 세계에서 울스턴크래프트는 골드먼이 보았듯이 영웅적이거나 비극적인 존재도 아니고, 그래서 그다지 과격하지도 않았다. 골드먼은 울스턴크래프트를 낭만화했지만, 그녀의 삶과 사상이 얼마나 혁명적이었는지 잘 이해했다. 베네딕트가 그린 울스턴크래프트는 그렇게 영웅적이지도, 과격하지도 않은, 상당히 온건한 존재였다. 베네딕트 세대의 여성은 좀더 소박한 희망을 가졌기에 그걸 실현할 수 있었다. 골드먼이 그려낸 양면적인 울스턴크래프트와 달리, 베네딕트의 글에 묘사된 좀더 일관성 있는 울스턴크래프트의 모습은 그녀 세대와 계층의 여성이 누리게 된 더 많은 기회와 더 축소된 비전을 시사해주고 있다. 골드먼에게 있어 울스턴크래프트가 제기한 도전은 개인적인 문제이면서 동시에 정치적인 문제였지만, 베네딕트에게는 거의 전적으로 개인의 문제에 지나지 않았다. 골드먼은 제1차 세계대전 전 미 중산층 여성의 참정권 운동이 지닌 보수성에 반발하면서, 울스턴크래프트를 참정권 운동가들보다 훨씬 더 과격한 비전을 지닌 위대한 영웅으로 그려냈다. 그

80 같은 책, 140쪽.

런데 베네딕트에게 울스턴크래프트는 동시대인이었다. 골드먼의 페미니즘은 무정부주의 혁명이라는 더 큰 이념의 한 측면에 지나지 않았고, 여성 해방은 사회 전체의 변화를 내포하는 개념이었다.

베네딕트에게 있어 페미니즘은 좀더 자유로운 결혼, 가정 생활, 노동의 구조를 의미했다. 울스턴크래프트에 대한 베네딕트의 평가는 그녀 자신의 비전이 지닌 한계를 보여주고 있다. "울스턴크래프트는 사랑의 보금자리가 무너질까봐 장식을 옮겨달거나 창문을 열지 못하는 후대의 여성보다 남편의 사랑이나 가정, 아이에게 더 큰 믿음을 갖고 있었다." 골드먼의 페미니즘이 낭만적이고 과격하고 혁명적이었다면, 베네딕트의 페미니즘은 현실적이고 진보적이고 개량주의적이었다. 골드먼은 울스턴크래프트에 대한 묘사에 자신이 사랑과 자유의 가능성에 대해 지녔던 가장 큰 희망과 두려움을 동시에 담아 놓고 있다. 베네딕트는 울스턴크래프트의 삶에서 자신의 희망이 모두 정당하다는 것을 확인했다. 베네딕트가 그려낸 울스턴크래프트가 덜 고통스러워 보인다면 그것은 그녀가 살았던 세계가 그런 여성의 삶을 더 쉽게 받아들일 수 있었기 때문이기도 하지만, 그 세계가 여성 해방에 대해 가졌던 기대가 더 축소되었기 때문이기도 하다.

국립 초상화 미술관에는 울스턴크래프트가 죽기 몇 달 전에 그려진 초상이 걸려 있다. 삶을 체험하기 전의 소녀들이 느끼는 두려움에 가득 찬 채 그 초상을 처음 보았던 어린 시절의 내 모습이 기억난다. 그때 나는 다른 여성이 어떻게 자신의 영혼을 지켜냈는지 알고 싶다는 욕망에 사로잡혀 있었다. 그리고 적갈색 머리칼과 슬프지만 차분한 연갈색 눈을 지닌, 당당하게 머리를 쳐든 이 작은 액자 속의 여성은 내 눈길을 사로잡았다. 그녀는 자신의 영혼을 지켜냈고, 지금 그 영혼은 그 차분한 눈을 통해 당당하게 밖을 내다보고 있었다. 그리고 그 때문에 그녀가 치러야 했던 대가 또한 거기에 분명히 나타나 있었다. 하지만 그때 그 초상 앞에서 있던 나에게는 그 비싼 대가까지도 하나의 보증 또는 약속으로 보였다. 왜냐하면 나는 초상이 그려진 그 당시 그녀가 자신의 삶에 만족하고 있었다는 걸 알고 있었고, 지금도 그 만족을 토대로 그녀를 묘사하고 있기 때문이다.[81]

골드먼과 베네딕트라는 서로 너무 다른 여성들이 모두 울스턴크래프트에게서 영감을 구했다는 사실은 울스턴크래프트가 남긴 유산의 풍요함뿐 아니라 각 세대가 나름의 독특한 방식으로 자신의 전범(典範)을 찾고 만들어내는 과정을 보여준다. 울스턴크래프트를 묘사하는 과정에서 골드먼은 자기도 모르게 자신의 이상화된 자아상을 그려 보이고 있다. 베네딕트 역시 울스턴크래프트를 자기와 아주 비슷하게, 또는 자기가 되고 싶은 그런 여성의 모습으로 그려내고 있다. 베네딕트나 골드먼이 울스턴크래프트에 대한 글에 자신의 모습을 담아냈다는 걸 깨달았는지, 울스턴크래프트를 만남으로써 그들의 삶이 달라졌는지는 알 수 없다. 그렇지만 어쨌든 두 사람은 울스턴크래프트를 그려내는 과정에서 자신들이 지니고 있던 가장 깊은 가치와 희망, 두려움을 드러냈다. 울스턴크래프트를 재창조하는 과정에서 골드먼과 베네딕트는 자신을 재창조해내고 있었던 것이다.

---

81 베네딕트, 「울스턴크래프트」, 앞의 책, 519쪽.

## 울프, 『메리 울스턴크래프트』[82]

큰 전쟁이 사람들에게 미치는 영향은 참 불공평하다. 프랑스 혁명은 어떤 이들은 완전히 파멸시켰지만 어떤 이들은 털끝 하나 안 다치고 그냥 지나갔다. 오스틴은 프랑스 혁명에 대해 언급한 적이 없다고 하고, 램은 혁명이 일어났다는 사실을 무시해버렸으며, 브루멜[83]은 그 사건에 대해 생각해본 적이 없었다. 그런데 워즈워스와 고드윈에게 그 혁명은 새 시대의 여명이었고, 그들은

> 프랑스는 황금 같은 시간의 정상에 서 있었고,
> 인간 본성은 재창조되는 듯했다.[84]

고 생각했다. 글 솜씨가 뛰어난 역사가라면 그처럼 확연히 대조적인 광경을 병치해 보여줄 수 있을 것이다. 브루멜은 체스터필드 가의 저택에서 목걸이를 스카프 위에 조심스럽게 드리우며 천박하게 뭔가를 강조하지 않는 학구적인 어조로 상의의 깃이 어떤 모양으로 재단되어야 좋은지 얘기하고, 소머스 타운에서는 지나치게 머리가 크고 코가 긴 젊은 이[85]를 포함한 초라한 행색의 청년들이 차를 마시며 흥분한 어조로 날

---

82 Virginia Woolf, *The Second Common Reader*, 168~176쪽. Copyright, 1932, by Harcourt Brace Jovanovich, Inc.; Copyright, 1960, by Leonard Woolf. 울프 저작권자, 호가스 출판사, 하코트 브레이스 조바노비치 출판사의 양해로 전재함 - 편집자.

83 램(Charles Lamb, 1775~1834)은 수필가. 브루멜(George Bryan['Beau'] Brummel, 1778~1840)은 멋진 옷차림, 재기 넘치는 대화, 체스터필드 가에 있는 우아한 저택으로 유명한 독신자.

84 William Wordsworth, *The Prelude*, VI. 340~341행.

85 나중에 울스턴크래프트와 결혼하게 되는 고드윈(1756~1836)에 대한 묘사. 소머스 타

마다 인간의 완벽함과 이상적인 관계, 인권에 대해 떠들어대고 있는 모습을 나란히 보여줄 수 있는 것이다. 그곳에는 반짝이는 눈과 아주 열렬한 어조를 지닌 여성도 한 명 있었는데, 발로, 홀크로프트,[86] 고드윈 등 전형적인 중산층의 성을 지닌 거기 있는 청년들은 결혼 여부에 상관없이 그녀를 자기들과 같은 청년인 양 그저 '울스턴크래프트'라고 불렀다.

영리한 사람들이 같은 사건을 두고 그렇게 서로 다른 태도를 보일 수 있는 걸 보면—램과 고드윈, 오스틴과 울스턴크래프트는 모두 대단히 영리한 사람들이었다—상황이 사람들의 사고에 미치는 영향이 별로 대단하지 않다는 걸 알 수 있다. 고드윈이 템플 근처에서 태어나 크라이스트 호스피탈[87]에서 고대 문화와 옛 문학에 심취했다면 인류의 미래나 인권에 대해 전혀 아무런 관심도 없었을지 모른다. 오스틴이 어린 시절, 아버지가 엄마를 채찍으로 때리는 걸 막기 위해 계단참에 엎드려 있어야만 했다면, 정의를 요구하는 한마디 외침으로 자신의 모든 소설을 불태워버릴 만큼 열렬히 전제에 항거하는 사람이 되었을지도 모른다.

울스턴크래프트가 어린 시절에 결혼의 즐거움에 대해 배운 건 그런 것들이었다. 그 뒤 그녀는 동생 이블리나가 불행한 결혼 생활 끝에 마

---

운은 조지 4세 때 새로 개발된 신흥 주택지로 처음에는 고드윈이, 나중에는 고드윈과 울스턴크래프트가 거기 살았다.

86 발로(Joel Barlow, 1754~1812)는 미국의 시인 · 정치가로 한때 런던에 살았다. 홀크로프트(Thomas Holcroft, 1745~1809)는 극작가 · 번역가로, 보마르셰(Beaumarchais)의 『피가로의 결혼』 등을 번역했다.

87 램은 유서 깊은 템플(Temple) 근처에서 성장했고, 코울리지나 헌트(Leigh Hunt)와 마찬가지로 크라이스트 호스피탈에서 수학했다. 크라이스트 호스피탈은 원래 빈민 아동들을 위해 설립된 자선 학교였다.

차 안에서 결혼 반지를 몇 조각으로 물어뜯는 광경을 목격했다.[88] 그녀의 오빠는 그녀에게 짐만 되었고, 얼굴이 붉고, 성미가 불같고, 좀처럼 머리를 감지 않는 그녀의 우세스러운 아버지가 농장 경영에 실패하자, 그녀는 아버지가 재기할 자금을 마련해 드리기 위해 한 귀족의 가정교사로 취업했다. 다시 말하면 그녀는 행복이 뭔지 알지 못했고, 그런 체험을 바탕으로 인생의 비참한 현실에 부합되는 철학 체계를 창안해냈다. 그 체계의 핵심은 바로 독립이 그 무엇보다 중요하다는 것이었다. "남에게서 받는 친절은 모두 일종의 굴레로, 그것은 우리의 타고난 자유를 구속하고, 우리의 정신을 타락시킨다."[89] 그녀는 여성에게 가장 중요한 것이 독립이라고 생각했다. 우아함이나 매력이 아니라 에너지, 용기, 자신의 의지를 행동으로 옮길 수 있는 힘이 필요하다고 생각한 것이다. 그녀가 가장 자랑스럽게 생각했던 건 바로, "나는 중요한 결정을 내리면 그것을 반드시 실천에 옮겼다"는 점이었다. 그리고 이 말은 사실이었다. 그녀는 채 서른이 되기도 전에 엄청난 장애를 딛고 많은 일을 해냈다. 예컨대 그녀는 패니라는 친구를 위해 정말 힘겹게 집을 얻었는데, 패니는 마음이 바뀌었다며 그 집에 들어오지 않았다. 그녀는 학교를 차리기도 하고, 패니를 설득해 스키스 씨(Mr. Skeys)와 결혼시키기도 하고, 패니가 아이를 낳을 때는 학교 문을 닫고 혼자 리스본까지 가기도 했다. 리스본에서 돌아오는 길에는 시키는 대로 하지 않으면 이 일을 외부에 알린다고 선장을 협박해 침몰하는 프랑스 선박의 선원들

88 울스턴크래프트의 동생 엘리자베스(일라이저)는 남편의 구타를 피해 울스턴크래프트가 미리 마련해둔 비밀 거처로 가는 마차 안에서 결혼 반지를 몇 조각으로 물어뜯었다고 한다.

89 더랜트가 고드윈의 『울스턴크래프트 전기』에 붙인 보충 해설에 인용되어 있다(New York: 1927, 172쪽).

버지니아 울프

을 구해주기도 했다. 그리고 퓨슬리[90]에 대한 열정에 사로잡혀 그 아내를 찾아가 같이 살겠다고 제안했다가 완강히 거절당하자, 생각한 것은 실행에 옮겨야 한다는 신념을 곧바로 실천에 옮겨, 글을 써 먹고살겠다는 결심을 하고 파리로 건너갔다.

이렇게 혁명은 그녀의 외부에서 일어난 사건이 아니라 바로 그녀의 피 속에서 작용하던 적극적인 힘이었다. 그녀는 평생 전제(專制), 법, 인

---

[90] 영국의 화가이자 작가인 퓨슬리는 원래 스위스인의 후손이었다. 장년기에 이르러서야 그림을 그리기 시작한 그는 셰익스피어와 밀턴의 작품에 나오는 여러 장면을 묘사한 환상적이고 때로 기괴한 그림들로 특히 유명하다.

습에 맞서 싸웠다. 그녀의 마음속에는 엄청난 사랑뿐 아니라 증오도 포함하고 있는 개혁자의 인간애가 들끓고 있었다. 프랑스 혁명은 그녀가 가장 열렬히 믿고 있던 이론과 신념들이 현실화된 사건이었고, 그녀는 이 놀라운 사건이 준 흥분 속에서 두 권의 유창하고 대담한 책을 써냈다. 『버크 씨의 책에 대한 반론』[91]과 『여권의 옹호』가 그것이다. 이 두 책의 내용은 너무도 자명해서 지금 보면 새로운 게 전혀 없어 보인다. 거기 담긴 독창적인 내용들이 이제 우리에게는 상식이 되었기 때문이다. 그런데 큰 집에 혼자 살면서 자신이 멸시하던 왕이 생각보다 의연한 모습으로 군인들의 호위 속에 지나가는 모습을 직접 목격했을 때, "왜 그런지는 모르지만 눈물이 나오고, 이제 자리에 들려고 하는데, 생전 처음으로 촛불을 끌 수가 없답니다."[92] 세상일은 그리 단순하지 않은 법이다. 그녀는 자신의 감정을 이해할 수 없었다. 자신의 가장 깊은 신념들이 실천에 옮겨지고 있는데—눈에 눈물이 고여왔던 것이다. 그녀는 명성과 독립과 자신의 삶을 살 권리를 얻었는데—이제 뭔가 다른 게 필요했다. "난 여신처럼 사랑받기를 원하는 게 아니라 당신에게 꼭 필요한 사람이 되고 싶어요." 이 편지를 받은 매혹적인 미국인 임레이[93]는 그녀에게 아주 친절하게 대해주었고, 그녀는 그를 열렬히 사랑하게

---

91 즉 버크의 『프랑스 혁명론』에 대한 반론으로 씌어진 『인권의 옹호』(1790).

92 울스턴크래프트가 존슨에게 보낸 편지(Durant's Supplement to Godwin's *Memoirs*, 223쪽).

93 미국의 탐험가 · 작가 · 사업가인 임레이(Gilbert Imlay)는 1793년에 울스턴크래프트의 연인이 되었고, 1794년에 두 사람의 딸 패니가 태어났다. 길버트와 울스턴크래프트는 파리 주재 미 영사관에 부부로 신고되어 있었지만, 이는 혁명 때문에 영국인의 신변이 위험해진 파리에서 울스턴크래프트를 보호해주기 위한 편법에 지나지 않았다. 1792년 12월 26일에 씌인 이 편지의 전문은 Ralph M. Wardle, ed., *Collected Letters of Mary Wollstonecraft*(Ithaca: Cornell Up, 1979), no.113.

되었다. 하지만 그녀는 사랑은 자유로워야 한다고 믿었고—"서로 사랑하면 그게 결혼이고, 사랑이 사라진 후에는 결혼이라는 끈이 상대를 얽어매면 안 된다"[94]고 생각했다. 하지만 그녀는 자유와 동시에 안정도 원했다. "저는 습관적인 뭔가를 암시하는 정이라는 말이 좋아요."[95] 그녀는 편지에 이렇게 썼다.

그토록 의연하면서도 몽상적이고, 관능적이면서도 지적이고, 아름답기까지 한 그녀의 얼굴에는 이처럼 상반된 요소들간의 갈등이 잘 나타나 있다. 그녀는 곱슬곱슬한 머리채와, 사우디가 그토록 표현력이 풍부한 눈은 일찍이 본 적이 없다고 했던 크고 영롱한 눈을 지니고 있었다. 그런 여성의 삶이 평탄할 리 없었다. 그녀는 끊임없이 삶에 대한 갖가지 이론을 만들어냈지만, 매번 주변의 완강한 편견에 직면했다. 게다가 그녀는 현학적이지도, 냉정하게 이론적이지도 않았기 때문에, 자신의 이론을 폐기하고 새로운 이론을 만들어야 할 필요성을 제기하는 갖가지 요소들이 그녀의 내면에서 싹텄다. 그녀는 자신이 법적으로 임레이를 구속할 자격이 없다는 신념에 따라 행동했고, 그래서 그와의 결혼을 거부했다. 하지만 그가 몇 주일씩 자신을 아이와 단둘이 남겨두었을 때는 견딜 수 없이 괴로워했다.

이렇게 생각이 복잡하고 그녀 자신도 이해하기 어려웠던 사람이었으니, 언변 좋고 바람둥이였던 임레이가 그녀의 변하는 심리 상태나, 때로는 이성적이고 때로는 비이성적인 그녀를 용인한다는 건 쉬운 일이 아니었다. * * * 송사리를 잡으려다 돌고래를 낚은 임레이는 물속을

---

94 C. Kegan Paul, *William Godwin: His Friends and Contemporaries*, 2vols.(Boston, 1876), I, 214쪽.

95 Wardle, *Collected Letters*, 233쪽(no.119).

정신없이 끌려다니다가 결국 빠져나갈 길만 찾았던 것이다. 임레이 자신도 새로운 이론을 만들어내는 데 관심이 있었지만 근본적으로는 사업가였고, 안락한 생활을 원했다. 그 자신이 "나는 삶의 이차적인 쾌락들이 있어야만 편안하게 느낀다"[96]고 토로한 바 있다. 그리고 그중에는 끝까지 울스턴크래프트의 끈질긴 감시를 피한 한 가지 쾌락도 들어 있었다. 그가 늘 그렇게 그녀 옆을 떠나 있어야 했던 건 사업 때문이었을까, 정치 문제였을까, 아니면 여자 때문이었을까? 그는 늘 어정쩡한 태도를 취했지만, 만났을 때는 아주 잘해주었고, 그러다가 금세 또 사라졌다. 너무나 애가 타고 의심으로 반쯤 미쳐버린 울스턴크래프트는 마침내 요리사를 다그쳐 진상을 알아냈다. 임레이가 순회 극단의 여배우와 사귀고 있다는 것이었다. 무슨 일이든 일단 결심하면 즉각 실행에 옮긴다는 평소의 신념에 따라 울스턴크래프트는 곧바로 치마를 물에 흠뻑 적신 채, 퍼트니 교(橋)에서 몸을 던졌다. 하지만 그녀는 구조되었고, 말할 수 없는 고통 끝에 정상을 회복한 그녀는 "불굴의 위대한 정신"[97]과 소녀 적에 가졌던 자립에 대한 신념 덕분에 또다시 행복을 찾아나섰고, 임레이가 제안한 모든 재정적 도움을 거부하고 딸과 함께 살아갈 방도를 강구했다.

그녀가 작은 체구에 큰 머리를 지닌 고드윈을 다시 만난 건 바로 이때였다. 둘은 소머스 타운의 청년들이 프랑스 혁명이 새로운 세상을 여는 계기가 될 거라고 생각했던 그때 처음 만났다. 그녀가 그를 만났다고 하는 건 좀 무리가 있다. 사실은 그녀가 직접 그의 집을 찾아갔기 때문이다. 그녀가 별 생각 없이 외투를 걸치고 고드윈을 찾아가거나, 저

---

96 임레이는 당시 수입업에 관여하고 있었다(*Letters to Imlay*, ed. Paul, 58, 95쪽).

97 Godwin, *Memoirs of Mary Wollstonecraft*, 30쪽.

드(Judd) 가의 자기 집에서 그가 찾아오길 기다린 것은 프랑스 혁명의 영향이었을까, 아니면 보도에 묻어 있던 피와 아직도 귓속에 쟁쟁한 군중의 함성 때문이었을까? 정말 묘하게도 인색하면서도 관후하고, 냉정하면서도 깊은 감정을 지닌—웬만큼 깊은 감정 없이는 그가 남긴 『울스턴크래프트 전기』 같은 글을 쓸 수 없기에—그 특이한 남성이 그녀의 행동이 옳았다고 느끼고, 여성을 억압하는 몽매한 인습을 타파했다는 이유로 그녀를 존경하게 된 것은 삶의 어떤 기이한 격동 때문이었을까? 그는 수많은 문제들, 그중에서도 특히 남녀 관계에 대해 아주 특이한 견해를 갖고 있었고, 남녀간의 사랑도 이성의 지배를 받아야 한다고 생각했다. 그는 울스턴크래프트와 자신의 관계에는 영적인 면이 있다고 느꼈다. 그는 전에, "결혼은 최악의 법이고 [……] 결혼은 재산, 그중에서도 최악의 재산의 문제다"[98]라고 쓴 적이 있었다. 그는 남녀가 서로 사랑하면 아무런 의례 없이 동거하거나, 동거가 사랑을 약화시킬 수 있으므로, 같은 거리에 있지만 서로 좀 떨어진 집에 살아야 한다고 생각했다. 더 나아가 그는 다른 남자가 자기 아내를 좋아하면 "별 문제 없을 것이다. 우리 모두 그녀와 얘기하길 즐기고, 세 사람 모두 영리한 만큼 육체 관계는 정말 하찮은 문제로 간주할 것이다"[99]라고 주장했다. 그는 이 글을 쓰기 전 한 번도 사랑에 빠져본 적이 없었고, 이제야 평생 처음으로 그 감정을 체험하게 된 것이었다. 그 사랑은 소머스 타운에서 나누었던 대화와, 상식적인 사람들이 볼 때 정말 부적절하게도 그의 방에서 단둘이 나눈 이 세상 모든 문제에 대한 토론에서 아주 자연스럽고

[98] William Godwin, *An Enquiry concerning Political Justice*, London: 1793, II, 850쪽.

[99] 고드윈, 같은 책, 853쪽.

조용히 자라났다. 그는, "우리의 관계는 우정에서 시작되어 사랑으로 무르익어 갔다"고 썼다. "마침내 진실을 밝힐 때가 왔을 때, 우리는 서로에게 특별히 밝힐 게 없었다."[100] 그들은 가장 근본적인 문제에 대해 같은 견해를 갖고 있었는데, 예컨대 두 사람은 모두 결혼은 불필요하다고 생각했다. 그래서 두 사람은 각자의 집에서 생활했다. 그런데 자연이 또다시 개입해 아이가 생겼을 때, 그녀는 이론 때문에 소중한 친구들을 잃는 게 과연 현명한지 물었고, 두 사람은 결혼하기로 결정했다. 그리고 또 다른 이론, 즉 남편과 아내는 따로 사는 게 좋다는 이론 또한 울스턴크래프트 자신의 내면에 싹터오는 다른 감정과 부합되지 않는 것 같았다. 그녀는, "남편은 집안 살림살이의 편리한 일부"[101]라고 썼다. 그녀는 자신이 아주 가정적이라는 사실을 깨달았다. 그렇다면 그 이론 역시 바꿔서 같은 집에 살면 어떨까? 고드윈은 몇 방 건너에서 일하면 될 것이고, 원한다면 각자 외식하러 나갈 수도 있었다. 결국 두 사람은 그러기로 했고 결과는 대성공이었다. 두 사람의 생활은 "방문(訪問)이 갖는 신선함과 생기에, 가정 생활의 더 감미롭고 깊은 즐거움을 결합한"[102] 형태였던 것이다. 울스턴크래프트는 자신이 행복하다고 말했고, 고드윈은 그토록 많은 철학적 성찰 후에 "누군가가 자신의 행복에 관심을 가져준다는 걸 느끼는 건 정말 즐거운 일"[103]이라고 토로했다. 이 새로운 행복 속에서 울스턴크래프트는 자신의 내면에 잠들어 있던 갖가지 힘과 감정이 싹터 오는 걸 느꼈다. 고드윈이 임레이의 어린

---

100 앞의 세 인용문은 모두 더랜트의 보충본, 99~100쪽.

101 폴이 편집한 『윌리엄 고드윈』, 제1권, 251쪽에 실린, 울스턴크래프트가 고드윈에게 보낸 편지.

102 고드윈, 『울스턴크래프트 전기』, 110쪽.

103 폴의 『윌리엄 고드윈』, 제1권, 255쪽에 실린, 고드윈이 울스턴크래프트에게 보낸 편지.

딸과 노는 광경, 곧 태어날 두 사람의 아이, 시골 나들이같이 아주 사소한 일도 그녀에게 깊은 기쁨을 가져다주었다. 어느 날 뉴 로드에서 임레이와 마주친 그녀는 별 원한 없이 그에게 인사를 건넸다. 하지만 고드윈이 썼듯, "우리의 행복은 이기적이고 일시적인 쾌락의 낙원이나, 한가한 행복이 아닌"[104] 그 어떤 것이었다. 울스턴크래프트의 삶이 처음부터 그랬듯이 이 역시 하나의 실험이었고, 인간 사회의 제도를 인간의 욕망에 더 부합되게 만들려는 일련의 시도 중 하나였다. 그리고 두 사람의 결혼은 시작에 지나지 않았다. 더 굉장한 일들이 이제부터 일어날 것이었다. 울스턴크래프트는 아이를 낳고, 『여성의 억압』(*The Wrongs of Woman*)이라는 책을 쓰고, 교육을 개혁하고, 아이를 낳은 다음날 아래층에 내려와 식사를 할 것이고, 의사가 아니라 산파를 불러 몸을 풀 것이었다. 하지만 그게 바로 그녀의 마지막 실험이었다. 그녀는 아이를 낳고 죽었기 때문이다. 자신의 존재를 그렇게 강렬히 느끼고, 불행 속에서도 "내가 죽는다든지, 나 자신을 잃어버린다는 건 차마 상상할 수 없어요. 내가 존재하길 그친다는 건 불가능해요"[105]라고 외쳤던 그녀는 서른여섯에 죽었다.[106] 하지만 그녀는 한을 풀었다. 그녀가 죽은 뒤 130년 동안 수백만의 사람이 죽고 잊혀졌지만, 우리는 지금도 그녀의 편지를 읽고, 그녀의 논리에 귀를 기울이고, 그녀의 실험, 그중에서도 가장 큰 결실을 맺었던 고드윈과의 관계를 생각하고, 당당하고 열정적으로 인생의 정수를 휘어잡았던 그녀를 생각한다. 그러니 그녀는 분명히

---

104 고드윈, 『울스턴크래프트 전기』, 109쪽.

105 MW는 『스웨덴, 노르웨이, 덴마크에서의 짧은 체류 기간에 쓴 편지』(런던: 1796), 97쪽에서 이렇게 말했다.

106 울스턴크래프트는 1797년, 서른여덟의 나이에 죽었다.

일종의 불멸을 얻은 셈이다. 그녀는 여전히 생생히 살아 있고, 따지고, 실험한다. 그리고 우리는 그녀의 말에 귀를 기울이며 그녀가 살아 있는 사람들에게 어떤 영향을 미치는지 살펴보는 것이다.

## 런드버그와 파넘, 「울스턴크래프트와 페미니즘의 정신병리학」[107]

오늘날까지 별 변화 없이 전해 내려온 페미니즘의 신조는 1792년에 런던에서 출판된 한 권의 예언적인 저서인 울스턴크래프트의 『여권의 옹호』[108]에서 비롯되었다.

울스턴크래프트는 이 책에서 페미니즘 철학 전체를 명시 또는 암시했다. 그녀는 후대의 페미니스트들이 내세운 거의 모든 의식적인 요구들을 표현했고(그보다 훨씬 더 중요한 그들의 무의식적인 요구들은 나중에 다시 다룰 것이다), 후대의 페미니스트들이 적어도 겉으로 보기에 승리한 사회적 · 정치적 투쟁의 발판이 된 모든 잘못된 전제들을 천명했다.

『여권의 옹호』의 요구 사항들을 간추려보면,

여성과 남성은 동등하다(즉 1과 1, 2와 2가 동등하듯 그렇게 동등하다는 것).

따라서 여성은 사회적 · 정치적 · 개인적으로 남성과 똑같은 취급을 받

---

107 Ferdinand Lundberg and Marynia Farnham, *Modern Woman: The Lost Sex*, 144~145, 159~163쪽. 저작권은 1947년, 런드버그와 파넘. 하퍼 앤 로 사의 양해로 전재한다 - 편집자.

108 런드버그와 파넘은 『여권의 옹호』에서 'Woman'을 'Women'으로 잘못 표기했다.

아야 한다.

여성은 남성과 같은 교육을 받아야 한다.

여성은 남성과 같은 도덕적 기준의 지배를 받아야 한다.

여성은 남성과 같은 정치적 권리와 의무를 지녀야 한다.

여성은 남성과 같은 취업 기회와 직업을 지녀야 한다.

그리고 전반적으로 여성은 가능한 한 남성과 비슷하게 행동해야 한다.

그녀의 이론은 극히 편협하고 개인주의적이었다. 개인으로서의 여성, 아주 편협한 욕구를 지닌 개인 이외에는 다른 어떤 것에도 개의치 않고 만든 이론이었던 것이다.

짧은 시간에, 그것도 엄청난 감정적 흥분 속에 씌인 이 책이 무의식적으로 내포하는 내용은 바로, 남성은 거의 뭐든 할 수 있는 참 멋진 존재이고, 여성은 가능한 한 모든 방법을 동원해 그들을 모방해야 한다는 것이다.

울스턴크래프트는 남성을 증오했다. 그녀는 심리학에 나오는 모든 개인적인 이유 때문에 남성을 싫어하게 되어 있었다. 그녀는 자신이 참으로 경탄하고 두려워하는 남성이라는 존재를 미워했고, 여성이 천성적으로 강하고 당당한 남성에 비해 불쌍할 정도로 약하고 아무것도 할 수 없는 존재인 반면, 남성은 뭐든 할 수 있는 존재로 보았다.

그녀는 당시 도버 해협 건너편에서 일어난 프랑스 혁명의 열기 속에서 이 책을 썼다. 바로 그 전해에는 (당시로서는) 아주 선동적인 페인의 『인권론』이 출판되었고, 그와 친했던 울스턴크래프트는 반역죄로 기소된[109] 그를 옹호하고 나섰다.

『여권의 옹호』에는 프랑스 혁명의 이념이 많이 반영되어 있다. 그 백 년 뒤 러시아 혁명의 구호들이 그랬듯이, 당시의 지식인들에게 혁명적인 구호는 아주 매력적으로 느껴졌다. 페미니스트들은 '자유, 평등, 박애'라는 혁명의 구호를 '자유, 평등, 동지애'로 바꿔놓았고, 이 세 단어는 그 뒤에 나온 엄청난 양의 페미니즘 문학에 단골로 등장하게 된다.

고드윈이 나중에 썼듯이, 울스턴크래프트는 자신을 "지난 수천 년 동안 여성을 이성적인 존재로부터 거의 동물 수준으로 타락시켜온 굴레를 타파할 여권의 옹호자"[110]라고 생각했다.

한 불행한 여성의 영혼에서 나온 이 부정확하고 사회적으로 위험한 개념은 그후 페미니즘 운동의 핵심이 되었고, 오늘날에도 마찬가지다. 그녀는 아주 강력하고 사악한 남성이 오랜 세월 동안 섬세하고, 나약하고, 선한 여성을 구속하고 타락시키려고 노력해왔다고 생각했다. 그리고 이제 여성은 해방될 거라는 것이다. 울스턴크래프트에 의해!

* * *

울스턴크래프트가 심한 강박성 신경증 환자였다는 것은 의심할 여지가 없어 보인다. 그리고 그녀의 병에서 비롯된 페미니즘의 이념은 그후 수많은 여성의 감정을 표현하는 데 이용되어왔다.

의식적인 차원에서는 철저히 도덕적인 인물이었던 울스턴크래프트는 좋은 일을 하려고 했다. 페미니즘 역시 표면적으로는 여성의 삶을 어떤 이상적인 완벽함에 가깝게 만들겠다는 좋은 목표를 내세우고 있다. 그러나 무의식적인 차원으로 들어가보면, 울스턴크래프트와 페미

---

109 페인은 기소되긴 했지만 영국에서 재판받은 적이 없었고, 울스턴크래프트가 그를 옹호했다는 증거도 없다.

110 Godwin, *Memoirs of Mary Wollstoncraft*, ed. W. Clark Durant(New York: 1927), 53~54쪽.

니스트들은 해를 끼치고자 했다. 그녀의 원한은 물론 원인이 있었지만, 그건 어디까지나 부모와의 문제였고, 이는 다른 페미니스트들의 경우도 마찬가지였다. 자라나는 아이들에게 이 부모들은 (각자 어린 시절의 가정을 돌이켜보면 알 수 있듯이) 사악한 사회의 대리자들이었다. 울스턴크래프트가 보기에 남자는 모두 여자들을 억압했고, 모든 여성은 월경 · 임신 · 출산 · 육아 때문에 고통 받고, 남자들처럼 자유롭게 활동할 멋진 기회를 누리지 못한 채(좀 심각한 예를 들면, 거대한 운동장인 전쟁터에 나갈 기회도 없이),[111] 모든 게 그들에게 전적으로 불리한 사회에서 힘든 삶을 살고 있다는 것이다. 남자들은 모두 자기 아버지가 엄마에게 그랬듯이 여자들을 시퍼런 멍이 들도록 두들겨 패고 모욕하고 굴욕감을 느끼게 했고, 여자들은 자기 엄마처럼 아무 소리 없이 이 모든 모욕을 견뎌냈다는 것이다. 그리고 후대의 페미니스트들은 끊임없이 그런 예를 열거해왔다. 예컨대 미국의 전투적인 페미니스트들인 앤서니와 스탠턴, 게이지(Matilda Gage)가 쓴 『여성 참정권 운동사』(*History of Woman Suffrage*)의 첫 줄은 바로 "여성의 오랜 예속은 인류 역사에서 가장 어두운 시기다"라고 되어 있다.

그런데 그녀가 생각해낸 최고의 모욕은 바로 남자들로 하여금 그들이 여자들과 '평등'하다는 것, 남녀가 같다는 것을 인정하게 만드는 것이었다. 울스턴크래프트는 남자들을 미워하고 비난했지만, 진정으로 그들을 필요로 했기에 그보다 더 나쁜 모욕은 상상할 수 없었다. 그녀

111 그런데 사실 그녀의 편지들을 읽어보면, 울스턴크래프트는 딸 패니의 출산을 별로 어렵게 생각지 않았고, 아주 즐거운 마음으로 1년 정도 모유를 먹여 길렀다. 그리고 『여권의 옹호』를 보면 그녀는 군인들을 부러워한 게 아니라 상당히 경멸했으며, 방어전만을 정당하다고 생각했다.

의 비뚤어진 눈에는 남자를 여자들보다 열등한 존재로 보는 건 상상할 수 없는 일이었다. 그녀는 남자는 절대로 여자에게 굴복당하지 않을 거라고 생각했다. 여자들이 남자들에게 굴복당한 것이었다. 울스턴크래프트는 자기 어머니와 마찬가지로 피학적이었고, 실은 모든 페미니스트가 피학적이었다. 울스턴크래프트는 여러 남자에게 열심히 구애 작전을 펼쳤다가 번번이 거부당했는데, 그렇게 행동하니 받아들여질 리가 없었다. 그녀는 자기가 바라는 것, 즉 자기 아버지와 정반대 타입이면서도 어느 정도 비슷한 남자를 갈망했기에, 엉뚱한 사람에게 접근해 남녀 사이에 절대로 범해서는 안 될 실수, 즉 여자가 먼저 구애를 펼치는 우를 범했던 것이다. 페미니스트들 역시 그런 실수를 범한다. 그래서 남자들을 도망치게 만들거나, 심리적으로 문제가 있는 남자를 차지하는 것이다. 울스턴크래프트는 여자들이 남자들에게 대항하여 그들을 해침으로써 그동안의 억압에 복수하기를 원했다.

우리가 임상 실험으로 알아낸 바로는, 그런 행동을 통해 울스턴크래프트는 무의식적으로 남성에게서 힘을 빼앗고 그를 거세하려고 했던 것이다. 무의식적으로 그녀는 어쩌면 그리스 비극의 주인공인 엘렉트라[112]처럼 아버지를 죽이고 싶었는지도 모른다.

하지만 이 욕망은 아무리 강해도 너무 엉뚱했기에 강하게 억압되고, 남성에 대한 요란한 비판으로 대체되었을 것이다. 울스턴크래프트 이후의 페미니스트들은 줄곧 모든 남성을 지옥에나 가야 할 괴물로 치부함으로써 자신들의 아버지를 상징적으로 살해해 왔다.

---

112 그리스 전설에서 엘렉트라(Electra)는 동생인 오레스테스(Orestes)와 함께 아빠가 아니라 엄마인 클리템네스트라(Clytemnestra)를 죽인다. 심리학에서 엘렉트라 콤플렉스는 딸이 엄마를 미워하고 아빠를 선호하는 경향을 가리킨다.

울스턴크래프트가 온갖 방법을 동원해 임레이를 유혹할 때 쓴 편지를 보면, 그 혼란스러운 정신 저변에서 그녀가 진정으로 원했던 게 뭔지 알 수 있다. 편지에서 그녀는 그와 함께 미국으로 건너가 농장을 일구며 여섯 명의 자녀를 낳고 싶다고 말했다.[113] 당시 극단적인 감정에 휩싸여 있던 그녀는 자기 엄마가 했던 역할을 되풀이할 각오가 되어 있었고, 임레이가 결혼만 해주었으면 분명히 주먹질도—기꺼이—견뎌냈을 것이다. 그녀는 어떤 조건이든 받아들일 작정이었으며, 그런 걸 보면 그녀가 신경증 환자였다는 걸 잘 알 수 있다. 역사 속의 어떤 여성도 이 원조 페미니스트 울스턴크래프트가 임레이 앞에서 했던 만큼 남자 앞에서 비굴하게 군 적은 없었다.

울스턴크래프트는 정서적으로 임레이든 누구든 남자들과 힘을 겨루게 되어 있었다(결국에는 물론 무작정 굴복했지만). 이런 경쟁심은 장황한 언변, 현학 취미, 적극적인 구애 행위, 그리고 임레이를 자기에게 묶어두려는 일방적인 노력 등에 나타나 있다. 그런 경쟁이 없으면 그녀는 무력감, 두려움과 불안, 심한 적개심과 불행한 느낌에 사로잡혔다. 경쟁은 그녀의 무력감을 줄여주었고, 여자로서 자신이 가진 힘에 대한 심각한 의심에서 나온 불안을 잠재우는 방법이었다. 그런데 그녀의 그런 남성적인 투쟁이야말로 여자로서의 힘을 손상시킨 주요 원인이었다. 그녀가 임레이와 처음 사귈 때 느낀 행복감은 상당 부분 자신이 주도권을 쥐고 있다는 느낌에서 왔을 것이다. 당시 그녀는 아마 자기가 여자로서 주도권을 쥘 수 있다는 걸 갑자기 깨달았을 것이다. 그녀가 성적으로

---

113 MW가 임레이에게 보낸 편지들을 보면 둘이 미국으로 건너가서 농장을 살 계획을 했고, 그녀가 아이들을 좋아해 많은 자녀를 두고 싶어한 건 사실이지만, 임레이가 그녀를 때렸다든지, 그런 일이 있었을 때 그녀가 그걸 참았다는 증거는 전혀 없다.

어떤 상태였는지는 알 수 없지만, 임레이는 분명 아주 다재다능한 연인이었을 것이고, 그녀를 성적으로 매료시켰을 것이다. 그리고 그런 임레이가 그녀의 성적 억압 기제들을 없애주었을 가능성이 아주 크다.

페미니즘은 울스턴크래프트가 임레이에게 보낸 편지들에서 주요 강령들을 배우지 않았다. 그런데 만약 그렇게 됐다면 오늘날과는 정반대의 모습을 갖추게 되었을 것이다. 하지만 이 두 경우가 모두 불순한 원천인 것은 분명하다. 심리적으로 아주 비정상적인—결손 가정에서의 불행한 유년 시절과 성년기의 어려운 생활 때문에 이상해진—여자들만이 『여권의 옹호』에서 그들이 생각하는 순수한 지혜를 배울 것이기 때문이다.

우리가 앞에서 보았듯이 『여권의 옹호』는 남녀가 모든 측면에서 평등해야 한다고 주장한다. 그 시대에는 평등이 가장 인기 있는 정치 구호였다. 당시에는 평등이 모든 문제의 해법이고, 이성 및 자유와 결합되면 정말 그럴 거라고 믿었다. 하지만 실은, 남녀 관계의 진실이 무엇이든 간에, 둘은 평등하지도 동일하지도 않다. 남녀는 같은 종(種)이지만, 개인마다 다 다르고, 언제나 상보적인 존재인 것이다. 남녀 관계에 있어 중요한 것은 유사성이 아니라 차이다. 페미니즘에 어느 정도 감염되었던 엘리스[114]는 평등(equality)이라는 말이 초래하는 혼란을 없애기 위해 둘이 똑같이 가치롭다는 뜻을 가진 등가성(equivalence)이란 말을 사용했다. 하지만 그의 가상한 시도는 거의 인정받지 못했고, 엘리스는 페미니스트들이 실제로 원하는 게 정의가 아니라는 사실을 전혀 깨닫

114 엘리스(Havelock Ellis, 1859~1939)는 많은 저서를 펴낸 영국의 심리학자로서, 『성의 심리학 연구, 1897~1910』(*Studies in the Psychology of Sex, 1897~1910*)라는 시리즈로 유명하다.

지 못했다. 울스턴크래프트가 까놓고 말했듯이 (그리고 그 뒤 많은 페미니스트들이 되풀이했듯이), 그들이 원하는 것은 바로 남성성(masculinity)이었던 것이다. 그런데 여성성을 원하는 남자와 마찬가지로, 남성성을 원하는 여자는 심리적으로 병적인 사람이다.

* * *

# 비평

## 라우셴부시-클러프,
## 「여성 교육에 대한 울스턴크래프트의 요구들」[1]

* * *

울스턴크래프트는 국가가 교육을 수행해야 할 필요성을 당시의 경제 조건과 관련지어 설명했다. 그녀는 사회주의적 견지에서, 재산이 교육적 원칙의 실현에 방해가 되던 당시 영국의 교육 현실을 비판했다. 당시 영국에는 기숙학교와 통학학교가 있었는데, 둘 다 사립이었다. 사유재산제에 따르는 갖가지 부작용 중 경쟁이 가장 문제일 텐데, 그런 부작용들이 교육에서 특히 강하게 나타나고 있었다. 울스턴크래프트는 자신이 직접 통학학교를 운영해본 적이 있고, 그때 학교 재정이 부모들의 변덕에 좌우된다는 걸 체험했기에 자신의 경험을 바탕으로 논의를

---

1 Emma Rauschenbusch-Clough, *A Study of Mary Wollstonecraft and the Rights of Woman*(London: 1898), 152~163쪽. 원문의 각주가 모두 『여권의 옹호』를 가리키기 때문에 여기서는 이 판에 맞게 주의 쪽수를 수정해놓았다.

전개했다. 그녀는 교사가 방학 때마다 부모들 앞에서 아이의 능력을 보여줘야 하고, 그래서 학생이 이해하지도 못하는 구절들을 외우게 만들고, 아이들의 점진적인 개선을 불가능하게 할 만큼 무리한 학습을 강요해야만 하는 형편을 묘사했다. "하지만 교사들의 생계가 학부모에게 달려 있고, 여러 학교들이 허영심 많은 부모들의 관심을 끌기 위해 경쟁적으로 미끼를 내거는 한 이런 현상은 계속될 것이다. 자식을 사랑하는 부모라면 자기 아이가 다니는 학교가 다른 학교보다 더 낫기를 바랄 것이기 때문이다."[2] 그녀가 이어서 한 말을 보면 당시 영국에서는 그런 폐해가 만연해 있었던 모양이다. "교사들만이 아는 비밀스러운 기술을 발휘해 나약한 부모의 환심을 사기를 거부하는 양식 있고 양심적인 교사는 여간 운이 좋지 않은 한 학교를 운영해갈 수 없을 것이다."

기숙학교에서는 다른 면에서 문제가 심각했다. 학부모들은 가장 싼 학교를 찾아다녔고, 그래서 교사가 혼자 감당할 수 없을 정도로 많은 학생을 받지 않으면 운영이 힘들었다. 그 결과 수많은 학생이 좁은 곳에 모여 지내다보니 신체적 · 정신적 · 정서적 발달에 문제가 있었던 것이다. 비싼 학비를 내고 교사 및 보조 교사들과 같이 생활하는 소년들은 올바른 예절을 익히지 못했다. 귀족들과 관계를 유지하는 교사진이 자기 집안에까지 허영기와 사치를 들여왔기 때문이다. 울스턴크래프트는, 인맥을 통해 출세하는 직업들이 제일 타락하기 쉬운데, 학생을 가르치는 교사들은 바로 그런 집단에서 선발되었다고 말했다. "하지만 늘 승진을 노리며 신중하고 조심스럽게 행동해야 하는 이들이 독립적으로 행동하는 학생들을 길러내기를 기대하는 건 무리 아닐까?" 그녀는 이

2 앞의 책, 163쪽.

어 이렇게 말했다. "그런데 나는 몇몇 교사들이 아이들의 도덕에 대해서는 전혀 무관심한 채, 자기들은 그저 고전어를 가르칠 뿐이고, 일부 우수한 학생들을 대학에 보냈으니 자기들의 의무는 다한 거라고 주장하는 걸 보았다."[3]

이 문제에 관한 그녀의 말을 들어보면 그녀가 가끔 사회주의에 얼마나 근접했는지 알 수 있다. 그녀는 경쟁과 훈련으로 뛰어난 학생이 몇 명 배출될 수도 있지만, 그 몇 명의 영리한 학생들을 배출하기 위해 수많은 학생의 건강과 도덕이 손상된다는 점을 지적했다. "몇몇 우수한 학생을 길러내기 위해 대다수 학생들을 희생시키는 건 사회에 이롭지 못한 일이다. 어쩌다 한 번 커다란 변혁이 일어날 때마다 탁월한 인물들이 나타나 질서를 회복하고 진리의 얼굴을 가린 구름을 걷어내는 건 사실이다. 하지만 사회에 이성과 미덕이 넘치게 하면 이런 강한 바람은 필요 없을 것이다."[4] 그녀는 소수 엘리트 교육에 반대한다. 기회가 균등하게 주어진다면 적자생존에 그다지 큰 노력이 필요치 않을 것이고, 특별히 뛰어난 사람도 안 나오겠지만, 그 대신 보통 사람들의 수준이 좀 더 높아지리라는 것이다. 그녀는 평균 수준이 높아지는 쪽을 원했다.

기숙 여학교에서의 통제와 피곤한 감금 상태는 남학교보다 더 심각했다. 울스턴크래프트가 보았듯이 여학생들은 정원에서 활기차게 뛰어노는 대신, 고개를 꼿꼿이 세우고, 발끝을 바깥쪽으로 뻗고, 어깨를 뒤로 젖힌 채 꼿꼿한 자세로 넓은 보도를 멍청히 오락가락해야 했다. "이런 상황에서는 아이들의 몸과 마음을 쑥쑥 자라게 하고 희망의 부드러운 꽃잎을 피어나게 하는 육체적 활기는 변질되어, 아이들의 자질을 위

3 같은 책, 161쪽.
4 앞의 책, 162쪽.

축시키고 성격을 망쳐놓는 헛된 꿈이나 건방진 불평으로 표출될 것이다."[5] 울스턴크래프트는 자신이 개탄하는 여성의 몇 가지 특징이 바로 이 기숙 여학교에서의 억압된 생활에서 기인한다고 말했다.

그녀는 소년이 비가 오나 눈이 오나 책가방을 들고 학교에 갔다가 저녁에 집으로 돌아와 부모에게 그날 있었던 일들을 자랑스럽게 얘기하던 시골 통학학교를 정겹게 묘사하고 있다. 그녀는 이렇게 교육받은 사회의 명사들에게, 이런 추억 때문에 고향집이 더욱더 소중하게 느껴지고, 어린 시절 공부 내용을 익혔던[6] 그늘진 가로수길이나, 연(鳶)이나 방망이를 고치려고 걸터앉았던 울타리 계단 때문에 조국이 더 소중하게 느껴지지 않느냐고 묻는다. 그녀는 이런 통학학교야말로 건전한 교육의 중요한 요소들을 갖추고 있다고 믿는다. 이런 학교는 가정 교육과 학교 교육을 결합시켜 시민을 양성하는 데 이바지하기 때문이다. 그녀는 말한다. "모든 공교육은 시민을 길러내는 데 목적을 두어야 하는데, 좋은 시민이 되려면 먼저 아들과 형제로서의 애정을 발휘할 줄 알아야 한다. 이것이 마음속의 사랑을 기르는 유일한 방법이고, 시민으로서의 미덕과 애정은 모두 개인의 인격에서 나와야 한다."[7]

이는 가정 생활과 가족 관계에 대한 아름다운 변론이다. 개인이 최고의 발전을 이루면 국가에 기여하게 되지만, 이는 정서적 성숙 없이는 불가능한 일이고, 그런 정서적 발전이 일어나려면 가정 생활에서 어린이의 여러 감정이 잘 발달하도록 도와야 하기 때문이다. 인류애를 가지려면 먼저 "부모나 형제자매, 또는 어릴 때 같이 놀던 애완동물을 사랑

---

5 같은 책, 164쪽.

6 '익혔던'의 원문은 'conned'로 '반복을 통해 배우다'라는 뜻.

7 앞의 책, 162쪽.

해야 하기 때문이다."[8] 울스턴크래프트는 공부 때문에 아이들을 부모와 떨어져 살게 하면, "어린 시절에 여러 사람과 맺는 따스한 관계를 파괴하고, 결혼을 인간에게 꼭 필요하고 고상한 제도로 만들어주는 관계의 힘을 파괴하기 때문에 그 아이들을 더 나은 시민으로 만들기 어렵다"[9]고 보았다.

제목 때문에 『여권의 옹호』가 가족의 소중함을 공격하는 책이라고 오해했던 사람들에게 이 부분은 그 생각이 잘못됐다는 걸 보여주는 가장 강력한 반증이 될 것이다. 이 부분에서 저자는 부부의 결혼 생활이 지속되는 데 있어 자녀들이 미치는 영향, 사람들이 그들의 삶에 미치는 여러 영향력의 토대, 그리고 그들의 삶에 가장 큰 영향을 주는 관계들의 가치를 인정하고 그 필요성을 주장했다. 그뿐 아니라 자녀의 양육을 직접 담당하는 사람은 어머니이기 때문에, 울스턴크래프트는 대다수 여성이 적어도 1년은 그 일에 전념해야 한다고 말했다. 그녀는 다른 맥락에서도 이런 말로 그 주장을 되풀이했다. "여성 전체를 놓고 볼 때, 그들이 지닌 가장 중요한 의무는 이성적인 존재로서 자기 자신에게 진 의무이고, 그다음으로 중요한 시민으로서의 의무는 바로 엄마로서 지닌 다양한 의무다."[10] 그녀는 엄마로서의 의무가 가장 중요하다고 말하지 않는다. 울스턴크래프트는 여성은 자신과 가족을 위해 풍요한 지적·도덕적 성숙을 이룩하고, 자녀를 기르거나 다른 목표를 추구하느라 필요한 경우, 자신의 신명을 바칠 수 있는 그런 일을 수행하는 데 필요한 능력을 기를 의무가 있다고 보았다.

---

8 같은 책, 162쪽.

9 같은 책, 162쪽.

10 앞의 책, 145쪽.

엄마 자신이 개성 있는 인간이 될 필요가 있다고 본 점에서 울스턴크래프트는 상당히 현대적이다. 그녀는 여성이 살림에 찌든 나머지 정신의 탄력을 상실하여 자녀의 정신적 성숙을 이해할 수 없게 되고, 그래서 날마다 그들의 물질적 필요를 충족시켜주기 위해 일만 하는 존재로 전락하는 것을 경계한다. 그녀는 "자녀들에게 애국심의 진정한 원칙을 가르치려면 엄마가 먼저 애국자가 되어야 한다"는 지당한 주장을 폈다. 『여권의 옹호』는 여성을 더 나은 엄마로 만들겠다는 목표를 갖고 있고, 아이들이 교육 때문에 집을 떠나면 안 된다고 주장함으로써 국가가 시민들에게 요구할 수 있는 가장 고귀하고 포괄적인 몇 가지 의무를 여성의 몫으로 만들어 엄마가 할 수 있는 일의 범위를 상당히 넓혀놓았다. 그렇다면 그녀는 모성 본능을 축소시키는 게 아니라, 국가라는 유기체 속에서 모성이 당당하고 드높은 자리를 차지해야 한다고 주장하는 것이다.

울스턴크래프트가 공교육의 필요성을 주장하면서 추구하는 가장 중요한 목표는 바로 남녀공학의 도입이다. 그녀는 공립학교에 대해 다음과 같은 구상을 갖고 있었다. 교사는 각 교구의 선발위원회에서 임명하되, 맡은 일을 게을리 하면 여섯 명의 학부모가 공동으로 그 위원회에 불만을 제기할 수 있다. 아홉 살 이하의 어린이는 성별이나 재산 정도에 관계없이 무상 교육을 받고, 같은 교칙에 따라 행동해야 하며, 교칙을 어기면 퇴학당한다. 울스턴크래프트는 학생들이 옷차림 때문에 구별되는 걸 우려하여 전교생이 똑같은 옷을 입는 방안을 고려하기도 했다. 하지만 어린이들에게 공부를 강요하면 안 되었다. 한 번에 한 시간 이상 앉아 있지 않게 하고, 많은 것을 놀이에서 배우게 해야 한다. 아이들은 교실 주변에 있는 넓은 뜰에서 식물학, 천문학, 공학의 기초를 익히게 된다. "딱딱한 원리를 가르치면 아이들의 관심을 끌 수 없지만, 일종의 구경거리로 제시하면 다들 즐겁게 배울 것이다."[11]

여기 제시된 이런 건전한 방안들을 보면 울스턴크래프트는 현대의 유치원과 상당히 비슷한 학교를 구상했던 것 같다.[12] 그녀는 또 종교, 역사, 정치의 기초를 가르치는 가장 좋은 방법으로 소크라테스식의 대화식 수업을 도입하려고 했다. 그녀가 구상한 교육 과정에 종교 교육이 포함되어 있다는 사실에 주목할 필요가 있다. 아홉 살 이후에는 타고난 적성이나 기호에 따라 각기 다른 교육 과정이 주어지는데, 오전에는 모두 같이 공부하다가, 오후에는 소년들은 공학 과목들, 소녀들은 가사나 재봉 과목들을 공부한다. 이처럼 울스턴크래프트는 직업 교육도 국가의 보호를 받게 했다.

남녀공학은 공교육에 관한 장에서 가장 핵심적이고 충분히 설명되어 있는 주제다. 그녀는 남녀가 같이 공부하는 데서 얻는 이점을 새로운 측면에서 설명하고 있다. 당시에는 그런 이론에 대한 실제적인 경험이 거의 없었기 때문이다. 하지만 그녀가 누차 말하듯이, 이성은 모든 사람에게 있어 같은 특징을 지닌다. 그녀는 감성을 강조하고 오성을 간과한 여성 교육 제도를 거부했기에, 여성을 남성의 진정한 동반자로 만드는 데 있어 그 이성이 어떤 역할을 할 것인지 설명할 필요가 있었다. 그리고 그 문제를 해결할 가장 좋은 방법이 바로 남녀공학이었다.

그녀는 뭔가 새로운 걸 내세웠다가 오랫동안의 체험으로 검증된 걸

---

11 앞의 책, 168쪽.

12 지금은 아주 보편화되었지만, 유치원('아이들의 정원')은 독일의 교육자인 프뢰벨(Friedrich Froebel)이 네 살에서 여섯 살 사이의 아동들을 게임과 놀이로 교육할 목적으로 1837년에 처음 설립한 것이다.

잃을까 두려워서 과감히 남녀공학의 도입을 주장했다. 그녀가 프랑스인에게 바친 다음과 같은 호소문의 마지막 문장은 약간 냉소적이다.

> 그렇다면 여성을 자연과 의무로 돌아가게 하는 데 이성이 어떤 역할을 할 수 있는지 계몽된 국가가 먼저 보여주어야 할 것이다. 그리고 여성에게도 남성과 같은 교육과 정치의 기회를 줌으로써 더 현명하고 자유로운 존재, 더 나은 인간으로 변모할 수 있는지 지켜봐야 할 것이다. 이 실험이 여성에게 해를 끼칠 위험은 전혀 없다. 여성을 지금보다 더 열등한 존재로 만들기는 어렵기 때문이다.[13]

공학이 실시되면 여성은 얻을 건 많지만 잃을 건 없었다.

교육에 있어서의 평등을 개인의 노력이 아니라 포괄적인 국가의 정책을 통해 주어지는 권리로 보았다는 것은 울스턴크래프트가 제시하는 여러 요구의 사회주의적 성향을 살피는 데 있어 중요한 측면이다. 그런 요구에 대해 오늘날 우리가 가할 수 있는 유일한 비판은 바로 그 소극성이다. 울스턴크래프트가 초등학교를 국립으로 해야 한다고 요구한 것은 옳았다. 하지만 그녀가 이 요구를 논리적으로 밀고 나갔으면 중학교나 고등학교 또는 대학교까지도 빈부, 성별, 피부색, 종교에 상관없이 전 국민이 다닐 수 있고 국가 기관의 보호를 받는 그런 곳이 되길 요구했을 것이다. 그렇게 되었으면 그녀의 요구는 바로 현재의 사회 발전 과정에 내재하는 경향과도 부합되었을 것이다. 그녀는 첫발은 떼었지만 두 번째 발에서 멈춰버렸다. 초등 교육을 논의한 다음 공교육안을

13 앞의 책, 167쪽.

제시하는 중간에 그녀는 이런 말을 한다. "능력이 탁월하거나 재산이 많은 학생은 다른 학교에 들어가 고전어나 현대어, 과학의 기초를 공부하고, 역사나 정치학을 더 폭넓게 공부할 수 있을 것이다."[14] 그렇다면 돈이 많으면 고등 교육을 받을 수 있다는 얘긴데, 그렇게 되면 사회는 배운 사람과 못 배운 사람으로 양분되어 계층 구별이 유지되지 않을 것이다. 누군가가 돈이 있다는 이유만으로 가장 영향력 있는 특권인 교육을 받을 수 있다면 기회 균등의 원칙은 실현될 수 없을 것이다.

울스턴크래프트는 여성의 고등 교육에 대해서는 별로 대단한 걸 요구하지 않는다. 그녀에게 이 문제는 미지의 영역이었다. 당대의 몇몇 여성이 이룬 놀라운 업적 때문에 엄청난 희망을 품었을 수는 있지만, 그녀는 그런 예외적인 경우는 단호히 외면한 채, 평범하고 둔한 보통 사람들의 경우만을 논의했다. 그리고 그런 보통 여성의 경우, 여성은 이성을 지니고 있고, 이성은 본질적으로 모든 사람에게 있어 똑같이 나타난다는 사실밖에는 달리 희망을 줄 근거가 전혀 없었다. 그래서 그녀가 내놓은 제안들은 대부분 좋은 주부를 양성하기 위한 방안들이다. 그녀는 여성이 무지 속에 살기 때문에 좋은 엄마가 되기 어렵고, 그것은 곧 그들 고유의 책무를 제대로 수행할 수 없게 만드는 것이라고 생각하기 때문이다. 그녀는 아이들이 동물의 새끼보다 더 위험하게 생활하는 건 엄마들의 무지 때문이라고 말한다. 이것 때문에라도 여성을 위한 공교육이 반드시 필요한 것이다. "공립학교에서 여성은 무지 때문에 빚어지는 오류들을 피하기 위해 해부학과 의학의 기초를 배워야 할 것이다. 그렇게 되면 여성 자신의 건강은 물론 아이나 부모, 남편의 건강도 잘

14 같은 책, 168쪽.

챙기게 될 것이다."[15] 그들은 또 과학과 인문학의 발전 과정에서 인간의 오성이 발달해온 과정을 배우고, "윤리학이나 정치의 역사도 반드시 익혀야 할 것이다."[16]

그런데 울스턴크래프트가 권장하는 여성 교육의 과목들을 보면 그녀의 교육안에서도 남녀 구별이 존재하는 것처럼 보인다. 그녀는 고전 교육이나 남학생들이 거치는 엄격한 지적 훈련에 대해서는 한마디도 하지 않았기 때문이다. 그리고 그녀가 이런 교육안을 구상할 때 가장 중요했던 것은 편의의 문제였던 것 같다. 그녀는 여성이 가정을 잘 꾸려가고 현명한 엄마가 되는 데 필요한 교육을 받아야 한다고 생각했던 것이다. 하지만 설사 그렇다 해도, 이런 목표를 가진 그녀의 교육안과, 여성은 남자들에게 매력적인 존재가 되도록 교육받아야 한다는 당대의 다른 저자들의 교육안 사이에는 큰 차이가 있다. 그렇다면 우리는 책의 다른 부분에서는 늘 정신의 영역에서는 남녀 구분이 없다고 주장해놓고 교육안에서는 그런 구별이 들어설 여지를 남겨두었다는 이유로 울스턴크래프트를 비난해야 할까?

얼핏 보면 그래야 할 것 같다. 그러나 좀더 깊이 들어가보면, 그녀는 인간의 욕구를 현대 교육자들보다 더 깊이 이해했던 것 같다. 고등 교육에 대한 그녀의 논의는 별로 풍부하지 않지만 시종일관 남녀공학을 주장한다. 그녀는 현대의 여대생을 예측하지도 않았고, 남학생들의 의대와는 별도로 여자들을 위한 의대를 세워야 한다고 주장하지도 않았다. 여자가 최초로 의사 자격증을 따기 75년 전에 "여자들도 의술을 공부해 간호사뿐 아니라 의사도 될 수 있다"고 말할 만큼 낙관적인 태도

15 앞의 책, 177쪽.

16 같은 책, 148쪽.

를 가졌다는 것으로 충분하지 않을까? 편의만을 중시한 듯 보이는 그녀의 말들 속에는 분명하지도 않고, 명백하게 표현되지도 못했지만, 공학 덕분에 여성이 모든 분야를 공부할 수 있게 되고, 개인주의 원칙에 따라 무엇이든 선택할 수 있게 된 후에 성 구별이 시작되어 가정 생활에 관련된 분야들을 전공해야 한다는 깨달음이 내포되어 있다. 오늘날 사회학에는 여성에게 특히 매력적일 수 있는 몇 가지 연구 분야가 포함되어 있다. 울스턴크래프트의 간단한 제안에는 이런 연구 분야들이 이론적 · 실제적 연구 기회를 제공한다는 걸 암시하는 듯한 부분들이 있다. 가족의 진정한 구성과 다양한 기능, 가정 경제가 정치 · 경제에 미치는 영향, 범죄 예방 그리고 다른 많은 사회 문제가 어느 정도는 여성의 과제로 남아 있다.

울스턴크래프트는 개인의 권리를 최대화하려고 노력했지만, 그와 동시에 개인과 인류 진보의 관계가 얼마나 중요한지 깊이 인식했다. 개인은 인류 진보에 이바지해야 하지만, 전체의 복지를 위해 노력하는 과정에서 자신의 행복을 증진하는 길을 찾을 수 있다는 것이다. 울스턴크래프트는 이런 깨달음을 여성 교육에 대한 논의에서 표현했고, 그녀의 요구들이 합리적이고 현실적인 것도 바로 그 때문이다.

## 코스마이어,
## 「초기 페미니즘 운동에서의 이성과 도덕: 울스턴크래프트」[17]

19세기의 여권 운동처럼 포괄적이고 다양한 배경을 지닌 운동의 이론적 토대에 대해 일반적으로 논하기는 어렵다. 여권 운동은 여성이 참정권을 얻기 백여 년 전에 그 여러 전제, 요구, 더 나아가서 목표가 바뀌고 진화했기 때문이다. 여권 운동의 전략은 지금과 마찬가지로 그때도 체계적인 정치 이론이 아니라 개개인이 겪는 억압이나 부당함에 대한 항의에서 비롯되었다. 그리고 여성이 사회 체제 속에서 자신들이 차지하는 위치를 의식하고 그에 대해 적극적으로 불만을 품게 되면서, 자기 시대에 유행하는 이념을 토대로 자기들이 겪는 억압을 설명하거나, 당대의 여러 정치 철학이 제시하는 해법을 차용한 것도 자연스러운 현상이었다.[18]

그렇게 '인식된 억압' 중 하나는 당시 영국과 미국에서 유행하던 도덕 철학에 바탕을 두고 있었다. 로크의 정치 철학의 토대가 되었고 당시 상당한 인기를 누렸던 이성과 도덕의 관계에 대한 이론은 당대 여성에게 자신들을 억압하는 도구이면서 동시에 남성과의 정치적 평등을 주장하는 근거가 되어주었다.[19] 교육을 못 받고, 여성은 경박하고 비합

---

17 Carolyn Korsmeyer, "Reason and Morals in the Early Feminist Movement: Mary Wollstonecraft," 퍼트맨 출판사의 양해 아래 ed. Gould and Wartofsky, *Woman and Philosophy: Toward a Theory of Liberation*에서 전재. 저작권은 굴드와 워토프스키, 1976.

18 그 좋은 예가 바로 당시 여성이 자주 인용한 로크의 '생득권' 개념이다. 이 개념은 당시 상당한 영향력을 미치고 있던 로크의 정치 철학의 핵심 개념이었다. 그 개념의 영향은 「미국 독립 선언서」에 바탕을 둔 「세니커 폴스 선언」(Declaration of Seneca Falls)에도 잘 나타나 있다(모트Lucretia Mott와 스탠턴이 주도한 1848년의 세니커 폴스 집회는 미국의 조직화된 여권 운동의 개시를 알리는 사건이었다) - 편집자.

19 내가 확인해본 바로는, 도덕의 토대에 대한 18세기의 철학적 논의(예컨대 도덕의 토대가 이성인지, 아니면 우리의 도덕감인지 등)는 여성의 합리성이나 그 정치적 함의에 대한 논의에 거의 아무런 영향도 주지 않았다. 19세기 초의 여성과 페미니즘 운동에 가장 큰 영향을 준 이론은 바로 도덕 체계가 이성으로 발견될 수 있다는 것과, 이성이 발달해야 올바른 도덕적 판단을 내릴 수 있다는 것이었다.

리적인 존재라고 배운 초기 페미니스트들은, 여성이 정치적 · 법적 · 사회적 평등을 획득하려면 우선 남성과 똑같이 이성적인 존재임을 입증해야 한다고 생각했다.

이 글에서 나는 여성, 이성, 도덕적 책임과 관련된 몇 가지 문제와 논의들을 다뤄 보려고 한다. 이 문제는 물론 커다란 사회 운동의 한 측면에 지나지 않지만, 19세기 초의 페미니즘 사상에서 가장 먼저 떠오른 이론적 문제의 하나다. 나는 울스턴크래프트의 『여권의 옹호』가 출판된 1792년과, 세니커 폴스 집회에서 발표되고, 일반적으로 미국의 조직화된 여권 운동의 효시로 간주되는 문서인 「우리의 견해와 결의」가 나온 1848년 사이의 시기만을 다루려고 한다.

울스턴크래프트 자신은 페미니스트가 아니었지만(그녀는 1797년에 사망했다), 그녀의 작품은 영국과 미국에서 활동한 페미니스트들에게 널리 읽혔고, 참고서로 이용되었다.[20] 그뿐만 아니라 그녀의 작품에서는 도덕과 이성의 관계에 대한 논의가 그후 페미니스트들의 작품에서는 찾아보기 어려울 정도로 깊이 있게 다루어져 있다. 따라서 나는 페미니즘의 철학적 토대가 된 논의의 예를 주로 『여권의 옹호』에서 인용할 것이다.

울스턴크래프트의 논의는 세 부분으로 나눌 수 있다. ①먼저, 그녀는 남자든 여자든 도덕적인 존재가 되려면 이성이 반드시 필요하다고 주장한다. ②그다음에는, 당시 유행하던 '미덕의 구분', 즉 남성의 미덕과 여성의 미덕이 다르다는 견해에 반박한다. ③그리고는, 당대 사회에

---

20 울스턴크래프트의 전기를 쓴 플렉스너(Eleanor Flexner)는 그녀가 라이트(Francis Wright), 풀러, 모트, 스탠턴 등에 미친 영향을 광범위하게 논의했다. Eleanor Flexner, *Mary Wollstonecraft*(Baltimore: Penguin Books, 1972), 265~266쪽.

서 여성이 차지한 위치를 설명하는 과정에서, 개념의 연상을 토대로 한 '양육'과 '자연'에 관한 이론을 여성의 합리성 부족의 원인으로 지목한다. 울스턴크래프트는 또 여성과 그들의 도덕성에 대한 당대의 여러 이론이 지닌 중요한 모순들을 지적한다. 나는 그녀의 이런 이론들을 논하면서, 그녀의 사고가 당시 유행하던 여러 사상과 어떻게 어울리는지, 19세기 영국과 미국의 페미니스트 운동의 여러 문서들이 이와 비슷한 이론들을 얼마나 많이 담고 있는지 지적하려고 한다. 나는 이 이론들을 대충 위의 순서로 다루되, 끝부분에서는 현대 여권 운동의 시각에서 도덕과 이성 논쟁이 그녀의 작품과 초기 여권 이론에 어떤 가치가 있었는지 간단히 살펴보려고 한다.

영국과 미국에서 여권 운동이 싹트기 시작한 18, 19세기에는 여성과 남성이 서로 활동 '영역'이 다르며, 미덕들—그들이 갖추려고 노력해야 할 성격상의 특징과 능력들—또한 영역에 따라 각각 다르다는 의견이 유행했다. 가정 밖으로 진출하기에는 육체적으로 너무 약하고, 중요한 결정을 내리기에는 비합리적인 존재로 간주된 여성은 집안에 머물며 더 이성적인 남편의 지도에 따라 집을 가꾸고, 아이들을 키우고, 가족을 안락하고 즐겁게 해주는 역할을 했다. 따라서 그녀가 갖춰야 할 '미덕들'은 그녀의 예민하고 순종적인 천성에 부합되는 것들, 즉 상냥함 · 겸양 · 부드러움 · 보호 본능 등이었다.

여성의 천성이나 미덕은 남성의 천성이나 미덕을 보충하는 것들로서, 이 둘이 합해져야 인간의 행동이 완벽해질 수 있다고 생각되었다. 예컨대 루소는『에밀』에서 이런 말을 했다.

완벽한 남자와 완벽한 여자는 얼굴뿐 아니라 정신에서도 달라야 한다.

그리고 뭐든 지나치게 많거나 적으면 완벽할 수 없다.

남녀의 결합에서 두 사람은 목적은 같되 서로 다른 방식으로 기여한다.[21]

그러나 남녀가 이처럼 '활동 영역'이 다르다는 이 이론은 '다르지만 평등하다'는 이론과는 양립하기 어려웠다. 루소는 나아가 이렇게 말했다.

남녀의 도덕성의 차이는 이런 차이에서 비롯된다. 남자는 강하고 활동적이어야 하고, 여자는 나약하고 수동적이어야 한다. 남자는 힘과 의지가 있어야 하지만, 여자는 남자의 뜻에 별 저항 없이 따라야 한다.

이런 원칙을 받아들인다면, 여자는 남자를 즐겁게 하기 위해 태어났다는 결론을 얻을 수 있다.[22]

더 나아가 크레디터가 말했듯이, 제한과 구속을 시사하는 '영역'에 따라 정해지는 적절한 활동이란 개념은 실은 여자에게만 적용되었다. "엄격히 말해, 남성은 전 세계가 활동 영역이고 모든 일을 할 수 있었으니, 그들에게는 '고유의 영역'이라는 개념이 적용되지 않았다."[23] 여성

---

21 J. J. Rousseau, *Émile*, trans. Barbara Foxley, New York: Everyman's Library, 322쪽.

22 같은 책. Eva Figes, *Patriarchal Attitudes*(Greenwich, Conn.: Fawcett Publications, 1970)에서, 루소의 여성관에 대해 흥미로운 분석을 가하고, 그와 관련하여 울스턴크래프트에 대해 간단히 논의했다.

23 Aileen Kraditor, ed., *Up from the Pedestal*, Chicago: Quadrangle Books, 1968, 9

의 영역과 미덕은 실은 여성의 열등한 사회적 지위를 미화하기 위한 개념이었고, 따라서 정치적 · 법적 평등을 이루기 위해서는 가장 먼저 공격해야 할 대상이었다.

그렇게 이해된 여성의 영역이 존재한다는 걸 인정한다면 여성이 온전한 시민의 자격을 얻기는 불가능했기 때문에, 여성의 위치에 대한 이 오래된 개념은 그 정치적 파급 효과가 아주 컸다. 로크와 그 추종자들의 영향하에, 시민의 자격이나 권리에 대한 이론에 관심이 있는 사람이라면 거의 모두, 인간이 천부적 · 정치적 권리를 얻기 위해서는 인간과 동물을 구분해주는 자질인 이성을 지니고 있어야 한다는 것을 가장 중요한 원칙으로 간주했다. 그런데 여성은 그런 사고력을 별로 지니지 못한 존재로 간주되었다. 로크에 따르면, 인간이 자연 법칙과 신의 도덕률을 발견하고, 그래서 사회의 구성원이 될 수 있는 것은 모두 이성 덕분이었다. 그런데 여성이 이성을 갖고 있는지 불확실하다면, 초기 페미니스트들은 "평등한 존재들은 평등한 능력을 갖고 있다"[24]는 로크의 주장을 이용해 지금까지는 어떤 계층의 남성만이 누려온 생득권을 달라고 요구할 수 없었다. 여성이 불평등한(열등한) 존재로 간주된 것은 바로 온전한 시민의 조건인 이성이 부족했기 때문이었다. 여성은 완전한 이성을 갖추지 못했기 때문에 그렇게 불안정하고 변덕스럽고 간교하고 교활하고 예민하고 감성적이었고, 그들을 집안에만 묶어두는 이유도 바로 사회 전체의 안위뿐 아니라 그들 자신을 보호하기 위해서였다.

울스턴크래프트는 여성의 합리성과 사회적 평등을 주장하기 위한 첫

---

쪽(크레디터 책의 첫 부분은 활동 '영역'의 문제를 다루었다).

24 John Locke, *Second Treatise on Civil Government*, chap. 2. #5(로크는 후커Hooker를 인용했다).

번째 단계로, 여성만의 미덕, 여성에게는 걸맞지만 이성에 바탕을 둔 남성의 미덕과는 비교가 되지 않는 그런 능력들이 있다는 이론을 공격했다.

그녀는 남녀의 활동 영역과 미덕이 다르다는 이론을 논박하기 위해 미덕에 서로 다른 두 기준이 있다는 이론의 논리적 오류를 주로 공격한다. 남녀간에 서로 다른 미덕이 있다는 주장은 울스턴크래프트 자신뿐 아니라 그 이론의 주창자들로서도 용납할 수 없는 주장인 상대주의의 위장된 형태였는데, 그녀는 바로 그 이론에 논리적 오류가 있다고 주장하는 것이다.

로크와 마찬가지로 울스턴크래프트는 미덕을 얻거나 도덕적인 행동을 하려면 이성을 발휘해야 한다고 주장한다. 그녀는 이성을 '인간의 가장 근본적인 특징'이라고 부르면서, 이성의 가장 중요한 결실은 바로 미덕이라고 말한다. 올바른 도덕적 판단을 내리기 위해서는 경험과 합리성에 바탕을 둔 든든한 지식의 토대가 필요하다.[25] 그렇다면 한 가지 미덕만이 존재할 수 있으며, 이성이 아니라 감성에 바탕을 둔 소위 여성의 미덕은 가짜이자 모순이라 할 수 있다.

> 그렇다면 우리가 천부적 자질을 계발하고 행복을 실현하는 데는 이성과 미덕, 지식의 양이 관건이 될 것이고, 이 세 가지야말로 개개인의 탁월함을 판단하는 기준이면서 동시에 사회를 유지하는 데 필요한 갖가지 규범의 근거라 할 수 있을 것이다. 그리고 이런 인간관이 옳다면, 지식과 미덕은 이성의 산물임이 분명해질 것이다.[26]

---

25 Mary Wollstonecraft, *A Vindication of the Rights of Woman*(1792), ed. Carol Poston(New York: W. W. Norton and Co., 1987), 12쪽.

진정한 미덕이 이성을 통해서만 발견될 수 있다면, 이성이나 자기 단련이 아니라 예민함 · 직관 · 순종이 필요한 여성의 미덕이 따로 존재한다고 주장하는 것은 모순이다. 이런 미덕은 가짜일 뿐 아니라, 미덕의 이중적인 기준을 설정하려는 시도는 올바른 행동 규범이나 도덕률을 상대적인 문제로 전락시킴으로써 미덕이라는 개념 전체를 붕괴시키는 행위가 될 것이다. 울스턴크래프트는 이중적인 기준에 대한 논의를 한 단계 더 끌고 나가, '여성의 미덕'과 '남성의 미덕'이 다르다면 "어떤 이들에게는 미덕인 것이 다른 이들에게는 미덕이 아닐 수 있다"는, 결코 받아들일 수 없는 상대주의적 결론에 이르게 된다고 말한다.[27] "진실에서만 도출된 규율이 아니라 다른 어떤 규율의 지배를 받아야 하는 집단이 있다면, 미덕은 인습의 문제가 되고 말 것이다."[28] 사람은 이성적으로 사고하는 능력을 길러야만 도덕적 진실을 인식할 수 있고, 그래야만 무엇이 미덕이고, 그걸 어떻게 실행할지 알 수 있는 것이다. 그렇다면 남녀가 같은 기준에 따라 평가받을 수밖에 없다는 결론이 나온다. "사실 자신의 이성을 발휘하지 않고 도덕적인 존재가 된 이들을 도덕적이라고 하는 건 어처구니없는 일 아닐까?"[29]

도덕의 기준은 단 하나이고, 그것은 이성에 토대를 두고 있으며, 여성 특유의 감성에 토대를 둔 소위 여성적 미덕은 미덕이 아니라는 점을 확립함으로써 울스턴크래프트는 그렇다면 여성은 정말 이성적인지, 여성도 도덕적으로 책임 있는 존재인지라는 질문을 제기할 여지를 만들어

26 같은 곳.

27 같은 책, 26~27쪽.

28 같은 책, 85쪽.

29 앞의 책, 21쪽.

냈다. 선택은 두 가지뿐이기 때문이다.

> 여성은 [……] 도덕적인 존재거나, 아니면 너무도 나약해서 남성들의 우월한 능력에 완전히 예속되어야 하는 존재일 것이다.[30]

울스턴크래프트와 초기 페미니스트들은 물론 여성은 완전히 합리적이며 도덕적으로 완전히 책임 있는 존재라고 주장했다. 하지만 그와 동시에 그들은 여성에게 영향을 주는 사회적 힘들이 끼쳐온 해악들을 충분히 인식했다. 페미니스트들은 여성이 대부분 처해 있는 현실에 주목하면서, (특히 중산층과 상류층의 경우) 수백 년 동안의 훈련 때문에 일부 여성은 여성 혐오자들이 규정한 전형적인 여성상에 부합할 만큼 타락해 있다는 걸 알 수 있었다. 하지만 그런 모습이 여성의 천성에서 나왔다는 건 명백히 오류였다. 여성은 이성이나 도덕적 책임감을 발휘해야 하는 위치에 오를 수 없었고, 적절한 교육을 받거나 경험을 쌓을 수도 없었기에, 19세기의 '경박한' 숙녀는 어떤 분명하고 일정한 사회적 여건의 산물이었다.

따라서 페미니스트들은 여성이 가정에만 머물지 않을 정치적 · 법적 권리뿐 아니라, 도덕적 책임과 그 책임을 수행하는 데 필요하다고 생각되는 교육과 경험도 요구했다. 이 문제에 대한 울스턴크래프트의 논의는 정말 중요하다. 18세기 말과 19세기 초의 여성은 이성의 계발과 거기에 따른 도덕성 발달의 기회를 박탈당하는 것은 바로 자신들의 인간성에서 가장 중요한 부분을 박탈당하는 것이라고 느꼈기 때문이다.

---

30 같은 책, 25쪽.

미국의 노예 해방론자이자 페미니스트였던 그림케는 1838년에, "우리 여성의 고귀한 정신적 능력들이 억압당하고 우리의 이성은 전혀 계발되지 않았다"[31]고 썼다. 그뿐 아니라 남성은 "여성의 정신을 타락시키고 구속하기 위해 온갖 노력을 기울여왔다. 그리고 이제 자기가 망쳐놓은 존재를 보며 의기양양하게 말한다. 내가 이토록 철저히 망가뜨린 너는 나보다 열등하다고."[32]

여성의 권리를 빼앗아 도덕적으로 책임 있고 온전한 성인으로 살아갈 능력을 축소시킨 현실에 대한 가장 체계적인 문서는 아마 1848년 뉴욕 주의 세니커 폴스 집회에서 발표된 「우리의 견해와 결의」일 것이다. 미국 독립 선언서를 토대로 한 이 문서에는 열다섯 항목의 불만과 열두 항목의 결의가 실려 있는데, 이중 일곱 항목이 도덕, 책임, 그리고 이 두 가지의 실천을 다루었다. 원고인 여성이 자신을 억압해온 남성을 고발하는 형식으로 씌어진 이 문서에는 이런 구절이 나온다.

> 남편 앞에서라면 어떤 죄악을 저질러도 괜찮게 해놓음으로써 남성은 여성을 도덕적으로 무책임한 존재로 만들어버렸다.[33]

---

31 Sarah Grimké, in Kraditor, 86~87쪽.

32 Sarah Grimké, W. L. O'Neill, *Everyone Was Brave*(Chicago: Quadrangle Books, 1969), 12쪽.

33 Miriam Schneir, ed., *Feminism: The Essential Historical Writings*(New York: Vintage Books, 1972), 72쪽. 현대 여성 운동의 관점에서 보면, 남성을 여성 억압의 가장 큰 책임자로 보는 것은 피상적인 시각이다. 사회에서 여성이 점하는 위치에 대한 분석에 가장 힘을 실어준 것은 주로 역사적 유물론일 것이다. 하지만 초기 여권론자들은 대부분 남성을 여성 억압의 주된 원인으로 파악했고, 이는 아마도 그들이 가장 직접적인 원인이었기 때문일 것이다. 울스턴크래프트도 이 책에서 두 번 남성을 여성 억압의 원인으로 지적했다(24, 26쪽). 여기서 그녀는, 남성은 여성의 열등한 지위에서

(이 부분은 꽤 오랫동안 여성은 법적인 권리가 없어서 남편과 동일인으로 간주되었고, 그래서 남편이 있는 자리나 남편의 동의하에 범죄를 저지르면 그 책임을 지지 않아도 되었던 상황을 얘기한 것이다.)[34] 이 세니커 폴스 선언문 작성자들에게, 여성의 법적 지위에서 가장 중요한 문제는 바로 사회가 여성에게서 책임 있는 행동을 기대하지 않았다는 점이었다. 아무도 그들에게 책임 있는 행동을 기대하지 않는 상황에서, 여성은 성숙한 인간으로 발전하지 않는 경우가 많았으리라는 것이다. 여성을 약하고 예민하고 순진한 존재로 보는 것은 그들을 영원한 어린아이로 보는 것이었고, 울스턴크래프트가 말한 대로, "아이들은 순진해야 하지만, 그 말이 성인에게 적용되는 경우는 약하다는 말을 돌려 한 것이다."[35]

테일러, 모트, 윌러드[36]를 비롯한 많은 다른 여성이 "남성이 여성의 정신과 힘을 약화시키기 위해 가해온 갖가지 제약"[37] 때문에 사회에서 여성이 도덕적 책임이 없는 존재로 전락한 상황을 누차 개탄한 바 있다. 미국을 방문했던 마티노는 1837년에 이렇게 말한 바 있다.

여성의 도덕은 억압당해왔다. 진정으로 보편적인 인간의 힘과 일과 특

---

갖가지 이익을 얻고, 그래서 이런 상황을 영속화함으로써 얻는 게 많다고 말했다.

34 Alice Felt Tyler, *Freedom's Ferment*(New York: Harper and Row, 1962. 초판은 1944), 426쪽.

35 울스턴크래프트, 앞의 책, 20쪽.

36 테일러(Harriet Taylor)는 밀(John Stuart Mill)의 부인으로, 그가 『여성의 예속』(*The Subjection of Women*)에서 다룬 여러 개념들을 소개해주었다 한다. 모트는 퀘이커 교도이며 사회 개혁가 · 노예 해방 운동가이고, 스탠턴과 함께 세니커 폴스 집회를 준비한 인물이다. 윌러드(Emma Willard)는 미국의 교육가로, 수많은 순회 강연과 저서에서 여성 교육의 필요성을 역설했다 – 편집자.

37 타일러의 책 455쪽에 인용된 모트의 말.

권이 있다면 그건 바로 의무라는 원칙과 법의 발견과 채용이다. 남자든 여자든 모든 개인은 이성과 양심을 지니고 있으니, 스스로 의무라는 원칙과 법을 발견하고 채용하는 것은 각자의 몫이다. 하지만 미국 여성처럼 인생에서 아무런 목표도 가질 수 없는 존재에게는 그럴 권리가 주어지지 않는다. 그뿐 아니라 무엇이 의무이고 어떻게 그 의무를 수행할 것인지 스스로 생각할 권리를 요구하는 여성에게는 갖가지 비난이 쏟아진다.[38]

그렇다면 여성은 천성적으로 남성보다 비이성적인 게 아니라 양육과 교육 때문에 이성이 '억압된' 것이었다.

울스턴크래프트는 당시 유행하던 개념의 연상을 이용하여 여성의 양육이 이성적인 능력의 발달을 저해하는 경위를 설명했다.[39] 그 이론에 따르면, 유년기와 사춘기에 서로 연결되는 개념들은 그 아이가 어른이 된 후 갖게 될 성품, 도덕성, 예술적 성향에 지대한 영향을 미친다고 한다. 울스턴크래프트는 어릴 때 심어진 개념들이 성인의 인품에 있어 아주 중요한 습관이나 성향의 형성에 영향을 주기 때문에, 어릴 때의 교육은 어른이 된 후 갖는 여러 능력에 심대한 영향을 준다고 주장한다.

인간의 정신이 어떤 개념이나 사실을 접하면 나중에 이용하기 위해 일단 저장해둔다. 그러다가 우연히 어떤 일이 생기면 살아오는 동안 접했

---

38 Harriet Martineau, *Society in America*(1837), Vol.1(New York: AMS Press, Inc., 1966), 229~230쪽(마티노[1802~76]는 엄격한 유니테리언 가정에서 성장한 영국의 작가. 평생 병약했으나 전업 작가로 성공했다. 1837년 미국 여행 중, 당시 아직 규모도 작고 고전 중이던 노예 해방 운동에 동참했다 - 편집자).

39 개념의 연상에 대한 고전적인 해설은 David Hartley, *Observations on Man*, 1749.

던 여러 가지 정보들이 분명하게 떠오르게 된다. [……] 정신이 광대한 비상(飛翔)이나 심오한 명상을 통해 확장되고 나면 거기에 들어오는 개념들은 어느 정도는 저절로 정리되기 때문에 이런 순간적인 연상은 우리가 어떻게 해볼 수 있는 게 아니다. [……] 오성이란 아주 가변적이면서도 완강하기 때문에, 청소년기 동안 우연한 상황의 변화에 좌우되는 연상들은 이성으로 분해되기 어렵다.[40]

소녀들은 연상으로 연결된 개념들을 극복하고 거기에 맞설 이성의 힘을 기를 기회가 별로 없기 때문에, 특히 그런 개념의 피해를 입기 쉽다. 게다가 그들이 받는 교육은 남자들과는 다른 개념의 연상을 얻게 만든다.

그들이 보고 듣는 모든 것이 인상을 고정하고, 감정을 환기시키고, 정신에 여성적인 특징을 부여하는 개념의 연상들을 형성하게 만든다.[41]

울스턴크래프트가 연상 이론을 근거로 그런 주장을 한 것은 이제 시대에 뒤떨어진 일이 됐지만, 남녀의 중요한 사회적 차이들이 상당 부분 교육에서 비롯된다는 그녀의 주장은 아직도 여전히 유효하다.[42] 여자가 남자들 앞에서 취해야 할 행동(위에서 말한, '정신에 여성적인 특징을 부여

40 울스턴크래프트, 앞의 책, 115~116쪽.

41 같은 책, 116쪽.

42 『여권의 옹호』 제6장 도입부에 있는 개념의 연상에 대한 울스턴크래프트의 논의는 어린이의 사회화에 대한 오늘날의 논의들을 연상시킨다. 여자들은 거의 출생 직후부터 소녀나 여자로서의 성 역할을 주입받고, 울스턴크래프트가 말하듯 '습관적인 노예 상태'에서 살아가게 된다 – 편집자.

하는 개념')을 배우는 과정에 대한 부분은 특히 그렇다. 여자라는 이유로 억압당하고, 동시에 주로 성적인 존재로서만 가치를 인정받는 게 현실인지라, 여성은 자신의 성적인 매력을 이용해야만 어떤 결정에 정말 영향을 미칠 수 있다는 사실을 금방 깨닫는다. 울스턴크래프트는 어린 소녀들도 논리적이고 공개적인 행동보다는 은밀하고 애교 있는 행동이 더 효과적이라는 사실을 배운다고 말했다. 그래서 여성은 아주 어릴 때부터 어른이 될 때까지 도덕적으로 타락한 위치를 점하도록 교육받고, 그렇게 길들여지는 것이다.

> 모든 것이 이런 잔인한 연상들을 그들의 사고 방식, 아니 더 정확히 말해 감정의 작용 속으로 짜넣으려 하고, 이런 경향은 그들이 자주적으로 행동하기 시작하는 시기에 더욱 심해진다. 왜냐하면 이때 소녀들은 남자의 감정을 자극하는 솜씨로만 쾌락과 권력을 얻을 수 있다는 걸 깨닫기 때문이다.[43]

여성 교육이 소녀들에게 얼마나 큰 해악을 끼치는지 안다면, 그들이 성인이 되었을 때 남자만한 능력을 갖지 못하는 것은 별로 놀랄 일이 아니다. 울스턴크래프트는 또, 여성은 대부분 경제적으로 남자에게 의존하고 있기에, 매력을 발휘해야 밥을 얻어먹을 수 있고, 그래서 최소한 미모가 남아 있는 동안은 경박한 애교쟁이 행세를 해야 하기 때문에

---

43 울스턴크래프트, 앞의 책, 117쪽. 윌러드도 1819년에 아주 비슷한 말을 했다. "인류의 한 집단 전체에게 다른 사람에게서 칭찬 받는 것을 가장 큰 목표로 삼도록 가르치는 교육 체계는, 완벽함의 유일한 기준인 신의 뜻이 아니라 자기들과 똑같이 불완전하고 실수를 범하는 인간의 뜻을 행동의 기준으로 삼으라고 가르친다"(크레디터, 앞의 책, 81쪽).

문제가 더 복잡하다고 말한다.[44] 정말 놀라운 것은 이런 교육의 영향을 벗어나는 여성이 그나마 소수라도 있다는 사실이다.

> 이집트 노예보다 더 나쁜 방식으로 교육받은 이들을 두고, 극소수의 사람들만이 가지는 타고난 활기가 없는 한, 이들이 전혀 피할 수 없는 결점들을 탓하는 건 잔인하면서도 불합리한 일 아닌가?[45]

그렇다면 결론은 분명하다. 여성을 '이집트의 노예보다 더 나쁜' 예속 상태에 묶어두는 관습을 영속시키는 것은 바로 사회와 그 안의 남성이다. 여성도 온전한 도덕적 책임을 부여받아야 하고, 그 책임을 제대로 수행하기 위해 이성을 발달시키는 교육을 받을 수 있어야 한다. 이런 변화는 여성뿐 아니라 사회 전체에 도움이 될 것이다. 왜냐하면 "인간의 천성에 바탕을 둔 사회가 가장 지혜롭게 구성된 사회이기 때문이다."[46] 현재의 사회는 인류의 절반에게 온전히 발전할 기회를 주지 않기 때문에, 우리는 "여성의 생활 방식을 혁명적으로 개선하면 인류(의 앞날)을 밝혀줄 아주 바람직한 결과가 나올 것"[47]이라는 결론을 내릴 수 있다.

지금까지 여성은 이성적인 능력이 모자라고 그래서 도덕적인 판단도

---

44 울스턴크래프트, 같은 책, 141쪽.

45 같은 책, 117쪽.

46 같은 책, 12쪽.

47 울스턴크래프트, 앞의 책, 192쪽(울스턴크래프트가 말한 혁명은 오늘날 우리가 생각하는 혁명과는 좀 다르다. 그녀는 여성 교육의 이점 중 하나는 여성이 더 나은 아내, 더 좋은 엄마가 될 거라는 점이라고 믿었다. 그녀는 또 여성도 남성과 같은 미덕이 있지만, 남성과 완전히 동등한 존재는 아니라고 느꼈다. 『여권의 옹호』, 26쪽 참조).

제대로 내릴 수 없다는 견해를 분석하는 과정에서 나는 여권 운동 초기에 여성의 도덕과 관련해 나온 중요한 이론들의 한 측면만을 강조해왔다. 하지만 사실 여성과 관련된 이론들은 그보다 훨씬 더 복잡했고, 전체적으로 볼 때 한 가지 중요한 모순을 안고 있다. 여성은 이성에 기초한 도덕성을 지니지 못한 존재로 간주되었기에, 때로는 사악하거나 철저히 비도덕적인 존재로 여겨졌다. 하지만 여성 고유의 활동 영역이 있다고 생각한 이들은 여성은 도덕적인 천성을 지니고 있고, 때로는 영적으로 남성보다 우월하다고 주장했다. 그러나 그들의 미덕은 이성이 아니라 감성과 직관에 토대를 두고 있었다.[48] 울스턴크래프트는 이런 이론들은 일관성을 결한다고 비난했다. 일관성이 있든 없든, 미덕에 대한 이런 '이중적 기준'은 그 영향을 받은 모든 사람의 삶에 심대한 사회적 영향을 미쳤다.

여성에 관한 이론들을 지배했던 이런 혼란스러운 이중적 태도는 실상 세니커 폴스 선언문에도 나타나 있다. 그 선언서를 처음 대할 때 내적인 모순을 지닌 것처럼 보이는 것도 그 때문이다. 그 선언서는 아까 인용한 구절에서 보듯 전반적으로는 여성을 도덕적으로 무책임한 존재로 만든 남성과 사회를 비난하지만, 뒷부분에서는 또 어떤 면에선 여성이 남성보다 도덕적으로 우월하다는 당시의 견해를 원용했다("남성은 지적으로는 우월하다고 주장하지만, 도덕적으로는 여성이 자기들보다 우월하다는 점을 인정하고……").[49]

이런 모순은 그 선언서를 쓴 스탠턴과 모트의 논리적 오류에서 나온

---

48 다시 한 번 강조하건대, 여성이 감성에 토대를 둔 도덕성을 갖추고 있다는 이론은 18세기의 도덕감 이론과 혼동해서는 안 된다(286쪽 주 2번 참조).

49 세니커 폴스 선언문, 슈니어의 책, 81쪽.

게 아니라, 당시 사회가 여성에게 가졌던 역설적인 기대의 반영이라 할 수 있다. 가정이라는 영역의 수호자인 여성은 신의 섭리와 사회의 도덕관에 맞게 아이를 기를 책임이 있었다. 여성은 남성보다 뛰어난 직관과 감성이 있었기 때문에 도덕적 · 영적으로 더 우월한 존재로 간주되었다. 하지만 그와 동시에 여성은 이성과 지적인 능력이 부족하기 때문에 도덕적으로 믿을 만한 존재가 될 수 없었다! 여성이 아내가 되고 엄마가 되면, 교육에서 얻는 이성과 절제 대신 신비로운 천부적 감성이 그 자리를 채워주었기 때문이다.

울스턴크래프트는 건전한 판단력과 이성, 그리고 그 두 가지 능력을 실천에 옮기는 데 필요한 절제를 갖추어야만 도덕적으로 책임 있는 존재가 될 수 있다고 주장하면서, 여성에 대한 위와 같은 역설적인 시각이 그들이 겪는 불행의 주된 원인이라고 말했다. 사회는 상류층 여성에게 애교 넘치고 활달하고 명랑하고 순종적으로 행동해야 한다고 가르치면서, 일단 결혼한 뒤에는 갑자기 '타고난 감성'과 '영적인 특징'을 발휘하여 도덕과 미덕을 지키는 수호자가 되기를 기대하는 것이다. (그런데 그런 요구를 하는 사람들은 꼭 그 말을 하면서 동시에 아내들은 남편의 우월한 이성에 복종해야 한다고 말한다.) 울스턴크래프트는 불만에 찬 어조로 이런 기대들이 얼마나 부당한지 얘기했다. "루소는 어떻게 이성이 미덕의 토대도, 탐구의 목표도 되지 못하는 존재에게 도덕적이고 믿음직한 사람이 되기를 요구하는 걸까?"[50] 그녀는 이론상의 이런 모순이 실제로 어떤 결과를 초래하는지 얘기했다.

---

50 울스턴크래프트, 앞의 책, 90쪽.

그런데 얌전한 여성의 삶이 왜 자신과의 부단한 싸움으로 전락해 버렸을까? 그건 바로 우리 사회의 교육 제도 때문이다. 얌전함, 절제, 극기 같은 진지한 미덕들은 이성에서 나온다. 그런데 오성을 억누르고 감성만을 키워온 나약한 존재들은 강압적으로 통제되어야 하고, 끊임없는 갈등에 시달릴 수밖에 없을 것이다.[51]

울스턴크래프트가 말한 대로 남녀의 미덕이 다르다는 잘못된 이론의 핵심에 자리 잡은 이 모순된 도덕 이론은 그런 이중적인 기준에 따라 살아야 하는 여성에게 엄청난 부담을 안겨줄 것이다. 로젠버그(Carol Smith Rosenberg)라는 적어도 한 사람의 역사가는 중산층 및 상류층 여성 사이에 널리 퍼져 있던 히스테리아(hysteria)라는, 그 증상이 아주 다양한 병은 당시 여성에게 부과된 이런 모순된 기대, 좀더 정확히 말해 애교 넘치고 의존적인 처녀가 되라는 교육과, 아내와 엄마가 되었을 때 필요하다면 엄청나게 큰 책임도 감수해야 한다는 또 다른 기대에서 비롯되었다고 주장했다.[52] 그렇다면 울스턴크래프트의 주장은 옳다고 보아야 한다. 타고난 감성에 토대를 둔 미덕은 성인으로서 살아가는 데 필요한 것들을 갖추게 해줄 교육에 비하면 너무도 보잘것없기 때문이다.

이처럼 부적절한 교육과 그것이 여성 자신과 사회에 끼치는 영향에 대한 분석은 분명히 초기 여권 운동의 아주 중요한 주제였다. 여성도 남성과 똑같이 이성적인 존재로 태어났고, 그렇게 대우받아야 한다는 주장은 '생득권'이라는 당시 유행하던 이론에 바탕을 두고 있었고, 당시의 진보적 사회주의 운동의 요구들처럼, 그들의 혁명적인 요구의 토

51 울스턴크래프트, 앞의 책, 82쪽.

52 1972년 가을, 버팔로 소재 뉴욕 주립대에서 행한 강연에서.

대가 되었다. 로크는 "평등한 존재들은 평등한 능력이 있다"는 후커의 말을 인용했다. 그리고 제퍼슨(Jefferson)은 평등하게 태어난 존재들은 일련의 천부적인 권리가 있다고 주장했다. 페미니스트들은 여성도 남성과 똑같이 이성적이고 책임 있는 존재라고 주장하면서, 그동안 누리지 못한 생득권에 기초해 여성에게도 남성과 똑같은 국민으로서의 권리를 달라고 요구하고 나섰다.[53] 세니커 폴스 선언문이 이런 모순을 명백히 밝히기 이전에도, 19세기 초의 여권 운동가들은 미국 독립 선언서에 담긴 이 문제를 자주 생각했을 것이다. 마티노는 1837년에 이렇게 말했다.

> 민주적 원칙에서 보면 이건 모두 오류이고, 모든 이성적인 존재는 평등한 참정권을 누려야 한다. [……] 그런데 그렇게 뻔한 결정이 어떻게 지금까지 미뤄지고, 여성에게 아무런 정치적 권리도 주지 않았는지 검토해보면 참으로 흥미로울 것이다.[54]

'그렇게 뻔한 결정을 미룬' 방법 중 하나는 바로 여성이 실은 이성적인 존재라는 사실을 부정하는 것이었다.[54]

법적인 차원에서 여성의 지위는 점점 개선되기 시작했다. '기혼 여성 재산법'이 몇 차례 제정되면서 여성도 독립된 법적 주체성을 갖게 되었다. 여성 운동가들이 여성을 위한 고등 교육기관들을 설립함에 따라 여

---

53 세니커 폴스 선언문을 발표한 지 얼마 안 되어, 많은 페미니스트들은 여성도 남성과 똑같이 이성적인 존재라고 주장하는 작업을 포기하고, 여성도 남성과 똑같은 참정권을 누려야 한다고 주장하기 시작했다(크레디터, 앞의 책, 제3부 제4장).

54 Martineau, 200쪽.

성도 그토록 오랫동안 요구해온 '이성을 발휘할 기회'를 누리게 되었다. 물론 결국은 여성에게도 참정권이 주어지면서 여권 운동은 그 목적을 달성했지만, 동시에 세력이 약해지기도 했다.

여성은 그후 '최초의' 페미니즘 운동이 모든 목적을 달성하지는 못했다는 사실과 참정권만으로는 부족하다는 사실을 깨달았고, 그에 대해 여러 가지로 분석해왔다. 하지만 여권 운동 초기의 이 측면, 즉 도덕적 책임과 이성의 관계에 대한 그들의 깊은 관심을 재고해보는 것도 의미 있는 작업이다.

초기의 여권 운동가들은 이 문제가 여성 억압의 중요한 요인이라고 생각했다. 그런데 여기서 고려해볼 한 가지 문제는, 여성은 이성도 책임도 없는 존재라는 이 개념이 모든 여성의 억압에 기여했느냐 하는 것이다. 울스턴크래프트는 서론에서, "이 비참한 현실의 가장 큰 원인은 바로 잘못된 여성 교육이라는 사실을 절감하게 되었다"[55]고 말함으로써, 이것이 여성 억압의 주요 원인이라고 말한다. 그러나 그 책의 내용을 보면 그녀는 실은 한 계층, 즉 "다섯 시간 동안 그날의 몸치장을 하고, 그보다 짧은 시간에 몸치장을 마친 여성은 옷을 입거나, 화장수 등으로 씻으며 잠자리에 들 준비에 많은 시간을 보낸다"[56]는 그녀의 말에서 알 수 있듯이, 유한 계층의 여성을 상대로 그들에 대해 썼다.

그녀의 어떤 글들을 보면 가난하고 불우하게 태어난 여성의 고통에 대해서도 어느 정도 의식했음을 알 수 있지만,[57] 울스턴크래프트가 노동 계급 여성의 문제를 간과한 것은 놀랄 일은 아니다. 그녀의 생활 자

55 울스턴크래프트, 앞의 책, 서론, 7쪽.

56 1797년에 울스턴크래프트가 여동생에게 보낸 편지(Flexner, 76쪽).

57 플렉스너, 앞의 책, 248~249쪽.

체가 중상류층 계층의 여성을 면밀히 관찰할 기회가 많았기 때문이다. 그뿐 아니라 자유 민주주의가 등장한 후에도 상당 기간, 노동 계급은 여성뿐 아니라 남성도 온전한 시민이 될 만한 이성을 갖추지 못한 존재로 간주되었다는 사실을 염두에 두어야 할 것이다.[58]

여성이 나약하여 남성의 지도와 보호를 받아야 한다는 태도 때문에 모든 여성이 피해를 본 건 물론 아닐 것이다. 공장 노동자나 농사꾼, 농장의 노예로 일한 여성은 이성이나 도덕적 책임, 비이성적이고 경박한 존재라는 이미지에 내포된 문제 아닌 다른 문제들 때문에 더 큰 피해를 입었기 때문이다.[59]

이렇게 이성과 도덕에 관련된 문제들은 유한 계급 여성에게 가장 큰 영향을 미쳤지만, 그런 태도에 반기를 든 운동은 여성에 대한 고정 관념 자체를 공격했다. 몇몇 정치적 개혁 운동이 노동 계급을 간과했다면, 여성에 대한 우리 사회의 고정 관념들은 더욱 그러하다. 초기의 여권 운동가들이 공격했고, 여성을 아주 제한되고 때로는 극도로 비생산적인 영역에 가두어놓은 여성관은 농부(農婦)나 어부(漁婦), 방앗간 주인의 아내나 미국 남부의 노예가 아니라, 소위 '숙녀'에 대한 당대 사회의 고정 관념에서 나온 것이기 때문이다.

미첼은 혁명적인 개념들은 지배 이데올로기의 내부나 그와 관련하여 생겨나고, 억압에 대한 반발은 중 · 상류층 사람들이 제일 먼저 표현한다고 말한 바 있다.[60] 남녀의 활동 영역이나 미덕이 서로 다르다는 이론

---

58 C. B. Macpherson, *The Political Theory of Possessive Individualism*(Oxford: The Clarendon Press, 1962), 제5장의 여러 곳.

59 여성에게 영향을 준 사회적 힘들 간의 차이를 가장 극명하게 예시한 글은 아마 시니어의 책에 수록되어 있는 트루스(Sojourner Truth)의 연설 「나는 여성이 아닌가」(Ain't I a Woman)일 것이다.

에 대한 반대나, 여성도 이성이 있으니 시민으로서 천부적인 권리를 누려야 한다는 주장은 그런 관점에서 보는 게 제일 좋을 것 같다.

현대 여권 운동의 이론 중에는 어떤 면에서 그전의 이론들을 대체하는 것들이 많이 있다(예컨대 이제는, 남성이 여성 억압의 유일한 원천이라는 주장 대신 역사적 유물론에서 나온 분석들이 우세하다). 이 글에서 다룬 내용은 여러 면에서 이제 더는 정치적으로 문제되지 않는 것들이다. 하지만 초기 여권 운동의 이런 문제들이 이제 완전히 해결되었다고 말할 수는 없다. 어조야 상당히 완곡해졌지만, 아직도 여성은 남성보다 이성이 약하다든지, 남성과는 달리 직관적인 이성을 지니고 있다고 주장하는 이들이 있기 때문이다.[61] 불행히도 울스턴크래프트의 주장은 아주 오래전에 나온 것이긴 하지만 아직도 역사적 중요성 이상의 의미가 있다. 그녀의 요구는 아직도 제대로 관철되지 않았기 때문이다.

## 제인스, 「울스턴크래프트의 『여권의 옹호』에 대한 평가」[62]

사람들은 흔히 1792년 초 울스턴크래프트의 『여권의 옹호』가 처음 나왔을 때, 독자들이 충격과 공포에 휩싸여 야유를 보내고, 반동 세력들이 하나로 뭉쳐 대담하게 남녀 평등을 주장하는 이 책을 공격하는 글들을 써서 이 여전사(女戰士)의 코를 납작하게 했을 거라고 생각한다.

---

[60] Juliet Mitchell, *Woman's Estate*(Baltimore: Penguin Books, 1971), 21~22쪽.

[61] Steven Goldberg, *The Inevitability of Patriarchy*(New York: William Morrow and Co., 1973), 특히 제4장 참조.

[62] R. M. Janes, *Journal of History of Ideas*, 39(1978), 293~302쪽.

그녀의 전기 작가들은 초기의 서평들과 기록에 남아 있는 반응들이 대체로 호의적이었다고 거듭 주장해왔지만, 위에서 말한 일반적인 인상을 깨는 데는 거의 아무런 영향을 미치지 못했다. 학자들의 그런 노력이 별 효과가 없었던 이유는 뻔하다. 1790년대 말기에 울스턴크래프트는 언론의 혹평을 받았고, 19세기 내내 그녀는 페미니즘을 공격하는 이들에 의해 여성 해방의 끔찍한 결과를 예시하는 존재로 이용되었기 때문이다. 1798년의 요란한 비판은 1792년의 조용한 호평에 비해 훨씬 강렬하고 오래 지속되었다. 울스턴크래프트나 『여권의 옹호』에 대해 글을 쓴 이들은 대부분 여성 해방이 지체되는 것에 불만이 있는 사람들이었기 때문에, 그녀와 그 책에 대한 반응이 부정적이었을 거라고 생각하며, 18세기 사회 사상을 구체적으로 알아보는 데는 별 관심이 없었다. 하지만 울스턴크래프트 및 로빈슨, 헤이즈 등 그녀의 추종자들의 작품에 대한 당시의 반응을 보면 여성의 지위 변화에서 아주 흥미로운 시기의 한 단면을 엿볼 수 있다. 교육과 심리, 정치 등 여러 주제를 다루는 이 작품들은 여성의 교육과 가정에서의 위치를 개선해달라는 요구가 상당히 수용되고, 여성의 정치적 · 법적 · 사회적 자유를 늘려달라는 요구가 나오기 시작하던 시기에 출판되었다. 당시 주요 서평들은 진보적인 지식인 그룹을 대표했고, 이들은 남녀의 지적 평등과 여성의 교육 기회 확대, 처우 개선 요구에 긍정적인 태도를 보였지만, 여성의 참정권이나 사회적 행동의 변화에 대한 요구에는 지엽적이고 불합리한 요구라는 반응을 보였다. 다시 말하면 이들은 이 여성 작가들의 작품에서 그전 반세기 동안 진행되어온 변화들과 부합되는 요소들에는 긍정적인 태도를 보였던 것이다. 그리고 더 과격한 사회 변화를 촉구하는 요구들을 간파했을 경우는 혁명적이고 몽상적이라는, 부정적이지만 온당한 진단을 내렸다.

『여권의 옹호』에 대한 서평들은 중요한 한 사람의 글만 빼고는 모두 호의적이었고, 쓴 사람의 정치적 성향에 따라 두 부류로 나뉘었다. 울스턴크래프트의 철학적 전제들을 공유하고, 인권과 프랑스 혁명에 대해 공감하며, 버크의 변절에 화가 난 진보적인 잡지들은 『여권의 옹호』를 좋게 평했다. 열렬한 인권 옹호자들은 여권에 대한 요구 역시 부당하다고 생각지 않았다. 울스턴크래프트는 1788년부터 『애널리티컬 리뷰』에 글을 써왔다. 이 리뷰와 『여권의 옹호』를 출판한 존슨은 물론 그녀의 책을 좋게 평했고, 『리터러리 매거진』(*Literary Magazine*), 『제너럴 매거진』(*General Magazine*), 『뉴욕 매거진』(*New York Magazine*), 『먼슬리 리뷰』(*Monthly Review*), 『뉴 애뉴얼 레지스터』(*New Annual Register*) 등도 마찬가지였다. 이 잡지들은 버크의 『프랑스 혁명론』에 대한 최초의 반론인 울스턴크래프트의 『인권의 옹호』에 좋은 반응을 보였다. 『인권의 옹호』에 대해 좋은 반응을 보이고도 『여권의 옹호』에 대해 아무런 평도 싣지 않은 잡지는 『잉글리시 리뷰』(*English Review*)뿐이었다.[63] 이런 잡지들보다 정치성이 덜하거나 보수적인 잡지들은 대체로 『여권의 옹호』에 대한 서평을 싣지 않았는데, 그중 『크리티컬 리뷰』(*Critical Review*)만은 두 호에 걸쳐서 아주 지독한 혹평을 실었다.

---

63 『잉글리시 리뷰』는, "부드러운 여성의 손에 정치의 막대기와 정의의 칼을 쥐어주려는 일부 현대 철학자 또는 이탈리아인이 filosofas iri라고 부르는 이들의 주장과 달리" 여성은 가정 교육만 받으면 된다는 탈레랑의 주장을 되풀이한 미라보(Mirabeau)의 『국민교육론』(*Treatise of Public Education*)에 대한 호평을 게재함으로써 자신들의 태도를 밝혔다(19호, 1792, 56쪽). 『젠틀맨스 매거진』(*Gentlemen's Magazine*)은 『인권의 옹호』를 실컷 비웃었다. "아름다운 숙녀를 비웃어서 미안하지만, 우리는 늘 여성은 여권을 옹호하는 게 어울린다고 배웠다. 로마인이 세계를 지배할 때, 로마 여성은 로마인을 지배했다." 하지만 정작 그 아름다운 숙녀가 자기에게 어울리는 주제를

호의적인 서평의 내용을 보면 울스턴크래프트의 정치관에 반대하는 잡지들이 혹평을 신는 대신 침묵해버린 이유를 짐작할 수 있다. 평자들은 대부분 『여권의 옹호』가 여성 교육에 대한 온당한 글이라고 생각했고, 그 책의 내용 중 기존의 남녀 관계를 교란할 만한 주장들에 대해서는 언급을 회피했다. 『여권의 옹호』는 출판 당시에는 정치학이 아니라 정치 경제학 서적으로 분류되었고, 평자는 "실제로 이 책은 여성 교육에 관한 상세한 논문이다. [……] 이 책에 실린 위대한 진실의 대부분이 실행에 옮겨진다면, 우리나라는 형편없고 천박하고 무익하고 불합리한 교육이 행해지는 지금보다 훨씬 더 낫고 현명하고 행복한 나라가 될 것이다"[64]라고 말했다. 이 책이 지닌 정치적 함의를 무시한 것은 보수 진영도 마찬가지였다. 월폴과 모어의 서신을 보면,[65] 두 사람은 "이 책을 읽어보라는 권유를 정말 많이 받았는데", 월폴에 따르면 이 책은 "철학도, 정치도 다루지 않았다." 월폴이 '페티코트를 입은 하이에나'라는 유명한 어구를 남긴 것은 『여권의 옹호』와 무관한 다른 정치적 이유 때문이었다. 즉 그는 울스턴크래프트가 쓴 『프랑스 혁명의 기원과 진전에

---

다뤘을 때 이 리뷰는 아무 말도 하지 않았다. 울스턴크래프트와 『애널리티컬 리뷰』는 재사들의 이런 농담들을 예상했다. 『젠틀맨스 매거진』, 61호, 제1부(1791), 151쪽; 『애널리티컬 리뷰』, 12호(1792), 241~249쪽; 13호(1792), 481~489쪽; 『문예 잡지』(*Literary Magazine*), 1호(1972), 133~139쪽; 『제너럴 매거진』, 6호(1792), 187~192쪽; 『뉴욕 매거진』, 4호(1973), 77~81쪽; 『먼슬리 리뷰』, 8호(1792), 198~209쪽; 『뉴 애뉴얼 레지스터』(1792), 298쪽; 『크리티컬 리뷰』, N. S. 4호(1792), 389~398쪽; N. S. 5호(1792), 132~141쪽.

64 『애널리티컬 리뷰』, 12호(1792), 249쪽; 13호(1792), 530쪽.

65 월폴(Horace Walpole, 1717~97)은 영국의 정치가, 『오트란토 성』(*The Castle of Otranto*)의 저자로 당대의 가장 유명한 서신가 중 한 사람이다. 모어(Hannah More)는 그와 편지를 주고받은 이들 중 하나로, 당대의 유명한 청담파(Bluestockings) 중 하나다.

관한 역사적 · 도덕적 견해』(1794)에 나오는 마리 앙투아네트에 관한 공격에 반감을 느꼈고, 하이에나 얘기는 프랑스 왕비에 대한 그녀의 적대감과 경멸에 대한 반격인 셈이었다.[66] 울스턴크래프트를 비판한 후대의 평자들과 마찬가지로, 월폴은 진보적인 여성 작가를 공격한 것이지 여권의 옹호자로서의 그녀를 공격한 것은 아니었다. 1792년, 월폴이나 모어 주변 인물들 중 일부는 『여권의 옹호』가 정치적으로 온건할 뿐 아니라 교육이나 비평에 관한 아주 유용한 책이라고 생각했던 것이다.

『여권의 옹호』를 호평한 평자들은 당시 여성이 좀더 독립적이고 이성적이고 정신적 · 영적으로 남성과 좀더 대등해질 필요가 있다고 생각했다. 그리고 그들의 글을 보면 그 전 세대 교육 개혁가들의 주장이 얼마나 보편화되어 있었는지 짐작할 수 있다. 영국의 개혁가들이 흔히 그렇듯이, 여성 운동에 호의적인 개혁가들은 남녀의 관계 변화보다는 여성의 지위 향상 쪽에 관심이 많았다. 여성의 정신적 수준을 개선해야 한다는 그녀의 주장은 평자들 대부분이 수긍했지만, 사회 자체가 변해야 한다는 주장에 대해서는 "그녀의 주장 중 일부는 허황하고, 계획 중 몇 가지는 비현실적이다"[67]라는 의견이 지배적이었다. 이 차이를 가장 분명히 표현한 사람은 이 평자들 중 여성 운동에 가장 호의적이었던 엔필드(William Enfield)였다.

비국교도 목사인 엔필드는 흠잡을 데 없는 경력의 소유자로, 워링턴 학교(Warrington Academy)와 관계가 있었고, 바르보 부인의 부친인 에이킨(John Aikin)의 전기를 썼으며, 사후에는 에이킨의 아들인 존 에

---

[66] *Horace Walpole's Correspondence with Hannah More*, W. S. Lewis, Robert A. Smith, Charles H. Bennett, XXXI(New Haven: 1961), 370, 373, 397쪽.

[67] *Monthly Review*, 8(1792), 209쪽.

이킨이 그의 전기를 써주기도 했다. 그리피스(Ralph Griffiths)의 『먼슬리 리뷰』에 실린 『여권의 옹호』 서평에서 엔필드는, "여성이 남성보다 열등하다는 오래된 믿음에 의문을 제기한 것"에 비난을 삼가고, "우리 남성이 권리로서 누리는 우월함에 아무리 깊은 긍지가 있을지라도, 현대 여성을 보면 인간의 정신에는 성별이 없고, 적절한 교육만 이루어진다면 아이들뿐 아니라 온 세계가 여성의 훈육 아래 덕을 볼 것임을 보여주는 확실한 증거들을 제공한다"며 기뻐했다. 그는 울스턴크래프트를 '철학자' 중 하나로 분류하면서, (『리터러리 매거진』이 그랬듯이) 그녀를 '여류 작가'로 불러 심기를 건드리지 않겠다고 밝혔다. 그는 "여성의 성격에 관해 널리 퍼져 있던 잘못된 생각을 고치고, 저급하고 예속된 상태에 빠져 있는 여성을 원래의 자리에 올려놓아 독립된 인간이 지니는 존엄성을 갖춘 채 이성적인 인간의 의무를 수행하고 그 행복을 누리도록 하겠다는 중요한 목표"를 장황히 칭찬했다. 엔필드가 반대한 주장들은 울스턴크래프트 자신이 독자들의 웃음을 자아낼 거라고 예상했던 것들이었다. 예컨대 여성이 "정부에 들어가 적극적인 역할을 수행해야 한다"든지, "바느질이라는 유용하고 우아한 일을 그만두어야 한다"든지, "애정 표현을 할 때 이외에는 남녀간의 교류에서 성의 구별을 없애야 한다"는 주장 등이 그것이었다. 처음 두 가지에 대해 엔필드는 여성의 지위나 성격을 개선하는 데 전혀 도움될 게 없다고 했고, 세 번째 주장에 대해서는 천국에서나 가능한 일이라고 말했다. 페미니스트들의 주장이 관철됐을 경우 실질적인 사회 변화를 초래할 수도 있었을 이런 사항들에 엔필드는 이처럼 반대 의사를 밝혔지만, 남녀를 구별하지 말자는 합리적인 의견에 찬성한 이는 평자들 중 그뿐이었다. "여성과 남성은 먼저 자신을 인간으로 봐야 하고, 남들도 그들을 그렇게 봐주어야 한다." 그러고는 "그리스어나 라틴어의 '인간'(anthropos, homo)처럼, 영어에도 성 구별이 없는 '사람'이라는 단어가 있었으면 좋겠다. 그런 보통 명사가 없다는 건 영어의 중요한 결점이다"[68]는 말로 그 부분을 끝맺었다.

엔필드의 태도는 『여권의 옹호』에 대해 당시 평자들이 나타냈던 반응의 한계를 보여주는 동시에, 19세기와 20세기에 이루어진 개혁의 순서를 나타내고 있기도 하다. 여성은 더 좋은 교육 기회를 부여받고, 의사 · 간호사 · 교사가 됨으로써 더 점잖고 유용한 존재가 된 다음에야 비로소 참정권을 얻었던 것이다. 여대가 생긴 뒤에야 여성에게 참정권이 주어졌고, 참정권을 얻은 다음에야 비로소 남녀간의 행동 차이를 없애자는 논의가 재개되었다. 18세기 말, 19세기 초의 여권 운동에 대한 찬반 양론의 가장 중요한 차이는 미래에 일어나야 할 변화에 대한 태도 차이가 아니라 바로 과거의 사회 체제를 보는 시각의 차이였다. 『여권의 옹호』에 대해 비판적인 서평을 실은 유일한 잡지인 『크리티컬 리뷰』는 여성이 남성보다 본질적으로 열등하기 때문에 남성에게 복종해야 한다고 주장한 유일한 잡지이기도 했다.

로퍼(Derek Roper)에 따르면 『크리티컬 리뷰』는 1774년과 1805년 사이에 비교적 진보적인 단계를 거쳤다고는 하지만, 그 잡지가 『여권의 옹호』를 다뤘다는 사실 자체가 어찌 보면 놀라운 일이었다. 1793년에 페인의 『인권론』을 팔았다가 벌금형에 처해진 『뉴 애뉴얼 레지스터』의 발행인 로빈슨(Robinson)이 1774년에 『크리티컬 리뷰』에 들어가 그 잡지의 편집 방침에 어느 정도 영향을 주었다.[69] 하지만 로빈슨

---

68 앞의 잡지, 198, 209쪽.

69 "The Politics of the *Critical Review* 1756~1817," *Durham University Journal*, 53,

의 그런 영향에도 불구하고, 이 잡지는 버크의 『프랑스 혁명론』을 호평하고, 울스턴크래프트와 페인의 인권론에 대해서는 혹평을 가했다. 이 잡지는 『여권의 옹호』가 제시하는 사회 개혁에 관한 제안들이 혁명적인 태도를 담았다는 사실을 다른 진보적인 잡지들보다 분명히 간파했던 것이다. 이 잡지가 남녀의 성격에 차이가 없다는 페미니즘의 전제를 명백히 거부한 것도 이 때문이었다. 그런데 그와 동시에 이 잡지는 그로부터 50년 전에는 아주 명백하고 전투적일 정도로 '페미니스트'적으로 보였을 교육에 관한 전제들에는 찬성을 보냈다. 그 서평을 쓴 사람이 제일 불온하다고 생각한 부분은 바로 울스턴크래프트의 남녀의 성격 차이에 관한 공격이었다. 『크리티컬 리뷰』의 평자는 울스턴크래프트와 같은 이유로 여성을 교육하자는 주장에 찬성했다. 여성은 남편의 좋은 반려가 되고, 자녀들을 잘 가르치고, 사회에 이바지할 만큼의 지식을 갖추어야 하기 때문이다. 그러기 위해서는 어떤 문제를 냉철히 검토하고, 서로 다른 주장들의 논리를 비교하고, 그런 주장을 뒷받침하는 증거의 신빙성을 평가하고, 인간 정신의 진화 과정을 검토할 능력을 갖추어야 했다. 평자는 울스턴크래프트가 이 주장을 펴는 데 보여준 힘과 신념을 칭찬했다. 두 사람의 의견 차이는 여성 교육이 아니라, 남녀 각각의 역할과 그들이 갖고 있고 반드시 가져야 할 특유의 심리적 특징들에 대한 시각 차이에서 비롯되었다. 평자는 여성이 지적으로 열등하다는 사실에 대해서는 아주 완강한 태도를 보였다. 그에 따르면 지적으로 남성과 동등하여 그들과 똑같은 추리력이나 직관력을 발휘한 여성은 나온 적도 없고, 현재도 없다는 것이다. 설사 여성이 남성과 똑같은 능

---

N.S. 22(1961), 117~122쪽.

력이 있다 해도, 그걸 발휘하는 건 좋지 않은 일이었다. "만약 모든 사람이 강하다면 약한 일은 누가 해낼 것인가? 플라톤 같은 여성은 아이의 옷을 입히거나 아픈 사람을 돌보는 거북한 일을 하는 것은 자신이 지닌 '미덕의 존엄성'에 어울리지 않는다고 생각할 것이다. [……] 그리고 아가씨들은 남자를 즐겁게 해줄 부드럽고 상냥한 기술을 익히는 게 아니라, 연인보다 더 뛰어난 정신이나 도덕성을 갖추려고 경쟁을 벌일 것이다. 그리고 몸을 낮추어 그의 아내가 되기 전에 자신이 그와 동등하거나 더 뛰어나다는 것을 입증해 보일 것이다." 그가 자기 주장을 정당화하기 위해 제시하는 이런 현실적 이유들은 참 재미있다. 여성이 하는 일은 너무도 천하기 때문에 만약 선택의 여지가 있다면 아무도 그 일을 안 할 거라는 것이다. 그렇게 되면 아이는 발가벗은 채 기다리게[70] 될 것이고, 아픈 사람은 돌봐줄 사람이 없어질 것이다. 그의 글에는 여성이 하는 일들에 대한 경멸, 남녀가 동등해지는 것에 대한 두려움, 남성과 그들의 활동 영역이 우월하다는 확신이 뚜렷이 나타나 있다. 문법적으로 볼 때 글의 어떤 부분에서는 18세기에 많은 사람의 관심을 모았던 일부다처제에 대한 매혹도 엿보인다. 그는 "여성[복수]은 남성[단수]의 반려"라면서, "이성적인 존재의 반려들은 어느 정도의 지식을 갖추어야 한다"고 말하고 있다. 또 다른 부분에서는 수를 이용해, 여성은 서로 별 차이가 없는 무리로 보는 반면, 남성은 독특한 업적을 이루는 존재로 그리기도 한다. 그는 여성도 국회에 대표를 보내야 한다는 울스턴크래프트의 주장에 대해, "평범한 철학자나 정치가 한 명을 배출하기 위해 국가는 만 명의 유능한 주부를 잃게 될 것이다"라고 말한다. 그는

70 원문은 'stop'으로, 뜻은 '……한 상태로 있다'.

울스턴크래프트가 정숙함이나 육체적 욕망의 문제를 너무 분방하게 다루었다고 탓하면서도, 이 책이 성적인 문란함을 초래하기는커녕 오히려 그 반대일 거라고 말한다. "이 책에 실린 그녀의 충고들은 우리가 결코 만나고 싶지 않은 여성, 매력을 발산할 대상도 없이 평생을 쓸쓸한 독신으로 살 그런 여성을 길러낼 것이다."[71]

1792년, 『여권의 옹호』가 처음 출판되었을 때, 평자들과 일반 독자들은 한결같이 여성 교육이 달라져야 한다는 그녀의 주장에 찬성했다. 여성 교육과 여성의 지적인 발전에 대한 지대한 관심을 페미니즘이라고 한다면, 1790년의 영국에는 반(反)페미니스트가 하나도 없었던 것이다. 그런데 여성의 열등한 지위에 반발하고, 여성도 더 자유롭고 중요한 존재가 되어야 한다고 생각하는 게 페미니즘이라면, 사람들의 의견은 두 가지로 갈라졌다. 어떤 이들은, 여성은 이미 충분한 자유를 누리고 있다고 생각한 반면, 다른 이들은 남녀 관계에서 여성이 남성에게 복종해야 한다는 건 말도 안 되는 주장이라고 생각했던 것이다. 페미니즘이 여성도 법적 권리를 누려야 한다면서, 참정권 부여 등 구체적인 요구를 하는 거라면 울스턴크래프트 자신도 진정한 페미니스트는 아니었고, 헤이즈, 로빈슨 등 그녀의 추종자들은 그런 시도조차 하지 않았다. 울스턴크래프트는 전통적인 교육서의 한계 안에 머물렀기 때문에 당시의 독자들에게 별 충격을 주지는 않았지만, 그들을 흥분시킬 만큼 자주 그 울타리 밖으로 뛰쳐나갔던 것이다.

이제는 많은 사람이 알고 있겠지만, 울스턴크래프트의 명성이 땅에 떨어지게 된 것은 두 가지 사건, 즉 프랑스 혁명의 변모와 그에 따른 영

---

71 N. S. 4호(1792), 390, 396, 393쪽. 『크리티컬 리뷰』는 머콜리에 대한 글에서조차 남녀는 천성적으로 다르다는 주장을 펼쳤다(N. S. 2호, 1790, 618쪽).

국 내에서의 혁명적 언어에 대한 시각 변화, 그리고 『마리아 또는 여성의 고난』을 비롯한 유작의 출판과 고드윈의 『「여권의 옹호」 저자의 전기』의 출판이 그것이다. 1797년, 그녀가 사망하자 『젠틀맨스 매거진』, 『먼슬리 매거진』, 『유러피언 매거진』, 『뉴욕 매거진』 등은 아주 호의적인 부고(訃告) 기사를 실었다.[72] 그 이듬해, 고드윈의 『전기』가 출판되자, 『여권의 옹호』가 나왔을 때보다 훨씬 더 많은 잡지들이 그에 대한 서평을 실었다.

『전기』에는 울스턴크래프트가 사생아를 낳은 뒤 연인(임레이)에게 버림받았다는 것, 그녀가 그를 쫓아다니다가 두 번이나 자살을 기도했었다는 것, 그 뒤 고드윈을 만나 마음의 위로를 받고, 결혼하기도 전에 그와 성 관계를 맺었다는 사실 등이 실려 있었다. 당시에는 정치적 성향과 상관없이 그 누구도 이런 일들을 용납할 수 없었다. 『여권의 옹호』를 호평했던 잡지들은 한결같이 이 『전기』가 씌어지지도, 출판되지도, 읽히지도 않았더라면 좋았을 거라는 반응을 보였다. 『전기』를 '사랑하는 아내에게 바친 특별한 경의의 표시'[73]로 본다 해도, 『마리아』에 담긴 혼외 정사에 대한 긍정적인 태도는 용납되기 힘들었다. 『전기』에 대해 호의적인 잡지들은 그녀가 도덕적이면서 뭔가를 잘못 생각했기 때문에 그렇게 행동했을 거라고 둘러댔다. 울스턴크래프트의 정치적 원칙에 동조했던 이 평자들은 그녀의 정치적 견해와 남성 편력 사이에는 아무런 연관이 없다고 주장했던 것이다.

---

72 『젠틀맨스 매거진』, 68호 제2부(1797), 894쪽; 『먼슬리 매거진』, 4호(1797), 232~233쪽; 『유러피언 매거진』, 32호(1797), 215쪽; 『뉴욕 매거진』, N. S. 2호(1797), 616쪽.

73 『뉴 애뉴얼 레지스터』(1798), [271]쪽. 『먼슬리 리뷰』는 『전기』에 나와 있는 결혼과 종교에 대한 내용은 울스턴크래프트가 아니라 남편인 고드윈의 견해라는 현명한 태도를 보였다(27호, 1798, 321~324쪽).

그녀의 정치적 견해에 반대했던 평자들은 『마리아』와 『전기』는 바로 자코뱅 사상[74]이 행동에 옮겨지면 어떤 결과를 낳는지 보여주는 아주 적절한 증거라며 희희낙락했다. 울스턴크래프트에 대한 보수파의 공격은 두 가지 형태를 띠었는데, 즉 단순한 독설과 정치적 차원이 가미된 독설이 그것이었다. 겉으로는 정치성이 없다고 하면서도 보수적인 잡지들은 그녀의 작품에는 관심이 없고, 전기에 실린 사실들만을 자세히 소개했다. 그녀의 생애만 가지고도 '새로운 질서'를 따르는 게 얼마나 위험한지, '다른 이들이 따라한다면 사회에 아주 큰 해를 끼칠' 예란 무엇인지 보여주는 데 충분했던 것이다. 그녀는 "가장 민감한 부분에서 세상 사람들의 의견을 무시하는 여성, 방종을 막는 장치들을 깨부수는 철학적 바람둥이, 자기의 바람기 때문에 세상에 나온 가련한 자식을 두고 자살을 기도한 엄마였기 때문"[75]이다.

『브리티시 크리틱』, 『반(反)자코뱅 리뷰』처럼 정치적 목적으로 창간된 잡지들은 그녀의 저작들에 더 큰 관심을 보였고, 여자가 그러면 안 된다는 식의 논리를 아주 교묘하게 이용했다. 『브리티시 크리틱』을 편집하는 성직자들(영국 교회의 부감독인 네어스Robert Nares와 빌로이 William Beloe)에게 그녀는 '아주 극단적인 의미에서, 세련되지 못한 색

---

74 자코뱅(Jacobins)은 프랑스 혁명 당시 활동한 급진파로, 처음에는 비교적 온건했으나 나중에는 공포 정치와 로베스피에르(Robespierre)의 등장에 일조했다. 여기서 자코뱅은 정치적 급진성을 뜻한다 – 편집자.

75 『유러피언 매거진』, 33호(1798), 246~251쪽. 이 잡지의 초대 편집자는 폭스(Fox)의 추종자인 페리(James Perry)로서, 그는 창간 첫해인 1782년에만 근무한 후 다른 곳으로 자리를 옮겼다. 1798년에는 슈얼이 편집장이있는데, 그는 반(反)공화파 책자 배부에 열성적이었던 단체(Association at the Crown and Anchor in the Strand)의 회원이었음에도, 정치적 책자 발간에 반대했고, 1792년에는 자신의 출판사 안에서 정치적인 대화를 하지 말도록 지시했다(1792년 12월 31일자 공고 내용).

녀에다 관능주의자'로 보였다. 이들은 『젠틀맨스 매거진』과 마찬가지로 『여권의 옹호』와, 고드윈이 그린 울스턴크래프트의 최후의 대조에 대해 논평했다. "『여권의 옹호』를 읽었던 이들은 그 책의 저자가 죽음을 앞두고 아무런 종교적 발언을 하지 않았다는 걸 알면 놀라움을 금치 못할 것이다. 그 책에서 가장 중요한 주장은 바로 정신적으로 여자가 남자보다 열등하지 않고 그와 동등하며, 남녀가 모두 자신들의 소임을 수행하는 데 늘 정진하도록 훈련받아야 한다는 것이었기 때문이다."[76] 이 평자는 『여권의 옹호』가 주장하는 바에는 반대하지 않지만, 울스턴크래프트가 잘못된 철학에 이끌려 의무의 길을 벗어났다고 보았다. 『반자코뱅 리뷰』는 그녀를 메살리나[77]에 비유하면서, 그녀의 작품이 지닌 독창성을 깎아내리고, 그 정치적인 측면만을 강조했다.

> 그다음에 나온 책이 『여권의 옹호』인데, 피상적인 이들은 이 책이 심오하다고 생각했고, 심오한 이들은 이 책이 피상적이라고 생각했다. 그 책에서 그녀가 주장한 내용은 실은 각자의 재능이나 미덕에 관계없이 남자든 여자든 어린이든 모든 사람이 재상이나 총독, 정치가가 될 권리가 있다는 페인의 이론에서 쉽게 도출될 수 있는 것들이었다.[78]

1792년에 『크리티컬 리뷰』가 그랬듯이 『반자코뱅 리뷰』는 지금까지 이 책이 흥미 있는 이유를 제공한 바로 그런 요소들을 공격했다. 주된

---

76 『브리티시 크리틱』, 12호(1798), 228~233쪽.

77 메살리나(Messalina)는 로마의 황제 클라우디우스(Claudius)의 세 번째 왕비. 방탕하고 야심 많기로 유명했던 그녀는 젊은 유부남을 유혹했다가 발각되어 26세의 나이로 처형당했다 - 편집자.

78 『반자코뱅 리뷰와 잡지』, 1권(1798), 94~102쪽.

비유와 견해들이 바뀌면서, 18세기에 『여권의 옹호』를 비판한 사람들이 조롱의 대상으로 삼았던 바로 그 특징들이 20세기에는 상찬(賞讚)받고 있는 것이다.

울스턴크래프트가 세상을 떠난 후, 그녀에 대한 평가를 형성하고 특징지은 것은 『여권의 옹호』보다 고드윈의 『전기』였다. 서로 전혀 다른 의미에서, 고드윈과 『반자코뱅 리뷰』는 그녀의 처신이 자코뱅 이념의 전형적인 실례(實例)라고 생각했던 것이다. 그처럼 극단적인 두 진영 사이에 다양한 다른 견해들이 존재했다. 비섬 같은 이는 울스턴크래프트를 약간 이상하지만 사랑스러운 인물로 보면서, 그녀가 임레이와 결혼하지 않은 것은 원칙의 문제였다고 말했다. 어떤 이들은 그녀의 사상에는 찬성하면서도 그녀의 행동에는 불쾌감을 드러냈다. 또 어떤 이들은 그녀의 사상과 행동 전체를 비난하기도 했다.[79] 이런 다양한 반응은

---

[79] Mary Mathilda Betham, *Dictionary of Celebrated Women*(London: 1804), 373~377쪽. 비섬은 주로 『애널리티컬 리뷰』를 참고했는데, 그 잡지는 『먼슬리 미러』(*Monthly Mirror*)와 같이 울스턴크래프트가 임레이에게 썼던 편지들을 극찬하며 그녀를 베르테르에 비유했다(*Analytical Review*, 27, 1798, 235~245쪽; *Monthly Mirror*, 5, 1798, 153~157쪽). 『먼슬리 미러』는 2호에서 울스턴크래프트를 특집 기사로 다루기 위해 초상화를 제작했던 걸로 유명하다(1호[1796], 131~133쪽). 그 편집자는 양말 제조업자에서 서적상으로 변신한 벨러미(Thomas Bellamy)였는데, 그는 『여권의 옹호』 출판 당시 그 책을 호평했던 『제너럴 매거진』의 편집자이기도 했다. 『크리티컬 리뷰』와 『젠틀맨스 매거진』은 책의 내용에 대해 비판적이었지만, 놀라울 정도로 점잖은 서평을 실었다. 『크리티컬 리뷰』는 그녀의 천재성과 '꿋꿋하고 남성적인 정신'을 칭찬하기까지 했다(*Critical Review*, N. S. 22호, 1798, 414~419쪽; *Gentleman's Magazine*, 68, pt. 1, 1978, 186~187쪽). 『일반 인명 사전』(*General Biographical Dictionary*, 개정증보판, 16권[런던: 1814], 54~55쪽)의 차머스(Alexander Chalmers)는 좀더 비판적이었다. 그는 울스턴크래프트를 '세련되지 못한 색녀에 바람둥이'라고 평했던 『브리티시 크리틱』과 비슷한 어조로 그녀를 혹평했다. 울스턴크래프트에 대한 그런 엇갈린 평가를 보여주는 재미있는 예는 그로부터 몇 년 뒤에 나왔다. 『에드먼드 버크 의원 전기』

19세기 초부터 20세기 말까지 별다른 변화 없이 지속되었다. 달라진 게 있다면 그녀에 대한 비판의 근거가 도덕 대신 심리적인 이유로 바뀌었다는 점이다. 그녀는 사악한 건 아니지만 아주 특이한 여자였고, 본받아서는 안 될 사람이라는 것이다.[80]

『여권의 옹호』가 처음 출판되었을 때, 그 책에 대한 반응은 평자의 정치적 성향과 직접적인 관련이 있었으며, 그 책을 정치적으로 중요한 작품이라고 본 사람은 별로 없었다. 그런데 고드윈의 『전기』가 출판된 후에는 그 책의 혁명성이 처음보다 더 강조되었다. 성적 · 정치적 오류의 아주 단적인 예로서, 울스턴크래프트는 급진적인 여성 작가들에 대한 비판의 상징적 중심이 되었다. 어떤 이들에게 그녀는 작품과 아무 상관 없이 그저 그녀가 말했던 내용을 잊지 말라는 경고 신호로 이용되었다. 로빈슨, 헤이즈 등 그녀와 가까웠던 추종자들의 작품에 대한 평가를 보면 당시 그녀의 이름이 지녔던 의미를 짐작할 수 있다.

로빈슨의 「정신적 예속과 그 예에 관해 영국 여성에게 보내는 편지」는 1799년, 울스턴크래프트의 추종자라고 자칭하는 '앤 프랜시스 랜돌'(Anne Francis Randall)의 이름으로 출판되었다.[81] 『뉴 애뉴얼 레지스터』,

---

(*Memoir of the Life and Character of the Right Honourable Edmund Burke*), 개정판(런던, 1826), 제1권, 10쪽에는 버크가 젊은 시절 몇 년간 생활했던 캐슬타운 호시를 묘사하며, 그곳과 관련 있는 인사들을 열거하고 있는데, 그중에는 에섹스(Essex) 경, 롤리(Raleigh), 스펜서(Spenser), 그리고 이제 아주 존경받는 명사가 된 '유명한 울스턴크래프트 부인' 등이 포함되어 있다.

**80** 울스턴크래프트에 대한 심리분석학적 비난은 여러 차례 나왔고, 그에 대한 반론도 많이 나왔다. 코브(Richard Cobb)는 TLS에 실린 코믹하고 거친 글에서 그녀를 '구제불능의 미친 여자'라고 규정했고(TLS, 1974년 9월 6일자, 94쪽), 토드(Janet M. Todd)는 그에 대해 아주 신랄한 반론을 썼다("The Polwhelan Tradition and Richard Cobb," *Studies in Burke and His Time*, 16, Spring, 1975, 271~278쪽).

『브리티시 크리틱』, 『크리티컬 리뷰』는 이 책에 대해 특별히 적대적이지도 호의적이지도 않았다. 『크리티컬 리뷰』의 서평은 극히 간단했다. '많은 이들이 공감할 만한 주제에 대한 그런대로 괜찮은 책'[82]이 전부였던 것이다. 이 잡지들은 교육에 대한 그녀의 주장에는 찬성하면서도, 그 책의 가장 중요한 주제인 여성의(사회적이 아니라) 정신적 예속 상태에 대해서는 함구했다. 『반자코뱅 리뷰』는 좀더 긴 혹평을 게재했다. 평자는 『크리티컬 리뷰』를 제외한 모든 잡지들과 마찬가지로 그녀를 '울스턴크래프트 일파'로 칭하면서, 로빈슨이 예로 든 자신의 연인을 총으로 쏜 여성의 일화를 비꼰 다음, 울스턴크래프트가 사회에 뿌린 타락의 씨를 깡그리 없애겠다는 이전의 약속을 되풀이하는 걸로 글을 마쳤다. 그 서평의 중심은 로빈슨의 책이 아니라 울스턴크래프트의 전투적인 측면이었다.

1803년에 나온 『고(故) 울스턴크래프트 고드윈의 인품과 행동에 대한 변론』은 흔히 헤이즈의 작품이라고 추정하는데, 그 책의 저자는 프랑스 혁명에 대한 사람들의 격앙된 감정과 『여권의 옹호』의 신랄한 문체 때문에 울스턴크래프트가 그처럼 비난받는다는 신빙성 있는 주장을 폈다. 그녀의 주장에 호의적이었을 많은 독자들이 그 어조 때문에 비판적이 되었다는 것이다. 그 책이 정말 헤이즈의 작품이라면, 그녀는 자신의 주제에 대해 아주 잘 알고 있었다. 1792년에 『여권의 옹호』가 나오자 헤이즈는 『여성을 위해 영국 남성들에게 호소함』이라는 페미니

81 CBEL은 로빈슨의 이 책의 난외 표제(欄外標題)인 「여성의 지위에 대한 생각」을 별도의 작품으로 수록하고 있다(출판일자 미상).

82 『뉴 애뉴얼 레지스터』, 1799, 275쪽; 『브리티시 크리틱』, 14호(1799), 682쪽; 『크리티컬 리뷰』, N. S. 27호(1799), 360쪽; 『반자코뱅 리뷰』, 3호(1799), 144~146쪽.

즘 저서를 중도에 포기했고, 존슨은 그 책을 1798년에 익명으로 출간했다. 토멀린에 따르면 『애널리티컬 리뷰』만이 그 책에 대해 호의적인 서평을 실었고, 헤이즈는 '보수주의자들의 또 다른 풍자 대상'이 되었다.[83] 그런데 저자들을 보호하기 위한 존슨의 익명 출판과 헤이즈의 완곡한 어조는 묘한 대조를 이루었다. 1800년 9월자 『반자코뱅 리뷰』의 평자는 해밀턴(Elizabeth Hamilton)의 『현대 철학자전(傳)』(*Memoirs of Modern Philosophers*)을 극찬하면서, "모든 여성 작가가 메리 고드윈과 그보다 더 부도덕한 그녀의 추종자들의 음란한 주장에 오염된 건 아니라는 걸 보여준다"고 말했다. 그 소설의 여주인공 브리제티나 보더림(Bridgetina Botherim)은 헤이즈의 패러디였고, 11월호에서 평자는 그 소설은 "메- 헤- 즈의 펜에서 나온 사악하고 혐오스러운 내용들을 아주 잘 모방하고 있다"고 말했다. 그리고 이 두 호 사이에 나온 10월호에는 익명의 저자가 펴낸 『여성을 위해 영국 남성들에게 호소함』에 대한 길고 호의적인 서평이 실렸다. 평자는 "본인은 그동안 페인이나 울스턴크래프트 같은 신(新)철학 옹호자들의 요구에 의심하는 태도를 갖고 있었지만", 이 여성 작가는 그런 '수상쩍은 의도' 없이 대담하고 공정하게 구체적인 것들을 요구하고 있을 뿐이라고 말했다. 이 책에는 이론의 여지가 있는 부분도 더러 있지만, "점잖지 못하거나, 종교나 도덕에 해를 끼칠 만한 내용은 전혀 없다"[84]는 것이다. 『뉴 애뉴얼 레지스터』와 『크리티컬 리뷰』도 좀더 짧지만 비슷하게 호의적인 서평을 실었고, 『브리티시 크리틱』은 지독한 혹평을 실었다. 그 잡지는 이 책의 저자가 "존

---

83 Claire Tomalin, *The Life and Death of Mary Wollstonecraft*(New York: 1974), 241쪽.

84 *Anti-Jacobin*, 7(1800), 39~46쪽, 369~376쪽(Hamilton), 150~158쪽(Hays).

재하는 것은 모두 잘못되었다"는 사람들 중의 하나이며 무식하기 짝이 없다고 비난했다. 1792년과 마찬가지로 이때도 평자들의 판단은 그들의 정치적 성향에 따라 결정되었고, 1792년 이후에는 울스턴크래프트라는 이름에 대해 평자들이 나타내는 반응만으로도 그들의 정치적 성향을 대충 짐작할 수 있게 되었다. 헤이즈의 책은 톰슨에게서 '무기력하다'[85]는 평을 들을 만큼 완곡했고, 그래서 『반자코뱅 리뷰』의 공격을 피할 수 있었지만, 울스턴크래프트에 대해 상당한 길이의 혹평을 실었던 『브리티시 크리티』은 일련의 정치적 견해들을 비판한 뒤 이 책은 비판적으로 검토해 볼 가치도 없다는 모욕적인 평을 실었다.

울스턴크래프트가 '몰매를 맞은 것'은 사실이지만, 그건 『여권의 옹호』에 실린 "가정 안에서의 여성의 위치에 대한 합리적이고 고상한 견해"나 "남녀는 평등하고, 여성에게도 교육 기회와 법적 권리가 주어져야 된다는 주장"[86] 때문이 아니었다. 그녀가 몰매를 맞게 된 건 책이 나온 지 한참 후였고, 그 책의 어떤 내용들 때문도 아니었다. 교육에 대한 그녀의 주장을 논한 평자들은 대부분 호의적인 반응을 보였다. 그 책에 실린 정치나 경제에 관련된 주장들 역시 출간 당시에는 별다른 반응을 얻지 못했다. 『여권의 옹호』에 실린 정치적 주장들은 당시로서는 너무 요원한 내용이어서 별로 위험해 보이지 않았고, 여성에게도 취업 기

---

85 *Appeal of One Half the Human Race, Women, against the Pretensions of the Other Half, Men, to retain them in Political, and thence in Civil and Domestic, Slavery*(London: 1825), vii.

86 Charles Dudley Warner, ed., "Modern Ideal of Womanhood"(excerpts from *Rights of Woman*), *A Library of the World's Best Literatures Ancient and Modern*(New York: 1897), 16131쪽; Katherine B. Clinton, "Femme et Philosophie: Enlightenment Origins of Feminism," *Eighteenth-Century Studies* 8(1975), 283쪽.

회를 줘야 한다는 주장은 하류층 여성이나, 자기 계급에 어울리지 않을 만큼 많이 배운 여성에 대한 얘기가 나오면 늘 언급되는 주제였기 때문이다.[87] 19세기 독자들에게 그토록 충격적이었던 출산이나 양육 문제에 관해서도 그녀의 동시대인들은 특별한 관심을 보이지 않았다. 당시에 모성은 여성이 점잖고 유용한 존재가 되기 위해 수행해야 하는 의무일 뿐, 아직 경배의 대상은 아니었기 때문이다. 당시 남성을 특히 당혹하게 만든 것은 여성의 성적 특징에 대한 공격, 즉 여성이 어떤 성품을 갖는 게 바람직하다는 견해에 대한 반발이었다. 인간 정신에는 성별이 없다는 주장을 받아들인 남자들도 남녀의 행동 방식은 서로 달라야 한다고 생각했던 것이다. 페미니즘 계열 작품들에 대한 1792년과 1798년의 반응을 보면, 여성에게 더 나은 교육을 해야 한다는 데는 여전히 찬성하지만, 기존의 남녀 관계를 교란시키려는 작품들에 대한 반감은 더 커졌음을 알 수 있다.

그녀의 추종자들과 비교해볼 때 울스턴크래프트가 독특한 이유는 페미니즘의 주요 쟁점들을 언명하고 그것들을 실천에 옮겼다는 점이다. 여러 저서와 실생활에서 그녀는 그후 제기된 거의 모든 문제를 건드리고 있기 때문에, 그야말로 없는 게 없을 정도다. 그래서 그녀의 작품에 대한 평가 역시 그녀가 영국에서 최초로 일으킨 그 운동에서 어떤 문제가 주요 사안이 되느냐에 따라 크게 달라졌다. 현대의 독자들은 사회개혁에 대한 그녀의 구체적인 제안들과 반항적이고 전투적인 문체에

87 Mary Anne Radcliffe, *Female Advocate*(London: 1799)는 장난감이나 향수 판매 같은 일부 직종은 여성만 종사할 수 있게 하고, 여성을 위한 갱생원을 설립하자고 제안했는데, 대부분의 평자가 호의적인 반응을 보였다. 단, 『크리티컬 리뷰』는 이 책의 문체가 형편없고, 주제 또한 진부하다고 평했다(N.S. 27, 1799, 479쪽).

주목한다. 여성의 지위가 달라짐에 따라 18세기 말에 희미하고 거북스럽게 파악되고 점잖게 무시되었던 요소들이 이제 각광을 받고 있다. 교육과 여성적인 태도(후자는 '자기 주장' 훈련의 필요성에 대한 주장의 초기 형태라 할 수 있으리라)에 대한 그녀의 공격은 사회 변화에 따라 이것들이 실현되면서 이제는 거의 무의미해졌다. 그녀의 작품에 대한 평가는 이처럼 독자들의 필요와 관심사에 따라 달라져왔지만, 그녀가 그 책에서 주장했던 것과 그 구체적인 실현 사이에는 모순이 없었다. 그 책의 형태는 왜곡되었을지라도 의도는 충실히 유지되어왔다는 것이다. 그런데 『여권의 옹호』가 부활되면서 한 가지 부작용이 있었다면, 그건 바로 당시 독자들의 반응이 잘못 전해졌다는 것이다. 그녀가 『여권의 옹호』에서 그 책의 전반적인 의도에는 부합되지만 충분히 개진하지도 않았고, 핵심적이지도 않고, 심지어는 제대로 표현하지도 않았던 주장들, 예컨대 여성에게도 참정권을 달라든지, 여성도 모든 직업에 종사하게 해달라든지, 법적으로 남성과 똑같은 지위를 갖게 해달라든지, 성 차별을 완전히 철폐해달라는 주장을 펼쳤더라면, 당시의 독자들은 당연히 그녀를 미친 여자라고 생각했을 것이다. 그런 주장들은 당시 여성의 처지나 그들에게 주어진 기회를 고려할 때 전혀 현실적이지 못했기 때문이다. 『여권의 옹호』에 씌인 추상적이고 일반적인 어조는 수많은 구체적인 주장들을 펼칠 기반이 되어주었고, 그녀가 내놓은 구체적인 주장들은 더러 급진적인 면도 있었지만 어디까지나 18세기에 진행된 교육에 관한 여러 논의의 연장선상에 있었다. 현대의 독자들이 간과하기 쉬운 바로 그 요소들 때문에 『여권의 옹호』는 출간 당시 호평을 받았고, 당시 독자들을 당혹하게 만들었던 바로 그 요소들 때문에 현대 독자들은 지금도 그 책을 높이 평가하는 것이다.

## 구럴닉, 「메리 울스턴크래프트의 『여권의 옹호』에 나타난 급진적 정치관」[88]

『여권의 옹호』는 1792년 출간 이후 지금까지 거의 전적으로 여성의 권리를 옹호하는 페미니즘 선언서로만 간주되어왔다. 대부분의 평자들이 『여권의 옹호』가 『인권의 옹호』에 그려진 정치적 견해들을 이용한다는 점은 인정하지만, 두 책 사이의 관계를 설명한 예는 거의 없었다. 『애널리티컬 리뷰』 1792년 3월호에 실린 "W양이 이미 에드먼드 버크의 책에 대한 최초의 반론 중 하나인 『인권의 옹호』를 펴내지 않았다면, 자신의 책을 유명한 『인권의 옹호』를 본떠 『여권의 옹호』라고 부름으로써 어떤 이득을 보았다고 말할 수 있으리라. 하지만 이 책은 여성 교육에 관한 상세한 논문일 뿐이다."[89] 『애널리티컬 리뷰』의 평자가 바란 대로, 『여권의 옹호』는 그동안 정치적인 책자, 평등주의를 전제로 하여 사회를 비판하는 급진적인 작품으로 자세히 연구된 적이 전혀 없다.

하지만 『여권의 옹호』는 급진적인 페미니즘 책자이기에 앞서 급진적인 정치 서적이다. 사실 『여권의 옹호』의 바탕이 된 페미니즘은 『인권의 옹호』의 토대가 된 정치적 급진주의의 한 예에 지나지 않는다. 이 사실을 간과하면 『여권의 옹호』의 기본적인 성격을 상당 부분 오해하게 될 것이다. 얼핏 보기에는 주제와 직접적인 관련이 없어 보이는 왕들의 전횡, 신하들의 유약함, 상비군과 해군의 존재가 사회에 끼치는 악영향, 소년들에게 사회의 악한 면을 너무 일찍 배우게 하는 교육자들의 오류에 대한 논의들이 어떤 연관이 있는지도 이 사실을 고려하면 이해가 갈

---

88 Elissa S. Guralnick, *Studies in Burke and His Time* 18(1977), 155~ 166쪽.

89 *Analytical Review* 12(1792), 248~249쪽.

것이다. 울스턴크래프트가 여성의 지위 향상을 위해 반드시 필요하다고 주장하는 사회 개혁의 포괄성 또한 이 사실을 이해해야 제대로 파악할 수 있을 것이다. 『여권의 옹호』를 제대로 이해하기 위해서는 정치적 급진주의를 표현한 작품으로 읽어야만 한다. 그리고 이 책은 그전에 나온 『인권의 옹호』보다 더 대담하고 단호하고 논리 또한 더 정밀하다.

사실 『인권의 옹호』는 정말 기운차긴 하지만 원래 버크에 대한 통렬한 인신 공격과 정치적 반론에 초점을 두기 때문에 정치 서적으로 그리 훌륭하진 않다.[90] 평등주의를 신봉하는 울스턴크래프트에게, 미국 혁명을 지지함으로써 자유의 신봉자로 통하다가 그 태도를 바꾸어 보수적인 정치 집단의 대변자가 된 버크는 절호의 공격 대상이었다. 하지만 그녀가 『프랑스 혁명론』의 철학적 근거 때문에만 화가 난 것은 아니었다. 버크는 그 책에서 비국교도 목사이자 정치적 급진주의자이며 그녀가 뉴잉턴 그린에서 학교를 운영할 때부터 친하게 지내온 프라이스 목사를 공격했던 것이다. 버크가 『프랑스 혁명론』을 쓰게 된 직접적인 계기는 프라이스의 설교 「조국애에 관하여」였고, 그는 자신의 저서에서 이 저명한 목사의 문체와 주장에 대한 경멸감을 솔직히 표현했던 것이

[90] James T. Boulton, *The Language of Politics in the Age of Wilkes and Burke*(London: Routledge and Kegan Paul, 1963), 167~176쪽에 『인권의 옹호』의 문체와 수사학에 대한 예리한 분석이 나와 있다. 볼턴에 따르면, 울스턴크래프트는 버크의 문체가 열정과 상상력이 지나치게 많고 이성적인 자제가 부족하다고 비난하지만, 격정적인 『인권의 옹호』 역시 같은 문제점이 있다. 볼턴은, "울스턴크래프트는 자기 주장에 강한 확신을 갖고 있고 강력한 문체로 그 내용을 전달하는 작가로서, 버크의 『프랑스 혁명론』에 대한 그녀의 공격은 많은 부분 정당하고 설득력 있지만, 그녀 자신이 정치철학자의 가장 중요한 자질이라고 주장한 지적 정직성과 감정의 절제가 부족한 문체를 구사하는 것이 주된 결점이다. 그녀는 버크를 비난하지만, 그녀 자신에게 같은 문제가 있다"고 평가한다(175~176쪽).

다.[91] 울스턴크래프트는 『프랑스 혁명론』이 나온 지 불과 몇 주 만에 버크에 대한 경멸과 모욕으로 가득 찬 『인권의 옹호』를 출판함으로써 비슷한 방식으로 그를 공격했다. 그녀는 단호한 어조로 버크를 판단력보다 재치, 정직한 간결함보다는 능변, 성실성보다 기회주의를 선호하는 파렴치한 사기꾼으로 몰아세웠다.

울스턴크래프트는 이성에 바탕을 둔 논리로써, 버크 자신이 상식이라고 생각한 것에 대충 근거한 정치적 보수주의를 공격했다.[92] 그녀는 열정에 의해 절제된 이성을 근거로, 전통과 고래(古來)의 지혜를 근거로 한 버크의 논리를 거부하고, 몇 가지 분명한 진리에 바탕을 둔 개혁주의를 받아들이라고 권고한다. 그 진리란, 자유는 만인의 천부적 권리라는 것, 만인의 평등 위에서만 문명 사회의 도덕적 개선이 가능하다는 것, 규제와 재산은 그 평등을 깨고 그래서 미덕의 개선을 저해한다는 것, 권위에 맹종하는 자는 자신을 타락시킬 뿐 아니라 그 대상까지도 파괴한다는 것이다. 울스턴크래프트는 『인권의 옹호』에서 한편으로는 이 진리들을 구체적으로 설명하고, 다른 한편으로는 버크를 공격하는데, 둘 중 어느 것이 작품의 초점인지 알기 어렵고, 이런 두 가지 목적의 공존과, 특별한 이유 없이 한 주제에서 다른 주제로 넘어가는 자유 연상 기법 때문에 글 전체가 어수선한 느낌을 준다. 『인권의 옹호』의 이런 느슨한 구조와 합리적이고 평등주의적인 전제들은 그보다 더 유명한 후속작, 즉 『여권의 옹호』의 특징이기도 하다.

---

91 Edmund Burke, *Reflections on the Revolution in France*, in *Works*, 6 vols. (London: Bohn, 1854), 2, 285쪽 이하.

92 버크의 여러 전제(前提)에 대한 MW의 분석은 『인권의 옹호』(1790), ed. Eleanor Louise Nicholes(Gainesville: Scholar's Facsimiles and Reprints, 1960), 68쪽.

『인권의 옹호』는 그 수사학적 특징에서도 『여권의 옹호』와 비슷하다. 울스턴크래프트는 은유나 비유를 열심히 구사하거나 창의적으로 사용한 작가는 아니지만, 『인권의 옹호』를 훑어보면 그녀는 너무 많은 재산이나 권력 또는 지나친 가난이나 예속 상태 때문에 인간성을 상실한 사람들의 상태를 묘사할 비유를 찾기 위해 고심했던 것 같다. 버크에 대한 반론의 첫 장에서부터 그녀는 이 비인간화라는 문제에 흥미를 느끼고, 그걸 제대로 묘사할 수 없다는 사실 때문에 고민했던 것 같다. 그녀는 부유층이 "욕망만을 충족하며, 심신의 노력 없이 나태한 삶을 산다"는 말로 만족하지 않고, "그들은 인간이기를 그쳤다"고 말했다. 그들의 타락상을 묘사할 가혹한 말을 찾던 그녀는 그들을 '인위적인 괴물(들)', '물려받은 재산과 세습된 계급'의 기괴한 산물이라고 불렀다. 그런데 이 비유는 생생하긴 하지만 만족스럽지 않았던지, 그후 다시는 사용하지 않았다. 16쪽 뒤에, 그녀는 부유층과 무지한 하류층을 둘 다 천박한 '습관과 충동의 노예'로 그렸다. 이 추한 비유는 그녀가 동정했던 하류층에 적용될 때는 특히 부적절했기 때문에 역시 다시는 사용하지 않았다. 책의 나머지 부분에서 울스턴크래프트는 불순함, 바람기, 비굴함, 타락한 관능성 등을 남자답지 못하다고 부르지만, 이 모든 걸 포괄할 비유를 찾지 못한 것 같다.[93]

적어도 그때까지는 그랬다. 하지만 놀라우면서도 뻔하고, 단순하면서도 특이한 이미지가 곧 나타날 참이었다. 남자답지 못한 건 물론 여자다운 것이었다. 『인권의 옹호』를 보면, 여성을 모든 인간의 사회적 · 정치적 타락(또는 예속 상태)을 나타내는 비유로 사용할 수 있다는 깨달음

93 앞의 책, 10~11, 12, 28, 42, 47, 50, 116쪽.

이 드물지만 확실하게 나타나 있다. 그 책의 셋째 문단에 보면 벌써 그 한 예가 나와 있다. 그 문단에서 울스턴크래프트는 한 재사(才士)를 "상대방과의 조용한 교류나 차분한 경의보다는, 기회 있을 때마다 사람들의 찬사와 사랑을 받으려 하는 유명한 미인"에 비유했다. 그후에 나오는 다른 부분을 보면, '사치와 나약함'은 귀족 계층의 저주로, '타락한 상류층'은 '세습된 나약함 때문에 거세되고 무력하게 변한' 사람들로 묘사되어 있다. 울스턴크래프트는 여성이 허영심 많고, 경솔하고, 나약한 척하고, 일부러 '진솔함, 꿋꿋함, 인간애' 같은 '남성적인 미덕'을 결하고 있고, 아첨에 싸여 지내는 인형 같은 존재로 묘사되는 사회에서, 여성이 그 안에서 점하는 위치라는 특수한 문제를 검토하기도 하고, 그로부터 눈을 돌리기도 한다—그리고 이 비유는 울스턴크래프트 자신과 독자 모두에게 더 강하게 다가온다. 이 비유는 이 책에서는 『여권의 옹호』에서만큼 자주 나오거나 복잡하진 않지만, 그녀가 버크의 애국심과 신앙심을 평가할 때 그 절정에 달한다. "귀하는 교회와 조국과 국법이 사랑할 가치가 있기 때문에 사랑한다고 몇 번이고 주장하십니다. 하지만 당신에게서 사랑과 신뢰를 얻는 데 필요한 건 나약함과 아부뿐이니, 당신이 사랑한다고 말해도 그건 결코 상대방에 대한 찬사가 될 수 없지요. 그리고 당신이 경배하는 상냥한 어머니야말로 바로 그런 이유 때문에 당신의 사랑을 독차지할 만한 존재이고요."[94] 여기서 그녀가 교회를 묘사하기 위해 사용한 나약하고 경솔한 어머니라는 비유는 그 사회관뿐 아니라 정치관에 있어 급진적인 『여권의 옹호』에 활기와 복잡성을 부여하는 비유의 초기 형태다. 『여권의 옹호』가 정치적인 책자라

[94] 앞의 책, 4, 47~48, 51, 52, 97, 111~115, 112, 124쪽.

면, 그 주된 근거는 바로 울스턴크래프트가 의식적으로 영국 여성의 사회적 지위를 통해, 그리고 그 지위를 이용하여 영국의 사회적 · 정치적 현실을 그리고 있기 때문이다. 울스턴크래프트의 전기를 쓴 워들에 따르면 『여권의 옹호』의 주제는 바로 "남성과 마찬가지로 여성도 천부적으로 자유와 평등의 권리를 부여받았고, 그 권리를 사회가 박탈하면 문명의 진보에 방해가 될 것이라는 주장이다. 메리가 억압받는 여성과 억압받는 인간들 사이의 유사성을 발견하고, 그 둘이 같은 방법으로 해방될 수 있음을 깨달은 것은 정말 천재적인 직관이었다."[95] 워들이 말한 직관은 정말 천재적이었지만 정확히 묘사되지는 못했다. 그가 말하는 두 집단 사이의 연관은 그보다는 훨씬 더 복잡하기 때문이다. 『여권의 옹호』에서 억압받는 여성이라는 비유는 억압받고 가난한 인간들뿐 아니라 계급, 재산, 특권의 불평등을 용인하는 모든 계층의 남자들을 묘사하는 데 이용되기 때문이다.

『여권의 옹호』에서 여성이라는 비유가 가난하고 약한 사람들보다는 부유하고 권세 있는 사람들을 묘사하는 데 더 자주 쓰였다는 사실도 주목할 만하다. 여성이 억압받고 있는 건 사실이었지만, 역설적이게도 그들의 억압은 정신적 능력이나 도덕적 지성을 갖출 필요가 없는 응석받이 같은 존재가 지닌 특별한 지위의 산물이었기 때문이다. 울스턴크래프트가 그 뒤에 설명한 대로, "타고난 계층, 재산 등 정신적 노력 없이도 특권을 누리게 해주는 여러 가지 이점들은 실제로는 인간을 타락시킨다. 그리고 나약한 인간일수록 교활한 자들의 농간에 휘둘려 모든 인간성을 상실한 허영에 들뜬 괴물이 되기 쉽다."[96] 그녀는 이건 주로 중

---

95 *Mary Wollstonecraft: A Critical Biography*(Lawrence: University of Kansas Press, 1951), 157쪽.

산층 여성에 해당되는 얘기지만, "여성은 독자적인 인격을 갖추기 전에는 누구나 부유층과 비슷한 처지에 있다"고 경고하면서, 여성은 그들을 구속하는 남자들을 휘두르는 데 사용하는 미모와 술수라는 나약함으로 얻는 힘 때문에 날 때부터 방종한 삶을 살게 되어 있다고 말한다. 그래서 여성은 "그런 요인들 때문에 높은 지위에 오른 남자들같이 처신한다". 다시 말하면 그들은 "천한 노예나 제멋대로 구는 독재자"[97]인데, 이는 쓸모없는 동전의 양면이나 마찬가지다.

울스턴크래프트가 여성은 '부당한 힘'을 누리고 '왕과 같은 공경'을 받는다고 말한 것은 바로 그런 뜻이다. 그래서 여성은 터키의 파샤나 전제 군주, 왕, 로마 황제, '작은 영토를 다스리는 대관(代官)'과 비슷한 위치를 점하고 있고, 마찬가지로 모든 독재자들은 여성과 같은 위치에 있다고 말할 수 있다.

> 절대 권력을 지닌 사람이 왕의 의무를 제대로 수행할 만한 지식과 정신력을 갖추기란 아무리 좋은 상황에서도 있기 어려운 일이다. 하물며 그의 지위가 지혜나 미덕의 획득을 아예 불가능하게 만들고, 아첨으로 인해 인간적인 감정이 모두 억압되고, 쾌락으로 인해 생각할 여유가 전혀 없어지는 경우에는 어떻겠는가! 그러니 무수히 많은 백성의 운명이,

---

96 『여권의 옹호, 정치적 · 도덕적 주제에 대한 주장들과 함께』(*A Vindication of the Rights of Woman, with Strictures on Political and Moral Subjects* (London: 1792), 91쪽. 포스턴(Carol H. Poston)이 편집한 노턴 판(뉴욕: 1987)은 이 2판을 약간 개정한 것으로 좀더 구하기 쉽다. 포스턴 판에서는 45쪽에 이 부분이 나온다. 이 논문에 나오는 인용문들은 1792년 판과 포스턴 판의 쪽수를 둘 다 표기했다(이 책에서는 1987년 노턴 판의 쪽수를 적어 놓았다 - 편집자).

97 같은 책, 122/57, 92/45쪽.

왕이라는 지위 때문에 반드시 그 사회에서 가장 비열한 인간으로 전락하는 나약한 자의 변덕에 좌우된다고 생각하면 그야말로 기가 막힌 일 아닌가![98]

다시 말하면 타락한 왕은 여기서 여자에 비유되었고, 이는 이 책의 비유 체계를 고려할 때 불가피한 결론이라 할 수 있다.

군대에 대한 부분을 보면 울스턴크래프트 역시 바로 이 결론에 도달했다는 게 명백해진다. 논리 전개에서 일관성이 좀 부족하긴 하지만, 그녀는 군인, 왕, 여성은 모두 비슷한 타락상을 보인다고 주장했다. 엄격한 서열 체계에 속해 있는 군인들은 예속된 왕과 같다는 것이다. "군대는 한결같이 독재자들의 소굴이다. 이들은 자신의 이성과 상관없이 상명하복(上命下服)의 체제로 움직이고, 갖가지 악행과 우행으로 그 지역에 큰 해를 끼친다." 그리고 군인들은 한결같이 여자 같은 나태함, 세련된 몸가짐, 화려한 옷을 좋아하고, 그중에서도 장교들은 특히 "몸치장에 아주 열심이고, 춤, 사람이 북적대는 장소, 험담을 좋아하며, 여성과 똑같이 연애에 온갖 노력을 기울인다. 그들은 남을 즐겁게 하는 교육을 받아왔기 때문에, 오직 남을 즐겁게 하기 위해 인생을 살아간다." 그녀는 자신의 주장을 확실히 하기 위해, 남녀의 지적 영역을 비교한 루소의 긴 문단을 인용하고는, "독자들이 아직도 여성과 군인에 대한 나의 비유를 기억하고 있기를 바란다"는 말로 끝을 맺는다. 그녀는 장교들은 집단 안에서 그들이 점하는 높은 지위 때문에 나약하고 여성적인 존재로 변했고, "전쟁은 강인함이 아니라 세련됨과 나약함을 가르치

98 앞의 책, 38/21, 80/40, 115/54, 85/42, 119/56쪽.

는 수단으로 전락했다"[99]고 말했다.

나약한 건 부유층도 마찬가지다. "재산과 여성적인 부드러움은 둘 다 인간을 타락시키기 때문이다." 그래서 상류 사회는 여성들의 집단과 마찬가지로 진부하다. "대부분의 여성과, 양성의 부유층은 문명의 유용한 성과는 놓친 채 그 어리석음과 사악함만을 배운 셈이다." 이들은 둘 다 "인간으로서의 의무를 게을리 하기 때문이다."—즉, 여성은 가족을 위해 심신을 단련해야 하는데 그러지 못하고, 부유층 역시 자신과 국가를 위해 자연의 법칙에 따라 정신적 · 육체적 능력을 단련해야 하는데 그러지 않기 때문이다. 여기서 또 울스턴크래프트는 자신의 주장을 뒷받침하기 위해 교묘하게 인용문을 끼워 넣는다.

> 평범하게 태어난 여성이 엄청난 능력과 대단한 미덕으로 사람들의 존경을 사려고 애쓰는 경우를 본 적 있는가? 어디서 그런 여자들을 찾아볼 수 있을까?—'사람들이 그들을 지켜봐주고, 관심을 쏟아주고, 그들의 생각에 공감하고, 호감을 가져주고, 인정해주는 것'이 그런 여성의 유일한 바람이다.—이 글을 읽는 남성 독자들은 옳은 말씀이라고 외치겠지만, 성급한 결론을 내리기 전에 위 구절은 여자가 아니라 부자들에 관한 글에서 따온 것임을 기억해주기 바란다. 스미스의 『도덕론』에 나오는 귀족이나 부자들에 대한 묘사는 내가 보기에 여자들에게도 그대로 적용될 부분이 많다. 독자들이 그 비교를 모두 직접 보면 좋겠지만……[100]

여성화된 군인들과 마찬가지로, 나약한 부유층이 누리는 사회적 · 정

---

99 같은 책, 27/17, 43/24, 79/39, 132/145쪽.

100 앞의 책, 108/52, 107/51, 129/60, 138/64, 122~123/57~58쪽.

치적 지위는 남성성을 포기한 대가라는 것이다.

울스턴크래프트는 여성을 타락한 특권층에 비유하는 것에 너무도 익숙해 있었기 때문에 그들을 정말 비천한 존재에 비유하는 경우는 거의 없다. 그녀의 책에서 여성은 간혹 '대중', '묵묵히 예속 상태를 받아들이는 비굴한 노예들', 또는 가난한 사람들에 비유되기도 한다. 그리고 한 특이한 비유에서, 그녀는 남편을 위해 묵묵히 일하는 아내를 '연자방아에 매인 눈 먼 말'에 비유한다. 하지만 여성은 대개 특권을 지닌 노예, 자신의 예속 상태를 받아들이고 그 안에서 편안해 하는 하급자로 그려져 있다. 따라서 여성은 왕 앞에서 굽실거리고, 그 대가로 다른 이들의 아첨을 받는 신하와 아주 비슷하다.

> 겉으로 보기에 편안하면서도 남의 눈을 현혹하는 궁정인의 행동은 물론 그의 처지에서 나오는 것이다. 아랫사람들의 갖가지 청탁에 시달리다 보니 그는 상대의 마음을 상하게 하지 않으면서 그의 부탁을 거절하거나, 허황한 약속으로 상대를 안심시키는 법을 배워야만 했던 것이다. 그래서 정중함이 진실을 희롱하고, 인간 본연의 진솔함과 인간성이 사라지면서 멋진 신사라는 존재가 생겨나는 것이다.[101]

울스턴크래프트에게 여성은 잠재력이 있으면서도 그걸 빼앗기고 천한 존재로 전락한, 그야말로 이 세상에서 가장 불쌍한 존재다. 그리고 어떤 집단에서 그와 비슷한 위치를 점하는 남자들 역시 여성과 마찬가지로 권리를 상실한 하찮은 존재인 것이다.

---

**101** 앞의 책, 109/52, 134/62, 144/67, 298~299/131쪽.

울스턴크래프트가 여성의 지위 향상을 계급 없는 사회의 등장과 그토록 긴밀히 연관시키는 것은 아마 바로 이 때문일 것이다.[102] 나약함, 허영심, 무도덕성으로 대표되는 연약함(여성적인 것)은 개인뿐 아니라 모든 사회와 정치 기구, 그리고 국가에서 제거되어야 한다는 것이다. 『여권의 옹호』를 페미니즘 작품뿐 아니라 급진적인 정치 서적으로 봐야 하는 이유 중 하나는 바로 그녀가 개인과 사회의 문제 사이에 불가분의 관계가 있다고 보기 때문이다. "인간은 소우주라는 말이 있는데, 각 가정 역시 하나의 국가로 보아야 할 것이다." 그녀는 이렇게 주장한다. "사회의 도덕성은 개인들의 도덕의 집합체일 뿐이다."[103] 그렇다면 개인들의 도덕이 여성을 어린아이처럼 취급하고 타락시킨다면 국가와 그 안의 모든 개인도 같은 타락 상태를 벗어나기 힘들 것이다.

그러므로 울스턴크래프트가 주제와 별로 연관이 없어 보이는 문제를 논의할 때도 실은 그렇지 않다고 할 수 있다. 『여권의 옹호』는 물론 구성이 허술한 편이고 논점들이 느슨히 연결되어 있지만, 울스턴크래프트가 의식적으로 주제를 벗어나는 일은 없기 때문이다. 아이들에 대한 부모의 태도, 학생들에 대한 교사의 태도, 시골 교구 목사들에 대한 주교의 태도, 병사들에 대한 장교의 태도는 모두 어떤 의미에서 아내에 대한 남편의 태도의 변형이고, 따라서 검토와 비판의 대상이 될 수 있기 때문이다. 울스턴크래프트가 영국에서 영웅이 사라진 걸 개탄하거나, 영국 정치가들의 사악한 이기심을 비난하는 부분 같은 '삽화'들도 실은 모두 연관이 있다. 그것들은 영국 사회의 부도덕성과 긴밀히 연결되어 있고, 사회 전반적으로 미덕이 너무 오랫동안 간과된 나머지 여성

---

102 예컨대 같은 책, 38/22, 74/38쪽 참조.

103 앞의 책, 411/177, 445/192쪽.

은 예속되어 있으면서도 그런 처지에 불만을 못 느끼는 것이다. 울스턴크래프트가 『여권의 옹호』 서문에서 말하듯이, "평범한 사람들이 느끼는 욕구나 정서 너머에 존재하고, 지나치게 일찍 세속에 물든 이 나약하고 거짓된 존재들은, 미덕의 토대를 무너뜨리고 사회 전체를 타락시켜 왔다!"[104] 여성은—그중에서도 숙녀이거나 숙녀가 되고 싶어하는 여성은—특히 그런 존재다. 그리고 울스턴크래프트는 그들이 사회에 끼치는 악영향에 대해 그들의 오용된 권리만큼이나 자세히 논의했다.

울스턴크래프트가 구상한 페미니즘의 전제는 바로 여권 신장이 사회와 국가의 철저한 변화와 연결되어 있다는 것이다. 『여권의 옹호』가 그런 전제를 바탕에 깐 작품이라고 보기 어려울 정도로 온건하다면 그것은 울스턴크래프트가 사회가 완전히 변했을 때 어떤 모습이 될지 암시하는 데서 그칠 정도로 신중했기 때문이다. 그런 사회에서는 이성이 가장 중시되고, 남성(그리고 여성) 사이의 계층 구분이 없어질 것이다. 그리고 그중에서도 그녀가 가장 간절히 바란 것은 모든 이성적인 인간들이 완전히 평등해져야 한다는 것이었다. 우주에서 유일하게 우월한 존재는 신인데, 그건 그의 권능이 아니라 지혜와 미덕 때문이었다. 울스턴크래프트가 구상한 완벽한 사회에서는 신조차도 독재자일 수 없었다. 그 사회에서 신은 인간의 도덕 체계의 토대가 될 수 있도록 이성적이고 도덕적인 존재여야 했다. 그리고 인간들은 "혜성의 특이한 움직임은 태양계 혹성들의 공전을 설명하는 불변의 법칙에 관한 천문학적 계산에 전혀 영향을 주지 않는다"는 사실을 감안하여, '일반적인 법칙에 따라' 행동해야 할 것이다. 울스턴크래프트가 볼 때 특이함은—영웅

104 같은 책, 327~329/143~144, 5/9쪽.

이나 천재들의 경우에도—불필요할 뿐 아니라 사회에 해악을 끼칠 수 있는 요소였다.

우수한 학생 몇 명을 길러내기 위해 대다수 학생을 희생시키는 건 사회에 이롭지 못한 일이다. 어쩌다 한 번 커다란 변혁이 일어날 때마다 탁월한 인물들이 나타나 질서를 회복하고 진리의 얼굴을 가린 구름을 걷어내는 건 사실이다. 하지만 사회에 이성과 미덕이 넘치게 하면 이런 강한 바람은 불필요해질 것이다.

하지만 사회의 복지가 비상한 노력으로만 이룩되는 건 아니다. 사회가 좀더 합리적으로 구성되어 있다면 비상한 능력이나 영웅적인 미덕을 지니지 않은 사람도 그런 일을 해낼 수 있을 것이다.[105]

그녀는 3년 후, 『프랑스 혁명의 기원과 진전에 관한 역사적 · 도덕적 견해』에서 이 문제를 다시 한 번 논의하면서, 그 세기의 위대한 사회 운동이 실패한 것은 '인기가 추락하자 애국심도 잃어버린' 지도자들 때문이라고 주장했다.

혁명 당시 활약했던 지도자들의 행동을 보면, 국가의 재난은 그들이 시작한 이 위대한 일을 잘 마무리 짓기 위해 각성한 애국자들이 모두 합심해 극복해야 할 위기가 닥쳐왔을 때 그들이 추악한 허영심과 이기심 때문에 그러지 못했다는 사실에서 기인했음을 알 수 있다. 그리고 그들

105 앞의 책, 307/134, 372~373/162, 136/64쪽.

이 그렇게 떨어져 나가면서 나라의 가장 뛰어난 인재들이 사라져 버렸다. 그 결과 정치의 정석대로 선량한 시민들의 표를 얻을 뛰어난 인재들이 모두 사라졌기에, 무지하고 대담한 자들이 승리를 거두었던 것이다.—당시 프랑스에는 그런 인재들이 있었다. 그리고 그들이 순수한 애국심으로 똘똘 뭉쳤더라면 프랑스와 유럽의 평화를 어지럽히고 자유의 이름을 더럽힌 그 모든 재난들은 일어나지 않았을 것이다.[106]

울스턴크래프트는 개인이 재능을 갖고 있더라도, 그 재능을 이기적인 목적보다는 주로 개인적인 노력으로 사회에 도움이 될 성공을 이루는 데 사용할 때 비로소 존경의 대상이 될 수 있다고 보았다. 다시 말해서 지혜 · 이성 · 미덕 같은 재능은 추상적인 것으로 존중되어야 하고, 그런 재능을 지닌 이들은 개인의 영예보다는 사회의 이익을 위해 일하는 데 만족해야 한다는 것이다.[107]

그녀의 책에는 조국을 사랑하는 평등한 인간들로 가득 찬 완벽한 사회가 건설될 구체적인 과정에 대한 논의는 없지만, "우리 주변의 모든 것이 진보한다"는 『여권의 옹호』의 한 구절을[108] 보면 그녀는 그렇게 될

---

**106** *An Historical and Moral View of the Origin and Progress of the French Revolution*(London: 1794), 301~302쪽.

**107** 『프랑스 혁명의 기원과 진전에 관한 역사적 · 도덕적 견해』의 앞부분에서(7쪽) 울스턴크래프트는 정부가 인간의 타고난 불평등을 없애야 한다고 주장함으로써 인간의 완전한 평등에 대한 열망을 시사했다. "자연은 어떤 이들에게 정신적 · 육체적으로 월등한 능력을 줌으로써 인간을 불평등하게 만들었다. 정부는 약한 이들을 보호함으로써 이 불평등을 시정할 필요가 있다." 근본적으로 울스턴크래프트는 뛰어난 지성을 갖고 태어나 잘 교육받은 이들이 사회에 기여하도록 하면서도, 통상적으로 이들에게 주어지는 사회적 · 정치적 특권을 제한하려고 했던 것이다.

**108** 『여권의 옹호』, 242/108쪽.

수밖에 없다고 믿었던 것 같다. 존재의 어려움을 극복하고 살아남는 존재는 모두 어릴 때는 약하고 상처받기 쉽지만 성장하면 강하고 의젓해진다는 것이다. 사회도 예외는 아니었다. 초기 사회는 귀족들이 지배하지만, '상충하는 이해 관계' 때문에 곧 군주제 · 계급제가 생기고, 문명의 발달로 민중이 개화되면 왕은 국민을 타락시키면서도 그 해결책을 제시하는 속임수와 타락을 통해 그 부당한 권력을 유지하려고 애쓰게 된다. 그 해결책이란 바로 "진정으로 개화된 사회를 건설해 인간이 완벽해지는 것"[109]이다. 그녀는 나중에 바로 그런 일이 프랑스에서 일어났다고 주장한다.

> 프랑스 혁명은 몇몇 사람의 능력이나 모의(謀議), 또는 갑자기 일어났다가 금방 스러질 흥분의 결과가 아니라, 완성에 도달하기 위해 야만 시대에서 문명 사회로 서서히 나아가는 사회의 발전 과정에서, 진정한 원리들이 야만적인 무도함과 무지 위에 세워진 미신과 위선의 엄청난 제국을 넘어뜨리는 시점에 도달한 지금 일어난 인간 정신 발달의 자연스러운 결과였다.[110]

울스턴크래프트는 시간이 흐를수록 사회는 점점 더 완벽해질 것이니, 우리는 어떤 것이 인간에게 이로운지 연구하고 묵묵히 그 실현을 위해 노력해야 한다고 주장하는 것이다.

울스턴크래프트가 『여권의 옹호』에서 자신이 지적한 수많은 문제에 대해 실질적인 해결책을 거의 내놓지 않은 것도 아마 그 때문일 것이

---

109 같은 책, 29~31/18~19쪽.

110 『프랑스 혁명의 기원과 진전에 관한 역사적 · 도덕적 견해』, vii~viii쪽.

다. 그녀가 아무리 좋은 해결책을 제시해도 문명의 점진적인 발전 과정에서 자연스럽게 생겨날 뛰어난 수단들을 능가할 수 없을 것이기 때문이다. 울스턴크래프트는 혁명, 아니 개혁조차도 부추길 필요가 없었다. 그저 나중에 해결해야 할 사회 문제들의 특성을 규명하고 그에 대한 해결책들을 그려봄으로써 느리지만 불가피한 진보를 도우면 될 것이었다.[111] 그렇다면 『여권의 옹호』가 제시하는 개혁안들은 겉으로는 온건하지만 실은 그렇지 않다고 봐야 할 것이다. 울스턴크래프트가 『여권의 옹호』 첫 장(章)에서 말하고 있듯이, "루소는 과거가 제일 좋았다고 주장하고, 수많은 다른 작가들은 현재가 가장 낫다고 얘기하지만, 나는 미래야말로 그 어느 시대보다 좋을 거라고 생각한다."[112] 울스턴크래프트는 사회 전체가 완전히 변하면 '모든 게 좋아질 것'이라고 생각했고, 그 완전한 변화라는 비전 뒤에는 『여권의 옹호』의 전제이자 필요 조건인 극단적인 정치적 급진주의가 자리하고 있다.

---

111 실제로 울스턴크래프트는 프랑스 혁명의 진행 과정을 지켜본 뒤 점진주의를 더 굳게 신봉하게 되었다. 『프랑스 혁명의 기원과 진전에 관한 역사적 · 도덕적 견해』에서 그녀는 '국민이 억압을 타파하기 위해 억압적인 수단을 동원하는 것'은 지배층의 극단적인 타락과 독재가 있을 때만 정당화될 수 있다고 말했다. 이성의 진보로 정부 안의 여러 조건이 호전될 수 있다면, "정치가들이 끈질긴 편견을 하루라도 빨리 없애기 위해 어떤 견해를 억지로 도입하는 것은 별로 바람직하지 않다. 섣부른 개혁은 그런 편견 때문에 고통받는 불운한 이들을 더 불행하게 만들 수 있고, 독재자들에게 이성적인 이론들을 탄압할 빌미를 제공할 수 있기 때문이다"(『프랑스 혁명의 기원과 진전에 관한 역사적 · 도덕적 견해』, 69~70쪽).

112 『여권의 옹호』, 22/15쪽.

## 퍼거슨과 토드,
## 「『여권의 옹호』에 나타난 페미니즘적 배경과 주장」[113]

### 영국적 배경

『여권의 옹호』는 그전의 문학 전통과 당시의 변화하는 사회 분위기를 반영했다. 울스턴크래프트는 그녀의 급진적인 주장들에 비하면 온건하지만 그래도 여성의 지위에 대해 건설적인 의견들을 제시했던 17세기 말과 18세기의 작가들은 언급하지 않지만, 여성을 비하시킨 영문학 속의 한 중요한 전통을 보여주는 몇몇 작가들을 언급하며 그들의 작품을 인용했다. 그 작가들이 더 유명하고, 자신의 독창성을 돋보이게 하는 데 더 효과적이라고 생각했기 때문일 것이다. 이 여성 혐오 전통에 속하는 작가들은 대개 여성의 나약함을 비판하면서도 교묘하게 찬미한다. 울스턴크래프트는 포프와 스위프트의 재기발랄한 풍자를 비판하며, 「한 숙녀에게: 여성의 성격에 대해」의 '아름다운 결점'이라는 구절을 인용했다. 그녀는 여성을 반쪽 인간으로 그리는 여류 작가의 진지한 글에 대해서도 비슷한 태도를 취했다. 여러 면에서 커다란 존경을 받았던 바르보(Anna Laetitia Barbauld)는 여성은 '쾌락과 기쁨만을 위해' 태어났다고 주장했다.[114]

울스턴크래프트의 시대에는 여성에 대한 문학적인 견해를 바꾸는 데 기여할 여러 요인이 존재했다. 그중 첫째는 바로 버니(Fanny

---

113 Moira Ferguson and Janet Todd, *Mary Wollstonecraft*(Boston: Twayne Press, 1984), 59~72쪽.

114 울스턴크래프트, 『여권의 옹호』, 53쪽(여기 실린 판에서는 1987년 노턴 판의 쪽수를 적어 놓았다 - 편집자).

Burney), 스미스(Charlotte Smith), 리브(Clara Reeve), 인치볼드(Elizabeth Inchbald) 등 수많은 여류 작가들의 등장이다. 이들은 지적으로 뛰어나진 않지만 도덕적으로 훌륭한 여주인공들을 그려냈다. 울스턴크래프트는 『애널리티컬 리뷰』에서 이중 몇 사람의 작품을 평했고, 여성을 어느 정도 만족스럽게 그린 작품이 있으면 찬사를 아끼지 않았다.

두 번째 요인은 가난하고 약하고 천한 이들에 대한 관심을 촉구하는 인도주의적 · 계몽주의적 견해의 부상(浮上)이다. 그리고 여성은 이 세 부류에 모두 포함되어 있었던 것이다. 울스턴크래프트는 버크의 오도된 인도주의적 견해를 공격하지만, 프라이스를 칭송한 부분을 보면 그녀 자신도 그런 견해에 어느 정도 경도해 있었음을 알 수 있다. 인도주의는 문학에서는 감상주의로 나타났는데, 그런 작품에서는 흔히 도덕성과 감정이 혼합되어 아주 강렬한 효과를 낸다. 감상적인 소설들은 독자들에게 교훈을 주면서 동시에 눈물이 나올 정도로 감동적이었고, 여성과 감정의 연관을 강조하면서, 갖가지 고난에 시달리는 여성의 모습을 보여주었기 때문에 여성에게 특히 인기 있었다. 『여권의 옹호』에서 울스턴크래프트는 가난한 주부가 방글거리는 아이들에 둘러싸여 있는 광경을 '따스한 마음으로' 그렸고, 그보다 뒷부분에서는 시골 학교 학생이 집에 돌아와 '그날 있었던 일을 부모에게 얘기하는' 광경을 '흐뭇한 마음으로' 회상했다. 이 두 부분은 바로 그 앞에 그려진 타락한 상류층과 극단적인 대조를 이루기 때문에 더 효과적이다. 엄마, 고통받는 동물, 프랑스 왕비 등을 그린 인도주의적인 구절들은 모두 이런 감상적인 대조를 통해 그 효과를 얻고 있다.

세 번째 요인은 청답파(Bluestockings) 여성이다. 모어, 카터(Elizabeth Carter), 몬터규, 샤폰 등은 신앙심 · 진지함 · 학식 때문에 남성에게 어느 정도 인정을 받았다. 하지만 이들은 자신들의 지위 개선을 원하지도 않았고, 다른 여성이 자기들과 비슷해지기를 바라지도 않았다. 예컨대 모어는 여성의 종속적인 지위는 하늘의 뜻이라고 믿었기 때문에, 그들의 지위보다는 행동의 개선을 촉구했다. 모어 역시 울스턴크래프트와 마찬가지로 종교의 중요성을 강조했지만, 지상의 인간이 완벽해질 수 있다는 『인권의 옹호』의 합리주의적 주장에는 찬성하지 않았을 것이다. 모어는 『여권의 옹호』가 형이상학적 요설에 지나지 않는다면서 읽기를 거부했기 때문에, 아쉽게도 그 책에 대한 그녀의 구체적인 견해를 알 길은 없다. 울스턴크래프트가 죽은 뒤, 모어는 여성의 권리를 옹호한 여류들의 "건방진 허영심은 여성의 이름을 더럽힌다"[115]고 비판했다.

청답파는 여성의 사회적 지위에 대해 급진적인 견해를 갖지는 않았지만, 그들의 지적 · 사회적 지위와 문학 작품은 여성에 대해 좀더 너그러운 여론을 조성하는 데 도움이 되었다. 그러므로 『여권의 옹호』는 그 이전이나 19세기에 나왔으면 훨씬 더 부정적인 평가를 받았을 것이다.

하지만 청답파의 주요 작가들은 울스턴크래프트에게 거의 영향을 주지 못했고, 그녀는 정치적 성향에 관계없이 여성 문제를 다룬 여성 작가들의 작품을 거의 읽지 않았던 것 같다. 물론 머콜리는 예외다. 울스턴크래프트는 『애널리티컬 리뷰』에서 그녀의 책을 극찬했고, 『여권의 옹호』에서도 언급했다.[116] 울스턴크래프트가 머콜리의 영향을 인정하고 있고, 『여권의 옹호』가 아주 많은 측면에서 그녀의 『교육에 관한 서한

---

115 Hannah More, *Strictures on the Modern System of Female Education*(London: T. Cadell & G. W. Davies, 1799), 2: 20; Hester Chapone, *Letters on the Improvement of the Mind, Addressed to a Young Lady*(1773); *The Works*(Boston: Wells and Wait, 1809)은 청답파가 갖고 있던 견해의 또 다른 예를 보여준다.

116 이 책의 330~341쪽에 머콜리에 대한 논의가 나와 있다 - 편집자.

머콜리 그레이엄

집』을 원용하고 있으니, 이 두 작가를 같이 살펴보는 것도 좋을 것 같다.

정치 · 종교 · 교육 등 여성과 관련된 모든 문제에서 울스턴크래프트와 머콜리는 근본적으로 같은 견해를 갖고 있다. 두 사람은 정부의 독재가 국민들을 해치듯, 남성의 전제가 여성의 심신에 해를 입힌다고 믿는다. 두 사람은 교육이 여성의 신앙심과 도덕을 해치기보다는 더 낫게 만들 거라고 믿었기 때문에, 소녀들을 잘 가르쳐야 한다고 주장한다. 교육에 대한 울스턴크래프트의 초기 저서에 그토록 심대한 영향을 미친 로크와 마찬가지로 두 사람은 도덕 교육과 지식 교육을 연관해 논의한다. 두 사람은 학교 때 남녀를 따로 가르치면 여성에게만 적용되는 거짓된 기준이 형성되기 때문에 반드시 남녀공학을 실시해야 한다고 역설한다. 이들은 로크와 마찬가지로 소녀들의 야외 운동을 옹호하면서, 버크나 루소 같은 남성 작가들의 작품에 그려진 허황하고 가련한 여성상을 개탄한다. 울스턴크래프트와 머콜리는 여성을 성적으로 매력적인 존재로 만들어주는 소위 교양 교육을 거부하고, 사소한 것들만을 익히게 하는 하렘식 태도를 격렬히 비판한다. 이들이 볼 때 미덕에는 성이 없고, 따라서 남녀 모두가 미덕을 길러야 한다. 두 사람은 사회 개선은 여성에 대한 처우에 달려 있다고 보았고, 여성에게서 천부의 권리를 박탈하면 그들은 교묘하고 사악한 방법으로 그걸 얻으려 할 거라고 말한다. 이들은 여성의 낮은 사회적 지위를 개탄하고, 학구적인 여성을 '남성적'이라고 부르는 데 반대한다.

울스턴크래프트와 머콜리는 그런 문제들에 대해 비슷한 견해와 주장을 제시했고, 머콜리의 『교육에 관한 서한집』을 대충만 살펴봐도 놀라운 유사점들을 발견하게 될 것이다.[117] 울스턴크래프트가 쓴 머콜리에 대한 서평과 『여권의 옹호』에 나타나 있는 두 사람 사이의 견해 차이는 미미하긴 하지만 검토해볼 가치가 있다. 두 사람을 비교해볼 때 울스턴크래프트가 교육 문제에 대해 더 실증적이고, 종교 문제에 대해 더 합리적이었다. 머콜리는 종교는 순전히 계시에 바탕을 두고 있다고 믿었기 때문이다. 머콜리에 대한 서평에서 울스턴크래프트는 그녀가 제시하는 청소년을 위한 권장 도서 목록이 너무 낙관적이라고 말하면서, 여

117 머콜리의 책에 나타난 또 다른 유사점은, 소녀들에게 성적으로 매력적이고 교활한 여성이 남성을 지배하는 예들을 보여주면서 그들에게 착한 사람이 되라고 하는 모순된 교육에 대한 비판, 육체적인 힘 이외의 모든 측면에서 남녀는 비슷하다는 주장 등이다. 머콜리는 이런 주장을 실제로 펼쳤고, 울스턴크래프트는 시사만 했다.

성이 합리적인 원리에 근거한 윤리 교육을 충분히 받아야만 순결에 대한 편견이 약해질 거라는 사실을 강조했다. 또 "교육의 내용과 예가 일치해야만 한다"는 머콜리의 주장에 대해 울스턴크래프트는 "도학자여, 그건 정말 맞는 말씀이오!—하지만 그러기 위해서는 두 세대를 교육해야 할 것이오"라며 회의적인 반응을 보였다.

하지만 이 두 작가는 견해가 아니라 주로 책의 형식과 문체에서 차이가 있다. 울스턴크래프트는 여성의 부도덕성을 비난하면서, 자신의 경험을 바탕으로 당대의 나태한 귀족 계층과 무지한 중산층 여성에 대해 머콜리보다 훨씬 더 비판적인 견해를 피력했다. 전체적으로 그녀는 머콜리보다 더 강력하고 대담하다. 그리고 당대의 평자들은 주로 그녀의 강렬한 문체 때문에 충격을 받았다.

### 프랑스적 배경

울스턴크래프트가 『여권의 옹호』에 대해 많은 지지를 기대했던 혁명 당시 프랑스에는 그녀와 같은 페미니스트적 견해를 표명한 여성이 별로 없었다. 계몽주의 철학자들은 울스턴크래프트와 마찬가지로 교육이 인류 발전에 공헌할 수 있다고 믿었지만, 여성에 대해서는 여전히 약한 존재, 남성의 부속물이라는 등의 전통적인 견해를 나타냈다.

구체제의 교육 제도를 거의 완전히 무너뜨린 프랑스의 혁명가들은 민주적이고 비종교적인 새 사회에 맞는 교육 제도를 마련하려고 했다. 1791년 헌법의 서문에 보면 '자유와 평등할 권리'에 반하는 모든 제도와 '특권들'이 폐기되었다고 되어 있다. 헌법 제1조는 '모든 시민을 위한 교육'을 제안하면서 교육 문제와 관련해서 이를 더 적극적으로 표현했다.

혁명가들은 교육받을 권리를 포함한 인권 문제에 아주 관심이 많았지만, 여성에게도 그런 권리를 부여해야 한다고 생각한 이는 극소수였다. 혁명 초기에 몇몇 여성이 책자나 삼부회의에 보내는 청원에서 여성이 겪는 갖가지 고난을 호소했다. 예컨대 그들은 여성이 나태한 생활이나 매춘을 피해 일을 할 수 있도록 일부 직업에 남성의 취업을 금지해 달라고 요구했다. 그들은 또 여성 교육, 독신 여성이나 과부들의 법적 권리, 여성에게 가혹한 혼인법의 개정 등을 요구했다. 한 여성지는 여성도 삼부회의 의원을 선출하고, 남성과 동등한 성적 자유를 누리게 해 달라고 주장했다. 여성은 그런 요구들을 천명하고 평등에 관한 자신들의 태도를 논의할 살롱을 만들기도 했다. 여성은 간혹 아주 전투적이고 독립적인 세력으로 보인 적도 있지만, 대부분 자신들의 요구보다 더 포괄적인 인권을 중시했고, 자기 이익보다는 자신들이 속해 있는 혁명적인 사회의 이익을 중시했다. 그래서 프랑스 혁명 당시, 여성만의 주장과 욕구를 표현한 장편의 글은 단 한 편도 나오지 않았던 것이다.

프랑스에서 나온 글 중 『여권의 옹호』와 비슷한 것은 콩도르세(Marquis de Condorcet) 후작과 구즈(Olympe de Gouges)의 작품이다. 이 두 저자는 더 나은 여성 교육을 요구했고, 여성의 정치적 · 경제적 권리를 다루었다. 구즈의 글은 그 직전에 1791년 헌법의 서문으로 채택된 「인권 선언문」에 바탕을 두고 있다. 「인권 선언문」은 얼핏 보기에는 모든 사람에게 해당되는 것 같지만, 여성은 거기서 제외되어 있고, 남성만이 그 특권과 평등을 누리게 되어 있었다. 그녀는 남성이 누리는 권리를 여성도 누려야 한다고 주장했다. 구즈가 주장한 것 중 상당수는 울스턴크래프트의 주장과 비슷하지만, 문체는 훨씬 부드럽고 예 또한 적다.[118]

「뉴 헤이븐 시민들에게 보내는 편지」(1788)와 「여성의 참정권 획득」(1790)에서 콩도르세는 여성도 남성과 똑같이 교육받을 권리가 있다고 주장했다.[119] 탈레랑은 콩도르세의 주장을 대폭 수정해 1791년 9월에 「국민교육안」을 제출했다.[120] 이 교육안은 헌법 제1조에 있는 교육에 대한 조항을 구현하기 위해 고안된 것이었는데, 여성 교육에 대해서는 거의 아무런 언급이 없었기 때문에 여성은 일반적인 권리를 누리지 못하고 있다는 구즈의 말이 사실로 드러났다. 탈레랑의 교육안에 따르면 여자아이들은 8세까지는 남자아이들과 같이 교육받다가, 그 뒤에는 집에서 가사를 익히게 되어 있었다.

국민 교육을 실현하기 위해 구성된 위원회는 탈레랑의 교육안 중 대부분을 폐기했고, 1792년 4월 콩도르세는 「교육에 관한 보고서」에서 다시 한 번 여성 교육의 중요성을 강조했다.[121] 그는 동네가 너무 작아 학교를 두 개 운영할 수 없는 경우 아니고는 초등학생들의 남녀공학을 찬성하지 않았고, 그후의 여성 교육에 대해서도 다른 보고서에서 다룰 것이라면서 더는 자세히 논의하지 않았다. 그러나 그는 여성 교육의 필

---

118 Olympe de Gouges, *Declaration des Droits de la Femme et de la Citoyenne*(1791), reprinted in *Women in Revolutionary Paris 1789~95*, ed. Darline Gay Levy, Harriet Branson Applewhite, and Mary Durham Johnson(Urbana: University of Illinois Press, 1979).

119 Jean Antoine, Marquis de Condorcet, *Oeuvres complètes*, ed. A. Condorcet O'Connor and M. F. Arago(Paris: Firmin Didot Frères, 1847~49).

120 이 문서의 내용에 대해서는 Crane Brinton, *Lives of Talleyrand*(New York: Allen & Unwin, 1936).

121 콩도르세의 보고서는 프랑스와 드 라 퐁테네리(Francois de la Fontainerie)가 편역한 『프랑스 자유주의와 18세기 교육』(*French Liberalism and Education in the Eighteenth Century*, New York: McGraw Hill, 1932)에 실려 있다. 울스턴크래프트와 콩도르세에 대해서는 『셸리와 그의 서클』(*Shelley and His Circle*), 4권, 872~876쪽 참조.

요성에 대해 울스턴크래프트와 똑같은 근거를 제시했다. 즉 여성은 가정에서 자녀 교육의 책임자이고, 아버지가 없는 가정도 많다는 것이다.

1793년 2월에 씌어진 편지를 보면 울스턴크래프트 자신도 당시 프랑스의 교육위원회에 제출할 보고서를 쓰고 있었다.[122] 그녀가 이 흥미로운 보고서를 완성했는지, 정말 위원회에 제출했는지는 확인할 수 없지만, 전학년에 걸쳐 남녀공학을 해야 한다고 주장하고, 여학생에게도 남학생 못지않게 포괄적인 교육을 해야 한다고 본 점에서 콩도르세의 논의보다는 진일보한 내용이었음에 틀림없다.

1791년 『여권의 옹호』 집필 당시 울스턴크래프트는 구즈, 콩도르세는 물론 다른 어떤 프랑스 페미니즘 작가들의 작품도 읽지 않은 상태였을 것이다. 하지만 그녀는 탈레랑의 보고서와 그 저자의 중요성에 대해 알았고, 그런 보고서가 공식적으로 논의되는 것을 보면서 프랑스 혁명이 여성의 종속적인 지위를 변화시키는 데 거의 아무런 영향도 주지 못했다는 사실을 다시 한 번 절감했을 것이다. 탈레랑의 견해를 바꿈으로써 이런 상황을 변화시키자는 게 『여권의 옹호』의 직접적이고 명문화된 집필 동기였다.[123] 하지만 이 목적이 달성되거나 이 책이 혁명 정부의 교육안에 어떤 식으로든 영향을 주었다는 증거는 전혀 없다.

---

122 발로(Ruth Barlow)에게 쓴 편지, 1793년 2월, 『셸리와 그의 서클』, 제4권, 866쪽 참조.

123 울스턴크래프트의 「독자에게」를 보면, 『여권의 옹호』는 두 권으로 된 작품의 첫 권이고, 두 번째 권에서는 여성의 법적 · 정치적 상황을 다룰 예정이었다. 하지만 이 둘째 권은 끝내 씌어지지 않았고, 울스턴크래프트가 그 뒤에 쓴 책들 중 『여권의 옹호』의 후속작으로 볼 만한 작품은 없다. 다만 미완(未完)의 소설로서, 남녀의 법적 불평등과 빈민층이 겪는 부당한 처사들을 다룬 『여성의 고난』(*The Wrongs of Woman*)이 그중 그에 가깝다 하겠다.

### 루소에 대한 반론

『인권의 옹호』가 버크의 『프랑스 혁명론』에 대한 반론이었다면, 『여권의 옹호』는 루소의 『에밀』에 대한 반론이다. 그녀는 『창작 동화집』(*Original Stories*)을 쓸 때 학생들의 성을 여성으로 바꾸긴 했지만 『에밀』에서 많은 요소를 원용했다.[124] 『여권의 옹호』는 루소라는 한 작가의 견해에 반박하는 데서 그치지 않고 훨씬 더 포괄적인 목적으로 씌어진 책이지만, 그 책에 나타나 있는 그녀의 주장 중 많은 부분이 루소가 이상적인 여성상으로 제시한 소피에 대한 경멸감에서 비롯되었다. 하지만 울스턴크래프트는 루소에게서 많은 것을 배웠고, 그의 인도주의와 진보적 성향을 높이 샀다. 그의 반(反)독재, 반(反)교조주의는 그녀에게 하나의 전범(典範)이자 길잡이가 되어주었고, 임레이에게 보낸 편지에서 그녀는 "난 늘 그를 어느 정도 사랑했다"[125]고 토로하고 있다. 그렇다면 그의 여성관에 대한 그녀의 맹렬한 공격은 어쩌면 그의 성품과 다른 사상들에 대한 깊은 공감에서 비롯된 것일 수도 있다. 그녀로서는 그토록 탁월한 사람이 그렇게 엉뚱한 주장을 편다는 게 기가 막혔던 것이다.

울스턴크래프트는 루소의 많은 구절을 인용하면서, 여성을 남성에게 완전히 종속되어 있는 존재로 보는 그의 시각과, 그런 역할에나 어울릴 여성을 배출하는 그의 교육 체계를 가차없이 비판했다. 소녀들은 남성에게 매력적인 여자로 만들어줄 것들만 배우면 된다는 루소의 견해를 바로잡기 위해 그녀는 작품 전체에 걸쳐 도덕성과 이성을 강조하고

---

124 루소의 여성관은 아주 복잡하고 작품에 따라 조금씩 다르게 나타나는데, 울스턴크래프트는 그중 『에밀』에 나타나 있는 여성상만을 다루었다.

125 Godwin, *Posthumous Works*, 1: 155.

있다.

루소는 『여권의 옹호』 첫 부분에서 이미 "인류의 절반을 비하하고, 모든 건실한 미덕을 희생하면서 그들을 매력적인 존재로 만들려는"(22쪽) 작가들 중 하나로 간주되었다. 울스턴크래프트는 계속해서 그가, 여성의 나약함은 낭만적인 조신함을 유지하면서도 육체의 욕망에 굴복할 때 그럴 듯한 핑계가 되어준다든지, 여자아이들은 태어날 때부터 몸단장이나 남의 말 하는 걸 좋아한다는 등, 터무니없는 편견들을 갖고 있다고 비난했다. 그녀에 따르면 루소가 그려낸 여성상은 자신에 대한 의무는 전혀 없이 그저 남성의 욕망을 조종함으로써만 자신의 목적을 달성할 수 있는 '비현실적인 반쪽 인간'이다.

그리고 제5장에서는 루소를 '여성을 거의 경멸에 가까운 연민의 대상으로 만든' 작가로서 자세히 다루었다. 그녀는 『에밀』에 제시된 루소의 주장은, 여성은 육체적으로 남성보다 약하기 때문에 나약하고 소극적이어야 된다는 것, 여성은 자신보다 우월한 존재인 남성에게 매력적으로 굴어야 한다는 것, 그리고 남성보다 열등하기 때문에 그에게 의존해야만 하는 여성에게는 그 대신 매력을 발휘해 남성을 마음대로 조종할 수 있는 능력이 주어졌다는 것이다. 따라서 여성은 자신을 더욱더 매력적인 존재로 만들어주는 이 나약함을 자랑스럽게 여겨야 한다.

루소는 여성에게 가장 중요한 것은 착한 심성 또는 상냥함이라고 말한다. 그런데 나중에는 여성이 남성의 체력과 지성에 필적할 이점으로 지니고 있는 것은 술수 또는 동물과 같은 교활함과 성적인 매력뿐이라고 말한다. 울스턴크래프트는 이 모순을 지적하면서, 한편으로는 착한 사람이 되라는 교육을 받으면서, 다른 한편으로는 술수와 성적 매력으로 성공과 권력을 얻은 여성의 예를 늘 보고 배워야 하는 소녀들은 마음속으로 정말 혼란스러울 것이라고 개탄했다.

루소는 남성과 여성은 육체적 · 정신적 · 정서적으로 다르다고 주장하면서, 이 둘은 서로 전혀 다른 교육을 받아야 한다고 말한다. 그는 "여성 교육은 항상 남자와의 관계를 염두에 두고 이루어져야 한다"는 과감한 주장을 편다. "우리를 즐겁게 하고, 우리에게 유용한 일을 하고, 우리가 그들을 사랑하고 존경하게 만들고, 우리가 어릴 때는 우리를 가르치고, 우리가 어느 정도 자랐을 때는 돌봐주고, 조언을 해주고, 위로하고, 우리의 일상을 편안하고 즐겁게 만들어주는 것, 이것이 바로 여자들의 영원한 의무다. 그리고 어린 소녀들은 바로 이런 것을 배워야 한다"(79쪽). 남성의 우월함을 거침없이 표현한 이 구절은 '우리'라는 단어 때문에 더 황당하게 느껴진다. 이 단어는 여성은 명령을 내리는 저자와 남성의 영원한 타자 또는 하나의 대상물에 지나지 않는다는 걸 강조하기 때문이다.

이어 루소는 남자아이들은 신체가 발달할수록 육체적 매력이 커지는 반면, 여자아이들은 애교가 늘어난다고 말한다. 성인기의 삶은 이런 식으로 아이들의 삶에도 영향을 미친다. 여성은 의존적인 존재이기 때문에 여자아이들은 일찍부터 자제심을 배워야 한다. 평생 뭔가를 참고 살아야 할 운명이니 미리 거기에 익숙해지는 게 좋다는 것이다. 루소는 이 일이 별로 어렵지 않을 거라고 말한다. "여성은 원래 의존적인 존재이니, 그들 스스로 남자에게 복종해야 한다는 걸 느낄 것이기 때문이다."

울스턴크래프트가 이어서 논의하는 포다이스와 그레고리의 작품들을 보면 루소의 여성관이 극히 전통적인 것이었음을 쉽게 짐작할 수 있다. 영국에서 인기를 끌었던 이 두 작가는 루소와 마찬가지로 여성이 부차적인 존재라는 견해를 나타냈다. 이들 역시 여성의 미덕과 지성은 남성을 유혹하는 데 쓰일 때만 가치가 있지, 그렇지 않으면 장애물이 될 뿐이라고 주장했다. 이런 남성 작가들의 여성관을 비판한 제5장을 보면, 울스턴크래프트는 교육이나 윤리에 관한 책들이 사회에 큰 영향을 줄 수 있고, 그 책들이 이미 널리 퍼져 있는 견해를 강화해주는 경우에는 더욱 그렇다고 믿었던 것 같다. 그녀가 『여성의 고난』에서 '감정의 진정한 프로메테우스'라고 부른 루소는 버크와 마찬가지로 너무도 강력하고 감정적인 작가이기 때문에 그중에서도 특히 위험한 존재다. 편견을 옹호하는 데 동원된 펜은 그야말로 치명적인 무기가 될 수 있기 때문이다.

**『여권의 옹호』의 논리**

자체의 신빙성을 입증하기 위해 갖가지 증거를 만들어내는 편견에 맞서, 울스턴크래프트는 여성의 권리, 그중에서도 특히 교육받을 권리를 주장한다. 교육을 받아야 존중받을 수 있고, 적어도 편견의 피해를 면할 수 있기 때문이다. 『여권의 옹호』의 많은 부분에서 울스턴크래프트는 남녀 평등이 아니라, 더 많은 기회와 독립을 통해 여성이 그를 입증할 권리를 누려야 한다고 주장한다. 그녀는 자신의 여러 주장에 대해 합리적인 근거를 제시하지만, 그 근거들 대부분이 종교를 토대로 한다. 울스턴크래프트가 보기에, 여성의 타락한 현실은 남녀에게 모두 자신의 형상을 부여해주신 신에 대한 모독이다. 이성을 비하함으로써 불멸의 영혼을 격하하는 행위는 인류에 대한 범죄인 것이다.

울스턴크래프트는 자신의 합리주의와 낙관적인 기독교를 융합했는데, 그에 따르면 이성은 신의 존재와 인간 영혼의 불멸성을 입증하는 근거다. 그녀의 논의는 여성이 이성을 지니고 있고, 이 이성은 신에게서 나와 도덕의 토대가 된다는 믿음에서 출발한다. 사람마다 그 양은 다르겠지만, 사람에게는 누구나 똑같은 이성이 있다. "우리가 천부적 자질을 계발하고 행복을 실현하는 데는 이성과 미덕, 지식의 양이 관건이 될 것이고, 이 세 가지야말로 개개인의 탁월함을 판단하는 기준임과 동시에 사회를 유지하는 데 필요한 갖가지 규범의 근거라 할 수 있을 것이다. 그리고 이런 인간관이 옳다면, 지식과 미덕은 이성의 산물임이 분명해질 것이다"(14쪽).

이처럼 모든 사람이 이성이 있는 건 사실이지만, 울스턴크래프트 주위의 여자들은 도덕적 · 지적으로 분명히 남성보다 열등해 보였다. 여성의 이런 도덕적 열등함은 절대적인 윤리 기준이 아니라 남성의 기호에 맞게 행동해야 한다는 (루소가 아주 잘 표현한) 상대적인 윤리관에서 비롯되었다. 그래서 여성의 이성은 계발되지 않고, 감성이나 감정만이 지나치게 발달하여 음란한 방종에 이르렀던 것이다. 인간이면 누구나 갖추어야 할 미덕이란 이성으로 자제와 감정 사이의 균형을 유지하는 능력일진대, 여성은 감정에만 집중함으로써 이성적인 미덕을 갖출 수 없었고, 여자는 정숙하기만 하면 된다는 편견이 그런 경향을 더 부추겼다. 지적인 열등함은 여성의 지적 성취를 비정상적인 것으로 보고, 지적으로 힘든 공부는 전혀 못하게 막는 잘못된 교육 체계에 기인했다.[126]

울스턴크래프트가 쓴 서문의 첫 페이지를 보면 여성을 쓸모없는 존재로 만들고, 그렇게 가르치는 파괴적인 과정이 잘 묘사되어 있다.

---

126 울스턴크래프트는 당시 남성이 종사하던 직업 중 일부에 진출하기 위해서뿐 아니라 가정에서 좋은 엄마, 좋은 아내가 되기 위해 여성도 열심히 공부해야 한다고 생각했다. 그녀가 보기에, 현모양처가 되기 위해서는 지성이 필요했기 때문이다.

요즘 여성의 처신이나 행동거지를 보면 정말 머리가 정상이 아니라는 생각이 든다. 아름다워 보이기 위해 병약하고 쓸모없는 삶을 살아가는 요즘 여성을 보면 마치 지나치게 기름진 땅에 심어져, 그 화려한 꽃잎으로 잠시 호사가의 눈을 즐겁게 해주다가 결국 다 크지도 못하고 시들어 버리는 화초를 보는 듯하다. 여성이 이렇게 아름답지만 쓸모없는 존재로 전락하는 것은 잘못된 교육 때문이다. 이런 교육의 이론적 토대가 된 것은 우리 여성을 하나의 인격체라기보다는 암컷으로 보고, 현모양처보다는 매력적인 연인으로 만들려고 한 남성 학자들의 저술들이었다. 오늘날 문명 세계의 거의 모든 여성이 드높은 이상을 품거나 능력과 미덕으로 세상 사람들의 존경을 받으려 하기보다는 남자의 사랑만을 탐내는 존재로 살아가는 건 바로 여성을 성적인 존재로만 보는 이 허울 좋은 경의(敬意) 때문이다.(7쪽)

그렇다면 교육이 바로 여성 문제 해결의 열쇠였다. 그러나 그러기 위해서는 그때까지 여성이 받아온 교양 교육이 아니라, 이성을 길러주는 교육이 필요했다.

교육은 18세기 영국인의 주요 관심사였고, 국민 교육의 필요와 가능성에 대해 갖가지 논의가 난무했다. 어떤 이들은 국민 교육이 갖가지 사회 · 심리적 문제를 해결해줄 거라고 믿었지만, 고드윈은 교육은 절대 강요되어서는 안 되고 학생이 정말 원하는 경우에만 행해져야 한다고 믿었기 때문에 국민 교육 시행에 반대했다.[127] 울스턴크래프트는 모든 사람이 교육받을 권리가 있다고 믿었기 때문에 국가가 남녀 학생을

127 고드윈은 공교육의 전제가 될 정부와 교육의 연관을 위험한 것으로 간주했다. 정부와 교육이 연관되면, 기존의 편견을 강화할 수 있기 때문이다.

모두 교육해야 한다고 주장했다. 그녀는 초등 교육 단계에서는 모든 학생이 같은 교육을 받아야 하지만, 그 뒤에는 성별에 따라 적절한 직업 교육을 받거나, 부유층의 경우 공부를 계속할 수 있다고 했다. 그녀는 또 아이들은 사랑에 찬 가정과 통학할 수 있는 학교에서 교육받아야 한다고 주장했다. 그녀는 이튼 학교를 둘러본 뒤 영국의 부실한 기숙학교 제도가 계급 의식과 남녀 차별 의식을 고착한다는 확신을 갖게 되었다.

울스턴크래프트는 여성도 교육만 제대로 받으면 스스로 밥벌이를 할 수도 있고, 좋은 엄마와 아내가 될 수도 있으며, 지적 · 도덕적으로 남성과 동등한 존재가 될 수 있다고 생각했다. 하지만 교육이 없으면 남녀 평등은 하나의 가정(假定)으로만 남아 있을 것이다. 여성 교육은 사회 전체를 위해서도 꼭 필요했다. 여성의 지적 수준이 개선되지 않으면 인류가 더 발전하기 어렵기 때문이었다.

여성의 예속 상태와 자의적인 권위 아래 매여 있는 남성을 연관지어 설명하기 위해 울스턴크래프트는 여성과 군인을 교묘히 연결시킨다. 이 둘은 부적합하고 해로운 교육을 받기 때문에 똑같은 결점을 노정한다. 여성과 군인은 예속 상태에 있고, 지나치게 일찍 사교계에 나가기 때문에 피상적인 지식, 천박한 성격, 바람기를 지니고 있다. "여성은 군인과 같은 특징이 있다. 개화되어가는 사회는 [……] 때문에 어리석거나 사악해질 수밖에 없는 집단을 만들어내지 않도록 주의해야 할 것이다." 현재의 여성 교육은 연인을 만들어내는 데나 적합하다. 그런데 여성은 군인들과 마찬가지로 인생의 아주 짧은 기간만 그 역할을 수행한다. 울스턴크래프트는 가장 '남성적인' 남성 집단과 가장 '여성적인' 여성 집단을 비교하는 기발한 발상으로 자신의 논의에 설득력을 더했다. 그녀는 이런 식으로 여성 교육의 필요성을 역설하고, 남자나 여자라는 이름 뒤에 숨은 편견을 고발했다. “남녀가 같은 교육을 받아왔다면 어디서 이런 차이가 나왔겠는가?” 그녀는 이렇게 물었다.

### 울스턴크래프트 자신의 경험

『여권의 옹호』를 출판하기 전, 친구인 로스코에게 보낸 편지에서 울스턴크래프트는 “내 지성과 감성을 모두 반영한”[128] 책을 쓰고 있다고 말한 바 있다. 그녀는 각 계층의 여성, 방종한 귀족, 중산층의 주부나 교사, 노동 계급 여성, 사회의 낙오자를 다루는 데 있어 그런 경험을 내보이고 있다.

울스턴크래프트는 그중에서도 계급과 성이라는 두 가지 잘못된 가치체계의 꼭대기에 존재하는 귀족 여성을 가장 맹렬히 비난했다. 그런 여성은 상류 계층이라는 실질적인 특권과 성적인 구애의 대상이라는 두 가지 부당한 특권이 갖는 효과의 피해자이며, 사회의 기생충이면서 동시에 그 사회의 희생자다. 『인권의 옹호』에서와 마찬가지로, 여기서도 이런 유의 여성에 대한 울스턴크래프트의 혐오감은 틀림없이 그녀가 가까이서 접해본 유일한 귀족 여성인 킹스버러 부인에 대한 감정과 연관이 있을 것이다. 뉴잉턴 그린에서 독립적이고 자립적이고 주체적인 여성이 겪는 고된 생활을 마치고 아일랜드에 도착한 울스턴크래프트는 자신과 킹스버러 부인의 차이를 절감했을 것이다. 그건 수동적인 의존과 적극적인 독립 간의 차이만은 아니었다. 울스턴크래프트의 편지를 보면, 그녀는 킹스버러 부인의 여성적인 수동성뿐 아니라 주제넘은 권위 의식도 비난했다. 이 귀족 여성은 중산층의 가정 주부와는 또 다른

---

128 로스코(William Roscoe)에게 보낸 편지, 1791년 10월자, 플렉스너, 『메리 울스턴크래프트』, 275쪽.

문제점을 지니고 있었고, 울스턴크래프트는 아주 혹독한 비판으로 거기에 대응했다. 울스턴크래프트의 글에서 귀족 여성은 일종의 동물로서, 후궁에나 맞는 나약하고 타락한 존재로 그려져 있다. 그녀는 그런 여성에게 아이를 더 잘 돌보라든지, 이성적인 존재답게 행동하라고 하는 것보다, 그런 삶을 가능하게 하는 사회 자체를 고치는 게 낫다고 생각했던 것이다.

나중에 『여성의 고난』에서 강렬하게 묘사된 노동 계급과 하녀들의 고통은 『여권의 옹호』에서는 거의 다뤄지지 않았다. 하지만 그녀의 이론적인 서적에 새롭게 등장한 타락한 여성의 고통은 이 책에서도 논의되고 있다. 그녀는 사회가 그들을 합리적으로 대할 것과, 그들을 유혹한 남성이 그들을 책임질 것을 제안했다.

> 나는 모든 사회적 미덕의 토대로서 결혼을 매우 존중하지만, 한 번의 실수 때문에 사회에서 소외되고 인간의 정서와 정신을 향상시키는 모든 애정과 인간 관계에서 고립된 저 가련한 여인들에 대해 정말 진실한 연민을 느낀다. 대개의 경우 그건 실수라고 하기도 어렵다. 왜냐하면 수많은 순진한 처녀들이 진솔하고 인정 넘치는 성품 때문에 남자에게 속아넘어가고, 더 많은 처녀들이 미덕과 악의 차이를 알기도 전에 흔히들 말하는 대로 신세를 망치기 때문이다.—그렇다면 이들은 그동안 받아온 교육 때문에 타락에 이르는 것이고, 그래서 타락한 여인이 되는 셈이다. 이런 부당함을 매춘부 교화소[129] 같은 것으로 바로잡을 수는 없을 것이다. 이 세상에 부족한 건 연민이 아니라 정의이기 때문이다! (71쪽)

129 매춘부들을 교화하기 위한 시설들. 원문에는 'Asylums and Magdalenes'.

그전에도 이런 여성에 대한 연민을 호소한 작가들이 더러 있었지만, 그녀는 처음으로 이 문제를 더 큰 성적·사회적 여건의 일부로 보고, 이들을 사회적 가치 체계의 유일한 희생자가 아니라 여러 희생자 중의 하나로 간주한 작가 중 하나다. 그녀가 여기서 연민이 아니라 정의를 호소한다는 사실은 『여권의 옹호』가 『창작 동화집』과 얼마나 다른지 보여준다. 그 책에서 울스턴크래프트는 연민을 모든 문제의 해결책으로 제시했다. 그녀는 노동 계급에 대해 알 기회가 별로 없었지만, 블러드 집안과의 관계에서 고상함과 천함, 점잖은 가난과 추잡한 가난 사이의 차이가 얼마나 미미한지 체험했을 것이다. 패니 블러드의 동생은 그 선을 넘어가서 결국 하층민들을 위한 집단 노동소에 수용되었고, 일라이저를 남편에게서 빼내온 후 울스턴크래프트 집안의 딸들도 그림이나 바느질만으로 먹고살 수 있을지 초조한 마음으로 따져보면서 자신들도 그런 처지에 놓일까봐 걱정했을 것이다.

울스턴크래프트는 중산층을 묘사할 때 자신의 경험을 가장 많이 반영할 수 있었다. 그녀는 귀족 여성의 시중 드는 친구(companion), 교사, 가정교사 등, 생계를 유지하기 위해 가족의 도움을 받을 수도 없고, 받고 싶지도 않은 여성이 할 수 있는 온갖 일을 해본 사람이었다. 그 뒤 그녀는 존슨의 진보적인 태도와 친절함 덕분에 당시 여성으로선 꿈꾸기 어려웠던 직업에 종사할 수 있었고, 자신의 예가 너무도 특이했기 때문에 그녀는 그것을 하나의 대안으로 추천한 적이 없다. 사실 그녀는 남성이 전통적으로 여성이 행해온 산파 일에 뛰어드는 것을 개탄한 적은 있지만, 그 이외에는 중산층 여성의 취업에 대해 별로 논의하지 않았다. 그녀는 여성이 직장이나 공부나 가정 생활에서 남성과 똑같이 자아 성취를 경험할 수 있도록 태도를 바꾸는 데 더 많은 관심이 있었기 때문이다.

『메리』와 마찬가지로 『여권의 옹호』도 울스턴크래프트의 경험에 바탕을 두었고, 그래서 그녀의 삶에 나타나는 역설들이 그대로 반영되어 있다. 예컨대 낭만적인 사랑은 하나의 환상이면서 동시에 '천재성의 발현'으로 묘사되어 있다. 불행한 결혼은 사랑이 넘치는 결혼보다 자녀들에게 유익한 것으로 그려져 있지만, 우정에 바탕을 둔 결혼에 비하면 아주 부정적인 것으로 묘사되고 있다. 감상은 박애주의의 바탕이기도 하지만 나태한 여성의 특징이기도 하다. 그런 역설들을 보면 제대로 행동한다는 건 그리 간단한 문제가 아니었다. 올바른 행동에 필요한 정확한 판단을 내리기 위해서는 남자든 여자든 상당한 이성과, 그 이성의 작용을 도울 교육이 필요하다. 이런 상황에서 필요한 이성은 『여권의 옹호』에서 아무런 모순을 동반하지 않는 유일하게 절대적인 요소다. 이 책의 첫 장은 인간이 동물보다 우월한 것은 이성 때문이라는 힘찬 주장으로 시작되고, 마지막 장은 여성도 이성을 발휘할 권리를 누려야 한다는 열정적인 호소로 끝난다.

1791년과 1792년, 울스턴크래프트는 자신이 그토록 찬미한 이성의 도움이 필요한 상황에 처해 있었고, 이성의 필요성에 대한 열변은 과거가 아니라 현재의 상황에서 비롯된 것이었다. 그녀는 당시 어떻게 보면 여전히 고독한 외톨이에, 유명하면서도 인정받지 못하는 32세의 처녀였다. 그런 그녀에게 퓨슬리는 자신에게 필요한 지적인 자극과 따뜻한 사랑을 상징하는 존재로 보였고, 그에 대한 사랑은 날로 깊어만 갔다. 『여권의 옹호』를 쓰는 동안 그녀는 사랑과 문학에서 자신이 발휘하고 있는 용기에서 힘을 얻었으나, 책을 끝냈을 때는 자신이 묘사했던 의존적인 여성이 빠져드는 불안하고 서글픈 느낌에 휩싸여 있었다. 후에 존슨은 고드윈에게 이렇게 말했다. "그때 그녀의 펜은 힘을 잃었다네. 이유는 자네도 알겠지."

퓨슬리에 대한 열정은 그녀가 너무 오랫동안 감정을 억누른 채 살아왔고, 성가신 가족을 돌보느라 애써왔다는 사실과 관련이 있겠지만, 그녀가 『여권의 옹호』에서 비판하는 사회 제도에 기인하는 여성의 의존성과도 연관이 있을 것이다. 이런 제도들에 맞서 그녀가 취한 용감한 행동은 너무도 특이했기에 모든 사람이 그녀에게서 등을 돌렸다. 울스턴크래프트가 퓨슬리 집을 찾아가 그의 부인에게 그 없이는 살 수 없으니 그 집에서 같이 살게 해달라고 애원했을 때, 그녀는 바로 그런 짓을 저지른 것이었다. 그 제안이 거부되자 그녀는 해방된 프랑스로 떠날 수밖에 없었다. 그곳에서 울스턴크래프트는 자신이 『여권의 옹호』에서 제시한 이론들을 실행에 옮겨보았고, 한동안 감성은 고도로 발달했으나 자존심은 없는 의존적인 여성의 서글픈 삶을 직접 살아보았던 것이다.

### 마이어스, 「개혁이냐, 파멸이냐: 여성 습속의 혁명적 변화」[130]

1798년, 『애뉴얼 레지스터』지는 가정의 개혁에 대해 논하면서, 프랑스 혁명은 "수백 년 동안 교회의 멋진 설교와 도학자들의 책이 해온 것보다 훨씬 더 효과적으로 도덕이 사회 질서나 평화와 관련이 있다는 사실을 보여주었다." 프랑스가 민주화된 시기에 영국은 보수적으로 변했다고 생각하는 이 기자는, '프랑스인처럼 부박(浮薄)하고 방종했던' 귀

130 Mitzi Myers, *Studies in Eighteenth-Century Culture* 11(1982): 199~216쪽.

족과 사교계 인사들이 종교, 결혼, 가정을 사회 통합을 보장해주는 장치로 생각하게 되었다고 말했다.[131] 『레지스터』지는 이렇게 당시 진행된 이념 전쟁의 특징적인 주제였던 '개혁이냐 파멸이냐'라는 문제를 요약했다. 당시 이 문제는 점점 더 그 중요성을 더해가면서 반동주의자들뿐 아니라, 급진주의자에서 복음주의자에 이르는 온갖 종류의 개혁가들에 의해 철저히 이용되었다.[132]

서로 연관되어 있는 이 문제들 중 여성의 역할이 가장 중요했다. 여성의 교육 기회 확대, 중산층의 윤리와 부의 영향력 확대, 복음주의의 대두 등 장기적인 문화적 · 경제적 변화가, 프랑스 혁명에 의해 촉발된 폭발적인 희망 및 두려움과 연결되면서, 여성의 영향력과 활동이 초미의 관심사로 떠올랐던 것이다. 타락한 프랑스라는 복잡한 (그리고 복잡하게 이용된) 예 때문에 조성된 새로운 사회 분위기 속에서 여성이 국가의 복지에 아주 중요한 역할을 할 존재로 인식되기 시작했다. 사회 전

---

131 *The Annual Register; or, a View of the History, Politics, and Literature*, for the Year 1798, 2nd ed.(London: W. Otridge, 1806), 229쪽. Margaret H. Darrow, "French Noblewomen and the New Domesticity, 1750~1850," *Feminist Studies* 5, no.1(Spring 1979), 41~65쪽에서, 프랑스의 귀족 여성이 혁명 당시 의식적으로 가정적인 태도를 취하게 되었음을 보여주고 있다. 대로우는 '정치 상황과 가정 생활 사이에 명백한 인과 관계'가 존재한다고 주장한다(57쪽). 영불 전쟁 전에도 영국의 중산층 여행자들은 '유행의 노예인 파리 여성'과 개화된 영국의 가정 생활을 대비시켜 묘사했다. 전형적인 예로, *The Works of Anna Laetitia Barbauld*, ed. Lucy Aiken(London: Longman, 1825), II, 103쪽.

132 Richard A. Soloway, "Reform or Ruin: Engilsh Moral Thought during the First French Republic," *Review of Politics* 25, no.1(Jan. 1963), 110~128쪽; 보들러(John Bowdler)의 「1797—개혁이냐 파멸이냐: 당신이 선택하라!」라는 제목에 요약되어 있는 이 주제에 대한 개괄적 소개는 *Prelates and People: Ecclesiastical Social Thought in England 1783~1852*(London: Routledge and Kegan Paul, 1969), 26~45쪽.

반의 타락한 습속 때문에 국가가 쇠퇴한다면, 여성은 사회의 도덕적 갱생에서 핵심적인 역할을 할 수 있었다. 수많은 소책자를 펴낸 볼스(John Bowles)에 따르면, 영국 사회를 위협하는 여러 위험 요소 중 '사회라는 기계'에 가장 해롭고, '보나파르트 자신보다 훨씬 더 무서운' 것은 바로 여성이 프랑스 귀족들의 영향 때문에 조신함을 잃었다는 사실이었다. 여성의 습속에 대한 볼스의 집착은 『반자코뱅 리뷰』에서부터 『브리티시 크리틱』, 그리고 수십 권의 소설에서 많은 저자들이 강조한 "신께서 마련하신 사회의 복지 및 안녕과 여성의 순결 사이의 떼려야 뗄 수 없는 명백한 연관"[133]에서 비롯된 것이었다. 여성 도학자들도 국가를 보전하고 정화하는 중요한 수단으로 '여성 습속의 혁명적 변화' 또는 가정의 재건이 필요하다고 주장했지만, 이 문제를 하나의 기회로 삼아, 볼스 같은 남성 반동주의자들의 단순한 히스테리아보다 훨씬 더 야심 차고 뛰어난 솜씨로 이 주제를 다루었다.[134] 이 글은 당시 도덕 개혁을 여성 문제로 이용했던 대표적인 여성 작가들을 다룸으로써, 가정과 페미니즘은 서로 대립된다는 전형적인 편견을 타파하고, 당시 도학자들의 갖가지 충고를 해석할 새로운 독서 전략들을 제시하려고 한다.

18세기 중반의 한 수신서(修身書) 작가는, "시대와 유행의 변화는 새

---

133 John Bowles, *Remarks on Modern Female Manners, as Distinguished by Indifference to Character, and Indecency of Dress*(London: F. and C. Rivington, 1802), 12쪽; *A View of the Moral State of Society, at the Close of the Eighteenth Century, Much Enlarged, and Continued to the Commencement of the Year 1804, with a Preface Addressed Particularly to the Higher Orders*(London: F. and C. Rivington, 1804), 37쪽.

134 Mary Wollstonecraft, *A Vindication of the Rights of Woman*, with Strictures on Political and Moral Subjects, ed. Carol H. Poston(1792. rpt. New York: W. W. Norton, 1987), 45쪽.

로운 여성 교육을 요구한다"[135]고 말한 바 있다. 혁명기는 이 말이 가장 잘 적용되는 시기이고, 그래서 급진과 반동 양 진영에서 수많은 저자들이 여성을 위한 충고들을 내놓았던 것이다. 스톤은 최근에, 40년 전에 나온 퀸란의 해석과 아주 비슷한, 당대의 여성 수신서들에 대한 전통적인 해석을 내놓은 바 있다. 퀸란은 빅토리아니즘은 빅토리아 시대 전에 이미 존재했다는 선구적인 주장을 펴면서, 혁명에 대한 반작용으로 보수적인 수신서들이 쏟아져 나오고, 모어 같은 여성 작가들이 새로운 여성상을 제시했던 1790년대를 '영국의 사회사에 있어 하나의 전환점'으로 규정했다. 퀸란은 『여권의 옹호』를 정말 독특한 작품, 당시의 모든 도학자들의 주장에 맞서 여성에게 자기 주장을 내세우라고 권고한 급진적인 작품으로 평가했다. 당대의 다른 수신서 저자들은 여자는 정말 여자다워야 하고, 남자와 전혀 다른 존재라는 사실을 강조하면서, 여성 독자들에게 '여성의 종속적인 위치를 받아들이고, 성적 매력이라는 무기를 최대한 활용할 것'을 당부했다. 퀸란은 그 저자들의 주장을 상당히 왜곡하면서, 그들의 책에서 '성적 매력은 사교 예절과 여성의 나약함이라는 베일의 보호를 받는 여성의 유일한 무기'로 그려져 있다고 말했다.[136]

스톤이 쓴 엄청난 분량의 영국 가정사 연구서 『영국의 가족, 성, 결혼』 역시 모어의 인기에 상징적인 의미를 부여했다. 스톤은 ('상대적인' 평등, 동반자로서의 부부, 성적 개방성으로 특징지어지는) '정서적 개인주의'

---

135 Thomas Marriott, *Female Conduct: Being an Essay on the Art of Pleasing. To be practised by the Fair Sex, before, and after Marriage. A Poem, in Two Books*(London: W. Owen, 1759), 79쪽.

136 Maurice J. Quinlan, *Victorian Prelude: A History of English Manners, 1700~1830*(1941. rpt. Hamden, Conn.: Aechon Books, 1965), 69, 143쪽.

가 지배했던 18세기의 분위기 속에서 여성이 점했던 위치와, 19세기의 특징인 복음주의의 영향으로 되살아난 가부장주의 속에서 격하되고 종속적인 존재로 변한 여성의 위치는 전혀 달랐다고 말한다. 그는 소설 형식을 빈 모어의 수신서 『신붓감을 찾는 실렙 집안 사람들』(1808)의 엄청난 성공은—이 책은 9개월 동안에 11쇄가 팔렸고, 모어 생전에 30쇄 이상이 팔려나갔다[137]—"부부 관계에서 한 시대의 종말을 의미하는 사건으로서, 아멜리아 래틀(Amelia Rattle)의 시대는 가고, 루실라 스탠리(Lucilla Stanley)의 시대가 도래했음을 보여주는 예"라고 주장한다. (모어의 책에 등장하는 부정적인 여주인공 아멜리아는 '시끄럽고' '말괄량이'에다, '지성이나 상식, 얌전함은 전혀 없고 머릿속에 쓸데없는 지식만 잔뜩 쌓인' 처녀인데, 18세기 수신서에 등장하는 이상적인 여성상을 연구한 사람이라면, 그런 여주인공이 과연 유행한 적이 있었는지 심히 의아해할 것이다.)[138] 스톤에 따르면, "『실렙 집안 사람들』은 가사에 충실하고, 종교적이고, 옷차림이 검소하고, 누가 말을 시켜야 입을 열고, 남자들에게 공손하며, 자선 사업에 열심인 새로운 여성상을 찬미한다." 모어의 루실라가 구현하는 "새로운 여성상은 철저한 자기 부정을 강조함으로써 아내를 인습, 예의범절, 그리고 남편의 노예로 만들어놓고 있다"는 것이다. 스톤

---

137 M. G. Jones, *Hannah More*(1952. rpt. New York: Greenwood Press, 1968), 193쪽. Henry Thompson, *The Life of Hannah More: with Notices of Her Sisters*(London: T. Cadell, 1838), 2쪽은 『실렙 집안 사람들』이 아이슬랜드어로도 번역되었다고 말한다.

138 Lawrence Stone, *The Family, Sex and Marriage in England, 1500~1800*(New York: Harper and Row, 1977), 668쪽; Hannah More, *Coelebs in Search of a Wife, Comprehending Observations on Domestic Habits and Manners, Religion and Morals, The Complete Works of Hannah More*(New York: J. C. Derby, 1856), II, 356~357쪽.

은, 18세기 말의 페미니즘은 이렇게 "때 이른 죽음을 맞이한 후, 20세기에 와서야 되살아났다"[139]고 말했다. 그보다 더 최근에 나온 어그레스의 『여성이라는 역설』은 한결 더 비판적인 어조로 18세기 말, 19세기 초의 여성 작가들을 덜 개화된 계몽주의 시대의 유물인 부차적인 존재로서의 여성이라는 개념을 타파하기는커녕, '수동적이고, 열등한 존재로서의 여성상'을 영구화한 '악마의 사도들'이라고 매도한다.[140] 이 책에서도 모어가 가장 격렬한 비판의 대상이고, 울스턴크래프트는 유일한 예외로 다뤄지고 있다.

그렇다면 현대의 평자들 역시 모어와 울스턴크래프트를 대비해 고찰했던 반동 세력의 해석, 또는 월폴의 편지나 폴웰의 『남자 같은 여자들』에 나오는 주교와 페티코트를 입은 하이에나 간의 대조를[141] 근시안적으로 되풀이하는 셈이다. 퀸란과 스톤이 1790년대에 사회를 들끓게 한 새로운 여성상에 대한 논란의 중요성을 강조한 것은 좋지만, 모어와 같이 전통적으로 보이는 개혁가들의 작품에 반영된 발전적인 방향 전환은 완전히 무시한 채, 여성상에 대한 당시 수신서들의 친숙한 주제 또는 그 전부터 내려오던 해묵은 기준을 이용한 것은 유감스러

139 스톤, 같은 책, 342, 668쪽. 이렇게 보수 세력의 대변자로 묘사된 모어가 같은 책의 다른 곳(352쪽)에서는 '페미니스트 교육 개혁가'로 그려져 있는 것은 의아스러운 일이다.

140 Lynne Agress, *The Feminine Irony: Women on Women in Early-Nineteenth-Century English Literature*(Rutherford, N.J.: Fairleigh Dickinson University Press, 1978), 16, 172쪽.

141 *Horace Walpole's Correspondence*, ed. W. S. Lewis, Robert A. Smith and Charles H. Bennett, XXXI(New Haven: Yale University Press, 1961), 397쪽; Richard Polwhele, *The Unsex'd Females: A Poem*(1798. rpt. New York: Garland, 1974), 35~36쪽의 주.

운 일이다. 반면에 두 사람은 울스턴크래프트의 급진성을 지나치게 강조한 나머지 그녀의 요구들이 당대의 다른 여성 작가들과 얼마나 비슷한지 정확히 그려내지 못했다. 사실 1790년대에는 그레이엄(Catharine Macaulay Graham), 울스턴크래프트, 헤이즈, 랜돌(Anne Francis Randall: 아마 메리 로빈슨의 필명일 것이다) 같은 급진파, 리브(Clara Reeve), 에지워스(Maria Edgeworth), 바르보, 웨이크필드(Priscilla Wakefield) 같은 온건파, 트리머(Sarah Trimmer), 모어, 웨스트(Jane West) 같은 종교가 등 갖가지 성향의 여성 교육자들이 당대의 경박한 교양 교육과 가치 체계를 맹렬히 비난했다. 그들은 각자 나름의 독특한 방식으로 여성을 좀 더 유능하고 귀하고 중요한 존재로 만들려고 노력했던 것이다. 이들은 여성의 장식적인 측면을 축소시키고, 유용하고 도덕적인 측면을 강조하면서, 여성에게 불리한 결혼 시장에서 잘 팔릴 신붓감을 만들 목적으로 행해지는 "번잡한 교양 교육"[142] 대신 도덕적인 삶을 살게 해줄 유용한 교육의 차이를 설명했다. 여성 교육자들은 대부분 점점 더 강력한 어조로 독자들에게 자신의 잠재력을 계발하는 데 힘쓸 것과, 스스로의 능력을 길러 어느 정도는 자신과 국가의 운명을 책임지는 사람이 되라고 권고했다. 정도의 차이는 있지만 모두 개혁적인 성향을 지녔던 이들은 그런 점에서 표면적으로는 예의범절을 강조했지만 조심스럽게 개혁의 필요성을 얘기한 여성 작가들이나 복음주의자인 기스본(Thomas Gisborne) 같은 당대의 유명한 남성, 그리고 19세기의 다른 개혁가들과 비슷했다.

---

142 Hannah More, *Strictures on the Modern System of Female Education, with a View of the Principles and Conduct prevalent among Women of Rank and Fortune*(1799. rpt. New York: Garland Publishing Co., 1974), I, 62쪽.

이런 다양한 여성 개혁가들을 현대 사회 인류학의 이론적 틀 속에서 살펴보면 여성을 대부분 수동적인 희생자나 가부장적 태도의 무지한 대변자로 양분하지 않고 이들의 업적을 좀더 정확히 세분해서 이해할 수 있을 것이다. 지배 그룹과 피억압 그룹에 대한 에드윈과 아드너의 분석은 문화적으로 표현 수단이 없었던 집단의 신념 체계가 지닌 미묘함과 모호성을 부각해준다.[143] 여성을 비롯한 부차적인 집단들은 지배적인 집단의 신념 체계를 통해 자신들의 세계관을 형성하고, 기존의 가치관에 맞게 자신들의 인식이나 욕구를 변형한다. 여성이 제시하는 대안이나 새로운 가치관이 남성의 언어로 표현되지 않으면, 여성의 관심사는 고려의 대상이 되지 못할 것이다. 그렇다면 우리는 지배적인 가치관 아래 은폐되어 있는 여성의 가치관이나 상황을 조심스럽게 발굴해내야 할 것이다. 여성의 세계관이나 욕망은 남성의 그것과 크게 다르지 않지만, 지배적인 기준으로부터의 작은 일탈은 바로 여성만의 독특한 세계를 구축하는 토대가 되기 때문이다. 여성은 자신의 역할에 대해 남성과 약간 다른 견해를 갖고 있다. 모어나 울스턴크래프트도 가족을 돌보는 것이 여성의 가장 중요한 의무라고 생각하지만, 그들은 여성을 나약하고 사회적으로 아무런 의미도 없는 존재로 보는 전통적인 시각과는 달리 여성의 역할에 강하고 전복적인 의미를 부여하려고 한다. 이상적인 여성상들은 흔히 전통적인 특징들을 전략적 필요에 따라 새롭게 정의하거나 구성함으로써 얻어지므로, 여성의 역할에 대한 글들을 읽을 때는 그런 전통적인 요소들의 불완전한 통합, 저변에 깔린 갈등, 숨어 있는 메시지 등을 주의 깊게 읽어내야만 그 안에 숨은 의미들을 모

143 Shirley Ardener, ed., *Perceiving Women*(London: Malaby Press, 1975), vii~xxiii쪽.

두 포착할 수 있다.

이 수신서들을 읽을 때는 그처럼 거기 내포된 의미를 읽어내야 할 뿐 아니라, 그 맥락이나 이념적 배경까지도 알아볼 필요가 있다. 복음주의를 현대적으로 재검토하는 한 중요한 글에서 뉴먼은 모어 같은 논객들의 보수성에 의문을 제기하면서, 그들은 "기성 질서의 유지보다는 전복에 훨씬 더 많이 기여했고", "신(新)청교도들은 도덕적 · 사회적 혁명분자들로 간주되어야 한다"[144]고 주장했다. 이중 간첩들이 구사하는 갖가지 홍보 전략에 능했던 그들은, "뱀처럼 현명하고 비둘기처럼 유순하라"는 가르침에 따라, 여론 조성과 조작을 통해 기성 질서 안에 잠입하여 그것을 내부에서부터 붕괴시켰던 것이다. 복음주의자들을 당시 부상하기 시작한 중산층의 계급 의식의 전투적인 전위 부대로 보는 이런 새로운 시각은 당시 등장한 갖가지 반(反)프랑스 전략들이 (보수적이든 진보적이든 간에) 귀족 계급의 가치관이나 생활 방식에 대한 그보다 훨씬 더 광범위한 사회적 · 도덕적 비판으로 확대되면서, 19세기의 진보적 자유주의로 나아가는 발판이 되었다는 것을 보여준다. 지금까지 독립적으로 연구되어온 여러 중산층 집단들을 서로 연관지어 살펴보고, 그 집단들간의 정치적 차이를 최소화해서 관찰하면, 이런 개혁가들의 시각이 근본적인 사회 변화에 필요한 도덕적 권위의 재분배에서 이념적으로 얼마나 중요했는지, 그리고 그 역할이 얼마나 광범위했는지 이해할 수 있을 것이다.[145]

---

144 Gerald Newman, "Anti-French Propaganda and British Liberal Nationalism in the Early Nineteenth Century: Suggestions toward a General Interpretation," *Victorian Studies* 18, no.4(June 1975), 401쪽.

145 「마태복음」, 10장 16절. Mewman, "Anti-Frence Propaganda," 385~418쪽; Ford K. Brown, *Fathers of the Victorians: The Age of Wilberforce*(Cambridge: Cambridge

뉴먼은 '상류층의 습속에 대한 울스턴크래프트와 모어의 청교도적 비판'을 언급하면서도, 도덕적 개혁과 계층간의 갈등, 성 의식의 상호

University Press, 1961); Bernard Semmel, *The Methodist Revolution* (New York: Basic Books, 1973); Michael Hennell, "A Little-Known Social Revolution," *Church Quarterly Review*, 143(Jan~March 1947), 189~207쪽; V. Kiernan, "Evangelicalism and the Frence Revolution," *Past and Present*, no.1(Feb. 1952), 44~56쪽; G. F. A. Best, "The Evangelicals and the Established Church in the Early Nineteenth Century," *Journal of Theological Studies*, N.S. 10, pt. 1(April 1959), 63~78쪽; "Evangelicalism and the Victorians," *The Victorian Crisis of Faith: Six Lectures, ed. Anthony Symondson*(London: SPCK, 1970), 37~56쪽; Ernest Marshall Howse, *Saints in Politics: The ?lapham Sect?and the Growth of Freedom*(London: George Allen and Unwin, 1953); Charles I. Foster, *An Errand of Mercy: The Evangelical United Front, 1790~1837*(Chapel Hill: University of North Carolina Press, 1960); Kathleen Heasman, *Evangelicals in Action: An Appraisal of their Social Work in the Victorian Era*(London: Geoffrey Bles, 1962); Ian Bradley, *The Call to Seriousness: The Evangelical Impact on the Victorians*(London: Jonathon Cape, 1976); Standish Meacham, "The Evangelical Inheritance," *The Journal of British Studies*, 3, no.1(Nov. 1963), 88~104쪽; Harold Perkin, *The Origins of Modern English Society, 1780~1880*(London: Routledge and Kegan Paul, 1969), 특히 280~290쪽; Muriel Jaeger, *Before Victoria*(London: Chatto and Windus, 1956), 31~52쪽; David Spring, "The Clapham Sect: Some Social and Political Aspects," *Victorian Studies*, 5, no.1(Sept. 1961), 35~48쪽; "Aristocracy, Social Structure, and Religion in the Early Victorian Period," *Victorian Studies*, 6, no.3(March 1963), 263~280쪽; "Some Reflections on Social Hitory in the Nineteenth Century," *Victorian Studies*, 4, no.1(Sepr. 1960), 55~64쪽; Asa Briggs, "Middle-Class Consciousness in English Politics, 1780~1846," *Past and Present*, no.9(April 1956), 65~74쪽. 브라운의 평가는 여기 인용된 다른 이들과의 평가와는 다르지만, 복음주의의 전략에 대한 그의 분석은 적절하다. 스톤과 트럼바크(Randolph Trumbach)의 『평등한 가족의 등장: 18세기 영국 귀족 계층의 친족과 가족 관계』(*The Rise of the Egalita-rian Family: Aristocratic Kinship and Domestic Relations in Eighteenth-Century England*, New York: Academic Press, 1978)는 18세기 영국의 귀족층은 이미 후대의 가족관을 채용하기 시작했지만, 중산층 출신의 개혁가들은 걸핏하면 상류층의 방종함과 경박함을 비난했다고 말한다.

작용은 분석하지 않았다.[146] 하지만 울스턴크래프트에 대한 맹렬한 비판에도 불구하고(그리고 그녀에 대한 이런 비판은 그녀의 작품보다는 복잡한 사생활 때문에 야기된 것이었다), 당시 급진주의자들과 복음주의자들의 가족관을 자세히 검토해보면, 울스턴크래프트의 『여권의 옹호』(1792)나 『실렙 집안 사람들』과 주제가 비슷한 모어의 『현대의 여성 교육 제도에 대한 비판』(1799)같이 정치적으로 정반대의 성향을 지닌 작품들이 놀랍게도 비슷한 이상과 해결책들을 제시한다는 것, 비슷한 심리적 · 정서적 구조를 선보인다는 것이다(이는 급진적인 헤이즈와 보수적인 웨스트의 경우에도 해당된다). 이들과 동시대인인 베리는 모어와 울스턴크래프트를 비교해 읽어본 다음, "이 두 사람은 여성 교육의 몇 가지 중요한 주제에 대해 놀라울 정도로 비슷한 생각을 갖고 있다. 모어가 이 말을 들으면 펄펄 뛸 것이다"[147]라고 썼다. 그건 베리 양의 말이 맞을 것이다. 모어는 울스턴크래프트가 위험한 불평분자라고 매도하면서, 그녀의 책을 절대로 읽지 않겠다고 말했기 때문이다.[148]

하지만 이 두 작가 사이의 유사점은 여성 교육과 습속의 혁명적인 변화를 사회 변혁의 전제 조건으로 내세웠다는 데서 그치지 않는다.

울스턴크래프트의 진보적인 여성관과 여성의 활동 영역과 책임, 권능에 대한 모어의 권위주의적이고 복음주의적인 여성상은 둘 다 개혁적인 교육가들이 당시 부상하던, 가족과 노동의 중요성을 강조하고, 그 역사적 전환점에서 기성 질서를 찬미하기보다는 비판한 진보적인 이

146 뉴먼, 「반프랑스 선전」, 402쪽, 주 28번.

147 Lady Theresa Lewis, ed., *Extracts of the Journals and Correspondence of Miss Berry from the Year 1783 to 1852*(London: Longmans, Green, 1865), II, 91쪽.

148 William Roberts, ed., *Memoirs of the Life and Correspondence of Mrs. Hannah More*(London: R. B. Seeley and W. Burnside, 1834), II, 371쪽.

데올로기였던 중산층의 윤리관을 상당히 많이 수용하고, 거기에 영향을 미치고 있었다는 사실을 보여준다.[149] 하지만—정말 중요한 사실은—그와 동시에 이 여성 개혁자들은 그 도덕을 여성에 유리하게끔 여성의 언어로 표현했고, 귀족들의 방종과 나태에 대한 중산층의 비판을 자신들의 필요에 맞게 고쳤으며, 중산층의 가치관을 여성의 활동 영역에 맞게 수정했다. 이 운동가들은 급진주의나 복음주의 진영의 도덕 개혁 운동에서 자신의 요구를 정당화할 수 있는 근거와 여성의 불만을 표현하고, 속되고 바람기 많은 남자들이 지배하는 사회를 비판하며, 중산층 여성의 가치관에 기초한 새로운 대안들을 만드는 데 필요한 표현 수단을 얻었던 것이다. 이들에게 개혁은 그야말로 개혁일 뿐이었다. 이들은 역사적 전환기에 불안정해진 여성의 지위에서 얻은 새로운 영감을 바탕으로 하여, 어떤 게 좋은 사회고, 그런 사회를 건설하는 과정에서 여성은 어떤 역할을 할 수 있는지 물었던 것이다. 여기서 중요한 사실은, 이들의 사회 개혁론은 중산층과의 연관을 수용하면서도 그중 어떤 요소들을 미묘하게 전복시키고 있다는 것이다. 사회의 도덕적 개선에서 가정의 역할을 강조한 개혁가들은, 가정을 장식적인 겉치레나 사회로부터의 은둔처로 보지 않고, 오히려 여성이 세상 사람들로 하여금 물질 만능의 시장이 아니라 가정의 가치관에 따르게 하는 과정에서 도

---

149 진보적인 중산층 이념에 대해서는 Issac Kramnick, "Religion and Radicalism: English Political Theory in the Age of Revolution," *Political Theory: An International Journal of Political Philosophy*, 5, no.4(Nov. 1977), 505~534쪽; Perez Zagorin, ed., "Children's Literature and Bourgeois Ideology: Observations on Culture and Industrial Capitalism in the Later Eighteenth Century," *Culture and Politics from Puritanism to the Enlightenment*(Berkeley: University of California Press, 1980), 203~240쪽. 아직 출판되지 않은 두 번째 논문을 읽게 해주신 크램닉 교수에게 감사드린다.

움이 될 건설적인 수단이라는 적극적인 역할을 하는 존재로 보았다. 이들은 가정을 사회적 책임이라는 측면에서 논의함으로써 자신들의 이념을 실천 가능한 이론으로 바꾸고 있다.

울스턴크래프트와 모어는 당시 점점 더 많은 여가와 지식을 획득해 가던 영국 여성의 지지를 얻으려고 노력했고, 당시 사회를 지배하던 순종적이고 비생산적인 상류층 여성이라는 이미지 대신 사회 안에서 어떤 역할을 수행하는 중산층 여성을 전범(典範)으로 내세우려고 했다. 모어가 울스턴크래프트의 책을 읽었더라면 자신이 내놓은 것과 비슷한 "나약하고 불운한"[150] 여성의 경박함과 무력함, 엉뚱한 데 낭비되는 에너지에 대한 그녀의 분석과 제대로 교육받은 여성이 할 수 있는 일들에 대한 이상주의적인 추측도 발견했을 것이다. 두 사람은 여성 교육이 제대로 이루어지면, 여성이 그 자체로 중요하고 국가에도 도움이 되는 일 (자선 사업이든 직업이든 간에)을 하는 데 필요한 점잖고 강력한 지위와 엄마와 교육자로서의 막중한 권위를 얻을 수 있고, 자녀를 현명하게 길러내 사회를 개혁하고, 남성의 태도를 개선해 남녀 공통의 정숙하고 점잖은 습속을 확립할 수 있다고 생각했다. 복음주의자들이 '수동적인 여성상'을 옹호했다고 생각하는 이들이 많은데,[151] 이는 사실과 다르다. 모어와 울스턴크래프트의 저작들을 보면 그 중심에 활동, 힘, 꿋꿋함, 도덕적 성숙, 극기와 순결, 진솔함을 지니고 가정을 이끌어가는 여성의 이미지가 자리하고 있기 때문이다. 신에 대한 개념은 각기 다르지만, 이들은 모두 당시 부활된 종교적 이상들이 모두 신의 역사라고 생

---

150 『여권의 옹호』, 7쪽.

151 David Monaghan, "*Mansfield Park* and Evangelicalism: A Reassessment," *Nineteenth-Century Fiction*, 33, no.2(Sept. 1978), 230쪽이 그 한 예다.

각했다. 이승에서의 삶이 하나의 준비 기간, 불멸을 위한 가르침의 장이라면, 여성은 남성이 희롱해도 좋은 육체적인 존재나 (퀸란의 주장대로) 성적 매력에 제한받는 존재가 아니라, 교육받을 수 있는 이성과 뭔가 더 높은 것을 지향하는 영혼이 있는 존재, 자신의 도덕적 개선과 사회 개선을 위해 애써야 할 강력한 영적 주체이기 때문이다.

모어와 울스턴크래프트는 이처럼 여성의 교육과 행동에 대한 당시 수신서들의 권고—멍청하고, 무식하고, 허약한 척하라는 권고—를 거부하며, 당시 유행하던 아첨과 가식과 교태에 반대하며 자신을 규정하고, 아늑한 안식처에 갇힌 여성의 불만을 표현하고, 18세기 여성의 지위에 대한 스톤의 낙관적인 결론에 의문을 제기했다. 두 사람은 남성의 욕망을 충족시키는 순종적인 육체로서의 여성이라는 이슬람적인 여성관(루소의 소피가 그 대표적인 예가 될 것이다)을 비판하며, 여성의 탁월함은 매력이나 유행에 맞는 우아함이 아니라 지적 · 도덕적 능력에서 비롯되어야 한다고 주장했다. 두 사람은 도덕적 개혁은 정신의 확장과 정신의 청교도적 노동 윤리를 필요로 한다고 생각했기 때문에, 육체와 감각에만 초점을 두는 당대의 여성 교육을 개탄했다. 두 사람은 여성의 정신과 윤리가 형편없이 방치되어 있는 걸 탄식하며, 우아한 추상적 개념들 때문에 굶주리고, '무익한 소설가들'과 남자들의 가식적인 신사도 때문에 타락한 여성 독자들의 정신적 능력을 활용하게 해줄 엄격한 도덕적 · 지적 훈련을 처방했다. 그들은 여성에게 '딱딱하고 어려운 책들을 읽을 것'과 혹심한 인격 도야 과정을 거치라고 권고한다.[152] 두 사람은 모성을 강조하는 중산층의 가치관을 차용하긴 하지만, 이 새로운 여

152 『여권의 옹호』, 183쪽; 모어의 책, 제1권, 165쪽.

성상에 지성이라는 뼈대와 사회적 의미를 첨가하고, 두 사람 모두 성서에 나오는 달란트 이야기를 이용해 어머니의 용기와 힘을 묘사했다.[153] 두 사람은 책임감 · 근면 · 극기 · 질서 등 중산층의 덕목을 강조하지만, 출세욕이나 방종을 비웃으며 진정한 출세, 즉 영혼의 성장을 권고했다. 모어 역시 여성을 사회적 체면이라는 일정한 틀에 구속하기를 거부했고, 그녀가 제시하는 새로운 여성상이 완전히 반동적인 것도 아니다. 그녀는 수동적인 복종보다는 합리적인 판단을 근거로 기성 관습에 따라야 하고, 그렇더라도 어느 정도에서 그쳐야 한다고 말했다. 모어 역시 울스턴크래프트와 마찬가지로, 그리고 결과적으로 볼 때 그만큼 중요하게, 종교적인 근거를 토대로 논의를 전개했다. 페미니즘과 마찬가지로, 복음주의의 종교적인 남녀 평등 사상도 개인의 자립과 성차(性差) 극복의 길을 제시했다. 두 사람이 모두 의미심장하게 모호한 "이 세상에 순종하지 말라"[154]는 구절을 즐겨 인용했던 것은 우연이 아니다.

두 사람은 각자 나름의 방식으로 도덕적 전통을 개선하여 여성의 주체성을 확장하려고 노력한 개혁가다. 예컨대 울스턴크래프트의 급진

---

153 「마태복음」, 25장 14~28절; 『여권의 옹호』, 51쪽; 모어의 책, 제1권, 52~ 53쪽. 미국에서도 이와 비슷한 도덕적인 어머니상(像)이 발달했는데, 이에 대해서는 Stanley Elkins and Eric McKitrick, ed., *The Hofstadter Aegis: A Memorial*(New York: Alfred A. Knopf, 1974), 36~59쪽에 실린 커버(Linda K. Kerber)의 「컬럼비아의 딸들: 공화국을 위한 여성 교육, 1787~1805」와, 『페미니스트 스터디스』(*Feminist Studies*), 제4권 제2호(1978년 6월호), 101~126쪽에 실린 블로흐(Ruth H. Bloch)의 「변환기의 미국 여성상: 도덕적인 어머니상의 등장」 참조.

154 "그리고 정신의 변화를 통해 변화하라"(「로마서」, 12장 2절); More, "An Estimate of the Religion of the Fashionable World," *Works*, I, 297; *Strictures*, II, 194, 239쪽. Ralph M. Wardle, ed., *Collected Letters of Mary Wollstonecraft*(Ithaca and London: Cornell University Press, 1979), 118쪽.

주의는 중산층의 가치관에 굳게 뿌리박고 있다. 그녀는 중산층의 가족관을 자기 목적에 맞게 수정하여 기성 문화의 틀 안에서 나름의 대안, 잠재적으로 혁명적인 여성관을 구축했던 것이다. 제인 웨스트 등의 다른 개혁가들과 마찬가지로, 그녀도 처음에는 숙녀들이 아니라 '가장 자연스러운 상태에 있는 것처럼 보이는 중산층 여성'들을 독자로 설정했다. 적어도 남자들의 경우, 일해야만 먹고살 수 있다는 사실 덕분에 결과적으로 "중산층이 가장 많은 미덕과 능력을 지니고 있다". 하지만 중산층 여성은 '귀족의 유행을 흉내내고,' 프랑스 귀족 사회에서 수입해 온 인위적인 습속을 모방하고, 한심하게도 모두 '숙녀'가 되고 싶어한다. 즉 아무 할 일도 없는 사람이 되고 싶어하는 것이다. 그녀는, "재능 있는 이들이 가장 많은 중산층에 대한 내 말은 여성에게는 해당되지 않는다"는 결론을 내렸다. 나태한 여성은 사회의 진보에 방해가 되므로, 『여권의 옹호』는 이들을 자연 · 이성 · 미덕, '중요한 의무들'과 '가정의 즐거움'으로 돌아가게 함으로써 이런 병적인 무기력 상태에서 벗어나게 하고, 지금보다 '더 나은 딸, 더 다정한 자매, 더 충실한 아내, 더 현명한 어머니—한마디로, 더 나은 시민'으로 만들고자 한다. 그녀는 끊임없이 의무와 오락, 개화된 가정 생활과 상류층의 경박한 삶을 대조하며, 여성은 화려한 옷, 쾌락, 권력을 좇아가는 부박한 상류층의 생활 방식을 거부하고, '가족적인 것들' '소중한 가정의 행복이 주는 소박한 위엄'을 즐길 수 있어야 한다고 말했다.[155] 당시의 중산층 급진주의자들은 관능성 · 나태 · 사치 · 특권으로 특징 지을 수 있는 상류층의 습속을 거부하고, 남녀의 정숙, 유용한 일, 교육, 그리고 무엇보다도 현명한 자녀

---

155 『여권의 옹호』, 9, 10, 56, 57, 75, 76, 147, 150, 166, 191쪽.

교육을 중심으로 하는 새로운 여성상을 제시했다.

울스턴크래프트는 (세세한 설명이 없는 경우도 많지만) 현대 페미니즘에 아주 근본적인 몇 가지 사항, 즉 남녀공학, 여성의 경제적 독립, 법적 평등, 취업 기회 확대와 직종 개방 등을 요구했다. 하지만 그녀의 선동적인 어조에도 불구하고, 『여권의 옹호』의 핵심은 중산층 여성의 자녀 양육이고, 이는 가족에 대한 18세기 말 중산층의 태도 중 여성의 역할에 대한 부분을 페미니스트적이고 민주주의적으로 약간 변형한 것에 지나지 않는다. 자연은 여성으로 하여금 '그들 고유의 의무'를 수행하게 했는데, 그건 바로 "다음 세대의 남녀가 심신 공히 건강하게 자라도록 바탕을 마련해주는 것이다. 이게 바로 여성이 지닌 고유의 의무다." 그리고 이런 타고난 소임에 걸맞게, 여성은 천성적으로 '정에 약하다.' 그녀는 여성을 모두 약하고 가련한 타입으로 그리는 남녀 차별적인 윤리관과 감상적인 여성관을 조롱하면서도, 여성이 자녀 양육의 가장 중요한 주체라는 것을 전제로 하고, "여성이 엄마로서의 의무를 제대로 못하게 하는 것은 모두 그들 고유의 역할에서 벗어나게 하는 요소들이다"라고 주장한다. 모어와 마찬가지로 (그리고 그건 밀도 마찬가지지만) 울스턴크래프트도 여성을 가정에서 벗어나게 하거나, 여성의 고유한 의무를 게을리 하도록 유도하고 싶어하지 않는다.[156]

그러기는커녕, 울스턴크래프트는 여성이 가정 안에서 수행하는 역할을 새로운 사회의 핵심으로 만듦으로써 여성의 지위를 드높이고, 엄마의 역할을 거창하고 위대한 일로 미화했다. 그녀는 여성의 활동 영역을 가정으로 제한하지는 않지만, 시민으로서의 삶이나 취업뿐 아니라 올

156 『여권의 옹호』, 63, 166, 167, 177, 189쪽.

바른 자녀 양육을 위해 여성도 더 나은 교육을 받아야 한다는 논리를 편다. 지식이나 판단력이 나아질수록, 여성은 자연이 부과해준 의무들을 더 잘 수행하게 될 것이다. '적극적인 시민으로서' 평범한 여성은 가정을 잘 관리하고, 자녀들을 지도하고, 이웃을 돕고, 필요한 경우 사회에 나가 어떤 직업에 종사해 돈을 벌어 사회의 복리에 이바지한다는 것이다. 여성은 이렇게 사회적 의무들을 수행함으로써 치욕적인 의존 상태를 벗어나 스스로 밥벌이를 하는 떳떳한 처지가 되고, 독립적이고 도덕적인 인품을 갖추게 될 것이다. 최근 몇몇 학자들은 밀과 마찬가지로 울스턴크래프트도 핵가족이라는 제도와 그것이 여성의 삶에 가하는 제한을 거부하지 않은 페미니스트였다는 비난을 제기했다. 이들은 그녀가 남녀의 역할 구분을 받아들이고, 결혼과 모성을 국가의 이익을 위한 봉사로 간주했으니 남녀 평등이라는 자신의 원칙을 어느 정도 위반한 셈이라고 말한다. 울스턴크래프트는 억압적이고 불평등한 기성 질서의 문제점들을 없애려면 중산층 가정을 모델로 삼는 게 자연스럽고 합리적이라고 믿었다. 몇 세대에 걸쳐 개혁적인 성향을 가진 시민들을 양성해야만 계급과 부의 '유독한 특권'을 없앨 수 있다는 것이다. 급진주의자였던 그녀가 구상한 진보는 바로 정숙한 아버지와 '애국적인' 어머니들이 육성하는 개인적인 미덕들을 통해 이루어질 '모두가 자유롭고 행복한 사회'를 만드는 것이었다. 그녀는 결혼이 사람들을 개화시키고, 가정이 타인을 사랑하는 공화주의자들을 만들어내고, 가족간의 사랑이 사회의 복리를 증진한다고 믿었다.[157] 그녀의 급진적인 정치관은 중산

---

157 『여권의 옹호』, 4~6, 18, 144, 146, 151, 158, 169, 192쪽 참조. 엄마가 되는 일의 중요성과 거기서 오는 위안은 울스턴크래프트가 엄마가 된 후에 쓴 마지막 소설에서도 중요한 주제로 다루었다. Gary Kelly, ed., *Mary, A Fiction and The Wrongs*

층 윤리의 근본적인 특징인 도덕성에 바탕을 두었다. 중산층의 가족관을 여성에게 유리하도록 수정하는 데 관심이 있었던 울스턴크래프트는 가장 중요한 '이성적인 존재로서 지닌 자신에 대한 의무'와, 그다음으로 중요한 '엄마로서의 의무를 포함해 [……] 시민으로서 지닌 많은 의무' 사이에 아무런 갈등이 없어야 한다고 생각했다. "자신의 의무를 수행하는 이는 독립적인 인간이다" 같은 말을 보면 『여권의 옹호』는 개인의 자주성과 시민으로서의 의무가 서로 조화를 이룰 수 있다고 전제했다.

그런 표현들을 보면, 울스턴크래프트의 논쟁적이고 열정적인 어조가 어디서 비롯되었는지, 그녀의 어법이 얼마나 많이 당시 널리 퍼져 있던 사상들의 영향 아래 성립되고 변형되었는지 짐작할 수 있다. 울스턴크래프트의 페미니즘은 그녀의 상상력을 지배했고 작품에 힘을 실어준 하나의 이상, 즉 조화롭고 사회적으로 유용한 가족이라는, 수정된 중산층 이데올로기에 의해 상당히 많이 변형되고 정당화되었다. 18세기의 가장 급진적인 페미니스트들까지도 여성 개인의 욕구와 사회에 대한

---

*of Woman*(London: Oxford University Press, 1976), 154쪽에 있는, 그 문제에 관한 강력한 표현 참조. 울스턴크래프트의 가치관에 대한 비판은 Virginia Sapiro, "Feminist Studies and the Discipline: A Study of Mary Wollstonecraft," *The University of Michigan Papers in Women's Studies*, 1, no.1(Feb. 1974), 178~200쪽; Nancy M. Theriot, "Mary Wollstonecraft and Margaret Fuller: A Theoretical Comparison," *International Journal of Women's Studies*, 2, no.6(Nov~Dec. 1979), 560~574쪽. 밀에 대한 비슷한 비판은 Susan Moller Okin, *Women in Western Political Thought*(Princeton: Princeton University Press, 1979), 30, 226쪽; Elissa S. Guralnick, "Radical Politics in Mary Wollstonecraft's *A Vindication of the Rights of Woman*," *Studies in Burke and His Time*, 18(Autumn 1977), 155~166쪽은 울스턴크래프트의 급진성을 강조하지만, 그녀가 구체적인 정치 강령을 제시하지는 않았다고 말했다(구럴닉의 논문은 이 책 483~496쪽에 전재되어 있다).

기여를 동일시했고, 의무가 따르지 않는 권리는 요구하지 않았다. 울스턴크래프트가 자신의 페미니즘을 사회 정화와 영적 성장의 언어를 빌려 표현한 걸 보면 당시 여성은 도덕적인 것이 하나의 힘이 될 수 있다는 믿음 아래 도덕성이라는 수단을 빌려 자기 주장을 펼쳤음을 알 수 있다. "난 행복해지기 위해 착하게 살 거예요." 울스턴크래프트는 심리적으로 가장 견디기 힘들었던 위기에 이렇게 썼다.[158] 반면 울스턴크래프트가 중산층 이데올로기를 이용해 자신의 페미니즘을 표현한 걸 보면 여성이 주변인이기 때문에 남성보다 도덕적 직관을 얻기 쉽고, 지배적인 이념 체계 속에서 역동적인 저항 수단을 창조해낸다는 사실을 보여준다.

울스턴크래프트가 구상한 새로운 사회가 귀족 계급의 소멸을 전제로 한 반면(하인이나 빈곤층은 동정의 대상이긴 하지만 없어지진 않는다), 모어는 그들을 바꾸려고 노력한다. 인간은 누군가를 보며 정화되기도 하고 타락하기도 한다고 생각한 그녀는, 사회적 유용성과 '가정이 주는 거의 신성한 기쁨'이 새로운 유행이 되기를 바랐다. 그녀는 "개혁은 귀족층에서 먼저 시작되어야 한다. 그렇지 않으면 원천이 썩은 강물에 향수를 뿌리는 격이 될 것이다"라고 말했다. 모어는 『현대 여성 교육론』에서 중산층이 귀족들을 흉내내는 데 바빠 원래의 건전함을 잃은 나머지 "훌륭하고 도덕적인 사람은 중산층에 가장 많다"는 속담을 무색하게 한다며, 부유한 귀족층 여성에게 나태한 프랑스식 습속을 버리고 사회에 더 많은 영향을 미칠 수 있게 노력하라고 권고했다. 그리고 『실렙 집안 사람들』에서는 당시 유행하던 중산층의 가족상을 그려 보였다. 울스

---

158 『여권의 옹호』, 145쪽; 『서한집』, 233쪽. 행복한 중산층 가정의 모습을 그린 부분은 『여권의 옹호』, 142~143쪽.

턴크래프트와 마찬가지로 모어도 여성이 국가를 망칠 수도 있고, 구할 수도 있다며, 개혁하지 않으면 망할 거라는 논리를 펴고 있다. 모어가 보기에 여성에게는 아주 특별한 국가적 · 사회적 의무가 있었다. 그녀는 사회의 재생이 여성에게 달려 있다고 주장하면서, 잘 교육받은 여성은 (그녀 자신이 아주 적절한 예였지만) 도덕적인 처신과 가르침으로 기독교 정신에 바탕을 둔 새로운 사회를 건설할 수 있다고 말했다. 『현대 여성 교육』의 첫 부분에서 모어는 여성에게, 그들에게 가장 어울리는 일, 즉 '실추된 사회의 도덕성을 드높이는 일'을 해야 한다며, 그들의 힘을 강조했다. 겉으로만 예의 바르게 행동하는 것은 "천한 목표이고, 그들의 고귀하고 신성한 소명에 어울리지 않는 목적"[159]이라는 것이다. 도덕적 개혁에 관한 그녀의 논의는 여성의 능동적인 역할을 강조했다. 그녀는 여성이 피상적으로 평화로운 사회 분위기 조성에 이바지하는 데서 그치지 않고 실제로 사회를 구원하는 힘을 발휘하게 만드는 데 필요한 실질적이고 포괄적인 방도를 제시했다. 사회의 도덕적 개혁을 위해서는 귀족들이 중산층과 기독교의 가치관을 포용하는 것은 물론, 남성 전체가 상류층 남성의 자존심을 버리고 예수의 이름으로 여성적인 도덕관을 받아들일 필요가 있다.[160] 여성을 위해 기독교와 여성적인 미덕을 혼융(混融)한 모어의 전략에는 두 가지 측면이 있다. 그 전략은 여성에게는 차분한 힘과 용기를 주고, 남성에게는 방탕한 생활 방식을 버리

159 "Sensibility: An Epistle to the Honourable Mrs. Boscawen," *Works*, I, 35쪽(cf. *Strictures*, II, 161쪽); "Thoughts on the Importance of the Manners of the Great to General Society," *Works*, I, 274쪽; *Strictures*, I, 4~5, 62~63쪽.

160 남성의 자존심 및 기독교와 여성적 미덕의 혼융에 관한 논의는 "Fashionable World," *Works*, I, 284, 288~289쪽; "Preface to the Tragedies," *Works*, I, 504~505쪽.

고 가정적인 가치관에 따라 생활하게 이끄는 것이었다. 모어는 여성에게 자제심을 기르라고 권하는데, 그녀는 여성뿐 아니라 남성에게도 방만한 생활을 청산하라고 권하며, 여성에게 좋은 것은 남성에게도 이로울 것이라고 말했다.

여성적인 것을 기독교의 가치관 속에 포용하는 모어의 전략은 그녀가 구사하는 종교적이고 공익적인 수사법의 토대가 되었다. 모어는 전통적인 외양을 유지하면서도 여성의 전통적인 역할을 국가의 미래와 관련짓고 그들의 활동 영역을 넓힘으로써 전통에 새로운 방향을 부여했다. 복음주의의 전반적인 전문화와 관련된 사실이겠지만, 모어는 "여성의 직업은 [……] 딸 · 아내 · 엄마 · 주부로서의 역할이다"라고 함으로써 여성의 일을 하나의 직업으로 승격했다. 하지만 여성이 가정에만 틀어박혀 사회와 담을 쌓고 살 수는 없었다. 그녀는 끊임없이 적극적인 미덕의 중요성을 강조하며, 여성에게 더 많은 사람을 돌보고 개화시키라고 종용하고 있다. "가난한 사람들을 돕는 게 여성이 제일 먼저 할 일이다." "자선이 숙녀의 소명이라면, 가난한 이들을 돕는 것은 그녀의 직업이다."[161] 모어는 일상적인 활동에 적극적인 도덕성을 부여했다. 예컨대 여성은 나쁜 짓에 반대해야 할 뿐 아니라 바람둥이들이 사교계에 드나들지 못하게 해야 한다. 한 페미니스트 역사가는 "그럴 의도는 전혀 없었겠지만, 여성에게 새로운 활동 영역을 열어준 모어와 트리머 같은 독실한 기독교도들은 실상 빅토리아 시대 중기에 일어난 페미니스트 운동의 토대를 마련했다"[162]고 말한 바 있다. 이는 모어가 생활과 저

---

161 복음주의의 전문화에 대해서는 Bradley, 156~178쪽; *Stritures*, I, 97, 98, 117쪽; *Coelebs*, *Works*, II, 372쪽.

162 Ray Strachey, *The Cause: A Short History of the Women's Movement in Great*

작 속에서 실행한 다양한 자선 활동, 소위 사회주의적 페미니즘 때문에 나온 말이겠지만, 겉으로 볼 때 극히 보수적인 모어의 논의는 실은 여성적 가치관을 수정하여 여성 해방을 촉진하자는 의도를 담고 있었다. 모어는 여성이 자신의 활동 영역을 스스로 규정할 수 있을 뿐 아니라——이때 중요한 것은 비록 활동 영역이 제한되어 있더라도 여성이 독립적인 존재라는 사실이었다——도덕 문제에서 향도(嚮導)의 역할을 할 수 있다고 생각했다. 복음주의자 특유의 날카로운 전술 감각을 지닌 모어는 울스턴크래프트를 비롯한 다른 어떤 페미니스트보다 훨씬 더 성공적인 여성 운동가였다. 그녀는 자신이 추구하는 목표를 사람들이 받아들이기 쉬운 형태로 포장하고, 목적을 달성하기 위해 당대의 문화를 존중하는 척하고, 그 문화의 한계를 지키면서도 지배적인 남성 문화의 신념과 가치들을 상당 부분 뜯어고치려 했기 때문이다. 모어의 저작들은 겉으로는 점잖아 보이지만, 그 안에는 지배자가 가지는 힘이 아니라, 능력 · 잠재력 · 에너지 같은 긍정적인 힘과, 기독교에 기초하여 기성 문화를 거부하고, 관습을 거스르는 것은 여성의 권리, 아니 의무라고 보는 부정적인 에너지가 들끓고 있다. (모어가 남녀의 상보 관계라는 전통적인 개념과 점잖음을 유지하면서도 교묘하게 여성의 힘에 대한 자신의 주장을 펼치는 데 동원하는 복잡한 수사 전략을 제대로 다루기 위해서는 별도의 논문이 필요할 것이다.) 전통 문화에 대한 공손한 존중과 전투적인 자기 주장이 번갈아 나타나는 모어의 저작들은 물론 수많은 모순과 명시되지 않은 결론들로 가득 차 있다.

그렇지만 모어의 책들은 독자들에게 많은 것을 가르쳐주었다. 그녀

---

*Britain*(1928. rpt. Port Washington, New York: Kennikat Press, 1969), 13쪽.

는 그들에게 '건전한 일, 활기찬 운동, 체계적인 활동'과 '합리적이고 가정적인 즐거움'들이 결합된 건강한 생활을 할 것을 권고했다.[163] 문장 속에 내포된 뜻을 잘 이해한 한 미국 독자의 말은 시사하는 바가 크다. "여성의 역할은 얼마나 중요한가! 그 역할을 제대로 수행하려면 얼마나 많은 노력이 필요한가! 하지만 나는 만물의 영장이라고 떠들어대는 남자들의 허풍에도 불구하고, 여자들의 일이 훨씬 더 중요하다고 본다. [……] 양식 있는 남자라면 누구나 여성 앞에 무릎을 꿇어야 할 것이다. 남자들의 건방진 생각과 달리, 세상을 지배하는 것은 여자이기 때문이다."[164] 남녀의 활동 영역을 분리하고, 여성을 '둘 중 덜 중요한 가정이라는 영역의 합법적인 소유자'로 묘사하면서, 모어는 여성이 집 안에서 수행하는 일에 사회적 · 정치적 의미를 부여했다. 그녀가 묘사하는 복음주의적 결혼관도 가부장제로 회귀하는 것과는 거리가 멀다. 그녀는 부부가 서로 의존적인 존재라고 말하지만, 언제나 동반자로서의 부부 관계가 중요하다는 사실을 강조했다. 『실렙 집안 사람들』의 주인공 루실라 스탠리는 현대적인 기준으로 보면 비현실적일 정도로 착하지만, 분명히 개성이 강한 여성이고, 남편의 지시를 받는 존재가 아니라 동등한 협의 상대다. "평등한 존재로서의 위엄을 모두 갖춘 그녀는 '남편 실렙의 반려자일 뿐 아니라 그를 도덕적으로 만들어주는 사람'—그의 '협력자', '지도자', '영도자'다.[165] 미혼 여성의 개선된 지위에 대한 윌버포스의 다음과 같은 생각을 보면 자선에 대한 모어의 강조는 여성 자

163 *Strictures*, II, 126, 201쪽.

164 Nancy F. Cott, *The Bonds of Womanhood: 'Woman's Sphere' in New England, 1780~1835*(New Haven and London: Yale University Press, 1977), 99쪽에 인용된 도스(Mehitable May Dawes[고다드Goddard])의 일기, 1815년 6월 12일자.

165 *Strictures*, II, 22쪽; *Coelebs, Works*, II, 306, 372쪽.

신의 욕구에도 부합되는 면이 있었다. “전에는 그들이 자연스럽게 열중할 일이 없었는데, 이제는 언제나 가난한 사람을 돌보는 일에 종사할 수 있다.” 에이킨(바르보 부인의 조카)은 당대의 자선 ‘열풍’이 모어 때문에 생겨났다면서, “영국 여성이 그 습속, 공부, 하는 일에서 그전의 세대에 비해 이렇게 많이 바뀐 경우는 없었던 것 같다”고 말했다. 에이킨은 1842년 당시의 여성은 이전 여성에 비하면 더 강하고 적극적이라고 생각했다.[166]

사실 여성의 활동과 유용성이라는 문제는 모어가 가장 잘 다룬 주제였다. 그녀는 여성의 삶이 가지는 갖가지 제약을 받아들이면서도, 활동과 유용성을 일종의 도덕적 영웅주의로 해석하면서, 여성에게 사회가 원하는 바를 실천하되, 어디까지나 여성 자신의 이유에 따라 그렇게 하라고 말했다. 모어가 남성이 쓴 수신서의 권고 내용을 냉소적으로 옮긴 바대로 “얌전하고, 여성적이고, 남 보기 좋고, 남자들에게 매력적이라는 저급한 이유로 유순하게 행동할 게 아니라, 우리가 모방할 완벽한 모범인 예수님에게 복종한다는 고귀한 원칙에 따르기 위해” 그렇게 하

166 윌버포스의 말은 재거(Jaeger)의 책 29쪽에 실려 있다. 에이킨의 글은 Philip Hemery Le Breton, ed., *Memoirs, Miscellanies and Letters of the Late Lucy Aikin: Including Those Addressed to the Rev. Dr. Channing from 1826 to 1842*(London: Longman, Green, Longman, Roberts, and Green, 1864), 421~422, 435쪽. 바르보 여사에 따르면 1813년경 영국에서 자선은 하나의 열풍이었다고 한다.(Mrs. Barbauld's *Works*, II, 107~108쪽). 자선의 유행에 대한 최근의 자료는 *International Review of Social History*, 19, pt. 3(1974), 426~445쪽에 실린 F. K. Prochaska, “Women in English Philanthropy 1790~1830”과 Renate Bridenthal, Claudia Koonz, ed., *Becoming Visible: Women in European History*(Boston: Houghton Mifflin, 1977), 296~324쪽에 실린 Barbara Corrado Pope, “Angels in the Devil's Workshop: Leisured and Charitable Women in Nineteenth-Century England and France” 참조.

라는 것이다. 종교에서는 여성이 남성과 완전히 동등한 존재, 아니 그들보다 우월하고, 그들을 지도할 수 있는 존재이기 때문에, 살아 있는 종교의 '신성한 연금술'은 여성의 활동 영역을 넓혀주고, 사회를 치유하는 도덕 개선 과정에 있어 주도적인 역할을 하게 해준다. 기독교는 여성이 지상에서 겪는 불리함에 대해 크나큰 보상을 약속하고(모어는 이에 대해 신랄한 발언을 했다) 그들이 삶에서 뭔가를 성취할 길을 제시해주었다. 모어가 그린 기독교적 영웅주의는 일상적이고, 가정적이고, 사회 개선에 이바지할 수 있는 사소한 개인적 변화들로 구성되어 있었는데, 이는 남자들에게도 필요하지만, 기독교가 조야한 남성적 가치보다 훨씬 더 높게 평가하는 여성 특유의 유순함과 사랑을 갖춘 여성에게 특히 잘 어울리는 이념이었다.[167] 모어는 복음주의자가 되기 전에는 여성을 높은 선반에 놓인 고급 도자기에 비유했으나, 1799년의 사태를 목도한 후에는 '시들해진 종교적 원칙들을 일깨울 수 있는 젊은 기독교 전사들'에게 '사회 전체의 복리를 위한 강하고 여성적인 애국심'을 가지라고 호소했다. 모어가 보기에, '종교와 질서, 정부를 위협하는 역사상 가장 강력한 연합 세력' 앞에 떨고 있는 영국이 가장 필요로 하는 것은 종교적 재생이었고, 그러니 그녀가 문명의 '존립 자체'가 여성의 손에 달려 있고, "그들에게 주어진 이 사명은 주님의 방주를 보전하는 일만큼 고귀하다"고 말한 것은 당연한 일이었다. 도덕적 개혁이라는 이

167 *Strictures*, I, 138, 143쪽; II, 30~41, 93쪽. 모어의 견해와 비슷하며, 당시 많은 인기를 모았던 윌버포스의 여성관은 *A Practical View of the Prevailing Religious System of Professed Christians, in the Higher and Middle Classes in this Country, Contrasted with Real Christianity*, 6th ed.(London: T. Cadell and W. Davies, 1798), 445~447쪽.

선행으로 여성은 주님의 일꾼이 될 수 있었던 것이다.[168]

이처럼 당시 도덕 개혁은 복합적인 주제였고, 무엇보다도 여성과 관련된 문제였다. 이 주제를 고찰해보면, 당시 갖가지 이데올로기에 뒤얽힌 여성이 한편으로는 자신의 운명에 순응하면서도 다른 한편으로는 주도적으로 운명을 개척해가면서 여성성에 대한 사회의 관념들을 이용해 자신의 삶을 일궈가는 과정을 볼 수 있다. 도덕 개혁이라는 문제는 다양한 방식으로 표출되었지만, 분명한 것은 이 문제에 대한 논의가 여성의 주체성을 확인해주었고, 사회 문제를 해결하는 데 여성이 핵심적인 역할을 할 수 있다는 인식을 확인해주었다는 것이다. 울스턴크래프트와 모어의 논의는 세부에서는 차이가 있었지만, 비슷한 방식으로 영국 사회의 심각한 도덕적 타락을 분석했다. 두 사람은 상류층의 타락상이 전 사회에 만연해 있음을 목도하면서, 여성의 잠재력과 중산층의 가치관에 토대를 둔 강력한 도덕적 개혁을 권고했다. 이들은 여성적인 세계관을 제시하면서, 가족을 핵심적인 개념으로 내세웠다. 당시 보수주의자들이 가족 구조와 남녀간의 관계를 재평가하려는 페미니스트들과 남성 급진주의자들을 동일시한 것은 사실이다. 그들은 가정의 붕괴를 우려하면서, 가족적 가치를 재확인함으로써 외부와 대치하고 있는 조국을 강하게 만들려고 했다. 『애뉴얼 레지스터』의 주장대로, "사회의 발생과 통합에 토대가 되는 것은 바로 부부 사이에서 시작되어 형제, 자녀, 친족, 이웃, 민족을 향해 뻗어가는 사랑이라는 신성한 힘이다."[169]

---

168 "Essays on Various Subjects, Principally Designed for Young Ladies," *Works*, I, 550쪽(모어가 이 글을 1830년 판에서 제외한 것은 어쩌면 의미심장한 결정일 것이다); *Strictures*, I, 4~6, 54, 83쪽; II, 97쪽.

169 *The Annual Register*, 1798, 229~230쪽.

이처럼 가정과 애국심은 불가분의 관계를 맺고 있기에, 반(反)자코뱅 분자들은 여성, 성, 가족을 논쟁의 초점으로 삼았다. 개인의 가정은 사회 전체의 도덕의 토대였고, 가족은 사회적 미덕의 기초, 사회 안정을 지키고 정치적 모반을 막는 방벽이었다. 하지만 울스턴크래프트(나 헤이즈) 같은 급진주의자들도 가족 개념을 재건하려고 노력했다. 울스턴크래프트는 결혼이야말로 '사회 통합의 원동력이며, 모든 사회적 미덕의 토대'라고 말했다. 그렇다면 혁신 · 보수 양 진영 모두에게 '정숙한 아내, 진지한 엄마'로서의 여성의 역할은 극히 중요했다.[170]

모어와 울스턴크래프트는 여성의 모범적인 행동은 국가를 변화시키고, 여성으로 하여금 "자신이 변함으로써 세계를 바꾸도록 노력하게"[171] 만들 수 있다고 주장한다. 금욕과 절제는 정숙함과 자제, 순결을 여성만의 미덕이 아니라 모든 사람이 추구해야 할 가치로 바꿀 것이었다. 여성은 이제 사회의 습속을 순화하고, 그 표리부동한 습속의 희생물이나 사랑의 포로로 살아갈 게 아니라, 남녀 모두의 도덕적 개선을 도모하고 그 성과의 수혜자가 되어야 했다. 급진주의자들과 복음주의자들은 모두 전통적인 남녀 관계와 윤리관을 시대의 요구에 맞게 뜯어고치려 했고, 그래서 프랑스 귀족 계층의 연애 방식이나 부도덕함을 공격하며, 계층이나 성별에 관계없이 모든 사람이 도덕적으로 개선될 필요가 있다고 주장했다. 모어가 제시한 복음주의의 여성관이나 울스턴크래프트의 이성적 여성상 같은 (서로 다르지만 결코 배타적이지 않은) 대안들은 당대의 정치적 격변에 대한 여성의 유사한, 어쩌면 공생적인 반응이었으며, 이들은 국가의 위기를 이용해 새로운 사회상에 토대를 둔 새로운

170 『여권의 옹호』, 28, 71, 165쪽.

171 『여권의 옹호』, 45쪽.

가족관을 수립하려고 했던 것이다. 이들은 또 새로운 가족상 확립과 사회 개혁 운동으로 타락한 문화를 재건하려는 중산층의 더 광범위하고 성공적인 시도의 일부이기도 했다. 남녀가 똑같은 정치적 권리를 누려야 한다는 울스턴크래프트 같은 급진주의자들의 주장은 시기상조였지만, 여성의 사회적 영향력을 혁신적으로 높이고 성적 착취를 없애달라는 주장은 시의적절했다. 도덕 개혁이라는 긍정적인 관점에서 보면, 여성성이라는 개념은 1790년대의 여성 운동에 정면으로 배치되는 현상이 아니라 19세기 페미니즘 발전에 꼭 필요한 전제 조건 또는 준비 과정으로 보는 게 더 유익할 것 같다.

## 푸비, 「『여권의 옹호』와 여성의 성」[172]

1791년 10월, 울스턴크래프트는 사귄 지 얼마 안 된 로스코(William Roscoe)라는 친구에게 그가 의뢰한 초상화 제작을 위해 포즈를 취하고 있다고 말하면서, "그 초상화는 나랑 아주 비슷하지는 않을 거예요"라고 장난스럽게 사과하며, "그 그림에 내가 잘 안 나타나 있으면 그보다 더 충실한 그림, 나의 지성과 감성이 모두 반영된 책을 보내줄게요"[173]라고 말했다. 이 '그림'이란 바로 『여권의 옹호』(1792)였고, 이 편지가 시사하듯 울스턴크래프트의 두 번째 정치 책자는 그녀가 그전 1년 동

---

172 Mary Poovey, *The Proper Lady and the Woman Writer*, 69~81쪽에서 발췌. 저자와 시카고대 출판부의 양해하에 전재.

173 Ralph M. Wardle, ed., *Collected Letters of Mary Wollstonecraft*(Ithaca and London: Cornell University Press, 1979), 202~203쪽, 6 October 1791. 이 논문과 주의 쪽수는 모두 이 판을 따르고(MWL로 약칭), 쪽수와 일자를 표시할 것이다.

안에 당대의 정치적 사안들뿐 아니라, 그 안에서 자신이 점하는 위치를 좀더 명확히 이해하게 되었음을 보여준다. 『인권의 옹호』에서 벌어진 논쟁에서 자신이 가장 자연스럽게 동원할 수 있는 동지들은 (그 책의 내용이 시사하듯 진보적인 중산층 남성이나 가난한 사람들이 아니라) 바로 여성임을 깨달은 그녀는 그 논쟁을 결렬시킨 감정적인 태도를 자제하게 되었고, 다른 여성의 감정적인 태도를 보면서 자신의 감정을 억누를 수 있게 되었다. 이런 과정에서 그녀는 자신의 당당함을 갉아먹는 이 감상성은 울스턴크래프트 자신만이 아니라 여성 전체가 안고 있는 문제임을 깨닫기 시작한 것 같다.

울스턴크래프트가 『여권의 옹호』에서 발견한 첫 번째 돌파구는 바로 개인의 반응은 무엇보다도 상황에 대한 반응이며, 중산층 여성을 '숙녀'로 변화시킨 것은 그들이 처해 있는 '상황'이라는 사실이다. 부유층과 마찬가지로 여성은 "자신들이 처해 있는 위치와 남성의 정중한 태도 때문에 어떤 처지에 갇히고, 거기에만 한정된 삶을 살아간다."

> 남자들은 사람들 앞에서 '숙녀'의 말에 이의를 제기하지도 않고, 힘든 일을 하도록 놔두지도 않고, 인내심 · 유순함 · 명랑함 · 유연성 같은, 치열한 지성과 어울리지 않는 소극적인 미덕만을 기대한다.[174]

울스턴크래프트는 젊은 작가 헤이즈가 조언을 부탁하자, "당신 자신에게 의존하세요"라고 대답했다. 남성의 '정중한 태도'에 길들여진 여성 작가들은 무의미한 찬사에 속기 쉬워서 특히 위험하다는 것이다.

174 『여권의 옹호』, 58쪽(이 글에서 인용하는 쪽수는 이 판을 따른다 - 편집자.

"작가, 그중에서도 특히 여성 작가는 찬사를 바라는 이쪽의 의향을 알아챈 친구나 지인들이 예의상 아무 생각 없이 해주는 조야한 칭찬을 무턱대고 받아들이기 십상입니다"(『서한집』, 219쪽. 1792년 11월 12일자).

『여권의 옹호』에서 울스턴크래프트가 제시하는 중요한 깨달음 중 두 번째는 바로 여성의 나약함을 영구화하는 태도나 기대들은 소위 '권위 있는 책들'과 언어 자체에 내재되어 있는 가치관에 따라 형성, 유지된다는 것이다. 여성은 어릴 때부터 '여성적인' 행동에 대한 남성의 기대에 따라 자아상을 형성해가기 때문에 '숙녀'라는 자신의 상황에 맞게 반응한다. 예컨대 여성이 "쓸모 없는 개화(開花)" 같은 삶을 살게 되는 원인 중 하나는 바로 "우리 여성을 하나의 인격체라기보다는 암컷으로 보고, 현모양처보다는 매력적인 연인으로 만들고자 한 남성 학자들의 저술들"(7쪽)에서 비롯된 '잘못된 교육 체계'인 것이다. 이 남성 작가들—그리고 이들의 말을 되풀이하는 여성 작가들—은 여성으로 하여금 남성이 세운 기준에 따라 스스로를 평가하고, 예의범절을 준수하고, 남성의 행복을 증진하기 위한 교육만을 받게 함으로써, 여성에게서 스스로 노력해서 자신을 더 나은 존재로 만들 기회를 박탈해버린 것이다.

울스턴크래프트가 『인권의 옹호』에서 제시한 인격 도야 과정은 '소극적인 미덕'만을 키우는 여성 교육과 정면으로 대비되는 교육 체계를 필요로 한다. 그 과정의 토대가 되는 전제는 모든 인간은 똑같은 이성을 지니고 있고, 차별적인 교육은 인류 발전에 해로우므로 없어져야 한다는 것이다. 여성은 지금까지 여성이라는 이유로 '인간으로서의 권리'를 누리지 못했고, 성숙을 방해하는 교육 때문에 인간으로서 당연히 점해야 할 위치를 잃어버렸다.[175] 남녀가 근본적으로 다르다는 이런 편견을 없애고, 이 편견을 제도화하는 행동 방식들을 바꾸기 위해, 울스턴크래프트는 사회의 한 집단으로서의 여성이 다른 집단, 즉 남성과 공통점이 많다는 점을 부각시킨다. 그녀의 기본적인 전략은 바로 여성과 다른 집단들, 예컨대 부유층(187쪽), 군인들(23쪽), 재사(才士)들(56쪽), 비국교도들(194쪽)의 행동이 비슷하다는 점을 강조하는 것이다. 그녀는 이런 '유추에 입각하여', 여성에게 남성과의 근본적인 유사성을 깨닫도록 하는 것은 합리적일 뿐 아니라 도덕적으로 꼭 필요한 일이라고 주장한다. 그래야만 여성이 자신의 개인적인 행동이 사회 전체의 복지에 영향을 미친다는 사실을 깨달을 것이기 때문이다(183쪽). 남자들이 여성을 성적인 대상이 아니라 하나의 인간으로 보고, 여성 자신이 그렇게 느끼게 되어야만, 그리고 여성 교육이 이성을 억누르기보다 발달시키고, 여성이 타고난 법적 권리를 누릴 수 있게 되어야, 여성이 인류 발전에 이바지할 수 있게 되리라는 것이다. 울스턴크래프트는 자신의 주장이 여성만을 위한 게 아니라고 주장한다. 자신은 남녀 차별 철폐에만 관심이 있을 뿐이고, '공평무사한' 견지에서 인간으로서의 중성적인 목소리, '인간으로서의 결연한 어조'로 얘기한다는 것이다(3쪽).

자신이 여성이 아니라 인간이라는 일반적이고 이상적인 입장에서 말한다는 의식 덕분에 그녀는 『인권의 옹호』 집필 당시 느낀 불안감을 상당 부분 떨쳐버릴 수 있었던 것 같다. 그녀는 자신의 주장은 아주 폭넓은 근거에 토대를 두고 있고, 어디서나 쉽게 볼 수 있는 이성의 발현에서 권위를 얻기 때문에 이기적이거나 자기 중심적이라는 비난을 면할

---

175 『여권의 옹호』의 이 측면에 대한 논의는 Janet M. Todd, "The Language of Sex in *A Vindication of the Rights of Woman*," *Mary Wollstonecraft Newsletter*, I, no.2(April 1973), 10~17쪽.

수 있다고 주장한다. 그녀는 이런 입장에서 힘을 얻어 『인권의 옹호』에서 자신이 권장하긴 했지만 실행에 옮기지는 않았던 정면 대결을 시도한다. 『여권의 옹호』에서 그녀는 마침내 당대의 여성 교육에 가장 큰 영향력을 행사하고 있다고 생각되는 루소나 그레고리, 포다이스 등의 수신서 작가들 같은 '권위자들'을 지목하여 신랄하게 공격했다.

울스턴크래프트에 따르면, 여성 억압의 뿌리는 바로 여성이 근본적으로 성적인 존재라는 일반적인 편견—루소의 말대로 "남성은 어쩌다 가끔 남성이지만, 여성은 언제나 여성이라는 것 [……] 모든 것이 그녀가 여성임을 일깨워준다는 사실"[176]이다. 여성을 성적인 존재로만 보는 이런 편견에 대해 울스턴크래프트는 그걸 뒤집는 전략으로 대응했다. 여성이 아니라 남성이 성적 욕망에 좌우되고, 남성의 끝없는 욕구가 경제적 불평등과 사회적 부당함의 뿌리라는 것이다. 그렇다면 여성이 원래 남성보다 열등하다는 주장은 남성 자신이 부당하게 획득한 사회적 우위를 정당화하기 위한 변명이고, 여성이 원래 음란하다는 주장 역시 남성이 두려워하면서도 즐기는 자신들의 성적 욕망을 위장하기 위한 전략인 것이다. 울스턴크래프트는 루소를 '음란한 몽상'에 탐닉하는 '관능주의자'로 정의하며 가장 조직적으로 비난했다. 루소는 여성은 단 한순간도 자신이 독립적인 존재라는 생각을 하면 안 되고, 자신의 타고난 교태가 발휘될 것을 경계해야 하며, 남자가 쉬고 싶을 때는 언제나 더 매혹적인 성적 대상, 더 달콤한 반려자가 될 애교스러운 노예가 되어야 한다고 주장했다(25쪽). 울스턴크래프트는 루소가 '발견'한 이 '자연의 법칙'이 그 자신이 지닌 억압된 욕망의 산물일 뿐이라고 말

---

[176] Rousseau, *Émile*, trans. Barbara Foxley(New York: Dutton/Everyman, 1974), 324쪽.

했다.

> 루소는 미덕을 존중하고 거의 숭배했지만 사랑할 때는 관능적인 애정으로 몰입했고, 그의 상상력은 끊임없이 달아오르기 쉬운 그의 감각에 기름을 부었다. 그러나 극기 · 인내심, 그리고 그런 감성을 가진 사람은 냉철하게 경모(敬慕)할 수 없는 영웅적인 미덕들을 존중했기 때문에, 루소는 자연의 법칙을 왜곡하고 신의 지혜를 모독하는 악랄한 주장을 펴는 것이다.(42쪽)

'음탕한 독재자'인 루소는 자기 자신의 관능성을 합리화하면서 만족시키고, 동시에 자신을 유혹하는 존재에게 자신을 성적으로 지배한다는 이유로 벌을 가했다. 여기서 울스턴크래프트는 편협한 욕구와 심리적 필요 때문에 일련의 신념 체계가 생겨나거나 채용될 수 있음을 거의 간파했다. 그뿐 아니라 그녀는 이 과정에서 억압과 보상의 기제가 작용한다는 것, 금지된 욕구가 억압되면 성적 욕망은 그와는 다른, 좀더 무방한 형태로 터져나온다는 사실을 이해한 듯하다.

> 루소가 펼치는 논리의 모든 오류는 감성에서 나오고, 여성은 자신들의 매력에 그토록 예민한 그에게 호감을 가진다! 그는 논리적이어야 할 때 감정에 휩싸이고, 그의 생각은 오성을 밝혀주는 대신 상상력에 불을 붙인다. 그가 지닌 장점들조차도 그를 더욱 나쁜 길로 이끌었다. 정열적인 체질과 발랄한 상상력을 타고난 그는 여자를 정말 좋아했고, 일찍부터 아주 호색적인 인물이 되었다. 그가 이런 욕망을 마음껏 충족했더라면 그 불길은 자연히 스러지고 말았을 것이다. 하지만 그는 도덕적인데

다 낭만적인 섬세함까지 지니고 있었기에 이런 욕망을 자제했고, 그렇게 억눌린 욕망은 그의 상상력을 타락시켰다. 그는 상상력을 통해 더 강렬해진 감각을 정말 화려한 필치로 그려냈고, 이것들은 그의 영혼에 깊은 자취를 남겼다.(90~91쪽)

이때 상상력은 스미스(Adam Smith) 등이 묘사한 도덕적 능력이 아니라 대리 만족의 수단이 되었다. 그리고 상상력이 도덕적인 극기의 이름으로 '타락하면' 작가는 자신의 욕망을 충족하는 동시에 독자들을 유혹하게 된다. "우리는 꿈을 꾸면서도 논리적인 생각을 한다고 착각하고, 거기서 나온 잘못된 결론을 마음속에 간직한다"(91쪽).

울스턴크래프트는 루소와 수신서 작가들을 직접적으로 공격하지만, 각주와 다른 부분에서는 훨씬 더 강력한 영국 문화의 권위자인 밀턴을 비난하고 있다.[177] 그녀는 루소의 소피 뒤에 밀턴이 "감미롭고 매력적인 우아함과, 유순하고 맹목적인 순종"을 지녔다고 묘사한(19쪽) 이브가 서 있음을 감지했다. 그녀는 밀턴이 루소 못지않은 '관능주의자'임을 시사한 것이다. 밀턴은 이브가 아담의 내적 욕구에 맞추어 "너와 비슷한 모습으로, 너의 적당한 배필로, 너의 또 다른 자아로,/너의 바람에 맞추어, 네 마음이 원하는 그대로" 만들어진 존재임을 인정했다(『실낙원』, 제8권, 450~451행). 따라서 울스턴크래프트는 '음란한 고수머리'와 '애교스러운 유순함', '달아오른 볼'과 '흐트러진 머리채'를 지닌(『실낙

---

177 19세기와 20세기 여성 작가들의 글에서 밀턴이 차지하는 위치에 대해서는 Sandra M. Gilbert and Susan Gubar, *The Madwoman in the Attic: The Woman Writer and the Nineteenth-Century Literary Imagination*(New Haven: Yale University Press, 1979), 187~212쪽 참조.

원』 제5권, 10행) 관능성의 화신인 이브는 여성 자신보다는 그녀를 상상한 남성, 즉 밀턴이 만들어낸 아담과, 그를 만든 밀턴 자신의 정신을 보여준다고 말했다. 울스턴크래프트는 밀턴에 대한 경외심 때문에 드러내놓고 분노를 터뜨리지는 않지만, 밀턴이 쓴 이브의 대사를 인용함으로써 시인을 고발하고 있다.

> 완벽한 아름다움으로 치장한 이브가 그에게 이렇게 말한다.
> "저를 만들고 다스리시는 분이여, 당신이 시키시는 일이라면
> 저는 군말 없이 복종할 것입니다. 그게 신의 뜻이니까요.
> 당신의 법은 하느님, 나의 법은 당신입니다. 그것만 아는 것이
> 여자의 가장 복된 지식이요, 찬사입니다."

울스턴크래프트가 밀턴을 직접 공격하지 못했다는 건 주목할 만한 사실이다. 그녀가 다루는 여러 '권위자' 중 밀턴이 가장 압도적인데, 그것은 그가 영국의 문학 · 정치 · 종교의 역사에서 점하는 중요한 위치뿐 아니라, 런던의 존슨 그룹 사람들이 지녔던 밀턴에 대한 특별한 존경심 때문이기도 하다. 그녀가 밀턴에 대한 분노를 인유(引喩)나 (위의 인용문에서 보듯) 인용된 구절의 고딕체를 통해서나 표현했던 걸 보면, 자신의 공격을 그 논리적 극단까지 몰고 갈 생각이 없었음을 알 수 있다.

울스턴크래프트는 여성을 억압하는 모든 악의 원인은 바로 위장되어 있지만 언제나 존재하는 남성의 욕망에서 나온다고 말했다. 여성은 남성이 그토록 좋아하는 '순진함'을 돋보이게 하기 위해 정신적으로 늘 어린아이 같은 상태를 유지하고, 그 때문에 강력한 '인격'(14쪽)을 형성하는 데 필요한 인생 경험을 쌓을 수 없다. 울스턴크래프트는 여성은

많은 사람을 만나거나 교육받을 기회가 적기 때문에, 자신의 개인적 · 관능적 경험이라는 좁은 영역 안에 갇혀 있는 이 상황이 얼마나 역설적인지 잘 이해했다. 그래서 여성은 "어떤 개념을 일반화하거나, 개개의 사실에서 포괄적인 결론을 이끌어내지 못하기 때문에"(54쪽), 그 순간의 인상이나 욕망에 사로잡히기 쉽다. 남성이 자신의 육체적 욕망을 충족시키려고 하기 때문에, 여성은 그런 남성의 마음에 들기 위해 자신의 감각과 갖가지 일시적인 감정의 노예가 되는 것이다. 그렇다면 여성은 '감성'의 수혜자가 아니라 실은 그 희생자다.

> 여성은 감각만 기르고 오성은 방치해둔 나머지 결국은 감성이라는 달콤한 이름으로 불리는 감각의 노예가 되어 수시로 변하는 감정의 바람에 이리저리 흔들리는 삶을 살아간다. [……] 그들은 지나치게 발달한 감성으로 인해 항상 불안정하고 초조하기 때문에, 스스로도 힘들고 남에게도 좋게 말해 불편한 존재다. 그들은 항상 남의 마음속에 어떤 감정을 불러일으킬 방법을 궁리하고, 이성적으로 생각해야 할 때 감정이 앞서기 때문에 행동거지가 불안정하고, 어떤 일에 대한 견해 역시 깊은 고민이나 진보적인 생각 때문이 아니라 모순된 감정들 때문에 이랬다저랬다 한다. 그들은 가끔 이런저런 일에 열중해보기도 하지만 이 열의는 끈기로 굳어지지 못한 채 얼마 못 가 제 풀에 식고 만다. [……] 정신을 단련한다는 교육이 감정을 부채질하는 데만 기여한다면 그 정신의 소유자는 얼마나 가련한 존재인가!(60~61쪽)

울스턴크래프트는 여성이 대부분 남성의 관심에서 오는 관능적 쾌락에 만족하고 만다는 사실을 인정한다. 그리고 바로 그 이유 때문에 여성은 남성의 음탕한 의도에 놀아나는 것이다. '아름다움과 점잖음에 대한 그릇된 관념'을 내면화한 여성은 실제로 자신들의 억압을 강화하는 '성적인' 정신 자세를 키워간다. 여성은 그들을 하찮은 존재로 보는 사회의 관념을 받아들이고, 늘 남자를 생각하며, 친절한 태도로 자신의 자존심을 세워줄 연인을 사귀려고 애쓰고, 남성과 "딸 · 아내 · 엄마로서"(26쪽) 맺는 관계를 통해 자신을 규정하는 데 만족한다. 울스턴크래프트는 남성이 여성을 피상적인 정신을 갖고 있고 육체적 욕망에만 탐닉한다고 비난하는 것도 당연하다고 개탄한다. "여자는 마음속 깊은 곳에선 모두 바람둥이"라는 포프의 말은 남자들이 가진 비밀스러운 바람의 표현이기도 하지만, 다른 한편으로는 그 말이 사실이 되는 경우도 많은 것이다(117쪽). 여성이 항상 권력과 욕망 충족에 대한 남성의 이런 환상 안에 안주하는 것은 아니지만, 그들의 반항은 기껏해야 우회적이고 은밀하다. 여성은 무력하면서도 힘을 쥐고 있다는 환상을 유지하고 싶어 술수를 동원하고, 남성에게서 받는 억압 때문에 느끼는 울화를 힘없는 하인이나 자녀에게 푼다.

울스턴크래프트는 여성을 순전히 성적인 존재로만 보는 당시의 지배적인 편견을 불식시키기 위해, 여성은 원래 성적인 욕망을 전혀 갖고 있지 않다는 식의 주장을 편다. 그녀는 여러 곳에서 여성의 성은 남성의 성에 대한 학습된 반응에 지나지 않고, 여성은 자기들이 정말 원하는 걸 얻기 위해 무의식적으로 이런 전략을 구사한다고 시사한다. 그녀는 "여성보다 남성이 더 욕망에 좌우되기 쉽다"(137쪽)고 단언한다. 여성의 성적 욕망은 실은 '공감'이거나 위장된 허영심이라는 것이다.

남성의 성적인 관심은 특히 여성의 감성에 영향을 주는 법인데, 여성은 사춘기 때부터 이런 일에 익숙해져 있다. 그런데 몇 년간 계속 격렬한 감정을 불러일으킬 만큼 열렬하게 부인에게 구애하는 남편은 거의 없다. 이렇게 되면 격렬한 감정에 익숙해져 있는 여성은 새 애인을 찾을 것이고, 도덕적이거나 신중한 여성은 바람을 피우지는 않지만 남모르게 비탄에 잠길 것이다. 여성의 감정이 정말 예민하고 안목이 갖춰졌을 경우 그렇다는 것이다. 왜냐하면 사교계의 풍속을 관찰한 결과 내가 내린 결론은, 여성이 받는 교육과 남녀 관계의 성격은 감성보다 허영심을 조장하는 경향이 있고, 교태 역시 지나치게 발달한 감성에서 자연스럽게 형성되는 바람기보다는 허영심에서 비롯되는 경우가 많다.(65쪽)

바람기나 억압은 분명 존재하지만, 울스턴크래프트는 성적 자극에 대해 그렇게 반응하는 경우는 극히 드물거나, '지나치게 발달한 감성'이라는 말이 사실이라면, 극히 부자연스러운 현상이라는 것이다. 그 뒤에 울스턴크래프트가 열정이 결여된 결혼을 이상적이라고 묘사한 것은 당연한 일이다("한 가정의 가장과 주부는 서로 열렬히 사랑하면 안 된다" [30쪽]). 이어서 그녀는 여성은 별로 어렵지 않게 성적인 욕망을 좀더 '진지하고' '엄숙한' 감정인 우정으로 바꿀 수 있을 거라고 자신 있게 주장한다(130쪽).

하지만 울스턴크래프트의 『여권의 옹호』를 자세히 읽어볼수록 자신이나 여성 전체의 관능성에 대한 그녀의 방어적인 부정은 단지 그것, 즉 계속해서 좌절될 수밖에 없는 욕망에 대한 방어 기제일 뿐이라는 게 분명해진다. 그녀의 주장과 달리, 울스턴크래프트가 느끼는 가장 깊은 두려움의 대상은 바로 남성의 강렬한 성욕이 아니라 그 성욕의 덧없음이다. 따라서 그녀는 "모성애가 남편과의 사랑을 대신하게 되는 게 섭리"라고 주장하지만, 이 대체물이 필요한 것은 바로 "연인이었던 남편이 친구로 바뀔 것이기"(152쪽) 때문인 것이다. 헌신적인 엄마는 사실은 자신의 '불행한 결혼'에서 얻지 못하는 만족을 아이들에게서 얻을 수밖에 없게 된 '사랑 받지 못하는 아내'인 것이다. 그리고 울스턴크래프트가 찬양하는, 자신을 희생해가며 꿋꿋이 자녀 교육에 열중하는 과부는 금욕적이고 명백히 양면적이다. "불운 때문에 오히려 강해진 그녀는 본능적인 욕망이 일어날 때마다 그것이 사랑으로 무르익기 전에 얼른 억눌러버리고, 삶의 절정기에 자신이 여성임을 잊고 산다. [……] 그녀는 아이들을 사랑하고, 수시로 내세를 그려보며 사후의 행복을 소망한다"(50~51쪽).

울스턴크래프트가 암시하는 바에 따르면, 그런 억압은 그녀가 말하듯 학습된 반응이 아니라(그녀는 그것이 학습된 반응이기를 바라지만), 여성의 성욕도 남성의 성욕과 비슷하거나 어쩌면 더 강하기 때문에 반드시 필요하다는 것이다. 인상적인 두 구절에서 울스턴크래프트는 도학자들이 가졌던 여성의 성욕에 대한 불안감을 그녀 자신도 가지고 있음을 드러냈다. 첫 구절은 점잖지 못한 식습관에 대한 비판으로 시작된다. 이 문제에서는 물론 남성이 가장 큰 잘못을 저지르지만, "일부 여성, 특히 프랑스 여성은, 이 문제에서 남성과 같이 부끄러움을 잃고, 아무렇지도 않게 소화가 안 된다는 말을 하곤 한다. 오물 위에 몰려드는 여름 벌레들처럼, 부유함이라는 기름진 토양 위에 나태함이 자라는 걸 그냥 둬서는 안 된다. 그러면 그렇게 야만적인 과식가들 때문에 역겨움을 느끼는 일도 없어질 것이다"(137쪽). 울스턴크래프트가 이처럼 심한 말로 과식을 나무라는 것은 어느 정도는 나태한 부유층에 대한 경멸감 때문이겠지만, 나중에 그녀가 '미식'과 '세련된 사랑 행위'를 연관짓는 걸 보면 이 심한 어투가 어디서 나온 건지 어느 정도 짐작할 수 있다. 그녀는 바람둥이 여성을 "가벼운 육욕의 노예 [……] 문자 그대로, 지나가는 남자는 누구나 집어먹을 수 있는 음식"(138쪽)이라고 묘사했다. 그녀는 분명히 남녀 모두에 대해 혐오감을 표현했다. 그녀는 성욕 자체를 비판하기 때문이다. "남녀를 이어주는 타락한 욕망" 또는 "관능적인 쾌락"은 "그저 동물적인 본능에 부모로서의 감정이 더해질 때" 비로소 존엄성을 얻는다는 것이다(138쪽).

그런데 두 번째 구절을 보면 그녀는 여성의 성욕은 남성의 성욕보다 더 강하고, 따라서 더 나쁘다고 말하는 듯한 인상을 준다. 그녀가 인정할 수밖에 없는 성욕을 비난하기 위한 마지막 시도에서 그녀는 플라토닉한 '감정'이 성적 쾌락보다 더 큰 만족감을 가져다준다고 말한다. "순수한 마음과 고양된 상상력의 정숙한 분출에 비하면, 육체적 욕망의 냉혹하고 열에 들뜬 포옹은 죄악이 죽음을 껴안는 것에 지나지 않는다"(192쪽). 이 구절의 의인화는 『실낙원』에 대한 그녀의 간접적인 인유의 마지막 예다. 그녀는 여기서 『실낙원』 제2권에서 밀턴이 여성의 생식을 묘사하기 위해 동원하는 첫 번째 이미지를 이용했다. 죽음은 죄악이 사탄과 교합해 낳은 아들인데, 죄악과 죽음의 근친상간에서 지옥의 사냥개들이 태어났고, 이 사냥개들은 번식이라는 끔찍하고 고통스러운 과정에서 저희들의 어미를 괴롭힌다. 죄악은 이런 탄식을 한다. "이 짖어대는 괴물들은",

내게는 너무 괴로운 일이지만,
매 시간 잉태되어
매 시간 태어나네.

이것들은 걸핏하면
저희들을 키워낸 자궁으로 돌아와
요란하게 짖어대면서
내 내장을 긁어먹는다네.(『실낙원』, 제2권, 796~800행)

그런데 울스턴크래프트는 밀턴의 이 구절에 대한 인유에서 의미심장하게도 한 부분을 바꿔놓았다. 『실낙원』에서 이 무서운 탄생과 죽음의 과정은 강간의 결과이고, 죄악은 사탄에게 그 사건을 생생히 묘사한 바 있다.

나는 도망치며 죽음이라고 외쳤어요.
지옥은 이 끔찍한 이름을 듣고 부르르 떨었고, 지옥의 동굴에서
그 한숨 소리가 새어나오며 죽음이라는 메아리를 울렸어요.
나는 도망쳤지만, 그는 (분노보다는 욕망에 사로잡혀)
저를 쫓아왔어요. 어미인 나보다 훨씬 날랜 그는
겁에 질린 나를 금세 따라잡았고,
강하고 끔찍한 이 포옹, 이 강간에서
이 시끄러운 괴물들이 잉태되었어요.(『실낙원』, 제2권, 787~795행)

그런데 울스턴크래프트의 '죄악'은 훨씬 더 고분고분해 보인다. 그리고 "죄악이 죽음을 껴안는"에서 보면 문법적으로는 그녀가 행위를 주도한다. 거의 지나가는 말처럼, 그리고 거의 확실히 무의식적으로, 울스턴크래프트는 여성의 성욕이 남성의 음탕하고 천한 관심을 불러일으킬 수 있고, 여성의 종속적인 위치는 어쩌면 그에 대한 당연한 징벌일지도

모른다고 말하는 것이다. 여성이 육체적인 욕망과 용모를 벗어날 수 있을 때 비로소, 출산을 통해 죽음을 만들어내고, 육체적 만족을 추구함으로써 좌절과 고통을 맛볼 수밖에 없는 육체의 인질이라는 위치에서 벗어날 수 있다는 것이다.

여기에 나타나 있는 울스턴크래프트의 의심, 즉 사회가 여성을 하나의 대상으로 취급하는 것은 바로 여성의 성욕 때문일지도 모른다는 생각이 그녀가 여성의 육체적인 측면에 대해 갖고 있던 극심한 혐오감의 근거일 수도 있다. 소녀들이 기숙학교에서 배우는 저 '나쁘고 추잡한 버릇들'을 비난한 다음, 그녀는 놀라울 정도로 가혹한 어조로 "자매들, 여자 친구들, 또는 숙녀들과 그 시녀들"이 서로에게 보이는 "지나친 친밀함"을 경계했다(127쪽). 그녀는 소녀들에게 씻거나 옷을 입을 때 혼자 해야만 남자들은 절대로 물들지 않는 "더 추잡한 관습에 빠져들지 않는다. 지켜야 될 비밀이 누설되고, 청결이라는 계율이 [……] 추잡하게 범해지고 있다"(128쪽)고 말했다. 그녀가 여기서 가리키는 게 뭔지 정확히 알 수는 없지만, 이렇게 철저히 말을 삼가는 것은 그녀 자신의 경험이나 18세기 여자 기숙학교의 생활 환경에 대한 전반적인 혐오감에 기인하는 것 같다.[178] 하지만 그 구체적인 내용이 무엇이든 간에, 울스턴크래프트가 여성의 육체와 욕망, 그리고 그녀가 여기서 생각하고 싶지 않은 성(性)의 갖가지 측면에 대해 거부감을 느끼는 건 분명하다.

대부분의 18세기 말 작가들에게 여성의 성에 대한 그런 공격은 결국은 상상력에 대한 비난으로 이어졌을 것이다. 당시에 상상력은 "성적

---

178 아우어바크(Nina Auerbach)는 여학교 학생들이 겪을 수 있는 '교묘한 성적 타락'에 대한 울스턴크래프트의 불안감을 논의한 바 있다(*Communities of Women: An Idea in Fiction*, Cambridge, Mass.: Harvard University Press, 1978, 14~15쪽) 참조

인 감정의 원천"으로[179] 간주되었기 때문이다. 『인권의 옹호』에 나타난 상상력에 대한 그녀의 모호한 태도를 보면 그럴 가능성이 다분하다. 그런데 『여권의 옹호』에서 울스턴크래프트는 욕망을 정신적으로 충족하게 이끌어주는 상상력과, 우리의 관심을 관능적인 대상에 집중하게 하는 '욕망'(appetite)을 애써 구분했다. 그녀가 이처럼 상상력에서 성적인 요소를 제거하는 이유는 성적인 욕망을 다른 식으로 만족시키는 게 좋다는 걸 설명하기 위해서다. 그녀는 18세기의 다른 도학자들과 마찬가지로 상상력을 성적인 용어로 묘사했지만(상상력은 '가쁜 숨을 몰아쉬며' 대상을 '열렬히 쫓아다니는' '활기 넘치는' 힘이다) 그 궁극적인 기능은 "모든 속된 애정과 욕망들을 흡수하여" 우리를 본질적으로 '비물질적인' 행복으로 이끌어가는 것이다(74쪽). 그러나 울스턴크래프트가 비육체적인 행복을 묘사하기 위해 이렇게 성적인 이미지들을 사용하는 걸 보면, 그녀는 적어도 어느 정도는 종교적인 위안은 결국 진정한 행복의 대체물에 지나지 않는다는 걸 의식했음을 알 수 있다. 그녀는 "진정한 관능성은 정신에서 나와야 한다"(192쪽)고 말하지만, 지적인 '관능성'이라는 말은 감각의 중요성을 입증하는 이미지인 것이다. 울스턴크래프트는 성숙의 과정에서 성적인 측면을 완전히 제거하려고 했지만, 그녀가 설사 양성의 평등을 입증하는 데 성공했다 할지라도 그녀를 계속 불안하게 한 성적인 측면을 제거하지는 못했던 것이다.

울스턴크래프트는 자신을 좀더 고상한 인격자로 묘사하고 『인권의 옹호』에서 그녀의 정치적 논의를 무색하게 할 뻔한 감정적 에너지를 통제하기 위해 논의를 뒤집었고, 그 결과 자신의 이념과 그 안에서 자

179 Patricia Meyer Spacks, "Ev'ry Woman is at Heart a Rake," *Eighteenth-Century Studies*, 8, no. 1(Fall 1974), 38쪽.

신이 점하는 위치를 더 명백히 분석할 수 있었다. 그런데 그녀는 여성은 성적인 존재가 아니라 근본적으로 이성적인 존재라는 자신의 기본 전제 덕분에 대대로 정치적 논의에서 여성을 제외한 편견이나 관행들을 비판할 강력한 자아상을 구축할 수 있었지만, 본질적으로 비합리적인 자기 자신의 감정적 · 육체적 욕망을 인정하거나 동화시키지 못함으로써 그토록 성공적으로 시작한 논의를 약화시키는 결과를 자초했다. 울스턴크래프트는 루소의 완곡한 표현들을 분석하는 데 동원했던 직관을 여성에 대한 논의에서는 발휘하지 못했던 것이다. 다시 말해 그녀는 여성 특유의 예민한 감성이나, 감정적인 욕망 충족을 위한 자신의 전략이 성적인 에너지의 승화일 수도 있다는 걸 깨닫지 못했던 것이다. 이 직관의 필연적인 결과, 즉 성이라는 문제에 대한 탐색과 거기 부수적으로 따라올 '나약함'에 대한 인정을 피하기 위해 그녀는 여성이 성욕이나 다른 육체적 욕구를 갖고 있다는 잠재적으로 위험한 사실을 줄곧 회피하는 것이다.

이 회피의 결과 중 하나가 바로 그녀의 우회적인 표현들이다. 울스턴크래프트는 자신의 폭발적인 감정을 자극할 만한 주제에 접근할 때는 아주 모호하고 추상적인 어휘를 사용하고, 구체적인 명사는 뭔가로 가려야 할 육체인 것처럼 피해가며 말한다. 실제로 그녀는 대상이 육체적으로 거기 없거나 모호할 때만 자신의 감정을 마음껏 표현한다. 하지만 그런 경우에도 그녀는 인위적이거나 추상적인 수사법을 이용해 자신의 감정을 일반화하고 자극적인 상황을 이상화한다. 아래에 나오는 정숙함에 대한 찬미는 이런 추상적인 수사법이 어떤 결과를 가져왔는지 잘 보여준다.

감성과 이성의 신성한 산물이며 정신의 진정한 순결인 겸손함이여! 내가 그대의 특성을 조사하고, 사람의 거친 면들을 부드럽게 만들고, 냉랭한 경의만을 불러일으킬 것들을 사랑스럽게 만들어주는 그 따스한 매력을 원천까지 따지고 들어도 원망하지 말라. 지혜의 주름살을 펴고, 드높은 미덕들을 부드럽게 만들어 온정으로 변하게 하는 그대여—사랑을 부드럽게 감싼 채 마음속에 스며들어 감각을 매혹시키는 저 수줍은 매력을 불어넣으며 연인의 매력을 반은 가리고 반은 드높여주는 천상의 구름을 펼치는 그대여—내가 꽃 위에 누운 채 인생을 허비하는 우리 여성을 일깨울 설득력 있는 이성의 말을 할 수 있게 도와주기를!(121쪽)

'부드럽게 만들고', '온정으로 변화시키고', '반은 가리는' 작용에 대한 그녀의 찬미는 그녀가 자신이 묘사하는 대상을 추상화하기 위해 애쓰고 있음을 보여준다. 그리고 '인간적인 황홀함'에 대한 아래 구절은 이를 더 분명히 보여줄 것이다. 이 구절에서 그녀의 감정은 그 대상에서 한층 더 멀리 격리되어 있고, 그 대상은 극히 모호하고 추상적인 시적 표현으로 묘사되어 있다. 그리고 그로부터 예상할 수 있듯이, 그 '황홀함'은 눈앞에 있는 어떤 인간이 아니라, 예컨대 장갑이나 슬리퍼처럼 '멀리 있거나 이제는 사라진 친구의 몸에 닿았던 것' 때문에 느껴지는 감정이다.

우리 눈앞을 스치는 희미한 환상은 다른 모든 물체들을 지워버린다. 그런데 이 부드러운 구름을 붙잡아보면 그 형체는 평범한 공기로 녹아내리고, 우리에게 남는 것은 허망함이나 제비꽃 향기뿐이다. 그리고 우리는 이 허망함 또는 향기를 기억 속에 소중하게 간직한다.(124쪽)

울스턴크래프트는 걸핏하면 자신이 명징함을 좋아한다고 말하지만, 이 이미지는 대상뿐 아니라 그 문체 자체도 의도적으로 모호하다. 그녀는 이런 유의 영적인 관계라는 '요정들의 땅'이나 그처럼 추상적이고 비개인적인 문체를 통해서만 격렬한 감정을 상상할 수 있다. 그렇게 추상적인 문맥에서 욕망은 성적이지도 구체적이지도 않고 만족을 요구하지도 않기 때문이다.

여성의 성을 부인하는 데서 비롯되는 더 심각한 결과는 그녀가 여성을 연대(連帶)를 형성하거나 사회 개혁을 이끌 집단으로 간주하지 않는다는 것이다. 그녀는 문화적 가치의 원천이 남성의 성욕이라고 생각하기 때문에, 언제나 사회 개혁을 남성 개개인의 극기나 근신의 결과로 얘기한다. 『여권의 옹호』에서 그녀는 그전에 나온 『인권의 옹호』에서보다 더 세련된 방식으로 개인과 제도, 역사적 요인 사이의 관계를 논의했다. 예컨대 그녀는 이 책에서 개인의 노력으로 이룰 수 있는 것은 한계가 있다든지(특히 교육 문제에 있어서 21쪽, 157쪽 등 참조), 사회가 변하려면 법적 · 정치적 · 정책적 변화가 필요하다는 말을 했다(145, 147, 148쪽 참조). 하지만 그녀가 변화를 요구할 때는 언제나 개인, 특히 남성의 태도 변화를 말하는 것이다. 사회 변화가 시작되려면 "남성이 더 순결하고 정숙해져야 한다"(11쪽), "귀족들이 이성적인 행동을 더 선호하게 되어야 한다"(22쪽), "인류가 더 합리적으로 변해야 한다"(56쪽)는 것이다. 이런 구절에 나오는 명사나 대명사가 인류 전체를 가리킨다고 볼 수도 있지만, 이 말들은 대부분 남성을 가리킨다. 울스턴크래프트가 여성에게 어떤 행동을 취하라고 요구하는 경우는 별로 없다. 예컨대 그녀가 "여성의 습속이 혁명적으로 변해야 한다"고 요구할 때, 그것은 여성이 페미니즘의 기치 아래 봉기하여 습속을 뒤집어엎어야 한다는 말이 아니라, 18세기에 '혁명'이라는 말이 가리켰던 뜻, 즉 점진적인 변화에 모두 따라야 한다는 그런 뜻이었다. 여성은 이 혁명이 실현되기를 기다리기만 하면 존엄성도 회복되고 새로운 행동 양식도 요구받게 될 것이었다. 혁명은 남성이 해야 할 일이었고, 대결이 아니라 극기가 필요한 일이었다. 그녀가 법적인 불평등에 대한 논의를 (결국 쓰지 않은) 다음 권으로 미룬 것은 그녀의 이론에서는 사회적 입법보다는 개인의 극기가 더 효과적이었기 때문이다. 그리고 『여권의 옹호』에서 그녀가 평등보다 독립을 더 강조하는 이유는 그녀가 사회를 법적인 계약보다는 개인들의 태도의 집합이라고 보았고, 사람들간의 관계를 협동보다는 근본적으로 적대적인 것으로 파악했기 때문이다. 하지만 개인이 맞서 싸워야 할 가장 중요한 적은 외부의 힘이 아니라 바로 자기 자신 · 두려움, 그중에서도 특히 욕망이었다. 이는 물론 전통적으로 여성에게 권유되어온 그런 행동을 일반화한 것이고, 프로테스탄트 윤리관에서 자기 주장이나 물질적 보상 같은 요소들을 뺀 것이었다.

『여권의 옹호』에서 그녀가 여성의 목소리를 사용하지 않은 것도 어느 정도는 자신의 성에 대한 이처럼 철저한 불신 때문이었을 것이다. 그녀는 가끔 의식적으로 여성의 처지에서 얘기하기도 하지만("여성의 이름으로"[150쪽]), 그보다 더 빈번하게 자신과 '그들'("나는 나 자신이 아니라 여성 전체를 위해 얘기하고 있다"[3쪽]. "나는 [여성이] 남성이 아니라 스스로를 다스릴 수 있게 되기를 바란다"[62쪽])을 구별한다. 최소한 한 부분에서 그녀는 '인간 대 인간으로' (또는 '남자 대 남자로' - 옮긴이) 얘기하고 싶다고 하지만, 이 경우에도 그녀는 남성의 목소리가 아니라 성을 전혀 의식하지 않는 목소리로 얘기하려고 한다. 여기서 그녀는 남성에 대한 루소의 정의를 받아들이고, 여성은 성과 무관하다는 식의 결론을 도출해 이용하는 것이다. "여자와 같이 있을 때 남자는 남자가 아닌 듯 행동할 때도 있다. 여성도 오성을 기르면 자신이 여자라는 걸 잊을 때도 있을 것이다"(123쪽 주 7번). 울스턴크래프트가 여성에게 말하는 경우도 있지만, 그녀의 정중하거나 의식적으로 유창한 열변, 우월한 척하는 부분 등은 그녀를 원래 같은 편인 여성에게서 멀어지게 하고 있다. "가엾은 여성! 그대들에게 무엇을 기대할 수 있겠는가?"(97쪽). "아, 어리석은 여성이여!…… 그대들은 정말 무지하도다"(180쪽). 울스턴크래프트는 명백히 남녀 모두에게서 자신을 분리함으로써 중립적인 목소리를 얻으려고 한다. 그녀는 "철학자"와 "도학자로서"(34쪽) 얘기할 때 가장 편안하게 느끼는 것 같지만, 가장 소중히 여기는 자아상에서는 "인간애에서 나오는 결연한 어조로" "소중한 동시대인들"에게 "동료 인간으로서" 얘기했다(3, 92, 150쪽). 심지어 그녀는 자신이 밀턴식의 '초연함'에 도달한 상태를 상상하기도 했다.

> 우리가 저 높은 산 위에 서서, 사람의 마음을 오도(誤導)하는 거짓된 매력을 모두 벗겨내고 세상의 참모습을 관조할 수 있다고 가정해 보자. 그렇게 되면 우리는 아주 차분한 심정으로 모든 것을 있는 그대로 볼 수 있게 될 것이다. 우리는 밤 동안의 휴식으로 원기를 되찾은 채 안개가 서서히 걷히면서 자연의 아름다움이 드러나는 아침 풍경처럼 차분한 심정이 될 것이다.(110쪽)

이 구절은 표면적으로는 자연을 묘사하지만, 실은 말하는 이를 그리고 있다. 안개가 걷힌 풍경처럼 차분한 것은 바로 그녀이고, 그때 드러난 것은 바로 그녀 자신의 아름다움인 것이다. 이 이상적이고 육체를 벗어난 상태에서 울스턴크래프트는 자신의 여성성을 뛰어넘었고, 어쩌면 그와 더불어 여전히 애절하게 울부짖는 자신의 여성적인 격정을 뛰어넘은 것이다.

그녀가 『여권의 옹호』에서 동원하는 갖가지 회피 전략과 거기에 내포된 소망을 보면, 울스턴크래프트는 새 직업을 얻은 대가로 여성의 성을 완전히 버려야 한다고 생각했던 것 같다. 그녀는 이 이상적인 작가가 성을 버리고 나면, 육체적 한계나 욕구에서 벗어날 수 있다고 믿었기 때문에 기꺼이 그 대가를 치를 작정이었다. 이론적으로는, 이런 전략을 선택하면 울스턴크래프트는 젊은 시절에 억누르기도 하고 발산하기도 했던 감정의 고통스러운 부침(浮沈)에서 자신을 지킬 수 있을 것이고, 특히 여성적인 아름다움이 무의미하게 간주되고, 지적이라는 이유로 비난받는 바르보 같은 여성이 지적으로 남성과 동등하게 대우받던 존슨의 집단에서 어느 정도 사회적 자신감을 느낄 수도 있을 것이었다. 하지만 물론 그녀는 바로 이 전략 때문에 점점 더 큰 주의를 요하게 된 중요한 감정적 · 육체적 욕구를 알아채지 못했던 것이다. 울스턴크래프트가 퓨슬리에 대한 열정을 순전히 '이성적인 욕망'으로 오인하여 그의 아내에게 그 집에서 같이 살게 해달라고 부탁한 걸 보면 그녀의 자기 기만이 얼마나 심각했고, 그녀가 교묘한 논리를 이용해 억눌러버리려 했던 욕망이 얼마나 강했는지 알 수 있다. 『여권의 옹호』는 그녀를 유명 인사로 만들어주었지만, 그녀가 원하던 '차분한 성품'을 가져다주지는 못했다. 퓨슬리가 그녀의 구애를 거부한 후인 1792년 말, 그녀는 또다시 심각한 갈등에 빠진 채 자신의 '감정'이 그녀의 '소중한 이성'과 싸우고 있음을 깨달았다. 그녀는 존슨에게 "저는 나약함과 결연함이 뒤섞인 특이한 존재예요"라고 썼다.

제 정신에는 심각한 결점이 있어요—저의 불안정한 감정은 늘 불행을 자초하지요—제가 왜 이런 사람이 됐는지는 저 자신도 몰라요. 그리고 제가 제 삶 전체를 어느 정도 이해하게 될 때까지는 늘 이렇게 아이처럼 춤추다 울고 어떤 장난감을 탐내다가도 그걸 얻는 순간 싫증내게 될 거예요.(『서한집』, 221쪽. 1792년 말경)

울스턴크래프트가 근본적으로 중성적인 인간형을 도출하려고 노력한 것이 옳았는지 어떤지는 논의할 가치도 없다. 그녀의 글에 나타나는 팽팽한 긴장을 보면 그녀가 자신의 논리 속에서도 이론상이든 실제로든 문제의 복잡성을 해결하지 못했음을 알 수 있기 때문이다. 울스턴크래프트가 했듯이 성적 억압과 불평등의 구조를 인식하는 것만으로는 진정한 자유를 이룰 수 없었던 것이다. 그녀는 자신이 그토록 격렬하게 거부한 범주 안에 갇혀 있었기에, 자신이 분노의 표현이라고 생각한 것에 맹렬히 공격당했다. 그녀가 쓴 가장 강력한 논쟁서인 『여권의 옹호』에 명백히 드러나 있는 갖가지 모순 때문에 독자가 느끼는 낭패감은 그녀가 작가와 여성이 한목소리로 얘기하게 해줄 방법을 찾을 때 비로소 해소될 것이다.

# 작품 목록

## 1. 저서

『여성 교육론』(*Thoughts on the Education of Daughters: with Reflections on Female Conduct in the more important Duties of Life*), 런던, 1787.

『메리』(*Mary: A Fiction*), 런던, 1788.

『창작 동화집』(*Original Stories from Real Life, with conversations, calculated to regulate the affections, and form the mind to truth and goodness*), 런던, 1788.

『여성 독본』(*The Female Reader; or Miscellaneous Pieces, in Prose and Verse; Selected from the Best Writers, and Disposed under Proper Heads; for the Improvement of Young Women*), 런던, 1789.

『인권의 옹호』(*A Vindication of the Rights of Men, in a letter to the Right Honourable Edmund Burke*), 런던, 1790.

『여권의 옹호』(*A Vindication of the Rights of Woman, with Strictures on Political and Moral Subjects*), 런던, 1792.

『프랑스 혁명의 기원과 진전에 관한 역사적 · 도덕적 견해』(*An Historical and Moral View of the Origin and Progress of the French Revolution: and the Effect It Has Produced in Europe*), 런던, 1794.

『유작집』(*Posthumous Works of the Author of A Vindication of the Rights of Woman*), 윌리엄 고드윈 편, 런던, 1798. 『마리아』(*The Wrongs of Woman; or Maria; A Fragment*), 『임레이에게 보내는 편지』(*Letters to Imlay*), 「환상의 동굴」(The Cave of Fancy), 『육아에 관한 서한집』 등이 수록되어 있다.

『이주자들』(*The Emigrants*). (로버트 헤어가 울스턴크래프트의 작품임을 규명), 게인스빌, 1964.

## 2. 번역서

자크 네커(Jacques Necker)의 『종교적 견해의 중요성』(*On the Importance of Religious Opinions*), 런던, 1788.

캉봉 부인(Madame de Cambon)의 『젊은 그랑디송』(*Young Grandison*), 런던, 1790.

크리스티안 잘츠만(Christian Gotthilf Salzmann)의 『도덕의 요소들』(*Elements of Morality for the Use of Children*), 런던, 1790.

# 연보

1759년 4월 27일 런던 스피털필즈(Spitalfields) 군에서 에드워드 존 울스턴크래프트와 엘리자베스 디킨슨의 둘째이자 장녀로 태어남.

1763~68년 울스턴크래프트 가족, 에핑으로 이사. 아버지 에드워드 존은 에식스 주 바킹(Barking)과 요크셔 주 베벌리(Beverly)에서 농업으로 자립을 시도하지만 실패.

1774년 울스턴크래프트 가족, 아버지의 농사가 실패하자 런던 근교의 혹스턴(Hoxton)으로 돌아옴.

1775년 울스턴크래프트, 영혼의 동반자가 될 패니 블러드(Fanny Blood)를 만남.

1776년 울스턴크래프트 가족, 웨일스의 랑건(Langharne)으로 이사.

1777년 울스턴크래프트 가족, 런던 근교의 월워스로 돌아옴. 울스턴크래프트와 패니는 서로 가까운 곳에 거주하게 됨.

1778년 울스턴크래프트, 바스에 사는 도슨 부인의 시중 드는 친구(companion)로 취직. 거기서 일하는 동안 사우샘프턴과 윈저를 여행.

1780년 울스턴크래프트, 어머니의 병구완을 하기 위해 귀향.

1782년 울스턴크래프트 부인 사망. 여동생 일라이저(Eliza), 메레디스 비숍과 결혼, 아버지는 '리디아'라는 여성과 재혼해 웨일스로 돌아감. 울스턴크래프트는 패니 가족과 같이 살며 바느질로 빈한한 블러드 가족의 생계를 도움.

1783년 일라이저와 메레디스 비숍의 딸이 태어남.

1784년 출산 후 정신이 이상해진 듯한 일라이저를 돌보러 오라는 비숍의 연락을 받고 동생 집에 간 울스턴크래프트, 동생의 신경쇠약 증세는 남편의 학대 때문에 생겼다는 확신을 갖게 됨. 그녀는 동생을 몰래 해크니(당시는 이슬링턴)로 데려감. 일라이저는 법원에서 별거 허가를 받았지만 딸의 양육권을 얻어내지 못했고, 아이는 돌도 되기 전에 사망.

메리와 일라이저는 패니와 함께 이슬링턴에 학교를 설립. 나중에 뉴잉턴 그린으로 학교를 옮긴 뒤에는 셋째 동생인 이블리나도 합류. 울스턴크래프트는 뉴잉턴 그린에 사는 동안 당대의 유명한 진보주의자인 리처드 프라이스(Richard Price)를 사숙. 새뮤얼 존슨(Samuel Johnson)을 알게 됨.

1785년 패니 블러드, 휴 스키스와 결혼하기 위해 리스본에 감. 곧이어 아이를 가진 패니는 울스턴크래프트에게 해산을 보러오라고 부탁. 울스턴크래프트가 도착했을 때 그녀는 이미 산통을 겪고 있었고, 11월 29일, 울스턴크래프트의 품에 안겨 세상을 떠남. 아이도 곧 사망.

1786년 포르투갈에서 돌아온 울스턴크래프트, 재정적으로 어려워진 학교를 폐쇄. 첫 저서인 『여성 교육론』(*Thoughts on the Education of Daughters*)을 저술.

아일랜드 코크 군 미첼스타운(Mitchelstown)에 거주하는 킹스버러 자작 집의 가정교사로 취직. 아일랜드로 떠나기 전 이튼에 잠시 체류. 가장 오래되고 유명한 공립(미국의 '사립') 예비학교인 이튼을 직접 관찰할 기회를 얻음.

1787년 킹스버러 가족과 함께 더블린과 브리스틀 여행. 브리스틀에서 해고됨.

글을 써서 생활할 작정으로 런던에 감.

1788년 울스턴크래프트의 친구이자 출판업자인 존슨(Joseph Johnson), 그녀의 첫 소설인 『메리』(*Mary, a Fiction*)와 아동 도서 『창작 동화집』(*Original Stories from Real Life*), 번역서인 네커(Jacques Necker)의 『종교적 견해의 중요성』(*On the Importance of Religious Opinions*)을 펴냄.

존슨과 크리스티(Thomas Christie)가 창간한 『애널리티컬 리뷰』(*Analytical Review*)에 기고 시작.

1789년 존슨, 울스턴크래프트의 『여성 독본』(*The Female Reader*)을 '크레직 씨'(Mr. Creswick)라는 필명으로 출판. 이 책은 아직 발견된 적이 없음.

1790년 독일 작가 크리스티안 잘츠만(Christian Salzmann)의 『도덕의 요소들』(*Elements of Morality*) 번역본 출판; 에드먼드 버크(Edmund Burke)의 『프랑스 혁명론』(*Reflections on the Revolution in France*)에 대한 반론 중 첫 작품인 『인권의 옹호』(*A Vindication of the Rights of Men*)를 익명으로 출간.

1791년 『인권의 옹호』의 재판이 실명으로 출판됨.

울스턴크래프트, 스토어 가의 새 거처로 이사.

『여권의 옹호』(*A Vindication of the Rights of Woman*) 집필 시작.

1792년 『여권의 옹호』 출판. 그해 후반에 개정판이 나옴.

12월에 혼자 파리로 떠남.

1793년 탐험가 · 작가 · 사업가인 미국인 길버트 임레이(Gilbert Imlay)를 만남. 프랑스가 혁명으로 혼란에 빠지자 안전을 위해 노일리로 이사. 9월에 파리로 돌아옴. 미국 국적을 얻으면 더 안전할 것 같아 미국 영사관에 임레이의 처로 등록.

1794년 2월 르 아브르(Le Havre)로 가 임레이를 만남.

1794년 5월 14일 패니 임레이(Fanny Imlay) 탄생.

임레이가 먼저 파리로 돌아가고, 울스턴크래프트와 패니도 곧 뒤따라감. 그 뒤 임레이는 런던으로 떠나고 모녀만 파리에 남게 됨.

『프랑스 혁명의 기원과 진전에 관한 역사적 · 도덕적 견해』(*An Historical and Moral View of the Origin and Progress of the French Revolution*) 출판.

1795년 울스턴크래프트와 패니, 런던으로 돌아옴.

자살을 기도하지만 임레이에 의해 발견됨.

1795년 6월 패니, 유모 마거리트(Marguerite)와 함께 임레이의 대리인으로 스칸디나비아로 떠남.

1795년 10월 임레이가 한 여배우와 동거 중이라는 사실을 알고 퍼트니 다리에서 뛰어내려 자살을 시도.

1796년 『스웨덴, 노르웨이, 덴마크에서의 짧은 체류 동안 쓴 편지』(*Letters Written during a Short Residence in Sweden, Norway, and Denmark*) 출판.

월리엄 고드윈(William Godwin)을 두 번째로 만남. 그와 연인 사이가 됨.

1797년 3월 29일 울스턴크래프트와 고드윈, 올드 세인트 팬크러스 교회(Old St. Pancras Church)에서 결혼. 두 사람은 폴리곤 29호에서 같이 손님 접대를 하지만, 낮에는 각기 다른 집에서 생활.

1797년 8월 30일 메리 울스턴크래프트 고드윈 탄생.

1797년 9월 10일 울스턴크래프트, 산욕열로 사망. 닷새 후에 올드 세인트 팬크러스 교회 묘지에 묻힘.

1851년 퍼시 플로렌스 셸리(Percy Florence Shelley), 울스턴크래프트와 고드윈의 유해를 그들의 딸이자 자기 어머니인 메리 울스턴크래프트 고드윈 셸리 옆으로 이장(번머스에 있는 묘지).

# 참고문헌

Benedict, Ruth, *An Anthropologist at Work*, Ed. Margaret Mead, Boston: Houghton Mifflin, 1959. Benedict's unpublished essay on Wollstonecraft is found here.

Bouten, Jacob, *Mary Wollstonecraft and the Beginnings of Female Emancipation in France and England*, Amsterdam: 1922; Philadelphia: Porcupine Press, 1975. Suggests intellectual influences on Wollstonecraft's thought.

Flexner, Eleanor, *Mary Wollstonecraft*, New York: Coward, MaCann and Geoghegan, 1972. Adds new material and gives sound discussion of Wollstonecraft's ideas.

Ferguson, Moira, *First Feminists: British Women Writers 1578~1799*, Bloomington: Indiana, 1985. Excellent compilation of Wollstonecraft's precursors, well introduced.

———, "Mary Wollstonecraft, and Mr. Cresswick," *Philological Quarterly* 62(Fall 1983): 4~23.

Guralnick, Elissa, "Rhetorical Strategy in Mary Wollstonecraft's Vindication of the Rights of Woman," *Humanities Association Review* 30 (1979): 174~185.

Janes, Regina, "Mary, Mary, Quite Contrary, or Mary Astell and Mary Wollstonecraft Compared," *Studies in Eighteenth-Century Culture* 5(1975): 121~139.

Kelly, Gary, "Mary Wollstonecraft as Vir Bonus," *English Studies in*

*Canada* 5(1979): 275~291. An insightful article that argues that Wollstonecraft got her rhetorical stance for writing *A Vindication of the Rights of Woman* from Quintilian by way of Fuseli. Has implication for the *Rights of Woman* as well.

Kelly, Joan, "Early Feminist Theory and the Querrelles des Femmes, 1400~1789," *Signs* 8(Autumn 1982): 4~28.

Lloyd, Genevieve, *The Man of Reason: Male and Female in Western Philosophy*, Minneapolis: U of Minnesota P, 1985. Relevant background to Mary Wollstonecraft.

Martin, Jane, *Reclaiming a Conversation: The Ideal of the Educated Woman*, New Haven: Yale UP, 1985. Contains a substantial section on Mary Wollstonecraft.

Myers, Mitzi, "Mary Wollstonecraft's Letters Written … in Sweden: Toward Romantic Autobiography," *Studies in Eighteenth-Century Culture* 8(1978): 165~185. Deconstructs Wollstonecraft's writing and shows how she writes to discover herself with, once again, implications for the *Rights of Woman*.

———, "Politics from the Outside: Mary Wollstonecraft's First *Vindication*," *Studies in Eighteenth-Century Culture* 6(1977): 113~122. Excellent summary of the ideas in Wollstonecraft's *Vindication of the Rights of Men*, which deepens understanding of her later work.

Nussbaum, Felicity, "Eighteenth-Century Women," *Studies in Burke and His Time* 19(1978): 223~231. A major review essay.

Paul, Charles Kegan, *William Godwin: His Friends and Contemporaries*, Boston, 1876.

Paulson, Ronald, *Representations of Revolution*, New Haven: Yale UP, 1983. Chapter 3 treats Wollstonecraft along with Burke and Paine in a trenchant discussion of the French Revolution.

Peabody, Josephine Preston, *Portrait of Mrs. W. A Play in Three Acts with an Epilogue*, Boston: Houghton Mifflin, 1922.

Pennell, Elizabeth Robins, *Mary Wollstonecraft Godwin*, London, 1885.

Preedy, George R. [Mrs. Gabrielle Campbell Long], *This Shining Woman*. London: Collins, 1937.

Prior, Mary, ed., *Women in English Society, 1580~1800*, London: Methuen, 1985. Essays covering a wide range of subjects clarifying what life was like for women before and during Wollstonecraft's time.

Rendall, Jane, *The Origins of Modern Feminism: Women in Britain, France and the United States, 1780~1860*, London: Macmillan Publishers Ltd., 1985.

Rogers, Katharine M., *Feminism in Eighteenth-Century England*, Urbana: U of Illinois P, 1982.

Roper, Derek, "Mary Wollstonecraft's Reviews," *Notes and Queries* 5 (1958): 37~38.

Sunstein, Emily, *A Different Face*, New York: Harper & Row, 1975. An appreciative, psychological approach to Wollstonecraft's life.

Taylor, G. R. S., *Mary Wollstonecraft: A Study in Economics and Romance*, London: Martin Secker, 1911. A good example of the romanticization of Wollstonecraft's life.

Theriot, Nancy, "Mary Wollstonecraft and Margaret Fuller: A Theoretical Comparison," *International Journal of Women's Studies* 2(1979): 560~574.

Thiebaux, Marcelle, "Mary Wollstonecraft in Federal America," *The Evidence of the Imagination*, Ed. Donald H. Reiman, Michael C. Jaye, and Betty T. Bennett, New York: New York UP, 1978, 195~235.

Todd, Janet, "The Biographies of Mary Wollstonecraft," *Signs* 1(1976): 721~734. A useful rundown of the whole list of biographical efforts.

———, "The Language of Sex in *A Vindication of the Rights of Woman*,"

Mary Wollstonecraft Newsletter 1(1973): 10~17.

———, "Mary Wollstonecraft: A Review of Research and Comment," *British Studies Monitor* 7(1977): 3~23. Surveys and assesses information available up to 1975.

Todd, Janet, "The Polwhelan Tradition and Richard Cobb," *Studies in Burke and His Time* 16(1975): 271~277.

Tomalin, Claire, *The Life and Death of Mary Wollstonecraft*, New York: Weidenfeld and Nicholson, 1974. Good information on Wollstonecraft's stay in France, with some documents and information.

Wardle, R. M., "Mary Wollstonecraft, *Analytical* Reviewer," *PMLA* 642 (1974): 1000~1009.

Wilson, Arthur M., "Treated Like Imbecile Children," *Women in the Eighteenth Century and Other Essays*. Ed. Paul Fritz and Richard Morton, Toronto: S. Stevens, 1976, 89~104. Wilson sees *A Vindication of the Rights of Woman* as a "benchmark in England."

# 찾아보기

ㅎ